TCC chez l'enfant et l'adolescent

2e édition

Chez le même éditeur

Dans la même collection :

La psychothérapie : approches comparées par la pratique, par C.-E. Rengade, M. Marie-Cardine, 2014, 248 pages.

Applications en thérapie familiale systémique, par T. Albernhe, K. Albernhe, 2e édition, 2013, 248 pages.

Cas cliniques en thérapies comportementales et cognitives, par J. Palazzolo, 3e édition, 2012, 288 pages.

La relaxation thérapeutique chez l'enfant, par M. Bergès-Bounes, C. Bonnet, G. Ginoux, A.-M. Pecarelo, C. Sironneau-Bernardeau, 3e édition, 2008, 216 pages.

Dans la collection « Médecine et psychothérapie » :

Le développement psychique précoce. De la conception au langage, par B. Golse, M .R. Moro, 2014, 360 pages.

Thérapie cognitive et émotions. La 3e vague, par J. Cottraux, 2e édition, 2014, 226 pages.

Les thérapies familiales systémiques, par T. Albernhe, K. Albernhe, 4e édition, 2014, 336 pages.

Les psychothérapies comportementales et cognitives, par J. Cottraux, 5e édition, 2011, 384 pages.

Le développement affectif et intellectuel de l'enfant. Compléments sur l'émergence du langage, par B. Golse, 4e édition, 2008, 400 pages.

Psychothérapie cognitive de la dépression, par I.M. Blackburn, J. Cottraux, 3e édition, 2008, 248 pages.

Dans la collection « Les Âges de la vie » :

Psychopathologie du nourrisson et du jeune enfant, par A. Guédeney, à paraître en 2014.

Adolescence et psychopathologie, par D. Marcelli, A. Braconnier, 8e édition, 2013, 688 pages.

L'attachement : approche théorique et *L'attachement : approche clinique,* par N. Guédeney, A. Guédeney, 3e édition, 2010, 256 pages.

Enfance et psychopathologie, par D. Marcelli, D. Cohen, 9e édition, 2012, 688 pages.

Dans la collection « Psychologie » :

Échelles et questionnaires d'évaluation chez l'enfant et l'adolescent, par M. Bouvard, 2008, vol. 1 : 192 pages ; vol. 2 : 200 pages.

Rythmes de vie et rythmes scolaires, par F. Testu, collection « Psychologie », 2008, 192 pages.

Pratiques en psychothérapie
Conseiller éditorial : Dominique Servant

TCC chez l'enfant et l'adolescent

Luis Vera

Avec la collaboration de :
Louis P. Vera

2e édition

ELSEVIER
MASSON

ISBN : 978-2-294-73854-8
e-book ISBN : 978-2-294-73923-1

Elsevier Masson SAS, 62, rue Camille-Desmoulins, 92442 Issy-les-Moulineaux cedex
www.elsevier-masson.fr

Liste des collaborateurs

Luis Vera : psychiatre-psychothérapeute, centre hospitalier Sainte-Anne (CMME – service du Professeur Rouillon) ; responsable pédagogique du diplôme universitaire Thérapie comportementale et cognitive, université René Descartes-Paris-V.

Louis P. Vera : psychiatre-psychothérapeute, ancien assistant spécialiste des hôpitaux de Paris.

Avant-propos de la première édition

L'intérêt des cliniciens pour la psychothérapie des enfants est relativement récent si on le compare à celui qui a été consacré aux adultes. En effet, la description d'adultes émotionnellement en souffrance remonte aux civilisations anciennes. Les méthodes de traitement de ces adultes sont également présentes dans la littérature depuis des siècles. L'enfant apparaît de façon claire et cohérente dans les réflexions des cliniciens depuis les années 1750 lorsqu'il s'agit de retard mental. Les causes de cette pathologie et les méthodes de traitement étaient l'objet d'étude des chercheurs. Ces enfants présentaient d'importants troubles de l'adaptation et des comportements perturbés. Puis, les difficultés observées dans le traitement de ce type de pathologie ouvrent une place importante aux interrogations sur le comportement antisocial de l'enfant et de l'adolescent ne présentant pas de retard mental. L'intérêt croissant pour la psychopathie juvénile amène de manière inévitable à l'étude de la dépression et de l'anxiété, considérées comme des facteurs de causalité des troubles présentés par ces jeunes en difficulté. Plusieurs écoles de psychothérapie avec des modèles différents de conception de la pathologie se sont développées en parallèle. La différence majeure entre les approches se trouve dans la modélisation des troubles psychologiques : modèle médical ou modèle psychologique.

Historiquement, les thérapies comportementales et cognitives se sont intéressées à la psychopathologie de l'enfant lorsque les expériences en psychologie expérimentale, surtout américaines, montraient de façon scientifique que certaines réactions émotionnelles pathologiques et certains comportements perturbés pouvaient être expliqués en grande partie par les théories de l'apprentissage dans toute leur richesse et nuances. L'enfant apprend par observation, par imitation, par expérience, un ensemble d'attitudes et de conduites, notamment l'évitement, pour se protéger du ressenti lors des confrontations à des situations douloureuses. Aux théories de l'apprentissage s'est associé le précieux apport de la psychologie du développement. Les psychologues et les psychiatres français, étant à la base de nombreuses théories et constats scientifiques, sont cités dans la plupart des travaux psychothérapeutiques internationaux. Il a été reproché aux thérapies comportementales et cognitives de s'intéresser aux aspects superficiels de la souffrance infantile. Ceci est une grossière erreur car il est impossible de modifier un comportement observable sans étudier au préalable les pensées et les émotions faisant partie d'un tel comportement. Il s'agit de comprendre les difficultés de l'enfant à travers un modèle psychologique des troubles et non d'un modèle médical de la maladie mentale. En médecine la fièvre est considérée comme le symptôme d'une maladie qui la provoque. Il faut soigner la maladie et la fièvre disparaîtra. Mais, comment envisager en psychiatrie que l'anxiété vécue par l'enfant soit l'équivalent de la fièvre et donc un simple symptôme ? C'est dans l'étude de l'anxiété elle-même que se trouvent pour les comportementalistes les « causes profondes » : ce que l'enfant se dit (ses pensées donnant un sens anxiogène à la réalité), ce qu'il fait pour gérer une telle anxiété (évitement cognitif et comportemental), l'interprétation de son ressenti, le contexte affectif sécurisant ou précaire qui l'entoure, ses habiletés sociales en plein développement qui l'aideront ou non à surmonter ses difficultés sont pour les comportementalistes les « causes profondes » qu'il faut traiter. Tous ces facteurs de maintien du trouble constituent les cibles psychothérapeutiques.

D'autre part, l'approche comportementale et cognitive insiste sur le danger de conceptualiser la pathologie à partir de la clinique de l'adulte. Le développement cognitif, affectif et émotionnel détermine les modalités d'expression de la psychopathologie juvénile. La spécificité de la prise en charge de l'enfant en souffrance a été largement soulignée par les comportementalistes. Par exemple, le modèle cognitif et comportemental de l'anxiété pathologique va chercher activement les facteurs de maintien d'une telle anxiété : son origine se trouve dans ses pensées encore peu sensibles au bon sens, la logique de déduction et d'induction de l'enfant sont encore très imprégnées d'affectivité. Le développement psychologique en pleine évolution ne permet pas à l'enfant d'analyser correctement la réalité.

De plus, la prévention de troubles à l'âge adulte joue un rôle important dans l'approche comportementale. En effet, nous savons, par exemple, que les attachements précaires observés dans l'anxiété de séparation de l'enfant ont une forte probabilité d'évoluer à l'âge adulte vers des attaques de panique.

Les stratégies psychothérapeutiques exposées tout au long de cet ouvrage tiennent compte des données de la psychologie du développement et des théories de l'apprentissage. L'enfant déprimé, par exemple, présente un style cognitif dépressif largement influencé par son niveau de raisonnement concret, abstrait ou dysharmonique. Ses pensées seront pessimistes ou optimistes selon sa capacité à attribuer de façon logique les causes des événements qu'il vit.

En général, dans le milieu hospitalier français pédopsychiatrique les indications de psychothérapie sont faites en fonction du trouble. Certaines indications sont envisagées en première intention pour une pathologie précise. Nous pensons au trouble obsessionnel et compulsif où les thérapies comportementales et cognitives sont indiquées d'emblée comme la première approche à pratiquer. Les psychothérapies d'inspiration analytique trouvent une place privilégiée dans les pathologies dues à des carences affectives.

Tout au long de ce livre nous exposerons les modèles explicatifs des différents troubles. Il est impossible d'exposer tous les faits d'expériences et toutes les hypothèses théoriques. Nous avons sélectionné des sources bibliographiques spécifiques aux thèmes abordés. Ainsi, nous avons privilégié l'abord pratique des pathologies en exposant la prise en charge détaillée des cas cliniques. L'organisation du livre suit une logique : les troubles anxieux, les dépressions et les pathologies plus récentes d'addiction. En effet, nous ne perdons pas de vue que les différents troubles s'interpénètrent inévitablement et de plus, pour l'enfant, les facteurs développementaux donnent une constellation particulière à chaque trouble. L'anxiété sociale, par exemple, dépend largement de l'estime de soi. Un enfant présentant une phobie sociale n'aura pas forcement une faible estime de soi, alors que l'adulte phobique social sera très vulnérable à un état dépressif et à une mauvaise estime de soi. Les expériences sociales douloureuses ont déjà fait des ravages sur l'image de soi de l'adulte.

Le lecteur trouvera dans cet ouvrage la démarche complète des thérapies comportementales et cognitives telle qu'elle est pratiquée en clinique juvénile : évaluation et diagnostic, des explications psychoéducatives données à l'enfant et à ses parents sur sa problématique, étude de la motivation au changement de l'enfant et de son entourage proche et enfin définition opérationnelle du projet thérapeutique et planification des modalités d'application de stratégies thérapeutiques spécifiques du trouble.

Luis Vera

Avant-propos de cette nouvelle édition

Dans cette 2e édition, nous avons insisté sur trois points essentiels : le premier concerne les particularités de la prise en charge de certaines pathologies chez le jeune par rapport à celle de l'adulte, le deuxième concerne les facteurs optimisant la réussite du traitement et le troisième concerne quelques adaptations récentes et encore empiriques des techniques thérapeutiques cognitivo-émotionnelles, notamment dans le traitement du trouble obsessionnel compulsif, mais aussi potentiellement thérapeutiques dans le traitement de la dépression.

Pour le premier point, nous avons sélectionné uniquement quatre troubles représentatifs de l'apport des thérapies comportementales et cognitives afin d'éviter des redites. Parmi les troubles anxieux, la phobie scolaire est celle qui nécessitera l'application de nombreuses techniques thérapeutiques en collaboration avec l'entourage proche dans un laps de temps court. Nous observons une augmentation de 5 % de phobie scolaire en une vingtaine d'années, ce qui pourrait être interprété comme un indice d'augmentation du trouble ; en fait, il existait un retard de repérage, de diagnostic. Certes, la difficulté d'identification du type de refus scolaire ne rend pas la tâche facile, même à l'heure actuelle. Le diagnostic plus aisé et rapide diminue les conséquences graves si l'absentéisme scolaire s'installe et se pérennise : isolement social et/ou syndrome dépressif avec risque suicidaire. Les grands principes du traitement multidisciplinaire sont de plus en plus connus et diffusés. Nous espérons avoir donné des repères diagnostiques et des pistes de traitement. Il faut tout d'abord favoriser la mise en œuvre des systèmes de dépistage précoces des refus scolaires à l'école (médecine scolaire) ; puis il est important d'identifier les processus anxieux sous-jacents au refus scolaire ; enfin, il est souhaitable de proscrire les certificats de déscolarisation ou d'inscription au Centre national d'éducation à distance (CNED). Favoriser le retour à l'école le plus rapidement possible en utilisant éventuellement les outils proposés par l'Éducation nationale est un acte thérapeutique fondamental. Puis, il faut adresser à un spécialiste si la re-scolarisation est impossible. La désensibilisation systématique, l'exposition graduelle aux stimuli anxiogènes, la restructuration cognitive, et l'autocontrôle ont une efficacité montrée dans le refus anxieux de l'école.

Dans le trouble obsessionnel et compulsif (TOC), les difficultés de dépistage liées à la pathologie résident dans la distinction entre les rituels développementaux et les rituels obsessionnels pathologiques. L'efficacité des

TCC est démontrée, mais il persiste 20 % de TOC résistants. Il est conseillé de rechercher systématiquement un TOC chez les enfants anxieux ou dont l'un des parents présente un TOC. Être vigilant devant des symptômes non spécifiques tels que crises de colère, lenteur, repli et difficultés scolaires est une démarche favorisant le diagnostic rapide. Puis évaluer correctement la sévérité du trouble (souffrance ressentie, retentissement) et sa comorbidité permet d'appréhender le trouble dans toute sa complexité.

Il existe un consensus pour débuter le traitement par TCC et les associer au traitement médicamenteux si les résultats thérapeutiques sont incomplets. Nous avons décrit les principales stratégies thérapeutiques utilisées dans ce trouble : décomposer les gestes ritualisés, différer le rituel (minutes, heures...), identifier les émotions vécues pendant la période d'attente, identifier le niveau de la force compulsive, constater l'affaiblissement des idées obsessionnelles.

Dans cette 2e édition, nous avons décrit des techniques cognitives en cours d'évaluation chez l'adulte. Trois théories et leur implication thérapeutique ont été décrites par rapport au trouble obsessionnel compulsif. Il s'agit de la théorie de la pleine conscience, de la thérapie rationnelle émotive et enfin de la thérapie d'acceptation et d'engagement. Le point commun de ces théories est de donner une place primordiale aux émotions : si l'on prend de la distance et que l'on apprend à observer le ressenti sans jugement ni rejet, l'investissement des émotions sera moins violent et par conséquent les pensées qui s'ensuivent pourront augmenter la flexibilité cognitive et la probabilité de changement.

Le trouble hyperactif est abordé par une approche thérapeutique multimodale. Les comportements cibles sont l'attention focalisée, l'estime de soi, la concentration. Un autre élément important dans la psychothérapie est la prise de conscience de l'intérêt d'apprendre des conduites de gestion de l'hyperactivité motrice et cognitive. Par exemple, la prise de conscience des renforcements positifs de conduites hyperactives inadaptées (« image de soi dynamique ») joue un rôle thérapeutique important.

Nous avons également vu les nouvelles addictions : les jeux vidéo et internet (enfants et adolescents) et la consommation de substances illicites. L'intérêt des entretiens de motivation dans le traitement et la prévention de ces nouveaux « troubles » est de plus en plus souligné par les thérapeutes. Les entretiens de motivation sont actuellement source de réflexion sur leur intérêt dans les troubles obsessionnels compulsifs résistants.

Nous pensons qu'il est important de tenir compte de plusieurs facteurs renforçateurs de l'efficacité thérapeutique auprès des enfants et des adolescents : ceux liés au psychothérapeute, ceux liés à la pathologie, ceux liés à la comorbidité, ceux liés au patient, ceux liés aux conditions de traitement, ceux liés aux critères d'évaluation des modifications des symptômes et enfin ceux liés au suivi après thérapie.

Par rapport aux symptômes, nous avons décrit dans cette édition la conceptualisation des troubles du sommeil originés par l'anxiété. Ce symptôme transnosographique est source de handicap physique et psychique

Les facteurs associés au thérapeute concernent ses connaissances cliniques, son niveau de formation en psychologie de l'enfant et en TCC. Son savoir-faire thérapeutique, sa disponibilité en fonction de la technique appliquée et sa capacité à apprendre à repenser en fonction de l'évolution le projet thérapeutique sont déterminants du succès thérapeutique recherché. Nous avons ici abordé les thérapies de groupe pour des enfants timides, car nous pensons que la description des séances apportera un nouveau savoir-faire thérapeutique.

Les facteurs concernant la pathologie sont les connaissances solides du thérapeute à propos des modalités du début de la maladie (progressif, brutal), le type d'évolution (stable, instable, rechutes, récidives, rémission spontanée). De plus, peut-on parler de guérison ou seulement de diminution de la fréquence ou de l'intensité de la pathologie ?

En ce qui concerne la comorbidité, les thérapies comportementales et cognitives postulent que le projet thérapeutique devrait suivre une logique de traitement en fonction du handicap provoqué par les troubles associés. Par exemple, une dépression associée est un obstacle majeur au traitement de certains troubles anxieux, notamment le refus anxieux de l'école. La dépression doit être traitée en priorité. Ainsi, les éventuels traits pathologiques de personnalité peuvent rendre très difficile la prise en charge : par exemple, la paranoïa et la dépendance seront des obstacles majeurs dans le développement de la compliance au traitement.

Les facteurs liés au jeune patient sont en rapport avec sa capacité à fonctionner dans un engagement actif de recherche de solutions à son problème, de son seuil de tolérance aux explications données par le thérapeute (type de trouble, techniques thérapeutiques) et surtout du respect des tâches assignées.

Les conditions de traitement sont cruciales dans la réussite de la psychothérapie. Quels sont les arguments justifiant un traitement individuel par rapport au traitement de groupe ? La durée de chaque séance doit être planifiée et respectée en fonction de la technique thérapeutique utilisée. Comme nous l'avons vu, la fréquence de séances dépendra de la pathologie abordée. La préparation à l'arrêt des séances doit être intégrée dans le projet thérapeutique, notamment dans les pathologies à risque de rechutes (dépression, phobie scolaire).

Les critères de réussite du traitement doivent, dans la mesure du possible, intégrer des outils d'évaluation de réussite du traitement. Ces outils objectifs doivent être appliqués avant et après traitement. Si le jeune patient a plusieurs cibles thérapeutiques, le traitement doit être séquentiel. Dans le contrat thérapeutique, on doit anticiper le type de suivi après traitement :

séances de rappel (renforcement positif du maintien des progrès), séances thérapeutiques espacées, séances de soutien, séances familiales. Le type de suivi après traitement est également à planifier ; après une tentative de suicide, notamment, le suivi doit être long et mesuré en années.

Nous pensons que le principal constat actuel sur l'état de développement de la psychothérapie en général et en particulier pour les thérapies comportementales et cognitives chez le jeune patient concerne la recherche clinique qui donne une note d'optimisme : la plupart des troubles psychologiques du jeune sont susceptibles d'être traités efficacement.

Luis Vera

Abréviations

ALAC	*Alcohol Advisory Council*
APA	*American Psychiatric Association*
BDI	*Beck Depression Inventory*
CAGE	*Cut down your Dinking, Annoyed by criticism, Guilty about drinking, Eye opener in the morning*
CDI	*Children Depression Inventory*
CIM-10	Classification internationale des maladies, 10e édition
CMAS	*Children's Manifest Anxiety Scale*
CMME	Clinique des maladies mentales et de l'encéphale
CYT	*Cannabis Youth Treatment*
Δ9THC	Δ9-tétrahydroxycannabinol
DS	Désensibilisation systématique
DSM	*Diagnostic and Statistical Manual of Mental Disorders*
ECAP	Échelle comportementale d'anxiété phobique
ECBU	Examen cytobactériologique des urines
EEG	Électroencéphalogramme
ENPI	Énurésie nocturne primaire isolée
IAD	*Internet Addiction Disorder*
IAT	*Internet Addiction Test*
ICAAR	Influence du cannabis sur l'émergence de symptômes psychopathologiques chez les adolescents et jeunes adultes présentant un état mental à risque
ISPE	Inventaire de schémas précoces pour enfants
NIMH	*National Institute of Mental Health*
OFDT	Observatoire français des drogues et des toxicomanies
OST	*One Session Treatment*
PIU	*Pathological Internet Use*
QEC	Questionnaire d'évitement cognitif
QIG	Quotient intellectuel général
QIP	Quotient intellectuel performance
QIV	Quotient intellectuel verbal
RBPC	*Revised Behavior Problem Check-list*
RCMAS	*Revised Children's Manifest Anxiety Scale*
SEI	*Self-Esteem Inventory*
SNAP	*Successful Negotiation Acting Positively*
STAIC	*State-Trait Anxiety Inventory for Children*
TAG	Trouble anxiété généralisée
TAT	*Thematic Apperception Test*
TCC	Thérapies comportementales et cognitives
TDA-NOS	Trouble déficitaire de l'attention non spécifié
TDAH	Trouble déficit de l'attention/hyperactivité

TOC	Trouble obsessionnel compulsif
UIV	Urographie intraveineuse
WISC-R	*Wechsler Intelligence Scale for Children, Revised*
Y-BOCS	*Yale-Brown Obsessive Compulsive Scale*
YCGSI	*Yale Children's Global Stress Index*

Tables des matières

1 Les thérapies comportementales et cognitives chez l'enfant et l'adolescent : modèles théoriques

L. Vera

Hypothèses de base sur le développement, le maintien et le traitement de conduites psychopathologiques

Les thérapies comportementales et cognitives (TCC) s'adressent en particulier à des conduites anxieuses, dépressives ou inadaptées en tant que *mode de conduite habituel*. La population clinique traitée par ces méthodes se situe du jeune enfant à l'adulte âgé. Les premiers travaux qui ont donné la légitimité scientifique à cette approche thérapeutique sont issus de la psychologie expérimentale. Ils concernaient la modification des peurs chez le jeune enfant. Depuis, trois hypothèses de base ont guidé les différents travaux de cliniciens.

La première hypothèse de base postule qu'un grand nombre de difficultés psychologiques sont largement influencées par des *phénomènes d'apprentissage*. Un trouble spécifique va donc se développer dans des conditions où il existe des *facteurs favorables à l'apparition des conduites pathologiques* qui vont être intégrées dans le répertoire comportemental de l'enfant. Les conduites pathologiques s'expriment au niveau du corps (sensations physiques), du comportement observable, de la pensée et des émotions.

La deuxième hypothèse suppose que la persistance des conduites pathologiques est due à des *facteurs de causalité ou de maintien qui persistent et qui empêchent la disparition du trouble*. Par exemple, un enfant timide, souffrant d'anxiété sociale, qui n'a jamais pu dire non aux diverses sollicitations de jeunes de son âge par peur d'être rejeté ou exclu, ne peut pas adopter une conduite de refus verbal car il craint ne pas savoir gérer la conduite d'autrui face à son refus. En effet, n'ayant jamais vécu la situation, il n'a jamais appris à gérer la colère d'autrui, la frustration, la manipulation ou l'insistance de l'autre face à la nouvelle conduite de dire non. Les facteurs de maintien (peur d'être rejeté ou exclu, ou bien peur de ne pas savoir comment réagir face à autrui) inhibent son désir de dire non. *Identifier les facteurs de maintien du trouble* et les modifier à l'aide de stratégies thérapeutiques constituent le but principal des TCC.

La troisième hypothèse de base concerne la thérapeutique. *L'apprentissage de conduites* efficaces dans l'annulation de l'angoisse persistante, dans l'inhibition de comportements inadaptés, dans la modification de la façon de penser et la gestion émotionnelle a des effets thérapeutiques. La modification de facteurs de maintien de conduites pathologiques ou « comportements problèmes » et l'apprentissage de nouvelles conduites sont donc la cible thérapeutique de cette méthode psychothérapeutique. L'enfant anxieux qui a peur de dire non apprendra progressivement à donner force à son désir de refuser en identifiant son discours intérieur (son monologue interne) qui le pousse à se taire. Il développera, aidé par le thérapeute, un discours où il va se laisser guider par des instructions rassurantes sur le fait que dire non ne conduit pas forcément à un conflit, au rejet ou à l'exclusion. Les thérapies comportementales et cognitives d'affirmation de soi se réfèrent largement au développement psychologique, surtout lorsque l'enfant souffre d'anxiété sociale ou a une faible estime de soi. Elles vont favoriser par ces méthodes thérapeutiques les apprentissages concernant les relations avec autrui, de l'adulte aux camarades plus jeunes que lui.

Les publications scientifiques se réfèrent en général à la classification américaine de troubles psychologiques (DSM-V : *Diagnostic and Statistical Manual of Mental Disorders, 5th ed.*). Cette classification décrit certains troubles psychologiques spécifiques à l'enfance tels que l'anxiété de séparation, l'hyperactivité, le mutisme électif, les troubles du comportement, les troubles de l'apprentissage, etc. D'autres troubles sont décrits comme présents aussi bien chez l'adulte que chez l'enfant, la phobie sociale, la dépression, le trouble obsessionnel compulsif, les phobies spécifiques, l'agoraphobie, etc.

Dans cet ouvrage, nous présenterons les données actuelles concernant les principaux troubles chez le jeune : les bases théoriques permettant de conceptualiser le trouble, les facteurs de maintien, les outils thérapeutiques et la logique de traitement qui se dégage pour chaque trouble. L'alliance thérapeutique et un suivi thérapeutique espacé de prévention de rechutes sont des facteurs auxquels les cliniciens s'intéressent également (Roy et Gillett, 2008). Nous parlerons des particularités du développement de l'alliance thérapeutique dans les différents chapitres consacrés aux troubles. En effet, on observera des conduites de résistance au changement différentes selon le trouble.

Notions de base générales

À l'heure actuelle, certains auteurs décrivent l'histoire des thérapies comportementales et cognitives en utilisant la symbolique de vagues qui en arrivant au rivage se rencontrent (Cottraux, 2007), la troisième vague étant la vague émotionnelle précédée par la vague cognitive et la vague comportementale. Ce mouvement actuel concernant la vague émotionnelle, à notre avis, correspond au besoin d'intégrer des mouvements théoriques dont la découverte des émotions est comme la cible thérapeutique majeure est le dénominateur commun. Cependant les deux premières vagues (comportementale et cognitive) ont toujours donné une place importante aux émotions soit comme facteur explicatif d'un trouble, soit comme cible thérapeutique. Ceci est clairement exposé depuis la « vague comportementale » par des cliniciens travaillant en TCC chez l'enfant (Beidel, 1991). Nous-mêmes en 1990 (Vera et Leveau) avons décrit la théorie de l'attachement comme étant un point central dans l'explication du trouble d'anxiété de séparation. Dans les travaux publiés chez l'adulte, le rôle des émotions dans les programmes thérapeutiques a été moins explicite, mais toujours implicitement présent. D'ailleurs la thérapie rationnelle émotive d'Albert Ellis (1962) donne aux émotions un statut majeur dans le changement psychologique, aussi bien chez l'adulte que chez l'enfant (Ellis, 1977). Hannesdottir et Ollendick (2007) après analyse de la littérature constatent que 30 % d'enfants traités en TCC restent avec des séquelles anxiodépressives. Ils proposent d'intégrer systématiquement à la psychothérapie cognitivo-comportementale des stratégies thérapeutiques destinées à équilibrer des éventuels dysfonctionnements émotionnels. Les outils thérapeutiques émotionnels seront décrits dans les différents chapitres de ce livre, notamment dans le chapitre consacré à l'estime de soi.

En général, les psychothérapeutes d'enfants sont plus proches que les psychothérapeutes d'adultes des données de la psychologie du développement où les facteurs d'acquisition comportementale sont décrits comme indissociables de facteurs cognitifs et émotionnels. Indépendamment des positions théoriques actuelles qui, chez l'enfant, n'ont pas encore prouvé leurs hypothèses dans l'acquisition de conduites pathologiques, on distingue trois *mécanismes de conditionnement ou mécanismes d'apprentissage à base de la plupart des troubles psychologiques* : le conditionnement classique, le conditionnement opérant et l'apprentissage cognitif.

Le conditionnement classique

Au début du siècle dernier, l'expérience d'Ivan Pavlov décrit le conditionnement classique : si l'on présente un stimulus normalement neutre, par exemple un son, juste avant de donner de la nourriture à un chien et si l'expérience est répétée plusieurs fois, le chien finira par saliver uniquement par le son : il y a conditionnement par association. Mais si le son est présenté, plusieurs fois, sans nourriture, la salivation ne se produira plus, car il y a « extinction » du fait que le son sans être associé à la nourriture perd le pouvoir de déclencher la salivation et il redevient neutre dans le processus alimentaire, il y a déconditionnement.

Ceci montre que certains stimuli peuvent s'associer à l'insu du sujet et acquérir des propriétés de déclenchement de conduites. On constate que l'association est souvent de courte durée. L'aspect transitoire de certains conditionnements permet une meilleure adaptation de l'enfant à son milieu. Les habitudes acquises par conditionnement peuvent évoluer — intégration dans le répertoire comportemental, modification, disparition — en fonction des exigences de l'environnement. Cependant, chez certains sujets cette association pour des raisons diverses va persister et provoquer des troubles, notamment phobiques. Watson, en 1920, induit une phobie chez un enfant à partir de cette théorie du conditionnement classique. Dans ses expériences, c'est l'intensité du stimulus neutre qui joue un rôle central dans la production de réponses émotionnelles négatives : la notion de conflit interne générateur d'anxiété n'est pas intégrée dans l'explication du mécanisme de conditionnement classique de la peur. Watson produira de nombreuses recherches chez l'enfant dans le domaine de l'acquisition de conduites pathologiques (1924).

Mary Cover Jones en 1924 réalise la première thérapie comportementale : elle expose peu à peu des enfants à l'objet de leur peur, tout en les récompensant de cette « exposition » : la peur est mise en compétition avec le plaisir associé à la récompense. Mary Cover Jones déconditionne également la peur chez les enfants en leur montrant d'autres enfants qui eux n'ont pas peur en s'exposant aux objets à la base de la peur : l'observation et l'imitation peuvent atténuer l'intensité de la peur acquise. Cette première thérapie comportementale demeure alors une expérience. Dans ces expériences, nous pouvons constater que la peur acquise peut être engendrée par des stimuli neutres de toute sorte : auditifs, visuels, tactiles, etc. Un deuxième constat souligne le rôle des émotions positives ou agréables dans la diminution de la peur conditionnée. S'exposer progressivement aux objets phobogènes finit par inhiber ou faire disparaître la peur. Wolpe (1975) théorisera en 1952 le principe d'exposition à l'objet phobique. Le conditionnement classique de l'anxiété postule qu'une réponse anxieuse à un objet ou à une situation se développe secondairement à l'association entre la peur et un stimulus neutre. Par exemple, un enfant qui regarde un film dans lequel un homme blesse une femme à la tête peut avoir peur des têtes de poupées car elles ont été associées à la peur ou aux sensations désagréables éprouvées lorsqu'il regardait le film. Ainsi, la ressemblance entre deux stimuli peut favoriser le développement d'un trouble phobique.

En 1969, Marks distingue les phobies simples ou spécifiques et les phobies sociales. Pour lui, ces deux troubles phobiques sont acquis par conditionnement classique, mais la méthode de traitement ou de déconditionnement peut être différente. Il propose pour les phobies spécifiques la thérapie d'immersion : il s'agit non plus de confronter progressivement à des situations de plus en plus effrayantes afin de faire disparaître l'anxiété, mais d'immerger directement le patient face à sa plus grande peur, l'encourager à y rester pendant une durée longue (quelques heures). De plus, il insiste sur le rôle capital de la répétition (au moins une dizaine de fois) de cette immersion dans l'annulation de l'anxiété. Très récemment, chez l'enfant et l'adolescent (âgés entre 7 et 17 ans), certains auteurs ont constaté que les phobies spécifiques étaient considérablement atténuées après une seule séance d'exposition progressive d'une durée longue, l'élément essentiel thérapeutique de cette longue séance étant l'insistance du thérapeute sur la prise de conscience du contact non dangereux avec l'objet phobogène. La cible thérapeutique est donc le changement cognitif. L'autre élément important responsable de l'efficacité thérapeutique, constaté chez 60 jeunes traités par cette méthode, est la répétition quotidienne (pendant au moins 10 jours) de l'exposition longue chez l'enfant aidé ou pas par ses parents. En 2008 Kimberly *et al.* confirment dans une étude critique de publications sur cette technique (*One Session Treatment*, OST) son efficacité dans le traitement des phobies chez le jeune patient.

Briser avec méthode l'évitement comportemental et cognitif est thérapeutique. Plusieurs stratégies thérapeutiques tentent de briser le lien établi entre l'anxiété et le stimulus phobogène. Les principales techniques sont la désensibilisation systématique, l'immersion et l'exposition graduelle. Le principe de ces techniques consiste à exposer le patient à des stimuli faibles suscitant une peur minimale et à augmenter progressivement leur intensité ou bien, dans le cas de l'immersion, à présenter d'emblée des stimuli fortement anxiogènes pour le patient. L'exposition aux situations redoutées repose sur le constat que les réactions d'anxiété sont désagréables, voire aversives, et elles provoquent, souvent, des *réponses d'évitement* actives, nouvellement acquises, visant à empêcher la confrontation à la situation redoutée. Plus récemment la réalité virtuelle est intégrée dans les traitements par exposition chez l'enfant phobique (Bouchard *et al.*, 2007). Sur le plan de la prévention, des méthodes thérapeutiques comportementales et cognitives dans la prévention de troubles anxieux ont été testées avec succès par Hirshfeld-Becker *et al.* (2008).

Stratégies thérapeutiques fondées sur le conditionnement classique

- Désensibilisation systématique
- Exposition
- Immersion

Sur le plan clinique, l'exposition au stimulus anxiogène dans ses diverses modalités d'application entraîne la diminution de l'anxiété et libère les émotions agréables associées à la perception de soi dans une situation qui auparavant était inenvisageable et presque systématiquement évitée.

Le conditionnement opérant

En 1953, Skinner, fortement influencé par les travaux d'Ivan Pavlov et ceux du premier béhavioriste J. Watson, décrit ce qu'il nomme conditionnement opérant, qui montre comment les individus acquièrent leur comportement en sélectionnant ceux qui seront positifs pour eux. Il tentera de l'appliquer à une meilleure compréhension de l'éducation. Ce type de conditionnement marque profondément les thérapies comportementales. Le conditionnement opérant est obtenu par l'intermédiaire des stimuli qui suivent une réponse donnée ou qui en sont la conséquence. *Le comportement est modifié par ses conséquences*. Ainsi, il s'établit une relation fonctionnelle entre le comportement et le stimulus ou les stimuli qui suivent ce comportement : ce sont les *renforcements*. Le renforcement positif augmente la probabilité d'apparition d'un comportement, le renforcement négatif (qui est désagréable pour le sujet) augmente également la probabilité d'apparition d'un comportement, mais que l'on peut qualifier d'évitement ou d'échappement (le sujet se soustrait à la situation désagréable). Par exemple, la prise de parole en classe étant source d'anxiété pour un adolescent, celui-ci va chercher à ne pas aller à l'école les jours où il risque d'être sollicité verbalement : son comportement d'évitement s'accroît car il ne se sent plus anxieux loin de la situation et la probabilité d'apparition d'une phobie scolaire augmente par conséquent. L'apprentissage des comportements d'évitement se fait par conditionnement opérant.

Les conduites d'évitement comportemental et cognitif sont renforcées car elles sont réductrices de l'anxiété (Mowrer, 1960). Lorsque les réactions phobiques sont établies, elles ont tendance, si elles ne sont pas traitées, à se maintenir. De plus, on peut développer une anxiété d'anticipation considérable. Le thérapeute comportementaliste cherchera à favoriser la disparition des comportements d'évitement et à apprendre au patient à prendre conscience de la diminution progressive de son anxiété lorsqu'il n'évite pas la confrontation aux stimuli anxiogènes. Bien entendu, pour faire face à la situation, la diminution de l'anxiété ne peut diminuer que si l'enfant apprend de conduites efficaces et porteuses d'émotions agréables (dans l'exemple précédent : apprendre à parler en classe sans imaginer que tout le monde critique, se moque, etc.). Plusieurs techniques thérapeutiques, basées sur le principe du conditionnement opérant, sont employées : programmes de renforcement, extinction et *time-out* : le renforcement positif par présentation d'un stimulus agréable, le renforcement négatif (soustraction d'un stimulus) que nous avons déjà défini et le renforcement aversif qui inhibe la probabilité d'apparition d'un comportement ; l'extinction implique l'arrêt de l'application d'une conséquence ayant pour effet de causer la disparition de la réponse anxieuse (ne plus téléphoner toutes les heures pour rassurer un enfant qui craint la disparition de ses parents devrait provoquer la disparition de l'attente anxieuse, toutes les heures, de l'appel téléphonique). En 1968, Ayllon et Azrin mettent au point une thérapie basée sur des jetons (récompenses) auprès de schizophrènes ; à défaut de pouvoir guérir la psychose, cette méthode permet d'enseigner des tâches simples mais précieuses dans les cas difficiles : telles que s'habiller, ranger sa chambre. Ce type de programme de récompense par jetons (ils ont une fonction de renforcement positif) est fréquemment utilisé dans les traitements chez l'enfant hyperactif (Le Heuzey, 2003).

L'apprentissage cognitif

En 1973, Bandura révèle que, si l'on présente à des enfants de 2 ans et demi des adultes maltraitant une poupée, et si ces adultes partent, les enfants imiteront ces comportements violents. En 1977, Bandura formalise l'idée d'apprentissage par modèle (que Mary Cover Jones utilisait déjà en 1924). Il s'agit d'une puissante innovation puisque les mécanismes cognitifs impliqués dans les différentes modalités d'apprentissage sont décrits.

L'observation est l'un des mécanismes de l'apprentissage cognitif qui est à l'origine de certaines phobies, notamment les phobies sociales (Bandura, 2003). Un enfant qui observe les moqueries de camarades de classe lorsqu'un enfant récite une poésie peut avoir peur d'être lui-même l'objet de moqueries. Les techniques d'affirmation de soi, issues de l'apprentissage social, sont un ensemble de procédures thérapeutiques qui visent l'atténuation de la peur du regard critique d'autrui (Wolpe, 1975). Ainsi, des psychologues et des physiologistes ont consacré de nombreux travaux expérimentaux à décrire ces mécanismes d'acquisition de comportements. Ellis développera à partir de 1953 la thérapie rationnelle-émotive.

Dès 1959 apparaissent les prémisses d'une thérapie cognitive. Beck, en effet, qui est psychanalyste, s'intéresse à la dépression et considère un traitement visant les pensées automatiques et les monologues internes. Maier et Seligman (1976), Seligman *et al.* (1984) vont proposer un modèle de dépression chez l'enfant basé sur des expériences de laboratoire sur l'impuissance apprise. Toujours chez l'enfant, Dweck (1980) basé sur ce modèle développe des stratégies thérapeutiques destinées à modifier les réactions d'impuissance et d'abandon face à l'échec. Seligman (1995) lui-même, en s'appuyant sur des stratégies de modification cognitive, crée une façon de traiter le pessimisme chez l'enfant déprimé et également chez l'enfant anxieux.

La *thérapie cognitive* agit sur les pensées du patient présentant une distorsion cognitive (par exemple, la peur excessive des pigeons pourra être modifiée par une information sur les comportements inoffensifs de ces oiseaux et l'appréciation des risques réels d'être attaqué par les pigeons). Il existe plusieurs modalités de thérapies cognitives. Nous les décrivons dans la partie stratégies thérapeutiques.

Les thérapies cognitives, à la suite notamment des travaux de Beck, sont apparues comme un complément nécessaire à l'approche comportementale.

De nouveaux modèles continuent d'apparaître : la thérapie d'acceptation et d'engagement (Hayes, 1999), la thérapie de pleine conscience, cherchant à éliminer les rechutes dépressives (Segal *et al.*, 2001), la thérapie des schémas de Young (2003). Cependant, chez l'enfant, les études de validation des hypothèses thérapeutiques des nouveaux modèles sont pratiquement inexistantes à l'heure actuelle.

Au total, de ces modalités d'apprentissage, sont nées :

- les techniques thérapeutiques comme les techniques d'exposition (qui confronteront le patient à la situation source d'une réaction anxieuse jusqu'à ce que cette réaction invalidante disparaisse) ;
- les techniques opérantes (qui utiliseront des facteurs de renforcement qui aideront le sujet au changement et à l'apprentissage de conduites efficaces pour faire face au quotidien) ;
- les techniques d'entraînement aux habiletés sociales ou des techniques d'affirmation de soi (qui permettront au sujet d'acquérir une meilleure compétence sociale) ;
- et les techniques cognitives et émotionnelles (qui permettront de modifier les croyances, les représentations associées à des événements et les émotions inhibées par l'anxiété).

Place de l'enfant dans l'approche comportementale et cognitive

Pratiquement tous les auteurs ayant publié sur les TCC chez l'enfant et l'adolescent ont une logique de traitement identique. L'enfant et l'adolescent peuvent bénéficier au même titre que l'adulte des techniques thérapeutiques comportementales et cognitives (Kendall, 2000). Le développement cognitif, affectif et comportemental impose des limites à l'application d'outils thérapeutiques. Les limites déterminées par le niveau de développement des jeunes patients sont, à l'heure actuelle, source de créativité de *modalités thérapeutiques nouvelles adaptées à l'enfant*. Pour l'adolescent, on va adapter, avec peu de remaniements, les techniques thérapeutiques employées chez l'adulte. Depuis quelques années des techniques thérapeutiques spécifiques pour l'enfant sont systématiquement appliquées. Munoz-Solomando *et al.* (2008), dans une méta-analyse d'articles cliniques sur les TCC chez l'enfant et l'adolescent, trouvent des données fiables démontrant l'efficacité de cette approche dans le trouble d'anxiété généralisée, dans la dépression, dans le trouble obsessionnel compulsif et dans l'état de stress post-traumatique. Les données sur l'efficacité sont moins évidentes mais positives dans le trouble d'hyperactivité et dans les troubles du comportement. Silverman *et al.* (1992) ont étudié plus spécifiquement l'efficacité des TCC dans les troubles phobiques. Selon ces auteurs, les jeunes phobiques, surtout les phobiques sociaux, s'améliorent rapidement et montrent une bonne adhésion au traitement.

Données de la psychologie à la base des modèles théoriques

La psychologie du développement

Elle s'intéresse tout particulièrement aux mécanismes de progrès du comportement et de la connaissance ; elle étudie les changements qui interviennent dans l'organisation et le fonctionnement des comportements affectifs, moteurs et intellectuels. Les processus mentaux sont inclus sous le terme de comportement sans forcément les observer directement. Au début de la vie, l'activité réflexe concerne beaucoup d'automatismes, de réflexes envisagés dans leur relation avec le milieu extérieur. Ces rapports avec l'extérieur modifient l'expression de l'activité de l'enfant. Pour Piaget (1974), l'expérience individuelle modificatrice des automatismes ou des réflexes permet l'évolution, le déroulement et *l'histoire d'un comportement*. La psychologie du développement s'interroge sur le fonctionnement mental qui permet de parler d'histoire comportementale. Les rapports entre inné et acquis sont un point central de discussion. Pour certains auteurs, le développement psychologique dépend d'un programme génétique précis, mais ils admettent, qu'au fur et à mesure de l'évolution des espèces, il apparaît une certaine souplesse dans la programmation génétique ; il y aurait une partie fermée, dont l'expression est strictement fixée, et une autre, ouverte, qui laisse à l'individu une certaine liberté de répondre. Ce sont les capacités d'apprentissage et de mémoire qui permettent cette souplesse dans la programmation génétique. Les travaux de Gesell (1953) décrivent de façon minutieuse des *séquences du développement psychologique*. À l'aide des techniques d'observation comme l'enregistrement vidéo, Gessell montre, par exemple, les moments successifs de l'évolution de la préhension manuelle et de la coordination visuomotrice dès la naissance à plus d'un an, depuis les mouvements de préhension réflexe aux premiers mouvements coordonnés vers un objet perçu et jusqu'à la préhension fine avec opposition pouce-index. Dès la naissance à l'adolescence, quatre domaines suivent des séquences bien identifiées :

1. développement moteur ;
2. comportements adaptatifs ;
3. langage ;
4. comportement social.

Les séquences sont fixes et programmées par des processus de maturation. L'expérience, l'entraînement introduisent des variations, mais elles sont de faible amplitude. L'environnement joue un rôle régulateur, facilitateur et éventuellement il peut déclencher des capacités mises en place par la maturation. L'un des arguments en faveur du primat de la maturation concerne l'*inutilité des apprentissages précoces* d'une conduite faisant partie de la séquence maturative ; il est impensable d'apprendre la marche à un enfant de 4 mois, le contrôle sphinctérien n'est envisageable que lorsque la station assise sans appui est stabilisée. Le développement cognitif montre de façon évidente que le traitement de la pensée obsessionnelle, anxieuse ou dépressive nécessite des ajustements qui tiennent compte des caractéristiques de la pensée en cours de développement. L'enfant de 5 ans qui ne peut pas comprendre encore qu'à la base de certaines conduites il y a souvent des intentions différentes ne pourra pas être réceptif à un discours qui le rassure sur le fait qu'il a été frappé sans méchanceté par son meilleur ami. Il ne comprendra pas : « il ne voulait pas te faire mal ». En fait, l'enfant focalise sur la conséquence d'une conduite avant de pouvoir envisager plusieurs intentions pour une même conduite (la conséquence négative l'emporte sur l'intention positive ou neutre). Son niveau de développement cognitif provoque des déformations cognitives très différentes de celles qui sont observées chez l'adulte. Ce constat nécessite un diagnostic précis du type de déformation cognitive : par exemple l'enfant pessimiste déformera la réalité en l'adaptant à son tempérament dépressif parce qu'il « rate » une partie de la réalité. L'adulte est capable de percevoir tous les éléments de la réalité, mais il les interprétera selon des distorsions cognitives précises basées sur la logique. L'enfant de 8 ans étant dans une pensée concrète et incapable encore d'élaborer aisément à un niveau abstrait ne pourra pas avoir à sa disposition tous les éléments de réflexion : son pessimisme est maintenu par des éléments manquants dans sa pensée. Piaget considère que l'hérédité n'offre qu'un ensemble de possibilités d'action, qu'il reste à actualiser et qui, une fois actualisées, portent en elles-mêmes leur capacité d'autorégulation et d'autoconstruction. Par exemple, l'accès à la pensée logique dépend, pour lui, de la possibilité de raisonner correctement, mais le développement, le perfectionnement de la pensée logique dépendra des expériences qui permettront sa construction en dehors de l'influence de l'hérédité. Pour Piaget, il n'y aurait pas un gène de pensée logique, il y aurait la possibilité d'avoir accès à la pensée par un processus de *construction psychologique*. La variabilité extrême des personnalités, des attitudes sociologiques et culturelles, des échelles de valeur, laisse à penser que, dans le domaine du développement psychique, l'expérience a une influence déterminante : interaction dynamique entre le programme génétique et l'influence du milieu.

> Cette vision de constructivisme psychologique a largement contribué au développement des techniques cognitives adaptées à l'enfant (modification des attributions, modifications de pensées erronées, technique de résolution de problèmes, développement d'un discours interne « protecteur » ou auto-instructions, etc.).

La psychologie du développement émotionnel

Bowlby (1978) a développé une théorie fondée sur des découvertes éthologiques. D'après cette théorie, *l'attachement* du nourrisson à sa mère trouve son origine dans un certain nombre de systèmes de comportements de l'espèce, relativement indépendants les uns et les autres au début, apparaissant à des moments divers, s'organisant autour de la mère comme objet principal et servant à lier l'enfant à sa mère et la mère à son enfant. Bowlby décrit cinq systèmes de conduite contribuant à l'attachement : sucer, s'accrocher, suivre, pleurer, sourire. Ces comportements représentent un système de « contrôle dirigé » vers un but : que l'enfant tende à se maintenir à proximité de sa mère. Lieberman et Van Horn (2008) insistent sur le rôle de la qualité de l'attachement dans le sentiment d'insécurité que l'enfant ressent. N'étant pas sûr qu'il est aimé malgré toutes les marques d'attention que l'on puisse lui faire, il va interpréter certains comportements des parents comme des signaux de rejet. Nous reprendrons dans le chapitre anxiété de séparation la contribution de la théorie de l'attachement à la psychothérapie chez le jeune. Pour certains auteurs, la théorie de l'attachement pourrait expliquer certains troubles de la personnalité chez l'adulte (Cottraux, 2007).

La psychologie de l'apprentissage

Elle tente d'expliquer ou de répondre à la question concernant les mécanismes d'acquisition et de modification comportementale. Pour comprendre la place de l'enfant dans l'approche cognitivo-comportementale, il est indispensable de faire appel à deux points. Le premier concerne les capacités d'apprentissage des enfants : il existe des divergences dans la rapidité et la stabilité avec lesquelles s'établissent les réponses conditionnées, il faut donc tenir compte des différences individuelles dans l'application des techniques thérapeutiques. En effet, le type de système neurovégétatif diffère suivant les enfants ; par exemple, un même bruit déclenchera des réactions différentes. Plus un enfant est labile et réagit facilement de manière trop importante et trop persistante, plus il peut développer des phobies, des obsessions, alors que le sujet à réactivité faible ne sera perturbé que par des stress importants. Sur le plan des capacités d'apprentissage, il existe des modalités d'apprentissage dominantes selon l'âge de l'enfant. L'enfant jeune (4-6 ans) peut imiter remarquablement et bénéficier de ce fait des techniques utilisant des modèles, les enfants âgés de 6 à 8 ans peuvent faire semblant et ressentir de l'empathie : ils seront sensibles donc à des jeux de rôles thérapeutiques. Le deuxième point concerne l'activité de l'enfant. Celle-ci, grâce à l'équipement sensoriel, moteur et conceptuel du sujet, est une source d'information, d'acquisition et de modification des comportements. La plupart de stratégies thérapeutiques vont intégrer l'apprentissage de conduites inhibitrices de difficultés psychologiques. Ces notions d'apprentissage ont largement contribué aux programmes de modification comportementale basés sur le renforcement positif, négatif ou aversif de conduites.

Conclusion

Les TCC représentent le point central d'articulation entre la psychologie de l'apprentissage, la psychologie du développement cognitif, la psychologie du développement émotionnel et la psychopathologie. En effet, ces thérapies ne s'attachent pas de façon étroite à l'étude d'un ensemble de réponses ajustées aux stimuli qui les déclenchent. Elles s'intéressent aux mécanismes d'acquisition des comportements normaux et pathologiques, les mécanismes étant les différentes formes d'apprentissage. La possibilité d'acquisition comportementale dépend de multiples agents dans le développement, et malgré cette diversité, les TCC tentent de déterminer les chemins par lesquels un comportement a été acquis, les capacités cognitives étant reconnues comme conditionnant les possibilités d'apprentissage. Les TCC analysent d'une manière approfondie les nombreuses variables développementales, comportementales, émotionnelles et cognitives responsables des troubles psychologiques. Tous les modèles théoriques psychologiques auxquels se réfèrent les TCC admettent le rôle déterminant de l'expérience dans le développement normal et dans le développement de conduites pathologiques. La différence majeure entre les modèles théoriques des TCC chez l'adulte et les modèles concernant l'enfant que nous venons de mentionner dans les pages précédentes est la *notion de renforcement ou d'apprentissage de conduites adaptées qui interviendront dans le développement cognitif, affectif et comportemental.* Chez l'adulte, les fonctions psychologiques sont déjà constituées. Il s'agit donc surtout d'un travail psychothérapeutique de modification cognitive, comportementale et affective chez un individu « déjà construit ».

Le but principal des TCC chez l'enfant est la modification des comportements inadaptés ou pathologiques afin de lui restituer son autonomie et renforcer les fonctions organisatrices de sa personnalité. Vision constructiviste du changement chez le jeune où les fonctions psychologiques sont en cours de développement et défi thérapeutique afin de créer de stratégies thérapeutiques adaptées à l'enfant.

Références

Ayllon T., & Azrin N. (Eds). (1968). *Traitement comportemental en Institution Psychiatrique*. Bruxelles : Dessart.

Bandura A. (Ed). (1973). *Aggression : A social learning analysis*. Englewood Cliffs, NJ : Prentice-Hall.

Bandura A. (Ed). (1977). *Social learning theory*. Englewood Cliffs, NJ : Prentice Hall.

Bandura A. (Ed). (1980). *L'apprentissage social*. Bruxelles : Pierre Mardaga.

Bandura A. (Ed). (2003). *Auto-efficacité. Le sentiment d'efficacité personnelle (1re éd.)*. Paris : De Boeck Université.

Beck, A.T., & Hurvich, M. (1959). Psychological correlates of depression Frequency of « masochistic » dream content in a private practice sample. *Psychosomatic Medecine, 21*, 50-55.

Beidel, D.C. (1991). Social Phobia and Overanxious Disorder in School-Age Children. *Journal of American Academic Child and Adolescence Psychiatry, 30*(4), 545-552.

Bouchard, S., St-Jacques, J., Robillard, G., & Renaud, P. (2007). Efficacité d'un traitement d'exposition en réalité virtuelle pour le traitement de l'arachnophobie chez l'enfant. Une étude pilote. *Journal de Thérapie Comportementale et Cognitive, 17*(3), 101-108.

Bowlby J. (Ed). (1978). *Attachement et perte*. Paris : Presses Universitaires de France.

Cottraux J. (Ed). (2007). *Thérapie cognitive et émotions. La troisième vague*. Paris : Elsevier Masson.

Cover Jones, M. (1924). A Laboratory Study of fear : The case of Peter. *Pedagogical Seminary, 31*, 308-315.

Dweck, C., & Licht, B. (1980). Learned helplessness and intellectual achievement. In J. Garber, & M. Seligman (Eds), *Human Helplessness : Theory and applications* (pp. 197-222). New York : Academic Press.

Ellis A. (Ed). (1962). *Reason and emotion in psychotherapy*. New York : Lyle Stuart Press.

Ellis, A. (1977). The basic clinical Theory of Rational Emotive Therapy. In A. Ellis, & R. Grieger (Eds), *Handbook of Rational Emotive Therapy*. New York : Springer Publishing Company.

Gesell A. (Ed). (1953). *L'embryologie du comportement*. Paris : Presses Universitaires de France.

Hannesdottir, D.K., & Ollendick, T.H. (2007). The role of emotion regulation in the treatment of child anxiety disorders. *Clinical Child and Family Psychology Review, 10*(3), 275-293.

Hayes S.C., Strosahl K.D., & Wilson K.G. (Eds). (1999). *Acceptance and Commitment Therapy : An experimental approach to behavior change*. New York : Guilford Press.

Hirshfeld-Becker, D.R., Masek, B., Henin, A., Blakely, L.R., Rettew, D.C., Dufton, L., *et al.* (2008). Cognitive-behavioral intervention with young anxious children. *Harvard Review of Psychiatry, 16*(2), 113-125.

Kendall P.C. (Ed). (2000). *Child and adolescent therapy : Cognitive-behavioral procedures (*2 nd ed.*)*. New York : Guiford Press.

Kendall, P.C., Hudson, J.L., Gosch, E., Flannery-Schroeder, E., & Suveg, C. (2008). Cognitive-behavioral therapy for anxiety disordered youth : a randomized clinical trial evaluating child and family modalities. *Journal of Consulting and Clinical Psychology, 76*(2), 282-297.

Kimberly, Z., Thompson, E., & Davis, B. (2008). One Session Treatment of Specific Phobias : A Detailed Description and Review of Treatment Efficacy. *Behavior Therapy, 39*(3), 207-223.

Le Heuzey M.F. (Ed). (2003). *L'enfant hyperactif*. Paris : Odile Jacob.

Lieberman A.F., & Van Horn P. (Eds). (2008). *Psychotherapy with Infants and Young Children : Repairing the Effects of Stress and Trauma on Early Attachment*. New York : Guilford Press.

Maier, S.F., & Seligman, M. (1976). Learned Helplessness : Theory and evidence. *Journal of Experimental Psychology : General, 105*, 3-46.

Marks I. (Ed). (1969). *Fears and Phobias*. London : Heineman.

Munoz-Solomando, A., Kendall, T., & Whittington, C.J. (2008). Cognitive behavioural therapy for children and adolescents. *Current Opinion in Psychiatry, 21*(4), 332-337.

Mowrer O.A. (Ed). (1960). *Learning theory and behavior*. New York : Wiley.

Öst, L.G., Svensson, L., Hellstrom, K., & Lindwal, R. (2001). One-session treatment of specific phobias in youths : A randomized clinical trial. *Journal of Consulting and Clinical Psychology, 69*(5), 814-824.

Piaget J. (Ed). (1974). *Réussir et comprendre*. Paris : Presses Universitaires de France.

Roy, H., & Gillett, T. (2008). E-mail : a new technique for forming a therapeutic alliance with high-risk young people failing to engage with mental health services ? A case study. *Clinical Child Psychology and Psychiatry, 13*(1), 95-103.

Segal Z.V., Williams J.M.G., & Teasdale J.T. (Eds). (2001). *Mindfulness-Based Cognitive Therapy for Depression : A New Approach to Preventing Relapse*. New York : The Guilford Press.

Seligman, M., Kaslow, N.J., Alloy, L.B., Peterson, C., Tanembaum, R., & Abramson, L.Y. (1984). Attributional style and depressive symptoms among children. *Journal of Abnormal Psychology, 93*, 235-238.

Seligman M. (Ed). (1995). *The optimistic child*. New York : Houghton Miffl in Company.

Silverman, W.K., & Kearley, C.A. (1992). Listening to our clinical partners : Informing researchers about children's fears and phobias. *Journal of Behavior Therapy and Experimental Psychiatry, 23*(2), 71-76.

Skinner B.F. (Ed). (1953). *Science and human behavior*. New York : Mc Milan.

Vera L., & Leveau J. (Eds). (1990). *Les thérapies cognitivo-comportementales en psychiatrie infanto-juvénile*. Paris : Masson.

Watson J.B. (Ed). (1924). *Behaviorism*. Chicago : Univ. of Chicago Press.

Watson, J.B., & Rayner, R. (1920). Conditioned emotional reactions. *Journal of Experimental Psychology, 3*, 48-55.

Wolpe J. (Ed). (1975). *Pratique de la thérapie comportementale*. Paris : Masson.
Young J.E., Klosko J.S., & Weishhar M.E. (Eds). (2003). *Schema Therapy : a Practitionner's Guide*. New York : The Guilford Press.

Pour en savoir plus

Watson J.B. (Ed). (1928). *Psychological care of infant and child*. New York : Norton.
Watson, J.B., Gaind, R., & Marks, I.M. (1972). Physiological habituation to continue phobic stimulation. *Behaviour Research & Therapy, 10*, 269-278.

2 Techniques thérapeutiques

L. Vera

Évaluation des comportements à modifier ou l'analyse fonctionnelle

Plusieurs facteurs ont été identifiés comme étant à la base des problèmes psychologiques chez le jeune. L'hérédité, la qualité des liens d'attachement qu'il développe par rapport à ses parents et à son entourage, son tempérament, sa façon de gérer le stress dans son quotidien vont déterminer l'entrée dans un trouble psychologique qui nécessitera l'intervention d'un spécialiste.

Le premier geste avant toute décision thérapeutique, est l'évaluation du comportement problème afin d'identifier les facteurs de causalité. Il s'agit d'étudier avec l'enfant et ses parents quel(s) est (sont) le(s) comportement(s) que l'on souhaite traiter, de le(s) préciser, d'en comprendre le contexte et l'histoire. Il s'agit d'une analyse qualitative. L'enfant et l'adolescent seront sollicités pour décrire leurs difficultés. Les parents auront un rôle majeur dans la description de ce qui amène l'enfant à vouloir consulter (peu fréquent) ou de ce qui les incite à demander un avis sur leur enfant. L'adolescent anxieux ou dépressif consulte souvent de sa propre initiative. Le jeune hyperactif est incité à consulter par l'entourage qui vit mal son agitation ou sa distractibilité (Barkley, 2006).

Le style d'entretien du thérapeute est directif, il cherche activement l'information. Il explique aux parents et à l'enfant ou à l'adolescent le but des entretiens : définition objective du comportement. Il les informe sur les méthodes de recueil des données.

La probabilité de provoquer la disparition du problème et, par conséquent, l'estompage des conséquences négatives sur le bien-être de l'enfant repose sur la recherche de modifications stables de ses habitudes, de ses attitudes et de sa qualité de vie. Plusieurs niveaux contribuant aux causes de maintien seront étudiés avant toute intervention : physique, comportemental, émotionnel, cognitif, interpersonnel et familial. Le tableau 2.1 résume les principaux facteurs de maintien des troubles chez l'enfant.

TCC chez l'enfant et l'adolescent

L'analyse fonctionnelle est une méthode clinique d'étude des comportements problèmes que présente un patient dans le but d'isoler des hypothèses thérapeutiques qui seront ensuite utilisées dans le traitement. L'évaluation ou analyse fonctionnelle décrira avec précision le(s) comportement(s) problème(s) en fonction des points suivants :

- fréquence ;
- durée ;
- intensité ;
- variations ;
- modes de déclenchement.

Tableau 2.1. Principaux facteurs de maintien des troubles chez l'enfant.

Niveau	Causes de maintien	Troubles
Physique	– Respiration anxieuse (thoracique) – Interprétation erronée des sensations physiques – Tension physique – Insomnie	– Anxiété généralisée – Attaques de panique – Agoraphobie – Trouble obsessionnel compulsif – Énurésie – Encoprésie
Émotionnel	– Sentiments d'impuissance, de découragement – Absence de plaisir – Peur de la peur – Inhibition de l'expression émotionnelle	– Dépression – Phobie sociale – Trouble obsessionnel compulsif – Faible estime de soi
Comportemental	– Évitement – Fuite – Agitation	– Toxicomanie – Phobie spécifique – Troubles addictifs – Phobie sociale – Énurésie – Encoprésie
Cognitif	– Idées erronées sur soi, autrui et le monde – Agitation mentale – Distractibilité – Attention instable	– Faible estime de soi – Hyperactivité – Dépression
Interpersonnel	– Timidité excessive – Manque d'habilités sociales	– Phobie sociale – Phobie scolaire – Dépression – Troubles addictifs
Familial	– Tension conjugale chez les parents – Rivalité fraternelle	– Dépression – Anxiété généralisée – Phobie spécifique – Énurésie – Encoprésie

Nous avons en 1990 conçu une grille adaptée à l'enfant que nous présentons sous la forme de tableau récapitulatif de symptômes ou troubles actuels et passés. Ils sont décrits en abscisse brièvement en fonction de leur apparition chronologique selon l'âge de l'enfant. Dans la mesure du possible, pour chacun des comportements pathologiques actuels, le thérapeute émet un certain nombre d'hypothèses concernant d'une part les antécédents (par exemple, divorce des parents 6 mois avant l'apparition du trouble, départ d'un grand frère dans une autre ville, etc.), qui pourraient expliquer, du moins en partie, la genèse du comportement (dépression, anxiété généralisée, etc.), d'autre part les conséquents (refus de voir le parent qui est parti de la maison, préoccupation excessive sur des éventuels malheurs qui pourraient affecter le grand frère parti dans une autre ville) sont notés. Ils pourraient expliquer, également en partie, ce qui risque de maintenir le(s) comportement(s) pathologique(s), source de souffrance. Il faut également déterminer, en fonction des contingences de l'environnement et des affects, un certain nombre de stratégies thérapeutiques pour obtenir les changements souhaités. Les stratégies sont indiquées dans la colonne de droite du tableau récapitulatif (tableau 2.2).

Tableau 2.2. Analyse comportementale ou fonctionnelle : tableau récapitulatif.

	Antécédents					Conséquents					Stratégie thérapeutique envisagée						
Symptômes																	
	⇑	⇑	⇑	⇑	⇑	⇑	⇑	⇑	⇑	⇑	⇑	⇑	⇑	⇑	⇑	⇑	
	1	2	3	4	5	6	7	8	9	10	11	12	13	14	15	16	Âge (ans)

L'analyse fonctionnelle est une méthode issue de la psychologie expérimentale, mais en pratique elle se rapproche plus de l'éthologie humaine que de la méthode expérimentale : observation comportementale et cognitive dans des situations réelles afin de *mesurer*.

Sources d'évaluation et d'information

Le récit du patient

Lors de la définition comportementale du problème par le patient, le thérapeute doit de façon active orienter le sujet vers une description de plus en plus précise : « je suis timide » exemple type de piège. En effet, la notion de timidité est facile à comprendre, mais en TCC cette notion est vague.

Adolescent (A) : « Je suis timide. »

Thérapeute (T) : « Quand ? Avec une personne ? Dans un groupe ? »

A : « Je suis inhibé quand je suis dans un groupe. »

T : « Inhibition de gestes ? de la parole ? du regard ? »

A : « Je suis inhibé verbalement dans un groupe. »

T : « Vous ne parlez pas du tout ? »

A : « Je ne peux pas donner un avis personnel dans un groupe. »

T : « Un groupe d'amis ? De connaissances ? En classe ? »

A : « Je ne peux pas donner un avis personnel dans un groupe d'amis. »

T : « Et d'après vous, qu'est-ce qui vous bloque ? »

A : « Je ne peux pas donner un avis personnel dans un groupe d'amis : j'ai peur de décevoir. »

T : « Que se passerait-il si vous déceviez ? »

A : « Je ne peux pas donner un avis personnel dans un groupe d'amis : j'ai peur de décevoir et donc d'être rejeté. »

T : « Que ressentez-vous lorsque vous constatez que vous vous sentez obligé d'inhiber votre avis ? »

A : « Je ne peux pas donner un avis personnel dans un groupe d'amis : j'ai peur de décevoir et d'être rejeté. Je dis être d'accord avec tout ce qui est dit, je suis souriant, mais à l'intérieur de moi je suis très contrarié car je pense tout à fait autre chose. »

T : « La peur de décevoir maintient votre sentiment d'insatisfaction et ce que vous appelez timidité ? »

A : « Tout compte fait je ne parle pas dans un groupe et après, seul, je me prends la tête grave. Je pense sans arrêt à ce que j'aurais pu dire. Cela peut durer 3 jours. J'aimerais donner un avis même s'il ne plaît pas au groupe. Je ne sais pas pourquoi je pense qu'il ne faut jamais être en désaccord. »

L'observation du jeune par le thérapeute

Le thérapeute est censé avoir une attitude d'observation directe et indirecte. L'observation directe concerne les comportements observables : comportement verbal et comportement gestuel. L'observation indirecte ou représentation du sujet concerne la capacité à imaginer le patient concrètement dans son contexte.

Dans l'observation par des jeux de rôles, le thérapeute fait jouer le patient, il lui demande donc de lui montrer sa façon de se comporter. Si le patient est trop inhibé, le thérapeute joue la situation à la place du patient et celui-ci est censé façonner (donner forme) à son comportement.

Après les définitions : les mesures répétées

Après avoir identifié le(s) comportement(s) à problème(s), il faut définir la durée de l'évaluation ou de l'observation. En général on se réfère aux 2 ou 3 semaines qui suivent l'étape diagnostique psychiatrique. *On arrive à l'étape de quantification des données.*

La ligne de base

Elle est construite avec les mesures répétées du comportement qui permettent d'en analyser les fluctuations avant toute intervention (stabilité, croissance, décroissance, disparition, réapparition, etc.). Un exemple de ligne de base est donné figure 2.1.

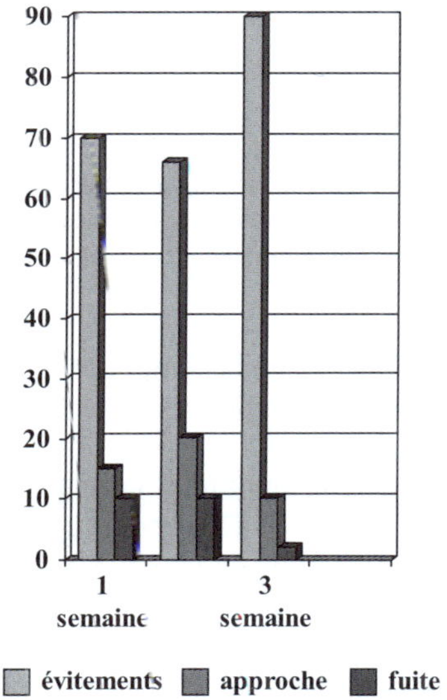

Figure 2.1. Exemple de ligne de base pour une phobie des pigeons.
L'enfant observe ses comportements par rapport aux pigeons pendant 3 semaines.

Pour établir la ligne de base il faut quantifier les variables en rapport avec le problème de l'enfant. Nous présentons quelques méthodes d'observation. Cottraux *et al.* (1985) décrivent l'ensemble de méthodes de quantification pour l'adulte. Nous en avons adapté certaines pour la clinique infantojuvénile.

L'auto-observation

Plusieurs modalités d'auto-observation pour l'enfant et l'adolescent ont été adaptées des méthodes employées chez l'adulte.

L'auto-observation par écrit de la conduite qui pose des problèmes

À partir du moment où l'enfant peut écrire, on peut lui donner une feuille sur laquelle il notera par exemple le nombre de fois (fréquence) où il s'est lavé les mains à un moment donné, défini à l'avance avec lui (voir tableau 2.3). On peut lui demander de noter aussi le nombre de fois où il a

Tableau 2.3. Lavage des mains : exemple de fiche d'auto-observation.

Date	Matin	Après-midi	Soir	Résistance

Instructions : « Dans le tableau, tu vas noter le nombre de fois où tu t'es lavé les mains sans justification (elles n'étaient vraiment pas sales). Dans la dernière colonne du tableau "Résistance", tu noteras le nombre de fois où tu as pu ne pas te laver les mains malgré la "force" qui te poussait à le faire. »

renoncé à se laver les mains malgré la compulsion à les laver (résistance ou lutte contre le rituel). Cette observation sera effectuée plusieurs fois par jour et au moins pendant 2 semaines.

Ces fiches sont utilisées pour quantifier la fréquence dans la plupart de conduites anxieuses.

La figure 2.2 fournit un exemple de ligne de base à partir de la méthode d'observation décrite ci-dessus. Le graphique sous forme d'histogramme décrit le nombre de fois où un enfant se lave les mains par jour (chaque journée fractionnée en trois temps). Le samedi et le dimanche, les lavages sont très nombreux par rapport aux autres jours de la semaine. L'étape suivante est l'investigation de la raison pour laquelle ces 2 jours sont porteurs d'autant de lavages.

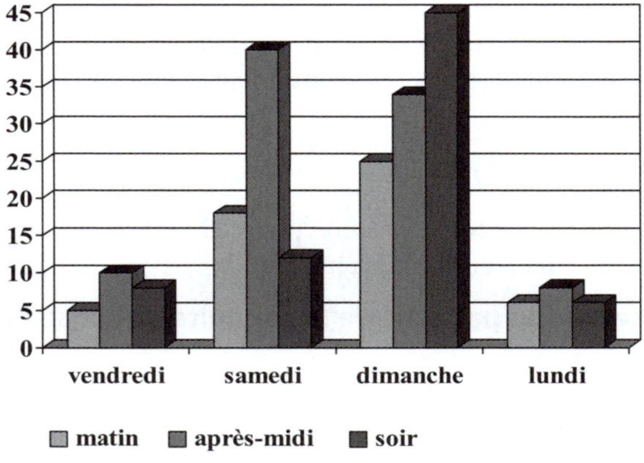

Figure 2.2. Nombre de lavages des mains.

L'auto-observation par écrit des conduites d'évitement

L'enfant est entraîné à repérer les conduites d'évitement qu'il adopte dans la vie de tous les jours surtout par rapport au problème pour lequel il sera aidé. On lui donne une fiche d'auto-observation par jour. Un exemple de fiche est fourni (voir tableau 2.4).

Tableau 2.4. Exemple de fiche d'auto-observation quotidienne.

Date :	
Conduite :	**Nombre de fois :**
J'ai évité de______	
J'ai évité de______	
J'ai évité de______	
J'ai évité de______	
J'ai évité de______	

Instructions : « Dans cette fiche, tu vas noter le nombre de fois par jour où tu as évité de (ici la conduite d'évitement, par exemple "rester seul dans ta chambre", "d'aller au tableau", "de participer en classe", etc.). Puis en bas de la feuille, tu vas noter les évitements d'autres choses. »

Les modalités d'application de cette fiche sont illustrées dans le chapitre anxiété généralisée.

Les mesures d'intensité du symptôme

Pour *l'enfant jeune*, ne sachant pas encore écrire, on peut proposer de noter l'intensité de la peur dans une situation anxiogène de la façon suivante (figure 2.3) : prenons l'exemple d'anxiété de rester seul dans sa chambre le soir. Il doit cocher le petit cube pour une petite peur (il peut rester seul un bon moment), le moyen pour un sentiment de peur qui le pousse à aller chercher ses parents, il cochera « beaucoup » (le grand cube) en cas d'impossibilité de rester seul dans sa chambre. La même observation sera faite tous les soirs pendant au moins 2 semaines.

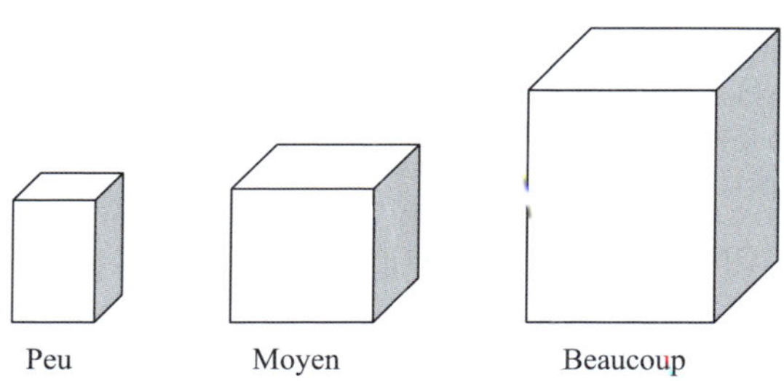

Figure 2.3. Fiche de notation de l'intensité de l'anxiété ou de la peur ressentie par l'enfant.

Ces fiches de notation permettent de construire la ligne de base. Les informations recueillies sont parfois porteuses d'informations inattendues. Par exemple, on peut observer des fluctuations d'intensité en fonction du jour de la semaine. En effet, l'anxiété de séparation chez certains enfants est plus intense le vendredi soir (les parents risquent de sortir le soir et faire venir une baby-sitter).

Pour *l'enfant plus âgé*, la mesure d'intensité pourra se faire par l'utilisation des *échelles d'analogie visuelle*. Sur l'échelle de 0 à 10, l'enfant cochera l'intensité ressentie du symptôme en fonction de la situation. Par exemple, la peur de parler en classe sera notée pour chaque matière (figure 2.4)

Français 0 1 2 3 4 5 6 7 8 9 10

Dessin 0 1 2 3 4 5 6 7 8 9 10

Figure 2.4. Échelle d'analogie visuelle d'un enfant (12 ans) présentant une peur de parler en classe.

On obtient ainsi une ligne de base sur l'intensité de la prise de parole en public pour cet enfant. Cette mesure permet de hiérarchiser l'intensité de la gêne vécue par le jeune.

Il est important de proposer de mesures d'évaluation écrites car l'enfant est sensible au matériel concret. De plus, ce même matériel est utilisé pour observer l'évolution favorable ou défavorable de la souffrance.

Les mesures cognitives

Chez l'adulte, les pensées, les émotions, les affects sont notés, en général, selon la méthode des colonnes de Beck (1991). Chez l'enfant, il est très difficile d'appliquer cette méthode qui nécessite un niveau complexe d'élaboration mentale, c'est pourquoi nous utilisons des fiches où il est décrit un scénario (situation) et l'on demande à l'enfant ce que l'enfant du dessin pense et ressent (figure 2.5).

Puis on demande au jeune patient de nous décrire sa situation problématique, le thérapeute écrit la situation et entraîne l'enfant à apprendre à associer la situation à ses pensées et à ses émotions. La figure 2.6 reproduit la fiche que nous utilisons dans notre pratique clinique. Cette mesure est illustrée dans son application dans le chapitre sur les phobies spécifiques et les phobies sociales.

Les questionnaires d'évaluation

Nous présenterons de façon très résumée (tableau 2.5) les questionnaires d'évaluation utilisés chez l'enfant et l'adolescent. La plupart de ces questionnaires sont présentés dans les livres de M. Bouvard et J. Cottraux (2005), J.-D. Guelfi (1993) et Bouvard (2008).

Que ressent l'enfant ?

Figure 2.5. Exemple de scénario.
Un enfant dans la cour de récréation a envie de jouer avec d'autres enfants qui s'amusent avec une balle en mousse, mais il a peur de demander de jouer avec eux. Que se dit l'enfant dans sa tête ?

Fiche de travail :

Situation____

Ce que tu penses :

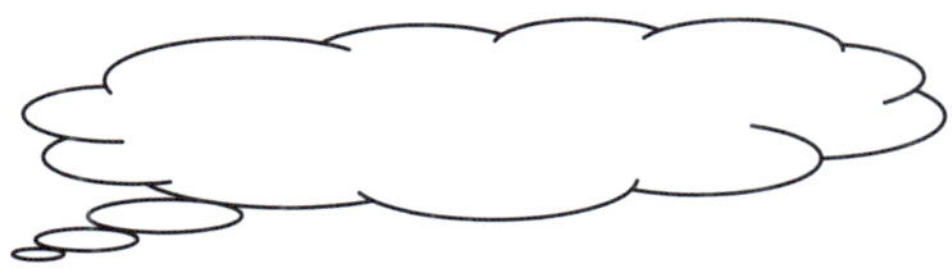

Ce que tu ressens :

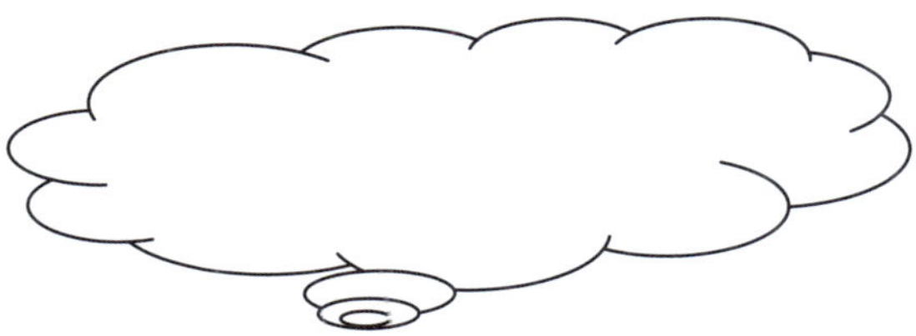

Figure 2.6. Exemple de fiche utilisée en pratique clinique.

Le questionnaire d'évitement cognitif (QEC)

Il a été développé et validé auprès d'adultes et d'adolescents (Gosselin *et al.*, 2002). Cinq stratégies d'évitement sont évaluées : l'évitement des stimuli déclenchant des pensées désagréables, la distraction, la suppression de pensées, la substitution de pensées et la transformation d'images en pensées.

Tableau 2.5. Questionnaires d'évaluation utilisés en TCC.

Questionnaire	Mesure	Validation	Population	Type
Questionnaire d'évitement cognitif (QEC)	Évitement anxieux	Canada Version en français	Adolescents	Autoévaluation
Inventaire de schémas précoces pour enfants (ISPE)	Schémas inadaptés	France Version en français	De 11 à 15 ans	Autoévaluation
Spielberger :questionnaire d'anxiété pour enfant de Spielberger (STAIC)	Anxiété	France Version en français	De 9 à 12 ans	Autoévaluation
Échelle révisée d'anxiété manifeste de l'enfant (RCMAS)	Anxiété	France Version en français	De 6 à 19 ans	Autoévaluation
Échelle comportementale d'anxiété phobique (ECAP)	Phobies	France Version en français	De 8 à 17 ans	Autoévaluation
Inventaire d'estime de soi de Coopersmith (SEI)	Estime de soi	France Version en français	De 7 à 17 ans	Autoévaluation
Children Depression Inventory (CDI)	Dépression	France Version en français	De 7 à 17 ans	Autoévaluation
Échelle d'évaluation de l'hyperactivité de Connors	Hyperactivité	États-Unis Version en français	À partir de 4 ans	Hétéroévaluation par les parents et les professeurs

L'inventaire de schémas précoces pour enfants (ISPE)

Cet inventaire a été conçu par Rusinek et Hautekeete (1999). Il s'agit d'un questionnaire destiné à des enfants de 11 à 15 ans. Treize items distincts ont été retenus et pour chaque schéma deux questions sont posées. Certains schémas concernent l'incompétence, la carence de contrôle, l'isolement, la méfiance, le sacrifice de soi, etc. Il est censé déterminer les schémas mal adaptés précoces des enfants souffrant de trouble de la personnalité.

Le questionnaire d'anxiété pour enfant de Spielberger (STAIC)

Le questionnaire d'anxiété pour enfant *State-Trait Anxiety Inventory for Children* (Spielberger, 1973) a été développé à partir d'un questionnaire d'anxiété pour adultes du même auteur (Spielberger, 1970). Le STAIC est constitué de deux autoquestionnaires indépendants : dans l'un, l'enfant s'évalue lui-même dans ce qu'il ressent en général (*anxiété-trait*) ; dans l'autre il évalue ce qu'il ressent au moment où il remplit l'échelle (*anxiété-état*). Ces deux échelles, comprenant chacune 20 items, peuvent être administrées conjointement ou séparément. Le choix est fonction du but de l'évaluation. En général, l'échelle d'anxiété-état est peu utilisée en clinique, elle est proposée surtout dans un but de recherche des symptômes anxieux, lorsqu'un enfant est confronté à une situation anxiogène. Les deux échelles ont été conçues pour des enfants âgés de 9 à 12 ans, mais elles sont proposées à des enfants plus jeunes à condition qu'ils lisent couramment. D'autre part, l'utilisation après 12 ans est fréquente. Dans l'échelle d'anxiété-trait, on obtient un score global d'anxiété générale (entre 20 et 60 points). Les instructions sont les suivantes : « Voici un certain nombre de phrases dont les garçons et les filles peuvent employer pour se décrire. Lis chacune d'elles et indique si elle s'applique à toi *presque jamais*, *quelquefois* ou *souvent* en mettant une croix (×) dans la case correspondante. Il n'y a pas de bonne ou de mauvaise réponse. Ne passe pas trop de temps sur chaque phrase. Souviens-toi, choisis la réponse qui décrit le mieux ton caractère. »

Dans une étude auprès des enfants présentant un trouble anxieux selon le DSM, nous avons trouvé un score de 34 points (1 point « presque jamais » ; 2 points « quelquefois » ; 3 points « souvent ») à l'échelle d'anxiété-trait chez des adolescentes issues de la population normale française (Vera et Nollet, 1993).

L'échelle anxiété-état est employée dans la recherche clinique, mais elle n'a pas de réel intérêt clinique. Le jeune âge de l'enfant ne lui permettant pas toujours de verbaliser spontanément ni parfois de trouver les mots adaptés à son état de tension, cette échelle l'aide à verbaliser son ressenti. L'échelle anxiété-trait est utilisée dans un but de quantification de l'anxiété, elle donne un score de sévérité d'anxiété, elle ne permet pas de déterminer le type de trouble anxieux. Elle est comprise facilement par les enfants, sauf l'item « je me sens tourmenté ». Nous l'employons depuis plus d'une quinzaine d'années, elle nous semble *sensible* à l'évolution de l'anxiété. Cependant, elle ne discrimine pas un état dépressif d'un trouble anxieux : les scores sont élevés dans les deux populations.

L'échelle révisée d'anxiété manifeste de l'enfant (RCMAS)

En 1978, Reynolds et Richmond proposent le RCMAS (*Revised Children's Manifest Anxiety Scale*) qui est une révision de l'échelle d'anxiété manifeste de l'enfant (CMAS : *Children's Manifest Anxiety Scale*) de Castaneda *et al.* (1956). Cette nouvelle version de l'échelle a été proposée par Reynolds à cause de ses défauts quant à la validité de contenu (les items couvraient une partie trop limitée des manifestations d'anxiété). La RCMAS contient 28 items concernant l'anxiété. L'enfant répond par oui ou par non en fonction de son accord ou désaccord avec la phrase proposée. La RCMAS a été traduite en français par Turgeon *et al.* (1998). Il s'agit de l'un des questionnaires les plus utilisés pour évaluer l'anxiété globale ou générale des enfants ou des adolescents âgés entre 6 et 19 ans. Cependant, plutôt que d'évaluer la présence de troubles anxieux spécifiques, le RCMAS mesure la tendance générale à l'anxiété. Ce questionnaire comprend 37 items répartis sur trois sous-échelles : « anxiété physiologique », « inquiétude et sur sensibilité » et « anxiété-concentration ». Une sous-échelle de désirabilité sociale est aussi comprise, permettant ainsi de vérifier si l'enfant nie adopter des comportements que la majorité des enfants adoptent.

L'intérêt de cette échelle nous semble correspondre aux trois facteurs dégagés de l'analyse factorielle : nos observations montrent que les enfants ayant un trouble anxieux se différencient surtout d'autres populations (trouble oppositionnel, trouble des conduites alimentaires) au niveau du facteur II : préoccupations anxieuses. La RCMAS ne peut se substituer au diagnostic clinique, elle donne seulement des renseignements utiles sur les facteurs impliqués (cognitifs, physiologiques) dans un trouble anxieux précis quand un diagnostic de trouble anxieux a été posé.

L'échelle comportementale d'anxiété phobique (ECAP)

L'échelle comportementale d'anxiété phobique (Vera, 1996) est une échelle d'autoévaluation qui s'adresse aux enfants de 8 à 17 ans. Elle se compose d'une série de 76 affirmations à laquelle l'enfant peut répondre par « presque jamais » (→ 1 point), « quelquefois » (→ 2 points) ou « souvent » (→ 3 points). Sa passation nécessite environ un quart d'heure. Elle permet de repérer les différentes peurs de l'enfant, mais également d'apprécier leur impact sur ses comportements en mesurant le « degré d'évitement » de certaines situations. Outre la note globale qui mesure l'intensité des peurs (76 items – seuil 124), l'ECAP mesure l'évitement phobique (21 items – seuil 32) et permet également de dégager trois facteurs phobiques : l'image de soi et de ses compétences (27 items – seuil 48), les interactions avec le groupe de ses pairs (14 items – seuil 20) et la peur de dangers menaçant l'intégrité physique de l'enfant ou de ses parents (19 items – seuil 29).

L'inventaire d'estime de soi de Coopersmith (SEI)

Cette échelle explore la confiance qu'un sujet a en lui-même quand il est confronté à diverses situations de la vie courante : sociale, familiale, professionnelle, scolaire, etc. (Coopersmith, 1984). L'inventaire de Coopersmith est en fait double, puisqu'il comporte deux échelles selon que le sujet a terminé sa scolarité (Coopersmith adulte) ou non (Coopersmith scolaire). En pédopsychiatrie, c'est évidemment la forme scolaire qui est le plus souvent utilisée.

L'inventaire de Coopersmith est une échelle d'autoévaluation comportant 58 items, auxquels l'enfant répond en cochant « me ressemble » ou « ne me ressemble pas ». Au-delà d'une note globale, l'inventaire de Coopersmith permet également de coter plusieurs sous-échelles : échelle générale (26 items), échelle sociale (8 items), échelle familiale (8 items), échelle scolaire (8 items) et échelle de mensonge (8 items, mais la note à cette sous-échelle n'est pas prise en compte pour le calcul de la note totale). Les notes aux différentes sous-échelles, ainsi que la note totale, permettent d'apprécier dans quels domaines et dans quelle mesure les sujets ont une image positive d'eux-mêmes.

La passation de l'inventaire de Coopersmith requiert une dizaine de minutes, et sa correction nécessite une grille (un calque transparent où seules les réponses apparaissant dans les cases repérées rapportent un point). Un score total (c'est-à-dire la somme des résultats obtenus aux sous-échelles générale + familiale + sociale) inférieur à 18 (ou 33 pour la forme adulte) est à considérer comme la marque d'une estime de soi très basse, révélatrice d'autres difficultés qu'il s'agira de préciser par ailleurs.

Les notes aux différentes sous-échelles n'ayant pas été étalonnées, elles ne sont à utiliser que par comparaison intra-individuelle, pour repérer les domaines où l'estime de soi est la plus faible (domaine scolaire le plus souvent) ou la plus élevée. Signalons enfin que la note obtenue à la sous-échelle du mensonge n'est pas à percevoir comme une tendance au mensonge, mais plutôt comme l'indice d'une attitude défensive vis-à-vis du test ou comme un désir manifeste de donner aux autres une bonne image de soi ou encore comme l'indice d'une forte tendance à interpréter les questions (« c'est écrit jamais, mais pour moi jamais est égal à peu souvent »). Le résultat à cette sous-échelle est toutefois à garder en tête pour moduler le score obtenu à la note globale.

Le *Children Depression Inventory* (CDI)

Le *Children Depression Inventory* de Maria Kovacs (1978) est l'échelle d'évaluation la plus utilisée dans la dépression de l'enfant et de l'adolescent (Guelfi, 1997). Il s'agit d'un autoquestionnaire qui est d'ailleurs l'adaptation de la BDI (*Beck Depression Inventory*) pour la tranche d'âge 7-17 ans. Il se compose de 27 items, chaque item étant décrit par 3 phrases correspondant à un état dépressif de plus en plus marqué. La première phrase est cotée 0 point, la deuxième 1 point et la troisième 2 points. Les scores supérieurs à 15 traduisent des épisodes dépressifs d'intensité sévère.

Contrat thérapeutique

Le contrat thérapeutique détermine le but de la thérapie. L'objectif défini sera clairement décrit dans des étapes : une fois le problème identifié, il est question de programme thérapeutique qui mènera à la résolution, pas à pas. Dans le contrat thérapeutique, il sera question surtout de décrire la mise en place de conditions dans lesquelles les stratégies thérapeutiques seront appliquées (à raison d'une séance par semaine, en séance individuelle, en thérapie de groupe, etc.). Le rôle des parents est également défini. Il sera écrit dans ce contrat thérapeutique les modalités d'application du programme thérapeutique. L'application du programme consiste simplement à suivre le programme, étape par étape. On ne revient pas en arrière, mais une étape peut, occasionnellement, nécessiter un peu plus de temps. En général, le temps passé dans certaines étapes dépend du trouble. L'enfant qui se lave les mains 100 fois par jour car il croit que ces lavages protègent ses parents d'un accident nécessitera un travail cognitif sur ses idées erronées de pouvoir contrôler avec ses lavages des mains certains événements (pas d'accident). Il commencera à diminuer progressivement le nombre des lavages s'il comprend qu'il est désespérément impuissant devant certains événements (détresse émotionnelle). Le sens de contrôle qu'il attribue aux lavages est remis en question (modification cognitive). Cette prise de conscience de l'absurdité de certaines conduites est indispensable à la mise en place d'un programme de changement comportemental.

C'est pourquoi tout changement s'effectue à trois niveaux indissociables : comportemental, cognitif et émotionnel.

En pratique, plusieurs étapes sont suivies avant de commencer l'intervention thérapeutique, elles sont résumées dans le tableau 2.6.

Tableau 2.6. Étapes suivies avant toute intervention thérapeutique.

1	Entretien diagnostique psychiatrique (2 ou 3 entretiens)	⇒ Hypothèse diagnostique selon le DSM-IV ou la CIM-10
2	Entretien diagnostique comportemental : analyse fonctionnelle et évaluation (3-5 entretiens) Demande d'examens complémentaires si besoin (examen psychométrique, psychomoteur, orthophonique, etc.) Passation d'autoquestionnaires et hétéroquestionnaires (parents, entourage)	⇒ Recueil des données auprès de l'enfant et de ses parents. L'adolescent préfère, parfois, que ses parents ne participent pas aux entretiens et demande à ce qu'ils ne soient pas informés sur son problème
3	Entretien informatif (1 entretien)	⇒ Restitution de l'avis du thérapeute
4	Entretien motivationnel (5 entretiens)	⇒ Il est conseillé pour les addictions chez l'adolescent de tester sa motivation selon le protocole décrit par Miller et Rollnick (2006)
5	Entretien thérapeutique (rédaction du contrat thérapeutique)	⇒ Début de la thérapie

CIM-10 : Classification internationale des maladies, 10e édition.

Protocole thérapeutique

Le protocole thérapeutique envisagé est de type A-B-C, c'est-à-dire articulé autour de trois phases :
• la phase A correspond à la ligne de base avant tout traitement (4 séances) ;
• la phase B correspond à la phase de traitement proprement dit (15 séances) ;
• la phase C de suivi (3 séances) enfin permet d'évaluer le maintien des résultats obtenus lors de la thérapie.

Chaque séance s'articule suivant le planning type suivant :
• bilan de la semaine écoulée avec revue des tâches à domicile et relevé de mesures à intervalle rapproché ;
• choix d'un problème cible ;
• entretien semi-directif ou utilisation de techniques cognitives et/ou comportementales ;
• prescription de tâches à domicile ;
• résumé de la séance, puis feed-back réalisé par le thérapeute.

Méthodes psychothérapeutiques

On distingue trois groupes d'outils psychothérapeutiques selon le type d'apprentissage sous-jacent aux différentes méthodes :
• les techniques d'exposition en imagination reposent essentiellement sur le conditionnement classique, type d'apprentissage que nous avons décrit dans les pages précédentes. On distingue les techniques d'exposition en imagination et les techniques aversives ;
• les techniques d'exposition *in vivo* (dans la réalité) reposent essentiellement sur le conditionnement classique et également sur le conditionnement opérant ;
• les techniques d'affirmation de soi, de résolution de problèmes et de modification de pensées erronées sont basées essentiellement sur l'apprentissage cognitif.

Les techniques d'exposition

Les techniques d'exposition en imagination et dans la réalité (*in vivo*) sont considérées comme des techniques de réduction des peurs et des phobies par déconditionnement d'une ou de plusieurs réponses apprises. On considère que l'enfant ou l'adolescent a appris à répondre avec des manifestations d'anxiété à des situations qui ne déclenchent pas d'angoisse chez la plupart de jeunes de son âge. Le thérapeute apprendra au jeune une réponse inhibitrice du processus de peur. Cette réponse inhibitrice l'aidera à se confronter à la situation devenue anxiogène. La réponse la plus communément proposée est la réponse de relaxation qui est antagoniste de la réponse anxieuse.

Ce processus est intitulé le principe d'inhibition réciproque par Wolpe (1958) : « si une réponse inhibitrice de l'anxiété peut survenir en présence de stimuli anxiogènes, cette réponse pourra affaiblir les liens existants entre ces stimuli et l'anxiété. »

La réponse antagoniste de la réaction d'anxiété

Plusieurs auteurs ayant étudié le rôle de la relaxation comme réponse antagoniste ont confirmé le pouvoir inhibiteur de la relaxation, mais ont démontré que d'autres états émotionnels du patient peuvent aussi inhiber l'anxiété. La simple *détente physique* associée à la concentration sur l'item imaginé réduit significativement les réactions de peur et a permis le traitement de pathologies anxieuses chez l'enfant qui étaient difficilement abordables par la méthode de désensibilisation avec relaxation. Le déclenchement d'une *émotion forte*, réductrice de l'intensité des réactions d'angoisse, est souvent utilisé dans le traitement de l'anxiété chez l'enfant (en même temps que l'on évoque l'item anxiogène, le thérapeute rappelle l'objectif désiré : la peur de se trouver dans un avion est associée à se baigner dans une belle plage d'eau turquoise et chaude, à surfer sur des belles vagues, etc.).

Les autres facteurs associés à l'efficacité thérapeutique de l'exposition aux situations d'angoisse

Ce sont :

- l'attitude du thérapeute qui par son aisance dans la gestion de la technique joue un rôle important et contribue à rassurer l'enfant ;
- les instructions données au jeune patient quant à l'application de la technique et sa modalité d'action sur les réactions de l'anxiété qui renforcent la compliance au traitement (Shirk *et al.*, 2008) ;
- la capacité du patient à vivre la méthode comme un moyen vraiment thérapeutique (pas seulement un soutien ou un encouragement ou une béquille). Certains enfants n'ayant pas compris l'intérêt de la méthode disent : « à quoi cela sert d'imaginer puisque ce n'est pas vrai ? » ;
- le fait de fournir de nombreux exemples d'enfants traités par la même méthode au jeune patient afin de le rassurer et pour qu'il adopte la méthode thérapeutique. Il existe, selon nos observations dans notre pratique, un besoin d'appartenance à un groupe d'enfants inconnus qui ont eu un problème et qui l'ont surmonté. Le besoin d'appartenance est particulièrement présent chez l'enfant âgé entre 6 et 11 ans. La préadolescence renforce le besoin d'appartenance, mais le sentiment d'identité déjà installé (la connaissance de soi) rend le jeune moins dépendant de l'autre. L'adolescent n'est nullement réceptif à des exemples d'autres patients. Il a en général une idée sur les jeunes de son entourage qui « devraient consulter » comme eux.

Les différentes méthodes d'exposition adaptées au jeune patient

Il existe différentes méthodes d'exposition utilisées et adaptées pour le jeune enfant (4-8 ans). Cette adaptation substitue les éléments abstraits de l'exposition par des éléments concrets, visibles et accessibles au niveau cognitif de l'enfant. L'adaptation des techniques pour le préadolescent et l'adolescent incorpore des éléments cognitifs que l'enfant jeune ne peut pas gérer à cause de sa pensée qui repose essentiellement sur des éléments concrets dont la souplesse cognitive n'est pas encore acquise. Nous préciserons ces adaptations dans la description des techniques. Puis, nous reprendrons de façon détaillée leur application à l'aide de cas cliniques dans les différents chapitres consacrés aux pathologies.

L'exposition en imagination ou désensibilisation systématique

La désensibilisation systématique (DS), proposée par Wolpe (1975), est la technique la plus connue. Il s'agit d'une méthode où le patient est placé dans un contexte favorable à *l'évocation en imagination* des stimuli anxiogènes. Cette évocation responsable des divers niveaux d'anxiété est progressive et elle est associée à des stimuli *inhibiteurs* de l'anxiété. Elle est utilisée chez l'enfant et chez l'adulte. Elle comporte plusieurs étapes : un apprentissage d'une technique de relaxation, la constitution d'une hiérarchie comprenant les différents items sources de peurs pour le patient et enfin l'étape de présentation de chacun des items en imagination.

Première étape : apprendre la relaxation

Elle utilise volontiers la méthode de Jacobson (1980) adaptée à la désensibilisation systématique par Wolpe (1975). Une dizaine de séances, d'une durée de 20 minutes environ, sont nécessaires. L'enfant jeune est tout à fait capable de se relaxer à condition de ne pas lui demander de fermer les yeux pendant toute la séance, de rester allongé immobile, ainsi différents moyens techniques pour l'aider à se relaxer sont proposés. Par exemple, dans l'apprentissage de la respiration abdominale, on pose sur son ventre une figurine ou une peluche qu'il doit « bercer » avec le mouvement de son ventre. On lui demande de fixer la figurine ou la peluche en faisant attention aux montées et aux descentes du jouet. Pour diminuer l'amplitude de la respiration thoracique, on place sur son thorax les mêmes objets en lui demandant de ne pas les faire bouger. Le thérapeute en présence de l'un des parents peut montrer la « bonne » et la « mauvaise » respiration en se relaxant lui-même allongé avec la peluche sur son ventre. Pour sensibiliser l'enfant aux sensations de pesanteur, il est conseillé d'appuyer en pressant les bras ou les jambes vers le fauteuil de relaxation. Pour la sensation de chaleur, certains psychothérapeutes utilisent un tissu passé à l'eau tiède qui va chauffer les mains de l'enfant. Filmer le jeune en train d'apprendre à se relaxer et commenter le film en présence des parents est très utile pour la pratique de la relaxation à domicile. Plus l'enfant est jeune, plus il aura besoin d'être accompagné lors de la relaxation chez lui. Les parents et l'enfant doivent comprendre que la relaxation diminue le niveau de stress mais surtout que la lutte contre la peur ou la phobie a déjà commencé. L'enfant âgé de plus de 12 ans peut suivre, en général, les consignes sans adaptation ludique, mais souvent il a besoin que le thérapeute montre les différents mouvements de la méthode de relaxation. Bergès et Mounes (1996) donnent d'autres conseils très utiles dans leur livre consacré à la relaxation de l'enfant. Bien entendu, chaque psychothérapeute trouvera ses astuces afin de maintenir éveillées l'attention focalisée et la concentration de l'enfant. Ces deux fonctions cognitives sont nécessaires pour le passage à la deuxième étape.

Deuxième étape : constituer la hiérarchie

Elle est pratiquée au cours des séances de relaxation ou bien avant de commencer l'entraînement à la relaxation. Il s'agit de la décomposition de la situation anxiogène en une série d'étapes allant graduellement de la moins anxiogène vers celle qui déclenche les réactions émotionnelles les plus intenses. On demande à l'enfant de décrire les différentes situations qui lui font peur. On l'aide à décomposer les situations en « mini situations » ; la peur de monter le soir tout seul au premier étage comporte probablement plusieurs étapes : les marches de l'escalier déclenchent une « peur légère », allumer toutes les lumières sur son passage est peut-être rassurant, peur plus fortement ressentie s'il faut aller dans une pièce éloignée de l'escalier, etc. La hiérarchie est complétée par les commentaires des parents ou des personnes de son entourage proche. Une hiérarchie comporte entre une dizaine et une trentaine de situations sources d'angoisse présentées par intensité de stress croissant. L'intensité de l'anxiété est évaluée de manière subjective, le jeune lui-même attribue une note entre 0 et 100 dans une unité intitulée « unité subjective d'inconfort ».

Exemple de hiérarchie des peurs d'un enfant de 12 ans ayant une peur panique du diable :

1. monter seul les escaliers de son immeuble ;
2. rester seul à la maison pendant la journée ;
3. aller tout seul aux toilettes le soir ;
4. aller tout seul dans sa chambre si la lumière est éteinte ;
5. chez lui, traverser un couloir peu éclairé ;
6. la nuit, entendre des bruits bizarres ;
7. voir le diable ;
8. être touché par le diable.

Troisième étape (les différentes modalités d'application)

Le travail en imagination débute après avoir vérifié les capacités d'imagerie mentale du patient. Plus précisément, on demande à l'enfant ou à l'adolescent d'imaginer un endroit précis (par exemple lieu de vacances) et de le décrire à voix haute. Le thérapeute demande au jeune des précisions sur les couleurs de l'endroit, ensoleillé ? Pluvieux ? Les questions du thérapeute vont stimuler la description fine du paysage. Le jeune sera informé qu'il devra imaginer la situation anxiogène avec beaucoup de précision. S'il n'arrive pas à imaginer les scènes, les séances d'exposition s'effectueront dans la réalité, et l'on abandonnera la désensibilisation systématique.

En pratique

La désensibilisation systématique avec relaxation

En général, le thérapeute demande au patient de se relaxer jusqu'à obtenir un niveau de détente suffisant. Pour l'enfant, le niveau de relaxation est bien moins intense que celui qui est demandé à l'adulte. Le thérapeute propose ensuite une scène de la hiérarchie qu'il évoque avec beaucoup de détails afin que le jeune se représente dans la situation. Chaque évocation chez l'adolescent dure 5 à 10 secondes et est entrecoupée de pauses de relaxation. Chez l'enfant, l'évocation de chaque item de la hiérarchie dure plus longtemps (de 2 à 5 minutes) et il lui est souvent demandé de raconter avec une voix basse ce qu'il voit et, surtout, il doit communiquer l'intensité de la peur ressentie quand il se voit affronter la situation anxiogène. Comme nous l'avons déjà dit, l'enfant apprend à évaluer son niveau d'anxiété lors de la construction de sa hiérarchie. Le patient est donc régulièrement sollicité à évaluer son niveau d'anxiété et, si son angoisse augmente beaucoup au cours de l'évocation d'une scène, il le manifeste par un geste (lever de la main par exemple). Plus précisément, si la peur atteint un niveau au-delà de 3/10, on arrête l'évocation et l'on demande à l'enfant de reprendre la relaxation et surtout de ne pas penser à la situation d'angoisse. Dès qu'il se sent prêt à visualiser la même situation de la même façon, on le stimule à se voir dans la situation jusqu'au moment où il ressent une peur légère. La diminution de l'intensité de la peur pour un même item au cours de la séance est l'un des éléments essentiels d'efficacité de cette méthode. Trois à cinq évocations en imagerie sont proposées par séance pour un seul item de la hiérarchie. Au fur et à mesure de l'avancement des séances, on observe le phénomène de généralisation : des items proches dans la hiérarchie nécessitent une seule évocation. On peut ainsi proposer plusieurs items au cours d'une seule séance. La durée d'une séance est d'environ 45 minutes.

La désensibilisation systématique sans relaxation (avec sensation de détente)

Le rôle de la relaxation comme réponse inhibitrice de l'anxiété est contesté. Certaines recherches montrent que les réponses du système nerveux autonome lors de l'évocation d'items anxiogènes sont plus intenses. Malgré ce paradoxe, tous les cliniciens considèrent la relaxation comme un moyen efficace dans l'obtention d'une meilleure concentration du sujet sur les images anxiogènes et par conséquent d'un meilleur effet de réalité. Si l'enfant n'arrive pas à se relaxer, il est indispensable de favoriser un climat de travail dans des conditions agréables pour lui. Pour appliquer la désensibilisation systématique, il faut tout d'abord que l'enfant soit confortablement allongé, ou bien assis sur un fauteuil, qu'il ne se sente pas anxieux et qu'il soit prêt à imaginer les items. Ensuite on procède de la même manière que dans la désensibilisation systématique avec relaxation. On vérifie systématiquement la concentration de l'enfant en lui posant la question directe sur la qualité de sa visualisation et également sur une éventuelle fatigue.

La désensibilisation systématique avec imitation du thérapeute

Dans cette modalité de DS, le thérapeute joue le rôle de l'enfant et verbalise à voix haute les étapes de la hiérarchie. Il insiste sur l'intensité de l'anxiété ressentie lorsqu'il imagine les scènes, si l'anxiété dépasse un niveau de 3 sur 10 il arrête la visualisation, se relaxe en se donnant les instructions de détente. Puis quand il se sent détendu, il demande à l'enfant de faire la même chose. Cette façon de procéder est proposée pour l'enfant jeune (6-8 ans) qui a du mal à se concentrer. Imiter renforce la motivation à imaginer.

La désensibilisation systématique avec imitation d'un héros de film/ série télévisée ou d'un personnage de bande dessinée

Ici le thérapeute guide l'enfant dans le processus d'imagination en le faisant visualiser un héros dont il va suivre vers les situations anxiogènes. Le héros est censé ressentir l'anxiété et a besoin aussi de se calmer entre chaque visualisation.

La désensibilisation par autocontrôle

C'est une procédure aux objectifs plus larges. Le but est de développer chez le sujet des procédures pour faire face à une situation stressante quelconque. Aussitôt que le patient devient conscient, ou repère la moindre manifestation de son anxiété, il met en jeu les procédures de relaxation. La hiérarchie n'est plus centrée autour d'un thème principal. C'est un ensemble de situations où, dans le passé, le jeune s'est senti tendu, nerveux, anxieux. L'adolescent est réceptif à cette technique. L'enfant adhère à cette méthode pendant quelques jours, mais il l'abandonne assez vite ; en effet, il est beaucoup plus sensible aux encouragements externes et a besoin d'étayage.

La désensibilisation en groupe

Elle est pratiquée avec cinq à six jeunes se plaignant de la même peur. La hiérarchie est construite en collaboration avec tout le groupe. La vitesse de progression des séances en imagination suivra les sujets qui ont le plus de difficulté.

La désensibilisation vicariante en groupe

Elle projette, à l'ensemble du groupe, un film vidéo représentant une thérapie de désensibilisation systématique pour la même peur que celle qui est ressentie par les participants.

Les différentes modalités d'application de la désensibilisation systématique sont résumées dans le tableau 2.7.

- Le jeune patient apprend à « faire connaissance avec l'objet évité ».
- En imaginant qu'il peut affronter les situations redoutées, il a un retour positif sur les conséquences d'un comportement de non-évitement et donc la motivation à faire face à la situation augmente.
- Si l'enfant est son propre modèle, il aura un meilleur sentiment d'efficacité personnelle.
- Plusieurs modalités utilisent l'imitation et l'observation, deux types d'apprentissage privilégiés chez l'enfant.

Tableau 2.7. Désensibilisation systématique en imagination : différentes modalités d'application.

Modalité	Âges d'application	Indications
Désensibilisation avec relaxation	– Enfant : à partir de 9 ans – Adolescent : bien acceptée	– Phobie spécifique – Anxiété de séparation – Phobie scolaire – Phobie sociale
Désensibilisation sans relaxation (avec sensation de détente)	– Enfant : à partir de 5 ans – Adolescent : bien acceptée	– Phobie spécifique – Anxiété de séparation – Phobie scolaire – Phobie sociale
Désensibilisation avec imitation du thérapeute	– Enfant : à partir de 5 ans – Adolescent : non proposée en général	– Phobie spécifique – Anxiété de séparation
Désensibilisation avec imitation d'un personnage admiré	– Enfant : 5 à environ 8 ans	– Phobie spécifique – Anxiété de séparation
Désensibilisation par autocontrôle	– Enfant : à partir de 8 ans – Adolescent : bien acceptée	– Phobies (spécifique, sociale, agoraphobie, etc.) – Anxiété de séparation – Phobie scolaire
Désensibilisation en groupe	– Adolescent	– Phobie spécifique – Phobie sociale
Désensibilisation vicariante en groupe	– Enfant	– Phobies – Anxiété de séparation

Les techniques aversives

Souvent décriées et ayant fait la caricature de certaines approches comportementalistes, les techniques aversives restent utilisées dans des cas ponctuels, dans le respect de l'éthique et des données scientifiques. Des publications rendant compte de l'utilisation de ces techniques dans la réduction de la fréquence d'un comportement invalidant, voire mutilant, sont toujours d'actualité. Les indications les plus courantes sont les conduites additives : toxicomanie chez l'adolescent, boulimie, cleptomanie mais aussi les comportements stéréotypés ou invalidants chez les déficients mentaux. Les conduites d'automutilation d'enfants psychotiques ou autistes sont, parfois, traitées par des méthodes aversives. Les stimuli aversifs utilisés peuvent être des sons désagréables, le goût amer d'une boisson, une odeur repoussante, etc. Ce type de programme aversif est issu du conditionnement pavlovien. Le stimulus aversif est délivré, soit par un membre du personnel soignant à chaque fois que l'enfant accomplit le comportement inadapté, soit par un membre de la famille qui a été inclus volontairement dans le contrat thérapeutique, soit effectué au domicile par l'adolescent qui se voit « succomber » à la conduite pathologique (scarification, par exemple).

Aujourd'hui, ces techniques prennent place dans des programmes multidimensionnels. Ainsi, chez les adolescents toxicomanes pourront être associés : psychothérapie d'inspiration analytique, entretiens pour favoriser la réhabilitation et la réinsertion sociale si besoin, entretiens éducatifs sur la prise de substances.

Cependant, toutes les publications concernent généralement des cas uniques chez lesquels on a mesuré, en pourcentage, la réduction du taux d'apparition du comportement dysfonctionnel, ce qui illustre bien l'utilisation ponctuelle de telles techniques.

La technique écran sur le visage (*facial screening*) a été utilisée pour traiter des patients présentant une trichotillomanie (Barmann et Vitali, 1982), des comportements stéréotypés (Mc Gonigle *et al.*, 1982), des conduites d'automutilation (Singh *et al.*, 1981). Elle consiste à couvrir le visage du patient avec un tissu lors de l'adoption du comportement inadapté. L'effet aversif recherché est de l'empêcher de regarder autour de lui pendant quelques secondes à quelques minutes. Le tissu est enlevé dès que le patient arrête son comportement pathologique. Les auteurs qui ont pratiqué cette technique l'ont justifiée du fait que les patients avaient tous une déficience mentale et présentaient des blessures dues aux comportements pathologiques.

Le tableau 2.8 présente les caractéristiques des techniques aversives.

L'exposition *in vivo*

L'exposition aux stimuli, qui suscitent l'anxiété du patient, doit préciser la durée de cette confrontation (intervalles courts ou longs), la pente d'approche qui peut être soit prononcée soit progressive, le stimulus (concret, filmé), le procédé qui peut être en groupe ou en individuel, l'autoexposition entre les séances de traitement et l'utilisation d'un modèle effectuant une

Tableau 2.8. Techniques aversives.

Technique	Âges d'application	Indications
Stimuli aversifs	- Enfant - Adolescent	- Toxicomanie - Conduites d'automutilation - Boulimie
Écran sur le visage	- Enfant - Adolescent	- Déficience mentale - Autisme (comportements stéréotypés dangereux pour l'enfant) - Trichotillomanie

exposition analogue. Chez l'enfant, l'exposition est fréquemment utilisée dans le traitement de l'anxiété.

Il est admis que la forme de l'exposition est un facteur important mais non déterminant du succès thérapeutique : le patient pour être amélioré ne doit pas entraver le déroulement du traitement d'exposition ni s'en désintéresser, mais bien s'impliquer entièrement et agir sur le stimulus. Un autre facteur d'efficacité thérapeutique concerne l'apprentissage au patient à s'exposer de lui-même à la situation anxiogène (exposition imposée en milieu réel).

L'exposition graduelle *in vivo*

Elle propose au sujet une exposition aux différents items de la hiérarchie construite en réalité. Le sujet utilise la relaxation comme méthode de contre-conditionnement. L'association des techniques en imagination et *in vivo* est assez courante. Après une séance de désensibilisation systématique, le thérapeute encourage l'enfant à réaliser ce qu'il a imaginé. Par exemple, si l'enfant a peur des pigeons, le thérapeute l'accompagnera dans un jardin où il y a ce type d'oiseau. L'enfant, l'un des parents et le thérapeute regardent de loin les pigeons. Le thérapeute commente à voix haute ce qu'il pense des pigeons : « je vois que les pigeons sont très occupés dans la recherche de nourriture », « je vois certains pigeons s'approcher de certaines personnes en espérant, peut-être, qu'ils recevront quelques grains de riz ». S'il s'agit de la peur de l'ascenseur, le thérapeute et l'adolescent peuvent regarder de loin les personnes qui prennent un ascenseur. Le thérapeute insiste sur le fait que l'adolescent prendra un jour l'ascenseur sans être pris de peur panique. L'élément essentiel dans cette modalité d'exposition est l'identification et l'apprentissage de la réponse la plus adaptée en cas de problème. Si le pigeon s'approche trop de l'enfant, il apprendra à l'éloigner avec un geste de la main. L'apprentissage des réponses adaptées est souvent inexistant car l'enfant ayant été dans la fuite ou l'évitement de la situation sait ce qu'il faudrait faire mais il ne l'a jamais fait. D'autre part, les sensations physiques d'angoisse peuvent lui donner l'impression d'impuissance à faire un geste de protection même simple.

L'exposition de contact

Elle fait participer le thérapeute plus activement : il va servir de modèle au patient et donner de nombreuses informations sur les perceptions. Par exemple, pour une phobie d'araignées, le thérapeute approchera progressivement l'araignée avec ses mains, les mains du jeune étant placées sur les siennes. Il parlera à voix haute de ce qu'il ressent (absence de danger, sentiment de pitié pour l'araignée qui se trouve prisonnière dans le cabinet du thérapeute). Cette conduite de sécurité facilite les progrès du patient. Progressivement, le thérapeute réduit sa participation pendant les séances jusqu'à ce que le patient atteigne ses objectifs : toucher une araignée sans avoir l'impression qu'il mourra sous les effets de la morsure de l'insecte. Nous avons demandé à un jeune adolescent de toucher progressivement du papier, qui pour lui était source d'angoisse invalidante, car il ne pouvait plus écrire, ni lire. Il avait posé ses mains sur les nôtres et tournait les pages d'un livre. Progressivement, il a commencé à toucher le livre. Les sensations physiques très désagréables qui entraînaient de secousses de dégoût se sont estompées. Il décrivait le contact avec le papier comme similaire aux sensations désagréables déclenchées par le bruit de craie sur un tableau. Quinze séances ont permis à l'enfant de toucher du papier sans aversion ni angoisse.

L'exposition automatique

Elle s'effectue grâce à un programme de séances préalablement enregistré sur cassette audio, la hiérarchie étant préparée avec le thérapeute au préalable. Elle est utile dans la diminution de l'anxiété anticipatoire de contrôle, de situations sociales chez l'adolescent.

L'auto-exposition

Elle se pratique à l'aide d'un manuel ; le thérapeute n'est alors qu'un consultant éventuel. Elle est utile dans les troubles phobiques chez l'enfant et l'adolescent.

L'extinction et le *time-out*

L'extinction consiste à ne plus faire suivre un comportement de son renforçateur ; la technique du *time-out* (mise à l'écart d'un renforcement) également, mais avec quelques différences.

Le mécanisme de l'extinction est illustré par deux exemples : l'un décrivant la diminution par ce mécanisme d'un comportement adapté (un enfant peu motivé sollicite de l'aide pour son travail scolaire), l'autre décrivant celle d'un comportement inadapté (diminution des périodes de bégaiement chez un enfant) :

- Premier cas : comportement adapté. Un enfant peu motivé par le travail scolaire décide de changer d'attitude et sollicite l'aide de sa mère pour l'aider à faire ses devoirs. Malheureusement, il choisit un mauvais moment : elle est occupée à faire la cuisine et ne peut lui consacrer de temps. Celui-ci réitère plusieurs jours de suite sa demande aux mêmes heures avec la même réponse. La motivation de l'enfant n'est pas renforcée et son comportement adapté « solliciter de l'aide pour travailler » s'estompe.

- Second cas : comportement inadapté. L'enfant souffre de bégaiement en présence de personnes familières et étrangères. Quand on lui fait une remarque (positive ou critique) sur son bégaiement, l'enfant a encore plus de mal à parler sans bégayer. Lors de l'entretien thérapeutique, le thérapeute indique aux parents de ne plus prêter attention au bégaiement de l'enfant. Celui-ci devient plus détendu et moins anxieux. Il est noté progressivement une diminution du bégaiement.

Le mécanisme *time-out* est illustré par deux exemples : l'un décrivant la diminution par ce mécanisme d'un comportement adapté (un enfant désire communiquer ses angoisses), l'autre celle d'un comportement inadapté (un enfant crie et fait des colères) :

- Premier cas : comportement adapté. Un enfant dépressif désire communiquer et exprimer à ses parents ses angoisses, les parents lui répondent d'enlever ces idées de la tête : « arrête de te monter la tête et va dans ta chambre écouter de la musique. Cela t'aidera à te calmer ». Les parents ne s'aperçoivent pas de la détresse et du sentiment intense de solitude de l'enfant. Celui-ci aura tendance à diminuer la communication avec eux.
- Second cas : comportement inadapté. Un enfant crie et fait des colères suite à une légère frustration imposée par sa mère. La crise s'accentue et il y a escalade de cris et d'agitation sans parvenir à calmer la situation. La mère décide d'envoyer l'enfant dans sa chambre. Après quelques minutes, l'enfant séparé de sa mère se calme. Celle-ci va chercher l'enfant et l'autorise à nouveau à circuler dans la maison parce qu'il est calme.

Il est important de souligner la différence entre les mécanismes de l'extinction et ceux du *time-out*. L'extinction maintient l'enfant dans la situation problème ; il s'agit d'une action programmée dans le temps où à l'insu des participants, le renforcement n'est plus donné. Le *time-out* fait sortir l'enfant de la situation. Il s'agit souvent d'une technique d'urgence non programmée sur un laps de temps déterminé, sauf pour l'hyperactivité et le trouble oppositionnel.

Dans l'hyperactivité, le *time-out* fait partie des techniques conseillées aux parents, donc programmées. Bloomquist (2006) propose de planifier le *time-out* pour les enfants opposants. Plus précisément si l'enfant n'obéit pas, le parent doit demander fermement l'action (par exemple, faire ses devoirs, arrêter de déranger un frère ou une sœur) et il doit donner à l'enfant un laps de temps « raisonnable » pour obéir. Si l'enfant désobéit, il y a avertissement (« si tu n'obéis pas tu iras dans ta chambre pendant 30 minutes sans ordinateur ni musique ni téléphone »). S'il y a encore désobéissance, le *time-out* est mis en place : l'enfant est isolé sans accès à des bénéfices. Il s'agit d'un moment où l'enfant devrait associer l'isolement désagréable à la désobéissance.

Pour les comportementalistes, l'exposition aux stimuli anxiogènes donne la possibilité au patient de revivre la situation, d'apprendre à atténuer les réactions d'anxiété, de remobiliser l'expérience émotionnelle et d'apprendre de nouvelles réponses pour faire face au stress.

La prévention de la réponse

Une modalité différente d'exposition employée dans le trouble obsessionnel compulsif est la prévention de la réponse. Cette technique intègre l'exposition aux stimuli. Elle consiste d'abord à aider le patient à s'aventurer dans les situations anxiogènes (en imagination ou en réalité), en présence du thérapeute, et à l'empêcher de réaliser ses rituels, aussi bien idéatifs (compter, remplacer une image angoissante par une autre neutre, etc.) que compulsifs (vérifier, se laver, poser des questions absurdes, etc.). Le but est de montrer au patient qu'au bout de quelques minutes ou de quelques heures, l'anxiété diminue sans avoir recours à ses rituels. L'un des buts thérapeutiques est de rompre le lien entre l'anxiété et la réalisation de rituels. Souvent, il est demandé à la famille de participer au traitement par prévention de la réponse, car l'exposition avec prévention de la réponse en milieu réel est un élément thérapeutique de première importance. Elle est utilisée de plusieurs façons : expositions répétées plus ou moins espacées, chaque exposition ayant une durée variable de quelques minutes jusqu'à 90 minutes. Si le patient est hospitalisé, l'équipe soignante participe également au traitement, la cible thérapeutique est en général la lenteur compulsive des gestes quotidiens. Pour la lenteur compulsive, nous conseillons de travailler le temps et les mouvements.

Par exemple, un patient hospitalisé qui s'habillait pendant 3 heures a été traité par prévention de la réponse. Tous les jours, la passation de chaque vêtement devait être associée avec une image apaisante (paysage, ciel, etc.), sinon le patient devait recommencer jusqu'au moment où il visualisait l'image. Ce rite empêchait qu'un malheur n'arrive à sa famille. Il devait dans ce dessein être parfaitement concentré. Les infirmiers, pour qu'il parvienne à accomplir ces gestes à une vitesse normale, l'incitaient à prendre progressivement de la vitesse. D'abord la seule présence de l'infirmier(e) suffisait pour accélérer les gestes ; ensuite ils ont passé des contrats progressifs (temps à ne pas dépasser). Il est difficile de communiquer tous les détails pris en compte pour planifier un programme thérapeutique, mais nous pouvons dire qu'il est très complexe, et il est révisé au fur et à mesure des progrès ou des obstacles.

L'arrêt de la pensée

Cette technique est souvent utilisée dans les troubles obsessifs compulsifs. En effet, les pensées obsessionnelles sans rituels sont beaucoup plus difficiles à traiter que les comportements compulsifs. En général, il est proposé de s'exposer aux pensées inopportunes puis de les interrompre à plusieurs reprises. L'apprentissage à interrompre et à reprendre les pensées obsessionnelles, c'est-à-dire la régulation de la pensée, a été systématisé sous la forme d'une technique connue sous le nom d'arrêt de la pensée. Chez l'enfant, cette technique a un intérêt certain dans le traitement de la colère clastique. L'enfant imagine une situation dans laquelle il « voit rouge » et réagit systématiquement avec agressivité. Il est encouragé à interrompre sa visualisation en la remplaçant par l'imagination d'une conduite plus calme. L'arrêt de la pensée apporte une aide, dans la mesure où la régulation de la pensée peut être considérée comme une façon d'apprendre à affronter un problème. Nous avons l'impression qu'il s'agit plutôt d'acquérir des habiletés générales pour gérer les difficultés psychologiques et non spécifiquement la disparition d'idées obsessionnelles (Vera, 2005).

L'immersion

Parmi les techniques d'exposition sans relaxation préalable, l'immersion est une approche soudaine et prolongée en imagination des stimuli anxiogènes. On peut distinguer une variante de la technique d'immersion : « l'implosion ». Cette technique d'implosion utilise un matériel d'imagerie mentale qui fait appel à la fois aux théories du conditionnement et aux thérapies psychanalytiques. Ainsi le thérapeute aborde les stimuli internes qui contribuent au maintien de la peur.

La différence fondamentale entre l'implosion et l'immersion est le type de scènes auxquelles le patient est exposé. Dans l'implosion, on propose au patient d'imaginer des scènes très anxiogènes qui entraînent des conséquences aversives afin de dépasser son seuil de tolérance. Il s'agit donc d'une technique d'extinction de l'anxiété mais aussi d'un moyen d'investigation des facteurs de maintien de celle-ci. L'immersion peut être pratiquée *in vivo*, elle est considérée alors comme plus efficace par certains auteurs (Emmelkamp et Wessels, 1975).

La réalité virtuelle

La réalité virtuelle est une simulation informatique interactive immersive, visuelle, sonore, d'environnements réels ou imaginaires. Elle désigne un espace de représentation réaliste, tridimensionnel. La réalité virtuelle peut être appliquée de différentes façons, mais en consultation clinique hospitalière, il semble difficile de disposer du matériel nécessaire qui est coûteux.

La salle immersive sphérique ou cubique est constituée d'écrans de rétroprojection ou de projections directes stéréoscopiques et synchronisées. Le patient est immergé dans une pièce où les murs, le sol et/ou le plafond sont des images projetées qui constituent un environnement géométriquement cohérent. Par un système de capture de position du visiteur, la perspective est recalculée en temps réel pour respecter son point de vue. La deuxième façon d'immerger dans une réalité virtuelle consiste à utiliser des lunettes de réalité virtuelle : le patient voit uniquement la scène en réalité virtuelle, en stéréoscopie. La perspective est recalculée pour correspondre à son point de vue.

Enfin, l'ordinateur permet de s'exposer à des situations difficilement accessibles (une salle de classe à laquelle on expose un thème, se voir assis dans un avion, regarder et se sentir près d'une araignée qui est inoffensive et indifférente au patient). Le patient est équipé de lunettes qui cachent alternativement la vision d'un œil puis de l'autre, l'ordinateur s'occupe d'afficher l'image correspondante de manière synchrone.

Le tableau 2.9 résume les principales techniques d'exposition utilisées chez le jeune patient.

Tableau 2.9. Techniques thérapeutiques d'exposition dans la réalité.

Technique	Âges d'application	Indications
Exposition graduelle *in vivo*	– Jeune enfant – Enfant – Adolescent	– Phobies – Anxiété généralisée – Attaques de panique – Trouble obsessionnel compulsif
Exposition de contact	– Jeune enfant – Enfant – Adolescent	– Phobies – Trouble obsessionnel compulsif
Exposition automatique	– Adolescent	– Phobies
Autoexposition	– Enfant – Adolescent	– Anxiété généralisée – Attaques de panique – Agoraphobie
Prévention de la réponse	– Enfant – Adolescent	– Trouble obsessionnel compulsif
Arrêt de la pensée	– Enfant – Adolescent	– Trouble obsessionnel compulsif – Anxiété généralisée
Immersion	– Jeune enfant – Enfant – Adolescent	– Anxiété généralisée – Attaques de panique – Phobies
Réalité virtuelle	– Enfant – Adolescent	– Anxiété généralisée – Phobies

Les techniques basées essentiellement sur le conditionnement opérant

Le renforcement

Skinner (1953) reprend la notion de conditionnement opérant qui tient compte des contingences de récompense. Il définit des stimuli appelés renforcements qui, s'ils sont positifs ou négatifs, permettent d'augmenter la probabilité de production du comportement. L'adjectif qualificatif *positif* indique que le comportement est suivi de l'addition d'un stimulus alors que l'adjectif qualificatif *négatif* indique la soustraction d'un stimulus après l'apparition du comportement :

- le renforcement positif est « l'opération qui consiste à faire suivre le comportement de l'addition d'un stimulus ou événement, entraînant une augmentation de la fréquence d'apparition de ce comportement » (Malcuit et Pomerleau, 1977) ;
- le renforcement négatif est « l'opération qui consiste à faire suivre un comportement du retrait d'un stimulus ou événement, entraînant une augmentation de la fréquence d'apparition de ce comportement » (Malcuit et Pomerleau, 1977).

Les comportements renforcés peuvent être soit adaptés soit inadaptés. Le tableau 2.10 illustre l'application des renforcements positifs et négatifs.

Si un comportement inadapté est renforcé positivement, et il est souhaitable de le faire disparaître, il faut arrêter l'association entre le comportement et son renforcement. Par exemple, l'enfant qui pleure systématiquement à la sortie de l'école pour avoir des confiseries et les obtient malgré son diabète type 1 va arrêter ses pleurs après refus systématique des confiseries pendant un certain temps. Bien évidemment, il va redoubler ses pleurs, va protester mais la suppression des confiseries malgré ses protestations, ses larmes, ses colères va provoquer progressivement une diminution de ses réactions. L'enfant saura que les confiseries, il ne les aura pas. Bien entendu, l'enfant recevra les explications des raisons pour lesquelles il y a arrêt de ce qu'il avait systématiquement auparavant.

L'objectif des programmes utilisant les renforcements est d'obtenir la *généralisation du comportement acquis* par conditionnement opérant ou bien la *diminution du comportement jugé indésirable* (extinction). Ces programmes sont largement utilisés dans l'enseignement aux élèves, dans la gestion des attitudes des enseignants ou en clinique. Par exemple, un programme opérant se dit réussi s'il a permis à un enfant d'apprendre une langue étrangère et de la parler, mais surtout s'il devient capable par généralisation de répondre et de dialoguer avec un autochtone. Il est aisé de comprendre que l'atteinte d'un objectif comme l'acquisition d'une langue étrangère, ou l'acquisition de l'habillage de manière autonome, sous-entend une chaîne

Tableau 2.10. Application de renforcements positifs et négatifs.

Renforcement positif	Comportement adapté	1) L'enfant fait sa toilette et se rend dans sa chambre (malgré son angoisse de séparation). ⇓ 2) Les parents félicitent l'enfant. ⇓ 3) L'enfant éprouve un sentiment de satisfaction. Il se sent proche des parents malgré la séparation physique. ⇓ 4) L'enfant a envie de continuer à se rendre dans sa chambre et il se propose de continuer à le faire sans aller 10 fois vérifier s'ils sont toujours là comme il le faisait avant. ⇓ 5) Les parents continuent à féliciter l'enfant tous les soirs quand il se rend dans sa chambre.
	Comportement inadapté	1) L'enfant est couché dans son lit. Il ressent l'envie d'aller rejoindre ses parents qui sont déjà couchés. ⇓ 2) Les parents acceptent l'enfant dans leur lit. ⇓ 3) L'enfant se sent rassuré dans le lit des parents. Il n'a aucune envie de retourner dans son lit et d'éprouver l'angoisse de ne pas être près des parents. ⇓ 4) L'enfant n'a aucun projet de dormir dans son lit tant que les parents l'acceptent sans protester.
Renforcement négatif	Comportement adapté	1) L'enfant communique difficilement avec ses parents. ⇓ 2) Le téléviseur tombe en panne. ⇓ 3) Renforcement négatif (sans TV l'enfant communique avec ses parents).
	Comportement inadapté	1) L'enfant exécute des gestes conjuratoires. ⇓ 2) L'anxiété diminue. ⇓ 3) L'enfant associe la diminution de l'anxiété à l'adoption des gestes conjuratoires (ils augmentent).

de comportements successifs jusqu'à obtention de ce but. C'est pourquoi les programmes opérants se combinent avec l'utilisation d'autres techniques comportementales comme le contrôle de stimulus (objectif à atteindre) et le façonnement ou *shaping* effectué par le thérapeute qui donne des informations et corrige éventuellement le comportement incorrect. Après l'acquisition du comportement, le maintien de celui-ci est fondamental et l'intervention régulière de renforcements positifs permet de conserver cet acquis. Il faudra donc opérer un contrôle des contingences positives du comportement. Les renforcements positifs sont de nature variée : soit matérielle comme la nourriture, soit affective ou sociale comme l'approbation des autres ou celle du thérapeute.

La participation des parents à la thérapie a été testée dans une étude randomisée par Kendall *et al.* (2008) : avant l'âge de 14 ans, leur rôle dans l'efficacité de la psychothérapie est fondamental.

L'attribution des tâches progressives

La définition « attribution des tâches progressives » a pour but l'organisation d'une séquence comportementale afin d'aider des jeunes patients (souffrant en général de phobie scolaire, de dépression, d'anxiété généralisée) à adopter un comportement complexe qu'ils désirent suivre, mais que la fatigue, le découragement, la peur d'échouer, le ralentissement rendent irréalisable. Plusieurs études ont démontré que la réussite des tâches améliorait l'état thymique et l'optimisme (Loeb *et al.*, 1971 ; 1964), ainsi que la performance dans des tâches ultérieures (Klein et Seligman, 1976). Cette procédure par étapes cherche donc à stimuler la mise en activité, en renforçant positivement une chaîne de comportements concrets. En outre, l'attribution des tâches évite au patient le processus de décision. En effet, selon Miller et Norman (1979), le ralentissement psychomoteur observé chez certains déprimés et certains enfants anxieux serait plus fonction de l'incapacité à décider que de l'incapacité à réaliser un acte. Cette stratégie thérapeutique n'a pas fait l'objet d'études contrôlées, elle agit à un niveau symptomatique.

L'estompage et le guidage

Les techniques de *fading* (estompage) et de *prompting* (guidage) peuvent également être associées aux renforcements dans de tels programmes. L'estompage consiste à ajouter des stimuli à la situation anxiogène. Par exemple, on fera écouter à un enfant qui a de fortes manifestations d'anxiété lorsqu'il entend des sirènes d'alarme d'ambulance une musique sur laquelle on a enregistré des sirènes d'alarme. Au cours des séances, on baissera la musique et le son de la sirène sera de plus en plus distinct. Le but est d'entraîner le sujet à s'efforcer d'éviter de l'écouter. Le guidage est une procédure dans laquelle on utilise un signal afin d'aider le patient à trouver le comportement adapté. Cette procédure est particulièrement indiquée lors de l'entraînement à discriminer un stimulus précis. Par exemple, l'adolescent en situation de groupe qui, par anxiété sociale, a un discours précipité et ne termine pas ses phrases, observe un signal lumineux qui s'éteint s'il adopte le comportement anxieux et s'allume s'il parle d'une manière compréhensible. Au cours des séances le signal est de moins en moins utilisé afin de favoriser l'autoperception qui est le but recherché.

Le programme d'activités

Ce programme a été conçu par Lewinsohn (1974) essentiellement pour des patients jeunes et moins jeunes souffrant de dépression : un programme structuré d'activités est proposé. Le principe consiste à augmenter la probabilité de survenue des événements agréables et à diminuer celle des événements désagréables. La thérapie comporte 12 séances très structurées : la période initiale consiste en l'évaluation du contenu hédonique et de la fréquence des événements jouant un rôle dans l'existence du sujet ; puis le patient se centre sur l'apprentissage d'habiletés spécifiques permettant de modifier ses interactions avec l'environnement : relaxation, affirmation de soi, techniques de contrôle de pensée, planification de l'activité. Cette stratégie, basée sur le conditionnement opérant, intègre en fait des méthodes qui s'en éloignent (entraînement aux habiletés sociales, mesure des caractéristiques subjectives en termes de plaisir).

Cinq études contrôlées évaluent l'efficacité de ce programme, mais la disparité des échantillons et des méthodes de recherche ne permet pas de conclure (Blackburn et Cottraux, 2001).

Le *biofeedback*

Le terme *biofeedback* fait référence, en clinique, à la méthode d'entraînement au contrôle volontaire des fonctions autonomiques. Dans cette procédure, l'information habituellement inaccessible relative à l'état d'une ou de plusieurs fonctions organiques est captée par des appareils d'enregistrement, traduite sous forme analogique, et retransmise aux organes sensoriels, permettant à l'organisme de développer sa capacité de percevoir et de modifier l'activité de ses fonctions organiques suivant un projet thérapeutique. Cette procédure représente une méthode d'autocontrôle et d'autorégulation des fonctions physiologiques. Ainsi, les activités viscérales, celles du système nerveux central, et les activités somatomotrices peuvent être une cible thérapeutique. Il existe plusieurs types de rétroactions biologiques : de la température cutanée, du rythme cardiaque, de la conductance cutanée et de l'électromyogramme. Par exemple, le *biofeedback* électromyographique est réalisé par des appareils électroniques qui mesurent les variations de l'activité électrique musculaire et les traduisent en données visuelles et auditives. Suivant l'appareil employé, le signal sonore est utilisé de plusieurs façons différentes : les sons ont un rythme proportionnel à l'amplitude de l'activité musculaire ; les sons sont délivrés lorsque le niveau de l'activité musculaire moyenne dépasse un seuil établi d'après le contrôle de niveau, le sujet est encouragé à ne pas déclencher le signal sonore. Rémond (1995), dans une revue des études sur le *biofeedback*, souligne l'évolution de l'instrumentation vers un maniement simplifié. D'autre part, cet auteur trouve que les indications récentes s'enrichissent chaque jour. Par exemple, pour les états dépressifs la fréquence d'une stimulation lumineuse est modifiée périodiquement et automatiquement par le programme, délivrant des éclairs à des fréquences choisies à partir du spectre d'un électroencéphalogramme (EEG). En définitive, cette technique en pleine évolution constitue un outil important en thérapie comportementale.

Les tâches assignées

Selon Kazantzis *et al.* (2005), les tâches assignées sont le point névralgique des thérapies comportementales et cognitives. En termes pratiques, elles représentent l'occasion pour les patients de transférer les habiletés et les idées de la situation thérapeutique à la vie de tous les jours dans laquelle la souffrance psychique se manifeste. Il s'agit selon ces auteurs des activités planifiées en séance directement en rapport avec le motif de consultation du patient. C'est le processus principal à travers lequel le patient va vivre, ressentir, pratiquer et renforcer les changements comportementaux et cognitifs obtenus en séance. C'est aussi dans les tâches assignées que la résistance au changement va se manifester.

Le tableau 2.11 résume les principales techniques thérapeutiques basées sur le conditionnement opérant.

Tableau 2.11. Techniques thérapeutiques basées sur l'apprentissage opérant.

Technique	Âges d'application	Indications
Renforcement	Jusqu'à 16 ans	Toutes les pathologies
Attribution des tâches progressives	4-16 ans	Dépression Phobie scolaire
Programme d'activités	6-16 ans	Dépression Faible estime de soi Hyperactivité
Estompage et guidage	4-16 ans	Phobie spécifique
Biofeedback	6-16 ans	Anxiété généralisée Attaques de panique
Tâches assignées	4-16 ans	Toutes les pathologies

Les techniques issues de l'apprentissage social (techniques cognitives)

Techniques d'affirmation de soi

Elles constituent une aide thérapeutique efficace chez des patients présentant une altération significative du fonctionnement social et/ou scolaire et qui possèdent une faible estime de soi (Michelson *et al.*, 1987). Ces techniques sont d'un abord psychologique axé sur l'atténuation des manifestations anxieuses et sur l'apprentissage de comportements de communication. L'affirmation de soi est proposée en groupe ou en individuel.

Les procédures thérapeutiques d'affirmation de soi utilisées sont : le jeu de rôle, le modeling, le *feedback* et le façonnement de la réponse.

Le jeu de rôle

La procédure de répétition de la réponse ou jeu de rôle a pour but d'aider le sujet à se sentir à l'aise face à des comportements nouvellement acquis et à les reproduire facilement dans des situations sociales appropriées. Le jeu de rôle comportemental demande au patient de faire « comme si » il était en situation réelle, et de se comporter de façon affirmée dans cette situation. Le jeu de rôle est une des techniques employées dans l'apprentissage à l'affirmation de soi. Avant de faire pratiquer un jeu de rôle en séance individuelle ou de groupe, il est important d'expliquer au patient en quoi cela consiste, quelles sont les règles de cette pratique et en quoi cette situation structurée mise en simulation pourra l'aider. La liste des situations à simuler sera construite avec le thérapeute et hiérarchisée en fonction de la difficulté perçue par le patient, par exemple : refuser de prêter systématiquement les affaires scolaires, refuser de donner son goûter à un camarade qui a déjà mangé le sien, refuser de prêter un jeu vidéo parce qu'il a envie de jouer avec en fin de semaine, etc., les situations de refus constituant une source fréquente de difficultés de communication.

Au cours du jeu de rôle, le thérapeute se trouve dans une situation de triangulation où deux enfants ou deux adolescents vont simuler une scène. Le thérapeute récapitule, avant la simulation, le rôle de chacun, il arrête le jeu de rôle quand il le souhaite et met en avant ce qui a été bien réalisé par l'acteur principal du jeu. Ce dernier note ce qu'il a apprécié dans sa performance et celui qui donnait la réplique énonce à son tour ce qui lui a plu et comment il a ressenti les différentes interventions de l'interlocuteur. Le thérapeute récapitule les différentes observations et met en évidence les comportements assertifs avant de rejouer une autre scène. L'enregistrement vidéo de la scène permet aux jeunes d'obtenir un *feedback* sur leur comportement verbal et gestuel. L'association du jeu de rôle avec le *modeling* est bien plus efficace dans le traitement des phobies sociales que l'une ou l'autre technique isolée. Ainsi, le thérapeute participe au premier jeu de rôle à titre de modèle et peut mettre en scène un comportement assertif, un comportement passif ou un comportement agressif avec leurs différentes modalités.

Le *modeling*

Dans le *modeling* ou apprentissage par imitation, un modèle présente un comportement à imiter (modelage positif) ou à éviter (modelage négatif).

Par exemple, comment exprimer une idée dans un groupe, comment aborder d'autres personnes que l'on ne connaît pas. Le *modeling* en imagination consiste à décrire et à faire imaginer au patient une situation où une personne du même âge et du même sexe se conduit d'une manière socialement habile. Cette technique est particulièrement efficace pour modeler des comportements lors de situations aversives (se voir rejeter, se faire critiquer). Le modèle se comporte d'une manière affirmée. Il s'agit donc d'un processus d'apprentissage où le comportement individuel ou de groupe se modèle par rapport à un stimulus (attitudes, comportements et pensées) par observation de ce modèle. Un certain nombre de critères précis ont été mis en évidence par différentes études comme facteurs influençant le processus de *modeling* (Bandura, 1980). Il s'agit :

- des caractéristiques du modèle (similarité de l'âge, du sexe, de la race, des comportements, chaleur de contact, capacité de récompense) ;
- des caractéristiques de l'observateur (capacité à observer, niveau d'anxiété, traits de personnalité, etc.) ;
- des caractéristiques dans la manière de jouer le modèle.

Après acquisition du comportement présenté par le modèle, un certain nombre d'éléments va influencer la capacité du sujet à augmenter sa performance (répétition en imagination, entraînement du comportement concerné par l'imitation). Puis il y aura transfert et généralisation des performances. Ce processus de *modeling* est utilisé dans l'apprentissage de comportements nouveaux : natation, conduite automobile, mais aussi en clinique pour l'obtention de nouvelles habiletés comportementales telles qu'exprimer ses opinions à un tiers ou affronter une situation précédemment anxiogène. La technique d'imitation d'une conduite désirée que l'enfant ne possédait pas dans son répertoire comportemental renforce le sentiment de satisfaction personnelle (Bandura, 2003).

Le façonnement de la réponse

Les procédures de façonnement de la réponse consistent à aider le sujet à affirmer ses comportements nouvellement acquis au moyen de la rétroaction et du renforcement. La rétroaction, ou *feedback*, permet de donner au sujet des informations spécifiques et descriptives sur son propre comportement. Le *feedback* négatif consiste à informer le patient qu'un changement de comportement est nécessaire, tandis qu'un *feedback* positif l'informe sur l'adéquation de son comportement. Le renforcement est utilisé la plupart du temps sous forme d'approbation ou de félicitations au moment où le patient montre une amélioration de son comportement. Le renforcement est « donné » soit par le thérapeute, soit par les membres du groupe thérapeutique, soit en favorisant les capacités du patient à s'autorenforcer. Les procédures cognitives sont également associées pour modifier directement la perception des situations sociales comme étant des situations « à risque ».

Technique de résolution de problèmes

Kazdin (2003) décrit la technique de résolution de problèmes en sept étapes :

1. explication par le thérapeute à l'enfant que les situations où l'on doit résoudre un problème sont fréquentes et font partie de la vie normale. On explique également qu'un problème peut être résolu par des solutions adéquates et qu'il faut éviter toute absence de solution ou de réaction impulsive. L'indécision est source de malaise ;
2. définition du problème de l'enfant ;
3. recherche de solutions alternatives. L'enfant est encouragé à se laisser aller à la recherche des solutions même irréalistes. Plus il propose de solutions, plus il y a de chances d'évoquer les bonnes solutions ;
4. décision d'application d'une solution ;
5. vérification dans la réalité de l'adéquation ou de l'inadéquation de la solution choisie ;
6. adaptation de la solution ;
7. application de la solution nouvellement définie.

Des données de la psychologie du développement mettent en évidence les stratégies employées par les enfants de 8 à 11 ans dans une tâche de « créativité » (La Greca, 1980). La tâche consiste à trouver toutes les utilisations inhabituelles possibles pour un objet tel qu'un journal, une boîte de conserve. Indépendamment de l'âge les enfants, ceux qui se montrent très créatifs se créent des « contextes » pour générer les utilisations des objets :

- se rappeler les utilisations habituelles pour générer par contraste les utilisations inhabituelles ;
- placer l'objet dans un contexte familier (se figurer qu'on est à la maison, etc.) et essayer d'adapter l'objet à des tâches que l'on effectue dans ce cadre ;
- regarder autour de soi pour trouver des objets qui peuvent suggérer des tâches qu'on effectue avec l'objet stimulus, etc.

Pour inventer des solutions, l'enfant a besoin de se référer à des situations précises (contextes) ; il doit se montrer actif au niveau cognitif pour générer des pensées alternatives.

> Il est donc important dans l'adaptation de cette technique à l'enfant de l'accompagner psychologiquement dans les différentes étapes de la procédure thérapeutique (suggérer des contextes, donner des exemples de solutions données par d'autres enfants, etc.).

La théorie du pessimisme appris et ses implications thérapeutiques

La théorie dite « du pessimisme appris » ou « théorie des attributions » (Seligman, 1995) étudie la façon dont l'enfant développe une manière dépressive de voir, d'envisager et de prédire les événements de la vie. Par ailleurs, elle propose un mode d'action thérapeutique.

L'attribution des causes aux événements

C'est la première notion essentielle à retenir de cette théorie. Les « attributions » désignent les tentatives que nous faisons pour comprendre les causes et implications des événements dont nous sommes témoins. Ces événements, dans cette théorie, sont réduits aux conduites personnelles — *les agissements de la personne qui pense* — et interpersonnelles — *les agissements des autres personnes*. Cette approche exclut les événements touchant le monde physique et l'environnement.

Ainsi, l'enfant et l'adulte tentent naturellement de trouver des causes à ce qu'ils font et à ce que les autres font : nous disons que nous possédons une « démarche intellectuelle causale ». Les conduites sont interprétées en invoquant certaines causes qui paraissent explicatives à celui qui les observe. On « attribue » aux conduites certaines causes.

« Tu t'es sûrement aperçu que la vendeuse rougissait chaque fois qu'on lui demandait quelque chose ; elle est certainement très timide ». Dans cette affirmation, la cause attribuée aux rougissements est la timidité. Les gens invoquent souvent des causes différentes d'une personne à l'autre. « Tu t'es sûrement aperçu que la vendeuse rougissait chaque fois qu'on lui demandait quelque chose ; tu lui as certainement plu ». Ici la cause n'est plus la timidité, mais la séduction.

Les différents types de causes ou d'attributions

La deuxième notion essentielle concerne les causes ou facteurs responsables, selon la personne, de certains actes. En psychologie, chaque cause est analysée selon une grille précise :

- *aptitude* : « tu as eu une bonne note en français, tu es doué » ;
- *disposition* : « tu as eu une bonne note en français, tu étais bien reposé » ;
- *effort* : « tu as eu une bonne note en français, tu as bien fait de travailler dès le début de l'année » ;
- *caractéristiques de la tâche* : « tu as eu une bonne note en français, le contrôle était certainement facile » ;
- *caractéristiques des personnes* : « tu as eu une bonne note en français, le professeur est très généreux » ;
- *chance* : « tu as eu une bonne note en français, comment as-tu réussi cet exploit ? ».

Comment l'enfant crée-t-il son style d'attribution ?

Pour se parler à lui-même, l'enfant va utiliser les mêmes raisonnements que ceux qu'il entend à son propos : il va s'encourager ou se déprécier suivant le type de causes qu'il a entendues à son sujet. Il aura un « style d'attribution ». Celui-ci va déterminer sa manière habituelle de voir les choses : optimiste ou pessimiste.

Le style d'attribution pessimiste

Il évalue les réussites et les échecs suivant un mode particulier :

• les réussites sont attribuées à des causes externes (chance, facilité de la tâche, etc.) : « j'ai gagné la compétition de tennis parce que les autres étaient nuls » ; « je me suis bien amusé à l'école car j'avais des billes que les autres ont bien aimées. En général, ils n'aiment pas jouer avec moi » ; « j'ai bien réussi mon devoir de maths : normal, les exercices étaient faciles ». L'enfant ne se sent pas responsable de ses réussites ;

• en revanche, les échecs sont attribués à des causes internes (manque d'habileté) : « je n'ai pas gagné la compétition de tennis car je suis nul » ; « je ne me suis pas amusé à l'école car personne ne s'intéresse à moi » ; « je n'ai pas réussi mon contrôle de maths : je ne comprends rien, alors que les autres réussissent bien ». On n'entendra pas un enfant ayant un style d'attribution pessimiste dire : « je n'ai pas réussi mon contrôle de maths parce que les exercices étaient très difficiles ».

Le style d'attribution optimiste

Il évalue les réussites et les échecs en fonction de critères plus souples et objectifs :

• les réussites sont attribuées à des facteurs internes (*effort, habileté*) : « je m'aperçois que, quand je travaille bien (*effort*), j'arrive à avoir des bonnes notes. Peut-être, que je ne suis pas trop bête » (*aptitude*) ;

• les échecs sont attribués à des facteurs externes ou bien internes, mais situationnels : « j'ai bien travaillé les mathématiques, mais je n'ai pas réussi le contrôle, j'étais trop fatigué ».

Cette approche cognitive a été adaptée par Dweck (1975) pour des enfants ayant des comportements d'échec important. Ces enfants ont été séparés en deux groupes : un groupe soumis à des expériences de réussite exclusivement, et le deuxième à des conditions thérapeutiques renforçant le sentiment de responsabilité devant l'échec et encourageant les enfants à persévérer dans la recherche de solution des problèmes présentés. Ainsi, ces derniers enfants apprenaient à attribuer l'échec à des facteurs instables, internes ou spécifiques (manque d'effort par exemple). Les enfants qui avaient été soumis à des conditions de réussite d'une manière exclusive continuaient à se décourager devant l'échec. Ce programme d'entraînement à la modification des attributions montre qu'une réponse adaptative devant l'échec peut être apprise et qu'elle représente une alternative de solution pour des enfants découragés par l'échec. Les enfants déprimés et les enfants découragés par l'échec semblent montrer un style d'attribution similaire à celui de l'adulte (Vera, 1985).

L'enfant présentant une humeur dépressive pense qu'en général, dans de nombreuses situations, il ne réussit pas bien ce qu'il entreprend. De plus, il trouve que bien souvent, si quelque chose ne va pas, c'est de sa faute, et qu'il n'est pas « à la hauteur ». Cette tendance excessive à culpabiliser, même pour des fautes mineures, dénote une faible estime de soi Seligman (1995).

Thérapie rationnelle émotive

Selon Ellis (1977), les mécanismes cognitifs jouent un rôle essentiel dans le développement et le maintien de certains comportements psychopathologiques : un grand nombre de troubles proviennent d'un dérèglement de ces mécanismes. Les idées irrationnelles se développent à partir de ce dérèglement et elles produisent des comportements irrationnels ou pathologiques et, de plus, elles favorisent des conséquences émotionnelles négatives ou destructrices qui interfèrent avec le bien-être et la survie du sujet. Plusieurs idées irrationnelles ont été identifiées par Ellis :

- « Je dois bien faire et réussir dans tout ce que je fais et ainsi gagner l'approbation des autres, sinon, on pourra dire que je suis un raté » ;
- « Les autres doivent me traiter avec considération et gentillesse, faire exactement ce que j'attends d'eux ; autrement ils devraient êtres blâmés et punis sévèrement » ;
- « Les choses devraient être facilement accessibles, sans beaucoup d'effort. Il ne devrait rien arriver de désagréable ».

Chez l'enfant, plusieurs études soulignent le rôle de l'apprentissage social dans le développement du système de croyances (De Voge, 1974 ; Meichembaum et Goodman, 1977 ; Di Giuseppe, 1977). De Voge communique les modalités thérapeutiques utilisées dans la modification du retrait social d'un enfant. Il a été intégré dans un groupe thérapeutique pour enfants déprimés. Le thérapeute renforçait systématiquement les verbalisations rationnelles et il reformulait les verbalisations irrationnelles (« je suis un raté » ; « je ne suis pas capable de réussir » ; « tout le monde me rejette »).

Le rôle du groupe a été l'objet d'étude de certains cliniciens (Liber *et al.*, 2008) : il semblerait que l'efficacité thérapeutique dépendrait plus de la technique utilisée que de la situation de groupe.

Cette approche est pratiquée associée à d'autres techniques dans l'anxiété généralisée, dans la phobie sociale et dans la phobie scolaire. Chez l'enfant, le thérapeute adapte son attitude de remise en cause des idées irrationnelles : il reformule dubitatif alors que, chez l'adulte, il a une attitude très véhémente et critique. Il est important de ne jamais être critique par rapport aux idées irrationnelles communiquées par l'enfant : sa pensée est en cours de développement, il n'a pas encore tous les éléments de rationalité et, se voyant critiqué, il risque de perdre le plaisir de penser, d'imaginer. On doit lui montrer délicatement que, parfois, sa pensée provoque chez lui des émotions désagréables qu'il pourrait éviter si ses pensées étaient différentes. Le style propositionnel est à utiliser : « tu ne penses pas que peut-être tu n'es pas tout le temps rejeté mais seulement parfois ? ». Cette technique sera illustrée dans le chapitre sur l'anxiété généralisée.

Technique cognitive de Beck

Beck (1970) a observé chez les déprimés et chez les anxieux des *distorsions cognitives*. Elles seraient dues à l'incapacité du sujet à percevoir correctement l'information. Chez l'enfant, il n'existe pas d'évidence sur l'existence de distorsions cognitives observées chez l'adulte. En effet, il est en général admis que la possibilité et les modalités du traitement de l'information dépendent du niveau cognitif du sujet, car celui-ci conditionne le savoir et les savoir-faire disponibles (George, 1983). L'enfant mobilise ses savoirs pour agir sur les informations recueillies et les transformer. Ceci soulève le problème du lien entre apprentissage et développement. Selon Piaget (1974), l'enfant, devant un événement externe, élabore un cadre conceptuel pour l'appréhender. Par conséquent, selon l'âge, le cadre conceptuel peut être plus ou moins élaboré, plus ou moins cohérent ; les observations que l'enfant peut faire de l'événement sont plus ou moins fines, plus ou moins exactes.

D'autre part, toujours selon l'âge, les solutions des problèmes concernant le pourquoi et le comment des liaisons constatées peuvent être plus ou moins satisfaisantes du point de vue du logicien (Melot et Nguyen Xuan, 1981). Il est bien évident que la technique de modification cognitive de Beck doit forcément s'adapter au niveau de développement de l'enfant. Cette technique nous semble donc applicable à condition de bien évaluer au préalable le fonctionnement cognitif de l'enfant (tests basés sur la théorie de Piaget destinés à situer l'enfant dans un niveau de développement de la pensée : pensée affective, pensée quasi rationnelle, pensée rationnelle, pensée logique).

Les distorsions cognitives sont classées en deux groupes :

- *les erreurs de style*, qui désignent une façon de penser dichotomique, manichéenne (la pensée du « tout ou rien ») : ce qui n'est pas une réussite totale ou une acceptation sans réserve est assimilé à un échec ou à un rejet. « Maman, j'ai eu 18 sur 20 au contrôle de maths, mais la maîtresse ne m'a pas félicité. C'est sûr qu'elle pense que je suis nul. » ; « J'ai récité ma poésie devant la classe sans me tromper du tout, mais je n'ai pas pu faire des gestes car je me sens ridicule, je ne pourrai jamais réussir à réciter avec des gestes : ça sert à rien d'apprendre mes poésies ! » ; « Cet été nous sommes allés dans un parc d'attractions. Nous nous sommes beaucoup amusés dans la piscine avec des pistolets à eau, mais je n'ai pas pu glisser dans les toboggans aquatiques car je n'ai pas encore 12 ans, c'est nul. Je n'ai plus envie d'y aller. » ;
- *les erreurs de logique* :
  - l'*inférence arbitraire* : l'enfant tire des conclusions sans preuve, sur la base d'informations inadéquates « Si les autres ne veulent pas jouer avec moi, c'est parce que je suis nul. J'ai peur des fantômes et ils l'ont deviné » ;
  - l'*abstraction sélective* : l'enfant se concentre sur un détail hors du contexte et en tire une conclusion en ignorant les autres aspects de la

situation qui pourraient donner un sens différent à la situation. C'est-à-dire que l'enfant va souvent prêter attention uniquement aux aspects négatifs d'un événement. Jacques (9 ans) me racontait ce qui l'avait rendu triste le week-end qui précédait notre entretien : « Je suis allé avec mes frères chez papa ce week-end, le soir, on a commandé des pizzas, c'était super, mais quand on était en train de manger quelqu'un a téléphoné et puis il est resté plus d'une demi-heure au téléphone. Il était content quand il parlait, il rigolait et nous faisait signe de manger sans lui. Je pense qu'il s'embête avec nous, et pourtant on avait passé une très bonne journée tous ensemble. Je pense qu'il est plus heureux avec les autres. C'est peut-être pour ça qu'il a divorcé. Il était heureux au téléphone... mais je crois qu'il a peur de devenir vieux, c'est mon frère qui me l'a dit.. tu ne le diras à personne... » ;

– la *surgénéralisation* : à partir d'un seul incident, le sujet étend à toutes les situations possibles une expérience désagréable « Maman, Jean m'a dit aujourd'hui qu'il ne viendrait pas à mon anniversaire. Pourquoi personne ne veut venir à ma fête ? » ;

– la *maximalisation* : l'enfant interprète un fait mineur comme une catastrophe ou un désastre majeur : « j'ai pris mon baladeur, mais j'ai oublié ma cassette préférée. C'est toujours comme ça, mon week-end à la campagne est foutu. » ;

– la *minimisation* : l'enfant attribue une plus grande valeur aux échecs et dévalorise les réussites : « Oui, c'est vrai que la dame de la boutique m'a donné un bonbon, mais ce n'est pas parce qu'elle me trouve "sympa" comme elle a dit. Tous les enfants qui vont dans sa boutique doivent recevoir des bonbons. Je ne crois pas être particulièrement sympathique. » ;

– la *personnalisation* : l'enfant surestime les relations entre les événements défavorables et se responsabilise de tous les événements négatifs « J'ai redoublé la classe l'an dernier. Mon père était très fâché. Je suis sûr qu'il est parti de la maison à cause de moi. Mes parents se disputaient beaucoup. »

> Les enfants anxieux et déprimés ont tendance à penser de façon négative. Les différentes études montrent que le type d'erreur le plus fréquent est la *surgénéralisation*.
> Les enfants *normaux* quand ils sont de « mauvais poil » ou ont un léger « cafard » ont tendance à utiliser davantage l'*abstraction sélective*.

Technique cognitive de modification de schémas selon Young

Cette approche est le prolongement de la méthode de modification cognitive de Beck (exposée précédemment). Pour Young (2003), il existe à la base de cognitions erronées des schémas précoces inadaptés. Les schémas inadaptés sont par exemple l'imperfection, l'abandon, la méfiance, etc. Le thérapeute aide le patient à identifier le schéma sous-jacent à ses conduites pathologiques, puis il met en place de techniques de modification des schémas : techniques cognitives, comportementales, interpersonnelles et émotionnelles. Chez l'enfant, cette approche n'a pas fait ses preuves. À notre avis, elle semble difficile à utiliser chez l'enfant étant donné la complexité d'élaboration mentale sollicitée par cette approche pour comprendre son propre fonctionnement cognitif, la métacognition n'étant pas acquise avant l'âge de 10 ans.

Le tableau 2.12 résume les principales techniques cognitives utilisées chez l'enfant et l'adolescent.

Tableau 2.12. Techniques thérapeutiques basées sur l'apprentissage cognitif.

Technique	Âges d'application	Indications
Techniques d'affirmation de soi : - Jeu de rôle - *Modeling* - Façonnement de la réponse	4-16 ans	- Phobie sociale - Phobie scolaire - Dépression - Estime de soi faible
Technique de résolution de problèmes	6-16 ans	- Dépression - Hyperactivité - Anxiété généralisée - Addictions
Techniques cognitives : - Attributions de causalité - Thérapie rationnelle émotive - Technique cognitive de Beck - Technique cognitive de modification de schémas	6-16 ans 6-16 ans 11-16 ans 11-16 ans	- Anxiété généralisée - Dépression - Phobie sociale - Phobie scolaire - Estime de soi faible - Trouble obsessionnel compulsif Addictions

Références

Bandura A. (Ed). (1980). *L'apprentissage social*. Bruxelles : Pierre Mardaga.

Bandura A. (Ed). (2003). *Auto-efficacité. Le sentiment d'efficacité personnelle* (1re éd.). Paris : De Boeck Université.

Barkley R.A. (Ed). (2006). *Attention-deficit hyperactivity disorder : A handbook for diagnosis and treatment (3rd ed.)*. New York : Guilford Press.

Barmann, B.C., & Vitali, D.L. (1982). Facial screening to eliminate trichotillomania in developmentally disabled persons. *Behavior Therapy, 13*, 735-742.

Beck A. (Ed). (1991). *Cognitive Therapy and the Emotional Disorders*. London : Penguin Books.

Beck A.T. (Ed). (1970). Cognitive therapy : Nature and relation to behavior therapy. *Behavior Therapy, 1*, 184-200.

Bergès J., & Mounes M. (Eds). (1996). *La relaxation thérapeutique chez l'enfant* (2 ème édition). Paris : Masson.

Blackburn I.M., & Cottraux J. (Eds). (2001). *Thérapie cognitive de la dépression* (2 e éd.). Paris : Masson.
Bloomquist M.L. (Ed). (2006). *Skills training for children with behavior problems*. New York : The Guilford Press.
Bouvard M. (Ed). (2008). *Échelles et questionnaires d'évaluation chez l'enfant et l'adolescent*. Paris : Masson.
Bouvard M., & Cottraux J. (Eds). (2005). *Protocoles et échelles d'évaluation en psychiatrie et en psychologie*. Paris : Masson.
Castaneda, A., Mac Candless, B.R., & Palermo, D.S. (1956). The Children's form of the Manifest Anxiety Scale. *Child Development, 27*, 317-326.
Coopersmith S. (Ed). (1984). *Manuel de l'inventaire d'estime de soi (SEI)*. Paris : Centre de Psychologie Appliquée.
Cottraux J., Bouvard M., & Légeron P. (Eds). (1985). *Méthodes et échelles d'évaluation des comportements*. Issy-les-Moulineaux : Échelles d'Applications Psychotechniques.
De Voge, C. (1974). A behavioral approach to Rational Emotive Therapy with children. *Rational Living, 9*(1), 23-26.
Di Giuseppe, R.A. (1977). The use of behavior modification to etablish rational self-statements in children. In A. Ellis, & R. Grieger (Eds), *Handbook of Rational Emotive Therapy*. New York : Springer Publishing Company.
Dweck, C.S. (1975). The role of expectations and attributions in the allevation of learned helplessness. *J. Pers. Social Psychol, 31*, 674-685.
Emmelkamp, P.M., & Wessels, H. (1975). Flooding in imagination versus fl ooding in vivo : A comparison with agoraphobics. *Behaviour Research & Therapy, 13*, 7-15.
Ellis, A. (1977). The basic clinical Theory of Rational Emotive Therapy. In A. Ellis, & R. Grieger (Eds), *Handbook of Rational Emotive Therapy*. New York : Springer Publishing Company.
George C. (Ed). (1983). *Apprendre par l'action*. Paris : Presses Universitaires de France.
Gosselin, P., Langlois, F., Freeston, M.H., Ladoudeur, R., Dugas, M.J., & Pelletier, O. (2002). Le questionnaire d'évitement cognitif (QEC) : développement et validation auprès d'adultes et d'adolescents. *Journal de Thérapie Comportementale et Cognitive, 12*(1), 24-37.
Guelfi J.D. (Ed). (1993). *L'Évaluation Clinique standardisée en psychiatrie. Tome I*. Boulogne : Editions Médicales Pierre Fabre.
Guelfi J.D. (Ed). (1997). *L'Évaluation Clinique standardisée en psychiatrie. Tome II*. Boulogne : Editions Médicales Pierre Fabre.
Jacobson E. (Ed). (1980). *Savoir relaxer*. Québec : Les Éditions de l'Homme.
Kazantzis N., Deane F., Ronan K., & L'Abate L. (Eds). (2005). *Using homework assignments in cognitive behavior therapy*. New York : Routledge, Taylor and Francis Group.
Kazdin, A.E. (2003). Problem-solving skills training and parent management training for conduct disorder. In A.E. Kazdin, & J.R. Weisz (Eds), *Evidence-based psychotherapies for children and adolescents* (pp. 241-262). New York : Guilford Press.
Kendall, P.C., Hudson, J.L., Gosch, E., Flannery-Schroeder, E., & Suveg, C. (2008). Cognitive-behavioral therapy for anxiety disordered youth : a randomized clinical trial evaluating child and family modalities. *Journal of Consulting and Clinical Psychology, 76*(2), 282-297.
Klein, D.C., & Seligman, M.E. (1976). Reversal of performance deficits and perceptual deficits in learned helplessness and depression. *Journal of Abnormal Psychology, 85*, 11-26.

Kovacs M. (Ed). (1978). *Interview schedule for children (ISC)*. Pittsburgh : University of Pittsburgh school of medicine.

La Greca, A.M., & Santogrossi, D.A. (1980). Social skills training with elementary school students : a behavioral approach. *J. Consult. Clin. Psychol, 48*(2), 220-227.

Lewinsohn, P.M. (1974). A behavioral approach to depression. In R.M. Friedman, & M.M. Katz (Eds), *The psychology of depression : contemporary theory and research*. Washington : Winston Wiley.

Liber, J.M., Van Widenfelt, B.M., Utens, E.M., Ferdinand, R.F., Van der Leeden, A.J., Van Gastel, W., *et al.* (2008). No differences between group versus individual treatment of childhood anxiety disorders in a randomised clinical trial. *Journal of Child Psychology and Psychiatry and allied disciplines, 49*(8), 886-893.

Loeb, A., Beck, A.T., & Diggory, J. (1971). Differential effects of success and failure on depressed and nondepressed patients. *The Journal of Nervous and Mental Disease, 152*, 106-114.

Loeb, A., Feshback, S., Beck, A.T., & Wolf, A. (1964). Somme effects of reward upon the social perception and motivation of psychiatric patients varying in depression. *Journal of Abnormal Psychology, 68*, 609-616.

Malcuit X., & Pomerleau A. (Eds). (1977). *Terminologie en conditionnement et apprentissage*. Montréal : Presse Université de Québec.

Mc Gonigle, J.J., Duncan, D., Cordisco, L., & Barret, R. (1982). Visual screening : An alternative method for reducing stereotypic behaviors. *Journal of Applied Behavior Analysis, 15*, 461-467.

Meichenbaum, D., & Goodman, J. (1977). Training impulsive children to talk to themselves : a means of developing self-control. In A. Ellis, & R. Grieger (Eds), *Handbook of Rational Emotive Therapy*. New York : Springer Publishing Company.

Melot, A.M., & Nguyen-Xuan, A. (1981). La connaissance des phénomènes psychologiques. In P. Oléron (Ed), *Savoirs et savoir-faire psychologiques chez l'enfant*. Bruxelles : Pierre Mardaga.

Michelson, L., Sugai, D.P., Wood, R.P., & Kazdin, A.E. (1987). *Las habilidades sociales en la infancia*. Barcelona : Ediciones Martinez Roca S.A..

Miller, W., & Norman, W.H. (1979). Learned helplessness in humans : A review and attribution theory model. *Psychol Bull, 86*, 93-119.

Miller W.R., & Rollnick S. (Eds). (2006). *L'entretien motivationnel : Aider la personne à engager le changement* (InterEdition). Paris : Dunod.

Piaget J. (Ed). (1974). *Réussir et comprendre*. Paris : Presses Universitaires de France.

Remond, A. (1995). Le *biofeedback* thérapeutique, trente ans après. *J Ther Comp Cognit, 5*, 107-108.

Rusinek, S., & Hautekeete, M. (1999). Instrument d'étude des schémas des enfants. L'inventaire de schémas précoces pour enfants (IPSE). *Journal de Thérapie Comportementale et Cognitive, 9*(2), 55-61.

Seligman M. (Ed). (1995). *The optimistic child*. New York : Houghton Miffl in Company.

Shirk, S.R., Gudmundsen, G., Kaplinski, H.C., & McMakin, D.L. (2008). Alliance and outcome in cognitive-behavioral therapy for adolescent depression. *Journal of Clinical Child and Adolescent Psychology, 37*(3), 631-639.

Singh, N.N., Beale, I.L., & Dawson, M.J. (1981). Duration of facial screening and suppression of self-injurious behavior : Analysis using an alternating treatments design. *Behavioral Assessment, 3*, 411-420.

Skinner, B.F. (Ed.). (1953). *Science and human behaviour*. New York : Mc Milan. Palo Alto, California : Consulting Psychologists Press.

Spielberger, C.D. (1973). *Manual for the State-Trait Anxiety Inventory for children*. Palo Alto, California : Consulting Psychologists Press.

Spielberger C.D. (Ed). (1973). *Manual for the State-Trait anxiety inventory for children*. Palo Alto : Consulting Psychologists Press.

Turgeon, L., & Chartrand, E. (2003). Reliability and validity of the Revised Children's Manifest Anxiety Scale in a French-Canadian sample. *Psychol. Assess, 15*(3), 378-383.

Vera, L. (1985). Le modèle comportemental de la dépression. In M. Dugas (Ed), *La dépression chez l'enfant, théories et réalités* (pp. 59-70). Paris : Éditions Médecine et Enfance.

Vera, L. (1996). Échelle comportementale d'anxiété phobique (ECAP) : Construction, validation et intérêt en clinique enfant-adolescent. *Neuropsychiatr Enfance Adolesc, 44*(9-10), 429-438.

Vera L. (Ed). (2005). *Le trouble obsessionnel compulsif chez l'enfant et l'adolescent*. Paris : Dunod.

Vera, L., & Nollet, Ch. (1993). *Questionnaires : autoquestionnaires et hétéroquestionnaires*. In M.C. Mouren-Siméoni, G. Vila, & L. Vera (Eds), *Troubles Anxieux de l'Enfant et de l'Adolescent*. Paris : Maloine.

Vera L., & Leveau J. (Eds). (1990). *Les thérapies cognitivo-comportementales en psychiatrie infanto-juvénile*. Paris : Masson.

Wolpe J. (Ed). (1958). *Psychotherapy by reciprocal inhibition*. Stanford : Stanford University Press.

Wolpe J. (Ed). (1975). *Pratique de la thérapie comportementale*. Paris : Masson.

Young J.E., Klosko J.S., & Weishaar M.E. (Eds). (2003). *Schema Therapy : a Practitionner's Guide*. New York : The Guilford Press.

Pour en savoir plus

Ayllon T., & Azrin N. (Eds). (1968). *Traitement comportemental en Institution Psychiatrique*. Bruxelles : Dessart.

Beidel, D.C. (1991). Social Phobia and Overanxious Disorder in School-Age Children. *Journal of American Academic Child and Adolescence Psychiatry, 30*(4), 545-552.

Bouchard, S., St-Jacques, J., Robillard, G., & Renaud, P. (2007). Efficacité d'un traitement d'exposition en réalité virtuelle pour le traitement de l'arachnophobie chez l'enfant. Une étude pilote. *Journal de Thérapie Comportementale et Cognitive, 17*(3), 101-108.

Bowlby J. (Ed). (1978). *Attachement et perte*. Paris : Presses Universitaires de France.

Cottraux J. (Ed). (2007). *Thérapie cognitive et émotions. La troisième vague*. Paris : Elsevier Masson.

Cottraux J., & Blackburn I.M. (Eds). (2006). *Les thérapies cognitives des troubles de la personnalité*. Paris : Masson.

Dweck, C., & Licht, B. (1980). Learned helplessness and intellectual achievement. In J. Garber, & M. Seligman (Eds), *Human Helplessness : Theory and applications* (pp. 197-222). New York : Academic Press.

Ellis A. (Ed). (1962). *Reason and emotion in psychotherapy*. New York : Lyle Stuart Press.

Gesell A. (Ed). (1953). *L'embryologie du comportement*. Paris : Presses Universitaires de France.

Hannesdottir, D.K., & Ollendick, T.H. (2007). The role of emotion regulation in the treatment of child anxiety disorders. *Clinical Child and Family Psychology Review, 10*(3), 275-293.

Hirshfeld-Becker, D.R., Masek, B., Henin, A., Blakely, L.R., Rettew, D.C., Dufton, L., *et al.* (2008). Cognitive-behavioral intervention with young anxious children. *Harvard Review of Psychiatry, 16*(2), 113-125.

Kendall P.C. (Ed). (2000). *Child and adolescent therapy : Cognitive-behavioral procedures* (2 nd ed.). New York : Guiford Press.

Le Heuzey M.F. (Ed). (2003). *L'enfant hyperactif.* Paris : Odile Jacob.

Lieberman A.F., & Van Horn P. (Eds). (1971). *Psychotherapy with Infants and Young Children : Repairing the Effects of Stress and Trauma on Early Attachment* (pp. 2008). New York : Guilford Press.

Maier, S.F., & Seligman, M. (1976). Learned Helplessness : Theory and evidence. *Journal of Experimental Psychology : General, 105,* 3-46.

Mowrer O.A. (Ed). (1960). *Learning theory and behavior.* New York : Wiley.

Öst, L.G., Svensson, L., Hellström, K., & Lindwall, R. (2001). One-session treatment of specific phobias in youths : A randomized clinical trial. *Journal of Consulting and Clinical Psychology, 69*(5), 814-824.

Roy, H., & Gillett, T. (2008). E-mail : a new technique for forming a therapeutic alliance with high-risk young people failing to engage with mental health services ? A case study. *Clinical Child Psychology and Psychiatry, 13*(1), 95-103.

Segal Z.V., Williams J.M.G., & Teasdale J.T. (Eds). (2001). *Mindfulness-Based Cognitive Therapy for Depression : A New Approach to Preventing Relapse.* New York : The Guilford Press.

Seligman, M., Kaslow, N.J., Alloy, L.B., Peterson, C., Tnanembaum, R., & Abramson, L.Y. (1984). Attributional style and depressive symptoms among children. *Journal of Abnormal Psychology, 93,* 235-238.

Watson J.B. (Ed). (1924). *Behaviorism.* Chicago : Univ. of Chicago Press.

Watson J.B. (Ed). (1928). *Psychological care of infant and child.* New York : Norton.

Watson, J.B., Gaind, R., & Marks, I.M. (1972). Physiological habituation to continue phobic stimulation. *Behaviour Research & Therapy, 10,* 269-278.

Watson, J.B., & Rayner, R. (1920). Conditioned emotional reactions. *Journal of Experimental Psychology, 3,* 48-55.

Zlomkea, K., Thompson, E., & Davis, B. (2008). One-Session Treatment of Specific Phobias : A Detailed Description and Review of Treatment Effi cacy. *Behavior Therapy, 39*(3), 207-223.

3 Phobies spécifiques

L. Vera

Description clinique

Selon le DSM-V, la caractéristique principale de la phobie simple ou phobie spécifique est une peur persistante, irrationnelle, et un désir contraignant d'éviter un *objet* ou une *situation* autre que celui d'être seul ou dans des endroits publics éloignés du domicile, ou d'être humilié ou embarrassé dans certaines situations sociales. Le patient reconnaît consciemment que ces situations ne présentent aucun danger réel pour lui ; le comportement dit phobique est considéré comme tel par comparaison à un étalon culturel. Chez l'enfant, les peurs sont considérées comme faisant partie du développement normal. Elles sont transitoires, apparaissant en général à un certain âge et n'interfèrent pas avec l'épanouissement de l'enfant. Pour certains auteurs, les peurs liées au développement psychologique permettent aux enfants d'apprendre à faire face aux stimuli anxiogènes. Lorsque l'enfant se trouve confronté à l'objet phobogène, il éprouve des réactions d'anxiété avec composante neurovégétative intense (accélération ou ralentissement du rythme cardiaque, sueurs, blocage respiratoire, accélération respiratoire, etc.). Il tente d'éviter ou de fuir. S'il l'affronte, c'est avec l'aide d'un objet contraphobique. Sur le plan cognitif, il anticipe et organise les situations qui peuvent se présenter en fonction de ses craintes et de ses évitements. Ainsi, un enfant ayant la phobie du noir peut avoir une hyperactivité vespérale pour éviter d'aller se coucher. Un autre enfant, phobique du diable, rémunérera son jeune frère pour qu'il l'accompagne dans ses déplacements dans la maison.

L'attitude de l'enfant vis-à-vis de sa phobie est variée : acceptation du caractère absurde de la phobie et comportement dépendant ; refus de la phobie et adoption de comportements de prestance ou de négation : « moi ! je n'ai peur de rien ! », « Les requins ? Il n'y a pas de requins en Normandie ! ». La lutte de l'enfant pour cacher sa phobie est souvent source de syndromes divers : comportement d'échec, inhibition scolaire, symptômes dépressifs. Les sentiments de faiblesse, d'anxiété mobilisent et épuisent l'énergie de l'enfant. Malgré les difficultés de jugement sur son propre comportement, l'enfant est tout à fait conscient de la disproportion de sa peur qui renforce la perte de confiance en soi et est source d'un sentiment de honte.

TCC chez l'enfant et l'adolescent

Formes cliniques

Les phobies varient en fonction de l'âge, du sexe et du contexte familial et culturel dans lequel l'enfant évolue. Pour Ajuriaguerra (1974), il existerait une chronologie dans l'apparition des phobies. Les très jeunes enfants (âgés de 2 ans) expriment la phobie d'être mordus, mangés ou pourchassés par des animaux quelles que soient leur taille et leur forme. La phobie des zones obscures peut être également présente à cet âge, associée au danger représenté par des créatures imaginaires. L'obscurité contribue largement au développement d'un grand nombre de phobies simples et celui du trouble angoisse de séparation. La phobie du contact (toucher) avec des petits animaux jugés répugnants peut être présente vers 3 ans. À 4-5 ans, on observe les phobies d'une blessure possible par noyade, feu et accident de la circulation. Certains adolescents rapportent la phobie de l'avion, des télésièges, des examens ou du sang. Quelques phobies simples, peu fréquentes chez l'enfant, ont été signalées : ainsi Connell *et al.* (1987) rapportent une phobie du sommeil chez 6 enfants (3 filles et 3 garçons) de 10 à 11 ans, ce refus d'aller dormir étant en rapport avec la peur de mourir. Ces auteurs font bien la différence entre le comportement phobique lié au sommeil et la peur de l'obscurité, le besoin d'un objet sécurisant et les rituels du coucher fréquents chez l'enfant normal. Osborn (1986) décrit la phobie de l'eau chaude chez un enfant de 6 ans, dont la réaction de peur était survenue après avoir été brûlé. Hatcher (1989) publie le cas d'un adolescent de 14 ans, hospitalisé pour une phobie des poupées. Il avait des réactions anxieuses intenses à la vue d'une poupée, même lorsqu'il la voyait à la télévision.

La phobie de la déglutition est peu connue chez l'enfant. Elle apparaît généralement après une fausse route, au moment du repas ou à l'occasion de la déglutition accidentelle d'un jouet par exemple. À la suite de cet événement, souvent mineur dans ses conséquences somatiques, les jeunes patients refusent les aliments solides et parfois les liquides. La peur d'étouffer et de la mort qui s'en suivrait est le facteur déterminant du refus alimentaire.

Les conditions d'apparition de ce tableau et certains symptômes comorbides (rêves répétitifs, syndrome de remémoration) évoquent un syndrome de stress post-traumatique pour Chatoor *et al.* (1988). Mais les manifestations d'angoisse, réduites uniquement à la confrontation avec des aliments solides, nous font plutôt retenir le diagnostic de phobie simple après une expérience traumatisante. Personnellement, nous n'avons pas constaté chez ces enfants, comme Chatoor *et al.*, une angoisse de séparation préexistant au traumatisme et un renforcement de la dépendance par les bénéfices secondaires déclenchés à la faveur de l'anxiété parentale autour des symptômes du refus alimentaire et de l'amaigrissement éventuel.

En ce qui concerne la fréquence des phobies simples suivant le sexe, les études sont contradictoires. Ceci peut être expliqué par la méthode d'évaluation utilisée, observation externe ou autoquestionnaires. Cette dernière mesure montrerait une prédominance des phobies chez les filles par rapport aux garçons (Graziano et de Giovanni 1979).

Le contexte culturel détermine également le type de phobies. Par exemple, l'ogre des contes pour enfants, synthèse mythique de l'étranger et de l'être dévorant, partage actuellement sa place anxiogène avec des « poupées tueuses », thème véhiculé par des films et des bandes dessinées. La phobie des requins et le refus de se baigner dans la mer qui s'ensuit ont été favorisés par une série de films où le requin dévore « avec plaisir » des enfants et des adolescents. Le thème du requin tueur contribue également, suivant nos observations personnelles, au développement des comportements phobo-obsessionnels.

L'attitude de l'entourage joue un rôle important dans la persistance ou la disparition des phobies chez l'enfant. La compréhension excessive ou l'attitude provocatrice des parents semblent maintenir les réactions phobiques. Cette attitude est liée à leur propre passé d'anxiété phobique. Souvent, l'un des parents présente lui-même un trouble anxieux de type phobique.

La comorbidité concernant les phobies simples chez l'enfant et l'adolescent comporte essentiellement d'autres catégories de troubles anxieux : angoisse de séparation (phobie de l'obscurité), hyperanxiété (phobie des accidents) et trouble obsessionnel compulsif (phobie du contact, des microbes, etc.). La phobie de passer des examens ou d'être blessé par ses camarades dans la cour de récréation s'associe souvent au syndrome complexe du refus anxieux de l'école.

En général, on observe une diminution avec l'âge des phobies simples et souvent, elles disparaissent spontanément sans que d'autres phobies prennent le relais, à l'exception de la phobie du sang et des blessures corporelles qui persiste souvent jusqu'à l'âge adulte. Chez l'enfant, les phobies simples sont instables, elles surviennent sans raison évidente et s'éteignent tout aussi mystérieusement. Par exemple, l'enfant peut régresser lorsqu'il est malade et des anciennes phobies réapparaître, mais lorsqu'il recouvre la santé, elles disparaissent à nouveau. Chez l'adulte, les phobies simples ont davantage de stabilité. Les phobies simples constituent rarement un motif de consultation chez l'enfant et l'adolescent nécessitant un traitement ciblé. Elles évoluent le plus souvent dans le sillage d'autres troubles anxieux plus spectaculaires, invalidants et durables.

Phobies et peurs développementales

La plupart des enfants connaissent au cours de leur développement des peurs et des craintes variées. Les données des différentes études sont cohérentes sur ce point. Les peurs font partie du développement normal de tout enfant, aux différents âges. Aussi, il convient de bien différencier ce qui relève de la pathologie, les phobies, et ce qui est inhérent à la normalité, les peurs. Il s'agit là d'une question complexe chez l'enfant. Pourtant, celle-ci est d'un intérêt majeur car si les peurs sont ubiquitaires à cet âge de la vie, les phobies semblent rares dans la population générale et ne représentent guère que 3 à 4 % des consultants en pédopsychiatrie.

Il existe de nombreux travaux sur les peurs et les phobies de l'enfant. Ils concernent surtout le nourrisson et l'enfant d'âge préscolaire avec, dans ces cas, une excellente méthodologie basée sur l'observation directe de l'enfant au laboratoire et dans son milieu naturel. Au contraire, les études sur l'enfant d'âge scolaire reposent le plus souvent sur des questionnaires et non sur l'observation ; les données sont donc moins fiables. La plupart de ces travaux sont entachés d'importants biais méthodologiques. Tout d'abord, des problèmes de terminologie avec, outre l'emploi fréquent de termes identiques avec des sens différents suivant les auteurs, l'absence de distinction claire entre peur et phobie. Un autre problème important, car induisant des variations importantes dans les réponses et leur fiabilité, est la différence de méthodologie entre les études qui prennent comme source d'information l'enseignant, les parents, les enfants eux-mêmes et les interrogent soit à l'aide d'autoquestionnaires, soit au cours d'entretiens libres ou structurés. Enfin, l'accent a été mis davantage sur le type des peurs que sur leurs caractéristiques associées ou même leur intensité, ce qui rejoint le problème de définition et la distinction entre peur normale et pathologique. Nous n'aborderons que la question des peurs développementales. Celles-ci varient beaucoup en fonction de l'âge.

Les nourrissons craignent surtout les stimuli soudains bruyants et imprévisibles ainsi que la position en l'air et la perte brusque d'un support. Vers la fin de la première année, les enfants ont tendance à craindre les inconnus et les objets nouveaux et à manifester de la détresse lors de la séparation d'avec leurs parents.

Les peurs de l'âge préscolaire sont dominées par les animaux, l'obscurité (peur du noir), les créatures imaginaires (fantômes, monstres, etc.). Avant l'entrée à l'école, les plus âgés parlent de leur crainte des blessures et d'un danger physique ; plus de la moitié a des frayeurs nocturnes centrées sur ce qui peut arriver dans l'obscurité, 75 % révèlent de mauvais rêves. Quatre-vingts pour cent des jeunes enfants de 5 à 6 ans ont peur de certains animaux alors que cette peur ne concerne que 23 % des 13-14 ans (Maurer, 1965). Les craintes du noir ou la peur des monstres disparaissent complètement vers l'âge de 10 ans. Cette évolution reflète probablement la capacité croissante des sujets à distinguer l'imaginaire et la réalité, mais aussi le rôle de la culture et l'influence de la scolarisation.

À l'inverse de la régression de l'imaginaire avec l'âge dans les craintes enfantines, on voit se produire une augmentation de la fréquence, de l'enfance à l'adolescence, des inquiétudes liées à la pression de la réalité, en particulier la pression sociale. Il en est ainsi pour les craintes scolaires et les relations à autrui, l'anxiété sociale, l'anticipation d'une perte. S'accroissent aussi les peurs d'une maladie, d'un danger physique, d'un accident, de phénomènes naturels (orage, éclairs, etc.), des blessures. Les craintes sociales sont peu tenaces dans le temps mais peuvent persister chez certains sujets tout au long de leur vie.

Il semble que les peurs suivent un déclin depuis la petite enfance jusqu'à l'adolescence (tant le pourcentage des peurs alléguées par les enfants que le nombre des peurs rapportées par chaque sujet). Cependant, il existe une recrudescence entre 9 et 11 ans avec un pic vers 11 ans. De même, si les peurs sont fréquentes, elles atteignent rarement une intensité importante (moins de 5 % des cas) entre 7 et 12 ans selon Miller *et al.* (1974). Le plus souvent, il n'y a donc pas de handicap ni de gêne réelle dans la vie de tous les jours.

Les mesures des peurs effectuées chez les filles sont plus élevées que chez le garçon, à l'exception de quelques études qui ne retrouvent pas de différence significative entre les deux sexes. Certains travaux indiquent une distinction entre l'observation directe qui ne révèle pas de différence et les dires de l'enfant ou de l'enseignant qui montrent plus de peurs chez les filles. Il est difficile de préciser si le contenu des peurs varie selon le sexe : les avis divergent à ce sujet. Pour l'intensité, il existe peu de données : les filles rapporteraient des peurs plus marquées que les garçons. En somme, les filles livreraient aux investigateurs davantage de peurs, à la fois plus invalidantes et de nature différente, que celles des garçons. Cependant, on peut se poser la question de l'influence de l'attente vis-à-vis du rôle de genre, tant chez l'enfant que chez l'observateur adulte. En effet, on espère volontiers d'un garçon qu'il fasse fi de ses craintes alors qu'une certaine fragilité fait partie des présupposés vis-à-vis du sexe féminin.

Les phobies graves ne représentent que 3 à 4 % des consultations en pédopsychiatrie. Pour un certain nombre de stimuli (saleté, masques, poupées, toilettes, personnes âgées, etc.), 84 % ou plus des enfants de la population générale n'éprouvent pas de peurs et 5 à 15 % seulement ont une peur excessive. Tous les stimuli ne suivent pas cette répartition dans la population. De plus, les peurs ne sont pas significativement associées à d'autres problèmes de comportement, même chez les enfants présentant de nombreuses peurs (par exemple plus de dix peurs) ; mais là aussi les données sont insuffisantes. Une troisième manière d'apprécier la gravité est la persistance des troubles. Le plus souvent, les peurs des enfants sont transitoires. Selon Hagman (1932), (6) % des peurs disparaissent en une semaine, 54 % en 3 mois, 100 % en 3 ans. Pour Agras (1972), 100 % des enfants phobiques s'améliorent sans traitement en moins de 5 ans. Cette donnée pose la question de l'opportunité d'une intervention sur une peur ou une phobie de l'enfant, puisque dans la majorité des cas, le symptôme est voué à la disparition complète. La valeur pronostique du phénomène reste insuffisamment étayée. La décision d'un traitement doit s'appuyer sur des concepts comme la persistance du trouble, son intensité, la souffrance de l'enfant et la tolérance de l'entourage, le retentissement sur la vie de tous les jours, le contexte psychopathologique familial ou propre à l'enfant.

On est surpris, face à l'abondante littérature sur les peurs et les phobies de l'enfant, de l'imprécision des données existantes qui restent souvent contradictoires d'une étude à l'autre.

Le point de vue comportemental et cognitif

Les mécanismes favorisant l'apparition d'une phobie simple ont fait l'objet de constructions théoriques aussi bien biologiques que psychologiques. Ainsi, Seligman (1971) pense que l'apparition des phobies est influencée par des facteurs innés : la plupart des phobies simples concernent des stimuli ayant une importance pour la survie de l'espèce humaine (obscurité, lieux élevés, animaux). Ces stimuli, associés à certaines expériences, provoqueraient un état préphobique, prêt à se développer. Ces phobies préparées seraient en relation avec les peurs ancestrales déclenchées par tout ce qui a pu menacer l'homme. Par exemple, la perception de la hauteur semble susciter l'évitement chez l'enfant dès qu'il sait ramper. Walk (1965), au moyen d'un appareil « à falaise visuelle », a prouvé que l'enfant de 6 à 14 mois évitait le côté abrupt de la « falaise », mais se traînait volontiers sur le côté élevé de la « surface ». Quelques tentatives d'étude des prédispositions physiologiques ont été effectuées par Marks (1985) : il a observé que les phobies du sang et des blessures corporelles provoquent un ralentissement du rythme cardiaque (en général, les autres phobies provoquent une tachycardie) ; la bradycardie, engendrée à la vue du sang ou des blessures, met plusieurs minutes à se développer et peut se produire par suite d'un contact de quelques secondes seulement avec le sang ou les blessures. La diminution de l'activité cardiaque s'accompagne d'une baisse de la température centrale, d'un accroissement puis d'un ralentissement du rythme respiratoire. Pour Marks (1988), la phobie des blessures corporelles se développe dès l'enfance et elle est souvent rencontrée chez plusieurs membres de la famille. Nous avons observé la phobie du sang ou des blessures surtout chez l'adolescent : celui-ci exprime un malaise proche de la lipothymie et des nausées. L'enfant présente plutôt des phobies liées aux injections et aux accidents.

Pour les comportementalistes, la phobie simple est un comportement « acquis » suite à une expérience désagréable ou aversive. L'enfant associe l'expérience de peur au stimulus. Puis, la confrontation (réelle ou imaginaire), en général de courte durée, avec les stimuli, favorise la persistance et l'accroissement des réactions phobiques. L'enfant dans l'obscurité, qui imagine qu'un fantôme va le toucher, crie, appelle ses parents et évite, de cette façon, de prolonger cette expérience de peur. Ce sont les comportements d'évitement et de fuite qui « fixent » le comportement phobique à travers le temps ; l'enfant n'a pas la possibilité de constater, qu'après quelques minutes ou quelques heures, la peur diminue. Il n'y a pas d'apprentissage par l'expérience, par l'action. L'enfant ne peut donc pas associer la diminution de l'anxiété qui arrive progressivement grâce à la fuite ou à l'évitement avec le stimulus phobogène (Cottraux et Mollard, 1986).

Selon Eysenck et Rachman (1965), certaines phobies pourraient être comprises selon le modèle d'incubation de l'anxiété : l'anxiété acquise en une seule fois par confrontation à un objet ou à une situation qui fait très peur peut se développer et se maintenir à condition que le stimulus soit présenté de façon suffisamment brève pour qu'il n'y ait ni habituation, ni extinction. Par exemple, voir un monstre à la dérobade dans un film qui passe à la télévision peut fixer l'image dans la mémoire de l'enfant. Cette image va continuer à déclencher des réactions de peur. En fait, l'enfant n'a pas eu le temps de traiter cette information qui reste vague et il va l'intégrer dans des schémas cognitifs de danger. Selon le contexte dans lequel l'enfant évolue, les réactions de peur vont augmenter ou bien s'estomper très progressivement avec le temps.

Évaluation

L'évaluation par des questionnaires d'anxiété, de phobie et de dépression s'avère indispensable (voir chapitre 2).

L'évaluation en entretien comporte les étapes suivantes :

- diagnostic psychiatrique (DSM-V) et cognitivo-comportemental ;
- analyse fonctionnelle : sources d'information diverses (questionnaires, entretiens avec les parents, films réalisés par la famille où l'on observe l'enfant, etc.), évaluation des capacités d'auto-observation de l'enfant (lui proposer de s'observer dans des situations précises). L'enfant doit décrire avec précision ce qu'il imagine quand il se dit terrifié (blessure, peur d'être surpris, etc.). Par exemple s'il s'agit d'un monstre : couleur, taille, a-t-il des yeux... ?
- contrat thérapeutique élaboré avec l'enfant et les parents si l'enfant est trop jeune et a besoin des parents pour réaliser des tâches à domicile. Rôle actif de l'enfant dans le développement du projet.

L'analyse cognitivo-comportementale décrit avec précision le(s) comportement(s) phobique(s) : fréquence, durée, intensité, variations, modes de déclenchement. L'analyse cognitivo-comportementale doit tenir compte aussi des peurs normales en rapport avec le développement et les phobies. Une façon de tenter de faire cette distinction et de déterminer les problèmes

associés à la phobie consiste à structurer un entretien destiné à répondre aux questions suivantes :
• quelles sont les cognitions qui accompagnent les peurs de l'enfant ? Ce à quoi l'enfant pense quand il est confronté ou bien quand il imagine qu'il pourrait être confronté à la source phobique (fantôme, voleur, serpent, etc.) ?
• comment l'enfant fait face aux peurs ?
• quelle est la valeur adaptative de certaines peurs ?
• quelles stratégies sont utilisées par les parents et l'enfant pour surmonter les peurs ?
• dans quelle mesure les peurs sont déclenchées et renforcées par l'enfant lui-même ? Parfois la peur peut avoir une connotation excitative : « c'est comme si j'aimais me faire peur » disent certains enfants ;
• dans quelle mesure les peurs sont déclenchées par l'extérieur ?
• quel est le rôle des compétences sociales dans le développement et le maintien des peurs ?
• quels sont les liens des peurs de l'enfant avec d'autres problèmes psychologiques ?

Traitements

La désensibilisation systématique

La désensibilisation systématique fait partie de l'ensemble de méthodes thérapeutiques visant l'affaiblissement de l'intensité d'une réaction d'anxiété face à des stimuli devenus anxiogènes.

La DS fait partie des méthodes thérapeutiques d'*exposition* aux stimuli anxiogènes. Cet ensemble peut être groupé selon différents critères de modalité de la pratique de l'exposition (selon la progressivité, la durée, le contexte, le type de pathologie, etc.).

Il s'agit d'une méthode où le patient est placé dans un contexte favorable à l'*évocation en imagination* des stimuli anxiogènes. Cette évocation responsable des divers niveaux d'anxiété est progressive et elle est associée à des stimuli *inhibiteurs* de l'anxiété.

Les éléments fondamentaux de la désensibilisation systématique

Ce sont :
• la décomposition de la situation anxiogène en une série d'étapes allant graduellement de la moins anxiogène vers celle qui déclenche les réactions émotionnelles les plus intenses ;
• l'introduction d'une réponse supposée antagoniste, incompatible avec la réponse d'anxiété. La réponse antagoniste entraîne un phénomène d'*inhibition réciproque* : « si une réponse inhibitrice de l'anxiété peut survenir en

présence de stimuli anxiogènes, cette réponse pourra affaiblir les liens existants entre ces stimuli et l'anxiété » (Wolpe, 1958)

La pratique de la désensibilisation systématique

Trois actions sont indispensables dans ce type de trouble :

- après l'analyse fonctionnelle, établissement d'une hiérarchie de stimuli anxiogènes par rapport à une situation bien définie ;
- choix et acquisition de la réponse antagoniste (s'assurer qu'elle est vraiment antagoniste) ;
- application active de l'inhibition réciproque.

La construction de la hiérarchie

Il s'agit de dresser une liste de stimuli centrée sur un *même thème*. Les stimuli sont rangés selon la quantité en pourcentage d'anxiété qu'ils provoquent.

La construction de cette liste nécessite l'entraînement de l'enfant à évaluer subjectivement son niveau d'anxiété (habituellement on utilise l'évaluation en pourcentage).

En général, la construction des hiérarchies nécessite plusieurs séances.

On posera des questions précises et directes sur le niveau d'anxiété ressentie dans la situation anxiogène. On expliquera au patient que la liste de stimuli et le pourcentage d'anxiété associé aux stimuli sont susceptibles d'être modifiés tout au long du traitement.

Les thèmes phobiques

En général, il y a plus d'un thème anxiogène (plusieurs peurs chez le même patient). En DS, on traitera un seul thème, en tentant de trouver un noyau commun.

Pour la DS, le thème doit susciter de l'anxiété en imagination.

La réponse antagoniste et les facteurs associés

Ces facteurs sont :

- l'attitude du thérapeute (à l'aise dans la gestion de la technique…) ;
- les instructions données au patient quant à l'application de la technique ;
- la capacité du patient à vivre la méthode comme un moyen vraiment thérapeutique (pas seulement un soutien, un encouragement ou une béquille).

La phase active de la désensibilisation systématique

Elle se décompose ainsi :

- acquisition de la relaxation ;
- pendant l'apprentissage de la relaxation : construction des hiérarchies ;
- une fois la relaxation acquise, présentation des items anxiogènes autant de fois qu'ils suscitent de l'anxiété. Par séance de 45 minutes, on présentera 1 ou 2 items de la hiérarchie.

En général, la présentation des items s'accélère au cours des séances.

La diminution du pouvoir anxiogène des premiers items de la liste réduit habituellement le pouvoir des items vécus comme plus anxiogènes (les derniers de la liste).

La réponse antagoniste : la relaxation

Le rôle de la relaxation comme réponse inhibitrice est contesté. Certaines recherches montreraient que les réponses du système nerveux autonome lors de l'évocation seraient plus intenses, mais malgré tout la littérature ne montre pas d'effet négatif.

La relaxation permettrait une meilleure concentration du sujet sur les images anxiogènes, ce qui favorise un meilleur effet de réalité.

L'alternance entre réponse antagoniste et présentation des items

On présente l'item pendant quelques minutes, le jeune imagine la confrontation jusqu'au moment où il ressent une diminution de l'anxiété, puis on lui donne des instructions pour reprendre la relaxation. Cette alternance a une durée moyenne de 25 minutes.

Les hypothèses sur le vécu des enfants pendant la désensibilisation systématique

Il apprend à faire « connaissance avec l'objet évité ». À force d'éviter, l'enfant développe des fausses idées sur l'objet redouté car en général il va lui attribuer des propriétés anxiogènes.

Il a un retour sur les conséquences d'un comportement de non-évitement (conséquences positives et donc motivantes).

Le sujet serait son propre modèle, ce qui renforce un meilleur sentiment d'efficacité personnelle.

Exemples de hiérarchies

Peur d'être tout seul

- Être avec un groupe de gens la nuit ou pendant la journée.
- Être tout seul dans une chambre avec un ami.
- Réfléchir à la possibilité d'être tout seul dans la maison pendant la journée.
- Aller en cours très tôt le matin quand il n'y a pas beaucoup de gens dehors.
- Être à la maison seul dans la chambre à coucher pendant la journée.
- Se promener seul dans une rue en ville la nuit avec un ami.
- Réfléchir à l'idée d'être tout seul à la maison la nuit peu d'heures avant d'être vraiment tout seul.
- S'asseoir seul dans le salon de la maison la nuit avec les portes fermées.

▷

Peur d'être dans un bus de ramassage scolaire

- Se réveiller à 7 heures et penser prendre le bus dans une heure.
- À la maison, regarder par la fenêtre et voir un bus (pas le sien) passer.
- Être à la maison à 8 h 15 en sachant qu'il faut prendre le bus dans 5 minutes.
- Être hors de la maison et voir le bus arriver.
- L'autobus s'arrête devant la maison.
- Le conducteur ouvre les portes du bus et d'autres enfants commencent à monter.
- Monter dans le bus.
- Être assis dans le bus portes fermées.
- Le bus se déplace pendant 5 minutes.
- Être dans le bus avec des enfants en train de crier et rire et le bus est arrêté à un long feu rouge.

Peur d'être très loin de la maison

- Lire quelque chose à propos de gens se déplaçant dans des lieux très éloignés.
- Jouer avec le chien devant la maison.
- Voir un film qui fait peur à propos de gens allant dans un lieu inconnu (une autre planète…).
- Être à la porte de la maison voisine après l'école.
- Être obligé de rester après l'école pour finir un travail.
- Voyager dans la voiture en ville avec les parents.
- Voyager dans la voiture avec les parents dans une autre ville.
- Voyager dans la voiture en ville avec une voisine.
- Voyager dans le bus avec d'autres enfants de l'école dans une autre ville.
- Passer une nuit dans un motel avec d'autres enfants de l'école dans une autre ville.

Peur des examens

- Être assise dans le salon et parler avec une amie de ce que vous feriez après avoir obtenu le diplôme.
- Étudier dans votre bureau la nuit.
- Parler avec un garçon que vous venez de rencontrer au déjeuner.
- Pratiquer du volley-ball après l'école pour un très important championnat le soir.
- Lever ma main en classe pour répondre à une question.
- Commencer dans la première équipe pour le championnat.
- Ne pas être regardée ou admirée par un garçon que vous estimez.
- Aller devant la classe pour prendre un papier d'examen que le professeur distribue.
- Recevoir une mauvaise note à un examen.
- Informer les parents de la mauvaise note.

Exemple de hiérarchie finale pour l'anxiété des examens

- Vous êtes en train de suivre un cours.
- Vous écoutez une conversation à propos de quelqu'un d'autre qui passe un examen.
- Vous êtes en train d'étudier à la maison.
- Vous êtes en train de lire un devoir normal.
- Vous êtes en cours. Le professeur annonce un examen important dans 2 semaines.
- Vous êtes à la maison en train d'étudier.
- Vous êtes en train de commencer à réviser pour l'examen.
- Vous êtes à la maison en train d'étudier, et vous étudiez pour le test à fort coefficient.
- Maintenant c'est mardi, 3 jours avant le test.
- Vous êtes à la maison en train de vous préparer pour l'examen imminent.
- Maintenant c'est mercredi, 2 jours avant le test du vendredi.
- C'est la nuit de jeudi, la nuit avant l'examen du vendredi.
- Vous êtes en train de parler avec un autre étudiant à propos de l'examen du lendemain.
- C'est la nuit avant l'examen, et vous êtes à la maison en train d'étudier.
- C'est le jour de l'examen, et vous avez une heure pour étudier.
- C'est le jour de l'examen. Vous étiez en train d'étudier.
- Vous êtes maintenant dans votre chemin pour le test.
- Vous êtes debout près de la salle d'examen, vous parlez avec d'autres étudiants à propos de l'examen.
- Vous êtes assise dans la pièce du test et vous attendez.
- Vous êtes en train de quitter la pièce d'examen.
- Vous êtes en train de parler avec des autres étudiants à propos du test. Beaucoup de leurs réponses ne sont pas similaires aux vôtres.
- Vous êtes assise dans la salle de classes en train d'attendre pour le test.
- C'est juste avant le test, et vous écoutez un étudiant poser une question à laquelle vous ne pouvez pas répondre.
- Vous êtes en train de faire le test.
- Pendant que vous essayez de penser à une réponse, vous remarquez que tout le monde autour de vous écrit vite.
- Pendant que vous passez le test, vous arrivez à une question à laquelle vous ne pouvez pas répondre.

L'exposition *in vivo*

Dans cette technique l'enfant est exposé progressivement à la situation phobique (voir chapitre précédent). L'exposition *in vivo* adaptée à l'enfant se fait en général en association avec la technique de *modeling* dans l'approche de l'objet phobogène. Le thérapeute s'approche progressivement de l'objet phobogène et montre de façon ostensible l'absence de danger. Le discours anxieux sera verbalisé à voix haute : « j'ai peur des pigeons, mais bon je vais essayer de m'habituer à être près d'eux, mais je sais que j'aurai très peur s'ils s'envolent brutalement ». Puis progressivement le discours du thérapeute sera plus rassurant : « j'ai peur, mais je sais que les pigeons ne sont pas dangereux ». Le nouveau discours interne rassurant sera renforcé au fur et à mesure que l'enfant s'autorenforce ou bien s'autoencourage.

Nous avons adapté cette technique pour diminuer efficacement l'anxiété (évitement total) d'avaler des aliments solides chez une fillette autiste âgée de 9 ans qui avait toujours été nourrie par gastrostomie (Brunod et Vera, 2006).

Il est important d'insister sur les tâches à domicile. L'enfant est censé s'exposer régulièrement à l'objet phobogène.

L'exposition massive

Dans cette technique, le patient est préparé par des entretiens préalables à une confrontation prolongée, sans répit à l'objet phobogène. Cette technique se prête particulièrement à des phobies spécifiques telles que la phobie du contact avec du papier, la phobie d'un aliment bien précis ou bien par exemple la phobie d'une couleur. Il est demandé à l'enfant en face de l'objet de communiquer tout ce qu'il ressent, tout ce qu'il pense et tout ce qu'il aimerait faire pour fuir la situation. Le thérapeute insistera sur les cognitions associées à cette confrontation. Selon les auteurs (Zlomkea *et al.*, 2008), on observe un fléchissement de la conviction du rejet de l'objet, il est possible que des arguments qui maintiennent la phobie se plient par saturation aux lois de la réalité. En fait, l'enfant constate qu'il ne se passe rien d'extraordinaire lors de la confrontation après avoir été habitué à éviter l'objet. Le changement est donc essentiellement cognitif et par conséquent comportemental.

La réalité virtuelle

La réalité virtuelle est un nouvel outil en plein développement aux États-Unis, il est également présent dans quelques centres européens. Pour l'instant réservé à quelques centres hospitaliers du fait du coût de l'équipement (un ordinateur avec une carte graphique puissante, les logiciels d'immersion, le casque de réalité virtuelle indispensable), gageons qu'il devrait se développer rapidement dans un futur proche. On peut pratiquer ce type de thérapie dans un bureau équipé des outils nécessaires, la présence du thérapeute aux côtés du sujet est indispensable. La réalité virtuelle est un outil de thérapie comportementale qui permet de réaliser une exposition dans un environnement virtuel généré par un ordinateur. Cet environnement virtuel peut être modifié en temps réel par le thérapeute qui contrôle la séance. Quand le patient est immergé dans le monde virtuel, il peut être systématiquement exposé au stimulus anxiogène spécifique dans un contexte adapté. Il peut s'agir d'une bonne alternative entre l'exposition en imagination que certains patients ont des difficultés à réaliser et l'exposition *in vivo*. Par exemple, certains logiciels simulent des vols en avion, un trajet en métro, un trajet en voiture au bord d'un précipice. La principale critique faite à ce type d'exposition concerne la sensation d'immersion qui est nécessaire ; elle est naturellement variable selon les sujets et certains programmes restent à améliorer. Une méta-analyse récente (Parsons et Rizzo, 2008) montre son efficacité dans le traitement de l'anxiété et des phobies simples chez des patients judicieusement sélectionnés (sans comorbidité).

Cas clinique

Laurent, âgé de 11 ans, est adressé par un pédopsychiatre pour des manifestations d'anxiété dans des grands espaces. Il est l'aîné d'une fratrie de deux. Il a une sœur de10 ans qui a des difficultés en mathématiques. Son père est responsable de la sécurité dans l'administration publique. Sa mère travaille dans un hôpital parisien. Il n'y a pas d'antécédents psychiatriques familiaux ni d'antécédents de dyslexie ni de dysorthographie dans la famille, mais les parents estiment présenter des difficultés en orthographe. Laurent est lui-même suivi depuis l'âge de 6 ans pour une dyslexie et une dysorthographie plus sévère. Sur le plan orthophonique, il est rééduqué depuis 3 ans à raison de deux séances par semaine. Il est actuellement en CM2 et présente surtout des difficultés en français, de même qu'une lenteur dans ses réalisations.

Les parents rapportent que les premiers épisodes anxieux sont survenus alors qu'il avait 2 ans dans un hall d'aéroport. D'après le père, Laurent était effrayé, il fallait le tenir dans les bras ou l'asseoir sur le porte-bagages.

Il existe chez Laurent une phobie des vastes espaces clos, tels les halls de gares, les gymnases, les supermarchés. Il a développé des stratégies contraphobiques (longer les murs ou être accompagné d'un de ses parents ou d'un ami). Il n'y a pas de phobie des foules. On constate une anxiété anticipatoire lorsqu'il projette de se rendre dans un endroit phobogène. La symptomatologie phobique se majore lorsqu'il y a du bruit. On ne constate pas d'attaques de panique ni de troubles du sommeil, ni d'antécédents d'anxiété de séparation. À l'examen ▷

▷ psychologique, Laurent est peu informatif, cherche ses mots, a des difficultés à manier les temps des verbes. L'efficience intellectuelle, évaluée à l'aide du WISC-R (*Wechsler Intelligence Scale for Children, Revised*), indique une différence significative entre les deux échelles, au détriment de l'échelle verbale (QI verbal = 88, QI performance = 103, QI global = 85).

Laurent banalise ses troubles, en particulier la dyslexie – dysorthographie. Sa phobie semble être au centre des préoccupations familiales, ses parents adaptant leurs projets ou leurs comportements aux difficultés de leur fils ou surveillant ses réactions avec une rigueur et une froideur surprenantes. Il vient à la première consultation de psychothérapie, accompagné par son père. « C'est une agoraphobie » dit le père de Laurent. L'enfant parle avec aisance de son vécu anxieux : « J'ai peur quand je vais dans un gymnase, au cinéma, à la gare… Je vois le plafond et j'ai peur qu'il tombe sur moi… qu il m'écrase… mes jambes tremblent, je suis paralysé, il faut que je me tienne contre le mur. » Lors d'une sortie, il a peur d'avoir peur plusieurs heures à l'avance. Nous demandons si l'idée de se trouver dans une grande salle, l'idée d'aller dans un gymnase provoque chez lui des manifestations d'angoisse : tachycardie, regard figé, images où il se voit écrasé. L'entretien est centré sur la recherche du stimulus ou des stimuli phobogènes. Plusieurs hypothèses sont envisagées : claustrophobie ? Agoraphobie ? Phobie de l'espace ? Phobie des grands plafonds ? Les pièces de dimensions normales, les ascenseurs les couloirs ne déclenchent aucune réaction d'anxiété. Il peut s'éloigner de son domicile, traverser des avenues, des places. D'autre part, il ne décrit pas d'Attaques de Panique. Si l'on essaye de le forcer à entrer dans une salle de vastes dimensions, il résiste.

Il s'agit d'une phobie simple liée à la dimension des plafonds, seul stimulus anxiogène et non à l'espace (éliminant une agoraphobie) ou à la perte d'équilibre car il marche normalement, sans tenir compte des points d'appui, dans n'importe quel endroit « pourvu qu'il n'y ait pas un grand plafond ». Comme dans la plupart des conduites phobiques de l'enfant, Laurent utilise des conduites d'évitement.

Le diagnostic DSM-IV-R est le suivant :

- axe I : phobie des grands espaces ;
- axe II : absence de comorbidité.

L'analyse comportementale ou fonctionnelle est schématisée dans le tableau 3.1.

Depuis le début du traitement, on constate une amélioration, Laurent étant capable de se rendre au gymnase dans le cadre des activités sportives de l'école. Une psychothérapie de type comportemental, exposition graduelle aux endroits phobogènes, est réalisée actuellement à raison d'une fois par semaine. Par ailleurs, il faut signaler que le père le met à l'épreuve dans les situations anxiogènes, en dehors de toute consigne fournie par le thérapeute, ce qui pourrait perturber ultérieurement le traitement de Laurent. Ceci nous renseigne probablement sur le climat familial vis-à-vis de la phobie de l'enfant : la non-perception de l'inquiétude de Laurent en essayant absolument de le forcer.

Tableau 3.1. Analyse comportementale ou fonctionnelle : tableau récapitulatif.

	Antécédents	Conséquents	Stratégie thérapeutique envisagée														
	Anxiété anticipatoire à l'idée de se trouver dans des vastes espaces clos, tels les halls de gares, les gymnases, les supermarchés	Évitement des vastes espaces clos Handicap relationnel (ne peut pas accepter des invitations des amis s'il faut traverser des vastes espaces clos)	Exposition graduelle														
Symptômes		Phobie de vastes espaces clos…															
	⇑	⇑	⇑	⇑	⇑	⇑	⇑	⇑	⇑	⇑	⇑	⇑	⇑	⇑	⇑	⇑	
	1	2	3	4	5	6	7	8	9	10	11	12	13	14	15	16	Âge (ans)

Cas clinique

Henry, 13 ans, est adressé par son médecin généraliste dans le service de psychopathologie de l'enfant et de l'adolescent pour des troubles du comportement alimentaire car il refuse d'avaler des aliments solides. Il est le troisième d'une fratrie de trois, il a deux frères de 17 et 14 ans qui n'ont pas de difficultés particulières. L'entente conjugale est correcte. Le développement d'Henry a été satisfaisant. On note l'existence d'un spasme du sanglot à forme syncopale de l'âge de 2 à 7 ans. Le début des troubles pour lesquels Henry consulte remonte à 6 mois avant la consultation. Henry déjeunait en compagnie de ses frères et de sa mère lorsqu'en avalant un morceau de viande, il s'étouffe après une fausse route ; cette fausse route et l'asphyxie qui s'ensuit durent quelques secondes sans aucune séquelle. Henry continue de déjeuner comme si rien ne s'était passé, mais évite de terminer sa viande. Il part à l'école, suit ses activités scolaires normalement et revient vers 17 heures. Il boit alors un verre de lait sans manifester d'anxiété. Le soir, au dîner, Henry essaie de manger et il est pris de panique au moment d'avaler un morceau, refuse de continuer, exprime une intense crainte de s'étrangler de nouveau et de mourir. Depuis, il a éliminé progressivement toute nourriture solide. Chaque fois que Henry est confronté à un aliment solide au moment du repas, apparaît une grande angoisse. Il refuse systématiquement de manger tout morceau. Il a adopté, depuis les 6 derniers mois, une alimentation liquide ou semi-liquide à base de purée et de viande hachée lui permettant une relative bonne adaptation et un maintien de son poids puisqu'en 6 mois, il n'a perdu que 3 kg… Sur le plan comportemental, il est décrit comme un enfant angoissé par rapport au fonctionnement de son corps. Il s'inquiète par moments des crises de tachycardie, ce qui l'amène à ne pas se coucher le soir sur le côté gauche. Son médecin lui a prescrit, un mois avant la consultation, de l'amitryptiline qui semble avoir calmé son anxiété, sans rien changer au trouble du comportement alimentaire. La peur d'avaler des morceaux l'amène à mâcher les aliments longuement avec les incisives, n'utilisant pas ses molaires de peur d'avaler automatiquement quelque chose. Chaque fois que l'alimentation est semi-solide, Henry met beaucoup de temps à manger. Devant l'ampleur du comportement phobique, une hospitalisation à temps complet lui est proposée afin d'atténuer ses manifestations d'angoisse et modifier ses habitudes alimentaires.

Séances 1 et 2

Les séances ont lieu dans un cadre hospitalier à une semaine d'intervalle.

L'analyse comportementale ou fonctionnelle est schématisée dans le tableau 3.2.

Séances 3 à 16 (période d'hospitalisation)

À l'entrée dans le service, Henry a un contact facile, il décrit sans aucune angoisse ses difficultés de déglutition, le fait de pouvoir mâcher lentement lui permettant de ne plus avoir d'inquiétude par rapport à ce problème. Un examen radiologique élimine toute cause organique (œsophagienne en particulier). L'adaptation de Henry est d'emblée de bonne qualité avec les autres enfants de la salle et les adultes. Il s'intègre rapidement aux activités. Une psychothérapie comportementale, à raison de quatre séances par semaine, est entreprise pour traiter sa phobie : en état de relaxation, le thérapeute évoque ▷

▷ en imagination l'introduction progressive d'aliments solides. Cette évocation est répétée plusieurs fois jusqu'au moment où elle ne provoque aucune manifestation d'angoisse. Les aliments imaginés sont proposés après la séance de relaxation. Henry accepte de manger du riz, des petits pois, des gâteaux, des pâtes, quelques fruits, etc. Les aliments qui déclenchent des manifestations d'anxiété sont le pain, les croissants et la viande. Henry reste 4 semaines à l'hôpital.

Séances 17 à 22

À sa sortie, le seul aliment demeurant anxiogène est la viande : il refuse d'en manger. Cette phobie de la viande est la cible thérapeutique abordée en ambulatoire avec la même stratégie thérapeutique de relaxation hebdomadaire. Trois mois après, il accepte de manger de la viande et mâche normalement.

Suivi

Deux ans après, le comportement alimentaire est redevenu tout à fait normal et on n'observe pas de symptôme de substitution.

Cette observation illustre bien le développement des comportements phobiques autour des aliments solides. L'enfant généralise progressivement sa peur de la viande, objet phobogène, à d'autres aliments solides. Dès que ses comportements de « protection » fonctionnent (mixer, mâcher lentement, choisir les aliments, etc.), il n'est plus préoccupé par sa peur. Son angoisse est provoquée uniquement lors de la confrontation aux aliments solides. Le fait que son apparence physique ne l'inquiète pas, que son poids ne le préoccupe pas et qu'il accepte de manger de la nourriture solide sans manifester une autre inquiétude que la peur d'étouffer permet d'éliminer le diagnostic d'anorexie mentale. Il s'agit bien d'une phobie simple, après un traumatisme où l'objet phobogène, la viande non hachée, déclenche un évitement phobique. Contrairement aux observations de Chatoor *et al.* (1988) traitées immédiatement après l'apparition du refus alimentaire, l'enfant est installé ici dans un tableau subaigu où l'anxiété est circonscrite et a peu de retentissement dans son fonctionnement quotidien. Nous avons en 2002 (Le Heuzey *et al.*) décrit les principaux points cliniques susceptibles d'optimiser la prise en charge de ces patients souvent faisant souvent l'objet d'un faux diagnostic de trouble de la conduite alimentaire (anorexie restrictive).

Plan du traitement

Séances 1 à 4

Sur le plan cognitif et comportemental :

- Évaluation diagnostique.
- Établissement de la liste d'objets phobogènes, l'intensité de l'anxiété à chaque objet et le type d'évitement associé (partiel, total, etc.).
- Identification du mode de déclenchement de la phobie, intensité de la peur, durée, fréquence de confrontation aux stimuli phobiques.
- Établissement de la liste de toutes les pensées et croyances concernant les stimuli anxiogènes mais aussi les réponses face à ces stimuli.

Tableau 3.2. Analyse comportementale ou fonctionnelle : tableau récapitulatif.

	Antécédents	Conséquents	Stratégie thérapeutique envisagée														
	Lors de la déglutition d'un morceau de viande, fausse route, respiration difficile, impression de mort Tendance à s'inquiéter des maladies	Refus de tout aliment solide après la fausse route Accepte les liquides qu'il filtre à travers ses dents Hospitalisation pour cause de perte de poids (< 25 % de son poids)	Désensibilisation systématique Exposition graduelle à des aliments solides														
Symptômes											Phobie de déglutition						
		Spasme du sanglot															
	⇑	⇑	⇑	⇑	⇑	⇑	⇑	⇑	⇑	⇑	⇑	⇑	⇑	⇑	⇑	⇑	
	1	2	3	4	5	6	7	8	9	10	11	12	13	14	15	16	Âge (ans)

- Identification des conduites de protection que l'enfant met en place.
- Évaluation du handicap dans tous les domaines.
- Passation de questionnaires d'anxiété, d'estime de soi, de dépression, etc.
- Évaluation de la comorbidité.
- Évaluation d'un éventuel traitement médicamenteux.
- Analyse fonctionnelle et explication à l'enfant et à ses parents sur les hypothèses thérapeutiques.
- Explication concrète sur la pratique des techniques thérapeutiques.
- Élaboration du contrat thérapeutique.

Tâches à domicile :

- Demander à l'enfant d'observer et noter sur un agenda les conduites d'approche, d'évitement, de fuite.

Sur le plan familial (parents) :

- Tenter d'atténuer l'impact de certains facteurs de maintien de la phobie.
- Contribuer à l'élaboration du contrat thérapeutique.

Séances 5 et 6

Sur le plan cognitif et comportemental :

- Début de l'application en séance des techniques thérapeutiques (relaxation, exposition, etc.).
- Identification des facteurs facilitateurs et des obstacles dans l'application du traitement.

Tâches à domicile :

- Pratique de la relaxation ou bien de l'exposition progressive en précisant bien les situations à affronter.

Sur le plan familial (parents) :

- Encourager l'enfant à s'impliquer dans le traitement.

Séances 7 à 9

Sur le plan cognitif et comportemental :

- Application des techniques thérapeutiques.
- Revue des tâches à domicile.
- Revue de la liste des stimuli phobogènes.
- Encouragements de l'enfant à l'abandon des « conduites de protection ».
- Identification des pensées anxiogènes pendant l'exposition et leur modification.

Séances 10 à 12

- Même plan thérapeutique des séances 7 à 9.
- Ajout du travail cognitif systématique de lutte contre la phobie en développant des phrases guides sécurisants (« si l'ascenseur s'arrête entre deux étages, je serai en retard mais je ne vais pas manquer d'air et mourir »).

• Développement positif du sentiment d'estime de soi en s'appuyant sur les progrès accomplis.
• Encouragements de l'enfant à identifier les phrases automatiques qui pourraient le rendre anxieux.

Séances 13 et 14

• Réévaluation par les mêmes questionnaires passés pendant les premières séances.
• Discussion sur les changements constatés dans la deuxième évaluation.
• Identification des points anxieux qui résistent. Programmation d'un projet thérapeutique pour ces points de résistance.
• Programmation d'un suivi espacé (tous les 15 jours, puis de temps en temps séances de rappel de l'outil thérapeutique, renforcement d'idées nouvelles positives associées aux stimuli phobiques).

Références

Agras, W.S., Chapin, H.H., & Oliveau, D.C. (1972). The natural history of phobia. *Archives of General Psychiatry, 26,* 315-317.

Ajuriaguerra J. (Ed). (1974). *Manuel de Psychiatrie de l'Enfant* (2e éd.). Paris: Masson.

Brunod, R., & Vera, L. (2006). Traitement médical et comportemental d'une enfant de 7 ans nourrie par gastrostomie depuis la naissance. *Journal de Thérapie Comportementale et Cognitive, 16*(3), 113-118.

Chatoor, I., Conley, C., & Dickson, L.C. (1988). Food refusal after an incident of choking: A Post Traumatic Eating Disorder. *Journal of the American Academy of Child and Adolescent Psychiatry, 27*(1), 105-110.

Connell, H.M., Persley, G.V., & Sturgess, J.L. (1987). Sleep Phobia in Middle Childhood – A review of six cases. *Journal of the American Academy of Child and Adolescent Psychiatry, 26*(3), 449-452.

Cottraux J., & Mollard E. (Eds). (1986). *Les phobies. Perspectives nouvelles.* Paris : Presses Universitaires de France, Série Nodule.

Eysenck H.J., & Rachman S. (Eds). (1965). *The causes and cures of nevroses.* London: Routledge and Kegan Paul.

Graziano, A.M., & de Giovanni, I.S. (1979). The clinical significance of childhood phobia: A note on the proportion of child-clinical referrals for the treatment of the children's fears. *Behaviour Research and Therapy, 17,* 161-162.

Hagman, E. (1932). A study of fears children of preschool age. *Journal of Experimental Education, 1,* 110-130.

Hatcher, S. (1989). A case of doll phobia. *British Journal of Psychiatry, 155,* 255-257.

Le Heuzey, M.F., Vera, L., & Mouren-Siméoni, M.C. (2002). La phobie de la deglutition. In D. Bailly (Ed), *Psychiatrie de l'enfant et de l'adolescent. Progrès en Pédiatrie.* Rueil Malmaison : Doin.

Marks I. (Ed). (1985). *Traitement et prise en charge de malades névrotiques.* Québec : Gaëtan Morin.

Marks, I. (1988). Blood-Injury Phobia: A Review. *American Journal of Psychiatry, 145,* 1207-1213.

Maurer, A. (1965). What Children of Fear in Children. *Journal of Genetic Psychology, 106*, 265-277.

Miller, L.C., Barret, C.L., & Hampe, E. (1974). Phobias of Childhood in a prescientificera. In A. Davids (Ed), *Child personality and psychopathology: Currents topics.* New York: Wiley.

Osborn, E.I. (1986). Effects of participant modeling and desensitization on childhood warm water phobia. *Journal of Behavior Therapy and Experimental Psychiatry, 17*(2), 117-119.

Parsons, T.D., & Rizzo, A.A. (2008). Affective outcomes of virtual reality exposure therapy for anxiety. *Journal of Behavior Therapy and Experimental Psychiatry, 39*(3), 250-261.

Seligman, M.E.P. (1971). Phobias and preparedness. *Behavior Therapy, 2*, 307-320.

Walk, R.D. (1965). The study of visual depht and distance perception in animals. In D.S. Lehrman, R.A. Hinde, & E. Shawe (Eds), *Advances In the study of Behaviour (1)*. London : Academic Press.

Wolpe J. (Ed). (1958). *Psychotherapy by reciprocal inhibition.* Stanford: Stanford University Press.

Zlomkea, K., Thompson, E., & Davis, B. (2008). One-Session Treatment of Specific Phobias: A Detailed Description and Review of Treatment Efficacy. *Behavior Therapy, 39*(3), 207-223.

4 Phobie sociale

L.-P. Vera
L. Vera

Description clinique et diagnostic (DSM)

La phobie sociale est un motif fréquent de consultation en psychiatrie infantojuvénile. Elle est caractérisée par une peur d'être humilié ou jugé négativement dans des situations sociales ou de performance. On pourrait résumer la phobie sociale comme un trouble anxieux où le sujet veut absolument faire bonne impression à ses congénères et à lui-même mais où il est intimement persuadé de ne pouvoir y arriver. Cette pathologie est chronique, et non traitée, elle évolue toute la vie étant source de handicap, sur le plan social et scolaire, parfois sévère. La phobie sociale figure parmi les troubles psychiatriques les plus fréquents. Le début se situe classiquement chez l'enfant ou le jeune adolescent (11 à 12 ans en moyenne), mais l'âge de consultation peut être bien plus précoce, à partir de 6 ans. La phobie sociale est souvent associée à d'autres troubles psychiatriques. Longtemps négligée, elle est depuis le début des années 1990 sous le feu des projecteurs, s'agissant d'un réel problème de santé publique.

Phobie sociale *versus* timidité

La phobie sociale est à distinguer de la timidité qui est un état que nous pouvons tous ressentir au cours de notre vie et qui n'est pas pathologique. Elle peut se manifester dans des situations diverses où nous sommes soumis au regard, au jugement des autres. Timidité et phobie sociale se recoupent par certains aspects mais diffèrent en bien des manières. Beaucoup de phobiques sociaux disent se sentir timides et partagent des caractéristiques communes avec eux. Or, il apparaît que tous les phobiques sociaux ne le sont pas. Timidité et phobie sociale ont longtemps été considérées comme deux formes d'anxiété sociale de sévérité différente mais des études récentes (Heiser *et al.*, 2003) remettent en question la présence d'un continuum entre ces deux pathologies. Tout au plus, la timidité serait un des facteurs contribuant à l'éclosion d'une phobie sociale.

La timidité est une conduite non pathologique particulièrement fréquente chez l'enfant et l'adolescent, ils n'oseront s'exprimer dans tel groupe ou s'inscrire à telle activité extrascolaire sans que cela constitue une phobie sociale. Chez l'enfant timide, l'anxiété est présente en situation sociale mais l'attention est portée sur les autres lors des situations anxiogènes, non sur

TCC chez l'enfant et l'adolescent

soi. Par ailleurs, ces enfants et adolescents n'ont pas peur d'être humiliés ou ridiculisés, leur crainte est de ne pas être acceptés par le groupe, de ne pas être aimés. Les jeunes timides ne présentent pas de comportements d'évitement des situations sociales comme les phobiques sociaux ; au contraire, ils vont chercher le contact des autres, mais se retrouvent inhibés par l'anxiété lorsqu'ils sont dans certains types d'interactions sociales.

Diagnostic DSM

L'Association américaine de psychiatrie (*American Psychiatric Association*, APA) a inclus la phobie sociale chez l'adulte dans la troisième édition du *Manuel diagnostique et statistique des troubles mentaux* (DSM-III) en 1980, au sein des troubles anxieux. Ce n'est que plus tard, en 1998, que l'APA a reconnu l'existence du trouble chez l'enfant, dans la 4e édition du DSM. Le DSM-V (5e édition) définit la phobie sociale comme une peur persistante et intense durant laquelle le sujet est en contact avec des gens non familiers ou bien lorsqu'il peut être exposé à l'observation attentive d'autrui. Le sujet craint alors d'agir (ou de montrer des signes d'anxiété) de façon embarrassante ou humiliante. L'enfant peut avoir des relations sociales avec des gens familiers et l'anxiété se manifeste également en présence d'autres enfants et non uniquement avec des adultes.

Les manifestations caractéristiques chez l'enfant et l'adolescent

L'exposition à la situation sociale redoutée (leur nombre et leur caractère étant variables en fonction des enfants) provoque de façon quasi systématique une anxiété qui peut prendre la forme d'une attaque de panique liée à la situation ou bien facilitée par la situation. Chez l'enfant, les manifestations anxieuses sont différentes de chez l'adulte, l'anxiété se manifestera alors par des réactions de pleurs, de colère, de retrait, parfois de refus complet de communication avec mutisme.

L'enfant ne reconnaît pas toujours le caractère excessif ou irraisonné de la peur, cela dépend de son niveau de développement. Les adolescents sont capables de reconnaître le caractère excessif de leur crainte.

Les situations sociales ou de performance sont évitées lorsque cela est possible, ou vécues avec une anxiété et une détresse intenses. Bien entendu, les adolescents présentent plus de comportements d'évitement que les enfants chez qui les interactions sociales sont organisées par les parents.

L'évitement, l'anticipation anxieuse ou la souffrance dans les situations sociales redoutées perturbe, de façon importante, les habitudes de l'enfant ou de l'adolescent. Ses activités scolaires, extrascolaires, ses relations avec autrui, mais également le fait d'avoir cette phobie s'accompagnent d'un sentiment de souffrance important.

Le diagnostic de phobie sociale ne sera posé que si ces troubles évoluent depuis au moins 6 mois.

La phobie sociale est décrite chez l'enfant à partir de l'âge de 6 ans et sa prévalence croît avec l'âge. On pense qu'elle pourrait être présente à un plus jeune âge mais il est difficile de la dépister plus précocement.

Les enfants et adolescents souffrant de phobie sociale fonctionnent selon un mode d'évitement des interactions sociales tout en désirant ardemment être appréciés et aimés des autres. Ils sont avides de relations sociales mais inhibés par l'anxiété qu'ils ressentent en situation sociale. Si pour la plupart ils ne manquent pas d'habiletés sociales, ils s'en servent peu et sont persuadés d'en manquer cruellement. Les plus jeunes vont jusqu'à refuser de communiquer, les plus grands parlent peu et évitent le contact visuel. À la cantine, ils se sentent observés lorsqu'ils traversent le self après s'être saisis de leur plateau-repas, ils ne peuvent avaler s'ils sentent le regard des autres sur eux, ils ont peur de trembler en buvant leur verre d'eau. S'ils aimeraient de tout cœur pouvoir échanger avec les autres, ils sont pourtant persuadés de ne pas pouvoir soutenir une conversation et vont les fuir afin de ne pas paraître ridicule ou de ne pas rougir. En présence de jeunes plus inhibés qu'eux, ils peuvent se sentir enfin à l'aise et se comporter normalement sans avoir peur d'être jugés négativement ou ridiculisés.

Ces enfants sont amenés à la consultation par leurs parents qui s'inquiètent de les voir peu affirmés, en retrait ou tristes. Ils sont décrits comme ayant peu d'amis, peu d'activités extrascolaires qu'ils refusent quasi en bloc. Ils restent chez eux le week-end, ne voient pas leurs camarades de classe en dehors de l'école, restent dans leur chambre lorsque leurs frères et sœurs ou parents ont des invités et vont rechigner à sortir de leur chambre pour dire bonjour. Lorsqu'on les force à interagir avec les autres, ils se montrent inhibés, parlent peu, jouent à l'écart des autres, regardent volontiers leurs chaussures ou derrière leur interlocuteur. Ce comportement d'inhibition se manifeste aussi bien envers les enfants de même âge qu'envers les adultes. Au sein de leur fratrie, même ils sont inhibés et ont du mal à s'affirmer au point de laisser les autres accaparer la parole pendant les repas, certains ne savent se défendre de leurs frères et sœurs et pleurent systématiquement lors des disputes. Les enfants contrairement aux adolescents ont moins la possibilité de s'engager dans des comportements d'évitement actifs, les parents organisant pour eux les activités extrascolaires, les fêtes d'anniversaire et autres occasions de rencontres sociales avec des jeunes du même âge. On note alors chez ces enfants une souffrance particulière lors de ces occasions, ils se montrent insatisfaits de leur activité extrascolaire et en change souvent, confrontés à d'autres personnes ils seront parfois incapables de parler, restant mutiques.

Parfois, la consultation est motivée par une inquiétude du corps professoral qui aura fait part aux parents d'un comportement de retrait global. À l'école, ces enfants vont jouer à l'écart de leurs camarades de classe, parfois même se réfugier aux toilettes pendant la récréation. En classe, le manque de participation, le refuge au fond de la salle, souvent les résultats scolaires en inadéquation avec les capacités intellectuelles sont rapportés par les professeurs.

À la période de l'adolescence où les interactions sociales sont encouragées et favorisées par les parents et autres adultes, elles ne sont plus organisées par les parents ou de moins en moins et c'est à l'adolescent d'être actif dans sa vie sociale. On note alors des comportements de retrait plus importants. Chez l'adolescent, les comportements d'évitement sont en effet plus nombreux. Ils ne sortent pas ou très peu après les cours ou le week-end, avec un ou deux amis qu'ils connaissent de longue date et en qui ils ont « confiance ». Même avec ces amis choisis, ils ne se rendront pas à des soirées, dîners de classe, ils n'iront pas « prendre un pot » au café le week-end par peur de rencontrer d'autres personnes. Chez les adolescents, le comportement d'inhibition verbale semble plus fréquent que dans l'enfance où les comportements phobiques ont un caractère global. Ils ne répondent pas au téléphone, n'appellent pas leurs amis, ou communiquent par « sms » afin de ne pas déranger. Les interactions avec les jeunes du même âge de sexe opposé sont rares, ils n'initieront pas d'action dans ce sens en tout cas et s'ils sont approchés dans une tactique de séduction, ils seront mal à l'aise.

Ces adolescents, s'ils ont des goûts marqués en matière vestimentaire, vont tout de même chercher à ne pas attirer l'attention en choisissant des couleurs et des formes « passe-partout ». Le but est de ne pas se faire remarquer par les autres, surtout ne pas se soumettre à leur jugement impitoyable.

L'anxiété anticipatoire est présente chez ces jeunes à la veille de situations à risque, par exemple tel adolescent ne dormira pas la veille d'un baptême d'où il ne pourra réchapper, tel enfant se tournera dans son lit pendant des heures interminables la veille de la récitation d'une poésie. Les manifestations somatiques de l'anxiété sont importantes dans ces moments avec des signes classiques tels que tachycardie, transpiration, rougissements, nausées ; ils vont alors lutter pour que ces signes ne soient pas remarqués par les autres. La lutte est parfois telle qu'elle altère leur fonctionnement cognitif, le « trou noir » dû à l'inhibition de la mémoire d'évocation en est le parfait exemple.

Principales situations sociales redoutées par les phobiques sociaux enfants et adolescents

- Prendre la parole devant les camarades.
- Passer un contrôle de connaissance.
- Participer à des fêtes d'anniversaire, des soirées.
- Poser une question aux professeurs.
- Répondre à une question en classe.

▷

- Participer au cours de gymnastique, se changer dans les vestiaires.
- Débuter ou se joindre à une conversation.
- Parler à des inconnus.
- Parler à des adultes ou à une personne représentant l'autorité.
- Inviter un ami à se retrouver en dehors de l'école.
- Se rendre à un rendez-vous avec une personne du sexe opposé.
- Manger en public.
- Écrire devant d'autres personnes.
- Répondre ou parler au téléphone.
- Utiliser les toilettes publiques.

On distingue classiquement deux types de phobie sociale : la phobie sociale simple qui touche quelques situations sociales, parfois une situation unique, et la phobie sociale généralisée qui concerne plusieurs situations jugées à risque par le patient.

Comorbidités

Les comorbidités sont fréquentes dans la phobie sociale, une étude récente (Rao *et al.*, 2007) retrouve un taux de comorbidité de 62 % chez l'enfant et de 47 % chez l'adolescent. Le trouble comorbide le plus fréquent est le trouble anxiété généralisée. Chez l'enfant, la phobie sociale est souvent associée à une phobie spécifique (19 %), une anxiété de séparation (15 %), le mutisme sélectif (10 %) et un trouble déficit de l'attention/hyperactivité (TDAH) n'est pas rare (8 %). Chez l'adolescent, une phobie spécifique est présente chez 10 % des phobiques sociaux, le TDAH est présent avec la même fréquence (8 %) ; les principales différences résident dans une association moindre à une anxiété de séparation (4 %) et une plus forte association à une dépression (5 % contre 3 % chez l'enfant). L'adolescence est un âge où l'on commence à découvrir l'alcool, aussi certains en découvriront rapidement les effets anxiolytiques, du moins à court terme, et sont à risque de développer une addiction. Il en est de même pour d'autres toxiques tels que le cannabis qui a chez certains un effet euphorisant et libérateur.

Le point de vue comportemental et cognitif

La phobie sociale est le résultat de la combinaison de certains facteurs de risques à des facteurs environnementaux auxquels l'enfant sera soumis au cours de son développement.

Le facteur génétique a été clairement démontré comme jouant un rôle dans l'apparition d'une phobie sociale, la question de savoir s'il s'agit d'un facteur de risque spécifique ou d'un facteur pouvant favoriser d'autres psychopathologies est encore sujette à débat. Les études de jumeaux (Andrews *et al.*, 1990 ; Hettema *et al.*, 2006) montrent un risque plus net pour la phobie sociale généralisée que pour la phobie sociale simple.

L'inhibition comportementale est un tempérament pouvant être présent précocement dans l'enfance et où se manifeste un certain type de réponse comportementale et émotionnelle en présence d'une situation, un objet, ou une personne inconnue. Kagan (1984) décrit ces enfants qui répondent à une situation nouvelle avec une extrême précaution, en retrait et sur un mode craintif. Comme le souligne Neal (2002), il existe des similitudes comportementales entre les enfants présentant une inhibition comportementale et ceux souffrant de phobie sociale : ils ont les mêmes stratégies d'évitement, de retrait passif, de réticence à approcher les étrangers, une latence verbale similaire. De nombreuses études prospectives ont clairement mis en évidence des taux élevés de phobies sociales chez les enfants et adolescents s'étant comportés selon le mode d'inhibition comportementale durant l'enfance précoce. Schwartz *et al.* (1999), notamment dans une étude prospective de 12 ans conduite sur 79 adolescents ayant été qualifiés de très inhibés à l'âge de 2 ans, a montré un lien spécifique avec la phobie sociale et l'absence d'association avec d'autres troubles anxieux comme les phobies spécifiques, l'anxiété de séparation ou l'anxiété de performance.

Des événements de vie négatifs survenant durant l'enfance ont été reliés à la phobie sociale, on retrouve notamment : le divorce des parents, une psychopathologie parentale, des conflits familiaux, des antécédents d'abus sexuels (Rapee *et al.*, 2004).

La phobie sociale est caractérisée par des distorsions cognitives sur soi et le monde extérieur et également un biais dans le traitement des informations liées aux situations sociales. Elle est maintenue par une sorte de cercle vicieux où les enfants qui en souffrent sont dans un engrenage où chaque situation sociale est l'objet d'un pré- et d'un post-traitement biaisé de l'information ; ceci générant de l'anxiété et perturbant les performances sociales. Les stratégies d'évitement mises en place empêchent alors l'enfant de développer ses habiletés sociales et renforcent l'idée selon laquelle ces situations sont à risque. Ces distorsions cognitives ont été mises en évidence chez l'enfant dès l'âge de 8 ans (Epkins, 1996 ; Muris *et al.*, 2000 ; Spence *et al.*, 1999 ; Turner *et al.*, 1994). Spence *et al.* (1999) ont bien mis en évidence les distorsions cognitives présentes chez l'enfant phobique social : une anticipation négative de l'événement, une évaluation négative de ses propres performances et des idées négatives sur leur comportement en situation sociale.

On note par ailleurs chez ces patients une croyance fortement ancrée que leurs pairs attendent d'eux un niveau élevé de performances sociales, ce niveau étant impossible à atteindre.

De nombreuses études ont mis en évidence le fait que ces enfants manquaient d'habiletés sociales. Ils sont moins populaires auprès de leurs camarades, ils sont plus facilement ignorés, négligés, rejetés ou exclus que les autres (Gazelle et Ladd, 2003 ; La Greca et Silverman, 1993 ; La Greca *et al.*, 1998). Lors d'observation comportementale à l'école, Beidel *et al.* (1999) montrent que ces enfants initient peu d'interactions avec leurs camarades, parlent moins et leurs interactions durent moins longtemps que celles des autres. Chez les plus grands, par contre, on note des compétences sociales équivalentes à des personnes du même âge mais une intime conviction d'en manquer et une inhibition de ces compétences par l'anxiété.

Plusieurs facteurs environnementaux ont été incriminés dans l'émergence d'une phobie sociale. Ces facteurs associés à de mauvaises expériences sur le plan social et un défaut d'apprentissage (*modeling*) de stratégies de *coping* pour gérer les situations sociales complexes favoriseraient alors l'émergence d'une phobie sociale. Comme le souligne Rapee (1997), les parents d'enfants anxieux sont souvent très protecteurs, exercent beaucoup de contrôle et seraient moins chaleureux que les autres. Les adultes souffrant de phobie sociale se remémorent leurs parents comme peu sociables, pointant l'importance de l'opinion des autres, les isolant des autres et utilisant la honte comme une méthode d'éducation.

Chez les patients souffrant de phobie sociale, les pensées dysfonctionnelles vont être activées dans les situations sociales redoutées. Ces pensées sur soi en situation sociale et sur ses performances, lors de telles situations, entraînent une crainte de faillir à créer une bonne impression. Associée à la mise en route de ces biais cognitifs va se créer une réorientation de l'attention qui sera alors dirigée sur soi, le jeune phobique se mettant en mode d'auto-observation.

Les biais cognitifs et le processus d'auto-observation sont la pierre angulaire de la phobie sociale. Les pensées automatiques de ces patients consistent en l'impression de ne pas se comporter de manière adéquate en situation sociale, la crainte que leurs signes d'anxiété ne soient repérés et l'idée d'être jugés par les autres. Par ailleurs, ils ont des critères de performance excessivement élevés et/ou un besoin excessif d'approbation.

L'image qu'ils ont d'eux-mêmes est également biaisée, ils se voient comme inintéressants, incompétents et pensent ne pas pouvoir être appréciés.

Exemples de pensées automatiques

- Je n'ai jamais rien à dire.
- Je suis ennuyeux.
- Tout le monde me regarde.
- Ils vont penser que je suis stupide.
- Les gens voient que je suis angoissé.
- Ils sont plus intéressants que moi.
- Ils sont plus drôles que moi.

Évaluation et traitement

L'analyse fonctionnelle doit s'attacher à déterminer les points suivants :

- les situations anxiogènes pour le patient ;
- l'anticipation anxieuse ;
- les capacités de *coping* face au stress ;
- la présence ou l'absence de composantes verbales ou gestuelles du comportement affirmé ;
- la définition des objectifs thérapeutiques à partir des échelles d'évaluation.

Dans un premier temps, l'analyse fonctionnelle doit permettre de déterminer les situations anxiogènes responsables de la perturbation sociale (isolement, retrait social, etc.), psychologique (estime de soi, focalisation excessive sur soi, etc.), intellectuelle (perte des moyens) et émotionnelle (se sentir obligé d'être toujours en accord avec les goûts des autres). En général, les manifestations anxieuses semblent entraver le fonctionnement global de l'enfant, elles sont inhibitrices et paralysantes.

Suivant la description des stimuli anxiogènes rapportés par les enfants et les adolescents, on peut distinguer trois « types » d'anxiété : anxiété sociale, anxiété de performance et anxiété phobique (liée à des situations bien déterminées). Les stratégies thérapeutiques viseront la modification de l'anxiété directement (exposition graduelle) ou bien indirectement à travers la manipulation des facteurs de maintien des réponses anxieuses (thérapies d'affirmation de soi, techniques cognitives).

Si l'on se fie aux données descriptives et subjectives, presque tous les jeunes phobiques sociaux anticipent avec angoisse les situations anxiogènes, cette anticipation anxieuse semble entretenir la peur. Un deuxième point intéressant à signaler concerne la pauvreté des mécanismes cognitifs pour faire face aux demandes stressantes de l'environnement. L'approche des situations anxiogènes favorise une activité d'attente craintive, peu de jeunes présentant une anxiété sociale possèdent les habiletés nécessaires pour faire face au stress (*coping skills*). Les thérapeutiques d'autocontrôle, d'affirmation de soi définissent leurs objectifs thérapeutiques en termes d'habiletés à apprendre. En plus des situations sociales extrascolaires, il faut tenir compte de la valeur stressante du milieu scolaire pour certains sujets : elles visent l'apprentissage des compétences comportementales incompatibles avec des réactions anxieuses chroniques.

Il est admis presque d'une manière unanime que les composantes non verbales ont une importance prépondérante dans la communication. Certains comportements gestuels peuvent annuler un contenu verbal approprié, par exemple, émettre un compliment sur un ton agressif (ton trop élevé). La qualité de la voix fait partie de nombreux programmes d'affirmation de soi.

La posture amicale, hostile, supérieure, etc. est une source de messages qui est considérée dans presque tous les programmes d'entraînement à l'affirmation de soi. Elle détermine largement le type de relation établie entre deux ou plusieurs sujets. D'après quelques observations comportementales de sujets ayant suivi un entraînement assertif, il nous semble que les sujets peu assertifs sont extrêmement sensibles à tout ce qui est message à travers la posture. Nombre des situations interpersonnelles vécues comme difficiles rapportées par les sujets impliquent le décodage des messages à partir des éléments de posture « Quand je lui parlais, il ne me regardait pas, donc il n'était pas intéressé par ce que je disais ».

Le contact visuel est la composante non verbale qui a été la plus étudiée. Un individu non assertif a peu de contact visuel. Un des objectifs des thérapies d'affirmation de soi est l'augmentation progressive du contact visuel. Selon Argyle (1972), les gens ont deux fois plus de contact lorsqu'ils écoutent que lorsqu'ils parlent.

Parmi les composantes verbales de l'assertivité, on recherche la présence ou l'absence de plusieurs critères : la capacité à amorcer, maintenir et mettre fin à une conversation, savoir refuser certaines demandes, être capable de demander une faveur, savoir exprimer des émotions, qu'elles soient positives ou négatives.

D'un point de vue thérapeutique, la prise en charge des phobies sociales repose essentiellement sur les thérapies cognitivo-comportementales, notamment sur les thérapies de groupe qui sont très efficaces dans cette indication. Elles reposent classiquement sur l'acquisition progressive d'habiletés sociales dont ces patients manquent. Nous verrons qu'en fait, tous les phobiques sociaux n'ont pas de déficit en habileté sociale mais sont persuadés du contraire. Si la thérapie cognitive tient une part essentielle dans leur traitement, l'exposition aux situations sociales que ces patients redoutent est capitale pour ancrer les modifications cognitives « sur le terrain ». Le traitement diffère selon l'âge du patient, la thérapie cognitive prenant une part plus importante à l'adolescence que chez le jeune enfant, ils montrent en effet plus de biais cognitifs que les enfants, correspondant à un degré de maturation plus important (Rao *et al.*, 2007).

La thérapie comportementale et cognitive de la phobie sociale se pratique soit en groupe, soit individuelle. Les procédures thérapeutiques utilisées sont : le jeu de rôle, le *modeling*, le *feedback,* le renforcement externe, l'autoévaluation et l'autorenforcement.

La première étape du traitement de la phobie sociale consiste à annoncer le diagnostic au patient puis de lui donner des informations claires sur sa pathologie. Ces patients se croient, pour la plupart, anormaux et sont soulagés d'apprendre que leur problème porte un nom et qu'il existe d'autres personnes dans la même situation. Il peut être utile de leur donner des conseils de lecture, lorsqu'ils sont en âge de pouvoir lire certains ouvrages.

Le groupe d'affirmation de soi

Les techniques d'affirmation de soi constituent une aide thérapeutique efficace chez des patients présentant une altération significative du fonctionnement social et/ou scolaire et qui ont une faible estime de soi. Ces techniques sont d'un abord psychologique axé sur l'atténuation des manifestations anxieuses et sur l'apprentissage de comportements de communication.

Les techniques d'affirmation de soi peuvent également être proposées en individuel.

Le jeu de rôle

La procédure de répétition de la réponse ou jeu de rôle a pour but d'aider le sujet à se sentir à l'aise face à des comportements nouvellement acquis et à les reproduire facilement dans des situations sociales appropriées. Le jeu de rôle comportemental demande au patient de faire « comme si » il était en situation réelle, et de se comporter de façon affirmée dans cette situation. Le jeu de rôle est une des techniques employées dans l'apprentissage de l'affirmation de soi. Avant de le faire pratiquer en séance individuelle ou de groupe, il est important d'expliquer au patient en quoi il consiste, quelles sont les règles de cette pratique et en quoi cette simulation pourra l'aider. La liste des situations à simuler sera construite avec le thérapeute et hiérarchisée en fonction de la difficulté perçue par l'enfant, par exemple : refuser de rembourser 1 euro à un enfant à qui on ne les doit pas et qui les réclame, puis refuser de donner 1 euro à un copain même si on a 1 euro dans la poche, puis refuser de donner 1 euro à quelqu'un, etc., les situations de refus constituant une source fréquente de difficultés de communication.

Au cours du jeu de rôle, le thérapeute se trouve dans une situation de triangulation où deux individus vont simuler une scène. Le thérapeute récapitule, avant la simulation, le rôle de chacun, il arrête le jeu de rôle quand il le souhaite et met en avant ce qui a été bien réalisé par l'acteur principal du jeu. Ce dernier note ce qu'il a apprécié dans sa performance et celui qui donnait la réplique énonce à son tour ce qui lui a plu et comment il a ressenti les différentes interventions de l'interlocuteur. Le thérapeute récapitule les différentes observations et met en évidence les comportements assertifs avant de rejouer une autre scène. S'il est réalisable, un enregistrement vidéo de la scène permet au sujet d'obtenir un *feedback* sur son comportement verbal et non verbal.

L'association du jeu de rôle avec le *modeling* est bien plus efficace dans le traitement des phobies sociales que si l'on utilise ces techniques isolément. Le thérapeute participe dans ce cas au premier jeu de rôle à titre de modèle et peut mettre en scène un comportement assertif, un comportement passif ou un comportement agressif avec leurs différentes modalités.

Le *modeling*

Dans le *modeling* ou apprentissage par imitation, un modèle présente un comportement à imiter (modelage positif) ou à éviter (modelage négatif). Par exemple, comment exprimer une idée dans un groupe, comment aborder d'autres personnes que l'on ne connaît pas. Le *modeling* en imagination consiste à décrire et à faire imaginer au patient une situation où une personne du même âge et du même sexe se conduit d'une manière socialement habile. Cette technique est particulièrement efficace pour modeler des comportements lors de situations aversives (se voir rejeter, se faire critiquer). Le modèle se comporte d'une manière affirmée. Il s'agit donc d'un processus d'apprentissage où le comportement individuel ou de groupe se modèle par rapport à un stimulus (attitudes, comportements et pensées) par observation de ce modèle.

Un certain nombre de critères précis ont été mis en évidence par différentes études comme influençant le processus de *modeling*. Il s'agit des caractéristiques du modèle (similarité de l'âge, du sexe, de la race, des comportements, chaleur de contact, capacité de récompense), des caractéristiques de l'observateur (capacité à observer, niveau d'anxiété, traits de personnalité, etc.), des caractéristiques dans la manière de jouer le modèle. Après acquisition du comportement présenté par le modèle, un certain nombre d'éléments vont influencer la capacité du sujet à augmenter sa performance (répétition en imagination, etc.), puis s'opèrent un transfert et une généralisation des performances. Ce processus de *modeling* est utilisé dans l'apprentissage de comportements nouveaux : natation, conduite automobile, mais aussi en clinique pour l'obtention de nouvelles habiletés comportementales telles qu'exprimer ses opinions à un tiers ou affronter une situation précédemment anxiogène.

Le façonnement de la réponse

Les procédures de façonnement de la réponse consistent à aider le sujet à affirmer ses comportements nouvellement acquis au moyen de la rétroaction et du renforcement. La rétroaction, ou *feedback*, permet de donner au sujet des informations spécifiques et descriptives sur son propre comportement. Le *feedback* négatif consiste à informer le patient qu'un changement de comportement est nécessaire, tandis qu'un *feedback* positif l'informe sur l'adéquation de son comportement. Le renforcement est utilisé la plupart du temps sous forme d'approbation ou de félicitations au moment où le patient montre une amélioration de son comportement. Le renforcement est « donné » soit par le thérapeute, soit par les membres du groupe thérapeutique, soit en favorisant les capacités du patient à s'autorenforcer. Les procédures cognitives sont également associées pour modifier directement la perception des situations sociales comme étant des situations « à risque ».

Les tâches assignées

Les tâches assignées sont le point névralgique des thérapies comportementales et cognitives. En termes pratiques, elles représentent l'occasion pour les patients de transférer les habiletés et les idées de la situation thérapeutique à la vie de tous les jours dans laquelle la souffrance psychique se manifeste. Il s'agit selon ces auteurs des activités planifiées en séance directement en rapport avec le motif de consultation du patient. C'est le processus principal à travers lequel le patient va vivre, ressentir, pratiquer et renforcer les changements comportementaux et cognitifs obtenus en séance. C'est aussi dans les tâches assignées que la résistance au changement va se manifester.

Quelques exemples de tâches à domicile

- Dire bonjour en entrant dans l'ascenseur.
- Acheter quelque chose.
- Poser une question en classe.
- Parler de ce que l'on a fait pendant le week-end.
- S'habiller avec un vêtement que l'on n'ose pas mettre par peur du ridicule.
- Demander à jouer à d'autres enfants.

Les techniques cognitives

Les enfants, mais surtout les adolescents anxieux, anticipent négativement le jugement des autres. Leur discours interne, c'est-à-dire ce qu'ils croient, imaginent, pensent ou attendent, est à l'origine ou est un facteur de maintien d'un fonctionnement social déficitaire. Ces attentes négatives sont le plus souvent le résultat d'une mauvaise adaptation cognitive.

Au cours de la relation interpersonnelle, le travail idéatif se fait en trois étapes :

- la première utilise des mécanismes cognitifs actifs, qui recherchent des informations pertinentes et apprécient le danger en se basant sur les caractéristiques de la situation, le comportement et le contenu verbal de l'interlocuteur. Comme nous l'avons vu précédemment, les anxieux ont tendance à interpréter de manière erronée ces données ;
- la deuxième étape permet de faire le tri des informations et de mettre en valeur celles qui vont diminuer l'impression de danger. Au contraire, nos patients valoriseront les données négatives, augmentant ainsi leur sentiment d'incapacité et de honte ;
- le résultat de ces deux premières phases aboutit normalement à une attitude comportementale d'adaptation à la situation, en y faisant face. Chez nos enfants, se développent des mécanismes d'évitement et de fuite.

La thérapie d'affirmation de soi permet de traiter les attentes négatives du sujet anxieux. Le travail en groupe, les jeux de rôle, le contrôle du stress de performance lui permettront d'affronter les situations plutôt que de les éviter.

Les distorsions cognitives qui se voient au cours de l'étape de recueil d'informations seront traitées par les méthodes comportementales utilisant la reconnaissance des émotions et du contenu verbal. Des techniques de restructuration cognitive sont nécessaires pour permettre aux anxieux sociaux de savoir faire le tri des informations recueillies, de percevoir les plus pertinentes, et de valoriser celles qui leur donnent confiance en eux. Ce travail de restructuration est plus difficile chez les enfants, en raison de la maturation cognitive qui est très différente entre 6 et 17 ans et de leur difficulté à mettre en évidence et à exprimer leurs pensées négatives.

Ces techniques thérapeutiques en situation de groupe nous semblent répondre à un besoin de l'adolescent de modification du comportement problème dans un délai relativement court (moyenne de 15 séances). Si l'on se fie aux impressions subjectives des adolescents et aux observations comportementales de leur entourage, pour la plupart, les manifestations anxieuses diminuent considérablement.

Cependant, dans un premier temps, l'adoption des comportements nouveaux et détendus dans des situations anxiogènes n'est pas toujours accompagnée d'une diminution subjective de la peur.

Cas clinique

Maxime, 16 ans, se présente à la consultation pour ce qu'il appelle une dépression. Sa mère est inquiète depuis plusieurs mois car Maxime se renferme de plus en plus et ne se rend plus au lycée. Maxime vit seul avec sa mère, son père est décédé il y a quelques années d'un infarctus du myocarde, il est fils unique. Depuis qu'il a abandonné le lycée, Maxime passe le plus clair de son temps dans la cave qu'il a aménagée comme un petit studio avec un ordinateur et une chaîne Hi-fi. Il sort très peu de chez lui et n'a plus goût à rien depuis plusieurs mois.

Maxime évite le contact oculaire et s'exprime peu spontanément, il a une image de soi très dégradée. Il sort tres peu et ses relations sociales sont limitées à sa mère et un ami qui lui rend visite régulièrement. D'autres amis l'appellent de temps à autre mais il ne répond que très peu au téléphone et refuse les invitations chez eux. Au fil de l'entretien, Maxime s'ouvre peu à peu et évoque sa phobie du tremblement dont il souffre depuis plusieurs mois et qui l'empêche de se rendre au lycée et de sortir voir ses amis. Ces tremblements se manifestent dès qu'il se saisit d'un verre en présence d'autres personnes, il a alors peur de se mettre à trembler et que, les gens remarquant son anxiété, le prennent pour un « naze ». Il évite donc de se rendre à des soirées, avec ses amis, ne se rend plus au restaurant avec qui que ce soit et refuse systématiquement les invitations à des repas familiaux. On pose un diagnostic de phobie sociale simple. ▷

▷ En remontant dans son histoire, on retrouve ce qu'il considère être comme le facteur déclenchant de sa phobie sociale : il a été interrogé en cours d'histoire en classe de 4e alors qu'il n'avait pas appris sa leçon ; il a alors bredouillé quelques mots inaudibles et se souvient « parfaitement », dit-il, avoir été la risée de la classe. À partir de ce jour, il s'est renfermé progressivement, guettant les rires « moqueurs » de ses camarades. Avant cela, il n'avait jamais beaucoup participé en classe. Sa mère lui a recommandé de dire qu'à la maternelle et en cours primaire, les maîtres le disaient solitaire dans la cour de l'école.

Maxime ne souhaite pas suivre la thérapie de groupe qui lui est proposée, il sera donc suivi en individuel. Les éléments dépressifs qu'il présente n'ont pas fait l'objet d'un traitement au vu de son âge et de l'absence de critères de gravité.

L'analyse comportementale ou fonctionnelle est schématisée dans le tableau 4.1.

Séances 1 et 2 : faire connaissance avec sa maladie

Maxime est soulagé d'apprendre qu'il souffre d'une phobie sociale, qu'il s'agit d'une pathologie fréquente et qu'elle est curable.

La première séance sert essentiellement à expliquer au patient ce qu'est la phobie sociale, quels en sont les mécanismes sous-jacents, quelles sont les modalités du traitement cognitivo-comportemental. Durant cette séance, il est nécessaire de souligner au patient que cette phobie du tremblement s'intègre dans un trouble global : la phobie sociale, afin de centrer les entretiens futurs sur tous les aspects de la phobie sociale sans se focaliser uniquement sur la peur de trembler en public. Plusieurs séances son souvent nécessaires afin que le patient commence à raisonner en termes de phobie sociale et non de phobie spécifique.

On se basera sur la liste des évitements de Maxime afin d'élaborer un programme thérapeutique personnalisé. Lors de la thérapie individuelle, l'exposition se fait en dehors des séances selon le programme thérapeutique fixé au début (celui-ci étant souple), on revoit au début de chaque séance les exercices réalisés et la thérapie cognitive fait l'objet de quelques séances à part. On travaille les habiletés sociales avec le patient avant de l'envoyer en exposition.

Lors de cette première séance, on peut éventuellement donner des conseils de lecture au patient, par exemple *La peur des autres*.

La deuxième séance permettra de faire le point avec le patient sur sa compréhension du trouble phobie sociale, on répondra à ses interrogations et on lui délivrera éventuellement de nouvelles informations.

Séances 3 et 4 : habiletés sociales

Les séances suivantes doivent permettre d'évaluer les habiletés sociales du patient, on se heurtera classiquement à des « je n'ai rien à dire », « je ne sais pas m'exprimer », « je n'ai jamais su dire non ». Il faut alors creuser afin de trouver dans le passé du patient des événements où il a su s'affirmer sans difficulté, on en trouve toujours, puis renforcer ces habiletés.

Le regard sera le premier point sur lequel travailler, faire remarquer au patient qu'il évite le regard en lui demandant ce qu'il regarde par la fenêtre alors qu'il est en séance, lui demander s'il est content de ses nouvelles chaussures et lorsqu'il répond inévitablement qu'elles ne sont pas neuves, lui demander pourquoi il les ▷

▷ regarde autant. Dédramatiser est un élément clé de l'entretien avec l'adolescent, d'autant plus que son vécu de la phobie sociale est souvent tellement honteux et dramatique.

On demande au patient comme exercice entre les séances de travailler sur l'évitement du regard avec son entourage. Il devra s'entraîner à regarder ses amis, les membres de sa famille dans les yeux au lieu de toujours regarder ailleurs.

Maxime s'est entraîné avec sa mère durant toute la semaine, il lui a proposé de jouer à soutenir le regard le plus longtemps possible, comme les enfants le font parfois à l'école. Très fier de lui, Maxime annonce que c'est sa mère qui a perdu la plupart du temps. Le renforcement positif « Bravo Maxime ! On voit bien que vous vous êtes entraînés car vous regardez moins vos chaussures aujourd'hui » a permis de motiver Maxime à poursuivre cet exercice avec motivation et d'en augmenter la difficulté. On lui a alors prescrit de s'entraîner également avec son meilleur ami qui passait le voir régulièrement chez lui.

La restructuration cognitive permet, à ce stade, de lutter contre l'évitement du regard.

Thérapeute : « Maxime, vous soutenez le regard avec moins de difficultés aujourd'hui. Pouvez-vous me dire ce qui vous bloquait auparavant ? »

Patient : « Je ne sais pas, je suis gêné voilà tout. »

T : « Vous me regardez dans les yeux aujourd'hui, en ressentez-vous une quelconque gêne ? »

P : « Non, mais c'est différent avec vous car vous n'êtes pas là pour me juger. »

T : « Pensez-vous que les autres vous jugent à travers le regard ? »

P : « Non, bien sûr, c'est idiot de penser ça, je ne sais plus trop pourquoi je ne regardais pas dans les yeux maintenant. »

Séances 5 et 6 : tremblement

Le début de chaque séance est, comme toujours, consacré à la revue des exercices de la semaine écoulée. La subtilité de la prise en charge de ces adolescents est de dédramatiser par le biais du jeu tout en maintenant un cadre rigoureux dans le déroulement des séances et en délivrant des informations scientifiques.

Lors de cet entretien, nous avons mis Maxime en exposition et lui avons demandé de se servir un verre de soda à partir d'une cannette.

Patient : « Je ne sais pas, je vais trembler »

Thérapeute : « Pensez-vous que vous tremblez systématiquement lorsque l'on vous regarde ? »

P : « Oui, dès que l on me regarde je commence à trembler, je fais beaucoup d'efforts pour que cela cesse mais mes mains deviennent incontrôlables »

T : « Essayez de vous servir un verre d'une main sans vous concentrer sur vos mains en permanence et sans faire d'efforts pour ne pas trembler »

P : « Mais si je ne pense pas à mes mains pour les contrôler, je vais trembler encore plus ! »

T : « Faisons un essai et voyons si vous tremblez tant que vous le dites »

Le patient se saisit de la cannette et se sert en verre, il tremble légèrement.

P : « Vous voyez comme je tremble, je vais tout renverser sur votre bureau » ▷

▷ T : « Vous n'avez rien renversé Maxime, maintenant prenez le verre d'une main »

P : « Je tremble, regardez, ma main part en vrille, si je renverse du soda sur votre bureau vous n'allez pas être content et je vais passer pour un naze »

T : « Je ne trouve pas que vous tremblez tant que ça et vous n'avez rien renversé sur mon bureau. Maintenez cette position et voyons ce qui se passe »

P : « Je n'ai rien renversé, c'est vrai, mais je tremble toujours »

T : « Voyez comme votre perception est exagérée, vous pensez trembler tellement fort que votre verre va se renverser alors qu'il ne se passe rien de tel. Maintenez cette position, vous allez voir que vous tremblez de moins en moins »

P : « C'est exact, mon tremblement se calme… »

Maxime a eu pour exercice de s'entraîner à saisir des verres avec des personnages familiers, sa mère et son meilleur ami.

Séances 7 et 9 : assertivité et autocentrage

La revue des exercices de la semaine permet de mettre en évidence que Maxime se sent mieux dans les interactions interindividuelles avec son entourage proche. Il se montre également plus à l'aise en entretien et nous soulignons ces progrès (renforcement).

Ces séances ont été consacrées à apprendre à Maxime les comportements assertifs dans les interactions sociales en ayant pour souci de progresser dans la difficulté des exercices. Nous avons donc fait remarquer à Maxime que parfois nous avions peine à comprendre ce qu'il disait et qu'un réajustement de la hauteur de sa voix lui permettrait d'être mieux compris de son entourage et de ses amis.

Cette séance a été l'occasion de progresser relativement rapidement dans la difficulté des exercices pour Maxime qui vivait quasi reclus, en effet il ne voyait pratiquement plus le reste de son entourage familial, ayant peur de trembler. Il nous fait part lors de cette séance de son appréhension à se rendre à un dîner d'anniversaire de sa tante où allaient se trouver une dizaine de personnes de sa famille. Comme toujours il mettait en avant sa peur de trembler en public et de passer pour un « naze ».

T : « Si je comprends bien, vous faites un lien direct entre trembler et être perçu comme quelqu'un de peu valable ? »

P : « Oui c'est exact, si je tremble on va me prendre pour un nul. »

T : « Pouvez-vous penser à d'autres situations qui font trembler que celle d'être quelqu'un de nul ? »

P : « Je ne sais pas trop, mon grand-père tremble mais il a une maladie de Parkinson… »

T : « On peut donc trembler dans d'autres situations que celles provoquées par l'anxiété. Pensez-vous que tout le monde remarque votre tremblement ? »

P : « Oui, je tremble tellement fort, les gens ne peuvent pas passer à côté. »

T : « Lors de notre dernière séance, il me semble que nous avons mis en évidence que votre tremblement était moins fort que vous ne pouviez l'imaginer. Par ailleurs, lorsque vous faites un effort pour ne pas vous concentrer sur vos sensations et que vous laisser du temps s'écouler, le tremblement diminue fortement en intensité. » ▷

P : « Oui, c'est vrai, je n'ai rien renversé sur votre bureau et je tremblais de moins en moins fort. »

T : « Bien, maintenant dites-moi : pensez-vous que les personnes autour de vous feront autant attention que vous à ce que vous faites de vos mains, de votre tête, du reste de votre corps que vous ? »

P : « Non, bien sûr que non, c'est l'anniversaire de ma tante, c'est elle la reine de la soirée. »

T : « Très bien, pourriez-vous faire l'effort durant cette soirée de moins penser à vos mains, vos postures, votre vécu anxieux et plus à ce qui se passe autour de vous. Il s'agit d'un dîner d'anniversaire en famille, peut être pourriez-vous tenter de vous concentrer sur les sensations agréables comme les visages amicaux autour de vous, le bruit des bouteilles de champagne que l'on ouvre, l'odeur des fleurs que votre tante se sera vue offrir ? »

P : « Oui, je vais essayer de moins me concentrer sur moi et plus sur le déroulement de la soirée. Ma cousine Aurore sera là, on s'entend bien, elle a toujours des blagues qui me font rire. »

Une part importante du traitement de la phobie sociale consiste à apprendre au patient à être moins centré en permanence sur ses sensations, son vécu anxiogène de la situation. Ces patients sont dans une surveillance permanente de la moindre sensation désagréable et persuadés que leur entourage perçoit leur anxiété. Ils doivent apprendre à laisser tomber leur garde, ce qui leur permettra d'être plus à l'écoute des autres, des sensations agréables, d'être également plus spontanés. Il faut transformer le vécu anxiogène de ces situations en un vécu agréable.

Séances 8 et 9 : restructuration cognitive

La reprise des exercices des semaines précédentes a permis de mettre en évidence des difficultés d'assertivité. Maxime s'est finalement rendu à ce dîner d'anniversaire et s'il admet que le déroulement n'était pas si négatif qu'il l'avait imaginé avant de s'y rendre, il met en évidence des difficultés de communication avec les autres.

P : « Je me suis rendu à l'anniversaire de ma tante, je n'ai pas tellement tremblé au final, mais je n'avais rien à dire, je n'ai jamais rien à dire de toute façon. »

T : « Qu'entendez-vous par rien à dire ? Est-il possible de n'avoir jamais rien à dire ? »

P : « C'est toujours la même chose dès que je suis dans un groupe, j'écoute les autres parler mais je ne trouve rien à dire. »

T : « Nous sommes bien d'accord, vous étiez concentré sur la conversation et non sur vos sensations désagréables ? »

P : « Oui, j'ai fait comme convenu mais à chaque fois que je voulais dire quelque chose j'avais un train de retard… »

T : « Lorsque vous êtes en entretien, vous avez des choses à exprimer et vous le faites sans difficulté, votre cerveau ne m'a pas l'air de penser avec lenteur. Vous avez essayé de vous départir de cette surveillance permanente que vous exercez sur vos gestes, en avez-vous fait de même avec ce que vous vouliez dire ? »

P : « Bien, j'essayais de ne pas dire trop de bêtises… »

▷ T : « Vous exerciez donc une censure sur ce que vous vouliez dire. Pourquoi craindre de dire des bêtises ? »

P : « Je n'ai rien d'intéressant à dire, les autres ont toujours tellement de choses passionnantes à raconter. Lorsque j'ai quelque chose d'intéressant à dire, je mets tellement de temps à trouver la bonne manière de le dire que les autres sont déjà passés à autre chose. »

T : « Ne pensez-vous pas qu'en exerçant moins de censure, vous diriez plus de choses ? »

P : « Peut-être bien que oui. »

T : « Quels étaient les sujets passionnants auxquels vous n'avez pu prendre part ? »

P : « Ils parlaient de tout et de rien, de la dernière émission de téléréalité à la mode… Rien de bien important en fait, j'aurais s'en doute pu me joindre à la conversation. »

Les exercices permettent peu à peu d'aider le patient à identifier ses difficultés de communication et son manque d'assertivité. La restructuration cognitive doit aider le patient à réaliser que ses difficultés proviennent de son inhibition mais qu'il a le même potentiel que les autres. De nombreux patients, phobiques sociaux, vont comme lui préparer, remodeler ce qu'ils ont envie de dire et s'empêcher de parler spontanément : « Je prépare ma phrase avant de la dire et j'attends le meilleur moment pour la dire, du coup je me retrouve toujours avec un train de retard. » Le problème n'est pas de n'avoir rien à dire, mais de le dire sans exercer de censure. Le patient doit également réaliser que les personnes autour de lui n'ont pas des sujets de conversation extraordinaires alors que lui pense ne pas être intéressant.

Séances 10 à 12 : comportement affirmé

Les dernières séances sont consacrées à l'apprentissage de ce qu'est un comportement affirmé en groupe afin que Maxime puisse se sentir le plus à l'aise possible au sein des jeunes de son âge.

On programme alors un suivi plus espacé permettant un renforcement positif des nouveaux acquis et des rappels souvent nécessaires.

L'évolution de Maxime

Maxime est retourné en classe rapidement après le début de la thérapie (vers la 5e semaine), il a redoublé son année, le soutien mis en place lui a permis de continuer à aller en cours et de passer son bac 2 ans plus tard. Maxime est revenu nous voir il y a quelques mois, il a maintenant 22 ans, il travaille comme infographiste dans un bureau en *open-space*. Il ne refuse plus jamais une invitation à voir des amis autour d'un café ou pour une soirée où il est susceptible de rencontrer de nouvelles personnes. Parfois surgit un léger doute sur ses capacités mais il l'écarte très rapidement.

Tableau 4.1. Analyse comportementale ou fonctionnelle : tableau récapitulatif.

<table>
<tr><th></th><th colspan="5">Antécédents</th><th colspan="5">Conséquents</th><th colspan="7">Stratégie thérapeutique envisagée</th></tr>
<tr><td></td><td colspan="5">Comportement inhibé dans l'enfance
Épisode de moquerie à 13 ans</td><td colspan="5">Renforcement des comportements de retrait
Dépression</td><td colspan="7">Thérapie individuelle
Modeling
Restructuration cognitive
Apprentissage des habiletés sociales</td></tr>
<tr><td rowspan="3">Symptômes</td><td></td><td></td><td></td><td></td><td></td><td></td><td></td><td></td><td></td><td></td><td></td><td></td><td></td><td></td><td></td><td colspan="2">Phobie sociale</td></tr>
<tr><td></td><td></td><td></td><td></td><td></td><td></td><td></td><td></td><td></td><td></td><td colspan="7">Repli progressif</td></tr>
<tr><td></td><td></td><td colspan="15">Inhibition comportementale</td></tr>
<tr><td></td><td>⇑</td><td>⇑</td><td>⇑</td><td>⇑</td><td>⇑</td><td>⇑</td><td>⇑</td><td>⇑</td><td>⇑</td><td>⇑</td><td>⇑</td><td>⇑</td><td>⇑</td><td>⇑</td><td>⇑</td><td>⇑</td><td></td></tr>
<tr><td></td><td>1</td><td>2</td><td>3</td><td>4</td><td>5</td><td>6</td><td>7</td><td>8</td><td>9</td><td>10</td><td>11</td><td>12</td><td>13</td><td>14</td><td>15</td><td>16</td><td>Âge (ans)</td></tr>
</table>

Plan du traitement

Séances 1 à 3

Sur le plan comportemental et cognitif :
- Évaluation diagnostique.
- Évaluation de la comorbidité.
- Évaluation de la nécessité d'un éventuel traitement médicamenteux.
- Évaluation du handicap.
- Détermination des situations anxiogènes pour l'enfant ou l'adolescent.
- Évaluation des composantes de comportement affirmé qu'il présente.
- Questionnaires d'anxiété, d'estime de soi, de dépression (*cf.* chapitre 1).
- Analyse fonctionnelle.
- Explication du modèle thérapeutique.

Tâches à domicile :
- Rendre le patient attentif à des situations anxiogènes qui n'auraient pas été listées.
- Lui demander de travailler sur le contact oculaire et sur son ton de voix.

Séances 4 à 6

Sur le plan comportemental et cognitif :
- Apprentissage des habiletés sociales (comportement affirmé en groupe, rencontre avec de nouvelles personnes, initiation et maintient d'une conversation, etc.).
- Techniques de *modeling* et jeu de rôle.

Tâches à domicile :
- On demandera au patient de se confronter aux situations anxiogènes selon une échelle de difficulté croissante (inviter un ami à la maison, puis deux, se rendre à une fête et discuter avec des inconnus, etc.).

Séances 7 à 9

Sur le plan comportemental et cognitif :
- Restructuration cognitive.
- Identification des obstacles éventuels dans l'application du traitement.

Tâches assignées :
- Exposition de difficulté croissante aux situations anxiogènes.
- Association de la prescription de ces tâches à des techniques de décentrage que le patient aura appris (ne plus s'observer en détail durant l'exposition).

Séances 10 à 12

Sur le plan comportemental et cognitif :
- Définition et apprentissage des comportements assertifs.
- Développement positif de l'estime de soi en s'appuyant sur les progrès.

Tâches assignées :

- Idem que pour les séances précédentes.

Séances suivantes

- Réévaluation.
- Discussion sur les changements constatés dans la deuxième évaluation.
- Identification des points anxieux qui résistent. Programmation d'un projet thérapeutique pour ces points de résistance.
- Programmation de suivi espacé (tous les 15 jours, puis de temps en temps de séances de rappel de l'outil thérapeutique).

Les thérapies de groupe

La plupart des cliniciens proposent de faire la distinction entre les enfants timides ayant une tendance accentuée à réagir par l'évitement des situations sociales, par des manifestations physiologiques, ou bien par des préoccupations. Suivant le type de manifestations anxieuses prédominantes, il est proposé des thérapeutiques différentes. Ainsi, les sujets qui réagissent avec une prédominance des symptômes physiques (accélération du rythme cardiaque, tremblements...) sur les symptômes comportementaux (évitement, fuite...) vont bénéficier davantage de techniques de relaxation et chimiothérapeutiques. Ceux qui font appel à des stratégies d'évitement social pourront briser ce système de défense par des techniques thérapeutiques d'affirmation de soi de groupe.

Ces thérapies sont hautement structurées : programme thérapeutique défini à l'avance, durée et fréquence des séances préétablies, utilisation de techniques thérapeutiques spécifiques à la situation de groupe, fonctions précises du thérapeute.

Les techniques thérapeutiques telles qu'elles sont pratiquées en groupe sont adaptables à des séances individuelles.

Rappelons que le cadre théorique de référence des techniques assertives ou d'affirmation de soi est la théorie de l'apprentissage social (Bandura, 1980), c'est-à-dire l'apprentissage par l'action, par la performance du patient. On suppose que l'activité est une source riche d'informations ; elle favorise le développement des capacités de communication, aussi bien de réception (écouter, poser des questions, reformuler des propos...) que d'émission (exprimer un avis, affirmer un refus...). Le développement des capacités de communication aurait comme effet une meilleure estime de soi.

L'estime de soi concerne un ensemble de jugements, d'opinions sur soi-même. C'est-à-dire que le sujet, pour répondre à ses aspirations, considère ses résultats, ses capacités, ses compétences, son sentiment d'habileté et ses comportements, en fonction du degré d'acceptation ou d'estime qu'il a de lui-même. Éprouver des sentiments positifs et valorisants envers soi-même, s'approuver ou se désapprouver sont des attitudes qui indiquent dans quelle mesure un individu se croit capable, valable, important. Ainsi, un individu qui s'estime peu souffrira d'un sentiment d'incapacité, d'infériorité, il se sentira inapte à faire face au stress suscité par les événements sociaux. Cette souffrance vécue dans des situations sociales est nommée en clinique « anxiété sociale ». C'est à ce type de patients que le groupe assertif s'adresse. Celui-ci est en général constitué par 6-8 enfants ayant passé un contrat thérapeutique écrit avec le clinicien.

Le contrat thérapeutique d'un patient qui bénéficiera d'une thérapie de groupe d'entraînement à l'assertivité ou affirmation de soi doit avoir été élaboré avant son intégration dans le groupe. Dans ce contrat sont explicitées les modifications comportementales qu'il souhaite obtenir. Elles sont décrites sous la forme d'objectifs thérapeutiques. D'une manière générale, on consacre 2 ou 3 séances individuelles, après l'analyse fonctionnelle, à la définition des objectifs en termes comportementaux opérationnels et accessibles aux techniques thérapeutiques.

Afin de mieux repérer, parmi les différentes craintes ou préoccupations, celles qui se réfèrent à un symptôme d'anxiété sociale à modifier, il existe un certain nombre de critères :

- le premier concerne la souffrance (symptôme générateur d'anxiété) ;
- le deuxième critère est l'incapacité (handicap dans un ou plusieurs secteurs du fonctionnement social) ;
- le troisième est défini par la persistance dans le temps et par le caractère répétitif du symptôme.

Pour qu'un symptôme soit retenu dans le contrat thérapeutique, il doit être caractérisé par les trois critères dans leur ensemble.

Voici quelques exemples d'objectifs fréquemment évoqués par les patients :

- apprendre à écouter ce qui est dit par l'autre ;
- apprendre à exprimer clairement ses sentiments, sans avoir peur de blesser l'autre ;
- apprendre à exprimer un avis sans craindre de décevoir l'autre ;
- gérer la critique ;
- atténuer la tendance à imaginer ce que l'autre pense et à adopter des comportements en conséquence.

Les moyens sont également consignés dans le contrat, ils concernent la participation aux activités thérapeutiques du groupe et l'application dans la vie quotidienne des objectifs au fur et à mesure qu'ils sont abordés dans le groupe. Les stratégies thérapeutiques ne sont pas décrites dans le contrat, mais elles seront expliquées oralement. Au cours des séances, chaque technique est à nouveau expliquée.

En général, la fréquence des séances est hebdomadaire et leur durée est de 90 minutes. Une quinzaine de séances sont nécessaires pour aborder tous les thèmes d'affirmation de soi.

Il existe deux types de fonctionnement de groupe :
• les groupes ouverts : dès qu'il y a une place libre, un nouveau patient peut intégrer le groupe) ;
• les groupes fermés : tous les patients commencent à la même date et suivent un programme précisé à l'avance (contenu et durée du traitement).
Il n'existe pas d'études contrôlées ayant déterminé l'efficacité supérieure d'une modalité de fonctionnement sur l'autre.

La préparation psychologique préalable à une thérapie de groupe

L'exemple suivant concernant l'anticipation anxieuse de la prise de parole en classe illustre le déroulement d'une séquence de préparation :
• Objectif de la stratégie : apprendre à identifier le comportement timide qui pose des problèmes et les facteurs qui le renforcent.
• Moyen : le thérapeute simule un comportement anxieux, l'enfant l'observe et il doit faire part de son observation afin d'atteindre l'objectif qui est la reconnaissance du comportement timide.
Cette mise en scène nécessite d'expliciter le contexte de ce jeu de rôle. Le thérapeute décrit la situation à l'enfant :

« Arrivé devant la porte d'entrée de la salle de cours où se trouvent déjà les autres élèves, un jeune de 14 ans hésite à entrer, regarde dans toutes les directions, fait demi-tour et se précipite vers la cour de récréation du collège. Il s'arrête et vérifie s'il a bien tout son matériel pour l'exposé qu'il doit faire dans quelques minutes, regarde l'heure. Il se dirige, d'un air résigné, lentement vers la salle, il regarde à nouveau sa montre… il ne peut plus retarder le moment de son entrée dans la salle ».

Le thérapeute joue la situation, il adopte un comportement craintif, hésitant, tel qu'il a été décrit.

Ensuite, cette situation est analysée par le thérapeute et le jeune. Afin de le diriger vers l'objectif à atteindre, les questions suivantes sont proposées par le thérapeute :
• pourquoi agit-il ainsi ?
• quel est le but de sa conduite ?
• que penseraient des éventuels témoins de la scène ?
• est-il anxieux ?
• imagine-t-il que son comportement ne sera pas adapté et donc source de moqueries ?
• anticipe-t-il le risque d'oublier l'essentiel de son exposé ?
Le jeune est encouragé à donner son avis. Les interprétations du comportement trop éloignées de ce qui a été joué ne sont pas discutées (par exemple : « il fait semblant d'avoir peur de parler en classe car il pense avoir une meilleure note si le professeur s'en rend compte »). Il retient l'avis exprimé par l'enfant uniquement s'il s'agit d'une description argumentée par ce

qu'il a observé. Sa participation est renforcée : il est écouté attentivement par le thérapeute. Puis, ils définissent le comportement-problème : il s'agit d'un comportement d'anticipation anxieuse d'une situation sociale. Les signes observables qui justifient la définition d'anxiété sont développés par le thérapeute. Ensuite il donne les informations sur l'anticipation anxieuse.

L'anticipation anxieuse

C'est un ensemble de réponses physiologiques, comportementales et cognitives qui précède certaines situations ou événements que le sujet doit affronter ou bien qu'il imagine comme susceptibles de se produire. Ces symptômes sont la première partie d'une séquence anxieuse concernant les symptômes éprouvés lors de la confrontation à une situation anxiogène et les ruminations anxieuses qui succèdent le moment anxieux. L'approche cognitive du comportement humain s'intéresse aux pensées, à l'imagination, à l'anticipation des conséquences des actions et aux attentes par rapport à une action. Nous examinons le monde extérieur, nous résolvons des problèmes en réfléchissant sur des modalités d'action. Lorsque la réflexion est déréglée pour une raison quelconque (physiologique, affective, émotionnelle…), l'anxiété sociale peut se constituer. L'approche cognitive de l'anxiété représente un moyen de traitement permettant une diminution des conséquences négatives (personnelles, sociales et affectives) associées à l'anxiété. Par son mécanisme d'action qui lui permet de cibler l'attitude d'attente craintive, d'anticipation liée au sentiment de danger, elle joue un rôle important dans la diminution de l'anxiété sociale et de l'anxiété de performance.

Ces explications sont à adapter au niveau cognitif de l'enfant.

Ensuite, le thérapeute demande au jeune patient comment il vit les moments qui précèdent certaines situations sociales. L'accent est mis d'abord sur les symptômes physiologiques de l'anxiété puis sur les signes comportementaux.

Les symptômes physiologiques de l'anxiété

Ils concernent la tension motrice et l'hyperactivité neurovégétative : tremblements, impression de secousses, douleurs ou endolorissement musculaires, fébrilité, fatigabilité, sensations d'étouffement, tachycardie, sécheresse de la bouche…

Des jeux de rôles sont proposés au patient afin d'observer ses propres manifestations physiques d'anxiété.

Afin de mieux reconnaître dans un jeu de rôle les signes comportementaux de l'anxiété, le thérapeute donne les explications sur les symptômes comportementaux de l'anxiété.

Les symptômes comportementaux de l'anxiété

Ils sont essentiellement des conduites d'évitement ou de fuite ou au contraire de combat disproportionné. L'anxiété se manifeste par une limitation des activités ou des comportements de vérification, ou des demandes de réassurance, ou par de l'agressivité.

À la fin de la séance, le thérapeute résume l'entretien de la manière suivante :

Se percevoir soi-même ou avoir conscience de soi est un état psychologique habituel pour la plupart des gens lorsqu'ils se trouvent en présence d'autrui. Nous sommes attentifs à nos émotions, nos pensées, nos idées, nos comportements. Cet état nous permet de nous percevoir en interaction, de nous confronter à autrui et de développer des connaissances sur nous-mêmes, sur nos tendances personnelles. Mais parfois autrui devient générateur d'anxiété. Il se peut qu'on anticipe les situations sociales et que l'on craigne de se comporter d'une façon humiliante ou embarrassante. Cet état anxieux de conscience de soi anxieux favorise un ensemble d'idées de dévalorisation : « peur de ne pas parler en public comme les autres », « peur de ne pas pouvoir être capable de soutenir une conversation ». Dans ce cas, on peut difficilement mobiliser les capacités de verbalisation, d'exécution, d'agilité, de réflexion, d'association, d'observation, de décision. Puis on mettra en place un système d'évitement des stimuli externes vécus comme anxiogènes.

Une situation fréquemment évoquée par les adolescents est l'absence d'idées en présence d'autrui. Avant de pratiquer des jeux de rôles sur la conversation, le thérapeute expose le fonctionnement mental qui reflète l'absence d'idées et l'impression de ne pas être intéressant.

Les symptômes liés à la pensée concernent l'inhibition de la mémoire d'évocation qui provoque de cette façon l'impression de ne plus rien savoir. Par exemple, la personne qui devrait passer un examen de connaissances anticipera des éventuels « trous de mémoire ». De plus, la focalisation de l'attention sur la notion de danger (« perdre le contrôle et l'enchaînement idéatif ») peut immédiatement produire une « vision de tunnel » inhibant toute pensée autre que celle concernant la situation redoutée.

Ainsi, dans un projet thérapeutique de groupe, l'imagination, le discours intérieur et le comportement du jeune patient sont sollicités activement par le thérapeute.

L'ensemble cognitif, qui jusqu'à présent déterminait l'angoisse et les comportements phobiques, est mis à l'épreuve de la réalité. Le dépassement du vécu anxiogène est réalisé par l'élargissement du cadre de référence utilisé pour analyser la situation : les idées anxiogènes sont discutées et leur valeur d'adaptation est mise en relation avec les actions du sujet. Ces moyens thérapeutiques comportementaux et cognitifs sont structurés et utilisent des techniques précises.

Le rôle du thérapeute

Les attitudes verbales et non verbales du thérapeute tendent à la modification comportementale et cognitive des patients. Le thérapeute de groupe a pour fonction essentielle la mise en œuvre des techniques thérapeutiques.

Indépendamment de la pathologie abordée dans les thérapies de groupe, le style directif d'entretien du thérapeute est influencé par trois types de rôles qu'il a à assumer :

- Il se centre sur la progression du groupe : il informe sur les mécanismes psychologiques mis en jeu, définit les objectifs, décompose les tâches à accomplir, développe les moyens pour y parvenir.
- Il se centre sur le maintien de la motivation des participants : il stimule, il soutient, il facilite la communication et la clarification des propos.
- Il se centre sur les objectifs individuels des membres du groupe et cherche les moyens thérapeutiques pour y donner une réponse.

La prise en charge psychothérapeutique d'enfants est souvent rendue plus difficile que celle de l'adulte, car ils n'ont pas forcément compris ou accepté son intérêt.

La demande de prise en charge vient plutôt des parents et/ou de l'école. Les enfants sont amenés en consultation sans avoir en avoir forcément été avertis. Lorsqu'on leur propose une thérapie d'affirmation de soi en groupe, ils n'en ont pas tous compris l'indication. Notre groupe est alors constitué d'un mélange de patients aux motivations plus ou moins floues. Certains sont partie prenante, d'autres ont accepté passivement de venir, les troisièmes y ont été obligés par leur environnement.

Dès le début de la prise en charge et afin de gérer le groupe, il est essentiel de repérer rapidement ces trois groupes.

Les participants actifs

Ce sont des patients qui ont compris l'intérêt de la thérapie. Ils en ont accepté le principe. Ils ont décidé de se prendre en charge, de se servir du groupe et de l'aide des thérapeutes pour se sortir de leurs difficultés. Ils auront un rôle d'entraîneur au sein du groupe et seront sollicités en premier par les thérapeutes. Ils acceptent dès le début d'intervenir et vont servir de modèle aux autres enfants.

Afin qu'il y ait un maximum de participants actifs, il est nécessaire, avant de démarrer le groupe, de prendre le temps d'expliquer en détail aux enfants le pourquoi du traitement, et aussi comment les sessions vont se dérouler. Il faut consacrer plusieurs séances individuelles afin de répondre à cet objectif.

Le manque de participation active peut-être le résultat d'un manque d'information de l'enfant. C'est pourquoi nous insistons sur la nécessité de prendre le temps d'expliquer à l'enfant l'intérêt et le déroulement de la prise en charge. Ces consultations préalables évitent les interruptions avant terme de la thérapie.

La deuxième cause de refus de rentrer dans le groupe est en rapport avec l'intensité de l'anxiété sociale. La peur des autres peut-être si grande que l'enfant refuse de travailler en groupe. Il est parfois utile de lui proposer une issue de secours, c'est-à-dire la possibilité de pouvoir interrompre à tout moment le groupe sans avoir à en subir les conséquences au niveau des parents, de l'école ou de la suite de la prise en charge, mais en négociant sa participation active sur les quatre premières séances.

Les passifs

Il s'agit d'enfants inhibés. Ils viennent en groupe sans en savoir les tenants et les aboutissants. Ils sont là, mais ne savent ni pourquoi, ni leur intérêt. Ils acceptent passivement la situation et ne veulent pas y avoir une part active. Ils pensent que ce sont les adultes qui décident et qu'ils n'ont pas leur mot à dire. Aussi, au début, ils n'auront aucune initiative personnelle. N'étant pas opposants, ils suivront les consignes et imiteront les actifs, alors le souci du thérapeute sera de transformer leur participation passive en une collaboration active.

Les récalcitrants

Ces enfants sont très réticents à toute forme de prise en charge. Ils vivent la thérapie comme une obligation parentale contre laquelle il faut s'opposer à tout prix.

Étant plus agressifs en général que les autres patients, ils n'auront de cesse d'essayer de démontrer qu'ils n'ont pas de problèmes. Ils sont moqueurs et vont chercher, dans un premier temps, à dénigrer le travail de groupe. Ils mettent tout en œuvre pour détruire les apprentissages réalisés et tentent de se faire rejeter par les autres patients ainsi que du thérapeute. Ce projet a pour but de forcer l'entourage à interrompre la prise en charge vécue comme contraignante. Les parents de ces patients téléphonent souvent en début de thérapie en demandant de l'aide. Leurs enfants leur dressent un tableau dramatique du groupe décrivant souvent les autres comme des « fous » et culpabilisant leurs parents de les confronter à cette situation.

Le thérapeute devra canaliser leur agressivité, ne pas se laisser déborder par leurs attaques et ne pas devenir l'instrument de leur manipulation. Il leur sera demandé de prendre eux-mêmes la décision d'interrompre ou de poursuivre la thérapie, mais après au moins 4 séances. Ils doivent aussi se donner les moyens de convaincre leur entourage qu'ils ont résolu leurs difficultés et que donc il n'est plus nécessaire de les aider.

En réalité, ils sont au cours des premières séances très vite confrontés à leurs angoisses et découvrent que même s'ils n'ont pas la même façon de les exprimer, elles ressemblent à celles des autres participants. Aussi, la plupart du temps, ils décident de rester et respectent ensuite leur choix en participant activement au groupe.

Les enfants apprécient tout ce qui est ludique. D'après Wolpe, l'utilisation d'une émotion concurrentielle peut faire diminuer l'anxiété. Avec les enfants, il est possible de provoquer le plaisir ou l'appât du gain par l'intermédiaire de jeux. Ces sentiments entreront en compétition avec la crainte de faire une performance devant leurs pairs. Ainsi, il est possible de contrôler l'inhibition anxieuse en faisant participer les patients à des jeux. Le thérapeute d'enfant doit être inventif et créer toute sorte de divertissements autour des comportements cibles à traiter. Il sera aidé par les patients eux-mêmes, qui aiment inventer de nouveaux thèmes d'amusement. À titre d'exemple, les comportements non verbaux peuvent être travaillés en utilisant des jeux de mimes.

Si les adultes respectent et tolèrent les difficultés des autres partenaires du groupe, les enfants scolarisés ricanent ou se moquent dès qu'un autre se trompe. Les adolescents, eux, ont tendance à se montrer caustiques face aux erreurs de leurs pairs. Le thérapeute devra être vigilant et relever toute agressivité exprimée à l'encontre d'un patient en échec. Il demandera à l'auteur le but de son intervention. Il permettra à l'agressé d'exprimer ce qu'il a ressenti. Enfin, on demandera aux autres enfants leurs sentiments face à ce type d'agressivité.

Les petits décrivent souvent leurs moqueries comme une habitude sans réelle intention de blesser. L'écoute du vécu douloureux de leurs camarades leur fait comprendre l'impact de leurs réflexions. Ils apprennent à se contrôler, à respecter les difficultés de l'autre et à ne faire du mal que s'ils y sont vraiment décidés. Nous leur apprenons ensuite à aider celui qui est en difficulté plutôt que de « l'enfoncer ».

Pour les adolescents, l'ironie aux dépens des autres fait partie du mode de communication habituel de cet âge. Ne pas jouer le jeu, c'est s'exclure du groupe. Il leur faudra plus de temps pour accepter un autre mode de relation et surtout l'utiliser, à l'encontre de la pratique de leurs pairs.

Les séances de groupe

Au cours de la thérapie, le groupe va évoluer en trois étapes :

- **Le début est marqué par une timidité des uns envers les autres et un individualisme.** Les enfants ne s'écoutent pas, ne se respectent pas. Les moqueries sont fréquentes et ils ne se font que peu de renforcements positifs lors des jeux de rôle. L'intervention du thérapeute est alors prédominante. Les deux premières séances vont être axées sur la connaissance des qualités et des activités de chacun. Au cours des premières séances, les patients sont amenés à se présenter, mais aussi à dire ce qu'ils aiment ou n'aiment pas dans leur vie quotidienne. Le jeu du « journaliste » permet aux patients de se présenter sous une forme plus ludique. Il s'agit d'un jeu de rôle ou l'un des acteurs interviewe un autre sur ce qu'il aime faire dans sa vie. En face, les spectateurs sont interactifs, ils ont le droit de poser des questions et d'intervenir pour donner leurs commentaires. Au cours des séances suivantes, le travail proprement dit débute. Le rôle du thérapeute est d'abord prédominant. Il stimule en permanence l'interaction, impose la discipline et le respect, sert de modèle d'application et assure la cohésion du groupe.

• **On note, dans un deuxième temps, un mouvement progressif d'union favorisé par la thérapie**. Les différentes techniques utilisées permettent aux enfants de se solidariser. Ils se rendent compte qu'ils ne sont pas seuls à avoir des problèmes et que leurs interventions peuvent être thérapeutiques pour eux-mêmes et pour leurs congénères. Le thérapeute incite de plus en plus les patients à intervenir.

• **Enfin, la cohésion du groupe est maximale et le thérapeute intervient de moins en moins.** Les enfants prennent en charge leur thérapie. Ils suivent l'organisation de la séance, se respectent, mettent à profit les individualités de chacun et assurent la discipline du groupe. Les renforcements et commentaires sont de bonne qualité et font évoluer le patient auxquels ils s'adressent. Cette évolution est particulièrement probante dans le choix, la création et l'organisation des jeux. Il n'est pas rare que des amitiés se créent et les enfants veulent parfois refaire un cycle de thérapie, non par besoin, mais pour revoir leurs camarades et être thérapeutes des futurs nouveaux patients. En dehors de l'obtention de progrès individuels, la cohésion du groupe et sa solidarité sont un but que le thérapeute ne doit pas négliger. Le plaisir que les enfants ont de se retrouver, de travailler ensemble, l'esprit créatif qu'ils démontrent pour faire évoluer la thérapie et les individus, sont autant de « renforçateurs narcissiques » du travail accompli par le thérapeute.

Descriptions de deux sessions

La thérapie d'affirmation de soi se fait sur une douzaine de séances, à raison d'une session par semaine. Les thèmes concernent : parler de soi, écouter, faire un exposé, critiquer et répondre à des critiques, parler à des enfants inconnus...

La dixième session : résolution de problèmes

La vérification des tâches

Comme toujours, nous recueillons le travail épistolaire des patients et nous leur demandons de raconter comment ils ont su défendre leur intérêt :

« J'ai un copain au lycée que j'aime bien mais je ne veux pas me mettre systématiquement avec lui en cours. Je lui ai dit que je l'aimais bien mais en cours, j'aimais bien changer de voisin.

– Qu'a-t-il fait ?

– Il s'est mis à côté de quelqu'un d'autre au cours suivant.

– Qu'en as-tu pensé ?

– Qu'il était drôlement sympa et j'ai décidé de rester avec lui en cours. »

« J'avais demandé un livre précis sur le cinéma à mes parents comme cadeau de Noël. L'ennui, c'est que toute ma famille m'a ensuite offert des livres sur le cinéma. Je les ai appelés pour leur demander s'ils ne se vexeraient pas si je changeais leur livre. Ils ont tous été d'accord ! »

« Fabienne copie toujours sur moi quand on fait un problème. Je lui ai dit que je ne voulais plus. Au début, elle m'a plus causé mais après on est redevenue copines. Maintenant je l'aide à faire ses devoirs. »

Généralités

L'enfant anxieux anticipe négativement le jugement des autres. Son discours interne, c'est-à-dire ce qu'il croit, imagine, pense ou attend, est à l'origine ou maintient un fonctionnement social et scolaire déficitaire. Ces attentes négatives sont le plus souvent le résultat d'une mauvaise adaptation cognitive.

Ce travail idéatif se fait normalement en trois étapes : la première utilise des mécanismes cognitifs actifs qui recherchent des informations pertinentes et apprécient le danger en se basant sur les caractéristiques de la situation, le comportement et le contenu verbal de l'interlocuteur ; les anxieux ont tendance à interpréter de manière erronée ces données.

La deuxième étape permet de faire le tri des informations et de mettre en valeur celles qui vont diminuer l'impression de danger. Au contraire, nos patients valoriseront les données négatives, augmentant ainsi leur sentiment d'incapacité et de honte.

Le résultat de ces deux premières phases aboutit normalement à une attitude comportementale d'adaptation à la situation en y faisant face. Chez nos patients, se développent des mécanismes d'évitement et de fuite.

La thérapie d'affirmation de soi permet de traiter les attentes négatives du sujet anxieux.

- Les distorsions cognitives, qui se voient au cours de l'étape de recueil des données, seront traitées par les méthodes comportementales utilisant la reconnaissance des émotions et du contenu verbal.
- Le travail en groupe, les jeux de rôle, le contrôle du stress de performance permettront aux sujets d'affronter les situations plutôt que de les éviter.
- Des techniques de restructuration cognitive sont nécessaires pour permettre aux enfants de savoir faire le tri des informations recueillies, de percevoir les plus pertinentes et valoriser celles qui leur donnent confiance eux.

Ce travail de restructuration est difficile chez les enfants, en raison :

- de la maturation cognitive qui est très différente entre 6 et 18 ans ;
- de leur difficulté à mettre en évidence et à exprimer leurs pensées négatives.

Parmi les techniques de restructuration, la plus utilisée s'appelle l'entraînement à la résolution de problèmes.

Son objectif est d'essayer de valoriser un certain type de stratégie cognitive utilisable dans différentes séries de situation. Plus que d'enseigner des réponses concrètes, le but principal consiste à apprendre à l'enfant à mettre en place des systèmes de réflexion adaptés, capables de donner des réponses effectives face aux situations nouvelles. Il s'agit de :

• Poser le problème : savoir énoncer correctement le conflit auquel l'enfant est confronté et le généraliser.
• Envisager toutes les solutions possibles : le groupe ou l'enfant doivent faire au moins dix propositions visant à trouver une solution au problème posé. Toutes sont acceptées, même les plus fantaisistes.
• Analyser les solutions trouvées, pondérer : chaque proposition faite est soumise à l'épreuve de réalité. Ses avantages et ses inconvénients sont énoncés. Une note de pondération sur l'efficacité possible de l'idée est donnée. Les jeunes préfèrent souvent une échelle de valeur allant de 0 à 20.
• Choisir la meilleure solution, l'appliquer : la proposition ayant la meilleure note est immédiatement appliquée sous forme de jeu de rôle. L'un des acteurs est celui qui a posé le problème au groupe. Il lui est ensuite demandé d'utiliser la solution choisie et d'en raconter les conséquences obtenues lors de la séance suivante.

Cette technique met en évidence le mode de fonctionnement des patients lorsqu'ils sont confrontés à un problème. Elle développe leur capacité à trouver des réponses alternatives. Ils font des choix et les soumettent à l'épreuve de réalité. Ils se sentent des adultes. Ils augmentent leur confiance en eux lorsque l'application de leur solution a été couronnée de succès. Les résultats se voient :
• sur le plan scolaire, il est noté une plus grande autonomisation. En pratique, on peut observer que cette technique s'applique aussi lorsqu'il s'agit de faire un travail de synthèse qui peut être demandé lors d'une rédaction, d'un devoir d'histoire, de biologie... Le travail de résolution de problème permet l'amélioration des notes dans ces domaines ;
• en famille, ils prouvent leur plus grande autonomie et les parents notent que les enfants font leur devoir seuls. Ils essayent de résoudre par eux-mêmes leurs difficultés et apparaissent comme plus indépendant.

Présentation du sujet

Certaines situations nous posent problème car nous voudrions tout réussir, faire plaisir à tout le monde, mais nous ne savons pas comment faire pour y arriver. Prenons un exemple :

Juliette est invitée par ses deux meilleures amies à leurs anniversaires, le même jour. Elle veut y aller mais ne sait comment faire sans vexer l'une ou l'autre de ses amies.

Nous allons essayer d'apprendre une technique visant à résoudre au mieux les situations ou la solution n'est pas évidente. Nous l'appelons « la résolution de problème ».

Nous allons tout d'abord, prendre un crayon, un papier et poser le problème :

Le problème de Juliette est d'aller aux anniversaires sans vexer ses amies, autrement dit : se faire plaisir / ne pas vexer.

C'est un cas de figure assez fréquent et qui n'a pas de solution univoque. Nous allons essayer de chercher ensemble le maximum de solutions possibles face à une telle situation sans se poser la question de savoir si elles sont efficaces ou non. Nous allons essayer d'envisager tout ce qui pourrait être fait dans ce type de circonstance. Nous allons en écrire au moins dix :

- refuser les deux anniversaires ;
- accepter d'aller à l'un mais pas à l'autre ;
- en parler aux deux copines et leur demander de vous aider à trouver une solution ;
- aller à un anniversaire puis à l'autre ;
- proposer aux copines de faire leurs anniversaires deux samedis différents ;
- proposer de les inviter toutes les deux chez vous et de fêter leurs anniversaires ;
- les disputer de ne pas avoir su s'organiser ;
- se faire porter « pâle » ou autre mensonge ;
- aller au cinéma avec une troisième copine ;
- se disputer avec l'une des deux copines ;
- proposer de mettre votre présence aux enchères ;
- offrir les cadeaux mais ne pas aller aux anniversaires ;
- faire le choix à pile ou face.

Dans une troisième étape, nous allons discuter les avantages et les inconvénients de chacune des solutions proposées. Cette analyse doit tenir compte de la réalité et de son efficacité potentielle. Au terme de cette discussion, nous allons coter chacune des solutions sur une échelle de 0 à 20 (0 = solution impossible ou inintéressante. 20 = solution parfaite).

Analyse des solutions. Pondération

- Refuser les deux anniversaires : cette solution risque de vexer les deux copines et ne permet de se faire plaisir. Cotation = 0.
- Accepter d'aller à l'un mais pas à l'autre : on risque de vexer un ami mais on pourra s'amuser à l'un des anniversaires. Cotation = 10.
- En parler aux deux copines et leur demander de vous aider à trouver une solution : dans ce cas de figure, vous allez améliorer votre relation avec vos deux amies puisque vous allez leur montrer que vous les aimez autant et que vous ne souhaitez pas les vexer. Le risque est que la solution choisie ne soit pas tout à fait à votre goût. Cotation = 15.
- Aller à un anniversaire puis à l'autre : là, vous pourrez vous amuser mais vos amies seront un peu fâchées que vous restiez peu de temps. Cotation = 15.
- Proposer aux copines de faire leurs anniversaires deux samedis différents : cette solution serait idéale si l'une des deux peut déplacer sa fête, ce qui n'est pas toujours facile. Cotation = 12.
- Proposer de les inviter toutes les deux chez vous et de fêter leurs anniversaires : vous vous amuserez mais vous risquez tout de même d'étonner et ce n'est pas forcément réalisable. Cotation = 12.

• Les disputer de ne pas avoir su s'organiser : vous risquez à coup sûr de vexer. Cotation = 5.
• Se faire porter « pâle » ou autre mensonge : si vos copines vous croient, vous ne vous amuserez pas aux anniversaires. Si vous vous faites prendre, elles vous en voudront longtemps. Cotation = 3.
• Aller au cinéma avec une troisième copine : aucun intérêt, vous vexerez et vous amuserez peu. Cotation = 3
• Se disputer avec l'une des deux copines. Cotation = 3.
• Proposer de mettre votre présence aux enchères. Cotation = 0.
• Offrir les cadeaux mais ne pas aller aux anniversaires. Cotation = 10, vous ne vexerez pas mais vous ne vous amuserez pas.
• Faire le choix à pile ou face. Trop dangereux. Cotation = 0.

Maintenant que nous avons coté les solutions, nous allons rediscuter les solutions qui ont une valeur supérieure à 12.

• En parler aux deux copines et leur demander de vous aider à trouver une solution : dans ce cas de figure, vous allez améliorer votre relation avec vos deux amies puisque vous allez leur montrer que vous les aimez autant et que vous ne souhaitez pas les vexer. Le risque est que la solution choisie ne soit pas tout à fait à votre goût. Cotation = 15.
• Aller à un anniversaire puis à l'autre : Là, vous pourrez vous amuser, mais vos amies seront un peu fâchées que vous restiez peu de temps. Cotation = 15.
• Proposer aux copines de faire leurs anniversaires deux samedis différents : cette solution serait idéale si l'une des deux peut déplacer sa fête, ce qui n'est pas toujours facile. Cotation = 12.
• Proposer de les inviter toutes les deux chez vous et de fêter leurs anniversaires : vous vous amuserez, mais vous risquez tout de même d'étonner et ce n'est pas forcément réalisable. Cotation = 12.

Deux anniversaires différents ou en organiser un paraissent des solutions difficiles à réaliser sur un plan pratique. On éliminera donc ses idées.

Les deux autres solutions peuvent se mixer : il est possible d'exposer notre problème aux deux copines et de leur proposer comme solution d'aller à un anniversaire puis à un autre.

Lorsque l'on a réfléchi à toutes les possibilités et choisi celle qui avait le plus de chance de résultat, nous allons l'appliquer.

Application, jeux de rôle

Dans cette session, le jeu de rôle sera déterminé par le choix de la solution déterminé avant. Un des protagonistes sera celui qui a posé le problème. L'ensemble du groupe fera des commentaires jusqu'au consensus interprétatif de la scène. Il sera demandé au proposant de l'appliquer *in vivo* et d'en raconter les résultats au groupe lors de la session suivante.

Conclusions

Nous avons vu que face à un problème délicat à résoudre, il fallait prendre le temps, un crayon, un papier et :

- poser le problème ;
- rechercher toutes les solutions possibles ;
- analyse des solutions pondération ;
- choix de la meilleure.
- application.

Tâches à accomplir

Il est demandé aux enfants du groupe de nous raconter des situations problèmes qu'ils auront rencontrées au cours de la semaine.

Les dernières sessions se feront sur la résolution de problème que les patients proposeront.

Dernière session : le travail avec les parents

Généralités

Nous proposons de faire intervenir les parents lors de la dernière séance.

La raison principale est de les utiliser comme renforçateurs positifs des progrès réalisés par chacun des enfants. Nous leur demandons de nous signifier devant l'enfant et le groupe les modifications comportementales qu'ils ont pu observer ou recueillir :

- en famille : prise d'autonomie et nouvelles relations avec lui ;
- à l'école : participation active, prise de parole, nouveaux intérêts ;
- avec les camarades : meilleures relations, nouvelles invitations, moins de plaintes à l'encontre de ses relations, nouveaux amis, fréquentations plus adaptées à sa personnalité ;
- dans les activités extrascolaires : meilleure participation, présentation face à un public, acceptation de la compétition et meilleurs résultats.

Nous insistons sur les progrès observés et uniquement sur eux. L'expression de ceux-ci devant l'enfant va servir de renforçateur positif de leur thérapie. Ils seront fiers d'entendre leur évolution et de constater que leurs parents et leur entourage se sont rendu compte des efforts qu'ils ont faits.

Description de la séance

La séance va se dérouler en trois étapes : le thérapeute va dans un premier temps décrire succinctement le déroulement de la thérapie ainsi que ses objectifs.

Dans un deuxième temps, il demandera à chacun des enfants les raisons de la thérapie, ce qui l'a décidé de rester dans le groupe et les progrès qu'il a constatés.

Enfin les mêmes questions seront posées aux parents de l'enfant.

Première étape

Dans les thérapies de l'enfant, il est toujours important de faire participer les parents.

Toutefois, en thérapie d'affirmation de soi, nous sommes confrontés à un certain paradoxe : d'un côté faire participer la famille, de l'autre autonomiser l'enfant dans sa prise en charge. Nous résolvons ce dilemme par deux méthodes :

- avant la thérapie, en expliquer les grandes lignes, les modalités sans toutefois parler des tâches à faire d'une séance à l'autre car nous risquons de voir des parents qui rappelleront ou feront faire les « devoirs ». Or, un des éléments d'efficacité du traitement passe par le fait que l'enfant pense au groupe et aux tâches qui lui incombe. Lorsqu'elles sont faites régulièrement, elles reflètent la prise de conscience du patient de ses troubles, l'intérêt qu'il porte à sa thérapie et un certain degré d'autonomie ;
- la deuxième méthode est d'utiliser cette dernière séance pour mieux expliquer aux parents le travail réalisé avec leurs enfants, en particulier sur le plan théorique. Il faut savoir que la plupart du temps, les enfants racontent les jeux de la thérapie et que les parents n'en ont pas forcément compris l'intérêt pédagogique.

Nous leur expliquons ce qu'est l'anxiété de performance et sociale. Nous décrivons succinctement les séances. Nous insistons surtout sur les objectifs que nous cherchions à obtenir et que nous avons décrits dans les généralités.

Il est souvent nécessaire de préciser aux parents qu'en matière d'école notre but était la participation active et non pas l'amélioration des notes (ce qu'ils espèrent tous plus ou moins officiellement).

Deuxième et troisième étapes

Nous demandons aux patients s'ils savaient pourquoi ils sont venus en thérapie et surtout pourquoi ils sont restés. Nous leur demandons les progrès qu'ils ont réalisés et ce qu'ils envisagent dans leur avenir thérapeutique. Nous posons les mêmes questions aux parents et enfin nous parlons des progrès que nous avons pu observer en thérapie.

En conclusion, nous décidons ensemble de l'interruption de toute prise en charge, d'un travail individuel, familial ou le renouvellement d'une TAS de groupe.

Cette étape est mieux faite si elle a pu être préparée avec les enfants avant la présence de leurs parents.

Avec les petits, nous leur posons les questions prévues et leur expliquons les conditions de participation avec leurs parents.

Avec les adolescents, nous faisons une séance spéciale de préparation comme avec les plus jeunes, mais nous demandons à tous les participants de décrire les progrès qu'ils ont observés. Ainsi, chaque patient peut avoir le regard de leurs congénères sur leur progrès. Nous nous en servons comme renforçateur positif.

Les écueils et les remarques les plus fréquemment rencontrés au cours de cette séance

Les parents ayant du mal à remarquer les progrès

« Ça va mieux mais... ». Certains parents ne savent pas ou plus observer les efforts de leurs enfants. Ils considèrent les progrès réalisés comme « normaux » et focalisent leur attention sur les échecs de leurs enfants.

Le thérapeute doit savoir intervenir rapidement avec empathie mais fermeté : « bien sûr, il y a encore du travail, mais nous voudrions que vous parliez des éléments positifs que vous avez constatés. Les résultats de la thérapie se prolongent encore après la fin de celle-ci, il faut essayer d'être patient. »

Les parents peu préparés à la parole de leur enfant

Les parents d'enfants passifs sont certes venus en consultation pour que leur fils ou fille parle plus, mais ont eu tellement l'habitude que tout se passe à la maison sans discussion qu'ils ne sont parfois pas préparés à y faire face. Ils reprochent un peu au thérapeute d'avoir trop « débridé » leur enfant et qu'il y a désormais des problèmes en famille alors qu'il n'y en avait pas avant.

On retrouve trois types de famille :

- les anxieux sociaux qui, tout en souffrant d'être eux-mêmes timides, craignent que leur enfant n'ait des problèmes avec les autres s'ils sont trop naturels ;
- les principes extrêmement rigides de certaines familles qui considèrent qu'un enfant ne doit jamais dire son opinion face à un adulte, même s'il a raison ;
- et enfin certains pères de jeunes filles inhibées qui se retrouvent dans les conflits à l'adolescence et ne supportent pas de passer du statut de père « jeune et sympa » à l'adulte qui ne comprend rien aux problèmes des jeunes.

Les manipulations enfantines

La TAS apprend aux patients qu'ils peuvent et doivent exprimer leurs sentiments et leurs émotions. Certains enfants ont tendance à en profiter pour régler leurs comptes et devenir revendicatifs et opposants sur tout. Certains en profitent pour justifier leur comportement en expliquant que c'est le « docteur » qui leur a dit de le faire.

En général, après que le thérapeute a expliqué le travail fait en thérapie, les parents comprennent la manipulation. Nous essayons de leur faire garder leur humour et leur demandons de respecter et même de valoriser le fait que leur enfant exprime ce qui lui déplaît, mais d'en modifier la forme : « j'entends que tu n'es pas content mais je te prierai de le dire d'une autre manière (assertive si possible) ». Nous insistons sur le fait que nous respectons tous les principes éducatifs, que nous avons travaillé un problème de fond, c'est-à-dire l'expression verbale, mais que eux ont en permanence le droit de modifier la forme si elle leur paraît blessante.

Le suivi à long terme de ces familles montre qu'après un temps d'adaptation, un dialogue de bonne qualité s'instaure.

Conseils aux thérapeutes

Durant cette session, vous serez amenés à gérer une vingtaine de personnes, adultes, enfants, de milieux sociaux différents et de sensibilité différente. Nous conseillons de la faire à deux, l'un discutant, l'autre intervenant en cas de besoin.

Le temps doit être régulièrement réparti par famille et il est parfois nécessaire de le rappeler, car certains veulent monopoliser l'attention sur leur progéniture. Il faut parfois stopper en urgence des prises de bec entre familles ou des discussions généralisées sur le thème : « nous, de notre temps… »

Après la séance, vous ne pourrez éviter le défilé de chacune des familles vous demandant « un mot de plus sur leurs enfants ». La thérapie se terminant, ils se sentent un peu orphelins et demandent un dernier conseil avant de revivre au quotidien sans le soutien d'un thérapeute. Il paraît important de leur laisser la possibilité de revoir un thérapeute en consultation individuelle. Rassurés le plus souvent, ils ne reprennent pas contact.

De la même manière, certains patients qui vont bien se sentent fragilisés de ne plus participer au groupe. Nous leur proposons de réfléchir un peu et s'ils le veulent vraiment, qu'ils reviennent au groupe. En général, l'application de la méthode leur permet d'augmenter leur confiance en eux et ils ne ressentent plus le besoin de revenir. Parfois, ils reviennent mais dès la première séance, en observant les nouveaux venus, ils apprécient les progrès qu'ils ont réalisés et ne se reconnaissent plus dans les patients. Ils demandent alors à arrêter.

Références

Andrews, G., Stewart, G., Allen, R., & Henderson, A.S. (1990). The genetics of six neurotic disorders: A twin study. *Journal of Affective Disorders, 19*, 23-29.

Argyle, M. (1972). Non-verbal communication in human social interaction. In R.A. Hinde (Ed), *Non-verbal communication* (pp. 243-269). Cambridge, England: Cambridge University Press.

Beidel, D.C., Turner, S.M., & Morris, T.L. (1999). Psychopathology of childhood social phobia. *Journal of the American Academy of Child and Adolescent Psychiatry*, *38*(6), 643-650.

Epkins, C.C. (1996). Cognitive specificity and affective confounding in social anxiety and dysphoria in children. *Journal of Psychopathology and Behavioral Assessment*, *18*(1), 83-101.

Gazelle, H., & Ladd, G.W. (2003). Anxious solitude and peer exclusion: A diathesis–stress model of internalizing trajectories in childhood. *Child Development*, *74*(1), 257-278.

Heiser, N.A., Turner, S.M., & Beidel, D.C. (2003). Shyness: relationship to social phobia and other psychiatric disorders. *Behaviour Research and Therapy*, *41*, 209-221.

Hettema, J.M., Neale, M.C., Myers, J.M., Prescott, C.A., & Kendler, K.S. (2006). A population-based twin study of the relationship between neuroticism and internalizing disorders. *American Journal of Psychiatry*, *163*, 857-864.

Kagan, J., Reznick, J.S., Clarke, C., Snidman, N., & Garcia Coll, C. (1984). Behavioral inhibition to the unfamilar. *Child Development*, *55*, 2212-2225.

Kimbrel, N.A. (2008). A model of the development and maintenance of generalized social phobia. *Clinical Psychology Review*, *28*, 592-612.

La Greca, A.M., & Silverman, W.K. (1993). Parent reports of child behavior problems: Bias in participation. *Journal of Abnormal Child Psychology*, *21*(1), 89-101.

La Greca, A.M., Silverman, W.K., & Wasserstein, S.B. (1998). Children's predisaster functioning as a predictor of posttraumatic stress following Hurricane Andrew. *Journal of Consulting and Clinical Psychology*, *66*(6), 883-892.

Muris, P., Merckelbach, H., & Damsma, E. (2000). Threat perception bias in nonreferred, socially anxious children. *Journal of Clinical Child Psychology*, *29*(3), 348-359.

Neal, J.A., Edelmann, R.J., & Glachan, M. (2002). Behavioural inhibition and symptoms of anxiety and depression: Is there a specific relationship with social phobia? *British Journal of Clinical Psychology*, *41*(4), 361-374.

Rao, P.A., Beidel, D.C., Turner, S.M., Ammerman, R.T., Crosby, L.E., & Sallee, F.R. (2007). Social anxiety disorder in childhood and adolescence: Descriptive psychopathology. *Behaviour Research and Therapy*, *45*, 1181-1191.

Rapee, R.M. (1997). Potential role of childrearing practices in the development of anxiety and depression. *Clinical Psychology Review*, *17*, 47-67.

Rapee, R.M., & Spence, S.H. (2004). The etiology of social phobia: Empirical evidence and an initial model. *Clinical Psychology Review*, *24*, 737-767.

Schwartz, C.E., Snidman, N., & Kagan, J. (1999). Adolescent social anxiety as an outcome of inhibited temperament in childhood. *J. Am. Acad. Child Psy*, *38*, 1008-1015.

Spence, S.H., Donovan, C., & Brechman Toussaint, M. (1999). Social skills, social outcomes, and cognitive features of childhood social phobia, Journal of. *Abnormal Psychology*, *108*(2), 211-221.

Turner, S.M., Beidel, D.C., Cooley, M.R., & Woody, S.R. (1994). À multicomponent behavioral treatment for social phobia : Social effectiveness therapy. *Behaviour Research and Therapy*, *32*(4), 381-390.

Pour en savoir plus

Biederman, J., Petty, C., Faraone, S.V., Henin, A., Hirshfeld-Becker, D., Pollack, M.H., *et al.* (2006). Effects of parental anxiety disorders in children at high risk for panic disorder: A controlled study. *Journal of Affective Disorders*, *94*, 191-197.

5 Trouble panique et agoraphobie

L. Vera

Description clinique

Les attaques de panique se définissent comme des crises d'anxiété paroxystiques de survenue brutale et d'évolution brève (prévalence dans la population générale de 6 à 14 % selon les études, Rapee *et al.*, 1988), tandis que le trouble panique correspond à la récurrence chez un même sujet d'attaques de panique successives pouvant se compliquer d'évitements massifs ou agoraphobie (prévalence dans la population générale, selon les études, de 1,5 à 3,5 %, Kessler *et al.*, 1994).

Il s'agit d'une catégorie clef de la nosographie psychiatrique moderne dont le succès correspond aux progrès thérapeutiques. L'isolement du trouble panique des autres troubles anxieux répond à deux arguments principaux. Le premier est d'ordre descriptif dans sa cohérence clinique ; le second est d'ordre pharmacologique dans la sensibilité différentielle du trouble panique à certains agents biologiques soit pour faire disparaître les attaques de panique chez les sujets atteints, soit pour les provoquer chez les sujets prédisposés (Klein et Fink 1962). Après la construction initiale en 1971 du concept d'attaque de panique, le DSM-III en 1980 a consacré cette catégorie et largement contribué à sa diffusion dans le monde.

L'installation du trouble panique est en général brutale par un accès de panique surprenant l'enfant en pleine santé, mais il peut être associé et précédé par une symptomatologie plus ou moins bruyante réalisant un fond d'anxiété continu du type trouble anxiété généralisée. L'accès survient brutalement et de façon imprévisible, sans facteur déclenchant, sans rien d'effrayant autour de l'enfant. L'anxiété arrive à son paroxysme en moins de 10 minutes et l'accès dure quelques minutes en général, rarement plusieurs heures. Ces deux caractéristiques, début spontané et allure paroxystique, sont fondamentales et témoignent de la dysrégulation des mécanismes de contrôle de l'anxiété. Fait important, les attaques de panique surviennent indépendamment du lieu où l'enfant se trouve, qu'il s'agisse de la salle de classe, de la cour de récréation, du domicile des parents, de la rue, de la table de travail ou de la salle de jeu.

TCC chez l'enfant et l'adolescent

La forme type de l'attaque de panique associe des manifestations somatiques et cognitives. Les signes somatiques les plus fréquents affectent la *sphère cardiorespiratoire* : douleur ou gêne thoracique, palpitations ou tachycardie, dyspnée. Il peut s'agir aussi de *signes neurologiques* : tremblements ou secousses musculaires, étourdissements, impressions d'évanouissement, vertiges, paresthésies. Les *signes digestifs* sont fréquents : nausées ou gêne abdominale, sensation de striction laryngée ; chez le jeune, le trouble panique pourrait se manifester sous forme de douleurs abdominales à répétition dont les liens avec la colite spasmodique ou l'hypochondrie de l'âge adulte restent à préciser. Il y a parfois des *signes vasomoteurs* : sueurs, bouffées de chaleur ou frissons. Les *signe*s cognitifs peuvent manquer, en particulier chez le jeune enfant qui analyse et exprime moins bien son vécu : impression de déphasage, perte des repères, sentiment d'étrangeté (dépersonnalisation ou déréalisation), peur de mourir ou d'avoir une maladie grave, peur de devenir fou ou de se livrer à un acte incontrôlé, surtout dans les formes intenses.

L'attaque de panique cesse en général aussi rapidement qu'elle est survenue, laissant le sujet inquiet, perplexe et dans la crainte qu'un nouvel accès se reproduise, crainte se renforçant à mesure que les attaques se succèdent.

Le diagnostic d'attaque de panique repose sur l'association, au cours d'un même accès, d'au moins quatre des treize groupes de signes cités dans le DSM-IV-TR et rappelés plus haut. Celui de trouble panique s'appuie sur la survenue d'au moins quatre attaques en l'espace de 4 semaines ou d'une ou plusieurs attaques suivies d'une période d'au moins un mois avec une crainte persistante de subir une nouvelle attaque. Il est aussi requis que l'accès soit spontané, c'est-à-dire sans facteur déclenchant ni exposition à un stimulus phobogène, objet, animal, situation ou regard d'autrui, le distinguant ainsi des phobies simples ou des phobies sociales où l'attaque de panique survient seulement lors de l'exposition au stimulus phobogène, toujours le même, et non quels que soient la situation et l'environnement. De plus, l'évolution paroxystique, avec apparition et disparition en quelques minutes, est nécessaire au diagnostic. Enfin, il est nécessaire d'éliminer un trouble organique sous-jacent comme une intoxication par des amphétamines ou la caféine, un sevrage d'alcool ou de tranquillisants, une hyperthyroïdie ou une épilepsie temporale. Un prolapsus de la valve mitrale, dont on sait qu'il s'associe fréquemment à des troubles psychiatriques, en particulier dans la lignée anxiodépressive, ne permet pas d'éliminer le diagnostic ; le rôle de cette affection fréquente et très souvent bénigne est encore débattu et l'objet de nombreux travaux.

Le diagnostic différentiel du trouble panique se pose fréquemment avec diverses affections organiques qu'il peut simuler. On a vu que l'anxiété peut emprunter ses manifestations dans la sphère cardiaque, respiratoire, circulatoire, digestive ou neurologique. Ainsi, dans la sphère neurologique, le diagnostic peut être difficile avec des migraines, des pertes de connaissance brèves, des vertiges ou une épilepsie temporale (Herskowitz, 1986). Cette proximité symptomatique, ainsi que la méconnaissance, fréquente de la clinique des troubles paniques, aboutissent à des errements diagnostiques, à la multiplication d'examens invasifs et de traitements abusifs et à un retard à l'application d'une thérapeutique adaptée, laissant ainsi s'installer la chronicité et les complications.

Action des médicaments

La validité du concept de trouble panique repose essentiellement sur sa sensibilité aux antidépresseurs tricycliques qui permettent de prévenir la récurrence des attaques, alors que ces produits sont peu ou pas efficaces sur l'anxiété généralisée qui leur est souvent associée. Cette présentation biologique a inspiré le terme d'anxiété endogène à des auteurs comme Sheehan (Sheehan et Sheehan 1982-1983). Un deuxième argument réside dans la cohérence clinique du syndrome, en particulier la brutalité, surtout le caractère spontané des attaques de panique ne répondant pas à un facteur déclenchant ou à un pattern phobique et qui évoque également un processus interne neurohumoral. Cependant, l'association très fréquente du trouble panique à une anxiété permanente du type trouble anxieux généralisé, ou à une anxiété focale du type phobique ou agoraphobique réalise, après quelques années, des tableaux mixtes avec des attaques de panique spontanées et des attaques de panique provoquées par l'exposition à des stimuli anxiogènes ou à des situations anxiogènes. Ces constatations cliniques ont fait dire à certains auteurs (Basoglu *et al.* 1992) que, sans doute, le fossé conceptuel entre l'anxiété du trouble panique et les autres désordres anxieux était considéré comme plus profond qu'il ne l'est en réalité. Cependant, la sensibilité du trouble panique aux différents agents pharmacologiques expérimentés reste un argument de poids, même si pour l'enfant et l'adolescent, l'efficacité des tricycliques n'a pas encore été démontrée dans des études contrôlées en double aveugle.

Formes cliniques

Les troubles paniques réalisent des tableaux polymorphes. Les attaques se répètent en associant des symptômes identiques ou différents chaque fois. Un accès dure de quelques jours à plusieurs mois. Il peut rester isolé, se répéter à intervalles plus ou moins prolongés. Surtout, les associations morbides renforcent la variabilité de la présentation clinique. Ainsi le trouble panique peut être associé à un fond d'anxiété permanent réalisant un trouble d'anxiété généralisée comme chez l'adulte. Pour certains auteurs, le trouble d'anxiété généralisée avec ses nombreuses manifestations somatiques rappelant les attaques de panique serait un équivalent, continu et sur un mode mineur, du trouble panique. La sensibilité spécifique aux tricycliques a été discutée pour ce dernier et serait retrouvée dans l'anxiété généralisée et phobique (Adès et Rouillon, 1992).

La question de la survenue nocturne des attaques de panique réveillant ou non le sujet demeure mal connue. De façon intéressante, on a décrit chez l'enfant prépubère l'association attaques de panique spontanées, terreurs nocturnes et somnambulisme. Ces troubles du système d'éveil survenant pendant les phases 3 ou 4 du sommeil sont fréquents chez l'enfant puisqu'ils affectent environ 3 % d'entre eux (Matthews et Oakey, 1986). Cette association pose la question de la proximité de ces affections et des terreurs comme équivalent nocturne des attaques de panique, en particulier chez l'enfant. La sensibilité à l'imipramine d'un des cas cités, tant pour les terreurs nocturnes, le somnambulisme que les attaques de panique, renforce cette présomption (Garland et Smith, 1991).

Âge de survenue

L'adolescence et le début de l'âge adulte constituent une période où l'incidence des troubles paniques est maximale, pour un trouble d'une prévalence importante puisqu'évaluée en France de l'ordre de 2 à 5 % de la population générale (Lépine, 1987). Cependant, cette grande fréquence dans les âges plus tardifs a fait oublier que le trouble panique et l'agoraphobie peuvent exister avant la puberté, cette donnée ayant même été mise en doute. De nombreux cas ont été identifiés à l'adolescence (Dugas *et al.*, 1985) et une première étude épidémiologique, sur un vaste effectif (Von Korff *et al.*, 1985), a constaté un pic entre 15 et 19 ans, confirmé par les résultats complets de l'étude multicentrique du NIMH (*National Institute of Mental Health*) aux États-Unis (Burke *et al.*, 1990). Mais ce n'est que récemment que se sont multipliées les publications de cas de troubles paniques prépubères, certains dès l'âge de 4 ans (Black *et al.*, 1990).

Une première étude rétrospective (Thyer *et al.*, 1985), dans deux populations distinctes de patients adultes, compte respectivement 4 et 13 % de débuts du trouble panique avant l'âge de 10 ans. Une seconde étude (Sheehan et Minichiello, 1989) en retrouve 6 %. Les premiers résultats de l'enquête épidémiologique conduite aux États-Unis par le NIMH (*Epidemiologic Catchment Aera Program*, Burke *et al.*, 1990) évaluent rétrospectivement chez des sujets de plus de 20 ans, le taux d'incidence du trouble panique entre 5 et 7 % entre 5 et 10 ans et de 10 à 15 ans d'âge chronologique dans la population générale. Klein (1992) a interrogé 903 sujets adultes, et retrouvé seulement 1 % de troubles paniques ayant débuté avant 13 ans, dont un dès 6 ans. Une étude (Moreau *et al.*, 1989) a réuni 7 cas entre 5 et 18 ans dont quatre prépubères sur 153 enfants de parents déprimés. Une autre cite 7 cas de trouble panique âgés de 7 à 12 ans dans un recrutement hospitalier (Alessi et Magen, 1988). Une publication concerne un patient dont le trouble a commencé à 8 ans (Van Winter et Stickler, 1984). Une étude rapporte 3 cas âgés de 8 à 11 ans atteints de trouble panique avec agoraphobie (Ballenger *et al.*, 1986) et une autre en signale l'existence (sans autre précision) chez des enfants de 8 à 13 ans (Biederman, 1987). Quatre cas à présentation neurologique entre 8 et 16 ans ont été publiés (Herskowitz, 1986). Une étude cite 5 cas âgés de 14 à 28 ans ayant commencé à souffrir d'un trouble panique entre 4 et 12 ans (Black *et al.*, 1990). Enfin 6 troubles paniques de 8 à 13 ans ont eu leur premier accès entre 5 et 11 ans dont 2 étaient porteurs d'un prolapsus de la valve mitrale (Vitiello *et al.*, 1987 ; 1990). Deux observations de troubles paniques chez des sujets prépubères, ayant régressé sous clomipramine, ont été décrites par Vila et Mouren-Siméoni (1993).

En définitive, il apparaît indéniable que les troubles paniques prépubères existent, même s'ils sont rares. Il est probable que leur prévalence est sous-estimée puisqu'il n'est pas rentré dans les habitudes de les rechercher systématiquement avant la puberté. Le diagnostic précoce est rendu encore plus difficile par le déni et la difficulté des enfants à exprimer un malaise d'ordre psychologique et les plus jeunes, pour des raisons développementales, ont des capacités mnésiques limitées. Quoi qu'il en soit, la diffusion actuelle du DSM-III ayant attiré l'attention des cliniciens sur les troubles anxieux, l'estimation démographique est probablement meilleure ces dernières années : on a donc des raisons de penser que le trouble est réellement moins fréquent qu'à l'adolescence. Il nécessiterait un certain niveau de développement du sujet pour se manifester. Les explications cognitivistes du déclenchement des attaques de paniques vont dans ce sens : en effet, dans cette conception, l'accès anxieux résulte de l'habitude prise par le sujet de porter une grande attention à ses impressions coenesthésiques. Ces informations ne sont plus filtrées et subissent une amplification par des postulats catastrophiques (ex. : « mon cœur bat fort, je suis malade, je vais mourir d'un infarctus du myocarde… ») aboutissant, à travers une spirale ascendante, à une majoration des phénomènes subjectifs de l'anxiété et à un accroissement, en retour, des coenesthésies afférentes par le biais des phénomènes neurovégétatifs du syndrome de stress. Une autre explication de la relative rareté du trouble panique dans l'enfance serait de type génétique, dans la programmation de l'âge de début. Cette hypothèse va dans le sens de l'endogénéité.

Association trouble panique et agoraphobie

L'association à une *agoraphobie* est une complication potentiellement grave du trouble panique. Le DSM-IV-R la définit comme : « une crainte de se retrouver dans des endroits ou des situations d'où il pourrait être difficile ou gênant de s'échapper ou dans lesquelles on pourrait ne pas trouver de secours en cas d'attaque de panique. Cette crainte entraîne une restriction des déplacements ou un besoin d'être accompagné en dehors du domicile ; ailleurs, le sujet subit les situations génératrices d'agoraphobie bien qu'elles provoquent en lui une anxiété intense. Les situations génératrices d'agoraphobie correspondent habituellement au fait de se trouver seul en dehors de son domicile, d'être dans une foule ou dans une file d'attente, sur un pont ou dans un autobus, un train ou une voiture. » Cette définition est à distinguer de celle plus classique de Westphal où il s'agit de la peur de la place publique et des vastes espaces. On a décrit des cas où l'enfant refusait de se rendre à l'école par peur de la survenue d'une attaque de panique en milieu scolaire.

Dans quelques cas, le trouble panique s'associe à un trouble d'angoisse de séparation qu'il est parfois difficile de distinguer d'une agoraphobie, le sujet évitant de se retrouver seul et limitant ses déplacements en cherchant la réassurance et la sécurité de ses parents. Quand elles existent, les cognitions erronées, spécifiques de l'angoisse de séparation, permettent de trancher le dilemme, à savoir la peur et l'anticipation anxieuse d'une séparation, la crainte qu'il arrive quelque chose à l'enfant ou à ses parents qui les sépare, comme par exemple la peur d'être kidnappé. Les manifestations comportementales au moment d'une séparation, même limitée, peuvent aider au diagnostic, puisque l'agoraphobe acceptera volontiers de rester seul pourvu qu'il soit chez lui alors qu'un enfant atteint de trouble angoisse de séparation ne supportera pas que sa mère le laisse à la maison et préférera la suivre. En cas d'association trouble panique/trouble angoisse de séparation, on pourra avoir à la fois des attaques de panique provoquées par les séparations et des attaques de panique spontanées.

Complications

La dépression est fréquemment associée aux troubles paniques, chez l'enfant comme chez l'adulte. Indépendamment d'un épisode dépressif, *les tentatives de suicide, voire l*es suicides, sont particulièrement fréquents dans le cadre des troubles paniques puisqu'une vaste étude épidémiologique en population générale a montré que 20 % des sujets avec un trouble panique et 12 % de ceux avec des attaques de panique avaient fait des tentatives de suicide, sans que ces résultats puissent être expliqués par la coexistence d'un épisode dépressif majeur, d'un abus d'alcool ou d'une toxicomanie. Il convient donc d'être particulièrement vigilant à l'adolescence et chez l'adulte jeune où les actes suicidaires sont un véritable problème de santé publique : un trouble panique apparaît dès lors comme un facteur de risque à ne pas négliger (Weissman *et al.*, 1989).

Une autre complication que l'on rencontre en particulier à l'adolescence est *l'automédication par des tranquillisants ou de l'alcool* conduisant à une dépendance. Il faut savoir que 20 % des alcooliques ont vu leur conduite d'addiction précédée par un trouble anxieux. Le traitement de ces troubles pourrait permettre de diminuer la toxicophilie dans la population. De plus, l'intoxication alcoolique ou par certains psychotropes comme les amphétamines ou la caféine est responsable du déclenchement d'attaques de panique, de même que le sevrage de tranquillisant et sans doute le tabagisme. Il existe donc un cercle vicieux qui s'instaure entre les troubles paniques et la dépendance à diverses drogues, avec le piège du sevrage qui réactive les attaques de panique et renforce les conduites d'addiction et de dépendance.

Évolution

Comme on l'a vu, le génie évolutif propre des troubles paniques est variable selon les individus et pour un même individu, à diverses époques de sa vie. Il n'est pas prouvé que les accès de panique sont rythmés par les événements vitaux et les traumatismes existentiels. Si ceux-ci sont plus mal vécus par les paniqueurs, ils n'apparaissent pas plus fréquents chez eux que dans la population générale ou chez d'autres anxieux (Rapee *et al.*, 1990). L'évolution est cependant dominée par les complications, en particulier les dépressions récurrentes et le développement d'une agoraphobie avec un évitement extensif. Dans un certain nombre de cas, le trouble panique disparaît après quelques années d'évolution et le tableau est alors dominé par une agoraphobie plus ou moins importante réduisant l'autonomie du sujet. Dans d'autres cas, on ne met pas en évidence, dans les antécédents des agoraphobes, de troubles paniques ni même d'attaques de panique complètes ; l'interrogatoire retrouve cependant souvent des formes paucisymptomatiques d'attaques de panique avec un nombre restreint de manifestations et un rythme évolutif mineur ayant cependant contribué au développement de cette agoraphobie.

Le devenir du trouble panique est dominé par la restriction d'autonomie voire le confinement à domicile sans relation sociale, scolaire ou professionnelle. Chez l'adulte, un des facteurs pronostiques les plus importants est la coexistence d'une personnalité pathologique sur l'axe II du DSM-IV-TR, personnalité de tout type ou personnalités « anxieuses » proprement dites qui correspondent à une majoration de la symptomatologie anxieuse et dépendante (personnalités « névrotiques » du cluster C du DSM-IV-TR : surtout dépendante, passive-agressive, évitante ; mais aussi personnalités limite et histrionique). Chez l'enfant, le devenir du trouble panique est mal connu. La catamnèse de Herman *et al.* (1981) sur 25 ans montre que le trouble panique de sujets entre 6 et 18 ans persiste à l'âge adulte dans plus d'un tiers des cas ; l'évolution se complique de dépression pour un tiers, tandis que plus de la moitié souffre encore d'anxiété chronique.

En définitive, le trouble panique avec ou sans agoraphobie apparaît comme l'un des troubles anxieux les mieux caractérisés. La pratique clinique montre la gravité de ses complications et de son évolution spontanée dans les formes sévères et l'intérêt d'un traitement démontré efficace chez l'adulte.

Modèles théoriques cognitivo-comportementaux

Pour les comportementalistes, à la base des attaques de panique il y aurait la notion de vulnérabilité biologique et psychologique. L'accumulation de stress, de fatigue peut engendrer une réaction allant jusqu'à l'attaque de panique. Certains vont vivre cette expérience comme faisant partie des expériences corporelles désagréables et n'iront pas plus loin dans son élaboration mentale. Mais d'autres jeunes, dans des situations de stress de la vie quotidienne, vont interpréter de façon catastrophique les sensations de stress, d'anxiété. Ils vont les évaluer comme des menaces pour sa santé physique et psychologique. Ils auront des sensations d'anxiété qui vont se structurer autour d'une thématique de « peur de la peur ». L'anxiété anticipatoire se renforce par des croyances sur le caractère imprédictible et non contrôlable de l'arrivée brutale de l'anxiété. Le jeune attend, avec une toile de fond d'anxiété, la survenue d'autres attaques de panique. Il tente de gagner un certain contrôle sur sa situation et souvent pas le biais de l'évitement de certains contextes interprétés comme « des situations à risque » et il va se rassurer et intégrera dans son vécu les évitements comme des réponses adaptées à sa situation de victime de l'anxiété. Il apprend spontanément à se protéger, mais de cette façon il renforce l'anxiété anticipatoire et par conséquent le maintien dans le temps des attaques de panique. L'interprétation erronée du danger des signes d'angoisse et le système d'évitement mis en place pour faire face à la peur de la peur sont les deux facteurs responsables du maintien du trouble panique.

Évaluation et stratégies thérapeutiques

Il n'existe pas de questionnaire spécifique concernant les mesures d'intensité des symptômes de l'attaque de panique.

Il est utile d'évaluer l'anxiété par l'inventaire d'anxiété de Spielberger adaptée en France par les Éditions du Centre de psychologie appliquée (voir chapitre 2).

La gestion de l'attaque de panique

La psychoéducation

On expliquera au jeune le fonctionnement de l'anxiété, sa définition et les principaux signes d'anxiété seront abordés. Le but de cette phase de psychoéducation est tout d'abord la modification les croyances erronées concernant les dangers de l'anxiété, puis deuxièmement le contrôle symptomatique. Par exemple, on prendra le symptôme d'hyperventilation. On le définira en adaptant les termes à l'âge de l'enfant : respiration exagérée, accélérée et brève provoquant des sensations de vertige à cause d'une mauvaise oxygénation du cerveau. On expliquera les conséquences de la peur sur le système nerveux sympathique : battements rapides du cœur, palpitations, maux de ventre, etc.

Le contrôle respiratoire

L'un des symptômes les plus inquiétants chez le jeune est l'idée que sa respiration va s'arrêter. La sensation d'étouffement l'effraie. De façon désordonnée, il respire rapidement et de manière très courte pour capter un maximum d'air. Chez l'adulte, ce sont les symptômes cardiovasculaires qui sont vécus comme des signes précédant la mort imminente. Après la phase de psychoéducation, on abordera l'hyperventilation et ses conséquences associées. On lui montrera comment respirer en mobilisant peu le thorax et en « gonflant » lentement le ventre. On lui demandera d'alterner des moments d'hyperventilation et de respiration « abdominale ». On insistera sur les conséquences somatiques de ces deux façons de respirer. Le but est de motiver l'enfant à contrôler et à éviter donc les sensations de vertige en adaptant sa respiration.

Nous décrivons comment une séance de contrôle respiratoire pourrait se passer avec un enfant (Pierre âgé de 9 ans) :

Thérapeute (T) : « Maintenant, Pierre, je vais te montrer comment contrôler ta respiration pour empêcher tes peurs de grandir ».

Pierre (P) : « Oui ».

T : « Et bien d'abord, il faut apprendre à respirer lentement, à la fois avec les poumons et avec le ventre. Est-ce que tu savais que normalement, quand on respire et qu'on fait rentrer l'air, on gonfle d'abord le ventre puis les poumons, et que quand on souffle, on vide d'abord les poumons, puis on rentre le ventre ? Est-ce que tu savais ça ? »

Marion : « Non ».

Dr T : « Alors regarde-moi. » (Je m'assois face à lui, une main sur le ventre, l'autre sur le torse. Puis je respire de manière ample et démonstrative, en marquant bien d'une part le gonflement de l'abdomen puis du thorax à l'inspiration, puis le dégonflement du thorax et le creusement de l'abdomen à l'expiration). « Est-ce que tu veux essayer de le faire en même temps que moi ? »

Pierre : « Oui, je veux bien ».

T : « Alors vas-y, mets tes mains comme moi : une sur le ventre, l'autre sur le torse. On commence par vider ses poumons à fond, puis on inspire par le nez d'abord avec le ventre, puis avec le torse. Tu es prêt, on peut y aller ? »

Pierre : « Je suis prêt, on peut y aller ».

T : « Alors on y va : on souffle à fond par la bouche, puis on inspire par le nez ».

(Au bout de 2-3 essais, Pierre réussit à maîtriser l'inspiration.)

T : « Et bien, maintenant que tu réussis bien à faire l'inspiration *(renforcement positif des progrès accomplis)*, on va faire l'expiration. Est-ce que tu es prêt ? »

Pierre : « Je suis prêt ».

T : « On commence d'abord par gonfler les poumons comme on a appris, puis ensemble, on va souffler par la bouche pour vider les poumons d'abord, puis bien rentrer le ventre ensuite. Allez, on démarre à trois. Un, deux, et trois... Bravo, tu as réussi dès la première fois. On va quand même le refaire deux ou trois fois pour être sûrs. *(Trois essais, et trois réussites.)* Bon, et bien maintenant que tu sais faire l'inspiration et l'expiration *(renforcement positif des progrès accomplis)*, on va apprendre à le faire en rythme. D'accord ? »

Pierre : « D'accord. »

T : « Pour respirer calmement et empêcher les peurs de se développer, le secret, c'est qu'il faut mettre plus de temps pour souffler que pour inspirer. Le truc à nous, c'est de compter jusqu'à trois quand tu inspires, puis tu bloques l'air dans tes poumons le temps que tu comptes jusqu'à six, et enfin tu souffles lentement par la bouche en comptant dans ta tête jusqu'à douze. *(À cet âge, il est rare que les enfants réussissent une expiration plus longue.)* Mais il faut souffler tout doucement, parce que 12 secondes pour souffler, c'est long, et souvent, au début, on manque un peu d'air. Je te montre d'abord, et après, on fait ensemble. *(Je fais la démonstration, la main gauche sur l'abdomen, tandis que la main droite compte les secondes qui s'écoulent.)* Allez, on va y aller ensemble, en essayant bien de garder suffisamment d'air pour les 12 secondes de l'expiration. »

(Au bout de trois essais, Pierre réussit à maîtriser le contrôle respiratoire.)

T : « Dis-moi, Pierre, est-ce que tu as remarqué qu'après l'exercice, tu avais les épaules qui tombaient comme ça, et que tu te sentais plus détendu ? »

Pierre : « Oui, c'est comme si j'allais dormir ».

T : « Et bien tu vois, quand ton corps est décontracté, c'est comme si les peurs ne pouvaient plus s'accrocher dessus. Ni les peurs des monstres, ni les peurs du noir, ni rien... Parce qu'être décontracté, c'est le contraire d'avoir peur. Et plus tu seras décontracté, moins les peurs pourront s'accrocher. Alors ce que nous allons te demander, c'est de faire cet exercice-là tous les matins et tous les soirs, jusque-là prochaine fois où l'on se voit. Tu es d'accord ? »

Pierre : « D'accord. »

T : « Alors, tu sais ce que l'on va faire : tu vas aller chercher papa et maman qui sont dans la salle d'attente, et tu vas leur faire voir l'exercice que tu as appris aujourd'hui. » *(Ce qui, en impliquant les parents, conduit généralement l'enfant à pratiquer les exercices plus régulièrement.)*

La relaxation

Le but de l'entraînement à la relaxation est d'apprendre au jeune à diminuer l'état d'hypervigilance des sensations somatiques et également à le sensibiliser aux sensations agréables associées à la diminution de l'hyperactivité du système nerveux sympathique, système qui a une relation directe avec le fonctionnement du cœur et les mouvements vasculaires. La diminution de l'adrénaline est aussi renforcée par l'état de relaxation.

Les techniques vagales

Ces techniques tentent d'apprendre à l'enfant à stimuler le système vagal (système nerveux parasympathique) afin de provoquer une diminution des battements cardiaques. On montre à l'enfant comment faire un massage carotidien et/ou un massage avec ses doigts des yeux paupières fermées.

Les modifications cognitives

Les méthodes cognitives basées sur les techniques de Beck visent la correction des croyances catastrophiques concernant les signes d'anxiété physique ou corporelle (voir chapitre 2).

Les prédictions anxieuses sont également analysées et discutées avec l'enfant : « si je sors tout seul, je vais avoir un malaise et me trouver aux urgences dans un hôpital ».

La perception qu'il a de lui-même comme quelqu'un de très vulnérable et fragile alors que médicalement il n'y a rien qui justifie une telle image de soi (schéma de vulnérabilité) est mise en évidence.

L'expression des émotions associées à l'idée de se sentir libéré de l'idée d'avoir systématiquement une attaque de panique est renforcée.

L'exposition intéroceptive

Cette technique exposera le jeune à des sensations intéroceptives très proches de celles de l'attaque de panique. On demande à l'enfant de provoquer une hyperventilation contrôlée permettant de modifier les croyances catastrophiques concernant les sensations corporelles. Chaque sensation intéroceptive sera attribuée à l'hyperventilation et elle sera située dans un contexte où l'enfant va constater qu'il peut provoquer à volonté ces sensations corporelles. On atténuera l'idée que l'arrivée de l'anxiété obéit à des lois de fatalité. Il est important de pratiquer souvent cette technique (plusieurs fois par semaine) afin de provoquer la disparition de l'anxiété grâce à l'habituation. Il est préférable chez le jeune patient de l'exposer de façon progressive et de pratiquer en même temps que lui l'hyperventilation. Dans cette situation, le thérapeute décrit à voix haute les sensations intéroceptives qu'il ressent dues à l'hyperventilation. Il explique à l'enfant que ce qu'il ressent ne provoque pas de crainte chez lui.

Cas clinique

Adrien, âgé de 10 ans, consulte accompagné par ses parents. Le motif de consultation mis en avant pas les parents est le refus intermittent d'Adrien de se rendre à l'école. Les parents semblent perplexes devant l'attitude d'Adrien qui paraît dans son quotidien être heureux, n'a pas perdu le plaisir de jouer, son activité est la même mais il refuse de se rendre aux leçons de tennis. Il dit avoir peur de faire un malaise. D'ailleurs il a fait plusieurs malaises toujours en dehors de la maison, à l'école il en a fait deux et sa mère est venue le chercher. Au tennis, lors du malaise, il disait avoir très mal à la poitrine et avait peur de mourir. Le moniteur avait appelé les pompiers qui avaient constaté une tachycardie et beaucoup de stress. L'examen pratiqué le lendemain par le pédiatre n'avait pas inquiété le médecin qui avait conseillé une consultation en pédopsychiatrie. Par souci d'éliminer toute hypothèse somatique, il avait quand même prescrit un électrocardiogramme qui s'est relevé normal.

Premier entretien

Adrien répond à nos questions sur ses inquiétudes actuelles. Il paraît anxieux quand on évoque les symptômes somatiques de son anxiété : « rien que de parler de mon cœur m'angoisse et je le sens battre très fortement, je pense qu'il va exploser », « je tente de contrôler ma respiration et j'ai l'impression que c'est encore pire car j'étouffe, j'ai l'impression que ma gorge ne laisse pas passer l'air, je prends de grandes bouffées d'air et c'est à ce moment-là que ma tête commence à tourner, je vois des petits points noirs et c'est le début du malaise où je peux me trouver étalé par terre », « moi je pense que cela peut m'arriver en traversant la rue, ou bien en marchant dans la rue, donc j'ai très peur d'aller à l'école, aux leçons de tennis, deux copains m'ont invité récemment à jouer chez eux à l'ordinateur, avant j'y allais sans problème mais maintenant, si j'ai un malaise, ils ne sauront pas quoi faire, les parents ne sont pas toujours là et j'ai peur qu'ils me laissent mourir, je n'ose pas leur dire pourquoi je ne vais pas chez eux et je préfère qu'ils viennent chez moi, j'ai peur qu'ils se moquent de moi », « le pédiatre m'a expliqué que je n'avais aucune maladie physique, il m'a interrogé sur mes peurs, mes inquiétudes mais j'ai l'impression qu'il y a quand même quelque chose que le médecin n'a pas bien cherché ».

Nous lui expliquons quel est notre rôle de psychothérapeute : notre but est de voir avec lui s'il pourrait avoir des explications concrètes à propos de son stress. Il est de notre ressort aussi d'évaluer l'intensité du stress et s'il s'avère qu'il n'y a vraiment aucune maladie somatique, nous pouvons lui apprendre à gérer ou bien à diminuer ses symptômes respiratoires surtout pour éviter qu'il commence à voir les points noirs qui précèdent habituellement ses malaises. Nous lui expliquons que pour évaluer l'anxiété et les peurs, il existe des questionnaires avec des propositions de peurs et qu'il doit cocher si ces propositions lui font « pas du tout peur », « moyennement peur » ou « beaucoup peur ». Nous lui expliquons également que nous avons besoin des données de son développement et que pour cela, nous allons discuter avec ses parents lors d'un deuxième entretien.

▷

▷ **Deuxième entretien**

Adrien vient accompagner par sa mère qui apporte son carnet de santé. Il n'y a rien d'inquiétant dans ce document, les vaccins sont à jour, il n'y a pas d'allergie ni d'asthme, rien à signaler sur le plan respiratoire. Nous lisons à voix haute devant Adrien les observations du pédiatre et nous insistons sur le fait que c'est très rassurant de savoir qu'il n'y a rien qui puisse expliquer l'impression d'étouffer et que l'air ne passe pas à travers la gorge. Nous débutons ainsi le travail de psychoéducation, c'est-à-dire insister sur le fait qu'Adrien souffre d'un trouble qui peut être expliqué par des facteurs de stress. Le développement psychomoteur d'Adrien est tout à fait dans la norme. La courbe de croissance et son poids sont normaux. Nous interrogeons la mère à propos d'un éventuel trouble alimentaire (perte d'appétit ou excès alimentaires), il n'y a rien à signaler.

Nous proposons un troisième entretien à Adrien afin de l'évaluer psychologiquement. Il nous demande que faire en cas de malaise, nous lui demandons ce qu'il fait spontanément pour gérer ces malaises et il nous répond que depuis, il évite de sortir de chez lui et surtout de se trouver dans des situations où il y aurait beaucoup de monde (grandes avenues, cinéma). Il a beaucoup moins de malaises, donc sa gestion des malaises repose essentiellement sur l'évitement. L'école n'est pas évitée car les parents se montrent très fermes, ils l'accompagnent jusque là-bas. L'école a été informée que les malaises d'Adrien étaient d'origine anxieuse et il est autorisé à aller autant de fois qu'il le faut à l'infirmerie où le seul traitement proposé est de lui donner un peu de sucre et lui permettre de s'allonger. Bien évidemment, l'infirmière le rassure sur le fait que les médecins n'ont rien trouvé sur le plan somatique et qu'il n'y a rien à craindre. Elle lui dit qu'elle comprend que tout cela est très embêtant pour lui mais que le repos lui permettra de récupérer. Adrien retourne en classe au bout de 20 minutes. En moyenne, il se rend trois ou quatre fois par semaine à l'infirmerie. Il n'y a aucune corrélation entre les contrôles de connaissances et ses malaises, et peut aller à l'infirmerie aussi bien le matin que l'après-midi.

Troisième entretien

L'évaluation est réalisée par des questionnaires : des tests d'estime de soi de Coopersmith montrent une bonne estime de soi. Les secteurs social, scolaire, familial et estime de soi générale sont tout à fait corrects. L'échelle d'anxiété et des phobies de Vera montre un score de 167 points et 41 points à l'évitement. Les items cochés souvent sont essentiellement les items d'éloignement du domicile et ceux concernant les grands espaces. Les peurs de catastrophes et de mourir sont également très anxiogènes.

L'échelle d'anxiété de Spielberger trait et état montre respectivement un score de 51 et 47, ce qui correspond à un niveau d'anxiété élevé. L'échelle d'obsession de Leighton ne montre ni conduite ni idées obsessionnelles.

Nous approfondissons les questions cochées comme étant anxiogènes afin de conceptualiser l'analyse fonctionnelle (tableau 5.1).

Le comportement problématique

Le problème principal d'Adrien est l'anxiété anticipatoire d'attaque de panique qui renforce la tendance à éviter de sortir de chez lui (conduites agoraphobes). ▷

▷ Il consulte 4 mois après le début de la première attaque, donc nous ne pouvons pas conclure au trouble panique car la période de 6 mois d'attaques successives n'est pas atteinte mais toutes les données vont dans le sens de constitution d'un futur trouble panique.

Le deuxième problème que nous rencontrons, ce sont les tendances agoraphobes secondaires à la crainte du malaise ou attaque de panique.

Le troisième problème que nous constatons est le système d'évitement des situations considérées par Adrien comme situations à risque d'attaque de panique. Ce système d'évitement est efficace malheureusement, car il conforte Adrien sur le fait que la meilleure solution pour ce problème soit l'évitement et non la confrontation. Mais nous comprenons facilement sa conviction car il ne sait pas gérer autrement son anxiété. Ceci est souvent le cas chez l'enfant et l'adolescent paniqueur. Les renforçateurs de ses attaques de panique sont : les évitements, la conviction qu'il va mourir.

Le traitement envisagé

Le traitement que nous envisageons pour lui est l'apprentissage de la relaxation, l'apprentissage des techniques respiratoires et surtout la psychoéducation concernant les attaques de panique, l'absence du danger de mort de l'attaque.

Séance 4

Nous débutons la relaxation (technique de Jacobson) en lui apprenant à relaxer les bras, les épaules, le cou, la nuque, le visage et nous commençons la prise de conscience de l'air froid qui pénètre dans les poumons et de l'air chaud qui sort des poumons. La durée de la séance de relaxation est de 25 minutes. Le reste du temps est consacré à expliquer à Adrien l'intérêt de pratiquer quotidiennement ce que nous avons fait en séance. Nous lui expliquons que l'ordre de relaxation des différentes parties du corps est peu important, ce qui est fondamental est la concentration sur les sensations qu'il éprouve pendant la relaxation. Si, pendant la relaxation, il a des idées autres que celles concernant les sensations corporelles, il faut qu'il les mette de côté, qu'il se concentre sur les sensations corporelles et si jamais il a du mal à reprendre la relaxation en étant très concentré, il vaut mieux qu'il interrompe la séance pour la reprendre ultérieurement. Nous lui expliquons que la méthode de relaxation doit être faite dans un contexte de plaisir, beaucoup plus que de contrainte. Nous insistons aussi sur le fait que si 25 minutes de relaxation sont trop longues pour lui, il peut réduire ce temps à 10 ou 15 minutes, mais quotidiennement il doit faire l'effort de se relaxer. Nous insistons auprès d'Adrien sur le fait que la relaxation effectuée tout seul chez lui sera moins intense que lorsqu'il est relaxé par le psychothérapeute. Il est d'accord pour pratiquer la relaxation chez lui car il dit s'être senti bien après la séance. Pour les troubles paniques, nous préférons la méthode de relaxation de Jacobson à celle de Schultz car elle sensibilise l'enfant à des ensembles musculaires qui ne reposent pas essentiellement sur la perception des battements du cœur, perception vécue comme angoissante par de nombreux enfants.

Séances 5 à 8

Ces séances sont consacrées à la poursuite de la relaxation. ▷

▷ *Séance 9*

Nous expliquons à Adrien que nous allons le faire respirer essentiellement avec la partie haute du thorax et qu'il va probablement voir des petits points noirs comme il voit en début d'attaque de panique, mais nous allons procéder de cette façon-là afin de lui montrer que mal respirer amène fatalement à un malaise. Il est très réticent, il respire en réponse à notre demande de façon courte et en mobilisant essentiellement le thorax. Il ne souhaite pas continuer quand il commence à voir des points noirs. Nous lui expliquons qu'on peut changer cette façon de respirer et nous débutons l'apprentissage de la respiration abdominale. Adrien est assis dans un fauteuil confortable (il est relaxé habituellement sur un matelas, allongé), nous lui demandons de poser sa main droite sur l'abdomen, de fermer les yeux et d'inhaler profondément en essayant de déplacer sa main posée sur son ventre afin d'envoyer l'air le plus bas possible. L'inspiration et l'expiration se font très lentement.

Séance 10

Nous ajoutons à la relaxation et au contrôle respiratoire un contrat thérapeutique destiné à désamorcer les conduites d'évitement. Nous faisons avec lui la liste des situations évitées et comme il est pratiqué habituellement, il est invité à mettre une note d'anxiété associée à chaque conduite d'évitement de 1 à 100. Nous expliquons à Adrien la technique d'exposition graduelle vis-à-vis de deux conduites d'évitement. Nous insistons pour qu'il se confronte à ces situations en utilisant la relaxation avant d'aller s'exposer aux situations évitées puis sur place d'utiliser la technique de contrôle respiratoire. S'il ressent un début de malaise, nous conseillons à Adrien d'attendre la diminution du malaise car de toute façon s'il applique la relaxation et le contrôle respiratoire, les symptômes d'anxiété vont s'estomper. La seule condition est qu'il reste suffisamment longtemps pour que ces symptômes aient l'occasion d'être éliminés. La durée de l'exposition est donc primordiale pour que l'enfant constate la disparition des symptômes. Nous demandons à l'un des parents d'accompagner Adrien pendant les premières séances d'exposition *in vivo*. Les deux situations évitées choisies par Adrien ont été le cinéma (s'asseoir au milieu d'une rangée) et les cours de tennis.

Séance 11

Nous continuons à appliquer les trois techniques, Adrien n'a plus d'attaque de panique depuis 2 mois. Il se sent rassuré, il a l'impression qu'il peut contrôler l'arrivée d'une attaque de panique, il a compris que la mort n'a rien à voir avec le malaise et que « beaucoup de choses viennent de la tête, de ce qu'on se dit ».

Séance 12 : débuts de la fin de la thérapie

À partir de la douzième séance, nous commençons à espacer les rendez-vous (d'une séance hebdomadaire, nous passons à une séance tous les 15 jours). Notre rôle consiste à renforcer les progrès et nous insistons sur le fait que malgré tous les efforts (relaxation, contrôle respiratoire, confrontation aux stimuli anxiogènes), une attaque de panique peut survenir mais que ceci peut arriver à tout le monde, que ceci ne peut pas signifier non plus échec des méthodes ▷

utilisées, il s'agit tout simplement d'un risque qu'il faut accepter. Nous expliquons également à Adrien que c'est une situation est rare mais que si elle se produit, il ne faut pas le vivre comme un échec de tous ses efforts.

Évolution

Huit mois après le début de prise en charge, Adrien n'a plus du tout eu d'attaques de panique. Il viendra nous voir tous les 3 mois pendant 2 ans. Les bénéfices thérapeutiques sont restés.

Tableau 5.1. Analyse comportementale ou fonctionnelle : tableau récapitulatif.

	Antécédents					Conséquents				Stratégie thérapeutique envisagée							
	Attaque de panique Nombreux début de crises d'angoisse Conduites agoraphobes					Évitement de toutes les situations considérées comme « à risque de déclencher une attaque de panique » Recherche d'adultes rassurants (évite de rester seul avec des enfants de son âge)				Psychoéducation Relaxation Exposition graduelle à des situations anxiogènes							
Symptômes										Attaque de panique Anxiété anticipatoire de l'attaque de panique Refus anxieux d'aller à certains endroits (agoraphobie)							
	⇑	⇑	⇑	⇑	⇑	⇑	⇑	⇑	⇑	⇑	⇑	⇑	⇑	⇑	⇑	⇑	
	1	2	3	4	5	6	7	8	9	10	11	12	13	14	15	16	Âge (ans)

Plan du traitement

Séances 1 et 2

Évaluation :

- Diagnostic psychiatrique et comportemental.
- Comorbidité ?
- Recensement de tous les symptômes somatiques (anxiété).
- Description détaillée des endroits vécus comme des « situations à risque ».

• Identification des distorsions cognitives concernant la vulnérabilité corporelle.
• Identification des prédictions anxieuses.
• Évaluation de l'anxiété par des questionnaires (voir chapitre 2).
• Évaluation du rôle des parents dans le maintien de la pathologie (renforçateurs positifs des évitements ? Ou trop exigeants ? Ou très anxieux ?, etc.).
Tâche à domicile : demander à l'enfant (éventuellement avec l'aide des parents) de noter le nombre d'évitements dus à la peur de faire un malaise. Demander aussi la liste des situations anxiogènes évitées.

Séances 3 et 4

Psychoéducation :
• À l'aide de l'analyse fonctionnelle complétée par l'auto-observation, expliquer à l'enfant comment ses cognitions et ses conduites de protection (évitements, recherche de compagnie rassurante) aggravent ou renforcent la persistance de l'anxiété.
• Lui demander de noter systématiquement tous les jours les idées qu'il a quand il se trouve dans une situation anxiogène.
• Rédiger *le contrat thérapeutique* où les objectifs thérapeutiques seront décrits clairement. Il sera noté également ce que l'on attend de l'enfant (pratique des techniques thérapeutiques proposées : relaxation, exposition, etc.).
• Commencer *l'apprentissage de la relaxation* en insistant sur la respiration abdominale.
• Expliquer les principes de l'exposition progressive (si besoin commencer la désensibilisation systématique) et donner quelques *consignes d'exposition* aux situations légèrement anxiogènes selon les critères de l'enfant.
Tâches à domicile :
• Pratique de la relaxation.
• Début de contrôle des réactions d'anxiété en appliquant la relaxation lors de l'exposition.

Séances 5 et 6

Relaxation :
• Revoir l'exposition (renforcer positivement les conduites de non-évitement).
• Revoir la liste de situations anxiogènes et étudier l'éventuelle diminution de l'anxiété.
• Renforcer le discours interne qui dédramatise les prédictions anxieuses.
Tâches à domicile :
• Pratique de la relaxation.
• Pratique de l'exposition.
• Auto-observation des idées anxiogènes tous les jours.

Séances 6 et 7

Relaxation :
- Identifier les cognitions anxieuses et proposer des alternatives à ces idées anxiogènes.
- Nommer les idées anxiogènes et les thématiser :
  - catastrophe ;
  - sentiment de vulnérabilité ;
  - honte d'être observé par autrui en cas d'éventuel malaise.

  Tâches à domicile :
  - Pratique de la relaxation.
  - Pratique de l'exposition.
  - Auto-observation des idées anxiogènes tous les jours et demande à l'enfant de modifier ses propos (« il ne faut pas que je panique » à transformer en « je ne voudrais pas paniquer »).

Séances 8 à 10

- Discussion sur l'exposition et l'attente de diminution d'attaques de panique.
- Reprise des idées anxiogènes lors du début de la thérapie et discussion en les associant à la situation actuelle plus confortable.
- Reformulation par écrit des idées alternatives aux pensées anxiogènes.
- Évaluation du besoin d'entraînement à la technique de résolution de problèmes.
- Tâches à domicile :
  - pratique de l'exposition aux situations les plus anxiogènes ;
  - anticipation des situations anxiogènes en identifiant des éventuelles distorsions cognitives.

Séances 11 à 14

- 2e évaluation par des questionnaires. Comparaison avec la 1re évaluation. Insister sur les améliorations constatées.
- Espacement des séances.
- Pratique de la relaxation en séance.
- Tâches à domicile :
  - pratique de l'exposition aux situations les plus anxiogènes ;
  - anticipation des situations anxiogènes en identifiant des éventuelles distorsions cognitives.

Séance 15 et autres

Suivi : pratique de la relaxation en séance, renforcement des idées sur les signes d'anxiété comme des sensations liées à des situations de la vie quotidienne et pas forcément comme étant des signes précurseurs de la rechute inévitable.

Références

Ades, J., Rouillon, F. (Eds.). (1992). *Les états névrotiques*. Upjohn.

Alessi, N.E., & Magen, S. (1988). Panic Disorders in psychiatrically hospitalized children. *American Journal of Psychiatry, 145*, 1450-1452.

Ballenger, J., Carek, D., Steel, J., & Cornish Mc Tighe, D. (1986). Three cases of Panic Disorder with Agoraphobia in children. *American Journal of Psychiatry, 146*(7), 922-924.

Basoglu, M., Marks, I., & Sengün, S. (1992). A prospective study of Panic and Anxiety in Agoraphobia and Panic Disorder. *British Journal of Psychiatry, 160*, 57-64.

Biederman, J. (1987). Clonazepam in the treatment of prepubertal children with panic - like symptoms. *Journal of Clinical Psychiatry, 48*(10 Suppl.), 38-41.

Black, B., Robbins, D., Wolfson, S., & Mc Leer, S. (1990). Diagnosis of Panic Disorder In Prepubertal children *Journal of the American Academy of Child and Adolescent Psychiatry, 29*(5), 783-784.

Burke, K.C., Burke, J.D., Regier, D.A., & Rae, D.S. (1990). Age at Onset of Selected Mental Disorders In Five Community Populations. *Archives of General Psychiatry, 47*, 511-518.

Dugas, M., Halfon, O., Nedey, M.C., & Contamin, E. (1985). Les attaques de panique chez l'adolescent. *La Presse Médicale, 14*(38), 1951-1954.

Garland, J., & Smith, D. (1991). Simultaneous Prepubertal onset of Panic Disorder, Night Terrors, and Somnanbulism. *Journal of the American Academy of Child and Adolescent Psychiatry, 30*, 553-555.

Herman, S., Stickler, G., & Lucas, A. (1981). Hyperventilation syndrome in children and adolescents: long term follow up. *Pediatrics, 67*(2), 183-187.

Herskowitz, J. (1986). Neurologic Presentation of Panic Disorder in Childhood and Adolescence. *Developmental Medecine and Child Neurology, 28*, 617-623.

Kessler, R.C., Mcgonagle, K.A., Zhao, S., Nelson, C.B., Hughes, M., Eshleman, S., et al. (1994). Lifetime and 12-month prevalence of DSM-III-R psychiatric disorders in the United States. *Archives of General Psychiatry, 51*, 8-19.

Klein, D.F., & Fink, M. (1992). Psychiatric reaction patterns to imipramine. *American Journal of Psychiatry, 11*, 432-438.

Klein, D., Mannuzza, S., Chapman, T., & Fyer, A. (1992). Child Panic revised. *American Academy of Child and Adolescent Psychiatry, 31*, 112-116.

Korff Von, M.R., Eaton, W.W., & Keyl, P.M. (1985). The epidemiology of panic attacks and panic disorders. *American Journal of Epidemiology, 122*, 970-981.

Lépine, J.P. (1987). Épidémiologie des Attaques de Panique et de l'Agoraphobie. In J.P. Boulenger (Ed), *L'Attaque de Panique: un nouveau concept?* Paris : J.P. Goureau.

Matthews, B., & Oakey, M. (1986). Triumph out over terror. *British Medical Journal (Clinical Research Ed.), 292*(6514), 203.

Moreau, D., Weissman, M., & Warner, V. (1989). Panic Disorders in children at high risk for Depression. *American Journal of Psychiatry, 146*(8), 1059-1060.

Rapee, R.M., Ancis, J., & Barlow, D.H. (1988). Emotional reactions to physiological sensations: Panic disorder patients and non-clinical SS. *Behaviour Research and Therapy, 26*, 265-269.

Rapee, R., Litwin, E., & Barlow, D. (1990). Impact of live events on subjects with Panic Disorder and Comparison subjects. *American Journal of Psychiatry, 147*, 640-644.

Sheehan, D.V., & Sheehan, K.H. (1982-1983). The classification of phobic disorders. *International Journal of Psychiatry Medicine, 12*, 243-266.

Sheehan, K.E., & Minichiello, W.E. (1989). Age of onset of phobic disorders : a reevaluation. *Comprehensive Psychiatry, 22*(6), 533-544.

Thyer, B.A., Parris, R.J., Curtis, G.C., Nesse, R.M., & Cameron, O.G. (1985). Ages of onset of D. S. M. III. anxiety disorders. *Comprehensive Psychiatry, 26,* 113-122.

Van Winter, J.T., & Stickler, G.B. (1984). Panic attack syndrome. *Journal of Pediatrics, 105,* 661-665.

Vila, G., & Mouren-Siméoni, M.C. (1993). Attaques de panique et Troubles Panique chez l'enfant. *Canadian Journal of Psychiatry, 38*(1), 14-18.

Vitiello, B., Behar, D., Wolfson, S., & Delaney, M.A. (1987). Panic Disorder in Prepubertal Children. *American Journal of Psychiatry, 144*(4), 525-526.

Vitiello, B., Behar, D., Wolfson, S., & Mc Leer, S. (1990). Diagnosis of Panic Disorder in Prepubertal children. *Journal of the American Academy of Child and Adolescent Psychiatry, 29*(5), 782-784.

Weissman, M., Klerman, G., Markowitz, J., & Oellette, R. (1989). Suicide ideation and Suicide attempt in Panic Disorder and Attacks. *The New England Journal of Medecine,* 321, 1209-1213.

6 Trouble anxiété généralisée

L. Vera

Description clinique et diagnostique (DSM)

Selon les critères diagnostiques du DSM-V, dans le trouble anxiété généralisée (TAG), la perturbation prédominante est une anxiété persistante qui affecte les principaux domaines de la vie de l'enfant. Les craintes de l'enfant ou de l'adolescent concernent l'inquiétude irréaliste à propos d'événements à venir (« Est-ce que la Seine pourrait déborder s'il pleut pendant deux jours ? » ; « Les vacances au bord de la mer en Bretagne sont dangereuses à cause des Tsunami » ; « J'ai mangé trop de chocolat et j'ai mal au ventre, est-ce que je vais mourir ? »). Il se demande également si, dans le passé, sa conduite a été adaptée. Il se soucie d'une façon excessive de sa compétence dans des domaines variés (scolaires, sportifs, sociaux) (« Je ne veux pas aller à l'anniversaire de Jacques car personne ne voudra jouer avec moi » ; « En classe je ne participe pas pour éviter la honte, je ne parle pas bien »). Il a un besoin de réassurance concernant des craintes diverses. Sur le plan somatique, il se plaint de maux de tête ou d'estomac. Dans des situations sociales, il aura tendance à se sentir embarrassé ou humilié. Il présente aussi des sentiments prononcés de tension physique ou d'incapacité à se détendre, à se laisser aller.

Tous les symptômes ne sont pas toujours présents chez un même sujet. Lors de la décision diagnostique, il faut tenir compte des données de la psychologie du développement : certaines craintes et peurs font partie du développement normal. La peur fugace des inconnus que l'enfant rencontre avec ses parents est protectrice dans la mesure où les attachements se font dans un climat de connaissance de l'autre. Par contre, si la peur persiste, avec refus total de communication malgré le climat amical de la rencontre, elle peut être considérée comme excessive. Lorsque les peurs sont nombreuses et persistent au-delà d'un certain temps (6 mois pour le DSM-V), le diagnostic trouble anxiété généralisée doit être retenu.

Cette catégorie diagnostique chez le jeune a de nombreuses similitudes avec le trouble anxiété généralisée chez l'adulte (tension motrice ; troubles neurovégétatifs ; attente craintive ; exploration hypervigilante de l'environnement). La revue de la littérature concernant l'anxiété généralisée ne permet pas de se prononcer sur les liens entre l'anxiété généralisée chez le jeune

TCC chez l'enfant et l'adolescent

et l'anxiété généralisée à l'âge adulte. En effet, peu d'études systématisées ont un suivi des enfants au-delà de 18 ans. D'autre part, le diagnostic différentiel avec d'autres troubles anxieux n'est pas aisé (phobie sociale, anxiété de séparation, trouble obsessionnel compulsif, phobie simple ou spécifique, trouble panique). Last *et al.* (1987) ont examiné 73 enfants âgés de 5 à 18 ans ; ils trouvent d'après les critères du DSM-III (diagnostic principal) 24 enfants présentant une anxiété de séparation (32 %), 11 enfants présentent une anxiété généralisée (15,1 %), 11 des phobies sociales (15,1 %). L'âge moyen des enfants présentant un trouble anxiété généralisée est de 10,8 ans, et de 8,9 ans pour l'anxiété de séparation, la phobie sociale se manifeste plus tardivement (âge moyen 14,2 ans). Il est intéressant de souligner que dans leur étude, ils constatent que l'anxiété de séparation est accompagnée d'anxiété généralisée (113 enfants), les autres catégories diagnostiques étant plus rares. La comorbidité du trouble anxiété généralisée est, par ordre de fréquence décroissante : phobie sociale (36 %), troubles du comportement (36 %) et évitement de l'enfance et de l'adolescence (27 %) (critères DSM-III, ce dernier trouble n'apparaît plus dans le DSM-IV). Suivant ces données, il apparaît que l'anxiété sociale et les troubles du comportement sont présents souvent chez l'enfant anxieux généralisé (ou hyperanxieux).

Cependant, ces données sont à interpréter avec précaution étant donné la dispersion d'âge de leur population. En effet, Strauss *et al.* (1988) trouvent que les enfants hyperanxieux (moins de 11 ans) ont en même temps une anxiété de séparation. En revanche, les hyperanxieux de plus de 12 ans ont une anxiété sociale et souvent un état dépressif. De plus, les enfants plus âgés ont un niveau d'anxiété plus élevé selon les mêmes auteurs. Les similarités de l'anxiété généralisée avec la phobie sociale concernent essentiellement la phobie sociale type généralisée (anxiété dans la plupart des situations sociales). Les comportements d'évitement limités aux situations sociales permettent de différencier l'anxiété généralisée de la phobie sociale non généralisée. Les situations sociales anxiogènes pour les hyperanxieux sont essentiellement les situations d'évaluation scolaire (performance et jugement d'autrui par rapport à la qualité de celle-ci) (Vera et Leveau, 1990).

Dans une étude récente, Layne *et al.* (2009) trouvent que 86 % d'enfants présentant un TAG ont un autre trouble anxieux associé et 4 % ont un trouble dépressif selon les critères du DSM-IV-TR. Les auteurs insistent sur le nombre important et la forte intensité de symptômes anxieux qui différencient la population TAG des enfants qui auraient des simples inquiétudes ou préoccupations.

Le point de vue comportemental et cognitif

Trois grandes tendances se dégagent de l'étude de la littérature :

- la première considère l'anxiété généralisée comme une forme atténuée de l'attaque de panique, relevant surtout de l'activation physiologique plus chronique et non paroxystique comme observée dans l'attaque de panique ;

- la deuxième privilégie la rumination soucieuse en insistant sur le caractère moins bizarre que dans les troubles obsessionnels. Les thèmes diffèrent aussi et ils concernent plus des craintes à venir que des actions passées ;
- une troisième tendance est de retenir le sentiment de vulnérabilité aux événements et le pessimisme concernant les moyens d'y faire face. Ces auteurs voient un continuum entre le TAG et la vulnérabilité à la dépression en raison du discours négatif et de la comorbidité.

Ces études rétrospectives soulignent l'intérêt d'identifier le rôle des événements négatifs situés dans l'enfance, situations de détresse dont rien ne prouve qu'elles sont fondatrices d'une vulnérabilité anxieuse.

Pour Barlow (2002), les stress réels (voire facteurs de maintien) éprouvés au cours de la vie, ambiance scolaire stressante, compétition, ennuis amicaux sont des renforcements d'une structuration de la personnalité (tempérament) anxieuse.

Le traitement particulier de l'information, les biais attentionnels avec attraction des signaux de danger sont également mis en avance, mais cause d'un trouble anxieux ou conséquence d'un tempérament anxieux (Mogg *et al.*, 1995) ?

L'interprétation de la réalité comme menaçante, stratégie de rumination, importance du souci

Craske *et al.* (1992) rappellent que le patient souffrant d'un TAG interprète les situations ambiguës d'une manière plus menaçante (bruit égale voleurs), se croie plus la cible du malheur que les autres et subit des effets plus dramatiques des événements défavorables. Ils notent que les événements diagnostiques portant sur le souci ont plus de fidélité interjuges que ceux portant sur l'anxiété physiologique, et en particulier par le caractère incontrôlable de ces soucis.

Pour Borkovec et Inz (1990), il s'engage un cercle vicieux entre le souci, l'état d'activation qui en résulte et la plus grande difficulté qu'il y a à quitter cette rumination.

L'hypothèse d'un évitement cognitif d'images phobogènes semble expliquer en partie le TAG : il y aurait un début d'engagement vers une résolution de problèmes sans activité de résolution proprement dite, ce qui interdit l'exposition et l'extinction ou le *coping*. Il semble plus facile de se créer une image mentale pour les thèmes d'inquiétude que pour les thèmes obsessionnels. De plus, les thèmes d'inquiétude généreraient des images plus détaillées que les thèmes obsessionnels. Le jeune anxieux chercherait à éviter l'image anxiogène par une rumination soucieuse verbale moins anxiogène. L'étude réalisée par Borkovec et Inz (1990) a démontré qu'il existe une prépondérance des pensées verbales sur les images pour transiger avec l'inquiétude chez les personnes souffrant de TAG. Waters *et al.* (2008) dans une étude comparative constatent que l'amplification et la surestimation des dangers diminuent significativement chez ces enfants après traitement cognitivo-comportemental. Mais selon les auteurs, les enfants hyperanxieux continuent à être plus attirés par les images qui représentent un danger que par les images agréables. On peut supposer donc que ces enfants peuvent apprendre à relativiser le danger potentiel mais il faudrait aussi renforcer chez eux la motivation à s'aventurer dans des nouvelles situations agréables, sans être inhibés par les éventuelles conséquences négatives réelles ou imaginaires.

Une autre hypothèse explicative du développement de l'anxiété généralisée concerne les effets contre-productifs de la suppression des pensées. L'étude réalisée par Wegner *et al.* (1987) ont démontré que lorsqu'un individu essaie de supprimer une pensée, un effet paradoxal se produit qui intensifie la présence de cette pensée indésirable.

L'impact des méta-inquiétudes

Le modèle explicatif du TAG développé par Wells (1997) propose que l'inquiétude engendre des méta-inquiétudes (ou inquiétudes de type 2). L'inquiétude de type 2 renvoie aux évaluations négatives qu'une personne entretient face à ses propres événements cognitifs et qui survient particulièrement en présence d'inquiétudes. Cette hypothèse permet de comprendre un autre renforcement des inquiétudes, processus que l'on retrouve aussi dans la rumination dépressive. Il est proposé qu'une activité méta-émotive problématique (c'est-à-dire une émotion confuse, inacceptable et incontrôlable) intensifie la valence aversive ainsi que la durée de l'anxiété pathologique et contribue au développement ainsi qu'au maintien du TAG.

L'intolérance à l'incertitude

Dugas *et al.* (1998) montrent à travers des questionnaires adéquats que l'intolérance à l'incertitude est une dimension clé dans le TAG et développent un modèle qui fait intervenir cette dimension, ainsi que les croyances sur le souci, la faible orientation vers la résolution de problème et l'évitement cognitif. L'équipe de l'université de Laval a aussi montré que l'intolérance à l'incertitude et l'orientation émotionnelle en résolution de problème sont de bons facteurs prédictifs des ruminations anxieuses (285 étudiants).

Il a cependant été montré que l'aptitude à la résolution de problème n'est pas déficiente mais au contraire supérieure aux contrôles (Dugas *et al.*, 1998).

Selon Ladouceur et Dugas (1999), l'intolérance à l'incertitude renvoie à la prédisposition à réagir négativement à un événement incertain, indépendamment de la probabilité ainsi que des conséquences qui y sont associées. Par exemple, si deux individus évaluent de manière identique les probabilités ainsi que les conséquences plausibles d'un événement quelconque, celui qui présente une plus grande intolérance face à l'incertitude sera davantage préoccupé par cet événement. L'intolérance à l'incertitude ainsi que l'intolérance à l'activation émotionnelle constituent les deux phénomènes principaux impliqués dans les troubles anxieux. Les personnes anxieuses ont tendance, dans des situations incertaines, à rechercher des informations supplémentaires afin d'augmenter leur niveau de certitude (hypervigilance) et, paradoxalement, essaient d'éviter les informations menaçantes susceptibles d'évoquer des symptômes anxieux (évitement). L'anxiété excessive résulte donc d'une alternance constante d'un état d'hypervigilance lié au caractère incertain de la situation à un état d'évitement lié aux réactions anxiogènes ressenties par l'individu. Si un événement incertain ne se produit pas et si cette non-occurrence est attribuée aux inquiétudes, les croyances erronées deviennent renforcées.

La perception de la qualité de l'attachement

Viana et Rabian (2008) ont étudié chez 94 enfants le rapport entre la perception de l'attachement et les symptômes du TAG. Les auteurs constatent au moyen des questionnaires que les enfants anxieux perçoivent l'attachement à leur mère comme une relation précaire et peu sécurisante. Ce type de relation affective est également perçu par rapport au groupe d'amis. Pour Viana et Rabian, les préoccupations ou ruminations anxieuses des enfants sont renforcées par la menace de rupture affective sans qu'il ait une réelle précarité affective. Encore une fois, on remarque chez les enfants ayant peur de tout une perception de la réalité comportant peu d'appuis perçus comme base de refuge affectif stable. Cassidy *et al.* (2009) constatent chez les adultes présentant un TAG un vécu de leur enfance imprégné d'insatisfaction affective. Au moyen de questionnaires, les patients dégagent un profil psychologique où la menace de perte affective est active depuis l'enfance. Ces constats sont très probablement en rapport avec ce que nous observons en clinique : l'enfant anxieux en cas de problème se perçoit sans soutien social ou affectif. Il se sent abandonné et seul face à la résolution de problèmes de la vie alors qu'en général, l'enfant ne manque pas d'affection. Une hypothèse qui nous permettrait de mieux comprendre le sentiment de précarité affective serait celle d'un probable agacement et rejet de l'entourage face aux symptômes irrationnels et souvent absurdes de ces enfants. L'empathie envers eux pourrait se voir diminuée. Solomon et George (2008) font une revue exhaustive des outils d'évaluation du type d'attachement chez l'enfant. Cette démarche d'évaluation permet de dépister les enfants à risque de TAG et par conséquent de mettre en place des mesures thérapeutiques de prévention.

Évaluation et traitement (échelles et techniques)

Les échelles contribuant au diagnostic sont celles de Spielberger et de Vera (voir chapitre 2).

L'analyse cognitivo-comportementale

L'analyse cognitivo-comportementale doit tenir compte des points suivants :

- évaluation de l'anxiété (intensité, comportements d'évitement) ;
- recherche d'une éventuelle dépression ;
- évaluation de l'adaptation sociale ;
- évaluation d'éventuels troubles du comportement ;
- diagnostic différentiel avec d'autres troubles anxieux, passation d'auto-questionnaires ;
- évaluation du niveau intellectuel.

Les stratégies spontanées de contrôle de l'anxiété utilisées par les enfants

Une fois le diagnostic établi et les situations d'anxiété déterminées, il est important, avant d'établir un projet thérapeutique, d'étudier les stratégies utilisées éventuellement par l'enfant pour faire face à l'anxiété. En général, ces stratégies renforcent l'anxiété et elles sont considérées comme des facteurs de maintien. Il est important donc d'identifier ces facteurs de maintien car ils peuvent entrer en compétition avec les stratégies thérapeutiques employées en psychothérapie. Voici quelques exemples :

- sur le plan cognitif :
  - penser à des choses agréables en évitant de penser à la situation anxiogène (évitement cognitif) qui est mise en veilleuse ;
  - essayer de se répéter que rien de grave ne va arriver mais en étant nullement convaincu de ce que l'enfant se dit ;
  - éviter tout ce qui peut le rendre anxieux (informations à la télévision, certains films, certaines conversations, etc.) ;
- sur le plan soutien social :
  - se rassurer auprès des parents que tout va bien (vérifications proches des compulsions de vérification) ;
  - demander la présence des parents lors de la confrontation aux situations anxiogènes (ex. aller seul dans une pièce au fond de l'appartement) ;
  - aller chercher la présence de la fratrie afin d'affronter la peur ;
- sur l'attachement à des objets :
  - se rassurer avec un jouet ;
  - avant d'aller à l'école, prendre tout le matériel scolaire, même si ce jour-là le matériel n'est pas utilisé, au cas où « il se passe quelque chose » ;
  - programmer 2 ou 3 réveils pour ne pas être en retard quelque part ;
- sur le contrôle de l'environnement :
  - vérifier que tout est bien en place, « comme d'habitude » ;
  - vérifier l'emploi du temps des parents pour pouvoir les joindre « au cas où ».

Le traitement

Les techniques de traitement utilisées pour ce type d'enfants ou d'adolescents sont multiples et non spécifiques à l'anxiété généralisée, on utilise en général les stratégies suivantes.

L'exposition graduelle

(Voir chapitre 2)

La relaxation

(Voir chapitre 2)

Le *Biofeedback* électromyographique

Il s'agit d'une méthode d'entraînement au contrôle volontaire des fonctions autonomiques. Dans cette procédure, l'information habituellement inaccessible relative à l'état d'une ou de plusieurs fonctions organiques est captée par des appareils d'enregistrement, traduite sous forme analogique, et retransmise aux organes sensoriels, permettant à l'organisme de développer sa capacité de percevoir et de modifier l'activité de ces fonctions organiques suivant un projet thérapeutique (en général la tension motrice).

L'affirmation de soi

(Voir chapitre 4)

Les techniques cognitives

À notre avis, les techniques cognitives devraient trouver leur spécificité chez les hyperanxieux ; elles permettent la modification du souci. Les procédures cognitives dans le trouble anxiété généralisée procèdent par étapes.

Tout d'abord, il faut mettre en évidence les situations qui suscitent l'anxiété afin de relier cette anxiété à des représentations mentales. Ces représentations sont en lien direct avec des pensées anxiogènes : « Je serai aspiré par le monstre ». La deuxième étape consiste à questionner l'enfant de façon délicate sur sa pensée d'être aspiré : « Dis-moi comment fera le monstre pour t'aspirer », « As-tu déjà entendu qu'un enfant ait été aspiré par un monstre ? ». Il faut amener l'enfant à questionner les pensées anxiogènes afin de le convaincre que sa pensée est souvent négative. Ses pensées sont remplies de tragédies et de films d'horreurs qui vont se concrétiser sur lui : « Peut-être que les monstres n'existent pas mais un jour ils pourraient commencer à exister et ils pourraient m'attaquer moi en premier ». De façon progressive, on discutera avec l'enfant sur sa peur de vivre des expériences inhabituelles et en même temps l'envie de vivre de choses nouvelles. On renforcera cette envie de choses nouvelles en essayant de les associer à des représentations mentales plus agréables que de rencontrer des fantômes ou des monstres. En général, le thème chargé d'angoisse dans l'anxiété généralisée est le désir de contrôler l'avenir pour avoir la certitude que rien de négatif ne va arriver. Le fait également de discuter du thème et de le concrétiser (forme du monstre, comment il voit la bouche qui aspire, est-il content quand il mange des enfants, a-t-il un visage horrible ou bien il a une tête de gentil, etc.) est un facteur thérapeutique efficace dans le développement de la critique des contenus anxiogènes. Souvent, la thérapie cognitive pour les enfants anxieux propose l'écriture des scénarios de leur souci, de leurs peurs : ils deviennent écrivains du film qu'ils se font dans leur tête. Le but est de les aider à prendre de la distance par rapport aux pensées afin qu'ils puissent comprendre que les pensées sont des produits — leur produit — provenant de leur tête.

Les stratégies de gestion du stress

Celles que nous utilisons consistent à :

- expliquer à l'enfant pourquoi il est aidé, quelles sont ses difficultés et quel est leur impact sur sa tension permanente ;
- sélectionner les comportements cibles en fonction du handicap sur la vie quotidienne ;
- entraîner l'enfant à réfléchir avant d'agir (cette réflexion concerne l'évaluation du degré de « danger » anticipé par l'enfant d'une situation ou d'un objet), l'aider à prendre une décision (évitement ou exposition) en fonction de son degré d'anxiété ;
- modeler un discours à haute voix (le thérapeute réalise une tâche et pense à haute voix : « Comment je vais faire pour résoudre ce problème ? » ; « Mon professeur ne va pas être content si je me trompe, mais après tout je vais à l'école pour apprendre et on ne peut pas éviter de faire des erreurs », etc.) ; l'enfant imite la situation précédente et pense à haute voix. Le thérapeute corrige éventuellement le discours de l'enfant s'il a des idées anxiogènes ;
- l'enfant expose pendant les séances des situations anxiogènes et le thérapeute limite de plus en plus ses interventions, il renforce le discours anti-anxiété et « souffle » à l'enfant un discours interne moins anxiogène.
- la psychoéducation des parents concernant les attitudes les plus adaptées face aux conduites anxieuses de leur enfant anxieux semble jouer un rôle important mais pas essentiel dans les traitements cognitivo-comportementaux (Wood *et al.*, 2006), (Roblek et Piacentini, 2005).

Cas clinique

A.-S. est âgée de 7 ans 5 mois, a une sœur plus jeune d'un an et un petit frère de quelques mois. Son père travaille dans les éditions scolaires et rapporte souvent des livres à la maison. Il est décrit par sa femme comme anxieux : « il s'affole pour tout ». La mère d'A.-S. est sans profession. On ne relève aucune particularité dans la petite enfance, si ce n'est une énurésie primaire intermittente jusqu'à l'âge de 4 ans. Elle a présenté un bégaiement à l'âge de 3 ans et une jalousie assez importante vis-à-vis de sa sœur. Il y a eu refus scolaire partiel (école maternelle), à l'école la maîtresse signalait une opposition qui a été rapidement enrayée.

▷

▷ À l'âge de 4 ans, une rééducation du langage a été entreprise en raison de bégaiement associé à un retard de parole. Les progrès ont été rapides et la rééducation a cessé. A.-S. a été revue par l'orthophoniste à l'âge de 6 ans et demi pour bilan du langage ; elle était en échec en cours préparatoire, alors que l'apprentissage de la lecture avait bien débuté. Une rééducation du langage lui a été proposée. Celle-ci a débuté à la fin du CP. A.-S. est passée à l'essai en CE1, à cause de son niveau de lecture insuffisant. Elle semblait rassurée de passer dans la classe supérieure. Au cours des séances avec l'orthophoniste, le comportement a été marqué par une anxiété importante, se manifestant, tout d'abord, dans les moments de lecture, puis se généralisant à toute tâche scolaire, voire même aux activités extrascolaires (jeux, par ex.). Ce comportement anxieux s'exprimait par une incompétence totale dans des situations, même simples ; par une incompréhension des consignes, et ceci aussi bien pour des jeux éducatifs administrés à des enfants plus jeunes. Elle effectuait souvent des sortes de grimaces et montrait une discrète instabilité. Au bout de quelques mois de rééducation du langage, peu de progrès avaient été réalisés. L'enfant a été adressée pour étude de son anxiété et envisager une thérapie cognitivo-comportementale.

Analyse cognitivo-comportementale

Elle a été réalisée avec les données provenant de l'enfant, un entretien avec la mère et des informations recueillies auprès de l'institutrice. Des questionnaires d'anxiété ont été proposés à A.-S.

Les données fournies par l'enfant

Comment se manifeste l'anxiété ? Généralement, elle a des maux de ventre, quelquefois, elle a comme une boule dans la gorge.

Où ? : À l'école essentiellement, moins à la maison.

Quand ? : « Quand je fais des choses dures, quand je fais beaucoup, que ça va fort, quand il y a un exercice très dur. J'ai très peur d'oublier quelque chose, par exemple : oublier ma trousse parce que ma meilleure copine a changé de place et je ne peux pas lui demander de me prêter un stylo ou autre chose. »

Concernant *les processus cognitifs*, on lui demande, alors, de dire ce qu'elle pense, dans sa tête, quand par exemple elle a oublié sa trousse : « Je l'ai dit à la maîtresse. J'avais très peur de lui dire. Je me disais qu'il fallait le dire, mais je me disais qu'elle allait me gronder, qu'elle allait me dire "demande à quelqu'un des crayons", alors, je ne savais pas à qui demander et j'avais peur. » Elle a aussi peur d'avoir des zéros sur le cahier et de se faire gronder par son père dont elle dit qu'il est sévère (un zéro entraîne un jour de privation de télévision). Elle avait peur quand sa mère attendait le bébé, peur qu'il lui fasse mal quand il viendrait (accouchement).

Les données fournies par la mère

Elle confirme comment se manifeste la peur : par des maux de ventre et par de nombreuses questions. Elle a peur quand elle doit effectuer son travail scolaire, surtout si elle le fait seule ; avant l'accouchement de sa mère, elle posait beaucoup de questions sur ce qui allait se passer, lui demandait si elle avait mal : elle semble souvent inquiète et pose, alors, énormément de questions.

Les données fournies par l'école

Comment s'extériorise la peur ? Par une inactivité totale « Elle ne fait rien, ne semble pas entendre ce qu'on demande, elle semble en retrait total. » ▷

▷ Quand ? Que ce soit pour les activités purement scolaires ou extrascolaires.

L'analyse des données

Il ressort de ces informations qu'il s'agit d'une anxiété généralisée apparaissant essentiellement dans le cadre scolaire, avec des manifestations phobiques : comportement d'évitement et de fuite. Par exemple, quand on lui parle de l'école, elle change de sujet ; si on effectue une activité scolaire, elle dit « je préfère faire un jeu », ou bien elle se plaint de fatigue.

À l'école, elle essaie de se concentrer lorsque la maîtresse explique un sujet de travail mais, bien souvent, elle pense à autre chose.

Questionnaires d'anxiété

L'échelle de R. Gittelman-Klein

Nous l'avons remplie avec A.-S. car il paraît difficile pour une enfant de cet âge de répondre toute seule à ce questionnaire. Nous avons d'abord analysé tous les items, comportant la mention « énormément » et « beaucoup ». Nous avons ainsi pu repérer ce qui pouvait être les manifestations physiques de la peur (difficulté à trouver sa respiration, difficulté à avaler), les peurs (peur du noir ; peur de ce qui pourrait arriver à ses parents), la sensibilité à la critique d'autrui (inquiète de ce que les autres pensent d'elle ; facilement froissée ou blessée quand on la gronde), l'aspect scolaire : les résultats (désir d'avoir des bonnes notes, besoin d'exceller en tout), mais aussi le sentiment d'échec et la tension quand elle rencontre une difficulté.

Les deux questionnaires de Spielberger

On repère certaines contradictions dans les réponses données par A.-S : elle n'est « pas apeurée » mais « terrifiée », « pas préoccupée », mais « très ennuyée », « très contente », mais « pas satisfaite ». L'autre questionnaire comprend des phrases qu'un enfant peut employer pour se décrire. Le sujet doit indiquer si la phrase s'applique à lui : « presque jamais », « quelquefois », « souvent ». Nous nous sommes intéressés aux items qui étaient cochés « souvent ». Ils confirment les remarques que nous avons effectuées au sujet du questionnaire de R. Gittelman-Klein, en extériorisant des éléments d'anxiété, une sensibilité au regard de l'autre, une peur de l'échec.

Le questionnaire de Conners

Ce questionnaire comprend 123 items, avec différentes rubriques : exemple : « peurs et préoccupations », « difficulté à se faire des amis », « problèmes scolaires ». Pour chaque phrase, le parent doit mettre une croix à ce qui décrit le mieux son enfant : pas du tout, un petit peu, beaucoup, énormément. Nous avons relevé les items qui étaient mentionnés « énormément » et « beaucoup ». La rubrique « énormément » apparaît très peu : elle concerne les difficultés scolaires, la peur d'échouer, l'autocritique et l'angoisse de séparation. La mention « beaucoup » est portée à la difficulté d'endormissement, la peur du noir, l'inquiétude de la mort, les problèmes relationnels avec les amis, la peur d'échouer, les manifestations somatiques (maux de ventre). Tous ces éléments confirment les données aussi bien des autres questionnaires que de l'analyse cognitivo-comportementale qui est faite lors des premières séances. ▷

▷ *Les autres données disponibles*

À la suite de la passation de ces questionnaires, nous avons cherché à préciser quelques points avec Madame, au cours d'un entretien : il est apparu qu'A.-S. avait très peur d'être grondée par son père pour ses résultats en classe ; elle se plaignait de maux de ventre dès qu'elle avait une contrariété ou avant d'aller à l'école ; à certains moments elle ne travaillait plus à la maison, « bloquée », selon sa mère.

Au sujet de l'angoisse de séparation, elle a peu eu l'occasion de quitter le milieu familial ; elle a été, une fois, dormir chez une amie ; elle avait d'abord accepté, puis elle ne voulait plus y aller. Or elle y est tout de même allée et a été énurétique ; elle a eu très peur d'être grondée. Elle n'a plus voulu y retourner.

Les autres éléments de l'entretien avaient trait à l'anxiété de sa fille ; elle précisait qu'A.-S. s'inquiétait très facilement, sans pouvoir nous préciser la fréquence de ses inquiétudes.

Ces questionnaires, n'ayant pas de *cut-off*, nous ont servis, essentiellement, à préciser les données cliniques, au sujet de l'anxiété d'A.-S. et à repérer les situations problèmes qui pouvaient être hiérarchisées puis travaillées dans les séances L'analyse comportementale ou fonctionnelle est schématisée dans le tableau 6.1

Les techniques utilisées

Elles ont été les suivantes :

- exposition graduelle aux stimuli anxiogènes (jeux avec des consignes simples, apprentissage à gagner, reconnaissance des aspects positifs de son comportement qui permettaient sa réussite. Puis les consignes sont devenues de plus en plus compliquées). Enfin, introduction des situations scolaires en fonction de son degré d'anxiété, le but étant la diminution de l'anxiété, les tâches anxiogènes étaient répétées jusqu'à extinction des manifestations d'anxiété ;
- *modeling* : modelage des stratégies pour gagner dans un jeu, comportements plus affirmés (expression des réussites, des désirs, recherche d'un compliment, etc.) ;
- gestion du stress (cf. Servant, 2005).

Plan du traitement

Séances 1 et 2

Sur le plan cognitif :

- Passation de questionnaires d'évaluation (anxiété, dépression, etc.).
- Identification des thèmes anxiogènes.
- Identification des conduites d'évitement cognitif.
- Identification des symptômes cognitifs anxieux (informations données par les parents et par l'enfant).

Sur le plan comportemental :

- Identification des symptômes physiques de l'anxiété.
- Identification des conduites d'évitement comportemental (informations données par les parents et par l'enfant).

Tableau 6.1. Analyse comportementale ou fonctionnelle : tableau récapitulatif.

	Antécédents	Conséquents	Stratégie thérapeutique envisagée
	Anxiété anticipatoire massive (toutes les situations sont envisagées avec un filtre de catastrophe, d'échec) Pas d'enthousiasme à envisager des activités Expression émotionnelle imprégnée de sentiments négatifs	Manifestations physiques de la peur (difficulté à trouver sa respiration, difficulté à avaler) Peurs (peur du noir ; peur de ce qui pourrait arriver à ses parents) Sensibilité à la critique d'autrui (inquiète de ce que les autres pensent d'elle ; facilement froissée ou blessée quand on la gronde)	Exposition graduelle aux stimuli anxiogènes *Modeling* Gestion du stress

Symptômes			Énurésie primaire														
						Anxiété généralisée											
			Bégaiement														
	⇑	⇑	⇑	⇑	⇑	⇑	⇑	⇑	⇑	⇑	⇑	⇑	⇑	⇑	⇑	⇑	
	1	2	3	4	5	6	7	8	9	10	11	12	13	14	15	16	Âge (ans)

Sur le plan familial (parents) :

- Information des parents et de l'enfant sur le fonctionnement d'un état anxieux.
- Information plus spécifique sur le rôle des inquiétudes et leur fonctionnement (les inquiétudes ne se réalisant pas sont « relancées » à chaque fois). L'enfant attend en permanence que la catastrophe redoutée arrive.

Tâche à domicile : noter sur un agenda les inquiétudes et les évitements comportementaux (l'enfant note ; s'il est trop jeune, il dicte aux parents ce qui l'a inquiété dans la journée).

Séances 3 à 5

Comme dans les séances précédentes :

- Identification des thèmes anxiogènes.
- Identification des conduites d'évitement cognitif.
- Identification des symptômes cognitifs anxieux.

• Identification des symptômes physiques de l'anxiété.
• Identification des conduites d'évitement comportemental (informations données par les parents et par l'enfant).

Thérapeutique

• Entraîner l'enfant à reconnaître une inquiétude justifiée (compétition à venir, voyage, contrôles scolaires, etc.) et à identifier une inquiétude basée sur l'imagination (et si... et si... et si...). L'inquiétude justifiée est à associer à une action qui peut solutionner le problème (contrôle sur l'événement) L'inquiétude injustifiée est associée à une éventuelle catastrophe (pas de contrôle sur l'événement).
• Commencer à identifier si le jeune est préoccupé par le fait de ses inquiétudes « Si je suis anxieux comme ça, est-ce que je deviendrai fou ? » Il s'agit de repérer les métacognitions.
• Entraîner le jeune à une méthode de relaxation.
• Commencer à faire la liste des situations évitées.
• Expliquer le principe d'exposition progressive aux situations redoutées.
• Comme tâche à domicile, demander la pratique quotidienne de la relaxation et demander de noter sur un agenda les inquiétudes et les évitements comportementaux.

Séances 6 à 10

• Relaxation.
• Exposition.
• Modifications cognitives (idées dysfonctionnelles, idées erronées, discussion sur la logique des prédictions anxieuses, etc.).
• Tâches à domicile : pratique de la relaxation, exposition, et modification du discours interne anxiogène en le remplaçant par un « guide interne sécurisant » : « Si c'est une inquiétude injustifiée, il est très probable que ce que je crains n'arrive pas ou ne se réalise pas ». « Si quelque chose de négatif doit arriver, je ne peux rien faire pour le contrôler, en revanche si quelque chose de positif arrive, c'est parce que je peux contrôler et programmer, sortie, cinéma, jeux, etc. ».

Séance 11 à 15

• Relaxation.
• Exposition si besoin.
• Psychoéducation centrée sur l'apprentissage à identifier les idées anxiogènes et la gestion cognitive de ces idées.
• Renforcer les parents dans leur attitude rassurante qui rappelle à l'enfant sa forte tendance à s'inquiéter, sa fausse impression que le monde est rempli de catastrophes. Les encourager à renforcer leur enfant à chaque fois qu'il

exprime des projets, des envies (réalisables) et surtout quand il s'aventure dans le plaisir de penser, de rêvasser.

Les perturbations du sommeil chez l'enfant anxieux

Bien dormir est un comportement appris depuis la naissance. L'apprentissage pour que les habitudes de sommeil soient stables et obéissent à des lois de fonctionnement sain pour l'enfant doit tenir compte de trois facteurs : compréhension de ce que c'est le sommeil, des facteurs internes de vulnérabilité à l'angoisse et enfin des facteurs externes anxiogènes. Le handicap du mauvais sommeil sur le fonctionnement du jeune a été souligné par des nombreux auteurs (Chase et Pincus, 2011).

Pour rappel, chez le très jeune enfant, il existe trois types de sommeil :

- le sommeil sismique (celui du fœtus et du prématuré de moins de 30 semaines) ;
- le sommeil agité (quelques semaines après la naissance) ;
- le sommeil paradoxal.

Puis, avec le temps, qui passe on peut identifier une transformation vers le sommeil de l'adulte : plusieurs cycles de sommeil durant la nuit (entre 90 et 120 minutes, donc environ 6 cycles par nuit) et deux types de sommeil (le sommeil lent et le sommeil paradoxal). Pendant les phases de sommeil lent, les yeux sont fermés, les mouvements oculaires absents ou très lents au moment de l'endormissement. La respiration est lente et régulière et le tonus du corps est conservé. Puis survient la phase de sommeil paradoxal qui associe des signes de sommeil (atonie musculaire complète, seuils d'éveil élevés) et des signes d'éveil (respiration irrégulière et mouvements oculaires rapides). C'est en général dans la phase de sommeil paradoxal que les rêves surviennent.

Chez l'enfant et l'adolescent, le rythme veille/sommeil est synchronisé sur un rythme circadien de 24 heures grâce aux « donneurs de temps » (relation avec la mère, l'alternance du jour et de la nuit, la régularité des prises alimentaires et leur disparition progressive dans la nuit, la régularité des moments de promenade et d'échanges, les heures de sieste, de coucher et surtout le réveil le matin). Les périodes de veille et les périodes de sommeil surviennent donc, dès les tout premiers mois de vie, à heures régulières : le jour pour les périodes de veille, la nuit pour le sommeil.

Chez l'enfant et l'adolescent, le rôle bénéfique sur le rythme circadien des activités structurées : scolaires, sportives, culturelles... est souligné par Chamallel (2009). Le rôle néfaste des activités non structurées est également souligné par ce médecin : télévision, informatiques, sorties.

Les insomnies du jeune enfant (tableaux 6.2 et 6.3)

Elles constituent fréquemment une plainte des parents, dont le sommeil ne correspond pas à celui de l'enfant (Bartlet, 2006).

Les insomnies d'origine comportementale se manifestent par des difficultés d'endormissement et des réveils fréquents.

Tableau 6.2. Insomnies du jeune enfant (< 5 ans).

Difficultés d'endormissement	Pleurs Opposition au coucher
Éveils nocturnes	Multiples mais brefs
Nuit écourtée	Il est rare d'observer une diminution anormale du temps de sommeil. L'enfant cherche à rattraper son manque de sommeil dans la journée ou se réveille tard

Tableau 6.3. Origine des insomnies du jeune enfant consultant dans des centres spécialisés.

Insomnies d'origine comportementale	70 % des enfants ont ce type de trouble
Insomnies d'origine médicale	30 % des enfants

Principales causes comportementales de perturbation du sommeil

- Un apprentissage ou conditionnement inadapté à l'endormissement : l'enfant a rarement été posé réveillé dans son lit ou bien il n'a jamais été habitué à s'endormir seul ou bien après un épisode de maladie il ne sait plus s'endormir seul. Pour des raisons de « logistique », l'enfant s'habitue à s'endormir dans un autre endroit que dans sa chambre. Il est incapable de s'endormir sans biberon, sans être bercé, sans être promené dans sa poussette ou encore sans être couché contre ses parents. Le sommeil dans la première partie de la nuit est stable, calme mais des éveils fréquents vont survenir dans la deuxième partie de la nuit (à partir de minuit). Les réveils sont normaux dans le développement de l'enfant mais à chaque réveil il va probablement pleurer et demander à se rendormir dans les mêmes conditions du premier endormissement (être bercé, biberon).
- Une prise alimentaire nocturne : un accès d'apport de liquide pendant la nuit (plus de 200 grammes) multiplie les éveils nocturnes.
- Un excès de stimulations.

▷

▷

> • L'absence des limites au moment du coucher (difficulté à dire non). Certains parents se laissent déborder par les conduites de résistances de l'enfant à rester dans son lit. Plusieurs raisons à être ferme et dire non peuvent être identifiées :
> - culpabilité de ne pas passer assez de temps avec l'enfant dans la journée (travail) ;
> - angoisse face aux pleurs de l'enfant ;
> - gêne de déranger les voisins ;
> - peur de réveiller la fratrie ;
> - fatigue qui empêche de supporter les pleurs ;
> - dépression de l'un des parents ;
> - anxiété de séparation des parents (en général de la mère).

Les insomnies de l'enfant (6-12 ans)

La cause la plus fréquente des problèmes de sommeil est la difficulté d'endormissement.

Les préadolescents malgré le fait de se trouver dans leur lit vont trouver des excuses pour sortir de leur lit : se plaindre de la difficulté à s'endormir, la peur et l'angoisse. Une fois endormis, ils se réveillent peu.

D'autres causes ont été décrites :

• L'enfant « couche-tard » a du mal à accepter l'heure imposée par les parents, il finit par se coucher mais le réveil est très difficile (fatigue, les jours sans école il dort jusqu'à tard le matin et a tendance à traîner). L'enfant est « décalé ».

• L'enfant « court dormeur » est couché trop tôt par rapport à ses besoins de sommeil, il attend patiemment que le sommeil arrive (parfois 2 heures d'attente). Il dort bien et se réveille en forme. Les parents surestiment les besoins de sommeil de leur enfant (Ng *et al.*, 2013).

• L'enfant anxieux qui a peur de l'obscurité, peur d'être abandonné par ses parents pendant qu'il dort, peur de ce qui va se passer le lendemain... L'imagination est porteuse des nombreuses situations anxiogènes (les soucoupes volantes viendront le chercher, la photo du requin de son journal peut se transformer en vrai requin et le dévorer, la « dame blanche » va lui prendre le pied au moment de monter dans le lit...). Il va solliciter ses parents pour se sentir protégé, les parents fatigués le couchent dans leur lit et le conditionnement débute entre « j'ai peur » et « je dois dormir avec mes parents comme ça je n'aurai pas peur ».

• L'enfant soumis à un excès de stimulation : télévision dans sa chambre, téléphone portable et échange de sms...

Cas clinique

Edmond, âgé de 12 ans, décrit son ressenti au moment de l'endormissement : « Parfois je n'arrive pas à m'endormir à cause des choses qui se sont passées dans la journée. Je m'inquiète pour des choses qui vont arriver et comme cela me tourmente, je me concentre sur ça et je n'arrive pas à m'endormir. Toute ma journée défile dans ma tête, tous les soirs. Je me sens obligé d'y penser, c'est comme un réflexe mental, je dois penser à ce qui a été positif dans la journée et aussi aux choses négatives de la journée. Pour les choses qui vont arriver après, c'est bizarre parce que j'imagine beaucoup plus pire que ce qui se passe et après je me rends compte que c'était vraiment débile, non justifié. Pour m'endormir, je mets 2 heures et demie. Parfois je tente de me dire quelque chose de positif mais 10 minutes après ça revient. J'ai peur de la mort… de l'infini… c'est assez compliqué pour moi d'imaginer l'infini… j'imagine des nuages noirs et je tente d'arriver au bout. Je ne veux pas en parler car cela m'angoisse. Le matin je suis très fatigué ».

Les insomnies de l'adolescent

Selon une enquête finlandaise (Tynjala *et al.*, 1997) 30 % des adolescents se plaignent de mauvais sommeil. En général, l'adolescent a tendance à décaler ses heures d'endormissement et de réveil. Ses besoins de 9 heures de sommeil ne sont pas respectés. Il se trouve en état de privation de sommeil surtout pendant les jours de scolarité. Plusieurs facteurs contribuent au maintien de ce problème : la prise d'autonomie par le jeune de ses heures d'endormissement et de réveil (ce dernier étant source de conflit familial), le téléphone portable, le goût pour les activités stimulantes en fin de soirée, l'anxiété scolaire, chez certains la forte procrastination des activités scolaires. L'adolescence est une période de recherche identitaire remplie des doutes anxieux qui provoquent un retard de phase (incapacité à s'endormir le soir, pas avant deux heures d'effort). L'anxiété généralisée et la dépression sont souvent responsables des difficultés d'endormissement de l'adolescent (Astill *et al.*, 2012).

Le Dr Challamel décrit les principaux facteurs perturbateurs de la bonne qualité du sommeil (elle les appelle « Les voleurs de sommeil »).

Facteurs perturbateurs de la bonne qualité du sommeil

- Rythmes de coucher et de réveil trop irréguliers.
- Temps passé devant un écran (> 2 heures pour l'enfant, > 3 heures pour l'adolescent).
- Absence d'exercice physique ou exercice physique trop tardif le soir.
- Activités extrascolaires trop nombreuses.
- Pression scolaire trop intense.

▷

▷

- Pression familiale.
- Trajet scolaire trop long.
- Anxiété généralisée.
- Problèmes de santé familiale (dépression, cancer...).
- Personnalité pathologique (dépendante, obsessionnelle...).
- Consommation de substances (abus de café, tabac, drogues, alcool).
- Régime amaigrissant.
- Diminution de l'influence parentale.

Cas clinique

Thomas, âgé de 17 ans, décrit :

« Le soir, je ressens comme une toile d'émotions désagréables qui est dans un coin de ma tête et qui ne part pas. Je me couche et je sais que cette toile est là. C'est toujours en arrière-plan, ce n'est pas vraiment conscient. Ce sont des pensées liées au stress (examen ou résultats des examens). Quelques jours avant les résultats, je commence à mal dormir, je suis très réaliste et je pense aux fautes, je me dis : « tu as fait une faute là et une autre là ». J'ai une imagination trop débordante mais avec une touche de réalisme. J'arrive à m'évaluer et je sais qu'il ne faut pas s'attendre à des miracles. Ce sont des pensées qui restent longtemps après. Je dors mal aussi si je fais du sport trop tard le soir, j'ai du mal à me calmer. À cause des pensées sur ma scolarité, j'ai passé des nuits blanches… mais peut-être que je dors un peu sans m'en rendre compte. Je dors mal aussi avant des événements tels qu'animer un forum par exemple. Hier, j'ai mal dormi mais le forum s'est bien passé, pas de parents avec des questions bien pointues ou sadiques ».

L'abord cognitivo-comportemental des difficultés du sommeil chez le jeune anxieux

Nous allons grouper les jeunes qui dorment mal à cause de l'anxiété en 4 groupes :

- enfants de moins de 3 ans ;
- enfants de 3 à 7 ans ;
- enfants de 8 à 12 ans ;
- adolescents.

Les enfants de moins de 3 ans

L'endormissement et les éveils sont les deux manifestations sensibles à l'angoisse. L'origine de celle-ci est un général un facteur externe qui perturbe les émotions de l'enfant : naissance d'un frère ou d'une sœur, déménagement, changements des horaires de travail de l'un des parents, décès d'un proche… Afin de rassurer ou d'apaiser l'enfant, il est conseillé de reprendre l'habitude apprise (peut-être aussi n'a-t-il jamais été mis en condition de l'apprendre) à *s'endormir tout seul* (Estivill et de Béjar, 1998). Si l'enfant parle déjà et pose des questions au moment du réveil, une réponse apaisante et répétitive dans un climat de sérénité parentale aura une forte probabilité de calmer l'enfant. Pour l'enfant qui ne parle pas encore, l'accompagner pendant quelques minutes en caressant ses cheveux, ses mains et partir doucement de la chambre avant que l'enfant s'endorme aura une forte probabilité de renforcer l'endormissement seul. On revient autant de fois que l'enfant pleure ou appelle ses parents. Il faut éviter d'introduire dans le réapprentissage à s'endormir seul un facteur externe (présence de l'un des parents). Bien sûr que les doudous, la sucette et le nounours seront les accompagnateurs de l'enfant ; cette ritualisation est indispensable dans l'émergence des émotions agréables associées à l'endormissement (Moore, 2010). Le processus de mentalisation et le dialogue interne trouveront plus tard leur place et l'enfant grâce à la pensée pourra progressivement apprendre à s'apaiser en laissant aller son imagination et décoller ainsi de la réalité parfois dure et non contrôlable. Le nombre d'enfants qui souffre d'anxiété généralisée dans cette tranche d'âge est bien inférieur à ceux qui présentent un tableau clinique d'anxiété de séparation. Les phobies simples surtout des personnages effrayants (ogre, sorcière…) vont faire irruption vers l'âge de 3 ans.

Les enfants de 3 à 7 ans

Les enfants ayant une vulnérabilité à l'anxiété de tout vont présenter à cet âge des peurs exprimées avec une forte angoisse. La peur trouve sa source dans les sensations ressenties lors de la description ou de la vision de personnages des contes ou de films tels que les monstres, le loup, l'ogre. L'imagination s'installe et trouve une place très appréciée par l'enfant et son environnement. Mais à cet âge elle renforce les associations anxieuses peu étayées sur les données de la réalité : « et si pour la première fois un ogre venait à la maison ? », « oui, tu dis qu'il n'existe pas, mais qui dit qu'il ne pourrait pas commencer à exister maintenant ? ». Les explications rationnelles ne vont pas annuler les peurs de l'enfant. Remplacer l'ogre par un personnage agréable (super-héros, Mickey) avec les mêmes arguments exprimés par l'enfant joue le rôle de miroir de la réflexion de l'enfant. Ce reflet de la pensée est en général vécu comme positif par l'enfant et il a l'impression d'être compris. De plus, le reflet de sa pensée lui fait ressentir qu'il est entendu dans ses propos et que « papa est là et pas dans ses pensées concernant le travail ». La présence psychique est primordiale dans les attachements affectifs sains. Le refus de lire plus de 3 fois la même histoire, par exemple, peut aider à faire comprendre à l'enfant que le temps d'accompagnement le soir est limité mais agréable pour le parent et que ce qu'on attend de lui est l'endormissement tout seul. La gestion de la frustration sera utile tout au long de la vie.

Les enfants de 8 à 12 ans

Dans cette tranche d'âge on peut déjà observer une véritable anxiété d'anticipation du moment d'aller au lit. L'enfant deviendra irritable ou bien il cherchera à retarder certaines activités. L'endormissement est associé à des menaces de séparation (cambrioleurs, quelqu'un qui voudrait l'enlever) ou bien à des inquiétudes d'échec scolaire. L'anxiété sociale est aussi présente dans cette angoisse du soir (peur de perdre ses amis, peur d'être l'objet des moqueries). Certains vont développer des fixations sur leur qualité du sommeil : « si je dors peu je serai fatigué demain et donc de mauvaise humeur et donc pas envie de jouer et donc mes amis ne me proposeront jamais plus de venir avec eux ».

Les adolescents

Les adolescents anxieux et présentant des troubles du sommeil sont plus en demande d'aide que ceux qui malgré un endormissement tardif trouvent des quantités importantes de renforcements positifs. Ils sont moins inhibés le soir grâce à la fatigue et peuvent converser pendant des heures avec des amis en ayant une facilité de communication nourricière d'une bonne estime de soi. Beaucoup aiment la nuit et le silence, ils trouvent dans ce climat une condition favorable à leur composition musicale ou à des écrits. En revanche, l'adolescent anxieux est motivé pour aller se coucher mais n'arrive pas à trouver le sommeil. Des pensées sur la journée tournent sans cesse et l'excitation cognitive qui s'ensuit empêche l'entrée dans le sommeil. La décentration cognitive paraît impossible à réaliser, s'éloigner peu à peu de l'idée d'allure obsédante paraît peu rassurante. Rester « collé » à l'idée peut apporter une solution pour certains adolescents anxieux. D'autres, pour des raisons d'attachement sentimental, n'ont pas envie de s'éloigner des idées, ils se trouvent prisonniers d'un système qui angoisse et qui fait plaisir : « je vais lui proposer un café mais cela me terrifie… mais si je ne l'invite pas elle va penser que je ne suis pas intéressé par elle ».

Outils thérapeutiques dans les troubles de l'endormissement

- Psychoéducation proposée aux parents d'enfants jeunes afin de les aider à apprendre à leur enfant des habitudes de sommeil saines et à identifier les conduites inadaptées à une bonne hygiène de sommeil. Apprendre à « s'endormir » tout seul est un cadeau et pas une punition.
- Soutien psychologique proposé aux parents afin de les encourager à établir des limites et aussi les aider à déculpabiliser face aux pleurs ou face à des sollicitations incessantes de leur enfant.
- Déterminer un moment limité d'accompagnement le soir (en moyenne entre 10 et 15 minutes). Revenir de temps en temps si pleurs et rester quelques

▷

▷

secondes après un geste affectueux.

- Ne pas tenter de démontrer à l'enfant qu'il a tort quand il pense qu'un ogre viendra le dévorer. Il pense à cela parce qu'il a peur et l'absence de lumière ne rassure pas. Se montrer sceptique mais compréhensif est préférable aux attitudes très rationnelles et de bon sens qui vont s'épuiser face à la ténacité de l'enfant.
- En psychothérapie, apprendre à l'enfant une technique de relaxation qu'il est censé pratiquer au moment du coucher afin de favoriser l'endormissement et éloigner les préoccupations.
- Aider les parents à prendre la décision d'être physiquement et psychiquement présent dès l'arrivée à la maison le soir.
- En psychothérapie, faire la liste des renforcements positifs des mauvaises habitudes de sommeil. Évaluer le niveau de motivation du jeune à abandonner les renforcements positifs.
- Encourager les adolescents à développer des conduites de préparation à l'endormissement (musique pas trop énergique, ne pas regarder un film à suspense ou d'horreur).
- Encourager le jeune à se décentrer des idées anxiogènes en renforçant le développement des pensées alternatives. Diminuer le ressenti de toute puissance de l'angoisse.
- Aider le jeune à tenir un agenda quotidien des thèmes anxiogènes afin de les aborder en séance en termes de probabilité et de risque de réalisation.

Références

Astill R.G., Van der Heijden K.B., Van IJuzerdoorn M.H., Van Someren E.J.W. Sleep, Cognition, and Behavioral Problems in School-Age Children: A Century of Research Meta-Analyzed. Psychological Bulletin, Vol 138, N° 6, 1109-1138.

Barlow D.H. (Ed). (2002). *Anxiety and Its Disorders: The Nature and Treatment of Anxiety and Panic*. (2e édition.). New York : The Guilford Press.

Bartlet L.B. Treating sleep disorders of chilhood: Current Practice in the United Kingdom. J Indian Assoc. Child Adolesc. Ment. Health, *2*(3), 88-89, 2006.

Blandin, N., Parquet, P.J., & Bailly, D. (1994). Separation anxiety. Theoretical considerations. *Encéphale*, *20*(2), 121-129.

Borkovec, T.D., & Inz, J. (1990). The nature of worry in generalized anxiety disorder: A predominance of thought activity. *Behaviour Research and Therapy*, *28*, 153-158.

Bowlby J. (Ed). (1978). *Attachement et perte*. Paris : Presses Universitaires de France.

Cassidy, J., Lichtenstein-Phelps, J., Sibrava, N.J., Thomas, C.L., & Borkovec, T.D. (2009). Generalized anxiety disorder: connections with self-reported attachment. *Behavior Therapy*, *40*(1), 23-38.

Challamel, M.-J. (2009). Le sommeil de l'enfant. Paris: Elsevier Masson.

Chase, R.M., & Pincus, D.B. (2011). Sleep-Related Problems in Children and Adolescents with Anxiety Disorders. Behavioral Sleep Medecine, *9*, 224-236.

Craske, M.G., Rapee, R.M., & Barlow, H.B. (1992). Cognitive behavioral treatment of Panic Disorders, Agoraphobia and Generalized Anxiety Disorder. In S.M. Turner,

K.S. Calhoun, & H.E. Adams (Eds), *Handbook of clinical behavior therapy*. New York: John Wiley & sons. Wiley series on personality processes.

Dugas, M.J., Gagnon, F., Ladouceur, R., & Freeston, M.H. (1998). Generalized anxiety disorder a preliminary test of a conceptual model. *Behaviour Research and Therapy, 36*, 215-226.

Estes, H., Haylet, Ch., & Johnson, A.M. (1956). Separation Anxiety. *Am J. Psychotherapy, 10*, 682-685.

Estivill, E., & de Béjar, S. (1998). Duérmete, nino. Como solucionar les problemas del sueno infantil. Editores: Plaza& Janés, Espana.

Freud, S. (1955). *Cinq psychanalyses (1905-1918)*. Paris: Presses Universitaires de France.

Freud, S. (1968). *Le normal et le pathologique chez l'enfant*. Paris: Gallimard.

Gittelman-Klein, R., & Klein, D. (1984). Relationship between Separation Anxiety and panic and Agoraphobic Disorders. *Psychopathology, 17*(suppl. 1), 56-65.

Ladouceur, R., & Dugas, M.J. (1999). Le trouble d'anxiété généralisée. In R. Ladouceur, A. Marchand, & J.M. Boisvert (Eds), *Les troubles anxieux. Approche cognitive et comportementale* (pp. 31-57). Paris : Masson.

Last, C., Hersen, M., Kazdin, A., Finkelstein, R., & Strauss, E. (1987). Comparison of DSM II Separation Anxiety and overanxious Disorders: Demographie Characteristics and Patterns of Comorbidity. *Journal of American Academic Child and Adolescence Psychiatry, 26*(4), 527-531.

Layne, A.E., Bernat, D.H., Victor, A.M., & Bernstein, G.A. (2009). Generalized anxiety disorder in a nonclinical sample of children : symptom presentation and predictors of impairment. *Journal of Anxiety Disorders, 23*(2), 283-289.

Main, M. (1991). Metacognitive knowledge, metacognitive monitoring and singular (coherent) versus multiple (incoherent) models of attachement. In C.M. Parkes, J. Stevenson-Hinde, & P. Marris (Eds), *Attachement across the life cycle*. London: Routledge.

Marker Zitrin, C., & Ross, D.C. (1988). Early separation anxiety and adult agoraphobia. *J. Nervous and Mental Disease, 176*(10), 621-625.

Mogg, K., Bradley, B.P., Millar, N., & White, J. (1995). A follow-up study of cognitive bias in generalized anxiety disorders. *Behavior Research and Therapy, 33-8*, 927-935.

Moore, M. (2010). Bedtime problems and night wakings: treatment of behavioral insomnia of chilhood. Journal of Clinical Psychology. In session, 66(11), 1195-1204.

Ng, S.N., Dodd, H.F., Gamble, A.L., & Hudson, J.L. (2013). The Relationship Between Parent and Child Dysfunctional Beliefs About Sleep and Child Sleep. J Child Fam Stud, 22, 827-835.

Roblek, T., & Piacentini, J. (2005). Cognitive-behavior therapy for childhood anxiety disorders. *Child and Adolescent Psychiatric Clinics of North America, 14*(14), 863-876.

Servant D. (Ed). (2005). *L'enfant et l'adolescent anxieux : Les aider à s'épanouir*. Paris: Odile Jacob.

Siqueland, E.R., & Lipsitt, L.P. (1966). Conditioned head-turning behavior in newborns. *J. Experimental Child Psychology, 3*, 356-376.

Solomon, J., & George, C. (2008). The measurement of attachment security and related constructs in infancy and early childhood. In J. Cassidy, & P.R. Shaver (Eds), *Handbook of Attachment*. New York: The Guilford Press.

Strauss, C.C., Lease, C., Last, C.G., & Francis, G. (1988). Overanxious Disorder: An Examination of Developpemental Differences. *Journal of Abnormal Child Psychology*, *16*(4), 433-443.

Thyer, B.A., & Sowers-Hoag, K.M. (1988). Behavior therapy for separation anxiety disorder. *Behav. Modification*, *12*, 205-233.

Vera L., & Leveau J. (Eds). (1990). *Les thérapies cognitivo-comportementales en psychiatrie infanto-juvénile*. Paris : Masson.

Viana, A.G., & Rabian, B. (2008). Perceived attachment: relations to anxiety sensitivity, worry, and GAD symptoms. *Behaviour Research and Therapy*, *46*(6), 737-747.

Waters, A.M., Wharton, T.A., Zimmer-Gembeck, M.J., & Craske, M.G. (2008). Threat-based cognitive biases in anxious children: comparison with non-anxious children before and after cognitive-behavioural treatment. *Behaviour Research and Therapy*, *46*(3), 358-374.

Wegner, D., Schneider, D., Carter, S., & White, T. (1987). Paradoxical effects of thought suppression. *Journal of Personality and Social Psychology*, *5*, 5-13.

Wells, A. (1997). *Cognitive Therapy of anxiety disorders: A practice manual and conceptual guide*. New York: Wiley.

Wood, J.J., Piacentini, J.C., Southam-Gerow, M., Chu, B., & Sigman, M. (2006). Family cognitive behavioral therapy for child anxiety disorders. *Journal of American Academic Child and Adolescence Psychiatry*, *45*(3), 314-321.

7 Anxiété de séparation

L. Vera

Description clinique et diagnostic (DSM)

Cliniquement, l'anxiété de séparation est une anxiété excessive lorsque l'enfant est séparé des personnes auxquelles il est principalement attaché. Les stimuli susceptibles de favoriser cet état anxieux peuvent être également la séparation des lieux familiers (maison, quartier). Neuf critères diagnostiques du trouble sont inclus dans le DSM-V :

1. peur irréaliste d'un danger possible menaçant les personnes auxquelles l'enfant est principalement attaché, ou peur que celles-ci partent sans revenir ;
2. peur irréaliste qu'une catastrophe ne sépare l'enfant d'une des personnes auxquelles il est principalement attaché : par exemple, il va se perdre, être enlevé, tué ou victime d'un accident ;
3. réticence persistante ou refus d'aller à l'école afin de rester à la maison ou auprès des personnes auxquelles il est principalement attaché ;
4. réticence persistante, ou refus d'aller dormir en dehors de la maison ou loin d'une personne à qui il est principalement attaché ;
5. évite systématiquement de rester seul à la maison et est perturbé s'il ne peut suivre dans la maison la personne à qui il est principalement attaché ;
6. rêves angoissants répétés à thèmes de séparation ;
7. plaintes somatiques les jours d'école : par exemple, douleurs abdominales, maux de tête, nausées, vomissements ;
8. signes d'angoisse extrême lors d'une séparation réelle ou anticipée d'avec une personne à qui il est principalement attaché, par exemple colères ou pleurs, demandes pressantes aux parents de ne pas partir (pour les enfants de moins de 6 ans, l'angoisse doit prendre les proportions d'une panique) ;
9. retrait social, apathie, tristesse ou difficulté à se concentrer sur le travail ou le jeu quand l'enfant n'est pas avec une personne à qui il est principalement attaché.

Épidémiologie

L'anxiété de séparation est le trouble anxieux de l'enfance le plus fréquent chez l'enfant prépubère. Trente-trois pour cent d'enfants dans la population d'enfants anxieux ont comme diagnostic principal l'anxiété de séparation (Last *et al.*, 1987). Sa prévalence dans la population générale (enfants et adolescents) est estimée entre 3 et 5 % (Prior *et al.*, 1999). Les jeunes souffrant de symptômes d'anxiété de séparation mais sans retentissement ou handicap dans le quotidien sont beaucoup plus nombreux (plus de 50 %) (Kashani et Orvaschel, 1990). Quant au sexe, les différentes études épidémiologiques montrent que ce trouble touche aussi bien les filles que les garçons. En général, l'anxiété de séparation semble affecter plus les enfants que les adolescents. L'âge le plus représenté dans cette pathologie se situe entre 7 et 9 ans (Last *et al.*, 1992). Certaines études évoquent une comorbidité de 50 % avec un autre trouble anxieux (en général anxiété généralisée ou phobie spécifique) et un tiers présenterait un trouble de l'humeur (Hewitt *et al.*, 1997). Les phobies simples telles que vis-à-vis des fantômes ou de l'obscurité sont fréquentes. L'obscurité provoque probablement des fantasmes de vulnérabilité et de danger auxquels ces enfants sont particulièrement sensibles.

Anxiété de séparation pathologique *versus* développementale

L'anxiété de séparation pathologique doit être différenciée de l'anxiété de séparation développementale, normale dans la petite enfance (de l'âge de 7-8 mois à la première année de classe maternelle) sur les arguments suivants :

- elle survient plus tardivement dans la deuxième enfance ou à l'adolescence ;
- elle est durable, persistante ;
- elle restreint les activités de l'enfant ou interfère de façon marquée avec son bien-être émotionnel.

L'anxiété de séparation est considérée comme normale et nécessaire chez le nourrisson. Elle permet d'investir progressivement les figures d'attachement, de rester observateur ou neutre face à des inconnus et enfin de réagir avec détresse à des personnes inconnues qui le sollicitent trop. L'anxiété de séparation normale renforce le développement cognitif dans la mesure où l'enfant va mentaliser les figures d'attachement, il va les garder en mémoire et il les reconnaîtra grâce aux caractéristiques qu'il a intériorisées. Les paramètres de reconnaissance des figures d'attachement sont très divers : la voix, l'odeur, la kinesthésie, les démonstrations d'affection. L'absence physique va progressivement provoquer un sentiment de manque de la figure d'attachement, il la cherchera visuellement autour de lui, il apprendra à alterner le plaisir de la rencontre et la douleur de la séparation. Il renoncera très tôt dans la vie au désir de contact permanent des personnes qu'il aime. Plus tard, l'anxiété de séparation jouera un rôle protecteur : l'enfant refusera de partager ses affects, ses émotions avec des personnes totalement inconnues. Par exemple, à la sortie de l'école, il ne partira pas avec n'importe qui : il veut sa maman, son papa, sa nounou. L'acceptation de l'autre est plus ou moins complète selon l'individu : certaines personnes seront acceptées définitivement, d'autres pourront partager certains secteurs de l'affectif et puis d'autres encore seront rejetées ou plus ou moins acceptées.

Au cours du développement, des menaces d'abandon, de rupture, de séparations inhabituelles (voyage d'affaire, hospitalisation, déplacement, etc.) vont donner une touche de précarité à la relation affective. Pour certains, ces événements seront interprétés comme anodins : la séparation sera vécue sans angoisse. Pour d'autres, les mêmes événements seront des signes d'alarme qui annoncent la menace de perte de l'objet aimé. Ainsi, l'enfant ne fait plus de distinction entre les séparations quotidiennes et les séparations inhabituelles. L'angoisse de séparation ne joue plus son rôle de protection : elle fait souffrir et pousse l'enfant à rejeter les séparations. Il s'accroche aux parents jour et nuit : la présence physique devient le seul indicateur sécurisant.

Symptomatologie en fonction de l'âge

Le mode d'installation du trouble est variable, le plus souvent brutal chez un enfant ayant, jusque-là, un bon fonctionnement sans signes prémorbides, mais il peut aussi se constituer progressivement avec aggravation chronique.

Ce trouble se manifeste soit lors de la survenue effective d'une séparation, soit lors de son anticipation. Dans les formes sévères, elle devient une véritable attaque de panique avec un cortège de signes somatiques à type de céphalées d'apparition précoce, nausées, vomissements, maux d'estomac, signes cardiovasculaires, surtout chez les adolescents. La préoccupation majeure et continue de l'enfant est son accessibilité à la mère (ou à son substitut), d'où par exemple son refus de demeurer seul chez lui, de s'aventurer dans la rue, de s'endormir seul, de rendre visite à ses amis et *a fortiori*, de dormir chez eux, d'aller en colonie de vacances ou même à l'école. Parfois, l'enfant est incapable de rester seul dans une pièce, suit sa mère comme une ombre à travers l'appartement, s'accroche désespérément lorsque ses parents projettent une sortie ou se rendent à leur travail. Plus tard, l'adolescent ou le jeune adulte qui souffrent de ce trouble peuvent en arriver à renoncer à certaines orientations professionnelles du fait de la nécessité d'un internat ou même d'un logement indépendant. Les choix de vie sont dictés par le maintien de la proximité du lien. Les ruminations et les préoccupations morbides ne manquent jamais. Chez le jeune enfant, elles sont vagues et se précisent lorsque le sujet grandit. Elles peuvent prendre une allure obsessionnelle, parasitent le contenu mental du jeune. Les pensées dysfonctionnelles portent surtout sur l'intégrité de la famille (crainte de la maladie ou du décès d'un parent), mais aussi sur l'intégrité de l'enfant lui-même (crainte d'être kidnappé, séquestré, puni et de ce fait, d'être séparé de sa famille). Les cauchemars à type de séparation ne sont pas rares chez les plus jeunes. Ces enfants éprouvent constamment une nostalgie du chez soi et un désir intense de réunion familiale. Au total, il existe soit une angoisse généralisée mais légère à toutes les séparations, soit une angoisse sévère à des séparations spécifiques.

Il n'y aurait aucune différence significative d'expression symptomatique en fonction du sexe. En revanche, des différences apparaissent selon les tranches d'âge. De façon significative, les plus jeunes (5 à 8 ans) font davantage de cauchemars à thème de séparation que les adolescents (13-16 ans) ou les enfants d'âge intermédiaire (9-12 ans). Les plaintes somatiques les jours d'école sont l'apanage des 13-16 ans et la détresse excessive concernant la séparation, celui des 9-12 ans. Les auteurs ne trouvent aucune différence entre les trois tranches d'âge pour les symptômes suivants : répugnance ou refus d'aller à l'école ; répugnance ou refus de dormir en dehors de chez soi ; refus de rester seul à la maison ; préoccupations concernant la santé de la figure d'attachement ; ruminations au sujet d'un événement malheureux qui séparerait l'enfant de la figure d'attachement ; retrait, apathie, tristesse ou faible concentration en cas de séparation.

D'après les études cliniques, l'anxiété de séparation s'étalerait sur plusieurs années. De nombreux jeunes présentent uniquement les symptômes dans des situations de séparation précises : départ en classe de neige, départ à l'étranger en séjour linguistique, etc. Ils peuvent aller dormir chez des amis et semblent donc avoir surmonté l'anxiété de séparation. Il est admis en clinique que la rémission spontanée de ce trouble est rare. En général, elle nécessite une prise de conscience de l'attachement excessif à certaines habitudes, prise de conscience également des facteurs déclenchants de l'angoisse. Le jeune adulte qui n'aurait pas surmonté l'anxiété de séparation vécue pendant l'enfance risque de tisser des liens affectifs perturbés afin d'éviter l'abandon du « chez soi ». La vie sentimentale sera fréquemment imprégnée de ruptures, de jalousie. Ou bien l'attachement à quelqu'un déplacera cette angoisse de séparation. La dépendance fusionnelle à l'autre va rassurer et mettre en veilleuse l'anxiété de séparation.

L'anxiété, en référence au corpus théorique et au cadre nosographique du DSM-V, est considérée comme une réponse émotionnelle à des stimuli plus ou moins précis, réponse que l'on peut étudier à travers trois composantes :

- *comportementale* (agitation, sidération, évitement ou fuite face à certains stimuli) ;
- *cognitive* (vécu exprimé dans certaines situations, anticipation anxieuse, idées erronées, impression de danger imminent, attente craintive, etc.) ;
- *physiologique* (tension motrice, transpiration, modification du rythme cardiaque, difficultés respiratoires, bouffées de chaleur et sensation de froid, etc.).

Ainsi, l'anxiété de séparation sera évaluée par les attitudes de l'enfant et de la figure d'attachement dans des situations de séparation, ou de « menace » de séparation (composante comportementale), par ce que l'enfant *craint* (par exemple, que ses parents aient un accident) (composante cognitive), par ses *réactions physiologiques* (évanouissement, pâleur, tremblements, etc).

Facteurs prédisposants

Ils ont été recherchés mais nombre d'entre eux, traditionnellement évoqués en psychiatrie de l'enfant, se sont avérés, ici, dépourvus d'effets. Le rôle des événements vitaux est discuté : pour Gittelman-Klein et Klein (1984), un facteur de stress (décès ou maladie dans l'entourage, déménagement, changement d'école) est retrouvé dans 80 % des cas, renvoyant à un vécu ou à une menace de perte, alors que d'autres auteurs tels Marker Zitrin et Ross (1988) ne font aucune constatation de ce genre et plaident pour un début spontané des troubles. Il semble qu'aucune perturbation spécifique de la personnalité ne soit associée au trouble angoisse de séparation. De même, on ne retrouve pas de carence affective chez ces enfants, en général bien investis. Les dissociations familiales ne sont pas plus fréquentes que dans d'autres pathologies (il s'agit plutôt « d'associations malheureuses »). Néanmoins, les relations familiales, bien étudiées par Estes *et al.* (1956), sont marquées par la dépendance, l'insatisfaction et l'agressivité. Les auteurs insistent sur les liens précoces et mutuels existants entre mère et enfant, leur besoin intense de rester proches l'un de l'autre, reflet du type de relations que la mère a entretenu avec sa propre mère. Ces femmes « n'ont pas leur compte de gratifications en besoins émotionnels » et les recherchent auprès de l'enfant. Une hostilité larvée se développe entre les deux partenaires : hostilité de la mère envers l'enfant qu'elle réduit, asservit, lie à elle ; hostilité de l'enfant envers sa mère, très ambivalent vis-à-vis d'elle, avec un désir inconscient de destruction dont la force l'oblige constamment à être à ses côtés pour s'assurer de sa sécurité et vérifier son intégrité. En fin de compte, « cette névrose n'existe jamais isolément dans l'esprit de l'enfant, mais est intimement associée à une névrose complémentaire chez la mère. Il y a une situation de charge émotionnelle importante et pathologique dans ce groupe à deux. »

Le point de vue comportemental et cognitif

Les comportementalistes adhèrent au point de vue des cliniciens qui considèrent l'anxiété de séparation comme un dysfonctionnement qualitatif et quantitatif de l'attachement. Une des étapes importantes de la psychothérapie de ce trouble est celle de la psychoéducation (expliquer au jeune patient comment son trouble s'est constitué et comment il continue à persister), c'est pourquoi nous développons dans cette partie la dynamique de l'attachement. L'angoisse de séparation normale, signe sain du développement cognitif et affectif, consiste en une détresse quand le bébé est séparé de la présence physique de la figure principale d'attachement (le plus souvent, sa mère). Elle apparaît vers le 6e mois avec des pics de fréquence à 33 et 45 semaines mais elle peut présente dès le 5e mois et quelques cas ont été observés à 15 semaines. Entre 12 et 24 mois, la plupart des enfants sont concernés. C'est un comportement considéré comme universel et il est attendu au cours du développement. Il est le témoignage d'un véritable besoin, comme la faim ou la soif. C'est le besoin d'une présence et surtout d'une présence spécifique, celle d'une personne humaine définie : « la figure principale d'attachement ». Selon Zazzo (1979), à 7 mois de vie, dans 70 % des cas, il s'agit d'une seule personne, la mère pour 40 % des nourrissons ; dans 30 % des cas, il s'agit de deux personnes ou plus. La figure principale d'attachement peut être le père ou d'autres membres de la famille, voire quelqu'un de l'extérieur à la famille. Cette présence est bien spécifique, car, lors d'une séparation brève, le retour de la figure d'attachement principale (ou de son substitut) apaise le bébé qui pleure, alors que l'intervention d'une autre personne ne calme pas l'enfant ou même aggrave sa détresse. Ceci est mis en évidence par la « situation étrange » d'Ainsworth (1971), aux âges de 3 mois et de 8 mois. Ce besoin correspond à ce que Bowlby a appelé « l'attachement » (1973).

Dans le développement de l'attachement, il y aurait trois stades :

- Dans les deux premiers mois de vie, le bébé est apaisé par toute stimulation sensorielle et non seulement par le contact ou la présence de personnes. Il supporte mal la monotonie sensorielle et réclame des stimulations. Ainsi, mis devant un mur blanc, il réagit négativement au bout d'un temps ; il suffit d'un objet mouvant dans son champ visuel pour le calmer. On connaît le rôle apaisant d'un simple hochet.
- Suit une phase d'attachement indifférencié : l'apaisement est obtenu par l'apparition d'une personne, quelle qu'elle soit. À l'approche d'un « étranger », l'enfant va répondre en le regardant, en vocalisant et en souriant. Il proteste au départ de l'adulte et montre des signes de détresse quand on le laisse seul. Ces réactions s'adressent à toute personne sans distinction marquée, familière ou étrangère. Elles montrent que l'angoisse spécifique de cet âge est la peur de la solitude (peur extrêmement répandue chez l'adulte…), à différencier de l'angoisse de séparation, dont elle peut être soit distincte, soit l'une des composantes… À cet âge, l'enfant peut être confié à toute personne pourvu que les soins soient corrects.
- La phase des attachements différenciés commence à partir de 6-7 mois. L'apaisement est produit par une ou plusieurs personnes familières, à l'exclusion de toutes les autres. Au cours du 2e semestre, l'enfant proteste quand sa mère le laisse, puis 3 mois après, manifestera de la peur en présence de « non-familiers ». Si l'absence de la mère et la déprivation des soins personnalisés qu'elle prodigue se prolongeaient, on observerait chez

l'enfant un tableau proche de la dépression puis de la carence grave, avec séquelles et risque de mort. Des tableaux analogues ont été observés chez l'animal par Harlow (1972). Une absence prolongée de la mère est suivie du « détachement », c'est-à-dire de la perte du lien spécifique. À ce stade, la présence de la mère ou d'un substitut adéquat est vitale. Les soins individualisés deviennent essentiels.

L'angoisse de séparation développementale correspond à un lien entre deux partenaires d'une interaction réciproque, l'enfant et la mère (ou ses substituts : père, frère, sœur, etc.). Ce lien est ce que l'on nomme « l'attachement ». Il est important de considérer l'aspect bifocal de l'attachement : les deux partenaires doivent s'attacher l'un à l'autre et tous deux peuvent être à l'origine de perturbations dans ce processus.

Plusieurs conceptions de l'attachement ont été développées : celle de Freud (1955, 1968), celle de Bowlby (1978) et celle de l'apprentissage. Les comportementalistes se réfèrent aux deux dernières conceptions que nous décrivons dans les paragraphes suivants.

La conception d'attachement de Bowlby

Pour cet auteur, l'attachement est un besoin primaire qui demande à être satisfait par la fonction parentale, au même titre que la faim l'est par l'allaitement. Cette aptitude est spécifique et serait génétiquement programmée dans son schéma directeur, même si son contenu dépend des expériences de l'enfant dans le cadre des expériences précoces. Bowlby s'appuie sur l'expérimentation et la théorie du comportement instinctif, étayée, notamment, par les travaux de Lorenz (1970-1971) sur « l'empreinte » sur l'animal. L'empreinte, en tant que phénomène automatique et presque instantané, est un concept peu applicable à l'homme et aux primates infrahumains. Il reste valable chez les oiseaux nidifuges, voire les mammifères précoces ongulés capables de suivre leur mère dans le post-partum. En effet, il leur est nécessaire de s'attacher définitivement et rapidement, pour suivre le groupe et survivre (sans perdre le contact avec la mère nourricière). Il y a fixation précoce d'une *Gestalt* (forme, odeur) et poursuite et non-interaction (où il faut du temps). L'agrippement (vestige archaïque) permet les interactions et donne le temps à l'attachement. Il rentrera en compétition et en équilibre avec les conduites d'exploration.

Blandin *et al.* (1994) soulignent l'idée d'un éventuel processus d'apprentissage.

La présence de la mère est associée chez l'enfant au bercement et à la satisfaction de ses besoins. La mère absente serait alors associée par apprentissage à la détresse ressentie par le nourrisson lorsqu'il est seul. Cette expérience douloureuse serait liée à l'inaccessibilité de la mère et serait ainsi nécessaire à l'émergence de la peur de la séparation. Cette hypothèse a été confirmée par les travaux de Ainsworth.

Bowlby a pointé le rôle des expériences précoces de séparation ou de perte dans l'apparition ultérieure de schémas d'attachement angoissé.

Ainsworth (1971) a montré dans ses travaux que la peur manifestée en présence de l'étranger est plus intense lorsque la mère est absente : l'absence de la mère, par apprentissage associatif, serait dans ce cas elle-même source de peur. Cet auteur souligne l'importance des interactions mère/enfant et des capacités de la mère à répondre de façon appropriée aux besoins de l'enfant dans le processus d'attachement et dans les réactions de l'enfant face à l'étranger.

Les travaux de Main (1991) ont également montré que les enfants ayant vécu des expériences de détresse et d'effroi alors qu'ils étaient éloignés de leur mère présentaient une sensibilité accrue à la peur de la séparation, alors que les réactions des enfants ayant reçu des soins maternels adaptés et non soumis à cette expérience de détresse et de peur apparaissent moindres.

Deuxième hypothèse

Une deuxième approche considère que les peurs et les phobies de l'enfant finissent par se résoudre avec le temps, par un mécanisme de désensibilisation « naturelle » par exposition progressive et répétée de la vie quotidienne aux stimuli anxiogènes.

Selon cette approche, les enfants souffrant d'un trouble anxiété de séparation présenteraient dans leur histoire un défaut d'expériences de désensibilisation « naturelle » en matière de séparation, probablement dû à une surprotection parentale (Thyer *et al.*, 1988).

D'autres enfants pourraient avoir vécu des expériences traumatiques de séparation (décès, maladie, divorce, déménagement, etc.).

Troisième hypothèse

L'anxiété de séparation peut être entretenue par conditionnement opérant. Le conditionnement opérant est une théorie de l'apprentissage des comportements humains mise en évidence par Skinner en 1953 (expérience sur les rats). On définit le conditionnement opérant comme l'apprentissage par les conséquences d'une action. Il est considéré que ce sont les facteurs du milieu qui gouvernent le comportement et qui contrôlent ses probabilités d'apparition dans le futur. Selon la loi de l'effet de Thorndike, le comportement qui est suivi de conséquences agréables sera répété, celui qui est suivi de conséquences désagréables disparaîtra.

Ces expériences sur le conditionnement opérant sont très importantes en thérapie comportementale et elles ont permis de mettre en évidence la notion de renforcement positif et de renforcement négatif (renforcement positif lorsque la présentation des conséquences positives augmente l'intensité et/ou la fréquence de la réponse, renforcement négatif lorsque le retrait des conséquences négatives augmente l'intensité et/ou la fréquence de la réponse).

Ainsi, l'anxiété de séparation est entretenue par conditionnement opérant, soit par un mécanisme de renforcement positif, soit par un mécanisme de renforcement négatif. Dans cette conception, l'attachement résulterait des renforcements positifs (récompenses, gratifications) et négatifs (mécanisme aversif, punitions) issus de l'environnement. Les phénomènes de conditionnement sont possibles dès les premiers jours de vie. Cela a été démontré expérimentalement en 1935, pour le type pavovlien, par Kasatkin et Levikova (1935) sur des nouveau-nés entre 14 et 18 jours. Siqueland et Lipsitt l'ont mis en évidence en 1966 pour le conditionnement opérant.

> Les travaux des diverses écoles ont montré l'importance de la qualité précoce entre la figure d'attachement et l'enfant pour son développement affectif. Il apparaît que c'est un facteur essentiel pour l'autonomisation et la tolérance à la séparation. La source de l'anxiété est un « attachement anxieux ». Une relation initiale gratifiante, fondée sur la disponibilité entre le bébé et sa mère, donne une base de sécurité qui permet une meilleure assise à la personnalité, une autonomisation plus rapide et sereine (la conduite intermédiaire type est représentée par les conduites d'exploration du jeune autour de la base de sécurité que représente sa mère). Mais une relation primaire trop enveloppante va s'opposer à un développement sain, car allant en sens inverse de l'autonomisation. Ainsi ce type de *nursing* faussement parfait satisfera les besoins avant même l'expression de toute demande (avant « l'émergence du désir »). L'absence d'émergence du désir s'oppose donc à l'éveil de la personne et augmente la dépendance (le sujet, incapable de reconnaître les moyens de satisfaction, ne pourra lui-même chercher à se les approprier). D'après les théories de l'apprentissage, un excès de renforcements par une mère trop gratifiante va pousser l'enfant vers la dépendance et ses bénéfices, sans l'encourager à chercher une autonomie problématique.

Évaluation et traitement (échelles et techniques)

Il n'existe pas d'échelles d'évaluation de l'anxiété de séparation à notre connaissance.

L'observation est essentielle dans ce trouble. Les *mesures répétées* des comportements sont particulièrement utiles lors des protocoles thérapeutiques (médicaments, thérapie) : elles permettent de dégager un profil de fluctuations comportementales et éventuellement d'isoler les facteurs qui font varier l'anxiété. Nous citerons l'observation journalière standardisée du comportement d'un enfant hospitalisé pour troubles sévères du langage ayant permis de déterminer l'existence d'une anxiété de séparation. L'enfant, âgé de 10 ans, était très agité certains jours de la semaine, en l'occurrence le lundi et vendredi ; le mardi, mercredi et jeudi seulement, il pouvait investir une tâche intellectuelle, ses capacités d'attention étant nettement meilleures. La feuille d'observation, remplie par deux orthophonistes, était destinée, au départ, à observer le type d'activités que l'enfant avait du mal à investir. En fait, un entretien approfondi avec le jeune patient a permis de déterminer la présence de pensées anxiogènes (peur que ses parents aient un accident de voiture après l'avoir déposé à l'hôpital, peur que ceux-ci ne viennent pas le chercher à la fin de la semaine, etc.), alors que son comportement, au moment de la séparation, était tout à fait normal. Le lundi, ses capacités d'attention étaient mobilisées par la séparation réelle et la crainte qu'un accident ne le sépare définitivement des parents, et le vendredi la peur provoquait un état d'attente craintive.

Afin de dégager les hypothèses thérapeutiques pertinentes au cas clinique en question, l'analyse comportementale ou fonctionnelle doit identifier dans la mesure du possible les facteurs suivants :

- *présence des attitudes de dépendance* : a-t-il besoin pour circuler dans la maison d'être accompagné ? Dort-il dans sa chambre ? Au milieu de la nuit, se lève-t-il pour se glisser dans le lit des parents ? Tolère-t-il que la porte de la chambre des parents soit fermée ?
- *style de dépendance* (caractère obligatoire ? il exige par exemple la présence de l'un des parents au moment de l'endormissement). Le refus de l'indépendance et de l'autonomie s'il persiste peut avoir de conséquences nocives sur le développement psychologique de l'enfant (Bailly, 2005) ;
- *refus de certains apprentissages :* certains comportements seront refusés afin de faire perdurer la dépendance (aller aux toilettes uniquement en présence de l'un des parents, etc.) ;
- *refus de quitter la maison* s'il a le choix (il n'ira dormir chez les grands-parents que s'il est vraiment obligé) ;
- *gestion du moment de la séparation :* le sentiment d'impuissance face aux séparations est géré avec une conduite tyrannique et dominatrice ? Est-ce un moment de débordement émotionnel ? Ou bien un profond chagrin ? L'enfant réagit-il violemment et s'oppose-t-il à la séparation ? Se sépare-t-il pour paniquer quelques heures après et demande à ce que l'on aille le chercher ?
- *événements source d'angoisse :* les situations dans lesquelles on observera une profonde détresse allant jusqu'à l'angoisse très forte sont diverses : entrée à l'école maternelle, naissance d'un frère ou d'une sœur, départ en colonie de vacances, classe verte ou de découverte, etc. La naissance sera gérée avec des sentiments ambivalents vis-à-vis de l'intrus. Le frère ou la sœur sont investis partiellement : tantôt il/elle sera la cible de leur amour, tantôt la cible sera investie de haine. Souvent, l'ambivalence affective empêche de prendre conscience que la naissance est porteuse de tristesse mais prometteuse de partages ;
- *qualité de l'attachement à la mère :* la qualité et le type de *comportement de communication* avec les figures d'attachement sont à étudier de façon approfondie. Parfois, ces enfants victimes de l'angoisse de séparation parviennent à faire partager leur souffrance à leur mère. Pour les cliniciens, l'origine de

ce partage reste sombre : activation de l'angoisse maternelle qui s'était mise en veilleuse ? Développement de l'angoisse chez l'enfant par une mère qui se sent bonne mère grâce aux sollicitations exclusives de son enfant ? Enfant qui naît après la douleur insupportable de la perte d'un autre enfant ? Dépression maternelle gérée par le sentiment d'exister pour son enfant sans menace d'être oubliée ? Départ paternel qui renforce les liens étroits mère/enfant ? L'anxiété de séparation est rarement vécue par l'enfant tout seul : la mère est très fréquemment au bord de l'attaque de panique quand il y a menace de séparation (départ en classe de nature, par exemple) ;

- *école :* l'anxiété de séparation peut être accompagnée d'un refus scolaire qui est entretenu et renforcé par l'anxiété de séparation. Le traitement cognitivo-comportemental abordera le trouble suivant la présence ou l'absence du refus scolaire. Si l'anxiété de séparation n'est pas déterminante du refus scolaire, il faut considérer ce refus comme une phobie scolaire (*cf.* chapitre 8) ;
- *circonstances de la séparation* : la séparation s'effectue, souvent, dans un contexte où l'enfant n'a ni l'initiative, ni le contrôle et qui accroît l'anxiété de manière considérable. Il faut donc évaluer le degré de détresse ressentie par l'enfant en insistant sur le fait que le contrôle concret de la situation lui échappe mais l'affection et le lien « dans la tête » sont sous son contrôle (il peut penser à ses parents quand il le veut) ;
- *contexte de la séparation* : ses contacts et ses échanges, ses conflits avec les autres ont lieu dans un cadre de normes, de règles sociales qui s'imposent à lui et dont il est censé tenir compte à chaque instant. Ces règles sociales (rester à l'école maternelle, par exemple), à partir du moment où l'enfant se place à leur égard en situation de marginalité, il va les anticiper d'une manière intense. La qualité et le *type* de comportements *de communication avec les autres adultes* et enfants lors de la séparation vont en général être altérés : il faut étudier les indices comportementaux permettant l'accès aux représentations qu'élabore l'enfant vis-à-vis des expériences sociales. S'oblige-t-il à faire semblant que tout va bien afin d'éviter les moqueries ? Se compare-t-il aux autres en se dénigrant ? Est-il admiratif des enfants qui se séparent des parents sans angoisse manifeste ?
- *modalités d'expression* de l'anxiété de séparation : il est important de considérer l'âge de l'enfant et les symptômes. Par exemple, les adolescents vont rarement décrire des rêves concernant la séparation ;
- *comorbibité :* la dépression et des comportements obsessionnels compulsifs peuvent être sous-tendus par une anxiété de séparation ;
- *présence de sentiments d'abandon* ?
- *anticipation anxieuse d'événements catastrophiques* qui pourraient séparer l'enfant de ses parents ? Anticipation stable qui s'installe la veille d'une sortie d'école ? Anticipation de séparation en dehors de toute « menace » de séparation ?

Eisen et Schaefer (2007) résument les principaux signaux perçus comme rassurants par les enfants souffrant d'anxiété de séparation (tableau 7.1).

Tableau 7.1. Signaux perçus comme rassurants et qui calment l'anxiété.

Personnes	Lieux	Objets	Actions
Principales figures d'attachement	Maison	Lumière la nuit	Appelle l'un des parents
Parent/Nounou	Maison d'un proche	« Doudou »	Oblige à faire des promesses de non-séparation
Famille	Maison du meilleur ami	Jouet préféré	Suit partout la mère/père
Fratrie/Animal	Chambre des parents	Livre	Dort avec frère/sœur
Meilleur ami	Chambre fratrie	Boissons/aliments préférés	Reste « collé à baby-sitter »
Maître(sse)/Baby-sitter	Lieux familiers	Peluches	Joue à son jeu préféré

Par rapport à ces signaux, ils adoptent des conduites spécifiques qui les aident à diminuer l'anxiété et leur donnent l'illusion de mieux contrôler la séparation.

Cas clinique

Séance 1

G. et ses parents se présentent en consultation dans un service de pédopsychiatrie selon le conseil du pédiatre de G.

G., âgé de 5 ans, présente une anxiété de séparation envahissante, ne peut pas supporter les moments de séparation. Son anxiété a débuté au moment de la naissance de sa sœur (il avait 2 ans) : réveils la nuit en hurlant, refus d'aller se coucher si ses parents ne sont pas couchés, hurlements au moment de la séparation lorsqu'il va chez la nourrice, au centre de loisirs, à l'école maternelle. Il veut s'enfuir, s'accroche aux parents, ses crises d'angoisse durent en moyenne 20 minutes. Ce comportement s'est aggravé avec les années, actuellement hurle si son père ou sa mère sort de la maison pour aller acheter quelque chose (du pain, par exemple) à côté de la maison. Son comportement à l'école maternelle est tout à fait normal après la crise : il a des amis, dessine, ne montre pas d'instabilité, il obéit normalement. Il n'a pas de rituel ni d'autre type de symptôme anxieux.

Le diagnostic DSM-IV est le suivant :

- axe I : anxiété de séparation ;
- axe II : pas de trouble.

Séance 2

Nous avons proposé tout d'abord à la famille des entretiens avec G. afin de mieux observer les manifestations d'anxiété au moment de la séparation. Le deuxième entretien a été filmé, le père est resté au début de l'entretien, puis il est parti de façon ostensible sans qu'il ait eu de réaction particulière de G. à la séparation. Nous avons discuté avec lui sur son école, ses amis, sa mère qu'il imaginait heureuse dans son travail « elle s'occupe actuellement de choisir ▷

▷ les cadeaux de Noël pour nous dans son entreprise ». Cette séance a duré au moins 90 minutes. Le temps d'exposition sans son père dans le bureau a été de 40 minutes environ.

Séance 3

Un troisième entretien a été programmé avec G. et sa mère. Nous avons montré le film du premier entretien lorsque l'enfant parlait avec nous de façon détendue, son père étant dans la salle d'attente. La mère en regardant le film nous a confié à ce moment-là qu'elle n'avait jamais cru que son fils était détendu quand il était avec d'autres gens, elle se sentait très culpabilisée de travailler et de le « rendre malheureux ». Ce sentiment de mal faire avec lui était renforcé du fait que sa fille n'avait aucune manifestation d'anxiété au moment de la séparation. Après avoir observé son fils dans le film, elle nous a demandé des conseils pour atténuer l'anxiété de G. Le problème a été donc défini différemment : G. réagit avec excès d'angoisse aux séparations sans raison valable.

L'analyse comportementale ou fonctionnelle est schématisée dans le tableau 7.2

Séance 4

Les principes d'exposition graduelle et d'extinction lui ont été exposés et un quatrième entretien a été proposé aux parents pour mettre en place un programme d'immersion et par conséquent d'extinction. Ceci a consisté à exposer l'enfant à des séparations successives et répétées : par exemple, l'un des parents va acheter une baguette, l'enfant hurle même s'il est avec l'autre parent, le père va, malgré la crise, acheter la baguette, mais il revient 5 minutes après : « la boulangerie était fermée ». Deux minutes après son retour, il décide à nouveau d'aller voir si le boulanger a ouvert, crise d'anxiété à nouveau, il sort et revient 8 fois. Son fils ne pleure plus au bout de la 7e fois. Cette expérience est répétée quotidiennement dans des situations diverses, les instructions sont de provoquer la séparation jusqu'au moment où l'enfant ne pleure plus.

Séance 5 (téléphonique)

Progressivement, l'enfant commence à accepter les moments de séparation, descend jouer au jardin (il revient vérifier si ses parents sont toujours à la maison), les moments de séparation à l'école maternelle sont beaucoup moins dramatiques. Une « rechute » est constatée après les vacances de Pâques, une reprise des principes d'exposition et d'extinction permet à nouveau l'atténuation des manifestations d'anxiété.

Discussion sur la prise en charge

Nous avons opté par l'utilisation de la technique d'exposition répétée des moments de séparation car l'enfant était mal uniquement pendant le moment de la séparation physique. À l'école, il se comportait normalement, il avait du plaisir à réaliser les activités et aimait s'amuser. Il nous est apparu évident que le conditionnement séparation/angoisse était devenu très réflexe. L'enfant commençait à pleurer au moment de l'arrivée à l'école, signant l'absence d'anxiété anticipatoire. De plus l'enfant dormait bien, même le dimanche soir. Les idées d'abandon, de perte, de peur des accidents étaient inexistantes.

Tableau 7.2. Analyse comportementale ou fonctionnelle : tableau récapitulatif.

	Antécédents					Conséquents					Stratégie thérapeutique envisagée						
	Avant l'âge de 2 ans : pas d'anxiété. Début anxiété de séparation lors de la naissance de la sœur					Ajustements quotidiens aux moments de séparation Dépression de la mère avec forte culpabilisation Vie sociale du couple inexistante					Immersion afin d'exposer l'enfant de façon répétée à la séparation et de ce fait provoquer l'extinction de l'angoisse par habituation						
Symptômes				Dépression maternelle réactionnelle à l'angoisse de séparation													
		Anxiété de séparation															
	⇑	⇑	⇑	⇑	⇑	⇑	⇑	⇑	⇑	⇑	⇑	⇑	⇑	⇑	⇑	⇑	
	1	2	3	4	5	6	7	8	9	10	11	12	13	14	15	16	Âge (ans)

Cas clinique

Séances 1 et 2

M., âgée de 12 ans 3 mois est adressée en pédopsychiatrie par le service d'urgence de l'hôpital. Elle présente depuis un an des manifestations dépressives, avec crises de larmes, sanglots, qui se sont aggravés au cours de l'été dernier alors qu'elle était en vacances chez ses grands-parents en Belgique. Les symptômes dépressifs se sont associés à un tableau d'anxiété de séparation qui a nécessité son retour à Paris. C'est une enfant qui est décrite par sa mère comme très expansive et enjouée, assez comédienne, raisonnant beaucoup, mais en même temps « très bébé » et très accrochée à elle. Devant la symptomatologie qui a nécessité son retour à Paris, la famille consulte en urgence à l'hôpital et une indication d'hospitalisation a été formulée devant les manifestations grandissantes d'anxiété que présentait M. L'hospitalisation n'a pas pu être mise en place parce qu'elle soulevait trop d'anxiété de la part de M. et de ses parents. Un suivi en ambulatoire est proposé à M. Elle accepte volontiers, soulagée par l'annulation de proposition d'hospitalisation.

Son père est peu présent à la maison, étant souvent de longues périodes à l'étranger, à cause de son travail dans le cinéma. La mère a également une activité professionnelle assez prenante. M. a un frère âgé de 16 ans.

L'entretien est centré sur la recherche de données du registre anxieux. Le tableau dépressif étant passé en toile de fond. À la fin de l'entretien avec M. et ses parents, nous retenons les hypothèses de travail suivantes :

- l'école où elle était précédemment a fermé et elle a dû en changer ;
- M. est donc depuis l'an dernier dans un autre établissement et après une année scolaire où ses résultats étaient un peu faibles, elle redouble sa classe de 5e alors qu'elle avait une année d'avance ;
- la jeune femme qui s'occupait de la maison ne peut plus être là en fin d'après midi quand M. rentre de classe ;
- enfin, la mère a subi une intervention chirurgicale l'année dernière suivie d'une cure de 3 semaines, absence que M. a très mal supportée.

Nous proposons à M. de la revoir 2 semaines plus tard et nous demandons un examen psychologique.

Séances 3 à 5

Nous avons reçu le compte-rendu de l'examen psychologique. Dans le cadre de cet examen, M. présente un excellent contact et une très bonne incitation verbale. Elle est apparemment souriante, à l'aise, déniant toutes difficultés actuellement, comme si elle focalisait toute son anxiété sur la « menace » d'hospitalisation qu'elle avait gardée en tête. Elle demandait quotidiennement à ses parents si elle serait hospitalisée tout en insistant sur le fait qu'elle allait bien n'avait donc aucun besoin d'hospitalisation.

Lors de la passation des épreuves, elle se montre tout à fait coopérante. Quelques manifestations anxieuses peuvent être toutefois relevées sans qu'elles entravent sa participation : elle se mordille les doigts, demande parfois des précisions quand elle se trouve en difficultés, et utilise alors des propos de dévalorisation (« je ne suis pas bonne »). ▷

▷ L'évaluation du fonctionnement cognitif a été menée à l'aide de l'échelle de Wechsler pour enfants (WISC, forme révisée) ; elle témoigne des bonnes aptitudes de M., qui la situent dans la bonne moyenne des enfants de son groupe d'âge. Il faut toutefois remarquer la présence d'une dissociation interscalaire significative qui intervient au détriment de l'échelle non verbale (d = 17 points).

Dans le domaine verbal, globalement, ses réalisations sont de bonne qualité (zone d'efficience normale forte où se situent 25 % des enfants de son groupe d'âge). La psychologue constate qu'à côté d'excellentes capacités de raisonnement, aussi bien dans le domaine de l'abstraction verbale (similitudes = 14 +) que dans celui de la compréhension et de l'adaptation à des situations concrètes de la vie sociale (compréhension = 15 +), son rendement est plus moyen dans les épreuves à connotation plus scolaire (information = 11 ; vocabulaire = 11 ; arithmétique = 10).

Elle n'est pas toujours très précise dans ses explications et très attentive aux questions posées, notamment en calcul mental, alors qu'on peut noter d'excellentes capacités de rétention immédiate (mémoire de chiffres = 16).

Dans le domaine non verbal, il semble que ce soit moins des difficultés spécifiques d'organisation temporospatiale qu'un manque d'initiative et d'assurance qui expliquent un rendement plus moyen. Elle est parfois hésitante, peut s'affoler et perdre ses moyens dans des épreuves qui nécessitent des capacités d'analyse et de synthèse (arrangements = 7 ; cubes = 11) sans qu'elle ait une réelle lenteur.

L'étude de la personnalité a été menée par le biais d'épreuves projectives, principalement à l'aide du test Patte Noire et des phrases à compléter. Différents éléments peuvent être retenus pour éclairer la personnalité de M. En premier lieu, on note l'expression d'une très vive anxiété d'allure phobique, qui s'exprime le plus souvent sur un mode très labile et impulsif. Elle traduit la crainte que peut représenter le monde extérieur et la difficulté à maîtriser des conflits de développement. Elle peut se manifester par le biais d'une expression somatique, mais également sur un mode beaucoup plus dysphorique, quels que soient les mécanismes de lutte qui sont mis en place. Parallèlement, on peut retenir l'expression d'une problématique d'individuation comme si M. cherchait dans l'enfance des moyens de réassurance. Les comportements plus régressifs qu'elle manifeste peuvent prendre l'allure d'un appel vis-à-vis de l'entourage, et d'un besoin d'attirer l'attention et le soutien, même si dans un second temps, ils donnent lieu à des sentiments de culpabilité.

Il semble que l'anxiété de séparation que M. éprouve pourrait masquer une agressivité sous-jacente vis-à-vis de l'image maternelle à l'égard de laquelle elle ne peut s'autoriser à s'opposer, réprimant ainsi une grande part de son dynamisme, dans un contexte où elle se sent souvent contrainte. Les images parentales ne semblent pas en effet répondre de manière très structurante et sécurisante aux demandes de soutien qu'elle leur adresse. En conclusion, l'examen psychologique traduit une expression anxieuse très importante que les mécanismes contraphobiques ne parviennent pas à endiguer, laissant apparaître ▷

▷ un vécu dépressif dans le contexte de difficultés d'individuation et d'affirmation de soi vis-à-vis de l'image maternelle.

Nous continuons l'évaluation du tableau anxieux avec M. et sa mère, puis avec M. toute seule.

M. nous fait part de ses craintes d'être abandonnée par ses parents car elle se sent « méchante », elle a peur également que son père ait un accident dans ses nombreux déplacements. Elle a du mal à se faire plaisir dans son quotidien car a peur d'être loin de chez elle « si j'accepte d'aller chez une copine, j'ai peur d'avoir besoin de voir ma mère tout de suite. Si je suis chez une copine, comment je vais expliquer à mon amie ce besoin, cette angoisse qu'il arrive un malheur à ma mère ? Comment faire pour téléphoner et écouter la voix de ma mère sans donner des explications ? Je préfère rester à la maison. »

L'analyse comportementale ou fonctionnelle est schématisée dans le tableau 7.3.

Séances 6 à 8

Le cadre de la thérapie était en séance individuelle d'une durée de 45 minutes sur un rythme hebdomadaire. Le choix thérapeutique est en général une thérapie d'exposition graduelle avec une insistance particulière sur la notion d'urgence de retour à la maison ou ce que l'on appelle « retour chez soi ». En effet, si le retour était envisagé par M. comme basé sur un sentiment de malaise dans un endroit inconnu, si elle se basait sur un choix d'endroit, les sensations d'angoisse ne seraient pas redoutées. C'est la notion d'urgence qui maintient l'angoisse. Pourquoi le retour doit être immédiat ?

M. restait perplexe face à notre questionnement sur la notion d'urgence. Ses réponses étaient insatisfaisantes pour elle mais elle n'arrivait pas à justifier l'urgence du retour : « J'aurais honte de pleurer devant mes amies qui m'ont invitée à passer la nuit » ; « Si je pars à l'étranger, les gens qui me reçoivent ne comprendront pas ce que je ressens et ils vont se vexer » ; « On va me trouver bizarre ». Nous avons répondu à M. que toutes ses raisons étaient valables, mais pourquoi se comporter bizarrement ? Pourquoi pleurer alors que le danger de la situation était minime ? Elle a commencé à élaborer autour de la notion d'urgence : « En effet je sais que le lendemain quand je vais chez une copine je vais rentrer chez moi, donc je peux attendre. Mais le problème est que je ne dormirai pas et je serai fatiguée le lendemain ». Nos questions ont concerné les inconvénients de la sensation de fatigue. M. n'avait pas tellement d'arguments pour défendre l'idée qu'il fallait être toujours en forme. Cette discussion sous la forme de questionnement obéit aux règles d'application de techniques cognitives : modification progressive des idées erronées ou dysfonctionnelles.

Séances 9 et 10

En parallèle aux discussions sur le retour immédiat à la maison, nous avons travaillé sur un programme d'autonomie. Les conséquences d'un tel programme ont été analysées et M. commence, au bout de plusieurs mois de thérapie, à accepter l'idée qu'elle peut contrôler son anxiété. Sa réaction d'anxiété dans des situations de séparation a été interprétée en séance comme une réaction de « fausse alerte » : l'arrivée imminente d'une crise ▷

▷ d'angoisse ou d'une forte sensation de mal-être. Les conduites d'évitement ont été définies comme des renforcements de l'apaisement, de la diminution de l'angoisse. Les conséquences négatives des comportements d'évitement ont été discutées avec M., notamment l'isolement et le sentiment de ne pas être comme tout le monde.

L'un des aspects traités dans ce programme a été, par exemple, d'inviter une ou plusieurs amies chez elle et de ne pas céder à la panique d'être invitée à son tour.

D'autres thèmes ont été abordés en séance, par exemple le fait que certains enfants partaient à l'étranger dans des séjours linguistiques : l'évocation de ce sujet déclenchait chez M. des appels téléphoniques compulsifs à sa mère, pendant plusieurs jours de suite pour être sûre qu'elle ne serait pas envoyée à l'étranger contre son gré.

Progressivement, M. a commencé à mieux maitriser son anxiété d'anticipation, à reconnaître ses désirs de partir ou non chez des amis. Elle avait un comportement très peu anxieux, mais il persistait encore le doute : « Et si je pars et je commence à pleurer et à vouloir rentrer tout de suite à la maison ? » Il faut préciser qu'elle était déjà partie plusieurs fois passer des week-ends sans qu'il y ait eu d'anxiété pendant son séjour.

Séance 11

L'élément le plus significatif de l'évolution positive de M. est à notre avis son acceptation du fait qu'il était tout à fait légitime de vouloir rentrer chez soi mais ce qui était pathologique était les conditions du retour : il fallait qu'il soit immédiat. Le contrat thérapeutique passé entre M. et ses parents a été élaboré autour de l'acceptation des parents d'aller la chercher mais pas à 3 heures du matin ni encore moins dans le premier train ou le premier avion. Elle pouvait attendre. Le deuxième élément positif a été la gestion de la crise d'angoisse : elle a appris la relaxation, elle savait qu'au bout d'un certain temps certains symptômes s'estompent et surtout elle critiquait le déterminisme s'éloigner = crise d'angoisse. L'exposition en imagination et *in vivo* a été la technique qui est restée en toile de fond tout au long de la thérapie.

Plan du traitement

Séances 1 à 3

- Diagnostic clinique, évaluation, troubles comorbides.
- Analyse fonctionnelle :
  - entretien avec les parents et l'enfant ;
  - entretien avec l'enfant ;
  - passation de questionnaires d'évaluation ;
  - entretien avec les parents seuls ;
  - demande aux parents de noter les conduites problèmes quotidiennement (fréquence, durée, etc.).

Tableau 7.3. Analyse comportementale ou fonctionnelle : tableau récapitulatif.

	Antécédents					Conséquents					Stratégie thérapeutique envisagée						
	Anxiété de séparation développementale un peu « exacer- bée » depuis l'enfance mais pas de tableau de trouble anxieux jusqu'à la période avant consultation Affects dépressifs depuis l'âge de 11 ans					Nombreux symptômes anxieux somatiques (peur de maladies qui nécessiteraient une hospitalisation) Idées d'être abandonnée par ses parents Idées dysfonctionnelles sur des éventuels accidents des parents					Exposition graduelle à des situations de séparation Traitement cognitif (examen de l'évidence d'idées dysfonctionelles d'abandon, de perte, etc.) Renforcement de l'autonomie et du plaisir associé dans son quotidien						
Symptômes												Anxiété de séparation					
											Symptômes dépressifs						
	⇑	⇑	⇑	⇑	⇑	⇑	⇑	⇑	⇑	⇑	⇑	⇑	⇑	⇑	⇑	⇑	
	1	2	3	4	5	6	7	8	9	10	11	12	13	14	15	16	Âge (ans)

- Hypothèses thérapeutiques : explication aux parents des modalités du traitement envisagé. Choix en accord avec eux d'une méthode thérapeutique.
- Contrat thérapeutique avec l'enfant.
- Contrat thérapeutique avec les parents.

Séances 4 à 5 : traitement

Sur le plan cognitif :

- Expliquer à l'enfant ce qui est vu par son entourage comme problématique.
- Aider l'enfant à identifier ce qui est problématique pour lui.
- Sur le plan comportemental :
- Exposition graduelle à des séparations courtes (les parents vont prendre un café pendant la consultation).
- Exposition graduelle à des conduites exploratoires (le thérapeute et l'enfant vont acheter une bande dessinée pendant que les parents attendent dans la salle d'attente).
- Sur le plan familial (parents) :
- Renforcer l'alliance thérapeutique en insistant sur les bénéfices psychologiques à long terme pour leur enfant.
- Répondre aux questions (problèmes avec la fratrie, avec les grands-parents, etc.).
- Tâches à domicile :
- Expositions graduelles aux situations mentionnées dans le contrat thérapeutique.

Séances 6 à 8

Idem.

Séances 9 à 11

Planifier des séances de suivi espacées aussi bien pour l'enfant que pour les parents.

Références

Ainsworth, M.D.S., Bell, S.M.V., & Stayton, D.J. (1971). Individual differences in strange situations behavior of one-year-olds. In H.R. Schaffer (Ed), *The origines of Human Social Relations*. London, New York: Academic Press.

Bailly D. (Ed). (2005). *La peur de la séparation*. Paris : Odile Jacob.

Bowlby, J. (1997). *Attachement et perte*. Paris : Presses Universitaires de France.

Eisen A.R., & Schaefer C.E. (Eds). (2007). *Separation Anxiety in Children and Adolescents. An Individualized Approach to Assessment and Treatment*. New York : Guilford Press.

Love created, love destroyed, love regained. In H.F. Harlow (Ed), (1972). *Modèles Animaux du comportement humain*. Paris : CNRS. n° 198.

Hewitt, J.K., Silberg, J.L., Rutter, M., Simonoff, E., Meyer, J.M., Maes, H., *et al.* (1997). Genetics and developmental psychopathology: 1. Phenotypic assessment in the Virginia Twin Study of Adolescent Behavioral Development. *Journal of Child Psychology and Psychiatry, 38*, 943-963.

Kasatkin, N.I., & Levikova, A.M. (1935). On the development of early conditionned refl exes and differenciations of auditory stimuli in infants. *Journal of Experimental Psychology, 18*, 1-19.

Kashani, J.H., & Orvaschel, H. (1990). A community study of anxiety in children and adolescents. *American Journal of Psychiatry, 147*, 313-318.

Last, C.G., Strauss, C.C., & Francis, G. (1987). Comorbidity among Childhood Anxiety Disorders. *The Journal of Nervous and Mental Disease, 175*(12), 726-730.

Last, C.G., Perrin, S., Hersen, M., & Kazdin, A.E. (1992). DSM-III-R anxiety disorders in children: Sociodemographic and clinical characteristics. *Journal of the American Academy of Child and Adolescent Psychiatry, 31*, 1070-1076.

Lorenz K. (Ed). (1970-1971). *Studies in Animal and Human behavior.* Cambridge : University Press.

Prior, M., Sanson, A., Smart, D., & Oberklaid, F. (1999). Psychological disorders and their correlates in an Australian community sample of preadolescent children. *Journal of Child Psychology and Psychiatry, 40*, 563-580.

Zazzo R. (Ed). (1979). *Le colloque sur l'attachement.* Paris : Delachaux et Nestlé.

8 Phobie scolaire ou refus scolaire anxieux

L.-P. Vera

Description clinique et diagnostic

Décrire la phobie scolaire est un exercice délicat, le terme même de phobie scolaire est sujet à controverse et on préfère parler de refus scolaire anxieux que de phobie scolaire. Comme nous l'avons déjà mentionné (*cf.* chapitre 3), la peur est une émotion intense pouvant être associée à des manifestations anxieuses comportementales, cognitives et physiologiques. Lorsque la peur n'est pas une réaction normale liée à l'âge (Jersild, 1968), elle est excessive, durable et source de difficultés d'adaptation pour l'enfant, elle constitue une phobie. Celle-ci n'est pas provoquée par des stimuli objectivement dangereux, elle est irrationnelle et ne cède pas à des mesures éducatives ou de réassurance affective. De plus, elle peut être renforcée par l'adoption de comportements d'évitement et/ou de fuite.

Historiquement, le terme phobie scolaire a été introduit par Johnson en 1941 pour décrire un syndrome dans lequel l'enfant éprouve une intense angoisse à l'idée d'aller à l'école, il refuse d'y aller et s'il est forcé à aller ou à rester à son école, son angoisse peut prendre la forme d'une crise de panique. L'étude clinique de ces enfants a fait penser à Johnson et à d'autres auteurs (Bowlby, 1973) que le refus d'aller à l'école était provoqué par l'anxiété de séparation. Les comportementalistes Eysenck et Rachman (1965) réservent le terme de phobie scolaire à l'anxiété directement en rapport avec la situation scolaire : l'analyse cognitivo-comportementale selon cette définition cherchera à mettre en évidence les stimuli anxiogènes tels que paniquer à un devoir, peur d'avoir une mauvaise note, peur de certaines matières scolaires, etc. Ross (1974) considère, dans la perspective des théories de l'apprentissage, que la phobie scolaire est un trouble émotionnel (excès d'anxiété) acquis suite à des événements « traumatisants » pour l'enfant dans la situation scolaire : l'anxiété perturbe son comportement qui prend la forme d'évitement et atténue la peur. Le DSM-III-R privilégie l'une des causes du refus scolaire : l'anxiété de séparation. Cependant, certains enfants qui refusent d'aller à l'école ne présentent pas d'anxiété de séparation suivant les critères DSM-III-R. Last *et al.* (1987) insistent sur le besoin de différencier le refus scolaire sous-tendu par l'anxiété de séparation de celui sous-tendu par une phobie de la situation scolaire sans angoisse de séparation. Pour eux, le terme phobie

TCC chez l'enfant et l'adolescent

scolaire devrait être réservé uniquement à ce dernier type d'enfants. La révision de la littérature sur la phobie scolaire montre que les auteurs incluent dans leurs études les deux types d'enfants sans les différencier : l'anxiété de séparation étant pour beaucoup un symptôme associé. Malgré la particularité du refus scolaire, le DSM-III-R ne lui accorde pas une individualité clinique.

L'autre aspect entretenant la difficulté à reconnaître le syndrome est le caractère fortement irrationnel et peu compréhensible de cette angoisse dont on peut apprécier diversement la dangerosité. La peur d'un serpent semble plus compréhensible que la peur d'aller à l'école (le père d'un enfant phobique disait à son fils : « Les cahiers ne vont pas t'éclater à la figure »). Plus que pour d'autres phobiques, on suppose une certaine dose de mauvaise foi, de simulation, de paresse. Cependant, suivant notre expérience clinique et les observations que nous menons depuis une dizaine d'années, le refus d'aller ou de rester à l'école est d'origine phobique.

L'analyse cognitivo-comportementale et l'observation de ces enfants montrent une réaction d'angoisse intense associée aux moments phobiques : lors du départ en classe, il s'agite, pleure, supplie, s'enfuit, a des nausées, promet qu'il ira à l'école le lendemain. Certains vont prendre refuge en haut d'une mezzanine et à la faveur de la panique asséner de coups de pieds le parent tentant de le déloger, d'autres encore s'enfermeront dans la salle de bains et n'en sortiront qu'une fois les parents, à bout de force, partis travailler. Si l'enfant accepte de se laisser conduire, il sera pris de panique et se débattra pour rentrer chez lui. Les plaintes somatiques, expression de son angoisse, sont souvent des douleurs abdominales et des céphalées. Nous avons remarqué parmi les enfants que nous avons traités que les céphalées plus que les douleurs abdominales constituent des signes précurseurs précoces de la phobie scolaire : l'enfant dit ne pas pouvoir se concentrer sur son travail scolaire à cause des maux de tête, a peur d'avoir des mauvaises notes et le fonctionnement par évitement phobique s'installe sournoisement. Une anxiété anticipatoire intense accompagne cette symptomatologie et classiquement céphalées et douleurs abdominales débutent le soir qui précède le retour à l'école. Le week-end et les vacances scolaires sont des moments de libération pour ces enfants dont les parents disent qu'ils revivent durant ces périodes. Le dimanche soir précédant le retour en classe est, par contre, synonyme de recrudescence anxieuse avec réapparition de la symptomatologie. L'incompréhension des parents est alors totale. Ces symptômes vont soit empêcher l'enfant de se rendre à l'école, soit s'il parvient à s'y rendre, l'empêcher de s'y maintenir et c'est alors bien souvent l'infirmière scolaire qui appellera les parents pour leur demander de venir chercher leur enfant. Les parents d'adolescents découvrent parfois que leur enfant ne se rend plus au collège ou au lycée depuis plusieurs jours ou semaines lorsqu'ils reçoivent une lettre de l'établissement leur demandant de justifier les nombreuses absences. Certains adolescents vont, en effet, faire croire à leurs parents qu'ils se rendent en cours mais pratiquer l'école buissonnière et passer la journée au café ou même dans un parc avant de rentrer au domicile parental. Le fait de rester en dehors de l'école les tranquillise et permet d'apaiser l'anxiété liée au fait de se rendre à l'école. Une partie de ces patients admettra cependant ne pas être apaisés lorsqu'ils restent à la maison durant la journée avec persistance des douleurs abdominales ou des céphalées, alors que le fait de se rendre à l'école les apaise.

Classiquement, le début est progressif chez l'adolescent où vont alterner des périodes de refus scolaire avec des tentatives de retour à l'école qui échoueront au bout d'un temps variable puis à la faveur de vacances scolaires, l'adolescent ne retournera plus en classe. Chez le jeune enfant, le début est plus souvent brutal à la faveur d'un facteur précipitant tel que des moqueries de ses camarades, une brouille avec un ami ou bien encore la remontrance du maître ou d'un surveillant.

Dans notre pratique, on distingue différentes formes de refus scolaire anxieux :

- le refus scolaire anxieux avec anxiété de séparation survient classiquement chez un enfant ayant manifesté cette anxiété de séparation durant les premières années de scolarisation. La mise en maternelle aura été difficile chez ces enfants qui manifestaient également de l'anxiété lorsque leurs parents se rendaient à une invitation chez des amis ;
- le refus scolaire sous-tendu par une anxiété sociale survient le plus souvent chez l'adolescent mais pas seulement, ils peuvent consultent beaucoup plus tôt, parfois dès l'âge de 8 ans. Il s'agit souvent de jeunes que les parents décriront comme timides, ayant peu d'amis et en rébellion contre le système scolaire, disant des profs et des élèves qu'ils sont bêtes ou bien qu'ils s'ennuient à l'école ;
- le refus scolaire relevant d'une phobie spécifique dont l'objet peut être les interrogations, le trajet pour se rendre à l'école ou encore un lieu (salle de classe, cantine, etc.). Même si la présentation paraît plus simple, il s'agit d'enfant ayant soit anxiété de séparation soit phobie sociale associée ; il faudra donc les traiter comme les deux catégories précédentes.

Dans ce chapitre, nous nous intéresserons uniquement aux enfants présentant une vraie phobie scolaire (sans anxiété de séparation) : angoisse liée à l'école, désir impérieux de rester à la maison, intérêt conservé pour la scolarité. Chez ces enfants, la cause sous-jacente est dans la plupart des cas une anxiété sociale.

Le point de vue comportemental et cognitif

Comme nous l'avons dit, l'anxiété sociale est le facteur majeur du refus scolaire anxieux (*cf.* chapitre 4). Nous avons souvent constaté et ce, indépendamment de l'âge de l'enfant, que celui-ci manque d'assertivité et de compétences sociales. Dans l'autoquestionnaire ECAP que nous avons construit, plusieurs items montrent chez ces enfants une anxiété sociale.

Ils se décrivent comme ayant peur :
- de parler avec les adultes ;
- de parler avec les enfants de leur âge ;
- de parler dans un groupe ;
- de ce que les autres pensent d'eux ;
- d'avoir l'air bête ;
- de rougir ;
- d'être ridicule ;
- de ne pas plaire aux autres ;
- de demander quelque chose aux autres.

Cependant, nous avons trouvé que l'anxiété sociale est également importante dans le trouble anxiété de séparation. On peut s'interroger sur l'interférence de l'anxiété et des comportements d'évitement sur les apprentissages sociaux (Vera, 1988). Souvent, d'autres peurs non sociales accompagnent la peur de l'école.

Malgré l'anxiété sociale fréquente chez les enfants phobiques, les contacts que nous avons pris avec l'école de nombreux enfants que nous avons traités montrent qu'ils ne sont pas particulièrement rejetés par le groupe de pairs, la timidité n'est pas toujours une source objective de rejet. Nous faisons très attention aux interactions sociales lors de la reprise scolaire car ces enfants sont très angoissés à l'idée que l'on puisse leur poser des questions concernant leurs difficultés (Pourquoi tu viens de temps en temps seulement à l'école ? C'est vrai que tu es dans un hôpital de fous ?, etc.). Des jeux de rôles avec les thérapeutes permettent de développer des réponses assertives pour faire face à ce type de situations.

Évaluation et traitement

L'analyse cognitivo-comportementale s'attachera à décrire :
- la durée de l'absentéisme, facteur pronostique majeur ;
- la réaction de la famille ;
- l'anxiété de l'enfant ou adolescent ;
- l'existence d'une dépression ;
- les troubles du comportement éventuels ;
- l'adaptation aux interactions et aux situations sociales ;
- les capacités d'autonomie de l'enfant ;
- les difficultés d'apprentissage éventuelles ;
- le milieu familial.

Le médecin traitant étant consulté pour des symptômes somatiques fonctionnels en lien avec l'école adresse souvent l'enfant à un pédopsychiatre. La tolérance et les justifications des parents sur l'absentéisme sont soulignées par Dugas et Gueriot (1973). La durée de l'absentéisme est un facteur de pronostic assez fiable : certaines phobies débutantes peuvent être traitées en ambulatoire à raison d'une ou deux séances de thérapie comportementale par semaine, les phobies évoluant depuis plusieurs mois nécessitent souvent une hospitalisation.

Le milieu familial

Le milieu familial a fait l'objet d'étude de certains auteurs (Berg *et al.*, 1972 ; Turner *et al.*, 1987 ; Last *et al.*, 1987). Les avis sont très partagés sur le rôle de l'environnement psychosocial. En effet, on trouve une diversité de situations familiales sans mettre en évidence de facteur commun au refus scolaire. De plus, le comportement de l'enfant influe souvent considérablement sur l'équilibre familial. Néanmoins, il a été signalé des relations de discorde dans la famille (entre les parents, entre l'un des parents et l'enfant), une perte de chaleur dans les relations familiales (comportements de répression et d'interdictions), l'implication familiale (intrusivité, surprotection). Nous avons constaté dans la pathologie des parents des antécédents de dépression, des troubles anxieux. Cependant, la fréquence des troubles reste significativement inférieure à celle de la pathologie déterminée chez les parents d'enfants présentant une anxiété de séparation (*cf.* chapitre 7).

Comorbidité

Le trouble anxieux est à évaluer chez ces enfants souffrant de refus scolaire anxieux.

La plupart des jeunes enfants et des adolescents présentant un refus scolaire ont des symptômes dépressifs. Certains enfants ayant un diagnostic d'état dépressif majeur refusent d'aller à l'école, mais ils réagissent différemment aux thérapies comportementales centrées sur le retour à l'école. En effet, chez eux le refus est moins dramatique et la reprise scolaire est plus rapide. L'anxiété n'est pas au premier plan : des sentiments d'impuissance, d'incapacité à travailler et à se concentrer sont invoqués. Au départ, le refus scolaire prenait cependant la même forme que chez les vrais phobiques. L'existence d'un état dépressif majeur est à évaluer rapidement chez ces patients afin de le traiter en priorité.

Des comportements assez dramatiques peuvent être observés chez ces enfants afin d'éviter de se rendre à l'école : agressivité, insolence, casser une bouteille et marcher pieds nus sur les morceaux de verres pour être dans l'incapacité de se déplacer, comportements de chantage, caprices. Certains enfants font tout pour se faire renvoyer de l'école. Cependant, dans certains cas, des troubles du comportement plus anciens ne sont pas forcément une réaction à la détresse scolaire.

Les capacités d'autonomie

Berg (1969 ; 1974 ; 1980) s'est beaucoup intéressée aux comportements d'autonomie dans la situation scolaire : prise d'initiative, curiosité intellectuelle, difficulté à se mettre au travail. Malheureusement elle n'a pas fait la distinction entre les vraies phobies scolaires et l'anxiété de séparation dans certains de ses travaux. Elle trouve que la chronicité de la « phobie scolaire » dépend du degré de dépendance et de manque d'autonomie de l'enfant. Dans une étude comparative en préparation, nous n'avons pas trouvé de différences significatives entre des enfants phobiques et un groupe témoin. Cependant, un comportement autonome est un bon pronostic pour un traitement comportemental.

Les difficultés d'apprentissage

Nous avons constaté que certains enfants refusant avec panique d'aller à l'école ont des difficultés réelles d'apprentissage : dyslexie, dyscalculie, dysorthographie. Pour la plupart, ce trouble n'était pas reconnu. Or, la possibilité et les modalités d'apprentissage dépendent du niveau cognitif du sujet, les savoirs et savoir-faire pouvant être mobilisés dans la situation scolaire sont, dans ce cas, limités. Les résultats de l'action de l'enfant pour surmonter ses difficultés seront inefficaces étant donnée la nature spécifique du trouble et la nécessité d'une rééducation spécialisée. L'enfant pourra développer une absence de contrôle ou de pouvoir sur les événements survenant en situation scolaire, un déficit motivationnel associé au manque de contrôle peut survenir. En psychopathologie, certaines formes de dépression résultent d'une absence de pouvoir sur les événements de la vie quotidienne conformément aux hypothèses de Seligman (1975). Les échecs répétés d'un élève pour améliorer ses résultats scolaires peuvent favoriser un état de démobilisation assimilable à l'impuissance apprise : il pourra imputer ses échecs à des facteurs difficilement modifiables par la volonté tels que le manque d'intelligence, l'absence d'aptitudes. Ces attributions explicatives dissuadent l'élève de tenter de modifier la situation et favorisent de nouveaux échecs, un style « dépressif » d'attribution des réussites et des échecs se développe. Les comportements d'évitement vont « protéger » l'enfant de l'anxiété et de la dévalorisation de soi.

La réaction de la famille

La famille ayant ressenti l'angoisse de l'enfant est très inquiète, d'autant que, souvent, l'enfant réussissait bien à l'école. L'entourage a, au début, la certitude qu'il s'agit d'un problème ponctuel qui se résoudra rapidement. Les parents sont ensuite rapidement déroutés par le caractère intermittent, irrationnel du refus scolaire. Il faut analyser la réaction de la famille face au refus scolaire de l'enfant. Certaines familles, trop compréhensives, vont laisser l'enfant éviter l'école et croyant bien faire, font venir des professeurs à domicile, ne favorisant absolument pas le retour à l'école. Parfois elles consultent tard et le retour scolaire est très difficile. D'autres familles s'engagent dans une lutte psychique et physique avec l'enfant ou l'adolescent ne comprenant pas son refus de se rendre à l'école. Ils décrivent parfois des scènes épiques où ils traînent leur enfant jusqu'à la voiture, le conduisent vers l'école à travers un flot de cris mêlés de larmes puis luttent pour l'extirper de la voiture avant d'être appelés une heure plus tard par l'infirmière scolaire. Le mécanisme de l'angoisse et la fonction des comportements d'évitements doivent être expliqués à la famille. De plus, la forme et les buts de la thérapie cognitivo-comportementale devraient être expliqués aux parents dans ses détails ; parfois ils assistent aux premières séances de thérapie. Lorsque les parents sont peu informés sur la nature de la phobie scolaire et de la thérapie, ils sont très inquiets à l'écoute des plaintes des enfants concernant la prise en charge : « On me parle tout le temps d'école », « Je veux retourner à l'école tout de suite, sors-moi de cet hôpital », « Je ne veux plus aller consulter », etc. Parfois les familles arrivent avec un mot du médecin traitant pour demander d'une manière paradoxale de parler moins d'école alors que le but immédiat est l'aménagement d'un maximum de conditions, psychologiques et environnementales pour favoriser le retour rapide à l'école.

D'autre part, l'analyse cognitivo-comportementale, axée essentiellement sur les points énoncés précédemment, des enfants consultant pour divers problèmes nous a montré un certain type d'enfant qui n'évite pas l'école mais qui présente le même type d'anxiété que les vrais phobiques. En effet, à notre avis le critère évitement phobique des stimuli anxiogènes nous semble peu déterminant dans l'apparition de la phobie scolaire. Nous réservons le terme phobie scolaire à la peur persistante, intense, irrationnelle, avec ou sans évitement de l'école. Il existe un certain pourcentage d'enfants qui, malgré l'anxiété liée à l'école, persévèrent et ne l'évitent pas. Dans notre pratique, l'évaluation clinique des enfants consultant pour difficultés scolaires montre que certains d'entre eux présentent les mêmes manifestations cognitives et physiologiques d'anxiété que ceux qui refusent ouvertement d'aller à l'école. Les facteurs qui favorisent le courage pour persister dans la situation anxiogène ont été peu étudiés ; une des raisons du manque de connaissance sur cet aspect est le fait que ce type d'enfants ne manifestant pas ouvertement leur angoisse ne consulte donc pas forcément dans un service de pédopsychiatrie.

Les stratégies thérapeutiques

Les méthodes de thérapie comportementale et cognitive utilisées sont : l'affirmation de soi pour les enfants et adolescents souffrant d'anxiété sociale, la désensibilisation systématique et l'exposition *in vivo*. Classiquement, l'exposition in vivo se fait de manière progressive mais dans certains cas le retour à l'école pourra se faire de manière quasi complète. Une telle immersion est possible lorsque les parents consultent précocement et que l'enfant comprend la nécessité d'un retour rapide à l'école et accepte le principe du traitement cognitivo-comportemental. On prévoit alors un retour en immersion totale à l'école en permettant éventuellement à l'enfant de maintenir certains évitements comme la cantine, l'étude ou bien encore le sport. On établira alors un contrat avec l'enfant qui s'engagera à se rendre à l'école tous les jours, ayant compris que les symptômes anxieux disparaîtront progressivement. Une bonne collaboration parentale est indispensable à ce genre de retour brutal et l'enfant sera vu deux fois par semaine en ambulatoire. On pourra également le faire pour éviter l'hospitalisation chez certains jeunes ne présentant pas d'état dépressif majeur et acceptant l'idée d'un retour scolaire dans un autre établissement, on peut alors leur proposer d'intégrer un établissement en internat tout en maintenant un suivi ambulatoire rapproché en fin de semaine.

Si un état dépressif majeur est présent, le retour à l'école se fera après restauration de la normothymie ou bien après stabilisation de l'humeur. Les tendances suicidaires doivent impérativement être identifiées et mesurées.

Cas clinique

Nous allons exposer un cas qui nous semble représentatif de ce que nous définissons comme le véritable trouble phobie scolaire sans anxiété de séparation. Les techniques thérapeutiques utilisées sont en général l'exposition au stimulus anxiogène, l'affirmation de soi, la relaxation et les techniques cognitives (*cf.* chapitre 2). Il s'agit d'une phobie scolaire évoluant de façon intermittente depuis environ 2 ans et associée à des symptômes dépressifs.

Situation

Pierre, âgé de 12 ans, est le benjamin d'une fratrie de quatre : il a deux frères âgés respectivement de 20 et 18 ans et une sœur jumelle du frère cadet. La grossesse et l'accouchement se sont déroulés normalement ; il a marché à 13 mois ; le langage a été acquis dans les limites de la normale ; il a présenté une énurésie nocturne persistante jusqu'à l'âge de 10 ans et traitée avec succès par antidépresseurs tricycliques.

L'entrée à la maternelle s'est faite à 3 ans 1/2 sans angoisse de séparation ; l'entrée au cours préparatoire à 6 ans. La scolarité primaire a été bonne. En CM2, on note un épisode de phobie scolaire rapidement régressif après confrontation entre les parents et les enseignants. Actuellement, il est en classe de 5e ; il est bon élève.

Pierre est au collège en 5e et c'est surtout depuis le mois de novembre de l'année dernière que sont apparues les manifestations de phobie scolaire. À cette époque, il ne pouvait se rendre à l'école ni le lundi, ni le mardi matin. Depuis la rentrée de janvier, les troubles se sont aggravés et il ne se rend au collège que quelques rares jeudis après-midi et vendredis matins. En général, il se lève angoissé, avec des nausées et des douleurs abdominales, ces manifestations cédant dès que les parents l'autorisent à rester au domicile. Il explique ses troubles en disant qu'il a peur de ce qui pourrait lui arriver à l'école, peur d'y faire quelque chose qui pourrait entraîner une punition. Il craint également d'être humilié par ses copains qu'il trouve trop brutaux et chahuteurs. Par ailleurs, si les manifestations phobiques sont au premier plan, il semble exister une tonalité dépressive chez cet adolescent qui présente des difficultés de concentration, une perte de plaisir dans certaines activités bien investies auparavant, un manque de confiance en lui, une asthénie matinale, des troubles du sommeil avec difficultés d'endormissement et réveils nocturnes, des idées de culpabilité. L'anamnèse permet de faire remonter le début des troubles à 2 ans auparavant. Il s'agissait alors de phobies sociales : Pierre refusait de rentrer avec sa famille au restaurant. Il éprouvait alors un malaise avec anxiété et nausées. Mais, ce n'est qu'un an plus tard que sa mère a consulté pour la première fois un médecin. Quelque temps plus tard, il présentait un épisode de phobie scolaire (CM2) rapidement régressif après confrontation entre les parents et les enseignants.

Lors de la première consultation, au mois de mars, devant la symptomatologie dépressive et l'intensité des manifestations anxieuses, on décide de l'hospitaliser. Les premiers jours d'hospitalisation ont été très difficiles. Pierre était très angoissé et cherchait à fuguer. Il demandait constamment à avoir des entretiens avec les médecins. D'emblée il fait part de ses craintes d'être avec les autres enfants : il avait peur que quelqu'un dorme dans la même chambre que lui, il était très anxieux à l'idée de manger avec les autres. Il nous apprend qu'il ne mange jamais à la cantine mais qu'il rentre déjeuner avec sa mère chaque midi. Quelque temps avant sa phobie scolaire, il avait passé un week-end avec les scouts et au moment des repas, il avait été pris d'une intense angoisse ; il parle également de son angoisse à l'école, dans les rangs il se met toujours à la fin car il a peur d'être bousculé et d'être violent. À certains moments, on perçoit en lui une toute-puissance et une agressivité qu'il tente de contrôler par l'inhibition : « Mes parents me disent que je pourrais me battre et je me sens le plus fort » ; « Quand je m'énerve, je casse des choses ». Il est triste, et dit avoir des idées de mort depuis quelques mois surtout la nuit. Il a arrêté de jouer de la trompette qui était l'instrument qu'il pratiquait. Il a honte de ne pas pouvoir aller à l'école. Il est également très anxieux, s'inquiète facilement pour sa famille, rêve que son frère est coupé en deux. Il se sent facilement persécuté : « Quand on m'interroge, si je ne sais pas, les autres ricanent, si l'un d'eux se trompe, personne ne rit ». Il raconte également qu'il se dispute avec son frère avec lequel il semble en rivalité : celui-ci était en pensionnat l'an passé et est maintenant revenu au sein de la famille ; Pierre a un peu perdu la place qu'il occupait. Avant, en effet, il était très drôle à table, avait des réparties amusantes : « Maintenant, les discussions à la maison ne m'intéressent plus » et il quitte rapidement la table pour aller dans sa chambre.

La mère de Pierre travaille 2 à 3 demi-journées par semaine et passe la plupart du temps avec lui. Elle semble avoir une relation étroite avec son fils. Elle raconte qu'il est très angoissé par la mort. Le père de Pierre est un homme assez renfermé, il raconte que lorsqu'il était lui-même enfant, il avait souvent envie de mourir. Il faisait partie d'une famille nombreuse.

L'étude de l'efficience intellectuelle (WISC-R : QIV [Quotient intellectuel verbal] 114 ; QIP [Quotient intellectuel performance] 107) objective de bonnes aptitudes, un manque de confiance en soi se traduit durant les tests par des réactions d'affolement.

Les épreuves de personnalité (TAT [*Thematic Apperception Test*] ; Rorschach) témoignent d'une inhibition importante tant sur le plan de l'actualisation de son potentiel intellectuel que sur le plan affectif.

Aucune difficulté spécifique n'est mise en évidence sur le plan du langage oral et écrit.

Pierre est coté à 32 points sur l'échelle de dépression CDI lors de la première semaine d'hospitalisation (indicateur de dépression sévère).

Sur l'échelle de peur d'Ollendick (1983), l'analyse qualitative des réponses montre que les items concernant l'anxiété sociale et l'école sont très anxiogènes.

Tel que le schéma d'analyse cognitivo-comportementale le montre, l'anticipation anxieuse (peurs sociales) la veille des rentrées scolaires déclenche des manifestations somatiques d'anxiété. Ses plaintes inquiètent les parents qui autorisent l'absentéisme. L'évitement de la situation scolaire réduit l'anxiété et renforce le refus d'aller à l'école.

L'analyse comportementale ou fonctionnelle est schématisée dans le tableau 8.1.

Séance 1

Tout d'abord nous avons expliqué à l'enfant que certaines de ses réactions émotionnelles actuelles étaient largement influencées par les expériences passées : « Les réactions de peur, d'anxiété que tu éprouves actuellement à l'idée de retourner à l'école, nous pouvons les diminuer ici dans ce bureau en te faisant imaginer que tu retournes en classe. Nous pensons que tu as appris à avoir peur de l'école, comme nous pouvons apprendre à avoir peur de voyager en voiture après avoir observé un accident. De la même façon, comme nous apprenons à avoir peur de certaines choses, nous pouvons apprendre à les

Tableau 8.1. Analyse comportementale ou fonctionnelle : tableau récapitulatif.

<table>
<tr><th></th><th colspan="5">Antécédents</th><th colspan="5">Conséquents</th><th colspan="7">Stratégie thérapeutique envisagée</th></tr>
<tr><td></td><td colspan="5">Anxiété dès la prime enfance
Premier épisode de phobie scolaire rapidement régressif à 8 ans</td><td colspan="5">Scolarisation avec évitements (cantine, lire seul dans la cour au lieu de jouer avec les autres)</td><td colspan="7">Désensibilisation systématique
Exposition graduelle in vivo</td></tr>
<tr><td>Symptômes</td><td colspan="10"></td><td colspan="7">Refus scolaire anxieux</td></tr>
<tr><td></td><td colspan="7"></td><td colspan="10">Anxiété sociale</td></tr>
<tr><td></td><td colspan="3"></td><td colspan="14">Anxiété avec énurésie nocturne</td></tr>
<tr><td></td><td>⇑</td><td>⇑</td><td>⇑</td><td>⇑</td><td>⇑</td><td>⇑</td><td>⇑</td><td>⇑</td><td>⇑</td><td>⇑</td><td>⇑</td><td>⇑</td><td>⇑</td><td>⇑</td><td>⇑</td><td>⇑</td><td></td></tr>
<tr><td></td><td>1</td><td>2</td><td>3</td><td>4</td><td>5</td><td>6</td><td>7</td><td>8</td><td>9</td><td>10</td><td>11</td><td>12</td><td>13</td><td>14</td><td>15</td><td>16</td><td>Âge (ans)</td></tr>
</table>

approcher progressivement et à répondre avec moins de tension et d'anxiété. Il existe une méthode qui provoque la disparition de la peur : l'exposition graduelle en imagination et dans la réalité. Nous allons t'apprendre à te relaxer, à devenir plus calme ; nous allons faire une liste de toutes les situations liées à l'école qui peuvent te rendre anxieux. Nous allons te faire imaginer d'abord celles qui provoquent un peu de peur, nous allons continuer à imaginer des situations tout en étant calme jusqu'au moment où tu pourras imaginer que tu retournes à l'école sans que cela te fasse peur. Nous allons également t'exposer aux situations imaginées, c'est-à-dire que nous allons te demander de *faire* ce que tu as imaginé. Nous allons approcher les situations de la liste d'une manière *graduelle,* en commençant par les situations qui provoquent peu de peur. *On ne te demandera jamais de faire quelque chose* si *tu n'es pas prêt à la faire : tu as le contrôle de la façon d'approcher les situations qui te font peur.* Ce traitement est la thérapie cognitivo-comportementale. »

Nous avons construit ensuite une hiérarchie de situations anxiogènes qui provoquaient la *peur* et *l'évitement*. Nous avons tenu compte, dans la construction de la liste, de certaines dimensions importantes dans le traitement par exposition graduelle pour des enfants présentant un refus scolaire (Last, 1987) :

- les modalités de la reprise scolaire (faire le trajet uniquement, se rendre à un rendez-vous avec le conseiller d'orientation ou un professeur, travailler ou lire dans la bibliothèque de l'établissement scolaire, etc.) ;
- la durée des moments de reprise (ex. 5 minutes, ½ heure, une demi-journée) ;
- la présence ou l'absence des parents, amis ou autres personnes (camarades de classe) lors de la reprise ;

• le nombre d'élèves dans la classe, éventuellement un changement de classe ;
• certaines matières spécifiques ou certains professeurs préférés ;
• un jour précis de la semaine, décidé par l'enfant en fonction de son désir d'assister soit à une activité, soit parce que le dernier jour de la semaine semble plus facile associé au week-end, etc.

Les items de la liste ont été construits d'après les informations données par les professeurs, les parents et l'enfant lui-même. Nous avons commencé par les situations anxiogènes dans l'hôpital. Au début de l'hospitalisation, S. restait dans sa chambre la porte fermée, il ne voulait pas rencontrer les autres patients et l'idée de manger avec eux l'angoissait terriblement. Durant les premiers jours, il prenait ses repas dans la chambre, nous avons évoqué cette situation pendant la première séance et nous avons encouragé Pierre à prendre ses repas avec les autres enfants. Quelques jours après la séance, et sa thymie s'améliorant, Pierre est allé vers les autres et a demandé à prendre ses repas dans la salle et avant l'évaluation suivante, il a demandé spontanément une thérapie d'affirmation de soi.

Séances 2 à 6

Au bout de 15 jours, il a pu aller à l'école de l'hôpital où son rendement était très bon, il allait même au tableau sans angoisse. Après déconditionnement de l'anxiété dans l'école de l'hôpital, nous avons suggéré à Pierre, d'après la liste de stimuli anxiogènes, d'aller à son école accompagné par l'éducateur de l'hôpital. Il a été décidé de modifier les conditions d'hospitalisation : il serait en hospitalisation de jour pour le temps nécessaire à sa réintégration progressive à l'école.

Séances 7 à 10

Ces 3 séances ont été consacrées à l'affirmation de soi. Pierre a participé à un groupe d'affirmation de soi une fois par semaine. Ce groupe était constitué de 4-5 enfants présentant une anxiété sociale et manquant de compétences sociales. Les situations destinées à atténuer l'anxiété sociale de Pierre ont concerné surtout la situation scolaire (aller au tableau, répondre si l'on est interrogé par le professeur, réactions aux critiques, aux compliments, etc.).

Suivi et maintien des résultats thérapeutiques

Quatre ans après l'hospitalisation, Pierre se rend régulièrement au lycée, il est en première et doit passer son baccalauréat de français. Le suivi, une fois par an, était bien investi par Pierre. La dernière évaluation faite à l'aide de l'ECAP montre encore l'existence de l'anxiété sociale pour laquelle il demande une aide thérapeutique. Malgré une bonne adaptation sociale (il a des amis, fait du sport, a des loisirs), Pierre appréhende que les élèves se moquent de lui, a peur de se tromper, a peur de ce que les autres enfants pensent de lui, a peur d'avoir l'air bête, a peur de parler dans un groupe, a peur que les autres remarquent sa gêne. L'assiduité normale a été souvent signalée par les auteurs (Berg *et al.*, 1976), mais pour la plupart des cas dans la littérature et ceux que nous avons suivis nous-mêmes, indépendamment de la fréquence scolaire satisfaisante, il persiste une certaine fragilité au niveau d'autres difficultés psychologiques. Dans le cas précis de Pierre, la thérapie d'affirmation de soi a été, lors de sa phobie scolaire, de courte durée, malgré l'anxiété sociale sous-jacente. L'arrêt de la prise en charge cognitivo-comportementale à cette période-là a été en grande partie motivée par la saturation qu'il éprouvait vis-à-vis des soins médicaux. Le suivi espacé a permis de garder un bon contact.

Cas clinique

Situation

Anne, 14 ans, est adressée dans le service pour une tentative de suicide et un refus scolaire évoluant depuis un mois. Depuis mi-août, elle appréhendait sa rentrée scolaire en 4e, redoutant un nouvel enseignant de biologie. C'est aussi à cette période qu'Anne a connu sa première déception sentimentale. Dès la rentrée scolaire, elle présente des crises d'angoisse avec des vomissements au moment du départ pour le collège, elle réussit néanmoins à aller en classe de façon quasi régulière, mais sans participation pendant les cours où elle s'assied au fond de la salle. Ses troubles du sommeil avec difficultés d'endormissement se majorent. Elle fait même une tentative de « fugue » ne pouvant surmonter son angoisse. Elle avait décidé d'aller chez une tante en province mais, à la sortie du métro elle a rencontré son ancien professeur de français, cette jeune femme s'entendait bien avec Anne lors de l'année scolaire précédente, elle l'a donc emmenée avec elle au collège, Anne restant dans sa classe la journée entière. En quelques jours, l'angoisse montant, elle a absorbé de façon impulsive deux plaquettes de benzodiazépines « pour en finir » dit-elle. En fait, Anne présente depuis son entrée en 6e une peur massive de l'échec. Depuis cette période, elle a des troubles du sommeil avec des difficultés d'endormissement et réveils fréquents, d'où la prescription par son médecin traitant de benzodiazépines. Elle présente surtout depuis quelques semaines des idées suicidaires. Elle sait, dit-elle, qu'elle se tuera un jour. Anne se présente comme une adolescente de 16 ou 17 ans, alors qu'elle n'en a que 14. Elle a un bon contact, souriante, mais est moins à l'aise qu'elle ne veut le faire paraître. Anne a de nombreux affects dépressifs, on note un relatif retrait social, elle n'a que peu d'amies, a un important sentiment d'autodévalorisation mais pas d'idées de culpabilité, ni de ralentissement psychomoteur. Les idées suicidaires sont toujours présentes et le risque de passage à l'acte paraît important. Elle ne présente pas d'autre phobie. Anne n'a aucun loisir en dehors du milieu familial. Elle est partie une seule fois en colonie de vacances. La séparation a été difficile, aussi bien de la part des parents que de la sienne. Jamais elle n'a demandé à repartir seule ▷

▷ ou avec sa sœur jumelle en vacances : « D'ailleurs ma mère s'y opposerait, comme elle s'oppose aux sorties avec mes quelques camarades ». Elle est en conflit avec ses parents depuis le début de son adolescence, contestant leur autorité. Son développement psychomoteur n'a pas présenté de problème particulier. Anne a toujours été une élève brillante, a beaucoup investi la scolarité, elle voudrait être ingénieur en informatique. Paradoxalement, elle explique qu'auparavant elle voulait être brillante pour satisfaire ses parents, mais que maintenant elle a compris que c'était pour elle qu'elle travaillait et que donc elle ne voulait plus faire d'efforts. Le milieu familial est conflictuel : il semble y avoir une problématique conjugale sévère. La mère se présente comme une femme déprimée se montrant très revendicatrice à l'égard des médecins, parlant de mourir si on la sépare de sa fille. Elle n'a pas de profession, et fait quelques heures de ménage, ce qui lui laisse une grande disponibilité pour ses enfants. Anne a un frère de 20 ans, actuellement étudiant, et surtout une sœur jumelle, V.

Anne en parle très peu… si ce n'est en la dévalorisant, la trouvant « intéressée », « C'est moi qui lui fait ses devoirs depuis le primaire ». « Je ne la supporte plus, on devrait nous changer de classe ». Anne la décrit comme plus superficielle et plus ouverte qu'elle… En fait, elles semblent toutes les deux très peu individualisées, elles ont toujours été dans la même classe. De plus V. présente une sorte de pathologie en miroir, elle aussi a fait une tentative de suicide à la rentrée… puis une seconde après celle d'Anne, alors que celle-ci était hospitalisée et qu'un projet d'internat pour Anne avait été évoqué. La mère a refusé que V. consulte : « une cela suffit », de plus elle n'avait pas de « problème vis-à-vis de l'école ». Le père est agent technique, il semble être tenu à distance, restant en retrait de la relation mère/fille qui apparaît très forte.

Analyse

L'efficience intellectuelle est bonne, située dans la zone normale forte (WISC-R : QIV 102, QIP 117), avec une différence significative en faveur de l'épreuve de performance. Il est à noter qu'aucun ralentissement n'est apparu lors de ces épreuves d'efficience.

L'épreuve de Rorschach montre une très grande difficulté à s'adapter à la réalité quotidienne ; cette réalité est angoissante à l'extrême et Anne se réfugie parfois dans un monde infantile très régressif. Cette angoisse massive rend difficile l'organisation de sa pensée et de sa perception de la réalité ; elle éprouve parfois un sentiment d'anéantissement devant la force de l'angoisse qui explose de manière tout à fait inadaptée, incontrôlable et imprévisible. Ceci est tellement envahissant qu'un investissement affectif d'autrui est impossible. Tout est centré sur elle-même, la préoccupation de l'image féminine est intense. Cette angoisse semble réactivée par les problèmes de l'accès à la génitalité, toutes les pulsions profondes sont vécues sur un mode angoissant qu'elle ne domine pas. Elle a certes un désir de plaire mais les relations sont vécues sur un mode si conflictuel, voire destructeur, que ce désir s'efface devant son angoisse. En dehors d'une certaine lenteur de production, aucun affect dépressif n'est apparu au test de personnalité.

Le TAT montre des thèmes dépressifs (la tristesse, la mort, le passé). Elle a un grand sentiment d'abandon. Les parents semblent eux-mêmes en proie à la tristesse et au malheur. ▷

Aucune difficulté du langage oral ou du langage écrit n'est mise en évidence chez Anne.

Dans les antécédents d'Anne, nous pouvons constater de nombreux traits de personnalité évitante, des affects dépressifs et une forte anticipation anxieuse. Le comportement problème est ainsi identifié : refus scolaire anxieux, rupture avec sa sœur jumelle, évitement anxieux qui renforce les affects dépressifs et d'importantes difficultés avec les parents.

Concernant la prise en charge médicamenteuse, les affects dépressifs étant au premier plan (conduite suicidaire), un traitement antidépresseur a été instauré dès le début de l'hospitalisation. L'antidépresseur de première intention a été l'*Anafranil* puis, devant les effets indésirables importants de ce médicament, le *Ludiomil* a été proposé.

Dès la seconde semaine d'hospitalisation, une thérapie comportementale a été proposée, celle-ci privilégiant l'affirmation de soi.

L'analyse comportementale ou fonctionnelle est schématisée dans le tableau 8.2.

Thérapie d'affirmation de soi

Nous avons constaté chez Anne un défaut de gestion émotionnelle où la colère est l'émotion dominante pour qu'elle s'exprime. En effet, la colère a un effet désinhibiteur chez cette jeune fille lui permettant de s'exprimer par à-coups mais dont l'impact sur l'entourage est négatif. Nous avons donc établi une liste de messages qu'Anne aurait souhaité dire à sa famille et à ses amis proches. Une des situations qu'Anne a voulu travailler d'emblée a été en rapport avec sa sœur jumelle. Elle voulait lui dire de façon ferme et si possible sans colère qu'elle ne souhaitait plus partager leurs affaires, qu'elle ne voulait plus qu'elle lui demande les leçons. Nous avons fait des jeux de rôle où Anne a joué le rôle de sa sœur, elle a joué son propre rôle puis elle a observé des jeux de rôle menés par deux thérapeutes qui jouaient les deux sœurs. Anne, au début des jeux de rôle, était très véhémente, elle tenait des propos très critiques par rapport à sa sœur et se perdait dans un discours où l'agressivité dominait. On pouvait observer l'absence totale de demande qui était le premier objectif de la thérapie d'affirmation de soi (demander à sa sœur de ne plus réclamer ses affaires). Peu à peu, Anne s'est rendu compte que sa demande n'était pas clairement formulée et au bout de la septième situation de jeux de rôles, elle a pu dire d'emblée à sa sœur : « J'aimerais qu'à partir de maintenant, on ne partage plus nos affaires, cela me dérange beaucoup ». Elle restait très insatisfaite et insécure avec cette phrase qu'elle disait inefficace par rapport à la personnalité de sa sœur. Elle argumentait en disant que nous ne connaissions pas sa sœur dans son obstination et sa ténacité. Nous avons joué le rôle de la sœur obstinée et tenace comme elle la décrivait et nous avons insisté pour qu'Anne s'exerce dans la technique du « disque rayé » (répéter autant de fois qu'il le faut la même demande sans changer un mot quoi que l'interlocuteur développe comme nouvel argument). Ainsi les situations relationnelles répertoriées par Anne ont été jouées.

Le renforcement positif des progrès d'Anne a été accueilli favorablement par elle malgré ses affects dépressifs (il est souvent dit dans la littérature que les personnes déprimées ont une difficulté accrue à recevoir les renforcements positifs, nous ne l'avons pas constaté chez elle). Le façonnement de la

▷ réponse a été accepté avec difficulté par Anne, elle se mettait souvent en colère nous disant qu'à l'hôpital les choses paraissaient faciles mais qu'elle n'était pas sûre de pouvoir se comporter de façon affirmée à l'extérieur car si nous étions gentils, les gens de l'extérieur n'étaient pas forcément très compréhensifs. Nous avons également joué des situations relationnelles concernant des demandes formulées auprès des parents d'Anne. Nous avons joué le rôle de ses parents en utilisant toute la panoplie des réponses possibles : refus délicat, refus véhément, refus agressif, acceptation avec négociation, acceptation inconditionnelle, acceptation avec renforcement positif de la demande.

Désensibilisation systématique

La désensibilisation systématique a commencé par un traitement quotidien à la relaxation par la méthode de Jacobson. Anne a eu de fortes difficultés à se relaxer, se laisser aller, toutes les 3 minutes elle ouvrait les yeux et disait ne pas pouvoir se relaxer. Elle avait manifestement peur du laisser-aller musculaire et psychique. Nous avons commencé par la relaxation des bras, des épaules et du visage. Nous avons insisté tout particulièrement sur la relaxation du visage. À la troisième séance de relaxation, Anne a abandonné ses conduites de résistance et a pu se relaxer pendant 25 minutes. Un début de sensation de pesanteur vécu par elle comme agréable a été observé lors de cette troisième séance. Nous avons expliqué à Anne que le but de la désensibilisation systématique était la visualisation des situations scolaires qu'elle vivait comme anxiogène. L'association entre la relaxation et la visualisation des situations évitées pourrait rendre possible la confrontation à ces situations sans angoisse. Nous avons expliqué qu'il s'agissait d'« apprivoiser » les situations anxiogènes.

Dans sa liste des situations scolaires anxiogènes, on pouvait noter les items suivants : aller au tableau en cours de mathématiques, lire un paragraphe en anglais, répondre faux et entendre la classe rire, poser une question considérée comme inadaptée, arriver à l'école et se sentir presque obligée de faire demi-tour, être à l'école sans pouvoir sortir et rentrer chez soi, être dans la salle de classe sans pouvoir sortir de la salle, avoir une montée d'angoisse sans pouvoir demander à aller à l'infirmerie. Nous avons travaillé item par item, Anne ayant du mal à visualiser les items suggérés par le thérapeute. Il a été convenu qu'Anne allait visualiser et décrire à voix basse mais audible ce qu'elle imaginait. Le thérapeute dans cette variante de désensibilisation systématique a pour rôle de stimuler et encourager le patient à décrire dans toute sa finesse la situation imaginée. Pour ceci, il pose des questions sur le contexte, les émotions, les réactions des autres et tous les items qui pourraient faire fluctuer l'anxiété.

Exposition in vivo (reprise progressive de la scolarité)

Anne a repris très progressivement la scolarité, elle a choisi les matières auxquelles elle voulait assister. Le principal du collège s'est montré très coopérant. Plus précisément, elle a choisi l'histoire et les sciences naturelles. Lors de la première semaine, au cours d'une première confrontation à l'école, il a été convenu avec Anne qu'une réunion avec le proviseur, le professeur principal et ses parents était nécessaire afin d'organiser son emploi du temps aménagé. Nous avons également assisté à cette réunion où nous avons insisté sur la progressivité de la reprise scolaire. Nous avons aussi défini les personnes référentes ▷

en cas de montée d'anxiété (le médecin scolaire et l'infirmière). Anne était d'abord accompagnée par l'éducatrice du service, les affects dépressifs ont régressé. L'éducatrice restait dans l'établissement pendant les heures de cours d'Anne. Nous avions discuté avec Anne sur le type de réponse qu'elle souhaitait donner aux questions des camarades concernant son hospitalisation et son retour progressif. Elle a préféré dire à ses camarades qu'elle souffrait d'une anémie, elle ne voulait pas que l'on sache qu'elle était hospitalisée dans un service de pédopsychiatrie. Ceci a été communiqué également au personnel de l'établissement scolaire. Ils ont tous été d'accord pour dire la même chose. Il a été demandé au professeur principal d'informer les professeurs sur les difficultés réelles d'Anne et de ne pas du tout les commenter. Toutes ces précautions sont nécessaires car les enfants présentant un refus anxieux de l'école n'ont pas une source unique d'angoisse mais plusieurs inquiétudes qui sont essentiellement sociales et de performance.

Une thérapie de soutien pour les parents a été proposée pendant l'hospitalisation permettant une meilleure compréhension du désir d'autonomie naissant d'Anne.

Évolution

Anne est restée hospitalisée 2 mois 1/2. Elle n'a repris sa scolarité à temps plein qu'un mois après sa sortie. Nous l'avons vue pour continuer le travail psychothérapeutique deux fois par semaine. Nous avons au cours de ces séances élargi le temps de reprise scolaire. Nous n'avons pas pratiqué de relaxation. Nous avons surtout renforcé positivement les progrès et les efforts réalisés par Anne. L'estime de soi a été travaillée de façon hebdomadaire 4 mois après la reprise à temps complet de l'école. Le doute sur ses capacités lui a fait choisir des études en lycée d'enseignement professionnel alors qu'elle aurait pu faire des études longues. Elle n'a plus d'idées suicidaires, sort d'avantage, les relations avec ses parents se sont améliorées. Trois ans après, elle va régulièrement en classe.

Tableau 8.2. Analyse comportementale ou fonctionnelle : tableau récapitulatif.

<table>
<tr><th></th><th colspan="5">Antécédents</th><th colspan="5">Conséquents</th><th colspan="7">Stratégie thérapeutique envisagée</th></tr>
<tr><td></td><td colspan="5">Anxiété
Personnalité évitante</td><td colspan="5">Attaques de panique avant de se rendre en classe
Retrait durant la période scolaire
Tentative de suicide menant à l'hospitalisation</td><td colspan="7">Affirmation de soi
Désensibilisation systématique
Exposition in vivo</td></tr>
<tr><td>Symptômes</td><td colspan="5"></td><td colspan="5"></td><td colspan="7">Refus scolaire anxieux</td></tr>
<tr><td></td><td>⇑</td><td>⇑</td><td>⇑</td><td>⇑</td><td>⇑</td><td>⇑</td><td>⇑</td><td>⇑</td><td>⇑</td><td>⇑</td><td>⇑</td><td>⇑</td><td>⇑</td><td>⇑</td><td>⇑</td><td>⇑</td><td></td></tr>
<tr><td></td><td>1</td><td>2</td><td>3</td><td>4</td><td>5</td><td>6</td><td>7</td><td>8</td><td>9</td><td>10</td><td>11</td><td>12</td><td>13</td><td>14</td><td>15</td><td>16</td><td>Âge (ans)</td></tr>
</table>

Plan du traitement

Séances 1 à 3

Sur le plan comportemental et cognitif :
• Évaluation diagnostique.
• Évaluation de la présence d'un état dépressif majeur.
• Évaluation de la nécessité d'un traitement médicamenteux.
• Évaluation de l'anxiété sociale.
• Évaluation des habiletés sociales.
• Évaluation de l'anxiété (ECAP).
• Analyse fonctionnelle.
• Établissement de la liste de situations anxiogènes, hiérarchisation de ces situations.
• Identification du mode de déclenchement du refus scolaire, de la durée de l'absentéisme scolaire, de l'attitude des parents vis-à-vis du refus scolaire (compréhension, professeurs à domicile, tentatives de réintégration scolaire par la force, etc.).
• Explication à l'enfant et aux parents sur la pathologie, les mécanismes sous-jacents, les principes thérapeutiques.
• Élaboration du contrat thérapeutique.

Sur le plan familial :
• Explication aux parents du modèle psychopathologique et des principes thérapeutiques.
• Premières consultations en présence des parents.,

Séances 5 et 6

Sur le plan comportemental et cognitif :
• Désensibilisation systématique.
• Identification des facteurs facilitateurs et des obstacles dans l'application du traitement.

Séances 7 à 9

Sur le plan comportemental et cognitif :
• Exposition graduelle *in vivo*, durée et cours auxquels l'enfant participe choisis en fonction de la liste hiérarchisée établie avec lui. Pour les enfants hospitalisés, elle se fait à l'école au sein de l'hôpital.
• Identification des pensées anxiogènes pendant l'exposition.

Sur le plan familial :
• Si le traitement est ambulatoire, les parents accompagnent l'enfant à l'école, soit ils vont refaire le trajet de l'école, soit passer quelques minutes devant l'école, une demi-journée, etc.

Séances 10 à 12

Sur le plan comportemental et cognitif :
- Poursuite de l'exposition graduelle *in vivo.*
- Thérapie d'affirmation de soi, en groupe ou individuelle.
- Développement positif du sentiment d'estime de soi en s'appuyant sur les progrès accomplis.

Sur le plan familial :
- Une thérapie de soutien familiale est souvent proposée.

Séances 11 à 13

- Poursuite de la thérapie d'affirmation de soi.
- Réévaluation de l'anxiété de l'enfant avec d'autres outils que ceux utilisés lors de l'évaluation diagnostique.
- Discussion sur les changements constatés.
- Identification des points anxieux toujours présents.
- Programmation du suivi espacé.

Références

American Psychiatric Association. (1987). (Ed.). Diagnostic and statistical manual of mental disorders (Third Edition-Revised). Washington.

Berg, L., Butler, A., & MeGuire, R. (1972). Birth order and faily size of school phobia adolescents. *British Journal of Psychiatry, 121*, 509-514.

Berg, L., Nichols, K., & Pritchard, C. (1969). School phobia, its classification and relationship to dependency. *Journal of Child Psychology and Psychiatry, 10*, 123-141.

Berg, L. (1974). A self-administered dependency questionnaire (SAD. Q.) for use with mothers of schoo1children *British Journal of Psychiatry, 124*, 1-9.

Berg, L. (1980). School refusal in early adolescence. In L. Hersov, & I. Berg (Eds), *Out of school*. New York: John Wiley & Sons.

Berg, L., Butler, A., & Hall, G. (1976). The outcome of adolescent school phobia. *British Journal of Psychiatry, 128*, 80-85.

Bowlby, J. (1973). Attachment and loss. *Separation: anxiety and anger* (Vol. 2). New York : Basic Books.

Dugas, M., & Gueriot, C. (1973). Les phobies scolaires. *Cahiers de Médecine, 14*(15), 1267-1272.

Eysenck, H.J., & Rachman, S.J. (1965). The application of learning theory to child psychiatry. In J.G. Howels (Ed), *Modern Perspectives in Chi/d psychiatry*. Edinburgh: Oliver & Boyd.

Jersild A.T. (Ed). (1968). *Child psychology. Englewood Cliffs*. N.J: Prentice Hall.

Johnson, A.M., Falstein, E.I., Szurek, S.A., & Svendson, M. (1941). School phobia. *American Journal of Orthopsychiatry, 11*, 702-711.

Last, C., Francis, G. School Phobia. Advances in Clinical Child Psychology. In Press.

Last, C.G., Francis, G., Hersen, M., Kazdin, A.E., & Strauss, C.C. (1987). Separation Anxiety and School Phobia: A Comparison Using DSM-III Criteria. *Am J. Psychiat., 144*, 653-657.

Ollendick, T.H. (1983). Reliability and validity of the Revised Fear Survey Schedule for Children (FSSC-R). *Behavior Research and Therapy, 21*, 685-692.

Ross A.O. (Ed). (1974). *Psychological disorders of children*. New York: McGraw-Hill Book Company.

Seligman M.E.P. (Ed). (1975). *Helplessness: on depression, development and death*. San Francisco : Freedman.

Turner, S.M., Beidel, D.C., & Costello, A. (1987). Psychopathology in the offspring of anxiety disorders patients. *Journal of Consulting and Clinical Psychology, 55*, 229-235.

Vera, L. (1988). Anxiété sociale et troubles anxieux chez l'enfant : une etude comportementale. *Actualités Psychiatriques, 1*, 121-124.

9 Trouble obsessionnel compulsif

L. Vera

Description clinique et diagnostic (DSM)

Le diagnostic de trouble obsessionnel compulsif (TOC) est posé souvent après un long périple. L'enfant sera vu par le clinicien, à la différence de l'adulte, après un certain temps plus ou moins variable de gêne, de souffrance, de résistance contre les rituels mentaux ou moteurs, de dissimulation par le jeune de ses comportements « curieux » : c'est souvent l'entourage scolaire, familial qui provoquera une rencontre avec des professionnels de la santé. Les raisons de l'inquiétude de l'entourage sont diverses : incapacité ou difficulté excessive à prendre une décision, lenteur exagérée en lecture à voix haute, même question posée plusieurs fois à la suite sans écouter ou tenir compte de la réponse, exigences extrêmes de propreté (refus par exemple de ramasser un crayon tombé par terre, gestes répétitifs : tourner et retourner plusieurs fois la même page d'un livre), etc. L'enfant va rarement se plaindre et demander de l'aide. Presta *et al.* (2003) insistent sur le fait que le trouble obsessionnel compulsif est largement sous-estimé chez l'enfant. L'enfant jeune ne se rend pas compte du caractère pathologique de ses conduites, encore moins de la nécessité d'une aide psychologique. Mais ceci n'exclut pas le vécu de souffrance de certains jeunes enfants.

Symptômes

L'intensité des symptômes est différente d'un enfant à l'autre selon le thème obsédant. L'enfant qui a peur d'oublier une partie de ses affaires scolaires et se sent obligé de vérifier des nombreuses fois son cartable se sentira soulagé en arrivant à l'école avec toutes ses affaires. Mais celui qui en partant à l'école est agressé par l'idée qu'en fermant la porte il a peut-être coincé, blessé ou bien coupé la queue du chat ne pourra pas ôter de son esprit cette idée horrible d'avoir blessé son chat et il passera toute la matinée à se tourmenter, à se sentir responsable et à culpabiliser. Il ne pourra vérifier l'état du chat qu'en fin d'après-midi en rentrant chez lui et le lendemain tout recommence. Parfois, l'enfant obsessionnel a des moments de répits : les idées horribles d'oublier, de blesser, de se tromper ne le dominent pas. Mais ces moments sont fugaces et si éphémères, il suffit d'entendre à la radio ou à la télévision qu'un nouveau

TCC chez l'enfant et l'adolescent

cas de vache folle a été découvert dans un coin de France pour qu'il soit pris par des angoisses de mort imminente s'il a mangé de la viande dans les jours précédents. Pour annuler cette angoisse, il touchera, par exemple, trois fois son bureau, ce geste va éliminer tout danger, une voix dans sa tête lui dit que cette action compulsive est suffisamment puissante pour le protéger. Le trouble obsessionnel compulsif est souvent concret chez le jeune enfant. À l'adolescence, les obsessions et les compulsions intègrent des thèmes abstraits : la galaxie, l'infini sont des vécus psychiques qui poussent le jeune à réfléchir longtemps afin de calmer l'angoisse du néant, de l'inconnu.

Complications

Les complications du trouble obsessionnel compulsif sont la dépression, les tentatives de suicide, la drogue, les difficultés familiales et scolaires et dans les cas extrêmes, l'incapacité de l'enfant à étudier, voire même à vivre sans l'assistance de ses parents.

Prévalence

La prévalence du trouble oscille entre 1,5 et 2,5 % dans la population générale (Bebbington, 1998 ; Karno *et al.*, 1988 ; Nestadt *et al.*, 1994).

Le point de vue comportemental et cognitif

Modèle comportemental ou apprentissage du TOC

Ce modèle va s'intéresser surtout aux facteurs responsables de la persistance dans le temps du trouble. Le modèle comportemental considère que le trouble obsessionnel compulsif peut être compris en partie par deux mécanismes d'apprentissage : le conditionnement classique et le conditionnement opérant.

Selon Mowrer (1960), le comportement obsessionnel serait acquis tout d'abord par conditionnement classique et ensuite renforcé et pérennisé par conditionnement opérant. Ainsi, un événement extérieur (toucher l'emballage d'un médicament) est associé à la prise de conscience d'une obsession anxiogène (toucher le biberon du petit frère sans se laver les mains risque de l'empoisonner involontairement). La répétition de cette association visuo-idéative constitue un conditionnement classique de l'anxiété. L'enfant a des réactions d'angoisse à chaque fois qu'il touche une boîte de médicaments parce qu'il imagine toucher ensuite le biberon du petit frère sans se laver les mains et donc être responsable d'un malheur. Dans un deuxième temps, l'enfant expérimente une réduction de l'anxiété par l'émission d'un rituel : il vérifie plusieurs fois qu'il n'y a pas de médicaments près de lui afin d'annuler le risque de les toucher. Ainsi, il n'ouvrira jamais la boîte à pharmacie et il refusera systématiquement de prendre un médicament tout seul. Si jamais ses mains sont en contact avec un médicament, il se lavera les mains pour se décontaminer. Il s'agit alors d'un conditionnement opérant avec apprentissage d'une conduite d'évitement efficace à court terme dans la diminution de l'anxiété. L'enfant a appris les comportements obsessionnels nécessaires qui préservent sa tranquillité. L'expérience d'une baisse de l'anxiété après avoir vérifié ou refusé de toucher quelque chose entretient et diversifie les rituels à venir.

Cependant, de nombreuses études contestent la validité de ce modèle selon lequel le rituel compulsif diminue l'anxiété subjective du sujet. En effet, Röper *et al.* (1973 ; 1976) considèrent que les rituels de lavage diminuent l'anxiété subjective, mais les vérifications ne réduisent pas forcément l'anxiété, celle-ci diminuerait plutôt en fonction de l'écoulement du temps au cours d'une chaîne de vérifications qu'au rôle du rituel lui-même. D'autre part, certains enfants se sentent soulagés uniquement si le geste a été accompli de façon correcte (à un certain moment de la chaîne comportementale obsessionnelle, ils éprouvent un sentiment de satisfaction, une impression de « geste parfait » qu'ils décrivent difficilement). D'autre part, certains jeunes abandonnent le rituel pendant un moment plus ou moins long si le thérapeute se porte garant de l'absence de danger ou bien d'assumer la responsabilité des conséquences si le rituel n'est pas accompli. La présence du thérapeute provoque souvent un transfert de responsabilité du patient vers le thérapeute s'il ne ritualise pas : « Ça sera la faute du thérapeute si jamais il y a un malheur à cause de ma négligence ». Les conséquences graves de l'absence de ritualisation peuvent être attribuées au thérapeute qui incite le patient à ne pas ritualiser. Les notions de responsabilité et de culpabilité liées aux rituels introduisent le modèle cognitif de la pathologie obsessionnelle.

> En somme, certains jeunes obsessionnels se sentiront soulagés par la ritualisation et la baisse consécutive de la tension anxieuse, d'autres vivront l'entrée dans la chaîne obsessionnelle comme un véritable calvaire et enfin les autres se déresponsabiliseront avec joie si le thérapeute affirme assumer la responsabilité des conséquences associées à la non-ritualisation. Le modèle comportemental explique uniquement en partie le maintien des conduites obsessionnelles.

Modèle cognitif

Le premier modèle cognitif

Mac Fall et Wollersheim (1979) introduisent le rôle des croyances du sujet dans le traitement d'un signal de peur (peur réelle ou imaginaire).

L'obsessionnel, au-delà du comportement rituel à proprement parler, garde un doute, une appréhension, qui sont l'émanation de ses *croyances* (façons dont le sujet se représente son environnement et en particulier dont il apprécie les conséquences de ses obsessions). Ces croyances personnelles seraient à un niveau « préconscient » ou automatique. Les auteurs cités précédemment décrivent ainsi deux temps principaux pour la description du trouble :

- dans un premier temps, un signal de peur est surestimé par le sujet quant au risque de survenue d'événements désagréables. Cette estimation du risque repose sur des croyances personnelles ;
- toujours selon ce modèle, dans un deuxième temps, le sujet sous-estime sa capacité à gérer sa peur dans un sens réaliste et avec des comportements non obsessionnels. Une mauvaise tolérance de l'anxiété ou un sentiment de perte de contrôle du jeune pourraient y contribuer.

Dès lors, devant le sentiment d'incapacité à gérer sa peur, le sujet se réfugie dans des rituels ou des ruminations obsédants, ceux-ci étant un bon moyen de « remettre les choses en place » selon l'expression de Rachman (1976). Ainsi, un enfant passera des longs moments à récapituler ses actions, il tentera de se voir fermer le robinet d'eau, il forcera sa mémoire tactile, auditive à lui donner l'assurance qu'il a bien fermé le robinet et neutraliser par cette récapitulation la peur de provoquer une inondation chez lui ou chez les voisins. Cette description de manque de savoir-faire dans la gestion de certaines peurs est à notre avis intéressante dans la mesure où elle reprend la problématique générale de l'obsessionnel et le rôle « apaisant » du rituel (moteur ou mental).

Le deuxième modèle cognitif

Il s'agit du modèle de Salkovskis (1985). Salkovskis part, dans sa modélisation du trouble, de la constatation selon laquelle le TOC doit être considéré comme l'archétype d'un trouble cognitif, dans la mesure où le stimulus de départ est le plus souvent une *pensée intrusive obsédante*. L'enfant qui se dirige vers l'école avec son cartable sur le dos et qui brutalement s'arrête et vérifie s'il a bien son devoir signé est agressé par l'idée d'avoir oublié (pensée intrusive). Mais cette idée intrusive restera isolée et n'engendrera pas plusieurs arrêts à visée vérificatrice le même jour : sa perception visuelle du devoir suffit pour se sentir rassuré et continuer tranquillement son chemin.

C'est donc probablement l'accueil cognitif de cette pensée intrusive et brutale chez l'enfant malade qui est perturbé. Il va traiter cette idée angoissante d'une manière spéciale : il n'accepte pas cette idée car elle est en désaccord avec son système de croyance (égodystonique). Par exemple, lire dans un article le mot cancer ou l'entendre et penser immédiatement à sa mère est insupportable : « Si je pense à ma mère avec le mot cancer dans ma tête, elle peut tomber malade à cause de moi ». La croyance serait : « On ne doit pas penser à des choses horribles et en même temps à sa mère ».

Aussi, Salkovskis propose de considérer la pensée obsédante comme un stimulus interne anxiogène. Cette pensée obsédante déclencherait une *pensée automatique spécifique* égosyntonique et consciente (acceptable par l'enfant et en accord avec son système de référence de ce qui est bien ou mal) qui s'exprime sous la forme de « je serai responsable » ou « ce sera ma faute ».

Salkovskis propose que cette pensée automatique soit le résultat de l'activation de schémas profonds de traitement de l'information qui obéissent aux critères des schémas cognitifs.

Les schémas cognitifs sont des représentations non spécifiques, mais organisées de l'expérience préalable qui facilitent le rappel mnésique, mais en même temps entraînent des distorsions systématiques de nouvelles constructions mentales (Mirabel-Sarron et Rivière, 1993). Il s'agit d'une base de cognition inconsciente. Chez l'obsessionnel, certains schémas cognitifs sont activés et gouvernent sa manière de voir une partie de la réalité et d'agir. Chez l'obsessionnel, les affects prédominants qui filtrent l'information sont la culpabilité et le sentiment de responsabilité. Dès lors, chez l'obsessionnel, la pensée automatique annonce le début d'une neutralisation qui vise à dégager tout risque de responsabilité ou de culpabilité du sujet. Cette neutralisation s'exprime par la mise en œuvre d'un rituel externe (toucher trois fois un objet par exemple) ou interne (penser à une chose agréable). L'enfant est alors entraîné dans un cercle vicieux de renforcement d'évitement de la responsabilité. Cette pensée automatique est le début d'une cascade de pensées visant à la neutralisation de la pensée intrusive. Elle a pour effet de raccourcir l'exposition du sujet aux pensées qu'il juge inacceptables. De ce fait, l'habituation émotionnelle aux pensées refusées et l'extinction des rituels moteurs qui en découlent ne peuvent avoir lieu. La voie finale commune de la pensée neutralisante consiste le plus souvent en l'émission d'un rituel externe (acte moteur) ou interne (opération mentale) qui achève la neutralisation. Ce rituel peut être émis très rapidement après la reconnaissance de la pensée intrusive par le sujet, et rend alors plus difficile la mise en évidence de la pensée automatique.

Le schéma de danger peut être activé par un trouble de l'humeur ou aboutir, par la répétition des pensées et des rituels, à un trouble de l'humeur dépressif.

Dans ce modèle, le sujet normal qui présente aussi des obsessions se distingue du sujet obsessionnel par le traitement de la pensée obsédante qu'il contrôle, neutralise, ou rejette immédiatement. La tentative qu'effectue le sujet normal pour contrôler la pensée obsédante conduirait à un phénomène de rebond. Après un certain temps d'arrêt, il y a reprise du comportement normal ou non obsessionnel (Clark *et al.*, 1991).

D'un point de vue thérapeutique, l'intervention doit se focaliser non sur la pensée obsédante qui est effectivement pénible, mais sur la pensée automatique qu'elle déclenche. Il convient d'aider le sujet à prendre conscience du fait que la pensée automatique est irrationnelle et catastrophique. Il faut amener progressivement l'enfant à l'analyse de ses croyances. Une démarche thérapeutique spécifique issue de ce modèle a pu être proposée. Selon Salkovskis, l'obsessionnel donne un sens personnel à ses pensées intrusives, sous la forme d'une crainte bien précise. C'est donc bien le traitement de l'information « pensée intrusive » qui est perturbé chez l'obsessionnel. Bien qu'il reconnaisse que ce modèle mérite de nombreux travaux expérimentaux pour le créditer d'une bonne validité, il cite l'étude de Wegner *et al.* (1987) pour expliquer que c'est probablement la tentative de neutralisation de la pensée obsédante qui accroît à la fois l'anxiété et la fréquence des pensées intrusives.

Évaluation et traitement (échelles et techniques)

L'analyse fonctionnelle

La pensée obsessionnelle

La pensée cherche activement des personnes rassurantes, des personnes qui répondront sur le bien-fondé de ces pensées obsessionnelles. Le lien d'attachement affectif détermine la sélection de personnes rassurantes. Sa perception ne tient pas compte de compétences de personnes qui tranquillisent. Par exemple, l'enfant qui a la peur obsessionnelle de tomber malade demandera à sa mère s'il risque d'avoir un cancer au moment où il a mal à la gorge ou à la tête, la réponse négative suffira pour le calmer pendant quelques heures... Il ne voit pas dans la réponse maternelle l'absence de logique : elle n'est pas médecin et répond sans compétences spécifiques et sans analyses médicales. Il semblerait que le fait d'être compris soit plus important que l'idée obsessionnelle en elle-même.

La voix qui oblige à ritualiser

Pratiquement tous les enfants obsessionnels âgés de moins de 10 ans décrivent une voix intérieure qui les oblige à ritualiser. Ils la décrivent à l'intérieur de leur tête, c'est comme s'ils devenaient quelqu'un d'autre pendant les moments de crise obsessionnelle. Ils ressentent la contrainte obsessionnelle sous la forme des ordres donnés par la voix.

La voix qui oblige à ritualiser possède des caractéristiques psychologiques : elle est tyrannique, méchante, moqueuse, elle lance des défis, elle menace, etc. Si l'enfant se révolte contre la compulsion et tente d'y résister, la voix le défie : « Tu crois que tu peux t'en sortir facilement, mais tu vas voir prochainement ! » Elle fait irruption dans le champ mental à un moment quelconque. L'enfant se sent totalement prisonnier des menaces de la voix. C'est une des raisons qui expliquent la difficulté qu'il éprouve à parler de ses troubles, la voix peut se venger.

La perception des objets

Les objets inanimés (cartable, cahiers, verres, etc.) sont perçus partiellement *animés* : ils pourraient souffrir, être tristes, etc. Ceci correspond à la perception affective de la réalité, la logique de la réalité n'a pas encore pris le dessus sur l'affectif. Cette perception particulière des objets génère des conduites obsessionnelles où les objets sont protégés des éventuels dangers : un verre près du bord de la table oblige l'enfant à l'éloigner du bord, de plus les objets sont soigneusement rangés, les jouets sont à peine utilisés : l'enfant leur parle, mais il a des difficultés à jouer avec, car il pourrait les abîmer, les blesser. Il a conscience de l'absence de vie des objets, mais sa perception est imprégnée d'éléments affectifs et il établit une relation délicate et tendre avec eux.

Le doute obsessionnel

L'enfant très jeune, vers 5-6 ans, est saisi comme l'adulte du doute pathologique. Dans notre pratique clinique, nous avons eu en consultation des enfants vérificateurs qui, rongés par le doute de leur mémoire, se levaient la nuit pour aller regarder dans leur cartable s'ils avaient bien mis dans leur trousse ou tout ce que l'instituteur demandait. D'autres enfants obsédés par la séquence de gestes obligent les parents à observer l'exécution des rituels du soir, ils veulent être sûrs des gestes qu'ils font. Par exemple, ils doutent d'avoir enlevé leurs chaussettes et vérifient en touchant leurs pieds, les parents sont obligés de nommer chaque vêtement ôté et le lendemain au réveil, tout recommence. D'autres demandent à vérifier à leur place. Mais le doute typique de l'enfant concerne les questions posées aux parents à propos d'une éventuelle maladie : « Dis-moi que je ne serai pas malade aujourd'hui, dis-moi que je ne vomirai pas... » Ils se calment dès que le parent questionné répond, mais il faut qu'il réponde avec assurance !

Les conditions indispensables pour ritualiser

Le rituel doit se faire sous certaines conditions, par exemple l'enfant doit être parfaitement concentré sur ce qu'il fait (toute distraction ou toute mauvaise pensée au cours du rite oblige l'enfant à le reprendre dès le début). L'enfant décrit le besoin d'attention et de concentration comme un moyen sûr pour garder en mémoire ce qui a été fait. Il peut ainsi repasser en mémoire autant de fois le rituel du début jusqu'à la fin. Cette récapitulation mentale est tout d'abord source de plaisir du geste bien accompli et puis elle rassure aussi sur le fait que le rituel a été effectué.

La sensation de soulagement

Les rituels mentaux et moteurs sont bien codifiés et quand l'enfant juge que ses conduites obsessionnelles ont été correctement effectuées par rapport à cette codification, il ressent une sensation de soulagement, d'apaisement.

Les mesures d'évaluation

Les deux principales échelles sont :
- l'échelle d'obsessions de Leyton pour enfants et adolescents (âgés de 8 à 18 ans) (*The Leyton Obsessional Inventory-Child Version*), adaptation du *Leyton Obsessional Inventory* pour adultes de Cooper (1970) ;
- l'échelle d'obsession compulsion de Yale-Brown (Y-BOCS) pour l'adulte construite par Goodman *et al.* (1989a ; 1989b) a été traduite et adaptée de l'anglais par Mollard *et al.* (1989). Il existe une version destinée à l'enfant et l'adolescent (Goodman *et al.*, 2000).

Findley *et al.* (2003) ont développé une échelle destinée à mesurer le stress chez des enfants présentant un TOC âgés de 7 à 17 ans : la *Yale Children's Global Stress Index* (YCGSI). Les auteurs constatent que les enfants souffrant de TOC ont subi plus de stress psychosocial que des enfants non obsessionnels.

Stratégies thérapeutiques

Les techniques comportementales

Les techniques comportementales utilisées dans le TOC sont :
- l'exposition graduelle avec prévention de la réponse ;
- l'apprentissage à identifier les différents niveaux d'intensité de la force compulsive en fonction des stimuli internes (pensées, images) ou externes (objets contaminants, etc.).

La technique de l'exposition aux stimuli anxiogènes (saisir une boîte de médicaments, la garder quelques minutes sur soi) avec prévention de la réponse (encourager le sujet à ne pas vérifier le nombre de comprimés et l'empêcher de chercher d'éventuels comprimés qu'il aurait laissé tomber) est une thérapeutique très utilisée par les comportementalistes dans le traitement des rituels. Les stimuli déclencheurs sont analysés en termes de force compulsive à déclencher le rituel. Par exemple, le sujet ressentira une compulsion à se laver les mains moins intense après avoir touché un objet posé sur le bureau qu'après le contact avec la poignée de la porte. Une échelle de difficulté croissante est ainsi établie et servira de base à la thérapie. La prévention de la réponse montrera au sujet que le fait de ne pas ritualiser n'entraîne aucune conséquence si ce n'est une augmentation momentanée de l'anxiété. L'exposition répétée au même stimulus entraîne une anxiété de moins en moins intense et de durée de plus en plus courte par habituation. Le sujet doit systématiquement s'entraîner par des exercices chez lui. Il constate, après chacun des exercices, qu'il ne se passe rien de particulier s'il ne ritualise pas, si ce n'est une sensation d'angoisse qui finit par s'estomper. Toutes les expositions et la prescription de tâches à domicile sont établies sur un mode contractuel entre patient et thérapeute (jamais de surprise ou de contrainte).

Les techniques cognitives

Mise en évidence et analyse critique de schémas de responsabilité, de culpabilité

La thérapie cognitive complète souvent la thérapie comportementale. Elle consiste à analyser l'obsession à travers la pensée automatique de catastrophe dans laquelle la responsabilité du sujet est engagée. Le thérapeute cherche activement à isoler la pensée intrusive et à définir la conséquence la plus redoutée.

L'intervention thérapeutique doit se focaliser non sur la pensée obsédante pénible que le sujet tente de neutraliser (« Il faut que je touche trois fois le bureau sinon mes parents auront un accident »), mais sur la pensée automatique qu'elle déclenche (« Je serai responsable de leur mort »).

Les auteurs recommandent enfin une thérapie cognitive du trouble obsessionnel compulsif basée sur le renforcement de l'ego du sujet (estime de soi), la discussion de ses pensées dysfonctionnelles et la mise en œuvre d'une stratégie de changement par des exercices comportementaux.

Développement de la pensée hypothétique

Nous avons déjà mentionné à plusieurs reprises que dans le trouble obsessionnel compulsif, la pensée ne respecte pas les lois de la logique, le principe d'association est utilisé arbitrairement. C'est souvent la cible thérapeutique que nous choisissons avec toute la prudence que le stade de développement psychologique de l'enfant impose. Critiquer sa pensée est à proscrire car l'enfant risquerait de perdre le plaisir éventuel associé à l'acte de penser. Tout d'abord, nous demandons à l'enfant s'il saurait dire comment, à son avis, pensent et se comportent les personnes non obsessionnelles dans la vie, surtout dans les situations anxiogènes pour eux. Sont-elles tourmentées ? Que pense l'enfant des personnes obsessionnelles ? Il ne s'agit pas d'imposer notre point de vue ; nous laissons l'enfant se tromper et échanger ses opinions avec nous. Connaît-il dans son entourage des personnes obsessionnelles ? En séance thérapeutique, nous décrivons le comportement et la façon de penser de certaines personnes que nous connaissons lorsqu'elles sont confrontées aux situations qui pour eux engendrent des conduites obsessionnelles.

Exemple de manière de procéder

Voici deux exemples de deux jeunes garçons confrontés à la même situation : ils font partie de l'équipe de football de leur collège. Ce mercredi après-midi, ils ont été battus par une autre équipe du même collège.

Voici ce que Roger raconte à ses parents lorsqu'il rentre le soir : « On a perdu le match aujourd'hui. Je ne pensais pas que nos adversaires étaient aussi forts. Mais ce n'est pas grave, je crois connaître leur point faible. Je vais beaucoup m'entraîner et je suis sûr qu'on les battra la semaine prochaine lors de la revanche. »

Voici maintenant ce que son copain Grégoire raconte chez lui : « On a perdu le match. Je suis entré avec le pied gauche dans le terrain de football alors que je sais que je dois poser d'abord le pied droit et compter en même temps jusqu'à cinq. C'est pourquoi nous avons perdu le match, vous me direz comme d'habitude que cela n'a rien à avoir mais je suis sûr que c'est à cause du pied gauche qu'on a perdu le match. » Nous lui demandons de nous dire qui, selon lui, a une pensée « raisonnable » des deux enfants.

Nous montrons à travers cet exemple que, face à une situation identique, deux enfants peuvent avoir des pensées, et par conséquent des sentiments différents : Roger, qui pense de façon « raisonnable », continue de croire à la victoire. Il est enthousiaste, et, face à l'échec, il ne se décourage pas. Tôt ou tard, ses efforts seront récompensés ! Quant à Grégoire, qui est plutôt « pas raisonnable » dans cette situation, il baisse les bras trop vite. On peut penser qu'il ne fera rien pour prendre sa revanche mercredi prochain, sauf compter jusqu'à cinq au moment où il posera son pied droit sur le terrain la fois suivante. Sans effort, il est difficile de gagner un match !

Nous insistons auprès de l'enfant obsessionnel que c'est donc à travers sa propre façon de penser que chacun décidera d'une stratégie comportementale, et fera en sorte que les choses aient une chance de bien se passer. L'enfant en séance de thérapie insistera sur le fait que c'est différent de ce qu'il ressent et qu'un match, ce n'est pas important. À ce stade de discussion, nous reprenons l'exemple et nous l'interrogeons sur le pourquoi du chiffre cinq, nous tentons de développer le raisonnement à l'appui de critères logiques. Et si l'enfant qui compte jusqu'à 5 décidait de compter jusqu'à 10, double-t-il les chances de gagner ? Pourquoi il ne demanderait pas à Roger de faire la même chose que lui ? Ceci pourrait aussi augmenter la probabilité de gagner…

Nous poursuivrons la séance avec l'enfant en lui racontant un événement d'un autre enfant obsessionnel que nous suivons en psychothérapie. Nous décrivons les effets de ses pensées obsessionnelles sur son humeur (tristesse, découragement, désespoir, etc.), sur ses habiletés pour faire face à une situation anxiogène (fatigue et peur qui le poussent à trouver une solution rapide et magique).

Puis, lors des séances suivantes, nous lui demandons si lui aussi s'est senti découragé face à une situation difficile au point de penser qu'il n'y avait pas d'autre solution que la conduite obsessionnelle. Nous voyons ensemble ce qui aurait pu se passer s'il avait pensé de façon différente.

Moments thérapeutiques non obsessionnels

Nous avons constaté que les moments de tranquillité, le temps que le jeune consacre à des activités agréables ou à assumer des contraintes de sa vie scolaire et sociale ne sont pas assez présents dans le discours et dans le vécu psychique. Nous avons testé une méthode que nous appelons les « plages horaires non obsessionnelles ». Cette méthode consiste à planifier un temps journalier où le jeune va se comporter en ne respectant absolument pas les contraintes obsessionnelles : pas d'élaboration mentale sur le contenu obsédant, pas de ritualisation ni mentale ni motrice. Il se rassure pendant ce temps en se disant que l'interdiction est momentanée, qu'il est dans un moment dit thérapeutique et que ce qu'il fait (interdiction de toute conduite obsessionnelle) est censé l'aider à se distancier des contraintes, à gagner en force pour s'affranchir de l'esclavage obsessionnel. Ce discours interne est le pivot de notre technique : nous reprenons en séance thérapeutique tous les éléments de son ressenti et tous les signes précurseurs d'un gain en distance. Le jeune apprend progressivement à se voir, à se représenter en lutte contre les obsessions : l'image de soi, l'estime de soi sont préservées.

Cas clinique

Séance 1

Pauline, âgée de 10 ans, consulte selon le conseil d'un pédopsychiatre qui a diagnostiqué le trouble obsessionnel compulsif. Il a prescrit du *Zoloft* à une dose adaptée au poids de l'enfant. Il a proposé de la suivre toutes les 3 semaines pour la surveillance du médicament et il a insisté pour une prise en charge en TCC. Les symptômes obsessionnels sont apparus progressivement il y a 2 ans. L'anamnèse faite auprès des parents ne relève pas de perturbation dans son développement psychologique. Sur le plan familial, les parents ne pensent pas qu'il y ait des membres de la famille souffrant de TOC ou de dépression. Les parents ne semblent pas avoir de traits de personnalité obsessionnelle. Pauline a un frère de 15 ans qui a des difficultés scolaires (difficultés à se mettre au travail), il se moque de façon modérée des conduites ritualisées de Pauline. Ses moqueries paraissent exacerber les rituels de Pauline. Pendant la petite enfance, Pauline avait quelques rituels au moment du coucher, mais elle pouvait les « oublier » de temps en temps. Ce que les parents rapportent semble correspondre à des habitudes destinées à rythmer le temps et à se rassurer comme la plupart d'enfants le font. Lors du premier entretien avec ses parents, elle reste très réservée et répond aux questions avec des réponses très courtes. ▷

▷ Nous lui proposons un deuxième entretien d'évaluation par des questionnaires (ECAP, Spielberger, CDI, échelle d'estime de soi de Coopersmith et échelle d'obsession de Leyton pour enfant).

Séance 2

Nous voyons Pauline seule et elle remplit dans un temps normal les questionnaires d'évaluation. Elle nous pose quelques questions pour préciser le contenu. On n'observe pas d'hésitations particulières ni d'indécisions pathologiques dans le choix des réponses. Aux questionnaires, nous trouvons les résultats suivants :

- ECAP : 154 points. Les items cochés comme étant anxiogènes concernent l'intégrité du corps et la peur des maladies ;
- Spielberger : score de 42 qui la situe dans une zone d'anxiété pathologique ;
- CDI : 13 points, indicateur de présence d'affects dépressifs. Ce score est à mettre en relation avec la prise du *Zoloft* depuis 3 mois. Dans tous les cas, au moment de la consultation avec le pédopsychiatre, elle avait un état dépressif sévère. Le médicament semble avoir diminué les symptômes dépressifs mais pas du tout les conduites obsessionnelles ;
- échelle d'estime de soi de Coopersmith : estime de soi pas particulièrement basse ;
- échelle de Leyton : nombreuses conduites obsessionnelles (vérification, rituels à visée d'annulation, lavage des mains excessif, etc.).

Nous lui demandons de décrire le début de ses conduites obsessionnelles. Voici comment elle s'en souvient : « Tout a commencé quand ma mère m'a acheté un maillot de bain : je me suis sentie obligée de le toucher deux fois. Je voyais qu'un maillot était un chiffre impair (un seul maillot) et pour annuler les chiffres impairs qui me font très peur, je me suis mise à toucher tout deux fois (la table, mon bureau, etc.). Je suis très superstitieuse, avant de toucher tout deux fois je ne pouvais pas passer sous une échelle. Je pense que les chiffres pairs portent bonheur, j'évite donc qu'il arrive des choses mauvaises à ma famille et à moi-même. Mais quand j'ai commencé à tout toucher deux fois, je voulais éviter des petits malheurs, puis j'ai commencé à me dire qu'il fallait tout toucher deux fois pour éviter des choses plus graves : la maladie, la mort, etc. À chaque fois que j'avais l'idée que mes parents pouvaient mourir, je touchais deux fois n'importe quoi, mais l'idée venait de plus en plus souvent : alors j'étais obligée de toucher deux fois deux, c'est-à-dire 4, puis 4 fois 2, c'est-à-dire 8… Je passais longtemps à toucher jusqu'au moment où je n'avais plus mal au ventre. Puis le deux a été remplacé par quatre, surtout le soir avant d'aller me coucher je restais devant mon lit, je comptais plusieurs fois quatre, puis, sur mon lit, je recommençais à compter encore 4, ensuite pour m'endormir je comptais de séries de 4 jusqu'au moment où je sentais que j'avais compté « bien », que ce que j'avais fait pour éviter des malheurs était bien fait. Puis pour tous les gestes quotidiens je me suis sentie obligée de les faire quatre fois : éteindre la lumière, prendre un objet, etc. »

Analyse fonctionnelle (tableau 9.1)

Les conduites obsessionnelles sont des rituels d'annulation, des conduites de vérification par peur d'oubli. Elle critique ses rituels, mais elle dit qu'ils la soulagent ▷

et qu'elle le fait essentiellement pour être tranquille. Les rituels renforcent positivement l'apaisement. La diminution de l'anxiété est ressentie fortement associée à la ritualisation. Les croyances associées au rituel concernent la santé des parents et des proches. Elle pense et elle sait ne pas avoir de pouvoirs sur la vie ou la mort de ses proches mais le doute la ronge et elle nous dit : « Et si je ne ritualise pas et l'un de mes parents a un accident, je ne pourrai jamais m'enlever de la tête l'idée que j'aurais pu le sauver si j'avais fait mon rituel ». Nous ne faisons aucune remarque à Pauline sur le fait qu'elle paraît plus affectée par l'idée d'avoir affaire à une idée obsédante toute sa vie que par la mort éventuelle de l'un de ses parents. Ceci est très fréquent : l'obsessionnel pense d'abord à sa tranquillité, la catastrophe que le rituel tente d'éloigner ne semble pas l'affecter.

Séance 3

Dans cet entretien, nous expliquons ce qu'est pour nous le TOC : maladie qui pousse et oblige à adopter des conduites qui semblent contrôler des situations douloureuses. Cette phase de psychoéducation est pour la plupart des cliniciens incontournable car si le patient ne comprend pas la fonction des rituels, il ne pourra pas s'impliquer dans une stratégie thérapeutique par peur que le thème qui oblige à ritualiser se réalise (dans le cas de Pauline, l'accident de l'un des parents). La discussion sur les croyances est indispensable dans la planification d'un projet thérapeutique. Le patient doit abandonner son sentiment de pouvoir, de toute puissance. Cet abandon est vécu comme douloureux et en général le patient résiste à l'idée qu'il n'a pas de pouvoir sur les événements incontrôlables.

Séances 4 et 5

Nous continuons la psychoéducation et nous commençons le travail d'auto-observation des conduites obsessionnelles (fréquence, intensité de l'anxiété et pensée associée à la ritualisation).

La ligne de base est la suivante :

- toucher 4 fois des objets : 30 fois en moyenne par jour. Les objets impliqués sont très divers, en général des affaires non scolaires ;
- vérifier par peur de l'oubli 12 fois en moyenne par jour ;
- se laver les mains 22 fois par jour (dont 14 inutiles).

Nous proposons comme première technique thérapeutique la diminution du nombre de toucher 4 fois les objets. Nous passons donc un contrat thérapeutique : « Je m'engage à saisir les couverts, les tasses, les assiettes sans les toucher 4 fois. Les autres objets, je peux les prendre en les touchant 4 fois ». Nous demandons à Pauline de noter sur un agenda ce qu'elle ressent à chaque fois qu'elle s'interdit un rituel.

Séance 6

Pauline arrive à s'autocontrôler, elle parle peu du danger de ne pas ritualiser (accident de l'un des parents). Nous renforçons sa critique sur sa maladie : la pensée est fausse, tyrannique et arbitraire. Nous donnons de nombreux exemples à Pauline de conduites ritualisées ayant la même motivation que les siennes (protection d'un proche).

▷ **Séances 7 et 8**

La technique d'exposition avec prévention de la réponse a commencé à être appliquée. Nous avons tout d'abord expliqué à Pauline qu'il s'agissait d'une stratégie qui consistait à s'exposer à la situation redoutée (par exemple, saisir un objet qu'elle avait toujours pris en le touchant 4 fois). Elle devait rester un bon moment face à lui sans le prendre et elle devait le saisir uniquement lorsqu'elle se sentait prête à le prendre en une fois sans ritualiser. Nous avons illustré cette stratégie lors de la séance. Plus précisément, nous lui avons demandé de saisir un objet qui déclenchait chez elle l'envie de le toucher 4 fois. Au bout de 20 minutes, Pauline nous a dit qu'elle était prête à le prendre sans ritualiser.

Séances 9 à 14

Les conduites obsessionnelles diminuent progressivement, mais Pauline ressent très fortement une nostalgie de la période obsessionnelle où tout paraissait si simple à contrôler. Elle arrive maintenant à se raisonner et comprend avec douleur qu'elle n'a aucun pouvoir sur la vie ou la mort de ses parents et que tout peut arriver sans qu'elle puisse contrôler quoi que ce soit. Nous lui expliquons que le seul contrôle qu'elle a, c'est la diminution progressive de ses conduites obsessionnelles et qu'elle peut contrôler des moments agréables et positifs : par exemple, aller au cinéma avec une amie ou se faire inviter. Nous discutons avec elle sur le fait que le malheur arrive sans aller le chercher et qu'en revanche, les moments agréables sont susceptibles d'être planifiés.

Bilan

Nous avons commencé par une technique d'autocontrôle, ensuite une exposition avec prévention de la réponse et enfin une discussion sur les croyances obsessionnelles. Pauline est encore en traitement et nous pensons continuer à la voir de façon bimensuelle pendant un bon moment afin de l'accompagner dans sa lutte anti-obsessionnelle. Cet accompagnement long s'avère nécessaire car les croyances étaient fortement ancrées dans son système affectif. Cette démarche longue est conseillée par la plupart des cliniciens.

Tableau 9.1. Analyse comportementale ou fonctionnelle : tableau récapitulatif.

	Antécédents					Conséquents		Stratégie thérapeutique envisagée									
	Développement progressif des rituels obsessionnels					Rituels d'annulation, des conduites de vérification par peur d'oubli		Psychoéducation Technique cognitive d'analyse de ses croyances Autocontrôle Exposition avec prévention de la réponse									
Symptômes								Trouble obsessionnel compulsif									
	⇑	⇑	⇑	⇑	⇑	⇑	⇑	⇑	⇑	⇑	⇑	⇑	⇑	⇑	⇑	⇑	
	1	2	3	4	5	6	7	8	9	10	11	12	13	14	15	16	Âge (ans)

Cas clinique

Élisabeth a 14 ans quand elle consulte pour la première fois pour une anxiété qui la déborde de plus en plus. Elle est en difficulté en classe de 3e. La scolarité est extrêmement anxiogène pour elle et la peur d'échouer centre son discours. Très bonne élève initialement, un fléchissement scolaire progressif est noté à partir du CM2 ; actuellement, ses notes sont en dessous de la moyenne dans la majorité des matières alors qu'elle n'a plus aucune activité en dehors de l'école, ni aucun temps de loisir. Élisabeth est la deuxième dans la fratrie ; son frère et sa sœur sont en bonne santé avec une réussite scolaire satisfaisante. On retrouve des difficultés d'endormissement ayant duré jusqu'à l'an dernier ; entre 9 et 11 ans, elle a présenté des terreurs nocturnes régulières. Depuis plusieurs mois, sa fatigabilité est marquée avec un endormissement précoce. Son appétit est bon, bien qu'elle se maintienne à la limite inférieure du poids correspondant à son âge. Depuis le CE2, une anxiété de performance importante est apparue et s'accentue progressivement. Elle a commencé à veiller tard pour faire ses devoirs qu'elle ne finissait jamais, du fait de la peur de ne pas y arriver. Même ses parents ne parvenaient pas à la convaincre de ne pas consacrer autant de temps à ce travail.

Séances 1 à 3

Au moment de la consultation, elle est très angoissée par l'école et son angoisse augmente au fur et à mesure de la journée. L'anticipation du retour au domicile est en soi une source majeure de souffrance car elle pense à tout le travail qui l'attend ; en effet, elle travaille tous les soirs jusqu'à minuit, à moins qu'elle ne s'endorme sur son travail. Le week-end et les vacances sont aussi anticipés avec terreur car elle s'oblige à travailler du matin jusqu'au soir pour rattraper son retard. À l'occasion des interrogations écrites, elle est complètement paniquée et incapable d'accomplir les tâches demandées. Il n'y a jamais d'absentéisme scolaire et elle bénéficie d'une bonne santé physique. Cependant, son activité se résume à travailler. Elle a réduit la danse et le piano qu'elle pratiquait auparavant régulièrement car « c'est une trop grande perte de temps ». Elle n'arrive pas à détacher son esprit des devoirs non faits. Elle n'a aucun ami ; elle évite les groupes de jeunes de son âge, ne sort jamais avec un camarade et reste le plus souvent avec ses parents, se sentant, au contraire, mal à l'aise quand ils la laissent seule. Elle a des difficultés majeures à communiquer, en particulier avec les garçons et est l'objet des moqueries de ses camarades de classe. Quand elle s'endort le soir, elle pense avec appréhension au lendemain et aux tâches qui l'attendent, à tout ce qu'elle n'a pas pu effectuer dans la journée ou faire assez bien. Elle ne présente pas d'attaques de panique spontanées. Elle éprouve des moments très brefs de déréalisation où, suivant sa propre expression, elle a l'impression « d'être dans un autre monde, de perdre ses repères, d'être déphasée ».

De plus, Élisabeth avouera, après beaucoup de réticences, avoir des « idées complètement folles ». Elle a terriblement peur qu'il arrive un malheur à ses parents, surtout à son père : il pourrait avoir un accident, à cause de ses actes ou des « mauvaises pensées » qui lui envahissent l'esprit par moments. Il suffit qu'elle touche certains objets, les affaires de classe, certains vêtements, pour ▷

▷ qu'un malheur risque d'arriver à son père. Elle a le même type de pensée, crainte de mort ou de maladie pour ses parents, quand elle fait ses devoirs, d'où un parasitage de son travail ou bien spontanément en dehors de tout contexte habituel. À d'autres moments, elle doit lutter contre des pensées blasphématoires à l'égard de Dieu alors qu'elle est très croyante. Des injures s'imposent à son esprit, destinées à Dieu ou à son père. Elle se sent très culpabilisée par ces idées. Elle se dit préoccupée par la sexualité ; en fait, son esprit est envahi par des idées « de faire l'amour avec Dieu ou avec tout le monde » ; des mots obscènes reviennent de façon obsédante alors que son langage est particulièrement soigné. Elle est terrorisée par l'idée que « si elle pense du mal, cela risque de se produire ». Elle passe beaucoup de temps dans la salle de bains, plus d'une heure le matin et quand elle se lave les mains, elle doit toujours procéder de la même façon car elle risque d'attraper le sida ou de le communiquer à quelqu'un d'autre. Elle craint, de façon marquée, qu'il arrive quelque chose à elle ou à sa famille, qu'ils soient attaqués au domicile, cambriolés, violés et se croit obligée de vérifier chaque soir plusieurs fois les fermetures de l'appartement. Elle doit aussi s'assurer à plusieurs reprises qu'elle a bien fait tous ses devoirs et examine plusieurs fois le contenu de son cartable avant de partir. On remarque, à mesure qu'elle parle, des gestes de plus en plus fréquents comme si elle comptait sur ses doigts. Par la suite, elle dira être littéralement obsédée par les chiffres et contrainte de passer beaucoup de temps à compter des chiffres ayant pour elle une valeur symbolique : chaque nombre a une signification et elle doit égrener de façon compulsive toute une série de chiffres à diverses occasions. Elle ne peut pas s'en empêcher, bien qu'elle juge tout cela absurde et ose à peine en parler de peur d'être prise pour une folle ; si elle ne se livre pas à tous ces rituels, un malheur surviendra dont elle sera responsable. En ce moment, Élisabeth se montre tyrannique et exigeante envers ses parents, en particulier sa mère, dont elle demande la présence constante. Elle a une grande nostalgie du passé « quand elle était petite et où les choses étaient plus faciles ». Elle voudrait freiner le temps et se retrouver comme avant…

Analyse fonctionnelle (tableau 9.2)

Elle présente deux types de symptômes : le premier est de type anxiété de performance (peut-être du perfectionnisme) et le deuxième appartient au registre obsessionnel :

- conduites anxieuses : elle est très angoissée par l'école et son angoisse augmente au fur et à mesure de la journée. Elle travaille tous les soirs jusqu'à minuit, à moins qu'elle ne s'endorme sur son travail. À l'occasion des interrogations écrites, elle est complètement paniquée et incapable d'accomplir les tâches demandées ;
- conduite obsessionnelle : elle a terriblement peur qu'il arrive un malheur à ses parents, surtout à son père : il pourrait avoir un accident, à cause de ses actes ou des « mauvaises pensées » qui lui envahissent l'esprit par moments.

Séance 4 : psychoéducation

Nous avons remarqué lors des entretiens précédents que la jeune fille est très angoissée à l'idée d'abandonner les conduites obsessionnelles. Elle ▷

est convaincue que les rituels protègent d'une manière ou d'une autre ses parents. Malgré sa souffrance, elle minimise le handicap de rituel sur sa scolarité alors qu'elle est parasitée en permanence pendant son travail à la maison : « Si je touche 3 trois fois un objet, j'élimine dans ma tête qu'il puisse y avoir un accident. Cela me prend 15 secondes pour sauver mes parents. De plus, je me sens calme, tranquille et surtout si jamais mes parents avaient un accident, je ne me sentirais pas responsable. » Nous pouvons donc constater que le thème de catastrophe est très actif dans le maintien de l'angoisse et surtout elle décrit bien le renforcement positif de diminution de l'angoisse. Malgré nos explications sur la perturbation de sa façon de voir les choses dues à sa maladie obsessionnelle, Élisabeth reste très ambivalente quant à son changement. Nous décidons donc, avant toute séance de thérapie, d'entamer des séances de motivation. Les buts de ces séances étaient multiples :

- prendre conscience du caractère problématique de ses comportements : handicap scolaire, retentissement familial ;
- explorer son ambivalence et ses contradictions, percevoir et formuler le dilemme auquel son comportement la confronte : nous demandons à Élisabeth de faire une lettre à une « meilleure amie » dans laquelle elle est censée argumenter à propos de l'efficacité de ses rituels dans la protection de ses parents. La lettre est rédigée en séance et puis nous reprenons chacun de ses arguments. Nous avons l'impression qu'Élisabeth doute du pouvoir des rituels pour arrêter tout accident quand nous lui demandons d'argumenter sur une loi qui obligerait les enfants à ritualiser pour protéger leurs parents. Pourquoi serait-elle la seule à pouvoir les protéger, ne serait-il pas souhaitable que les autres enfants soient informés de ce type de pouvoir ? Élisabeth nous répond : « Tout compte fait, je fais tout ça pour me calmer moi, je fais souffrir mes parents mais je ne fais pas exprès » ;
- déterminer quels changements elle souhaite entreprendre tout en respectant et en renforçant son sentiment de liberté de choix : suite à la prise de conscience que les rituels provoquent chez elle un apaisement, Élisabeth envisage une diminution progressive de ses rituels pour voir. Elle craint de se sentir persécutée en permanence par l'idée de ne pas avoir ritualisé ;
- prendre la décision d'accomplir ce changement : elle nous demande d'expliquer à nouveau toutes les étapes de l'exposition avec prévention de la réponse. Elle accepte de tenir un agenda où elle notera l'angoisse ressentie lors de la non-ritualisation ;
- et enfin faire le choix de moyens pour atteindre les objectifs auxquels elle aspire : Élisabeth accepte de venir à une séance hebdomadaire, de tenir son agenda, et de suivre selon son rythme de diminution des rituels. Pour les pensées blasphématoires et les insultes qui viennent à son esprit, nous lui expliquons que cela va s'estomper avec l'abandon de la lutte pour ne pas avoir ce type de pensées. Nous insistons sur le paradoxe de se demander de ne pas penser à quelque chose car la demande elle-même entraîne le thème. Nous lui suggérons d'imaginer qu'elle met ses pensées blasphématoires, ses injures, ses insultes sur un petit bateau qui navigue dans un ruisseau et qu'elle regarde partir ce bateau avec ses pensées loin, très loin.

▷ **Séance 8**

La technique d'exposition avec prévention de la réponse commence à être appliquée pour « toucher des objets ». Nous associons à cette technique une restructuration cognitive afin de modifier les idées sur le pouvoir qu'elle s'autorisait à travers la ritualisation. Elle disait comprendre ne pas avoir de pouvoir, mais les moments d'anxiété la poussaient à ritualiser presque de façon mécanique (sans penser à un éventuel accident des parents) et ceci a été une découverte importante pour Élisabeth.

Séances 9 à 14

À la quatorzième séance, nous constatons une diminution significative de l'anxiété et des conduites rituelles. Mais elle continue à avoir des pensées blasphématoires et des injures. Elle dit ne pas appliquer la méthode du bateau dans laquelle elle voit ses pensées s'éloigner. Le thème d'accident des parents s'estompe. Son travail scolaire est moins parasité par les rituels. Nous décidons lors de cette séance d'associer la technique de « moments non obsessionnels » de 18 à 20 heures tous les jours.

Séances 15 à 20

Le traitement se poursuit avec une nette diminution de l'anxiété. Les pensées blasphématoires et les injures diminuent de façon significative également et nous programmons d'espacer les séances. Actuellement, Élisabeth est toujours en traitement afin de consolider et modifier les schémas d'hyper-responsabilisation et de catastrophes.

Tableau 9.2. Analyse comportementale ou fonctionnelle : tableau récapitulatif.

	Antécédents	Conséquents	Stratégie thérapeutique envisagée
	Anxiété de performance Traits de perfectionnisme	Pensées blasphématoires à l'égard de Dieu Anxiété de performance persistante Mots obscènes qui s'imposent Rituels de toucher	Psychoéducation Exposition avec prévention de la réponse Restructuration cognitive

Symptômes											Idées obsessionnelles Rituels d'annulation						
								Anxiété de performance									
									Terreurs nocturnes								
	⇑	⇑	⇑	⇑	⇑	⇑	⇑	⇑	⇑	⇑	⇑	⇑	⇑	⇑	⇑	⇑	
	1	2	3	4	5	6	7	8	9	10	11	12	13	14	15	16	Âge (ans)

Plan du traitement

Séances 1 à 4

Sur le plan cognitif :
• Identification de croyances associées aux symptômes (contrôle sur les malheurs, sentiment d'être nuisible ou dangereux pour les autres, etc.).
• Évaluation par des questionnaires de tous les symptômes du patient (obsessionnels, dépressifs, anxieux, etc.).
• Information des parents et de l'enfant du diagnostic.
• Information des différentes stratégies thérapeutiques.

Sur le plan comportemental :
• Description du comportement. On précisera où, quand, avec quelle fréquence, avec quelle intensité, en présence de qui se déclenchent des pensées ou des conduites inquiétantes ou source de souffrance.
• Définition et construction de la « ligne de base ». Celle-ci doit refléter les fluctuations du comportement inadapté pendant plusieurs semaines avant de débuter un traitement spécifique (Mirabel-Sarron et Vera, 2005).
• Développement d'un contrat thérapeutique.

Sur le plan familial (parents) :
• Conséquences : on précisera les conséquences du comportement du sujet sur les proches et l'environnement social, les bénéfices ou les résultats néfastes obtenus. Ceci dégage le « profil comportemental » de l'enfant et les attitudes positives et négatives des parents.

Tâches à domicile :
• Tenue d'un agenda pour observer la fréquence, la durée, le contexte des rituels en fonction des jours, des heures ou d'autres critères.
• Application de la stratégie thérapeutique de façon systématique.

Séances 4 à 7

Sur le plan cognitif :
• Poursuivre l'identification et la modification de croyances dysfonctionnelles.
• Discuter sur le ressenti du patient lors de l'application chez lui de techniques thérapeutiques.
• Discuter sur le ressenti du patient lorsqu'il évite chez lui d'appliquer une stratégie thérapeutique.

Sur le plan comportemental :
• Refaire la ligne de base selon l'agenda du patient.
• Revoir les tâches à domicile.
• Pratiquer en séance l'application de la technique thérapeutique.

Sur le plan familial :
• Réévaluer les conséquences des conduites obsessionnelles.
• Encourager la famille à ne plus renforcer les obsessions et les compulsions.

Tâches à domicile :

- Encourager la pratique de la technique thérapeutique.
- Définir des objectifs thérapeutiques précis (diminuer de 25 % le nombre de lavages des mains, écourter la durée excessive du brossage des dents, etc.).

Séance 8

Sur le plan cognitif :

- Poursuivre le travail cognitif et insister sur les éventuelles modifications observées.

Sur le plan comportemental :

- Revoir l'agenda.
- Refaire le contrat thérapeutique.

Tâches à domicile : idem séances 4 à 7.

Séances 9 à 12

Idem séances 4 à 7.

Séance 13

Pratique en séance de tous les progrès acquis (prévoir au moins 90 minutes).

Séances 14 à 20

Travail des symptômes résiduels et réévaluation de toute la comorbidité par des questionnaires.

Séance 21

Planification de séances de suivi (espacés tous les 15 jours, 21 jours, etc.) selon la comorbidité et les symptômes résiduels.

Les nouvelles approches cognitives

La pensée obsessionnelle est décrite depuis quelques décennies comme une forme de pensée pathologique qui engendre des croyances et des convictions sur la réalité conduisant à l'adoption de conduites obsessionnelles inadaptées destinées à gérer les émotions pénibles associées à la pensée obsessionnelle. Elle a été l'objet de descriptions cliniques fines, notamment par le clinicien P. Janet dans les années 1890. Cet auteur a mis l'accent sur la défaillance du Moi, sur la faiblesse psychologique de l'obsédé qui l'empêche de parvenir à un niveau cognitif assez élevé pour s'adapter à la réalité. Les pensées sont insuffisantes, l'obsédé est interdit par sa faiblesse psychologique de fonctionner aux niveaux supérieurs de la pensée et de l'action.

Sa pensée n'est pas efficace, elle élabore des actes rudimentaires. Pour Janet, la névrose obsessionnelle est due à cet aspect défaillant et faible de l'organisation psychique qui affecte la personnalité dans son ensemble. Sa conception de la pensée inefficace est expliquée par la faiblesse de la volonté qui succombe à l'obligation de penser à des contenus obsessionnels. Plus tard les cognitivistes se sont intéressés aux modalités de fonctionnement de cette pensée qui semble imprégnée des catastrophes imminentes. Elle est décrite en termes de logique obsessionnelle en comparaison à la logique normale de raisonnement. Selon les dernières études cognitives la pensée obsessionnelle présente des failles de logique bien identifiées et surtout elle est sensible à la métacognition : « je pense que ce que je pense est absurde mais comment arriver à la conviction totale de l'absurdité ? ». Ceci a un impact thérapeutique : la modification du style cognitif de l'obsédé passe par le renforcement de ses capacités à développer la métacognition à partir de l'âge de 10 ans.

Les cognitions de l'enfant obsessionnel sont conditionnées par son âge. Ainsi, l'enfant très jeune va adopter des comportements ritualisés où la séquence des étapes comportementales va être l'élément central. Les comportements moteurs d'un geste quotidien seront donc décomposés en séries : par exemple un jeune enfant au moment du coucher, il faudra d'abord vérifier si les doudous sont bien dans le lit, ensuite il dira bonsoir à ses parents plusieurs fois jusqu'au moment où, parfois, les parents trouvent que c'est trop et ils se fâchent, puis dans son lit il demandera son verre d'eau et enfin il exigera que la porte de sa chambre soit entrouverte d'un certain nombre de centimètres. Plus âgé, vers 7 ou 8 ans les rituels mentaux seront de plus en plus présents. L'enfant découvre le pouvoir de la pensée, constate ce qu'est l'oubli (il regarde par hasard une photo de vacances et est incapable de la situer dans le temps et dans l'espace), il prend conscience du plaisir associé à la magie des souvenirs visuels sollicités volontairement, il découvre également son pouvoir sur la pensée : il peut effacer de sa conscience une image désagréable et la remplacer par une autre, il peut faire disparaître ce qui a été. La toute-puissance de la pensée est un régal pour l'enfant normal ; elle est source de souffrance pour l'enfant obsessionnel. En effet, le pouvoir d'annulation de la pensée est sollicité sans cesse afin de chasser les idées obsédantes. Ce pouvoir mental affaiblit les conduites de gestion de la réalité : compter jusqu'à trois annule l'idée obsédante d'avoir des mauvaises notes à l'école. Ce pouvoir se généralise à d'autres craintes et des nombreux rituels calmeront de façon éphémère le jeune. Parfois, les thèmes obsessionnels ne sont pas apparents et certains jeunes sont agressés par des airs de musique qu'ils « entendent dans leur tête » toute la journée sans pouvoir les annuler. Échec de la toute-puissance, désespoir et développement de l'obsession sur l'obsession.

Le travail thérapeutique se centre de plus un plus sur les cognitions ou thèmes obsessionnels responsables du vécu anxieux. La cognition est à la base de l'émotion (le plus souvent l'anxiété parfois le dégoût) et elle est intolérable. Ainsi, trois approches cognitives s'intéressent aux cognitions des jeunes obsessionnels. Par exemple dans le lavage excessif des mains chez l'enfant, lavage des mains et du corps chez l'adolescent, dans le brossage des dents très long chez les jeunes (plus de 30 minutes par jour) l'idée de contamination peut être à la base de la ritualisation mais pas toujours. En effet, chez l'enfant le lavage des mains est souvent réalisé sans recherche d'élimination de microbes, le lavage calme une certaine tension intérieure qui en apparence n'est pas rattachée à un thème précis. Les dernières approches postulent que les cognitions sont toujours présentes mais moins accessibles à la conscience. L'adolescent peut se laver pour se sentir bien mais aussi pour éliminer les microbes qu'il imagine avoir.

Une autre cible des cognitivistes est les questions répétitives de demande de réassurance sur des éventuelles maladies graves. Les enfants et les adolescents se sentent concernés par le SIDA, le cancer et d'autres maladies. Ils posent ces questions aux parents sans se soucier de leurs connaissances médicales : il suffit que les parents répondent qu'ils ne risquent pas d'attraper la maladie pour que l'apaisement remplace l'état de tension... mais l'apaisement, la tranquillité sont éphémères.

Les cognitions sont plus évidentes et identifiables dans la peur et l'évitement de certains objets provenant d'un endroit « mauvais ». Si l'endroit mauvais est l'école, les objets scolaires doivent rester dans un endroit précis et surtout pas les introduire dans la chambre : selon les jeunes enfants ces objets dégageraient des ondes qui font peur. En général, un événement précis est responsable de la peur. Par exemple, un garçon de 6 ans nous disait que l'un de ses amis lui avait montré des images de monstres quand il était à l'école. Depuis, les outils scolaires étaient associés aux monstres : l'émanation de quelque chose l'obsédait. Il pouvait faire ses devoirs uniquement dans la cuisine, mais paradoxalement ses vêtements, son corps ne dégageaient aucune mauvaise onde. L'absence de logique et le choix arbitraire des objets prédominent. L'adolescent est moins sensible à ce type d'obsession, ceux qui éprouvent ce type de peur évitent, par exemple, les endroits fréquentés par un jeune qu'ils détestent, l'endroit est perçu comme source de contamination de traits de personnalité de celui ou de celle qui est détesté.

Les obsessions de symétrie, de rangement sont sensibles à l'évolution du trouble obsessionnel-compulsif. Souvent, ce type d'obsession et de compulsion évolue vers un trouble de la conduite alimentaire. Les situations à l'origine de ce type d'obsessions ou compulsions sont diverses. L'enfant a des endroits de la maison qui « exigent » un certain ordre, en général ces endroits sont situés dans la chambre à coucher : les stylos, les cahiers, les feuilles doivent être rangés dans un certain ordre ou bien en fonction d'un critère tel que la dimension (du plus petit au plus grand). Parfois, les critères de rangement sont plus flous : il faut que les objets soient posés « comme il faut », ce critère est basé sur un sentiment de satisfaction à la vue de l'objet au bon endroit : « c'est bien comme ça ». Il n'y a pas, en général, des thèmes agressifs ou des conduites d'annulation de certaines pensées à la base des exigences de symétrie ou de rangement.

À notre connaissance, les conduites d'amasser des objets sont pratiquement absentes chez l'enfant, on les retrouve cependant chez l'adolescent atteint de trouble du spectre autistique. Les obsessions sans rituels, essentiellement mentales, peuvent exister, mais c'est moins fréquent que chez l'adulte.

Les trois approches cognitives récentes sont :
- la thérapie rationnelle émotive ;
- l'approche de la pleine conscience ;
- la thérapie d'acceptation et d'engagement.

La thérapie rationnelle émotive d'Albert Ellis

La thérapie rationnelle émotive est une approche cognitive, humaniste et philosophique. Le terme « rationnel » qualifie un comportement pragmatique, logique, ancré dans la réalité. Cette démarche rationnelle doit permettre au sujet d'atteindre des buts difficiles à atteindre seul.

Le modèle théorique appelé *A-B-C* représente :
- *A*, l'événement déclenchant ;
- *B*, les croyances qui peuvent être des croyances évaluatives, des points de vue du monde ;
- *C*, les conséquences émotionnelles et comportementales.

Ellis, le fondateur de cette école, distingue des croyances rationnelles flexibles qui expriment des désirs et des souhaits sains ou normaux, des croyances irrationnelles rigides qui prennent la forme de devoirs absolus (« il faut que »). Ainsi, des croyances rationnelles flexibles vont entraîner des conséquences appropriées ou adaptées même si elles sont négatives, tandis que les croyances irrationnelles engendreront des conséquences inappropriées négatives et source de souffrance psychique.

Les croyances inappropriées portent sur trois dimensions essentielles. Tout d'abord à propos de soi-même : « je dois être bien, sans défaut, parfait pour recevoir l'approbation de personnes importantes », « je suis une personne damnée si je ne suis pas aimée » ; puis à propos de la dimension des autres : « vous devez bien me traiter ; je suis damné si vous ne me traitez pas correctement » ; et enfin à propos des conditions de vie dans le monde : « mes conditions de vie doivent être exactement comme je le veux, sinon c'est insupportable ». Toutes ces croyances entraînent des émotions de type anxiété, dépression, culpabilité, honte, colère.

Ces trois aspects *A*, *B* et *C* sont en interaction complexe.

Le rôle du thérapeute sera de distinguer les différentes qualités émotionnelles, d'identifier les croyances rationnelles des croyances irrationnelles et de faire développer par le sujet des alternatives de pensées permettant de contrecarrer les règles rigides.

Il s'agit d'une thérapie brève et structurée où le thérapeute adopte une attitude active, directive, pour amener le patient à résoudre ses problèmes. Le thérapeute encourage le patient à utiliser une multiplicité de techniques qu'il lui apprend, parmi lesquelles : des techniques cognitives, d'imagerie mentale, comportementales, d'évocation émotionnelle et gestaltistes.

Cette approche multimodale donne au sujet des moyens pour faire face à des situations émotionnellement pénibles.

Les changements ne s'opèrent pas pendant l'entretien thérapeutique, mais par la répétition des techniques dans la vie de tous les jours. Par conséquent, des tâches sont prescrites et sont à réaliser entre chaque séance.

Le thérapeute aura tout d'abord pour ligne de conduite :

- de préciser l'objectif de la thérapie ;
- d'évaluer les conséquences émotionnelles et comportementales provoquées par une situation vécue ;
- d'analyser l'événement qui a activé ces émotions ;
- d'amener le patient à prendre conscience de la connexion entre les croyances et les conséquences émotionnelles et comportementales ;
- d'évaluer et distinguer les différents types de croyances ;
- d'apprendre au sujet à réaliser le lien entre croyances irrationnelles, et conséquences émotionnelles et comportementales négatives ;
- de discuter les pensées irrationnelles ;
- de faire émerger des pensées rationnelles par rapport à l'événement déclenchant ;
- de mettre en pratique ces nouvelles pensées ;
- d'appliquer, en dehors de la séance, les stratégies à travers des tâches pratiques.

Voici quelques exemples du style de questionnement employé par le thérapeute : « de quel problème voudriez-vous parler en premier ? », « nous allons commencer en abordant votre problème le plus sérieux ». Si le jeune n'arrive pas à identifier un problème, le thérapeute doit le mettre à l'aise : « il y a toujours quelque chose sur laquelle on peut travailler, qui peut être un rituel léger… ».

L'objectif de la thérapie aura pour but de modifier les conséquences émotionnelles et comportementales négatives, mais non de changer les événements vécus, ce ne serait là qu'une solution pratique à un type d'événement, et non pas une thérapie émotionnelle.

Afin de progresser avec le patient dans une relation de confiance, une alliance thérapeutique est nécessaire. Ellis insiste sur le vocabulaire employé par le thérapeute. Soit le thérapeute emploie les mêmes termes que son patient tout au long de la thérapie, soit il emploie le vocabulaire technique de la thérapie qu'il apprend à son patient, mais tous deux doivent se mettre d'accord sur les termes employés, afin qu'aucune ambiguïté ne prenne place. Le plus souvent c'est la première proposition qui est appliquée, celle qui consiste à employer les formules énoncées par le patient lui-même.

Citons un exemple donné par Dryden et DiGiuseppe (1990), et qui concerne un élève anxieux avant un exposé oral :

T : « Qu'en est-il de l'exposé oral que vous avez à donner, et qui vous rend anxieux ? »

P : « Que je ne peux pas faire un bon travail. »

T : « Essayez de discerner le moment où vous ne pouvez pas parler. Quel type d'émotion survient ? »

P : « Si je ne fais pas un bon travail en classe, alors mon professeur me donnera une mauvaise note. »

T : « Estimons que cela va être le cas, qu'est-ce qui va vous rendre anxieux ? »

P : « C'est que je pourrais redoubler la classe. »

T : « Et si cela se passait ? »

P : « Je ne pourrais pas me présenter à mon père. »

T : « Et si vous dites à votre père que vous avez échoué, quel type d'émotion vous viendrait à l'esprit ? »

P : « Mon père sera hors de lui. »

T : « Comment vous sentiriez-vous, si cela arrivait ? »

P : « Ce serait terrible, je ne pourrais pas voir mon père crier, je me sentirais tellement malheureux pour lui. »

Dans cet exemple, le thérapeute poursuit l'identification des conséquences émotionnelles d'une situation (un exposé oral en classe) et met à jour, au-delà de l'anxiété de performance, une anxiété d'anticipation (voir le père désolé à cause d'une défaillance du fils).

À ce stade de l'entretien, cette observation n'est considérée que comme une hypothèse que le sujet testera dans sa réalité quotidienne par observation de lui-même.

Quand le thérapeute abordera en entretien les croyances irrationnelles, il montrera toujours au patient que celles-ci sont avant tout illogiques, empiriques sans rapport avec la réalité, et pragmatiques (maintien des conséquences par la croyance irrationnelle).

Prenons un autre exemple : Marjorie, âgée de 13 ans, lisait un jour un journal sur les animaux. Elle a vu des photos de requins. Brutalement, quelques heures après, elle a été saisie d'angoisse parce qu'elle a commencé à imaginer le requin de la photo en train d'attaquer son frère aîné. Celui-ci était un sportif pratiquant la planche à voile en mer. Cette idée a tellement terrifié Marjorie qu'elle a commencé à demander à son frère de lui jurer qu'il ne ferait plus de la planche à voile. Bien évidemment, son frère a refusé de répondre ne comprenant pas les motivations de sa sœur. Dans les jours qui ont suivi, Marjorie se sentait obligée d'aller vérifier si le requin était toujours sur la photo du journal. Elle imaginait que, d'une manière mystérieuse, le requin pourrait sortir de la photo, passer par la tuyauterie, aller dans les égouts, arriver à la mer et attendre son frère pour le dévorer. Elle critiquait cette idée comme totalement absurde, mais les images du requin tueur étaient effrayantes. À chaque fois qu'elle avait ce type d'image, elle tentait d'annuler l'idée que son frère serait tué par le requin en comptant jusqu'à un chiffre pair ou bien en touchant certains objets considérés par elle comme positifs : tableaux représentant des images religieuses, des peluches... Le journal était sous double clé pour empêcher le requin d'aller vers la mer. Marjorie avait une scolarité assez bonne et un fonctionnement social satisfaisant, mais les affects dépressifs se sont développés progressivement et Marjorie a demandé de l'aide à ses parents, plus précisément elle voulait rencontrer un psychiatre ou un psychologue.

Dans cet exemple, le thérapeute va commencer par définir avec Marjorie A, B et C :

- A : (Événement) lecture sur la dangerosité de certains animaux.
- B : (Croyances) on ne sait jamais ce qui peut arriver dans la vie. Grand-mère disait souvent : « Tout est possible ».
- C : (Émotion) anxiété et conviction sur l'agression que son frère pourrait subir.

Le thérapeute va se centrer sur le point B (« tout est possible ») et va chercher de façon active des arguments que Marjorie va développer afin de justifier les moyens réels par lesquelles le requin de la photo du journal irait jusqu'à la mer une fois « sorti » du magazine. Marjorie à court d'arguments écoutera les explications du thérapeute sur sa souffrance. Celle-ci vient de la croyance irrationnelle « tout est possible » et pas de la lecture du journal et encore moins du sentiment de responsabilité d'avoir à surveiller la photo du journal. Le thérapeute dans cette approche est très directif et expose la croyance rationnelle : « je suis angoissée à l'idée irrationnelle d'être celle qui n'a rien fait pour protéger son frère ». Dans cette étape le thérapeute aidera Marjorie à développer des croyances étayées sur des arguments « possibles » car acceptés par la majorité des jeunes de son âge. Les nouvelles émotions associées aux nouvelles croyances de plus en plus rationnelles sont renforcées par le thérapeute.

Pour que le patient maintienne des résultats, il est nécessaire qu'il s'entraîne à combattre ses pensées irrationnelles pour intégrer, petit à petit, des réponses rationnelles à son répertoire comportemental.

Le thérapeute utilisera les *principes du modelage* pour amener le patient à acquérir les différentes stratégies, il utilisera aussi un *questionnement* tant *didactique* qu'*humoristique* et émaillé d'exemples. Il n'hésitera pas à avoir recours à des techniques diverses pour faciliter la prise de conscience des émotions et croyances de son patient : utilisation de la relaxation, d'activités de créativité de peinture, d'imageries mentales.

Cette technique très utilisée dans les pays anglo-saxons est peu développée en France, la participation très active et directive du thérapeute étant peu habituelle.

La démarche de *mindfulness* (*Mindfulness Based Cognitive Therapy*)

C'est le professeur Kabat-Zinn (1992) qui introduit le concept de « *Mindfulness* » et l'utilise comme stratégie de gestion du stress dans différentes souffrances anxieuses.

La *Mindfulness Based Cognitive Therapy* (MBCT) a été mise au point en 2001 par Segal, Williams et Teasdale comme stratégie de prévention des rechutes dépressives. Cette approche combine la démarche de pleine conscience du Pr Kabat-Zinn avec des éléments issus de la thérapie comportementale et cognitive de Beck. Ainsi, le sujet reconnaît puis se désengage d'un mode de pensée principal caractérisé par des pensées négatives et des ruminations afin de pouvoir accéder puis utiliser une nouvelle modalité de pensées caractérisée par l'acceptation et l'état de bien-être.

Ce programme a été conçu à partir du constat qu'en phase de rémission de la dépression, les individus connaissent des montées émotionnelles, dont souvent ils n'arrivent pas à se décentrer par la pensée. En ce qui concerne les obsessions et les compulsions elles sont la cible thérapeutique afin de rendre possible l'acceptation d'idées absurdes et de ce fait se focaliser plus intensément sur le désinvestissement émotionnel. La MBCT propose d'autres moyens de décentration émotionnelle par la respiration, la pleine conscience, le stretching, la méditation, l'exposition émotionnelle… Le but de la MBCT est de réduire chez le patient sa réactivité cognitive due aux émotions négatives « je suis contaminé, je me sens infecté, je suis au bord du malaise », qui est un facteur d'aggravation du TOC.

La MBCT aide les patients à repérer plus clairement les modes de pensée qu'ils ont. Cela suppose un entraînement régulier aux méthodes du *mindfulness* reposant sur des exercices de méditation, dont le but est d'apprendre au patient à repérer le moment où leur angoisse augmente. Ceci permet de casser le lien existant entre l'émotion négative et la pensée négative secondaire. Les patients développent alors la capacité à se désengager de cette anxiété source de pensées négatives, mais aussi de stress associé. Bon nombre de patients expliquent qu'ils apprennent à être dans le moment présent sans avoir besoin de ressasser des idées concernant le passé ou encore le futur (Segal et coll., 2001).

Le patient doit poursuivre sa démarche y compris dans les périodes où il se sent mieux et au-delà. *Mindfulness* diffère des méthodes de méditation classique parce qu'elle s'intègre dans un modèle psychologique de la dépression et de la vulnérabilité anxieuse. Cette méthode MBCT est enseignée sur une période de 8 semaines et les patients ont à effectuer des tâches journalières à domicile avec l'aide d'un support enregistré. Au cours de ces séances, des informations sur l'anxiété sont délivrées ainsi qu'un apprentissage aux techniques cognitives classiques permettant de montrer le lien entre la pensée et les émotions.

On peut en conclure qu'aux stratégies de décentration spécifiques de la TCC, sont adjointes des techniques de décentration non spécifiques dans l'utilisation du *mindfulness*.

Les travaux scientifiques n'en sont vraiment qu'à leur début et ils sont trop récents pour en attendre des conclusions définitives (Felenf, Coelho, Tanter, Edzard, 2007). En effet, la fiabilité de ces résultats et des déductions afférentes peut être mise en cause en raison de conditions de contrôles non satisfaisantes.

La thérapie d'acceptation et d'engagement ACT (*Acceptation and comitment Therapy*)

L'ACT est une démarche thérapeutique structurée, mais ne se déroule pas selon un format prédéterminé séance après séance. Même si elle adopte une conceptualisation de la souffrance de l'individu spécifique, l'ACT partage plusieurs similitudes avec la thérapie cognitive. Toutes deux reposent sur une relation de collaboration entre le patient et son thérapeute. Les stratégies centrales de l'ACT sont purement comportementales, telles que la sélection d'objectifs, l'enregistrement quotidien des activités et l'évaluation continue des actions et de leurs contingences, la planification d'activités, l'assignation de tâches graduelles et la résolution de problèmes. En ce sens, l'optimisation de la TCC par l'ACT ne passe pas par l'ajout de stratégies, mais par le maintien d'une attention constante sur la composante comportementale.

Alors que la thérapie cognitive met l'emphase sur la perception et l'interprétation que l'individu fait des événements, de soi et des autres, l'ACT porte attention aux interactions entre l'individu et son environnement. Elle fait l'hypothèse que ce sont certains contextes de vie et son histoire d'apprentissage qui ont amené l'individu à adopter des stratégies d'adaptation passives et qui ont nui au développement de ses habiletés de résolution de problèmes. L'ACT vise le développement de stratégies d'adaptation pour contrer l'évitement en aidant l'individu à poser des actions dirigées vers ses objectifs. On amène l'individu à agir en fonction d'un plan d'action. Elle aide l'individu à développer des contextes qui améliorent son existence sans nécessairement faire la lutte incessante aux émotions désagréables.

L'ACT aborde les cognitions d'une façon différente de la TCC traditionnelle. Plutôt que de porter attention au contenu ou à la validité d'une pensée, elle aborde le fait de penser au même titre qu'un autre comportement, en questionnant son utilité dans un contexte donné.

Le patient est invité à prêter attention à son expérience, moment après moment, afin d'observer les contingences associées à son comportement. Cette stratégie empruntée aux thérapies basées sur la « pleine conscience » (Segal *et al.* 2001) est fort utile à la gestion des pensées de rumination obsessionnelle.

De nombreuses publications scientifiques visent à évaluer les bénéfices apportés par l'ACT pour différentes souffrances émotionnelles et doivent se poursuivre afin d'estimer leurs impacts à long terme dans différents contextes psychopathologiques (Monestès et Villatte, 2011).

Prenons un exemple : la peur angoissante d'être amené de façon irrésistible et contre sa volonté à commettre un acte incongru, immoral ou criminel. L'adolescent qui imagine qu'il pourrait dans un geste « fou » pousser un ami dans les rails du métro aura peur de perdre le contrôle de lui-même et évitera de prendre le métro parce que « on ne sait jamais ». Quand il arrive à communiquer le contenu de ses craintes il parle de désir de pousser quelqu'un, mais en fait il confond envie et peur d'avoir envie. Il pense avec conviction être pris d'envie de pousser quelqu'un. Un autre type de manifestation du même registre, fréquent chez l'adolescent, est l'idée effrayante de violer ou toucher sexuellement un enfant. L'idée apparaît brutalement après, par exemple, avoir vu les informations à la télévision où il a été relaté un fait divers sur un violeur d'enfants. Il s'approprie, contre sa volonté, de l'idée et perd toute confiance dans ses capacités de contrôle de lui-même : il n'arrive pas à se convaincre que le fait de ne pas avoir envie est suffisant pour ne pas réaliser un acte jugé comme immoral. L'idée obsédante qu'il pourrait désirer faire quelque chose d'immorale lui est pénible, au niveau conscient il sait qu'il n'a aucune envie de faire quelque chose mais il a peur de se surprendre dans un état second.

L'approche ACT va renforcer l'analyse des pensées en associant l'absurdité vécue par le jeune patient. Le thérapeute va insister sur l'intérêt de ne pas lutter contre l'angoisse mais plutôt centrer son énergie sur la validité de ses pensées.

Conclusion

Les trois approches décrites font l'objet d'études qui se situent sur deux angles : la spécificité des paramètres thérapeutiques impliqués dans l'application et l'identification de populations cliniques répondantes à ces démarches. On peut dire cependant que déjà pratiquement toutes les stratégies cognitivo-comportementales demandent aux patients d'investir le présent mais, peut-être, avec moins de consignes sur l'apprentissage au savoir faire face aux contenus psychiques douloureux. Ces approches cherchent leur place parmi les stratégies cognitivo-comportementale. Les études publiées ne montrent pas de contre-indication dans l'utilisation des TCC et ces approches novatrices. Les indications et les applications sont en pleine évolution.

Références

Bebbington, P.E. (1998). Epidemiology of obsessive compulsive disorder. *British Journal of Psychiatry, 173*, 2-6.

Clark, D., Ball, S., & Pape, D. (1991). An experimental investigation of thought suppression. *Behaviour Research & Therapy, 29*(3), 253-257.

Cooper, J. (1970). The Leyton Observational Inventory. *Psychological Medicine, 1*, 48-64.

Dryden et DiGiuseppe (1990). *A primer on Rational-Emotive Therapy*. New York, Champaign, IL: Research Press.

Felenf, H., Coelho, P.F., Tanter, A., & Edzard, E. (2007). Mindfulness Based Cognitive Therapy : Current evidence and informing future research. *Consulting and Clinical Psychology, 75*, 1000-1005.

Findley, D.B., Leckman, J.F., Katsovich, L., Lin, H., Zhang, H., Grantz, H., *et al.* (2003). Development of the Yale Children's Global Stress Index (YCGSI) and its applications in children and adolescents with Tourete's syndrome and obsessive compulsive disorder. *Journal of American Academic Child and Adolescence Psychiatry, 42*(4), 450-457.

Goodman, W.K., Rasmussen, S.A., Riddle, M.A., Price, L.H., & Rapoport, J.L. (2000). The children's Yale-Brown Obsessive Compulsive Scale. In M. Waltz (Ed), *Obsessive-Compulsive Disorder*. Linda Lamb: O'Reilly & Associates.

Goodman, W.K., Price, L.H., Rasmussen, S.A., Mazure, C., Fleischmann, R.L., Hill, C.L., *et al.* (1989). The Yale-Brown Obsessive Compulsive Scale. *Archives of General Psychiatry, 46*, 1006-1011.

Goodman, W.K., Price, L.H., Rasmussen, S.A., Mazure, C., Delgado, P., Heninger, G.R., *et al.* (1989). The Yale-Brown Obsessive Compulsive Scale. *Archives of General Psychiatry, 46*, 1012-1016.

Karno, M., Golding, J.M., Sorensen, S.B., & Burnam, M.A. (1988). The epidemiology ob obsessive compulsive disorder in fi ve US communities. *Archives of General Psychiatry, 45*, 1094-1099.

Mac Fall, M.E., & Wollersheim, J.P. (1979). Obsessive-compulsive neurosis: a cognitive-behavioral formulation and approach to treatment. *Cognitive Therapy and Research, 3*(4), 333-348.

Mirabel-Sarron C., & Rivière B. (Eds). (1993). *Précis de thérapie cognitive*. Paris : Dunod.

Mirabel-Sarron C., & Vera L. (Eds). (2005). *L'entretien en thérapie comportementale et cognitive (2e éd.)*. Paris : Dunod.

Mollard, E., Cottraux, J., & Bouvard, M. (1989). Version française de « L'échelle d'obsession compulsion de Yale-Brown ». *L'Encéphale, XV*, 335-341.

Monestès J., Villatte M. La thérapie d'acceptation et d'engagement. Elsevier-Masson, 2011.

Mowrer O.H. (Ed). (1960). *Learning theory and behavior*. New York: Wiley.

Nestadt, G., Samuels, J., & Romanoski, A.J. (1994). Obsessions and compulsions in the community. *Acta Psychiatrica Scandinava*, *89*, 219-224.

Presta, S., Marazziti, D., Dell'osso, L., Pfanner, C., Pfanner, P., Marcheschi, M., *et al.* (2003). Obsessive compulsive disorder in children and adolescence. *Psychopathology*, *36*(2), 55-64.

Rachman, S. (1976). The modifi cation of obsessions: a new formulation. *Behaviour Research and Therapy*, *14*, 437-443.

Röper, G., & Rachman, S. (1976). Obsessional-compulsive checking: experimental replication and development. *Behaviour Research and Therapy*, *14*, 25-32.

Röper, G., Rachman, S., & Hodgson, R. (1973). An experiment on obsessional checking. *Behaviour Research and Therapy*, *11*, 271-277.

Salkovskis, P.M. (1985). Obsessional-compulsive problems: A Cognitive-Behavioural Analysis. *Behaviour Research and Therapy*, *23*(5), 571-583.

Segal, Z.V., Williams, J.M.G., & Teasdale, J.D. (2001). *Mindfulness-based cognitive therapy for depression: a new approach to preventing relapse*. New York: The Guilford Press.

Wegner, D.M., Schneider, D.J., Carter, S.R., & White, T.L. (1987). Paradoxical effects of thought suppression. *Journal of Personality and Social Psychology*, *53*, 5-13.

Pour en savoir plus

Antony, M.M., Downie, F., & Swinson, R.P. (1998). Diagnostic issues and epidemiology in obsessive compulsive disorder. In R.P. Swinson, M.M. Antony, S. Rachman, & M.A. Richter (Eds), *Obsessive compulsive disorder: theory, research and treatment* (pp. 3-32). New York: The Guilford Press.

Berg, C.J., Rapoport, J.L., & Flament, M. (1985). The Leyton Obsessional Inventory-Child Version. *Psychopharmacology Bulletin. National Institute Of Mental Health*, *21*(4), 1057-1059.

Cottraux, J., Bouvard, M., Defayolle, M., & Messy, Ph. (1988). Validity and factorial structure of the compulsive activity cheklist. *Behavior Therapy*, *19*, 45-53.

Flament, M.F., Rapoport, J.L., & Berg, C.J. (1985). Clomipramine treatement in childhood obssessive-compulsive disorder: A double-blinded controlled study. *Archives of General Psychiatry*, *42*, 977-983.

Frost, R.O., Marten, P., Lahart, C., & Rosenblat, R. (1990). The dimensions of perfectionism. *Cognitive Therapy and Research*, *14*, 449-468.

Hantouche, E.G., Bourgeois, M., Bouhassira, M., & Lancrenon, S. (1996). Aspects cliniques des troubles obsessionnels compulsifs : résultats de la phase 2 d'une large enquête française. *L'Encéphale*, *XXII*, 255-263.

Henin, A., Savage, C.R., Rauch, S.L., Deckersbach, T., Wilhelm, S., Baer, L., *et al.* (2001). Is age at symptom onset associated with severity of memory impairement in adults with obsessive compulsive disorder? *The American Journal of Psychiatry*, *158*, 137-139.

Horwath, E., & Weissman, M.M. (2000). The epidemiology and cross-national presentation of obsessive compulsive disorder. *The Psychiatric Clinics of North America*, *23*, 493-507.

Nestadt, G., Samuels, J., Riddle, M., Bienvenu, O.J., III, Liang, K.Y., LaBuda, M., *et al.* (2000). A Family Study of Obsessive-compulsive Disorder. *Archives of General Psychiatry*, *57*, 358-363.

Pauls, D.L. (1995). A family study of obsessive-compulsive disorder. *The American Journal of Psychiatry, 152,* 76-84.

Pauls, D.L., Alsobrook, J.P., & Phill, M. (1995). A family study of obsessive compulsive disorder. *American Journal of Psychiatry, 152,* 76-84.

Rasmussen, S.A., & Eisen, J.L. (1990). Epidemiology of obsessive compulsive disorder. *Journal of Clinical Psychiatry, 51*(Suppl), 10-13 [discussion 14].

Riddle, M.A. (1999). Obsessive compulsive disorder in children and adolescent. *British Journal of Psychiatry, 173,* 91-96.

Sanavio, E. (1988). Obsessions and Compulsions: The Padua Inventory. *Behaviour Research and Therapy, 26,* 169-177.

Vera L. (Ed). (2004). *Le trouble obsessionnel chez l'enfant et l'adolescent.* Paris : Dunod.

Waltz M. (Ed). (2000). *Obsessive-Compulsive Disorder.* Linda Lamb : O'Reilly & Associates.

10 Trouble de l'attention et hyperactivité

L. Vera

Description clinique, diagnostic et point de vue cognitif et comportemental

Le trouble déficit de l'attention/hyperactivité (TDAH) est composé de trois syndromes (triade) que l'on peut représenter par un triangle avec au sommet le syndrome : déficit de l'attention, à l'origine du trouble (DSM-IV-R). C'est le déficit attentionnel qui peut provoquer le deuxième syndrome : l'hyperactivité qui à son tour peut provoquer le troisième syndrome : l'impulsivité.

Nous insistons sur cette chronologie du déroulement de ces trois étapes dont le départ est le déficit de l'attention, souvent difficile à repérer, et non pas l'hyperactivité qui par contre est facilement visible. On identifie donc trois formes : forme inattentive, forme hyperactive et forme mixte.

Le handicap du trouble s'aggrave lorsqu'il y a prédominance des critères du type : déficit de l'attention par rapport aux critères du type : hyperactivité-impulsivité.

Comme le souligne Finck (1999), il faut non seulement intégrer dans l'étape diagnostique les différents domaines de la vie de l'enfant (école, maison, etc.) et impliquer les différents intervenants (parents, enseignants, etc.), mais également prendre en compte le moment, la chronicité ainsi que la rapidité d'apparition des symptômes.

Dans la forme inattentive, ces enfants sont dans l'incapacité de soutenir leur attention de façon prolongée dans les activités courantes (jeux, tâches répétitives comme les repas ou les devoirs, etc.) et de terminer une tâche, principalement en situation de groupe, car ils sont très sensibles aux stimuli extérieurs. Ils oublient facilement ce qui leur est demandé ou leurs affaires usuelles (par exemple, affaires scolaires). Ils ont également des difficultés à organiser leurs activités.

Critères diagnostiques

Nous pouvons constater l'évolution particulière des critères diagnostiques du TDAH.

Dans le DSM-II, on parlait d'hyperactivité et d'impulsivité uniquement : la partie facilement visible de l'iceberg, en quelque sorte. Dans le DSM-III,

TCC chez l'enfant et l'adolescent

on retrouvait un déficit de l'attention avec ou sans hyperactivité. Le DSM-III-R, pour des raisons de manques d'appui scientifique, ôtait cette dernière distinction et se centrait sur l'hyperactivité.

Le DSM-IV, suite à l'arrivée de ces appuis théoriques nécessaires, réinstaure la distinction et l'on peut diagnostiquer le TDAH malgré l'absence d'hyperactivité (Evrard et Husson, 2006).

Malheureusement le nom même donné au trouble, accorde trop d'importance à l'hyperactivité et jette un trouble à l'égard des parents et des enseignants : un enfant peut très bien ne pas bouger en classe mais être totalement inattentif.

D'autre part, les critères du DSM-IV ne sont pas adaptables aux adolescents et aux adultes (Fallu A. *et al.*, 2002).

Les thérapies comportementales et cognitives ont intégré divers apports d'autres disciplines car les enfants hyperactifs présentent un tableau clinique complexe dans lequel les composantes anxieuses (réactionnelles au trouble ?) semblent jouer un rôle de maintien de la pathologie hyperactive.

Ainsi, malgré l'évolution des critères diagnostiques constatée dans la classification DSM, un intérêt particulier s'est toujours attaché à mieux cerner les rapports troubles anxieux – troubles déficitaires de l'attention. En effet, les études épidémiologiques insistent sur la coexistence fréquente de ces troubles dans des échantillons d'enfants de la population générale (26,4 % dans l'étude d'Anderson *et al.* [1987] ; 22,6 % dans celle de Bird *et al.* [1988]). La constatation est la même concernant des populations cliniques : par exemple 17 % des enfants ayant un trouble angoisse de séparation ou un trouble hyperanxiété (devenu trouble anxiété généralisée dans le DSM-III-R) examinés par Last *et al.* (1987) avaient un trouble déficitaire de l'attention associé.

Un certain nombre de travaux se sont attachés à déterminer la validité et les caractéristiques cliniques des sous-catégories de troubles de l'attention avec ou sans hyperactivité proposées par le DSM. Parallèlement, leurs résultats ont permis d'avancer dans la compréhension des relations troubles de l'attention – troubles anxieux. Ainsi, Lahey *et al.* (1984) ont demandé à des enseignants de coter 241 dossiers d'enfants de 6 à 11 ans repérés par eux-mêmes comme ayant des perturbations du comportement, à l'aide du *Revised Behavior Problem Check-list* (RBPC) (Quay et Peterson, 1983). Deux groupes se dégagent : l'un de troubles de l'attention avec hyperactivité, marqué par une forte prévalence des troubles des conduites comorbides et proches de ces derniers, l'autre de troubles de l'attention isolés, voisins des troubles anxieux. Les auteurs suggèrent donc qu'il s'agit de pathologies distinctes, étayant, en quelque sorte, la classification DSM. En 1987, Lahey *et al.* publient une nouvelle étude prospective avec une méthodologie fiable, concernant 63 patients de 6 à 13 ans (41 troubles déficitaires de l'attention avec hyperactivité, 22 troubles déficitaires de l'attention purs).

Ils confirment leurs constatations précédentes, c'est-à-dire la comorbidité différente des deux sous-types cliniques : les enfants déficitaires sur le plan attentionnel se montraient plus lents sur le plan cognitif, moins performants à l'école et davantage à risque de pathologie anxieuse et/ou dépressive associée.

Le DSM-III-R (1987) marque un changement : la rubrique « hyperactivité avec déficit de l'attention » devient unie catégorielle, basée sur la notion que l'inattention, l'impulsivité et l'hyperactivité motrice constituent des éléments de la même dimension. Cependant, une forme « pure » de trouble de l'attention est conservée (trouble déficitaire de l'attention non spécifié, TDA-NOS), au demeurant mal précisée. Les modifications entre DSM-III et DSM-III-R ont contraint Lahey *et al.* (1988) à revoir leurs résultats en fonction des nouveaux critères diagnostiques proposés. Ils montrent que l'hyperactivité avec déficit de l'attention du DSM-III-R correspond au trouble déficitaire de l'attention avec hyperactivité du DSM-III et le trouble déficitaire de l'attention non spécifié (DSM-III-R) au trouble de l'attention sans hyperactivité (DSM-III). Ils contestent le bien-fondé de la nouvelle option du DSM-III-R source de confusion dans ses applications cliniques concernant les troubles de l'attention, tantôt classés sous la rubrique hyperactivité, tantôt sous la rubrique TDA-NOS au gré des habitudes de chacun.

Comorbidité

Une étude de Pliszka (1989) recherche les effets de la comorbidité hyperanxiété sur une population d'hyperactifs avec déficit de l'attention (DSM-IV-TR), au plan cognitif, comportemental et chimiothérapique. Comme ceux de Lahey, les patients de Pliszka, à la fois hyperactifs et anxieux, se sont avérés moins impulsifs et plus lents au fur et à mesure de l'exécution d'un test de laboratoire (*Memory Scanning Test*, Swanson et Cantwell, 1986) que les hyperactifs non anxieux. Aucun n'avait de trouble des conduites concomitant. Lors de l'exécution d'un exercice mathématique, ils restaient plus longtemps assis et manipulaient moins les objets. Enfin, la réponse au traitement présentait des particularités puisque deux tiers d'entre eux ne réagissaient pas aux psychostimulants, pourcentage inhabituellement élevé. L'ensemble de ces recherches suggère donc l'existence d'une population d'enfants inattentifs, anxieux, mais ni hyperactifs, ni agressifs, ni impulsifs. Elles nécessitent confirmation et précision du caractère primitif ou secondaire des perturbations de l'attention par rapport aux troubles anxieux.

Mc Lelland *et al.* (1990) ont étudié la comorbidité entre le trouble déficitaire de l'attention du DSM (sans précision sur la présence ou l'absence d'une hyperactivité) et les troubles anxieux et/ou dépressifs chez des enfants dont les parents avaient soit un trouble panique, soit un état dépressif majeur, soit aucun de ces deux diagnostics. Les taux de prévalence du trouble déficitaire de l'attention étaient significativement plus importants chez les descendants de parents déprimés ou « paniqueurs ». De même, une comorbidité significative entre les troubles déficitaires de l'attention et les troubles anxieux et/ou dépressifs était retrouvée chez ces enfants. Les auteurs plaident pour le caractère primaire de ces perturbations émotionnelles.

En définitive, la co-occurrence troubles anxieux – troubles de l'attention apparaît plus fréquente, en pratique clinique, que ne l'impliquerait une simple coïncidence. L'hyperanxiété constitue la catégorie la mieux représentée, suivie de l'angoisse de séparation. À notre avis, lorsque le trouble de l'attention est isolé sans hyperkinésie, il peut s'interpréter comme secondaire à l'anxiété, intrinsèquement lié à elle. La situation est complexe lorsque l'hyperactivité s'ajoute à l'anxiété et à l'inattention : cette dernière représente-t-elle le versant moteur de l'anxiété, traduisant la « fébrilité » d'un sujet en permanence sur le qui-vive ? Les différents troubles sont-ils indépendants les uns des autres, quoique souvent associés ou dans des relations restant à définir ? L'intérêt de cette clarification sémiologique résiderait dans l'élaboration de stratégies thérapeutiques nuancées.

Données épidémiologiques

La prévalence du trouble hyperactivité avec déficit de l'attention dans la population générale est de 3 à 5 %. Cette valeur concerne les enfants en âge scolaire (population normale en âge scolaire, Gaub *et al.*, 1997 ; Costello *et al.*, 1996). Le sexe ratio en population générale est de 2 à 3 garçons pour 1 fille. Les études descriptives signalent une diminution de la prévalence du TDAH avec l'âge. Ainsi, la prévalence la plus élevée se situe durant l'enfance (pic de prévalence entre 6 et 11 ans), puis diminue à partir de l'adolescence et à l'âge adulte. La symptomatologie se modifie avec l'âge : les symptômes hyperactivité/impulsivité diminuent, voire disparaissent, alors que les troubles de l'attention souvent persistent ; 20 % des formes de l'enfance vont diminuer, voire disparaître à l'adolescence. Dans la littérature, on trouve des variations de prévalence importantes liées à des différences de méthodologie et de populations étudiées.

Souvent à l'occasion d'une consultation pour un problème somatique chez le médecin généraliste, les parents parlent de difficultés scolaires et de problèmes d'attention chez l'enfant.

Par définition, l'enfant atteint du trouble de déficit de l'attention et hyperactivité souffre d'un déficit attentionnel par rapport aux enfants du même âge. Ces manifestations sont inappropriées dans leur intensité compte tenu de l'âge et de son niveau de développement et surviennent dans différentes situations qui requièrent de l'attention, une inhibition de l'impulsivité et une restriction des mouvements.

Le clinicien doit évaluer la capacité de l'enfant à écouter, traiter les informations dans les domaines des capacités mnésiques, du discours logique, de l'organisation temporelle et spatiale.

En majorité, ces enfants présentent des perturbations *comportementales* et *cognitives* signalées par des difficultés scolaires : souvent un premier problème est celui de finir un travail à l'école.

Présentations cliniques

Formes d'hyperactivité prédominante

Elle se traduit par des difficultés à se soumettre aux règlements, un enfant toujours en mouvements, incapable de rester assis longtemps, hyperexcité, qui saisit toutes les occasions pour se déplacer, courir grimper, toucher aux objets, ouvrir les tiroirs et portes sans investir durablement un centre d'intérêt et dont les activités ne s'organisent pas en fonction d'un but défini. Cette hypermotricité est excessive, désordonnée et inadaptée.

Formes troubles de l'attention et impulsivité comportementale et cognitive

Elles se manifestent par une incapacité à centrer son attention de manière soutenue (dispersion de l'attention avec changements fréquents de sources d'intérêts, passages fréquents d'une activité inachevée à une autre), une distractibilité par des stimuli internes ou externes.

L'attention de l'enfant « décroche », il peut être décrit comme « rêveur », « ailleurs ». Il semble happé par les stimuli extérieurs comme s'il ne pouvait pas les trier, ni les hiérarchiser. Il éparpille ses intérêts, ne peut mobiliser son attention de manière durable et prolongée, puisque la moindre interférence de l'environnement va le distraire, lui faire oublier la tâche entreprise, ou abandonner le jeu ébauché. Il semble ne pas écouter l'autre, peut difficilement suivre le cheminement d'une pensée logique, incluant des séquences des enchaînements et les déductions. Il se trouve en échec face aux activités qui requièrent de l'application et du temps, d'ailleurs, il les évite. Sa distraction se manifeste aussi par de fréquents oublis, fautes d'étourderies.

Un style cognitif impulsif est associé à un enfant qui intervient de manière intempestive en classe, à du mal à attendre son tour, impatient, « non réfléchi », agit avant de penser, perçu comme provocateur. Il répond sans attendre l'ensemble des instructions. Il présente une activité motrice bruyante excessive ou inappropriée pour son niveau de développement. Il est incapable de rester en place, son besoin de bouger est incessant : il est turbulent et animé de mouvements inutiles et inadéquats par rapport à l'activité en question ou la situation. Il est intolérant à la situation de repos.

L'enfant a du mal à s'organiser dans son travail, l'entourage le rappelle toujours à l'ordre et perçoit qu'il a besoin d'un encadrement strict.

Son travail est bâclé, il a une incapacité à différer, néglige les recommandations et les consignes, n'anticipe pas les réactions pourtant prévisibles des autres, répond trop vite. Il est souvent décrit comme malheureux car en situation d'échec et se fait souvent réprimander. Ce comportement vaut à l'enfant de nombreuses punitions et remontrances en famille ou à l'école et peut aboutir à des réactions de rejet de la part de l'entourage.

Formes attentionnelles pures

Leur prévalence se situe entre 1 et 1,4 % dans les deux sexes et entre 1,5 et 2 % dans le sexe masculin. Ces formes sont souvent corrélées avec un quotient intellectuel (à la différence des formes mixtes qui n'ont pas de retentissement sur le quotient intellectuel et des formes hyperactivité globale pure) plus faible, un retard de développement de langage, des difficultés d'apprentissage de lecture et une altération des fonctions attentionnelles. Les enfants présentant une forme habituelle sont plus impulsifs, plus désinhibés socialement, alors que ceux présentant une forme attentionnelle pure sont davantage en retrait socialement et ils ont moins de problèmes de conduites.

Diagnostic différentiel

Le déficit de l'attention/hyperactivité doit être distingué :

- des comportements appropriés à l'âge des enfants actifs ou turbulents ;
- de l'inattention dans le trouble oppositionnel avec provocation (refus de se conformer aux demandes des autres) ;
- de l'impulsivité dans le trouble des conduites (associé à un mode de comportement antisocial) ;
- de l'inattention ou de l'hyperactivité causée par l'abus de drogues ou médicaments ;
- des symptômes d'inattention dans le cadre d'un trouble de l'humeur ou anxieux.

Les données en neuropsychologie de l'attention

L'attention n'est pas une fonction unitaire. Ce concept se réfère à diverses composantes cognitives qui interagissent les unes avec les autres. Dans le domaine de la psychologie cognitive et de la neuropsychologie, les termes utilisés pour les décrire varient selon les auteurs et les théories sous-jacentes.

Van Zomeren et Brouwer (1994) proposent de classer les composantes de l'attention sous deux axes selon une intensité et une sélectivité de l'attention :

- l'intensité concerne l'alerte et la vitesse de traitement de l'information, cette qualité est responsable du maintien de niveau d'éveil, a un rôle de faciliter notre capacité à réagir aux stimuli de l'environnement. Un événement prévenant un stimulus à traiter nous oriente vers un état de préparation ou d'attente qui va renforcer l'appréhension et la rapidité du traitement de ce stimulus. Ainsi, les composantes comme la vigilance, l'effort mental et l'attention soutenue appartiennent à cette première variante qui occupe un rôle de maintien et de contrôle continu du traitement de l'information ;

• la sélectivité se compose d'aspects de focalisation et de flexibilité attentionnelle. Cette qualité sollicite alors la fonction de filtrage des informations à traiter. On reconnaît au cours de ces opérations de filtrage la capacité de traitement pour résister à la distractibilité et les aptitudes à traiter simultanément des données provenant de modalités sensorielles variées. Cette dernière fonction nommée attention divisée se complète par des opérations de sélection et focalisation de l'attention. La faculté d'alterner un traitement automatique et un traitement contrôle est régie par un module de flexibilité attentionnelle.

Il existerait des programmes de sélectivité des informations dès la naissance ; la mise en action se ferait en deux temps : dans un premier temps, un programme à faible action inhibitrice puis lorsque le nombre d'informations à discriminer devient de plus en plus important, un deuxième programme exerçant une action inhibitrice plus grande. Une hiérarchisation de plusieurs programmes permet au fonctionnement du système nerveux de modifier les réactions comportementales, par inhibition ou facilitation partielle (Brazelton, 1982), la sélectivité de l'attention consistant à retenir un stimulus et à en inhiber un autre.

Les particularités du trouble attentionnel dans le TDAH

Les troubles de l'attention peuvent être distingués en types : ceux qui se manifestent par des signes cliniques, extériorisés, d'autres qui se manifestent peu par des signes cliniques et pour lesquels les tests élaborés sont nécessaires.

Ce sont des troubles au premier plan impliqués dans le contrôle de l'activité et de l'attention soutenue. Les performances verbales et visuospatiales sont normales.

Il existe un déficit de la vigilance : difficultés à maintenir de façon soutenue son attention sur une période relativement prolongée ; une période d'activité pour une tâche reconnue monotone d'une durée de 15 minutes sans interruption est reconnue comme critère valable dans l'évaluation des déficits de ce niveau.

L'attention soutenue diminue avec deux types d'erreurs calculés par le *Continuons Performance Test* : les omissions qui témoignent d'un défaut d'attention soutenue par « vacance attentionnelle » et les fausses alarmes qui dépendent de l'impulsivité ou du défaut d'inhibition de la réponse. Les TDAH ont une augmentation de ces deux types d'erreurs et une détérioration de la qualité de la performance en fonction du temps avec un ralentissement du temps de réaction. Sur les tests « Go-no go », les TDAH font plus d'erreurs que les contrôles.

Les troubles de déficit de l'attention non hyperactifs font plus de fausses alarmes en début de séances que les TDAH, mais ils s'améliorent rapidement alors que les TDAH restent stables. Les troubles de déficit de l'attention non hyperactifs font plus d'erreurs impulsives mais se corrigent au cours de l'épreuve.

Le déficit de l'attention dans le TDAH se caractérise par :

- un déficit de l'attention sélective, une incapacité à traiter de façon ordonnée différentes informations pertinentes et à sélectionner les informations pertinentes parmi un ensemble de stimuli ;
- une distractibilité excessive, des difficultés à résister aux stimuli ;
- un problème d'organisation séquentielle en mémoire et en mémoire de travail.

Les tests neurocognitifs (efficience cognitive, Stroop, tests de performance continue, tests de mémoire avec délai et tâche intercurrente) vont permettre d'établir un choix de rééducation.

Évaluation et traitement

L'évaluation

Le questionnaire de Conners a été conçu à l'évaluation de ce trouble (voir chapitre 6). Les autres tests (principalement cognitifs) sont décrits dans le paragraphe précédent.

Les traitements

Il est urgent de traiter efficacement ce trouble car l'enfant hyperactif se met malheureusement souvent en danger en particulier lorsqu'il roule à vélo, utilise une planche à roulette ou d'autres jeux à vitesse : il ne perçoit pas à l'avance le danger et s'oppose souvent aux respects des règles élémentaires de sécurité.

Le méthylphénidate

Il est indispensable de proposer un traitement médicamenteux dans le cas d'un trouble sévère lorsque les parents et/ou les enseignants signalent les accidents provoqués ou subis par l'enfant et ce, malgré les réticences provoquées par certaines publications erronées jetant un discrédit sur ces traitements.

Nous pensons qu'il s'agit dans ces cas de refus de « non-assistance à personne en danger » sur un plan juridique. D'autant plus que le méthylphénidate est un médicament très efficace et dépourvu de danger prouvé par de très nombreuses études, reconnu et prescrit depuis les années soixante.

Les thérapies psychothérapeutiques constituent une démarche à long terme, les traitements médicamenteux sont un traitement à court terme : les parents continuent à rencontrer des difficultés avec le comportement de l'enfant avant la prise de médicament ou lors d'interruptions ; ces thérapies sont aussi une alternative au traitement médicamenteux si ce traitement est contre-indiqué ou peu efficace.

Les stratégies psychothérapeutiques

Elles visent à modifier le comportement observable de l'enfant mais aussi à corriger les déficits cognitifs. Elles s'adressent à l'enfant mais aussi aux parents et enseignants.

Les techniques cognitives

Les techniques utilisées en association dans les procédures cognitives sont les suivantes :

- l'entraînement aux auto-instructions ;
- l'entraînement à la résolution de problèmes ;
- l'entraînement aux habiletés sociales ;
- l'entraînement à la reconnaissance des émotions.

L'entraînement à l'auto-instruction

Nos comportements sont sous le contrôle de nos pensées et de notre langage interne. Au cours du développement normal, l'enfant commence à apprendre à contrôler son comportement par l'intermédiaire d'éléments externes comme les récompenses, les punitions, ainsi que les instructions. Quand il grandit, il devient capable de contrôler son comportement grâce à ses propres instructions verbales, d'abord, émises à haute voix et silencieusement. L'enfant accède ainsi à l'autocontrôle. Des programmes proposent une série d'étapes de traitements semblables au développement normal. L'hypothèse de base est que les comportements inadaptés reflètent d'un déficit dans la capacité de l'enfant à développer des auto-instructions. Il est important de l'encourager à développer son propre langage intérieur dans ses mots et son style (Meichembaum, 1977).

L'entraînement à la résolution de problèmes

Cette technique apporte à l'enfant des stratégies de contrôle de son comportement, stratégies peu ou pas développées. La première étape consiste à reconnaître les signaux qui, émanant de l'environnement, indiquent que la situation est une situation problème. Par entraînement aux habiletés sociales et reconnaissance des émotions, l'enfant apprend à identifier les différentes émotions comme la colère, la tristesse, à percevoir et interpréter les sentiments (expression faciale, ton de la voix, etc.).

La deuxième étape consiste à générer de multiples solutions et à anticiper pour chacune les conséquences possibles comportementales et émotionnelles pour l'enfant et son entourage. L'étape ultérieure est de choisir un plan d'action, c'est-à-dire d'émettre un comportement adapté, par exemple : adhérer aux demandes de l'adulte, attendre son tour. L'ultime étape consiste à apprendre à l'enfant à évaluer l'efficacité de son plan d'action et à s'autorenforcer, à faire un choix correct des différentes alternatives. Au cours de chaque étape, l'apprentissage se fait au moyen de discussions, de *modeling* et de jeux de rôle.

Ces techniques d'auto-instructions et de résolutions de problèmes sont appliquées le plus souvent en groupe de 6 à 8 enfants pendant une durée de 10 semaines avec des sessions d'une heure.

Les avantages

Ces deux techniques sur le plan théorique sont adaptées aux problèmes de l'enfant hyperactif en raison des troubles attentionnels : déficit dans les mécanismes de l'attention soutenue, dans la modulation et l'autocontrôle du comportement, difficultés à utiliser comme médiateur du comportement le langage interne, à inhiber des réponses.

Les procédures cognitives améliorent l'impulsivité, mais ne modifient pas les autres manifestations du trouble. Ainsi, utilisées seules, elles semblent n'avoir qu'un impact restreint sur le TDAH.

Les limites

Coûteuses en temps, elles ne peuvent pas être enseignées aux enfants chez qui le langage est peu développé ; il est difficile de les générer sur d'autres situations : l'enfant acquiert une technique en cours de séance mais la transpose difficilement dans un autre environnement, par exemple en milieu scolaire.

Les autres techniques cognitives

On peut citer : travail dans un lieu calme peu stimulé avec répartition du travail en étapes, objectifs de temps, et consigne d'écrire sur une feuille les idées qui les parasitent.

Les stratégies comportementales

Le modèle de Barkley (1990)

Sa méthode est d'abord comportementale (ayant pour modèle le conditionnement opérant) tout en ayant une approche cognitive. Ce programme s'adresse aux parents d'enfants TDAH soit en individuel, soit en groupe de 6 à 8 familles sur 10 séances de 90 minutes à raison de deux séances par mois.

L'objectif de ce programme est d'entraîner les parents à faire face aux situations difficiles, de leur apprendre des stratégies de contrôle efficaces, cohérentes et adaptées au comportement déviant de l'enfant, stratégies qui vont permettre de diminuer l'intensité des symptômes et leur répercussion. On leur propose de les aider à mieux gérer les comportements difficiles pour améliorer le quotidien et éviter d'aggraver les difficultés relationnelles.

Les parents reçoivent des informations sur le trouble et les traitements disponibles, ils apprennent à réaliser une analyse fonctionnelle qui leur permet de mieux comprendre le comportement de l'enfant et d'élaborer des réponses alternatives.

On demande aux parents de dresser une liste de tous les moments agréables qu'ils passent avec leur enfant. Ils sont souvent surpris de constater qu'ils ne font plus attention aux moments négatifs et apportent une attention positive aux circonstances où l'enfant a un comportement adapté. Le thérapeute encourage le développement de ces moments privilégiés (ex. : jeux). Le but est de restaurer pour l'enfant et ses parents de l'image de soi à travers des interactions positives.

Parallèlement, il est demandé aux parents d'ignorer les comportements inadaptés de l'enfant si ceux-ci ne sont pas dangereux. Un document est remis à la fin de chaque séance à la famille comme aide-mémoire à la technique traitée en séance.

Ces techniques sont d'abord appliquées en milieu familial et généralisées à d'autres situations. L'encadrement de l'enfant hyperactif est centré sur des principes enseignés par la méthode :

- donner sans attendre un *feedback* positif à l'enfant : l'enfant vit dans le présent, le récompenser sans attendre lorsqu'il termine une tâche (système de jetons). Il a souvent besoin d'une réponse plus rapide mais aussi plus fréquente pour maintenir ses efforts de façon soutenue dans la journée ;
- utiliser des modes de renforcements significatifs pour l'enfant : temps de jeux, etc. ;
- planifier les situations problèmes que les parents ont bien identifiées : salle d'attente, magasins, restaurants. Il faut donc anticiper, c'est-à-dire qu'avant d'entrer dans ces lieux, il faut s'arrêter quelques instants pour rappeler à l'enfant deux ou trois règles simples et prévoir une récompense si les consignes ont été respectées, suivre le plan d'action prévu dès le début en donnant rapidement un *feedback*.

Ce programme d'entraînement améliore l'habileté parentale, réduit le stress parental. Les parents estiment que le programme les aide à mieux comprendre les difficultés de l'enfant.

L'économie de jetons

Cette stratégie psychopédagogique est particulièrement adaptée aux comportements oppositionnels de l'enfant hyperactif « moteurs » particulièrement sensible à la moindre injustice dans le cadre familial et scolaire. Plus précisément l'enfant reçoit 1 jeton à chaque fois qu'il arrive à contrôler sa colère. Il échangera une quantité X de jetons contre une récompense (objet ou activité). Cette technique renforce l'autocontrôle.

Le coffre à jouets

Il est très efficace de proposer aux parents de « centraliser » tous les jeux et en particulier les activités « virtuelles » de l'enfant dans un coffre à jouets non accessible par l'enfant, avant de terminer des activités moins agréables comme les leçons et les devoirs à la maison, après l'école.

L'enfant est obligé de demander à ses parents la permission d'ouvrir le coffre et ceux-ci ne lui proposeront de ne s'intéresser qu'à un seul jeu à la fois pour l'inciter à aller « jusqu'au bout » avant de lui permettre de commencer un deuxième en reposant le premier dans le coffre qui sera à nouveau fermé. Et ainsi de suite pour apprendre à l'enfant à ne pas se disperser et répandre dans sa chambre une quantité de jeux éparpillés autour de lui l'empêchant de se concentrer.

La pratique systématique de cette stratégie à la maison aura par voie de conséquence un impact positif sur sa capacité de concentration en classe, évitant d'être distrait par ses camarades.

Le holding

Le cas de crises de colère parfois particulièrement impressionnantes chez certains enfants hyperactifs et dont le déclenchement dû à une petite frustration est injustifié nécessite de l'immobiliser, sans lui faire du mal et de lui permettre d'exprimer verbalement sa colère sans détruire du matériel ni donner des coups, pouvant avoir des conséquences parfois dramatiques.

Pendant ce *holding*, l'adulte ne demande pas à l'enfant à se taire, mais bien au contraire, l'incite à crier sa colère et à exprimer par la bouche tout ce qu'il ressent à l'intérieur de lui-même. Par cette « libération verbale », l'enfant parvient souvent à exprimer des événements qu'il n'avait jamais osé communiquer jusqu'à présent que l'on pourra analyser quand le calme sera revenu.

Cette crise dure parfois longtemps pour passer de la colère aux pleurs, mais au final est très positive à la fois pour l'enfant et les parents qui conservent leur autorité sans céder au « chantage » affectif de l'enfant. De son côté, l'enfant est conscient qu'un dialogue est entamé sans être obligé de « casser » ni taper.

Le time-out

Comme son nom l'indique, il s'agit de mettre l'enfant hyperactif « hors du temps » : dans un lieu où le temps s'est arrêté, par conséquent il n'y a rien à faire, et en particulier il n'y a aucune activité de loisir, ce qui pour un enfant TDAH est particulièrement inattendu !

Il ne s'agit pourtant pas d'une méthode punitive car ne pas donner une récompense non promise n'est pas une punition. En revanche, permettre à un enfant de réaliser une activité ludique promise et ensuite l'arrêter est une attitude punitive qu'il ne faut jamais pratiquer car elle est dangereuse. Ce n'est pas le cas avec le *time-out*. Prenons un exemple.

Cas clinique

Un enfant suite à une forte colère incontrôlable déclenchée par une dispute au cours d'un jeu avec sa petite sœur est mis dans sa chambre pour se calmer. La mère a pris la précaution de lui faire ranger tous ses jeux dans le coffre à jouets dans sa chambre avant de commencer le jeu entre les deux enfants. Elle connaît le risque d'« explosion » de son fils lorsqu'il perd. L'enfant se retrouve seul quelques minutes sans jeu : il prend rapidement conscience de la conséquence inutile et caduque de sa colère disproportionnée par rapport à la petite frustration de perdre une partie.

Il se calme rapidement d'autant plus qu'il n'aime pas se sentir seul : il passe de la colère aux larmes et demande en s'excusant de pouvoir sortir.

Cette stratégie n'est donc en aucun cas une punition et à condition d'être répétée permet à l'enfant d'apprendre à supporter la frustration et à respecter de nouveaux « contrats » éducatifs établis entre lui et ses parents.

La relaxation

Cette technique est particulièrement efficace pour canaliser l'énergie « débordante » dégagée par les enfants TDAH (*cf.* chapitre 2).

Cas clinique

Nicolas, 9 ans, est adressé à notre consultation à l'hôpital sur la demande urgente de la directrice et de l'école et en accord avec le médecin de famille. Il vient accompagné par sa mère.

Avant de les faire entrer dans le bureau, nous lisons la lettre du médecin de famille qui indique qu'il le connaît depuis sa naissance et qu'il a toujours été très « nerveux ».

Il lui a donné des médicaments homéopathiques et à base de plantes et récemment un médicament de la famille des benzodiazépines devant l'aggravation du comportement impulsif de l'enfant mais sans succès : au contraire il a l'impression de l'avoir rendu encore plus nerveux au lieu de l'avoir calmé. Il demande notre avis avec insistance car il est persuadé Nicolas est un enfant intelligent et qu'il souffre de cette situation, conscient de faire également souffrir sa famille.

Dans le carnet de correspondance de l'école, il est écrit qu'il perturbe la classe, n'en fait qu'à sa tête et ne termine aucun exercice et qu'un conseil de discipline est envisagé si rien ne change rapidement et s'il ne consulte pas rapidement en psychiatrie. C'est également l'avis de la psychologue scolaire qui l'a convoqué.

▷

▷ **Séance 1**

Par téléphone, nous demandons à l'infirmière de l'accueil de les faire venir. Celle-ci répond sur le ton de la plaisanterie « Volontiers ! Et bon courage ! ». En effet, avant son entrée dans le bureau Nicolas avait fortement perturbé le calme de la salle d'attente du service de pédopsychiatrie et un infirmier de l'accueil avait même été obligé d'intervenir.

Nicolas arrive avec fracas dans le bureau sans frapper et se précipite sur le fauteuil devant le bureau. Dès que nous commençons à parler avec sa Maman, Nicolas ne fait plus attention à rien, regarde en l'air puis sur le bureau où il saisit des trombones laissés volontairement à sa portée et les attachent les uns aux autres pour en faire un « wagon »... qu'il laisse tomber ! Il quitte la chaise pour le ramasser, se relève trop rapidement, se cogne la tête, coupe la parole et crie : « Quand est-ce qu'on part ? Je m'ennuie ! ». Pour tenter de calmer le jeu, nous lui tendons feuille de papier et une boîte de crayons de couleur qu'il prend avec trop de précipitation et... la laisse tomber ! Il se retrouve à nouveau à quatre pattes sous la table... pendant nous essayons de poursuivre la conversation avec la mère.

Les larmes aux yeux, elle confirme qu'à la maison c'est toujours comme cela depuis sa naissance. Elle ne comprend pas ce qu'elle aurait pu faire de mal à Nicolas d'autant plus que la sœur de Nicolas est calme et posée et qu'elle les a élevés de la même manière. Nous la rassurons en confirmant ses propos, mais pour éviter une « catastrophe », nous restons seuls avec Nicolas et nous demandons à la Maman de remplir le questionnaire de Conners (version parents) et ensuite de parcourir le livre *Toby et Lucy* illustré par des images relatant l'histoire deux enfants souffrant de déficit de l'attention avec hyperactivité.

Dès que Nicolas se retrouve seul avec le thérapeute, le tableau clinique change rapidement : il arrive à mieux se concentrer sur son dessin, en restant assis sans bouger sur sa chaise et pendant qu'il continue à dessiner, il répond tranquillement aux questions du thérapeute. Il exprime des sentiments d'incompréhension à l'école de la part des autres élèves qui ne l'acceptent pas dans leur bande et évitent de jouer avec lui. Il est tendu et son visage est triste. Nous testons ensuite rapidement ses connaissances dans les matières générales qui sont bonnes. Nous confirmons qu'il souffre d'une légère dyslexie déjà prise en charge par une orthophoniste.

Le thérapeute fait revenir la maman pendant que Nicolas achève son dessin dans la salle d'attente. La mère s'exclame tout étonnée que l'histoire de la BD, c'est bien celle de son fils, comme si elle avait été écrite pour lui. Le score élevé au questionnaire Conners pour les parents confirme le diagnostic clinique. Le thérapeute explique à la Maman qu'il s'agit au départ d'un trouble d'origine biologique et non pas psychologique. L'éducation des parents n'est pas responsable du trouble et il n'y a pas lieu qu'ils se culpabilisent. Par contre, il est absolument nécessaire de proposer à l'enfant des stratégies pédagogiques adaptées pour combattre son déficit de l'attention, à la base de ses difficultés qui dans un deuxième temps entraîne l'hyperactivité (mouvements du corps) et dans un troisième temps, des mouvements d'impulsivité non contrôlable lorsqu'il subit la moindre « injustice » : du moins c'est ce qu'il interprète comme tel ! Cette ▷

hypersensibilité est certainement due au fait qu'il ne comprend pas pourquoi il est sans arrêt puni (pour rien selon lui !) depuis qu'il a mis les pieds à l'école.

Voici le contrat thérapeutique proposé aux parents et à l'enfant avant la prochaine séance :

– « bibliothérapie » : les parents s'engagent à se documenter sur ce trouble par la lecture de livre et par le site Internet des associations de parents (Hypersupers TDAH France : www.tdah-france.fr) ;

– cohérence éducative entre le père et la mère : rencontrer le père de Nicolas qui avait tendance à critiquer le laxisme de son épouse dans l'éducation des enfants, lui ayant trop tendance à utiliser la punition !

– autonomisation de l'enfant par technique de renforcement positif individuel et familial incluant la sœur de Nicolas (économie de jetons) ne permettant pas de se sentir « persécuté » et jaloux par rapport à elle ;

– apprentissage à supporter la frustration d'attendre son tour de paroles et d'activités ludiques : l'ouverture des coffres à jouets des enfants est sous le contrôle parental, ils apprennent à se concentrer sur un jeu à la fois (évitement de la tendance à se disperser), ils sont prévenus du temps autorisé pour jouer et du temps pour le travail scolaire ;

– méthode « rouge et bleu » pour le travail scolaire dès l'arrivée à la maison : il n'y a pas de jeu dans la partie « parentale » de l'habitation et les jeux sont dans les coffres à jouets ;

– utilisation en cas de crise de colère non contrôlable non pas de la punition (ni verbale ni physique) mais du *time-out* avec séparation (généralement de la mère) ou le *holding* (généralement avec le père) ;

– relaxation et contrôle respiratoire pour mieux préparer l'enfant à certaines situations particulièrement frustrantes pour lui : révision scolaire, nécessité de rester assis à un repas, etc.

Séance 2

La deuxième séance s'est déroulée, sur la demande du thérapeute, sans Nicolas mais avec la mère et le père qui, bien que réticent à tout ce qui est « psy », a fait l'effort de venir et a bien participé à l'application des stratégies recommandées, évitant toute discordance éducative parentale face à Nicolas.

Les résultats positifs ont porté essentiellement sur la vie familiale plus calme et agréable et le père de Nicolas l'a même invité à une partie de pêche qui s'est très bien passée. Par contre, en dehors de l'amélioration du travail scolaire demandée à la maison, la maîtresse le trouve encore très dispersé en classe et à la cantine.

Le thérapeute félicite les parents pour leur attitude éducative cohérente et en particulier la partie de pêche entre le père et son fils ! Il propose pour l'école de donner à la maîtresse le livret *Conseils aux enseignants face à un enfant inattentif/hyperactif* établi par l'association de parents précitée avec la collaboration du ministère de l'Éducation nationale. D'autre part, le thérapeute explique longuement avec preuves scientifiques à l'appui et les témoignages d'autres parents la nécessité de prescrire le médicament méthylphénidate étant donnée l'urgence de montrer un changement de comportement à l'école.

▷ **Séance 3 (2 semaines après)**

Le résultat est très concluant car la maîtresse, non informée de la prise du traitement, a elle-même signalé aux parents l'amélioration de la concentration de Nicolas en classe.

Le même commentaire a été fait par l'orthophoniste aux cours des séances.

Conclusion : dans des cas aussi difficiles il ne faut pas hésiter à associer les deux stratégies thérapeutiques, thérapie comportementale et cognitive et methylphénidate. Il est très souhaitable de voir les parents et les déculpabiliser.

Cas clinique

Hyperactivité – inattention et anxiété

Ulysse A., 11 ans, est adressé par son institutrice pour des difficultés d'attention et de concentration et une hyperkinésie modérée, minorant les résultats scolaires en CM2. En dépit d'une bonne compréhension, ceux-ci sont globalement médiocres ou plutôt irréguliers. Brouillon, désordonné, peu motivé, Ulysse a déjà redoublé une classe et changé plusieurs fois d'établissement. Depuis son entrée en classe primaire, il pleure tous les matins et doit être conduit de force à l'école. Il arrive parfois à faire céder ses parents qui le gardent quelques jours avec eux, alléguant une maladie somatique auprès de l'école.

L'enfant est l'aîné de deux garçons. Un frère de 9 ans est traité par un orthopédiste « pour un problème de hanche » sans autre précision. Le père, d'origine maltaise, artiste peintre, partage son temps entre Paris et Malte où il passe plusieurs mois de l'année. Autoritaire et distant, il se montre réticent et même franchement hostile lorsqu'on lui pose des questions sur la vie familiale. Il met continuellement en doute les dires de ses interlocuteurs, contestant, discutant les propositions d'évaluation, pour les accepter « la main forcée ». La mère ne sera vue qu'ultérieurement à notre demande pressante et elle se présentera sans son mari, contrairement à ce qui était prévu. Madame A., cachée derrière des lunettes noires, semble plus âgée que son époux. D'emblée, elle cherche à choquer par des propos brutaux presque crus : « Ma mère était folle..., je ne voulais pas d'enfants... c'est mon mari qui s'est occupé d'Ulysse jusqu'à 2 ans..., c'est un enfant sale, désordonné, grossier ». Puis brusquement, elle ajoute : « Que pensez-vous de l'hypnose... et de l'enivrer avec un peu de Porto pour le calmer ? » À la suite de ces provocations, Madame A. évoque une peur de perdre son fils, crainte éprouvée dès sa naissance, ses qualités (« beauté, dynamisme »), les graves difficultés financières dans lesquelles se débat la famille. Surtout, elle décrit un conflit conjugal chronique, un climat particulièrement houleux avec disputes violentes, auxquelles assistent les deux enfants terrifiés. Pourtant, il n'a jamais été question de divorce, Monsieur « s'échappant » du foyer pour ses voyages professionnels et Madame se réfugiant dans des conduites addictives (abus de tabac et probablement d'alcool).

Lors d'une journée d'observation diagnostique, les troubles anxieux d'Ulysse apparaissent au premier plan, marqués par un trouble d'angoisse de la ▷

▷ séparation invalidant. Il présente également une très forte instabilité motrice. Il ne peut s'empêcher de toucher les objets posés sur le bureau, sans intention de jouer avec ou une autre intention quelconque. Lors de la journée, il dit se sentir assailli en permanence de craintes concernant la santé de ses parents et le fait que l'un ou l'autre puisse quitter le domicile sans revenir. Il redoute les voyages de son père à l'étranger et lui téléphone régulièrement pour « entendre sa voix ». Inversement, lorsqu'il part en vacances à Malte l'été, il multiplie les appels téléphoniques à sa mère, restée à Paris, même en pleine nuit. À la sortie de l'école, il craint d'être enlevé et évite de rentrer seul. Il refuse catégoriquement les séjours en colonie, mais aussi les vacances chez ses grands-parents. Les invitations chez des amis sont une « torture » pour lui. Tous les matins, l'enfant pose la même question : « Est-ce que ça va bien se passer à l'école ? » Au domicile, Ulysse, répugne à rester seul : il empêche ses parents de faire une course ou de descendre les ordures ménagères, exigeant de les suivre en permanence. Lorsque les parents sortent le soir, il attend leur retour, tyrannisant, ainsi que son frère, la baby-sitter. De plus, il a de nombreuses plaintes somatiques (douleurs abdominales, crampes) et souffre de cauchemars.

En revanche, le jeune patient ne remplit pas les critères DSM-III-R du trouble déficitaire de l'attention avec hyperactivité (l'index d'hyperactivité des échelles de Conners parents et enseignants n'atteint pas un score significatif) : seules sont retrouvées l'agitation sur place (sur une chaise en particulier), la distractibilité, l'incapacité à soutenir son attention dans le travail avec passage d'une activité à l'autre. L'étude de l'efficience intellectuelle (QIG [Quotient intellectuel général] 116, QIP 116, QIV 111) le situe dans la zone normale forte. Pendant la passation, il est agité et anxieux, hésitant longtemps avant de répondre et devant être encouragé à persévérer. L'étude des réalisations en mathématiques ne montre aucune difficulté particulière : il a bien maîtrisé les techniques opératoires et raisonne correctement mais son comportement pendant l'examen rend bien compte de ses problèmes de rendement : il évoque tout d'abord sa crainte qu'il arrive un accident à ses parents. Cette idée « le tracasse, l'empêche d'écouter la maîtresse, de compter tranquillement ». Il redoute de se tromper pendant toutes les épreuves, n'attendant même pas la fin de la consigne pour répondre. Lorsque cette consigne est longue, il en oublie la moitié, retient un mot, bafouille et répond à côté, en s'excusant : « tout s'embrouille dans ma tête ». En même temps, il se balance sur sa chaise et devient « fébrile », devant être rassuré et canalisé.

L'examen orthophonique n'indique aucun trouble du développement du langage oral ni écrit, même si les résultats en transcription sont inférieurs à ceux qui sont demandés pour la classe suivie.

La passation du test projectif de Patte Noire s'avère difficile du fait de son agitation. L'image paternelle est inconstante et disqualifiée, abritée derrière un certain autoritarisme mis en œuvre à contretemps ou de manière irrationnelle. Ce rival est très dévalorisé (« Patte Noire trouve que les poils sur son père sont nuls. Il voudrait les couper »), ce qui entraîne chez lui une culpabilité intense (« Ce serait méchant de ne pas aimer son père ») ; quant à l'image maternelle, elle ▷

▷ est inconsistante, ne tient pas parole, est possessive, recherchant une complicité avec l'enfant en détournant la loi. Ni le père ni la mère ne sont capables d'assumer leur rôle de parents, d'exercer une autorité et de mettre des limites, facteur d'anxiété pour l'enfant (« Personne ne pourra le retenir : Patte Noire va tomber dans la boue »).

Au terme de cette évaluation, une psychothérapie cognitivo-comportementale pour traiter l'anxiété de séparation étroitement associée à l'hyperactivité motrice est proposée à Ulysse, ainsi qu'une guidance parentale. Le père refuse l'apport d'un traitement médicamenteux par les tricycliques.

Pendant 3 mois, Ulysse se rend régulièrement une fois par semaine aux séances prévues, accompagné par sa mère, mais le père sera peu vu du fait de ses nombreux déplacements. L'enfant fera de légers progrès, acceptant de rester de courts moments seul chez lui, prenant des initiatives et tolérant mieux l'absence de son père. À son retour, ce dernier, plutôt agressif, vient dénoncer l'opposition croissante de son fils pour les tâches scolaires et note avec tristesse qu'Ulysse est moins dépendant de lui qu'auparavant. Il nie tous les progrès accomplis dans le sens d'un début d'autonomie et dévalorise les efforts de coopération de son épouse. Une proposition d'entretiens familiaux est faite aux parents, le père contestant avec véhémence la nécessité d'une implication personnelle. D'ailleurs, 2 jours après cette consultation, Monsieur A. annulera tous les rendez-vous prévus.

La dynamique de la famille A. est nettement perturbée avec des relations de couple sadomasochistes et un certain exhibitionnisme (les enfants sont volontiers pris à témoin). Chez Ulysse, la figure principale d'attachement semble plutôt le père et nous avons été frappés par l'extrême dépendance physique de cet enfant par rapport à lui (il touchait son père pendant la consultation, le caressait d'une façon érotisée), surtout au début du traitement, ce qui satisfaisait visiblement Monsieur A. La prise de distance d'Ulysse a sûrement été l'une des raisons de l'interruption brutale du traitement. On peut également noter la carence d'autorité du couple A., incapable d'imposer des limites aux enfants et le souci constant du père de maîtriser les décisions thérapeutiques, de les faire échouer au moment où elles commençaient à porter leurs fruits.

D'autre part, ce jeune garçon présente un trouble anxieux sévère, du type trouble angoisse de séparation avec un début de refus scolaire anxieux. Le diagnostic catégoriel de trouble déficitaire de l'attention avec hyperactivité ne peut être retenu, du fait de l'absence du nombre des critères requis. Seul a été porté le diagnostic associé de trouble déficitaire de l'attention non spécifié. Cette observation nous paraît remarquable par l'intensité et le caractère invalidant des perturbations cognitives considérées ici comme une composante de l'anxiété, de même que le versant comportemental des troubles (agitation, fébrilité). À notre avis, c'est le trouble anxieux, en l'occurrence l'angoisse de séparation, qui primerait chez ce sujet, d'où notre proposition d'un traitement chimiothérapique et psychothérapique ciblé sur cette catégorie.

Une expérience de thérapie de groupe destinée à des adolescents hyperactifs

Dans le centre hospitalier Sainte-Anne (Paris), à la clinique des maladies mentales et de l'encéphale (CMME), nous proposons, depuis quelques années, des sessions thérapeutiques groupées en une séance par semaine. Cinq séances d'une durée de 2 heures sont consacrées à 10 adolescents (âgés entre 16 et 20 ans) ayant le diagnostic d'hyperactivité avec trouble de l'attention.

Les objectifs des séances sont doubles :

- contribution au diagnostic ;
- application de certains principes thérapeutiques :
  - modification comportementale,
  - modification psychothérapeutique.

Le contexte et les moyens dont nous disposons sont les suivants : 1 psychothérapeute, 1 cothérapeute, 2 stagiaires (infirmier/psychologue), papier/crayon pour chaque patient, installés autour d'une table, dans une pièce « petite », sans décor.

Séance 1 : psychoéducation

Les symptômes d'impulsivité sont décrits et chaque patient se prononce sur l'identification ou pas de chacun d'eux.

Le comportement impulsif est décomposé :

- interrompre l'autre en situation de communication ;
- répondre aux questions avant que l'autre personne finisse ses propos ou bien anticiper ce que le jeune pense que l'autre a l'intention de dire ;
- faire des commentaires hors propos ;
- agir avant de penser ;
- regretter souvent ce qui est fait (« j'aurais dû réfléchir avant ») ;
- faire preuve d'intolérance très intense à l'attente (impatience).

Les difficultés d'attention sont décomposées :

- être facilement distrait ;
- avoir des difficultés d'organisation ;
- s'ennuyer facilement ;
- passer d'une activité à l'autre ;
- avoir des difficultés de planification, d'organisation d'activités ;
- avoir des difficultés de concentration ;
- être intolérant à la réalisation de contraintes.

Le comportement hyperactif est également décomposé :

- se sentir activé par un moteur interne ;
- être incapable de se reposer ;
- montrer une difficulté à rester assis ;
- être toujours « partant ».

Séance 2 (de groupe) : définition des symptômes en termes concrets

Il s'agit d'une « traduction comportementale » des plaintes exprimées par les patients.

Exemple : « Je fais 10 choses à la fois et je n'arrive pas à m'arrêter d'ajouter encore d'autres choses à faire. »

Nous reprenons les propos, en les définissant de façon concrète :

- faire = ↔ : « Le verbe faire peut être dessiné sous la forme de segment, un début et une fin. Si vous dites que vous faites 10 choses en même temps, je me sentirais tenté de vous féliciter pour votre rapidité ou bien pour votre dynamisme et efficacité. » Les patients répondent systématiquement qu'ils ne sentent pas efficaces car la plupart des activités ne sont pas finies ;
- reformulation de « faire » : « Je *tente* de faire plusieurs choses à la fois » ;
- *tenter* = *— : « Le verbe tenter peut être dessiné sous la forme d'une ligne qui commence à un certain moment mais qui n'a pas d'arrêt fixe, c'est un symbole instable. Si l'on veut faire, il faudrait évaluer le nombre des choses que l'on peut faire en même temps. ».

Au cours des séances, il y a un effort d'introduction des termes adaptés aux difficultés exprimées par les patients : confrontés aux diverses difficultés pour réaliser des activités, nous essayons de trouver un dénominateur commun. En général, ils se plaignent de l'évitement ou de la forte tendance à éviter les activités ressenties comme pénibles. Nous les incitons à s'interroger sur les différentes facettes de l'évitement :

- évitement total, partiel ?
- arrêt de l'activité (raison ?) ;
- conséquences ?

Séance 3 (de groupe) : application de stratégies thérapeutiques

Au niveau comportemental :

- Décomposer la tâche à réaliser en séquences (*cf.* chapitre 2).
- Identifier les idées parasites qui « sabotent » l'activité (*cf.* chapitre 2).
- Favoriser avec le point b l'oubli de soi (concentration). Une des conditions indispensables à une bonne concentration est l'aptitude à ne pas penser à soi, mais à l'activité que l'on est censé réaliser (lecture, mémorisation, planification, écoute, etc.). Ceci s'obtient avec l'expérience et donc on apprend à chasser les idées nous concernant pour les reprendre plus tard.
- Augmenter ou provoquer un sentiment d'efficacité personnelle en finissant ce que l'on doit ou souhaite faire.

Analyse des *conséquences* négatives du trouble :

- *Comportementales*. Évitements : ils sont à la base de l'anxiété (anxiété de performance, anxiété sociale, etc.).

- Cognitives :
  - sentiment de ne pas être à la hauteur ;
  - perturbation des fonctions d'anticipation, de planification, etc. ;
  - pensées d'impuissance, d'incapacité.
- Émotionnelles :
  - estime de soi négative ;
  - « perte émotionnelle ». Lorsque le patient comprend qu'il n'existe pas de comportement (évité ou adopté) sans vécu émotionnel, un changement important émerge : il devient conscient du fait que, par exemple, le désordre comportemental entraîne le désordre émotionnel. Plus précisément lorsqu'il interrompt systématiquement ses devoirs sans les avoir finis, le sentiment de frustration ou bien la peur d'échouer sont inévitables. On peut observer une difficulté très forte à identifier la nature de l'émotion associée aux comportements chez les hyperactifs.

Séance 4 (de groupe) : gestion émotionnelle

Le patient est apte à s'interroger sur sa vie émotionnelle, à nommer ses émotions et à tenter de les « respecter ».

> Comportement inachevé = émotion inachevée.

Séance 5 : conclusion et bilan fait par chaque participant

Quelques objectifs thérapeutiques se dégagent :
- diminuer le nombre d'évitements ;
- apprendre à identifier les idées qui parasitent une tâche et à les classer en superflue ou importante mais à traiter après la tâche en absence d'urgence ;
- apprendre à adopter des conduites par séquences ;
- apprendre à identifier les émotions associées aux conduites.

Séance type vue par un patient

(Ce compte rendu de séance a été fait par l'un des adolescents ayant participé aux séances, nous le remercions de nous l'avoir remis.)

Il était demandé aux participants de noter les idées parasites survenant pendant des tâches nécessitant de se concentrer.

Bertrand : quand il fait quelque chose, il pense à ce qu'il doit faire après ou à ce qu'il n'a pas fait. Il explique qu'il fait souvent plusieurs choses en même temps : regarder la télé et écrire des mails.

Remarque du thérapeute : « Je fais plusieurs choses en même temps », en fait on devrait dire « Je tente de faire plusieurs choses en même temps ». Le problème est alors mieux défini.

Si l'on essaie de comprendre ce qui se passe quand « on fait plusieurs choses en même temps », en fait il y a une tâche principale (ex. : envoyer un mail) et des distracteurs ou tâches parasites (ex. : regarder la télé). Les « tâches parasites » aident à la réalisation de la tâche principale, elles aident à la concentration.

En d'autres termes, pour réaliser une activité principale que l'on a peur d'abandonner, on a besoin de distracteurs pour nous accompagner. On ne fait pas plusieurs choses à la fois, ces distracteurs sont des tâches annexes, des appuis, des soutiens.

Une autre manière de procéder, est la gestion séquentielle des tâches : l'une après l'autre.

Pour une tâche courte, on recherche l'émotion associée (« compagnie émotionnelle »), souvent c'est une émotion positive de satisfaction lorsqu'on réalise cette tâche (ce qui accroît l'estime de soi). Le problème des évitements hyperactifs est qu'ils empêchent la survenue de ces émotions positives, ils « cassent » l'émotion. Ce qui est délétère pour l'estime de soi.

Il est important d'identifier les émotions que l'on ressent, qu'elles soient positives ou négatives.

Stéphane : explique qu'en arrivant au travail, la 1re heure il prend un café, a du mal à s'y mettre, c'est un temps d'approche, un temps d'apprivoisement de la situation, il se prépare à travailler.

Résumé des thèmes abordés lors des 5 séances

Cible principale : les évitements

Ils sont de deux types (tableau 10.1) :

- les évitements anxieux ;
- les évitements hyperactifs (comportementaux).

Comment « éviter d'éviter » ?

1. *Rendre l'évitement conscient.* Noter par écrit chaque jour, toutes les 2 heures, pendant 2 à 3 semaines, les évitements.
2. *Thématiser les évitements.* Définir si l'évitement est anxieux ou hyperactif.
3. *Ne plus éviter : de nouveaux réflexes.*

Tableau 10.1. Évitements anxieux *versus* hyperactifs

Évitement anxieux	Évitement hyperactif
Tout le monde peut en avoir	Spécifique au TDAH
Prise de décision d'éviter	Pas de prise de décision d'éviter
Émotion : peur (⇒ anxiété)	Émotion « perdue », absence d'émotion
Anxiété anticipatoire	Absence d'anxiété anticipatoire
Conscient	Non conscient

- Étape 1 : Classer par thème les activités évitées (courrier, ménage, etc.).
- Étape 2 : Fixer un délai pour faire l'activité.
  - mail : 1 heure ;
  - lettres : 2 heures ;
  - appel téléphonique : 15 minutes ;
  - rendez-vous : 2 heures.
- Étape 3 : Réaliser quotidiennement ces exercices.

NB : Cette méthode permet d'apprendre à s'organiser afin de lutter contre le désordre comportemental. Faire cette liste d'évitements permet aussi peu à peu de se rendre compte que l'on peut contrôler les choses.

Le but est d'avoir le *choix* d'éviter ou de ne pas éviter.

Concentration, attention, mémorisation (figure. 10.1)

Il ne faut jamais essayer de mémoriser plus de trois informations en même temps : toujours trois puis trois puis trois...

Si une idée parasite traverse l'esprit pendant la réalisation d'une tâche, il faut la noter et la réaliser plus tard.

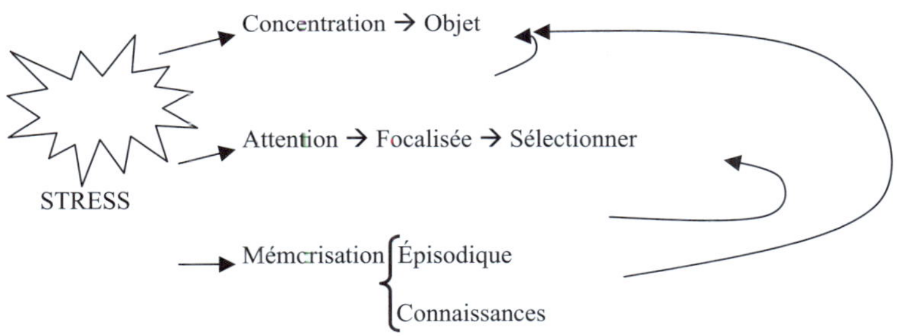

Figure 10.1. Stress et fonctions cognitives.

Références

Anderson, J., Williams, S., Mac Gee, R., & Silva, P. (1987). DSM-III Disorders in preadolescent children. Prevalence in a large sample from the general population. *Archives of General Psychiatry*, *44*, 69-76.

Barkley R.A. (Ed). (1990). *Attention Deficit hyperactivity disorder : A Handbook or diagnostics and treatment.* New York : The Guilford Press.

Barkley R.A. (Ed). (2000). *Taking charge of ADHD (2 nd ed.).* New York : The Guilford Press.

Brazelton T.B. (Ed). (1982). *Le bébé partenaire dans l'interaction. La dynamique du nourrisson* (pp. 11-27). Paris : ESF.

Bird, H.R., Canino, G., & Rubio-Stipec, M. (1988). Estimates of the prevalence of childhood maladjustment in a community survey in Puerto-Rico. *Archives of General Psychiatry*, *45*, 1120-1126.

Evrard, Ph. Husson, M.C. (2006). TDAH. *Dossier du CNHIM,* janvier-février, *XXVII*, 1.

Fallu, A., Richard, C., & Vincent, A. (2002). Le TDAH chez l'adulte. *Le clinicien*, 99-110.
Finck, S. (1999). Les défi cits de l'attention avec hyperactivité (TDAH) : nécessité d'une prise en charge multidisciplinaire. *ANAE, 53-54,* 83-86.
Lahey, B.B., Pelham, W.E., Schaugency, E.A., Atkins, M.S., Murphy, H.A., Hynd, G.W., *et al.* (1988). Dimensions and Types of Attention deficit disorder. *Journal of American Academic Child and Adolescence Psychiatry, 27*(3), 330-335.
Last, C.G., Strauss, C.C., & Francis, G. (1987). Comorbidity among childhood anxiety disorder. *The Journal of Nervous and Mental Disease, 175*, 726-730.
Mc Lelland, J.M., Rubert, M.P., Reichler, R.J., & Sylvester, C.E. (1990). Attention Deficit Disorder in children at risk for Anxiety and Depression. *Journal of American Academic Child and Adolescence Psychiatry, 29*(4), 534-539.
Meichembaum D.H. (Ed). (1977). *Cognitive behavior modification*. New York : Plenum.
Pliszka, S.R. (1989). Effect of anxiety on cognition, behavior and stimulation response in ADHD. *Journal of American Academic Child and Adolescence Psychiatry, 28*, 882-887.
Quay, H.C., & Peterson, D.R. (1983). *Interim Manual for the Revised behavior Problem Checklist*. Coral Gables : University of Miami.
Swanson, J.M., Cantwell, D.P. (1986). Computerized assessment cognitive tests, questionnaires and interviews. *Annual meeting of the American Academy of Child and Adolescent Psychiatry*, Los Angeles.
Van Zomeren A.H., & Brouwer W.H. (Eds). (1994). *Clinical neuropsychology of attention*. New York : Oxford University Press.

Pour en savoir plus

Costello, E.J., Angold, A., Burns, B.J., Stangl, D.K., Tweed, D.L., & Erkanli, A. (1996). The Great Smoky Mountain of Youth. *Archives of General Psychiatry, 53*, 1129-1143.
Gaub, M., & Carlson, C.L. (1997). Gender differences in ADHD : a meta-analysis and critical review. *Journal of American Academic Child and Adolescence Psychiatry, 36*, 1036-1045.
Lahey, B.B., Strauss, C.C., & Frame, J. (1984). Are Attention deficit disorders with and whithout hyperactivity similar or dissimilar disorders ? *Journal of American Academic Child and Adolescence Psychiatry, 23*, 302-309.
Lahey, B.B., Schaugency, E.A., Hynd, G.W., Carlson, C.L., & Nieves, N. (1987). Attention deficit disorders with and whithout hyperactivity : comparison of behavioral characteristic of clinic-referred children. *Journal of American Academic Child and Adolescence Psychiatry, 26*(5), 718-723.

11 Dépressions

L. Vera

Description clinique

La dépression de l'enfant est difficile à cerner parce qu'en général, il n'exprime pas sa tristesse. Les manifestations dépressives sont souvent masquées et sans lien évident avec les sentiments réels ressentis. En revanche, les symptômes sont bien connus : passages à l'acte, école buissonnière, baisse des résultats scolaires, phobie scolaire, plaintes somatiques, colères, morosité, propension aux accidents, phobies, fugues, conduites pyromanes. Autant de comportements « anormaux », révélant un affect dépressif sous-jacent. Un changement par rapport au fonctionnement antérieur est toujours un signe inquiétant.

Les symptômes représentent une modification du fonctionnement habituel de l'enfant. Celui-ci peut présenter : un trouble de l'appétit, une modification du poids, des troubles du sommeil, une agitation ou un ralentissement psychomoteur (lenteur excessive), une diminution d'énergie, un sentiment d'indignité ou de culpabilité excessive ou inappropriée, des difficultés de l'aptitude à penser ou à se concentrer et des pensées récurrentes de mort, des idées ou des tentatives de suicide. Dans la majorité des cas, les enfants d'humeur dépressive disent rarement qu'ils se sentent tristes ou déprimés, car la plupart du temps, ils ne sont eux-mêmes pas clairement conscients de leur état. Ils ressentent un sentiment profond de découragement et de désespoir, mais ils ne s'expriment pas en ces termes : ils se plaignent en général d'un ennui constant, permanent, y compris pour les activités qui les amusaient auparavant. La plupart avouent avoir régulièrement envie de pleurer, parfois même sans raison.

Cas clinique

Ignace, 12 ans : « Je me souviens du moment précis où j'ai eu ma première sensation de tristesse, j'avais entre 4 et 5 ans. J'étais avec mon père, on regardait la télévision, puis j'ai eu l'impression que mes parents allaient m'abandonner. Je me suis senti obligé de le lui dire. Cette sensation de tristesse profonde je la ressens actuellement mais multipliée par mille : il y a de l'angoisse, de la solitude… ».

Certains enfants nient leur état, mais celui-ci peut se révéler à travers l'expression de leur visage et leur comportement : quelques-uns se montrent

TCC chez l'enfant et l'adolescent

très passifs, leurs gestes sont lents, leur visage triste et inexpressif. D'autres au contraire sont irritables, agressifs, impatients. La perte d'intérêt et de plaisir est probablement constante, à un degré ou un autre, lors d'un épisode dépressif. Ainsi, l'enfant se plaindra de n'avoir plus de goût à rien, de ne plus arriver à s'amuser autant qu'avant, aussi bien seul qu'avec ses amis. Ces derniers, ainsi que les membres de la famille, remarquent d'ailleurs qu'il les délaisse et qu'il se montre indifférent aux divertissements qui étaient auparavant source de plaisir.

Il peut exister des difficultés alimentaires. Le plus souvent, il s'agit d'une perte d'appétit, mais il existe parfois, à l'inverse, une augmentation manifeste de l'appétit. Chez l'enfant, on peut constater une absence de la prise de poids normalement attendue.

L'agitation psychomotrice revêt la forme d'une incapacité à rester assis, d'une marche incessante, d'une agitation des mains ; l'enfant se tire les cheveux ou se gratte la tête, la peau, frotte ses vêtements ou d'autres objets. Il se déplace d'une pièce à l'autre sans but apparent. L'agitation est moins marquée chez l'adolescent déprimé : ce signe est pour de nombreux psychologues et psychiatres une des caractéristiques majeures de la dépression chez l'enfant. Le ralentissement psychomoteur peut revêtir la forme d'un discours ralenti, de pauses de plus en plus prolongées avant de pouvoir répondre aux questions, d'un discours à voix faible ou monotone, de mouvements du corps ralentis, d'une diminution marquée de la quantité même du discours (pauvreté du discours ou mutisme).

La fatigue peut être très présente. C'est une diminution du niveau d'énergie quasiment constante et ressentie comme permanente, même en l'absence d'efforts physiques. La moindre tâche peut sembler difficile, voire impossible à accomplir (préparer son cartable, se brosser les dents, etc.).

Cas clinique

William, 11 ans : « La dépression ? … On est un peu perdu, on est angoissé. J'ai été déprimé deux fois. J'avais l'impression que je n'arrivais pas… à l'école, j'étais tout perdu, je ne travaillais plus, ça me stressait… Je demandais à ma mère si elle me rattraperait car j'avais l'impression de tomber, je pensais que j'allais disjoncter. Il fallait que ma mère le sache pour qu'elle me rattrape. J'espère que je ne ferai pas de dépression l'année prochaine. »

Les difficultés de concentration, le ralentissement de la pensée et l'indécision sont fréquents. L'enfant peut se plaindre de troubles de la mémoire et apparaître facilement distrait. C'est pourquoi on note quelquefois une baisse des résultats scolaires. Les difficultés de concentration chez l'enfant sont toutefois fréquentes et sans lien avec la dépression. Les idées de mort (non limitées à la peur de mourir) sont habituelles chez l'enfant : « Grand-père est vieux, il va mourir ? ». La croyance selon laquelle il serait préférable que soi-même ou d'autres soient morts est fréquente : « Je préfère mourir que redoubler la classe ». Ces remarques sont banales et sans lien avec la dépression. L'attitude et la représentation de l'enfant face à la notion de mort évoluent et nécessitent une certaine expression de ce qu'il ressent à différents moments de son existence. Répétons-le, tous les enfants passent par des moments dépressifs qui sont nécessaires au développement psychologique. Jacques, 7 ans, disait au grand désespoir de sa mère : « Maman si tu meurs, je mourrai avec toi ». En fait, cette phrase est seulement le reflet de la prise de conscience inévitable que la mort va les séparer un jour.

Dans un contexte dépressif, il peut exister des pensées suicidaires, avec ou sans plan déterminé, ou des tentatives de suicide. Même si de nombreux enfants y pensent, ils savent qu'ils ne le feront pas. L'enfant dépressif parle du suicide comme d'une libération, comme un moyen d'aller autre part où il se sentirait mieux ou bien comme la possibilité de rejoindre quelqu'un qui est décédé.

Cas clinique

Vincent, 12 ans : « Je suis là (à l'hôpital) parce que j'ai fait une tentative de suicide en prenant des médicaments. J'avais beaucoup de problèmes et je me suis disputé avec ma sœur, tout cela m'a poussé à faire ça. J'ai pris des calmants à ma mère. Je ne pense pas que je voulais mourir, je voulais montrer que j'avais des problèmes et que j'en avais marre. »

Face aux questions sur la représentation de la mort, il s'avère que cet enfant ne voulait pas « plus rien » (= sa représentation de la mort), mais il souhaitait arrêter l'escalade des problèmes au collège, des problèmes à la maison. « Ça n'allait pas dans ma tête et il fallait faire évacuer les problèmes », « Mon père était au chômage, il n'avait pas d'argent… ». Il pense que s'il n'était plus là, il constituerait une bouche de moins à nourrir.

Les troubles du sommeil sont très fréquents chez l'enfant qui a un risque dépressif. Ce sont surtout les difficultés d'endormissement évoquées ou observées par l'entourage qui vont alerter les parents sur la détresse de l'enfant. L'enfant se plaint de passer des heures et des heures à tenter de trouver le sommeil, mais il n'arrête pas de penser à des choses qu'il a faites dans la journée, il a l'impression d'avoir mal agi, il pense à ce qu'il doit faire le lendemain : les choses lui paraissent une montagne !

Il faut différencier les troubles d'endormissement des enfants anxieux des troubles d'endormissement des enfants déprimés. Chez ces derniers, les troubles sont persistants et ont moins tendance à varier en fonction des activités du lendemain que chez l'enfant anxieux dont le sommeil est perturbé la veille des contrôles, le dimanche soir, la veille d'un départ en classe verte, etc. Mais en général, il dort bien s'il n'y a pas d'événement à anticiper d'une manière anxieuse.

Les différents types de dépression

La dysthymie

Il s'agit d'une dépression chronique, sans symptômes très prononcés. L'enfant passe par une période de tristesse, qui disparaît et réapparaît quelque temps après. Les différents symptômes apparaissent et disparaissent de la même manière. Il s'agit donc d'un fond dépressif (humeur triste ou agitation) pas très prononcé, mais qui persiste. C'est la forme la plus fréquente chez l'enfant. L'irritabilité est souvent dominante. Ce type de dépression peut s'associer à un état dépressif sévère. Elle nécessite une attention particulière des parents et souvent une aide psychologique.

La dépression sévère

C'est une dépression à déclenchement soudain, avec perte d'intérêt manifeste, fatigue, irritabilité. L'enfant change de comportement brutalement. Ce type de dépression dure quelques semaines, voire quelques mois. Elle nécessite souvent l'aide d'un spécialiste. Elle est relativement fréquente chez l'enfant.

La dépression bipolaire

On observe un passage rapide de la tristesse à la joie la plus intense. Il n'y a pas d'équilibre. Tout est extrême. Les changements d'humeur sont fulgurants. Ce type de dépression est rare chez l'enfant. Il nécessite une prise en charge médicale immédiate.

La dépression saisonnière

Il s'agit d'une dépression qui se manifeste de préférence à certaines périodes de l'année (l'automne, le printemps, par exemple). Elle est rarissime chez l'enfant.

La dépression psychotique

Dépression très rare chez l'enfant, elle se présente sous la forme de délire ou d'hallucinations. C'est une maladie qui nécessite une intervention médicale immédiate (hospitalisation, médicaments, etc.).

Le trouble de l'adaptation avec humeur dépressive

La dépression est une réaction à un événement de vie (déménagement, divorce, maladie d'un proche, changement d'école, etc.). Elle est fréquente chez l'enfant et se manifeste en général par des troubles du comportement plutôt que par de la tristesse.

Modèles explicatifs

Les causes biologiques

On considère qu'une dépression est provoquée par des facteurs d'origine biologique lorsque les conditions de sa survenue ne doivent rien aux circonstances, aux événements externes : elle est entièrement produite par un état intérieur. On ne trouve pas de raison accidentelle tenant au milieu, pas de raison morale. La dépression provoquée par des facteurs biologiques évolue par accès francs, soudains et d'intensité sévère. Elle est fréquemment associée à des états d'agitation. C'est une forme rare chez l'enfant et il est difficile de savoir si ce type de dépression peut être lié à sa personnalité habituelle. Mais en général, elle n'est pas marquée par le pessimisme ou la tristesse et le moment dépressif surprend par contraste. Les recherches sur les facteurs biologiques ou héréditaires se sont multipliées ces dernières années, reprenant en grande partie les hypothèses formulées et les travaux entrepris dans le cadre de la dépression de l'adulte. On constate chez l'enfant certaines concordances avec ce qui est observé chez l'adulte.

La génétique

Les progrès de la génétique humaine depuis le début du siècle et ceux de la biologie moléculaire, plus récemment, ont révélé que de nombreuses maladies sont d'origine familiale. Si la transmission de certaines d'entre elles obéit aux lois de la génétique classique — comme c'est le cas pour la mucoviscidose et l'hémophilie par exemple —, d'autres ne présentent pas de caractères aussi nets de transmission mais sont la résultante de l'action de plusieurs facteurs, à la fois génétiques, environnementaux, voire psychologiques. C'est notamment le cas de certaines affections neuropsychiatriques, dont la dépression sévère. La présence d'antécédents dépressifs dans la famille de certains déprimés constitue un argument en faveur de l'existence d'un facteur génétique de risque. Cependant, les recherches en génétique, qui s'appuient sur l'étude des rapports entre filiation et maladie (vrais jumeaux, enfants adoptés), n'ont pas permis pour l'instant d'établir un modèle de transmission de la maladie dépressive dans les familles étudiées.

Susceptibilité ou causalité ?

Les progrès de la biologie moléculaire permettent d'espérer l'identification des facteurs de susceptibilité génétique. La dépression qui se manifeste avant l'âge de 20 ans est un des éléments qui permettrait d'identifier les formes dans lesquelles interviennent, de manière prévalente, les facteurs génétiques. De fait, l'état dépressif sévère débute durant l'adolescence dans 10 à 20 % des cas et dans l'enfance dans environ 2 % des cas. L'âge de début précoce semble donc associé à un risque familial accru de troubles de l'humeur. Les enfants de parents atteints d'état dépressif sévère présentent un risque très accru de trouble de l'humeur. Les études d'adoption confirment également le rôle de facteurs génétiques ou héréditaires dans ces troubles de l'humeur. Le risque de développer une maladie dépressive est plus élevé chez les enfants des parents biologiques déprimés (31 %) que chez ceux vivant avec des parents adoptifs déprimés (12 %) (Vera, 1997).

En somme, on observe que les enfants qui ont des parents biologiques dépressifs présentent trois fois plus de risque de développer un trouble dépressif, même s'ils ne vivent pas avec eux, par rapport à des enfants adoptés par des parents dépressifs et qui, eux, sont en contact avec des parents non biologiques mais dépressifs. Le facteur héréditaire semble donc jouer un rôle plus important que le facteur « vivre avec un ou les deux parents déprimés ».

Les causes psychologiques

Les causes psychologiques ont été davantage étudiées, et les données que nous possédons à l'heure actuelle ont été confirmées par différentes études scientifiques. Parmi ces causes psychologiques, on a pu identifier trois facteurs susceptibles de favoriser un état dépressif : l'anxiété (de séparation, sociale, stress), la personnalité de l'enfant et le climat familial.

La personnalité stressée

L'enfant présente de nombreuses distorsions cognitives. Il prédit des catastrophes dans tout ce qui est fait par lui-même ou par son entourage propre. L'enfant est en difficulté pour apprendre à isoler les éléments positifs des situations : il est obnubilé par l'échec. Les symptômes dépressifs et leur association diffèrent beaucoup d'un enfant à un autre. Indépendamment du type de dépression (passagère, sévère, périodique, etc.), la manière d'être de l'enfant est donc un facteur qui peut expliquer la dépression. On peut dire que la personnalité de l'enfant détermine sa manière pessimiste ou optimiste de voir le monde. Ne pas exprimer ses envies, ses goûts, ses préférences ; renoncer au plaisir d'une activité, c'est une attitude qui peut persister et provoquer des comportements dépressifs. « Je ne sais pas quoi faire, je m'ennuie » : cette phrase répétée comme une litanie a le pouvoir de déclencher chez certains parents un sentiment d'énervement difficilement contrôlable.

L'anxiété familiale

L'enfant réagit violemment contre un climat familial tendu indépendamment du type de famille (enfant unique, parent unique, fratrie, etc.). La famille est en situation de précarité affective (mésentente conjugale, maladie, problèmes dans la fratrie), ce qui est toujours perçu par l'enfant.

La dépression parentale

L'un ou les deux parents déprime(nt) : hérédité ou climat familial en situation de fracture affective ? La réponse est mitigée.

Évaluation et traitement

L'évaluation

La théorie du pessimisme appris et ses implications thérapeutiques

(*cf.* chapitre 2)

Quelles sont les erreurs de raisonnement de l'enfant ?

Les pensées dépressives comportent des erreurs à la fois logiques et de style (*cf.* chapitre 2).

Les pensées pessimistes, origine ou conséquence ?

Les pensées pessimistes sont présentes dans le fonctionnement de l'enfant normal, mais elles sont trop fréquentes et envahissantes chez l'enfant déprimé. Plus précisément, les jeunes déprimés ont des déficiences dans leur fonctionnement cognitif ou idéatif : ils ratent une partie de l'information nécessaire à leur épanouissement. C'est comme s'ils ne disposaient pas de tous les éléments d'une situation mais seulement d'une partie : l'aspect négatif de la situation.

Les pensées pessimistes possèdent des caractéristiques identifiables :

- elles sont tyranniques : « Quoi que je fasse, je serai toujours le bouc émissaire » ;
- elles prennent la forme de prédictions : « Les copains me téléphonent pour venir me voir, mais je suis sûr qu'ils ne viendraient pas si je n'avais pas la console de jeux » ;
- elles s'appuient sur des intuitions et non sur des faits : « Même si tu me dis que tu ne me détestes pas, je sens que tu préfères ma sœur » ;
- elles utilisent souvent des termes extrêmes : « Pourquoi c'est toujours moi qui dois faire… ? Mes frères ne font jamais rien » ;
- elles sont « interprétatives » : « Je sens au ton de sa voix qu'il/elle m'a invité(e) à son anniversaire parce qu'il manquait quelqu'un pour faire des jeux, il/elle ne m'aime pas ».

Une idée ou pensée normale peut basculer vers le pessimisme dans un laps de temps très court. Imaginons la situation suivante : une fillette de 10 ans attend un appel téléphonique de sa marraine qui l'a invitée au cinéma. Elle attend la confirmation pour savoir l'heure exacte de la séance.

- « J'espère qu'elle ne choisira pas une séance trop tard car j'ai envie d'aller rejoindre mes copines à la piscine. ». Pensée normale ;
- « Cela fait une heure déjà qu'elle aurait dû appeler. Elle m'a dit "Je t'appelle en début de matinée". Peut-être qu'elle n'a plus envie d'aller au cinéma ou bien elle a oublié. » Pensée imprégnée de doute, pensée anxieuse ;
- « Elle n'a toujours pas appelé et il est midi. De toute façon je le savais, cette année je n'ai eu que des malheurs. On n'ira pas au cinéma. ». Pensée prédictive, associant d'autres événements négatifs. Le cinéma, à ce stade n'est plus envisagé comme un éventuel plaisir ;

- « Allô… Je pensais que tu avais oublié… Je ne sais pas… Comme tu veux… On peut y aller une autre fois… Je préfère car là je suis fatiguée. ». Pensée dissociée du plaisir à cause des événements négatifs imaginés. Pessimisme en développement !

Chez l'enfant normal, non déprimé, les pensées pessimistes coexistent avec les pensées optimistes. Pour la plupart des psychologues ou des psychiatres, les pensées pessimistes chez ses enfants ne sont que le reflet d'un sentiment de précarité, de menace de déstabilisation. Cette menace se manifesterait à travers des pensées qui se détacheraient de la réalité pour se focaliser sur le contenu du sentiment pénible de menace. Dans le cas de la fillette, on pourrait penser au sentiment d'abandon et aux pensées qui reflètent cet abandon imaginé : « Elle a oublié ».

En ce qui concerne les troubles dysthymiques, la relation entre pensées pessimistes et dépression semble claire : les situations traumatisantes à répétition renforcent le sentiment de ne rien pouvoir faire pour maîtriser la réalité. Les pensées pessimistes seraient consécutives aux conditions difficiles de vie. Nous avons observé à l'hôpital Necker – Enfants malades (Paris) que l'annonce à l'enfant et à sa famille d'un diabète insulinodépendant était marquée par des réactions d'angoisse immédiates et souvent la compliance au traitement par des régimes alimentaires était bonne la première année. Un an après, ces enfants étaient moins motivés pour suivre de manière stricte le régime alimentaire imposé par la maladie : « À quoi bon se priver de sucreries puisque de toute façon je ne pourrais jamais guérir ? », ou bien « Pourquoi mes frères et sœurs mangent de tout devant moi ? Moi je ne me gêne plus et je mange du saucisson et ce que je veux. De toute façon, je me fais gronder même quand je n'ai rien mangé car mes examens médicaux ne sont pas bons. » (En effet, pour un certain pourcentage d'enfants, les résultats d'examens médicaux restent mauvais quoi que l'enfant fasse.)

Pour les états dépressifs majeurs ou dépression sévère, la question sur le rôle des pensées pessimistes reste ouverte. La tendance serait à envisager ce trouble comme étant engendré par des causes multiples, les pensées pessimistes n'étant qu'un des facteurs présents au moment de la dépression. Celles-ci auraient tendance à s'estomper en fonction de l'amélioration de la maladie dépressive.

Certains psychologues ont mené pendant plusieurs années des recherches sur le comportement des enfants dans la résolution de problèmes. Ils ont observé que les enfants qui persistent en situation d'échec attribuent celui-ci à un manque d'effort, tandis que les enfants qui abandonnent ou qui persévèrent moins bien devant l'échec attribuent celui-ci à un manque d'habileté. C'est-à-dire que les enfants qui se découragent vite et qui ne cherchent pas des alternatives de solution aux difficultés attribuent l'échec à des facteurs stables, internes (manque d'habileté). Ils évaluent d'une manière négative, pessimiste leurs chances de réussite dans le futur, et ils sont convaincus que les autres enfants peuvent mieux faire qu'eux-mêmes.

Le sentiment de culpabilité chez l'enfant dépressif

Les enfants déprimés ont du mal à relativiser : ils endossent généralement toute la responsabilité des échecs, se répétant que tout ce qui ne va pas est de leur faute. Ils se croient responsables de leurs malheurs parce qu'ils sont persuadés qu'ils sont « faibles » et qu'ils ne changeront jamais : ils pensent souvent que « rien ne marchera jamais bien » pour eux. À l'inverse, les autres enfants ont plutôt tendance à attribuer la cause des événements malheureux aux autres personnes, aux circonstances, ou encore à une erreur de leur part.

Par ailleurs, l'enfant recherchera une confirmation de son « incompétence », de sa maladresse auprès des personnes de son entourage, en particulier auprès de ses parents. Il sera plus sensible aux paroles et aux signes qui le conforteront dans l'idée qu'il ne fait pas les choses aussi bien que les autres qu'aux compliments adressés par son entourage. La culpabilité et la honte poussent parfois ces enfants à s'isoler, à se mettre en retrait par rapport à leur famille et leurs amis. C'est pourquoi ils avouent souvent souffrir d'un sentiment d'abandon et de solitude, et pensent que « personne ne les aime ».

Les stratégies thérapeutiques

La création d'un symbole de la tristesse

Afin de faciliter l'expression de ce que l'enfant ressent et de ne pas renforcer le sentiment qu'il est en proie à des forces invisibles ou étranges, il est conseillé de l'encourager à tracer son expérience de tristesse sur du papier. On met des feutres à sa disposition : « Tente d'imaginer comment tu vois la tristesse. A-t-elle une forme définie ? Quelle est sa taille ? Est-elle invisible ? A-t-elle des couleurs ? ». Ce symbole peut faciliter l'expression des sentiments associés à la tristesse (sensation d'enfermement, sentiment d'exclusion, sentiment d'incapacité à être comme les autres, etc.) et d'apprécier sa modification au cours du temps. Pour l'enfant, la représentation de la tristesse d'une manière concrète permet de mieux évaluer l'évolution et les fluctuations de son humeur : « Le carré qui m'enferme est plus petit, je le vois plus loin, il me laisse tranquille… », ou bien : « La tristesse a changé de couleur, elle est moins grise, elle est presque jaune. »

Le renforcement de la représentation du futur

La représentation que l'enfant se fait du futur détermine ses capacités d'imagination, de création, d'initiative. Si celles-ci sont imprégnées de tristesse, l'enfant aura une forte tendance à anticiper l'avenir d'une manière pessimiste. L'aider à prendre conscience que l'on peut imaginer, anticiper, vouloir, désirer des événements positifs renforcera l'idée que l'on est acteur et pas uniquement observateur dans les événements de la vie.

Quelques exemples de questions

- Quelle est sa manière de créer ses idées à propos du futur ?
- Voit-il le futur comme une ligne continue qui reproduira le présent ?
- Imagine-t-il son avenir comme une montagne de choses négatives ?
- Anticipe-t-il le futur comme une période où pas la moindre chose agréable risque d'arriver ?

Bien évidemment, il faut éviter de convaincre l'enfant que sa vision est fausse ou inexacte : les cliniciens conseillent de le laisser aller jusqu'au bout de sa pensée sans la critiquer. L'enfant sentira que ses pensées tristes et pessimistes sont le fruit de sa production mentale et que celle-ci génère aussi des rêves, des envies... Ainsi, les idées tristes auront une chance d'être dédramatisées par l'enfant lui-même, à condition de lui permettre d'exprimer ses sentiments. Le rôle du psychothérapeute ne consiste pas à le contredire mais à renforcer une vision équilibrée du futur — événements positifs, événements négatifs, ennui, etc. — en montrant à l'enfant que tout est possible, mais pas forcément tout noir !

Le programme d'activités de Lewinsohn

Le principe du programme de Lewinsohn (1975) consiste à augmenter les événements agréables en diminuant ceux considérés comme désagréables par l'enfant. L'inactivité, la fatigue, la perte de plaisir dans le quotidien favorisent chez l'enfant le sentiment d'incapacité à poursuivre ses activités habituelles : « Il est découragé », entend-on couramment. Plusieurs cliniciens ont constaté que la planification d'activités (d'une manière modérée) renforce des sentiments positifs qui diminuent la tristesse. Afin d'accroître le niveau d'activité de l'enfant, il faut planifier avec ses parents quelques activités qu'il aime : louer une cassette vidéo, faire un gâteau, lire avec lui une bande dessinée, regarder des photos des vacances, etc. Cette planification d'activités permet d'annuler l'idée qu'il faut attendre d'être de bonne humeur pour faire quelque chose. D'ailleurs, elle est souvent confirmée dans le quotidien : « Je n'avais pas envie d'y aller, mais on s'est bien amusé. Je ne regrette pas d'avoir accepté l'invitation ». Par ailleurs, le programme d'activités évite le processus de décision qui est souvent tourmenté et rempli de doutes chez l'enfant à risque dépressif ou déprimé.

Le renforcement de l'estime de soi

Il s'agit de montrer à l'enfant qu'il est quelqu'un d'important et digne d'attention, dans le but de renforcer l'estime de soi. Une appréciation des qualités d'un enfant peut être d'ordre général (« Tu es vraiment quelqu'un d'intelligent »), ou porter sur un point précis (« J'ai beaucoup aimé ta façon polie de répondre à la dame »). Parler de ce qu'il a fait de positif dans le passé, de ses attitudes quand il était plus jeune, est un moyen de renforcer sa mémoire des événements agréables. Ceci permet à l'enfant de faire le lien entre les attitudes positives d'avant et celles du présent : il a son histoire, qui ne comporte pas que des événements négatifs. « Quand tu avais 4 ans, tes parents m'ont dit que tu faisais des châteaux de sable magnifiques. Les autres enfants voulaient souvent venir jouer avec toi sur la plage. »

L'attribution des tâches progressives

Le but de l'attribution de tâches progressives à des enfants et adolescents déprimés est d'organiser une séquence comportementale qui les aide à adopter un comportement complexe ou compliqué (c'est-à-dire réunissant plusieurs comportements simples) qu'ils désirent réaliser mais qui, à cause du ralentissement ou de la fatigue, leur semble irréalisable. Par exemple, un comportement complexe pour un enfant déprimé serait d'aller chez des amis toute une journée : il faut converser, jouer, manger, âtre actif, etc. Plusieurs études ont montré que le fait d'obtenir des résultats désirés peut améliorer l'humeur, l'optimisme et les performances dans des tâches ultérieures. Cette procédure par étapes cherche donc à encourager la mise en activité, en renforçant une chaîne de comportements concrets au départ. Si vous encouragez votre enfant à aller chez un ami toute une journée vous aurez certainement un refus. Pour enfant déprimé, tout paraît une montagne à escalader ! Tout d'abord il faut décomposer ce comportement complexe et l'encourager à s'y engager progressivement :

- aller chez son ami 2 heures un matin ;
- aller chez son ami 2 heures une après-midi ;
- aller prendre un repas chez son ami ;
- aller 2 heures chez son ami un matin et rester pour déjeuner.

D'autre part, l'attribution des tâches évite au jeune patient le processus de décision. En effet, le ralentissement psychomoteur (lenteur excessive) observé chez certains déprimés serait plus fonction de l'incapacité à décider que de l'incapacité à réaliser un acte. Nous utilisons cette démarche dans l'organisation de l'activité scolaire pour des enfants présentant à la fois un état dépressif et une phobie scolaire et qui s'inquiètent beaucoup de leurs grandes difficultés de réalisation intellectuelle (concentration, attention, mémorisation, etc.).

L'optimisation de la capacité à se concentrer

Si l'enfant désire réaliser un travail mais s'il éprouve des difficultés à se concentrer, si par conséquent ce travail lui semble irréalisable à cause de la fatigue ou de l'ampleur de la tâche, on peut lui conseiller d'organiser avec ses parents une séquence de tâches progressives. Par exemple, s'il doit rendre une dissertation, voici quelques étapes :

- premier jour : recherche de la documentation, proposer aux parents d'essayer de le guider en lui indiquant les types d'ouvrages à consulter, en lui proposant d'aller à la bibliothèque ;
- deuxième jour : demander aux parents de l'aider à rassembler ses idées, et de l'encourager à continuer en lui disant qu'il s'en sort bien ;
- enfin, les parents pourraient le féliciter une fois son devoir terminé, en mettant plus l'accent sur l'effort fourni que sur la qualité de son travail.

En quoi ceci est-il différent de l'attribution des tâches progressives précédentes ?

L'attribution des tâches progressives renforce la mise en activité. Mais les tâches progressives peuvent aussi être une base pour renforcer les capacités cognitives ou idéatives : progressivement l'enfant constatera qu'il n'a pas tout perdu de ses capacités ou tout simplement qu'il peut se fixer des objectifs modestes adaptés à sa maladie dépressive. Au fur et à mesure de son évolution, il adaptera ses objectifs.

La modification du « style d'attribution »

L'aide la plus efficace pour modifier le « style d'attribution » consiste à placer ces enfants dans des situations d'échec et de réussite et de leur montrer, d'une manière active, le style d'attribution qui correspond à la situation. Par exemple, on propose le jeu de trouver un mot (« le jeu du pendu »). Le mot que l'on a choisi est un mot espagnol ou anglais, l'enfant n'étant pas informé cherche un mot en français. Il perd plusieurs fois à ce jeu. On l'interroge : s'il attribue l'échec à son manque d'intelligence ou d'habileté, on lui montrera que dans cette situation précise, son intelligence n'y était pour rien car il s'agissait d'un problème impossible à résoudre étant donné qu'il ne connaît pas l'espagnol ou l'anglais. On insiste sur le fait qu'il a une forte tendance à s'encombrer avec des fautes et des sentiments de nullité : quand on échoue de manière répétitive, on doit s'interroger sur la cause de l'échec qui peut être un défaut externe, ne le concernant pas. Un autre exemple est celui de tenter d'assembler des pièces pour construire un « mini-skate » alors qu'il manque une pièce essentielle : avant de tout casser et hurler qu'on est nul, il faudrait compter les pièces indispensables à l'assemblage. Il s'agit d'une démarche systématique, d'une durée qui dépend du développement d'un style d'attribution optimiste ou souple.

Mieux encadrer le jeune suicidaire

Rotheram-Borus *et al.* (1994) décrivent un traitement comportemental et cognitif pour des jeunes ayant été conduits dans un service hospitalier d'urgence après une tentative de suicide. Le traitement, destiné à l'adolescent et sa famille (SNAP : *Successful Negotiation Acting Positively*), consiste à développer des activités destinées à créer un climat familial positif, à lui apprendre la technique de résolution de problèmes, à sensibiliser la famille dans sa globalité à exprimer ses difficultés afin de prévenir d'autres tentatives de suicide. Les six séances hautement structurées en techniques comportementales et cognitives ont été bien acceptées par les adolescents et leurs familles. Les résultats auprès de plus de 200 adolescents indiquent clairement une bonne adhésion au traitement par rapport à la psychothérapie individuelle qui était refusée presque systématiquement auparavant. Cette étude ne s'appuie pas sur des méthodes d'évaluation statistique mais elle apporte, à notre sens, un guide thérapeutique structuré pour favoriser la communication intrafamiliale et motiver la famille et le jeune à poursuivre un traitement psychologique après une tentative de suicide. C'est une démarche intéressante et son étude pour l'adapter à l'enfant s'avère indispensable.

Cas clinique

Séances 1 à 4

Éric (11 ans) vient en consultation accompagné par sa mère. Il a une sœur de 6 ans en cours préparatoire, avec laquelle il n'a pas de problèmes, il vit avec ses deux parents et sa sœur. La mère travaille comme comptable à mi-temps et le père occupe un poste dans le secteur tertiaire. Le couple s'entend bien et la plupart de sa famille se trouve en région parisienne sans conflit familial majeur. Il n'y a pas eu de séparation avec ses parents avant l'âge de 2 ans.

Sa mère décrit un changement de comportement depuis les grandes vacances. Vers la mi-août, Éric parle de plus en plus fréquemment de la rentrée scolaire, a du mal à s'endormir (s'endort vers 23 h-minuit) à cause de sa rentrée au collège qui ne l'avait pas particulièrement inquiété au cours du CM2. Elle le décrit comme un enfant anxieux, toujours préoccupé par l'idée qu'il pourrait mal faire aussi bien à l'école qu'en sport, il demande beaucoup de réassurance auprès de ses parents. Quand ils discutent, et ceci depuis l'âge de 4-5 ans, elle constate qu'Éric a une tendance très pessimiste : il anticipe des échecs dans différentes activités. Par exemple, vers l'âge de 6 ans, avant de partir en vacances d'hiver (ski), il s'est montré très enthousiaste mais en alternant l'idée qu'il n'y aurait pas assez de neige pour skier. Elle décrit en plus de cette anticipation anxieuse négative un fond de tristesse, de résignation face aux obstacles de la vie. Elle ne le trouve pas combatif malgré sa motivation pour réussir et avoir du plaisir sur le plan scolaire et sportif. Elle dit : « Il est convaincu qu'il va échouer dans tout ce qu'il fait et malgré tout il demande à faire ». Sur le plan social, Éric a de bons amis, il est apprécié par les autres, ne se montre pas pessimiste devant ses amis et ses copains mais malgré son succès amical, Éric pense que ses amis pourraient le laisser tomber à n'importe quel moment mais sans aucune raison pour justifier cette angoisse d'abandon.

Elle consulte actuellement parce qu'elle le trouve plus anxieux que d'habitude, il exprime des idées pessimistes et la tristesse paraît l'accompagner en permanence. Sur le plan familial, le grand-père d'Éric a fait un état dépressif majeur ▷

▷ dont il a du mal à se remettre malgré le suivi depuis 6 ans. Éric ne paraît pas très concerné ou affecté par le grand-père qui ne montre pas de conduite dépressive particulière face à ses petits-enfants. Il constate qu'il ne peut pas se débarrasser de la mauvaise idée qu'il a de lui-même sur le plan scolaire. Il décrit des idées négatives sur ses capacités, il se compare en permanence aux autres qui réussissent mieux que lui. Pour lui, chaque semaine d'école est une épreuve de plus en plus difficile à affronter : « On est au mois d'octobre, la rentrée est déjà finie… je connais tous les professeurs de la 6e, ils sont tous gentils, sauf celui d'éducation physique… mais je me dis que cela va mal finir, que je vais redoubler car je n'arrive pas à travailler… à chaque fois que je mets à faire mes devoirs, je pense à ce que mes parents ont dépensé pour mes cahiers, les crayons… Si je ne travaille pas bien, je ne mérite pas d'avoir des belles choses. La semaine dernière, on est allé faire des courses, maman, mon frère et moi… mon frère demandait beaucoup de choses alors qu'il sait bien que papa a eu des problèmes dans son travail… Sais-tu ce que j'ai fait ? … ma mère voulait m'offrir une trousse assez chère, j'ai refusé mais elle l'a quand même mise dans le chariot… alors j'ai pris la trousse quand on ne me regardait pas et je l'ai laissée n'importe où. Une fois arrivés à la maison, maman a cherché la trousse et j'ai fait semblant de ne rien savoir, elle a vérifié si on l'avait vraiment payée. Elle a pensé qu'on l'avait oubliée ! Si ne n'ai pas des bonnes notes, je fais de la peine à mes parents… mais comment t'expliquer… je tente d'apprendre mais ma tête ne retient rien. Je me sens mauvais… méchant. Je sais que je ne fais pas exprès, mais quand même peut-être un peu… je me dis que je suis paresseux et je ne mérite aucun cadeau. L'autre jour, ma mère a encore voulu m'offrir un petit cadeau… j'ai regardé le prix, puis je suis allé chercher de l'argent que j'ai économisé et j'ai mis le montant du prix dans son porte-monnaie… »

L'analyse fonctionnelle

Le comportement problème est le suivant : Éric souffre de toute évidence d'une incapacité à se concentrer, à se détendre. Il se sent indigne, coupable. Ces sentiments sont persistants et semblent s'inscrire dans une pensée d'incapacité. Pensée qu'il dissimule, mais ses parents se sont rendu compte qu'il n'allait pas bien car il « craquait » de temps en temps : il pleurait parfois en faisant ses devoirs. Ses parents le décrivent comme trop sage depuis plusieurs années, jamais satisfait de lui-même à tel point qu'ils n'osent pas le gronder… ils sont contents si jamais il fait une bêtise. Éric a donc des préoccupations depuis quelque temps et pas seulement au moment de la rentrée scolaire. Ses difficultés ne sont pas de réactions normales à cause de leur persistance dans le temps.

Les évaluations par des questionnaires

– ECAP (anxiété phobique) : 192 points. Les items cochés comme étant souvent anxiogènes concernent la performance et le sentiment d'incapacité, d'impuissance. Ce score est situé dans la zone d'anxiété pathologique.
– Spielberger (échelle d'anxiété trait) : 48 points. Ce score correspond à des signes d'anxiété chronique.
– Estime de soi (Coopersmith) : très basse dans les secteurs scolaire et global, correcte dans les secteurs familial et social. ▷

▷ – CDI (dépression) : 24 points. Le score se situe franchement dans une zone de dépression. Les items fréquemment cochés concernent la culpabilité, le sentiment d'être moins bien que les autres et de profonde solitude.

Le traitement envisagé

Nous nous posons d'emblée la question sur un traitement médicamenteux antidépresseur. Les parents ne sont pas favorables. Néanmoins, ils acceptent de réenvisager ce type de traitement si après 3 mois de psychothérapie comportementale et cognitive, on ne voit pas de modification significative chez Éric. La logique de traitement qui se dégage dans la littérature pour des enfants déprimés est de traiter la comorbidité anxieuse en même temps que les conduites dépressives (Vera, 1984). Nous avons donc décidé de traiter l'anxiété de performance, l'estime de soi et les cognitions dépressives associées.

Séance 5

Nous avons utilisé la technique de mise en situation de réussite et d'échec selon le modèle de l'impuissance apprise. Nous avons fait lire à Éric des situations dans lesquelles un enfant réussit une activité et nous lui avons demandé d'écrire trois raisons pour lesquelles il pensait que l'enfant de l'histoire lue avait réussi. L'histoire décrit un enfant faisant de la planche à voile. La voile se déchire mais l'enfant ne perd pas son calme et parvient à rejoindre la plage en demandant de l'aide à des amis faisant de la planche à voile. Nous avons proposé une autre fiche avec une histoire d'un enfant qui échouait dans une activité. Dans cette histoire, le garçon tentait d'inviter un ami à jouer à l'ordinateur. Il a téléphoné à plusieurs amis mais tous ont refusé, soit brutalement soi de façon délicate. Nous lui avons demandé la même chose : écrire les trois raisons pour lesquelles il pense que l'enfant avait échoué. Éric a eu beaucoup de difficultés à trouver les trois raisons du succès de l'enfant. En revanche, les trois raisons pour lesquelles l'enfant de l'autre histoire avait échoué ont été facilement élaborées. Les raisons qu'il a évoquées pour le succès étaient : « il a eu beaucoup de chance », « heureusement que ses amis l'ont aidé », « il y en a toujours qui, sans rien demander, se font aider ».

Nous nous sommes référés à la théorie de l'impuissance acquise pour expliquer à Éric que l'attribution de causalité de chance pour la réussite était un facteur instable associé au hasard et qui ne pouvait pas être un bon appui pour les succès ultérieurs. Bien évidemment, dans l'histoire lue, le succès du personnage pouvait être associé à une cause d'aptitude personnelle. Nous avons insisté auprès d'Éric sur l'idée que nous pensions que le personnage pouvait réussir parce qu'il était bien entraîné sportivement. Cette habileté sportive l'avait aidé à nager jusqu'au bord de la plage. La deuxième raison a aussi été analysée avec lui. Nous avons été d'accord avec Éric que ses amis l'ayant aidé, parce que le personnage l'avait demandé, étaient un bon soutien dans une situation de réussite. Savoir demander de l'aide est une habileté d'affirmation de soi qui permet le succès social mais aussi la résolution de certaines difficultés qui nécessitent l'intervention d'autrui. Nous proposons à Éric pour la prochaine séance d'analyser ses arguments explicatifs sur l'échec du personnage dans l'histoire lue. Nous ne donnons pas de tâches assignées mais nous lui demandons de ▷

▷ réfléchir au pourquoi de certains de ses succès et de noter ces situations dans un agenda spécialement consacré à la psychothérapie. Nous avons gardé la feuille avec les arguments notés par Éric.

Séance 6

Nous avons demandé à Éric de nous montrer son agenda dans lequel il était censé noter ses succès et leur raison. Dans son agenda, il y avait une seule situation notée : il avait réussi un devoir de mathématiques (16/20), les arguments expliquant ce qu'il vivait comme un demi-succès étaient « parce que le contrôle était facile » (la moyenne de la classe était selon Éric de 12). Nous lui avons montré notre étonnement face à son insatisfaction et nous avons insisté sur son explication de contrôle facile alors que la moyenne de la classe était à 12. Nous lui avons demandé de bien défendre son argument afin de l'amener progressivement à réaliser que celle-ci était une phrase clichée pour expliquer de nombreuses choses. La recherche d'autres arguments s'appuyant sur son argument central (facilité de la tâche) nous permet d'amener Éric à se rendre compte des biais cognitifs qui entravent sa perception des raisons de son succès telles que l'effort de préparation du contrôle, l'écoute attentive du cours de mathématiques, la demande d'aide auprès de ses parents lors de la préparation du contrôle. Nous constatons qu'il a du mal à adhérer à ses conduites comme étant explicatives du succès car pour lui, c'est tout à fait naturel de préparer les contrôles de connaissance. Il ne perçoit pas l'effort comme étant un point de soutien qui amène au succès ou à la satisfaction d'une tâche accomplie.

Cette tâche permet de modifier le style ou la perception cognitive mais elle permet également de mobiliser les émotions qui appartiennent au registre positif (émotion agréable). Ceci est un point primordial dans le traitement d'Éric car n'oublions pas qu'il ne se sentait pas digne d'avoir des cadeaux, d'avoir de belles affaires scolaires. Cette cible thérapeutique doit donc être travaillée dès la première séance de façon indirecte. Il faut donc éviter de faire un long discours à Éric sur ses facilités, ses conduites d'effort : il faut qu'il arrive à faire émerger un sentiment de satisfaction associé à ses conduites, qui seront systématiquement renforcées par le thérapeute et mises en relation avec des émotions agréables.

Nous continuons la séance avec l'analyse de la deuxième histoire lue lors du premier entretien. Nous procédons de la même façon que lors de l'analyse de la situation de réussite. Les attributions d'échec étaient toutes les trois des attributions internes stables (le personnage est incompétent et paresseux). Nous tentons de donner notre point de vue sur les raisons de l'échec, plus spécifiquement nous tentons de rendre les attributions spécifiques à la situation lue, c'est-à-dire que nous disons la chose suivante : « Je pense que le personnage a échoué parce que n'aimant pas l'activité en question, il a été paresseux, mais peut-être que dans d'autres situations qu'il aime il n'est pas paresseux et il mobilise toutes les compétences qu'il peut avoir pour éviter l'échec. » Nous expliquons à Éric que les conduites sont associées en général à des affects (aimer ou ne pas aimer une situation précise) et qu'en général ce sont les affects qui vont nous motiver pour réussir ou échouer. Le message principal à faire passer est le suivant : les ▷

▷ échecs sont associés à la motivation et pas forcément à l'incompétence, au manque d'aptitude ou à la méchanceté de la personne. Éric semble écouter attentivement nos explications. Pour l'instant, il n'est pas du tout à l'aise dans le maniement des attributions.

Séances 7 et 8

Éric continue à noter ses succès et il commence à noter ses échecs dans son agenda. Nous ne donnons toujours pas de tâche assignée, il doit uniquement noter ce qui lui arrive dans sa vie quotidienne. Nous proposons un travail mixte : pendant la première moitié de la séance, nous travaillons sur ce qu'il a noté sur son agenda, discussion sur les attributions et leur pertinence explicative. Nous proposons directement certaines attributions de causalité lorsque ses propositions sont trop erronées. Éric note nos propositions dans son agenda, il est censé y réfléchir entre chaque séance. L'autre moitié de la séance est consacrée à une histoire lue, soit de réussite, soit d'échec (en alternance) et nous demandons à Éric comme d'habitude d'attribuer les raisons.

Séance 9

Nous voyons les parents et nous leur demandons de nous parler d'Éric et nous en profitons pour expliquer le type de travail entrepris auprès de leur enfant. Ils décrivent une réduction des propos négatifs d'Éric, les troubles de l'endormissement diminuent mais ils constatent qu'il continue à être tendu, crispé et devient anxieux dès qu'il s'agit de l'école. Sur le plan sportif, il fait du tennis et ils constatent un enthousiasme qui n'est pas perturbé par des propos négatifs. Il échoue à certains matchs mais il ne se désigne pas systématiquement comme étant à la base de l'échec : « Mon adversaire était franchement bon, mais il fait du tennis depuis beaucoup plus de temps que moi », « Il faisait très froid et j'avais du mal à bouger ». Nous insistons auprès des parents sur le fait qu'il serait souhaitable qu'ils renforcent systématiquement les verbalisations d'Éric concernant les attributions des échecs à des facteurs externes et les attributions de réussite à des facteurs internes. Nous expliquons combien il est important de ne pas censurer la pensée de l'enfant lorsqu'il se dénigre ou lorsqu'il se décrit comme étant à la base d'un échec. Il faut juste dans ce cas montrer un peu d'étonnement sans aucun commentaire sur le fait que sa pensée paraît trop pessimiste. Il ne faut pas oublier qu'à l'âge d'Éric, la pensée se transforme avec une rapidité fulgurante et c'est à cet âge-là que le plaisir de pensée, le plaisir de réfléchir trouvent leur paroxysme. Dire à l'enfant qu'il pense mal est un risque de faire passer un message selon lequel penser est dangereux et donc d'arrêter les processus de découverte du plaisir de penser.

Séances 10 et 11

Nous travaillons essentiellement sur les situations notées par Éric dans son agenda. Ses attributions deviennent de plus en plus pertinentes, les modifications cognitives sont évidentes et il paraît de plus en plus à l'aise dans le maniement de la terminologie de la théorie d'attribution. Nous lui proposons de continuer à travailler de la même façon encore pour quelques séances, notre but étant de nous centrer sur l'estime de soi. Ce travail sur l'estime de soi repose sur des tâches d'affirmation de soi. Les principales tâches que nous décidons de ▷

▷ travailler avec lui sont oser faire certaines choses qu'il n'ose pas faire, discuter avec lui en séance sur son ressenti et sur ce qu'il pense de lui. Les cognitions associées à l'estime de soi sont devenues moins dénigrantes, la dévalorisation de soi est moins systématique. Nous constatons l'influence de la modification positive du style d'attribution sur les développements d'une meilleure estime de soi.

Séances 11 à 13

Nous proposons à Éric pour commencer à espacer les séances à tous les 15 jours de travailler sur son agenda, mais cette fois-ci avec les trois colonnes de Beck : situation, pensée, émotion. Notre but est le repérage d'idées dépressives (sentiment d'être indigne, culpabilité, responsabilisation excessive, dévalorisation de soi, etc.). Un tiers des pensées et des émotions notées par Éric appartient au registre dépressif. Nous décidons donc de continuer la psychothérapie sans avoir un arrêt prédéfini des séances. À partir de la dixième séance, nous travaillons directement sur les schémas de pensée afin de provoquer une restructuration cognitive (acquisition des pensées alternatives aux pensées dysfonctionnelles, Rusinek, 2006).

Évolution

Nous continuons à voir Éric après un an de thérapie, à raison d'une fois par mois, les séances sont essentiellement à titre de prévention, nous connaissons l'association fréquente du trouble dysthymique avec un état dépressif sévère. La deuxième passation de questionnaires montre que tous les scores se situent dans une zone de normalité (CDI : 8 points).

Plan du traitement

Séances 1 à 4

Sur le plan cognitif et comportemental

- Évaluation diagnostique.
- Identification du mode de déclenchement des symptômes, leur intensité, leur durée, leur fréquence.
- Recensement de toutes les pensées et croyances dépressives (pensées dysfonctionnelles).
- Identification des conduites de protection que l'enfant met en place (évitements, hypersomnie, etc.).
- Évaluation du handicap dans tous les domaines.
- Passation de questionnaires d'anxiété, d'estime de soi, de dépression, etc.
- Évaluation de la comorbidité (surtout de l'anxiété).
- Évaluation d'un éventuel traitement médicamenteux.
- Évaluation du risque suicidaire.
- Analyse fonctionnelle et explications à l'enfant et à ses parents sur les hypothèses thérapeutiques.

- Explication concrète de la pratique des techniques thérapeutiques.
- Élaboration du contrat thérapeutique.

Tâches à domicile

- Demander à l'enfant d'observer et noter sur un agenda les pensées dépressives.

Sur le plan familial (parents) :

- Tenter d'atténuer l'impact de la dépression sur l'anxiété familiale.
- Être attentif à des éventuelles conduites à risque suicidaire (propos, gestes, etc.).
- Contribuer à l'élaboration du contrat thérapeutique.

Séances 4 à 14

Application de stratégies thérapeutiques

Séance 15

- Évaluation des progrès (entretien et questionnaires).
- En cas de résistance de certains symptômes, proposition d'une nouvelle analyse fonctionnelle centrée sur ces symptômes afin d'envisager des stratégies thérapeutiques centrées sur les symptômes résistants.

Séances 16 à 20

- Préparer à l'arrêt des séances.
- Insister sur le fait que si l'humeur est basse, cela n'est pas le signe d'une rechute mais plutôt une évolution courante de la maladie.
- Proposer des rendez-vous espacés pendant au moins 1 an.

Références

Lewinsohn, P.M. (1975). Behavioural study and treatment of depression. In M. Hensen, R.S. Eisler, & P. Miller (Eds), *Progress in Behavior Modifi cation*. New York : Academic Press.

Rotheram-Borus, M.J., Piacentini, J., Miller, S., Graae, F., & Castro-Blanco, D. (1994). Brief Cognitive-Behavioral Treatment for Adolescent Suicide Attempters and their Families. Journal of Clinical Child and. *Adolescent Psychology*, *33*, 508-517.

Rusinek S. (Ed). (2006). *Soigner les schémas de pensée*. Paris : Dunod.

Seligman M.P. (Ed). (1995). *The Optimistic Child*. New York : Houghton Miffl in Company.

Vera, L. (1997). Les thérapies comportementales et cognitives chez l'enfant et l'adolescent déprimé. In M.C. Mouren-Siméoni, & R.G. Klein (Eds), *Les dépressions chez l'enfant et l'adolescent*. Paris : Expansion Scientifique Publications.

Vera, L. (1984). La dépression : le modèle comportemental. In M. Dugas (Ed), *La dépression chez l'enfant. théories et réalités*. Paris : Médecine et Enfance.

Pour en savoir plus

Dweck, C.S. (1975). The role of expectations and attributions in the allevation of learned helplessness. *Journal of Personal and Social Psychology, 31*, 674-685.

Ryan, N.D., & Puig-Antich, J. (1997). Neurobiologie de la dépression chez l'enfant et l'adolescent. In M.C. Mouren-Siméoni, & R.G. Klein (Eds), *Les depressions chez l'enfant et l'adolescent.* Paris : Expansion Scientifique Publications.

Vera, L. Le modèle comportemental de la dépression. In M. Dugas (Ed.), *La dépression chez l'enfant, théories et réalités* (pp. 59–70). Paris : Médecine et Enfance.

12 Énurésie

L. Vera*

Description clinique et diagnostic

L'énurésie fonctionnelle est définie comme une miction active complète, involontaire ou volontaire, dans des endroits inappropriés, survenant chez un enfant de plus de 5 ans qui ne présente pas de retard mental (DSM-IV-R). Il ne faut pas confondre avec l'incontinence urinaire qui correspond à des fuites d'urines, toujours involontaires et indépendantes du besoin d'uriner (Cochat, 1997). L'incontinence urinaire est très rare chez les enfants comparée à l'énurésie.

Définitions

Énurésie : miction active complète, dans des endroits inappropriés, plus de 2 fois par mois, chez un enfant de plus de 5 ans, d'âge mental normal.
Énurésie nocturne : pipi au lit la nuit.
Énurésie diurne : culotte mouillée durant la journée.
Énurésie avec mictions involontaires : l'enfant ne s'en rend pas compte.
Énurésie avec mictions volontaires : l'enfant s'en rend compte.
Énurésie primaire : pas de propreté de plus de 12 mois.
Énurésie secondaire : période de propreté de plus de 12 mois.
Énurésie nocturne primaire isolée (ENPI) : absence de facteur expliquant le trouble, c'est la forme la plus fréquente.

L'énurésie est primaire si l'enfant a toujours été énurétique depuis la naissance sans période de propreté pendant plus de 12 mois. Elle est secondaire lorsqu'il y a eu un arrêt prolongé d'au moins 12 mois puis la reprise du symptôme. Le trouble est présent s'il y a, au minimum, deux accidents par mois chez un enfant de plus de 5 ans. L'énurésie peut être diurne, nocturne ou mixte. Elle est diurne dans la majorité des cas. Elle est le plus souvent involontaire : l'enfant ne s'en rend pas compte. Elle peut être parfois volontaire : l'enfant s'en rend compte.

L'énurésie nocturne primaire isolée est la plus fréquente et la plus négligée puisqu'il s'agit d'une affection sans gravité qui guérit souvent spontanément : la prévalence diminue avec l'âge avec un taux de rémission

* Nos remerciements à Jacques Leveau qui a participé à la rédaction de ce chapitre en 1990.

spontanée de l'ordre de 15 % par an entre 5 et 10 ans (Rushton, 1989 ; Yeung, 2007).

Malheureusement en cas de prolongation inhabituelle, l'enfant victime d'une ENPI peut arriver à se déprimer et souffrir d'un manque d'estime de soi dont la cause n'est souvent pas reconnue tant il est difficile de faire la part de ce qui est la cause ou la conséquence du trouble (Vande Walle *et al.*, 1997). Elle concerne 7 % des garçons de plus de 5 ans et 3 % de filles (Hellström *et al.*, 1990). À 10 ans, le trouble est encore présent chez 3 % des garçons et 2 % des filles et à 18 ans, 0,5 % des garçons en souffrent. Le retentissement psychologique négatif et la fréquence du trouble ont été confirmés par une étude sous forme d'enquête nationale auprès de 3 000 familles ayant un enfant souffrant d'ENPI (Lottman, 2002). À partir de ces chiffres, on peut affirmer que ce trouble touche en France 400 000 enfants, 100 000 adolescents et 4 000 adultes !

Le point de vue comportemental et cognitif

Après avoir éliminé une cause organique, il faut rechercher une cause psychologique pour comprendre le retard d'acquisition de la propreté d'un enfant.

Pour les psychothérapeutes comportementalistes et cognitivistes, il n'est pas nécessaire de comprendre pourquoi l'enfant a, éventuellement, une angoisse de se séparer de ses excrétions et a le désir de rester petit mais comment ce comportement est entretenu par les événements qui le précèdent et ceux qui le suivent (voir chapitre 1). La pratique quotidienne montre bien que savoir pourquoi l'enfant fait pipi au lit ne supprime pas le symptôme. D'autre part, il est très important de souligner que la suppression de ce symptôme par des stratégies comportementales et cognitives n'entraîne jamais de substitution de symptômes et cette constatation remet en question la théorie développée par Freud (Houts *et al.*, 1994).

Notre expérience rejoint celle de ces auteurs indiquant que l'approche par TCC est le modèle le plus adapté à la pratique pour traiter le trouble : énurésie associée si nécessaire aux moyens pharmacologiques.

Moyens d'évaluation

Afin de procéder de façon logique et rationnelle nous avons créé un Arbre de décision diagnostic et thérapeutique de l'énurésie. Tous les spécialistes sont d'accords depuis les *Premières Assises Internationales de l'Énurésie* (Cochat *et al.*, 1997) pour dire qu'après avoir effectué un examen médical approfondi, il n'est pas nécessaire de demander des examens complémentaires coûteux et parfois inquiétant pour de petits enfants suffisamment anxieux au départ. En cas de problème, le thérapeute suivra les différentes étapes de l'arbre décisionnel détaillé dans le questionnaire destiné au thérapeute que nous avons adapté à partir d'un examen pédiatrique standard (Grapin et Forin, 2006). Si cela est possible, un questionnaire enfants/parents peut même être distribué avant la consultation comme nous le verrons plus loin lors de l'exposé du cas clinique. Ceci est très important et d'autant plus recommandable qu'il existe un nombre considérable de « méthodes » transmises de génération en génération, parfois assez folkloriques et malheureusement parfois aversives.

Actuellement, il est de plus en plus admis de ne rien tenter avant d'avoir obtenu de la part de l'enfant un bilan d'évaluation écrit des nuits mouillées et des nuits sèches pendant une période d'une quinzaine de jours et d'analyser de façon approfondie les causes des échecs antérieurs sans quoi on risque de perdre du temps et de décourager l'enfant et sa famille.

Le choix des différentes stratégies se fera en fonction du résultat de l'analyse fonctionnelle approfondie.

Questionnaire « énurésie » : destiné au thérapeute

Il comporte quatre chapitres différents de questions/réponses :

- des questions à poser pour éliminer une cause organique à l'énurésie ;
- des questions à poser avant l'utilisation d'une chimiothérapie ou d'une méthode de réveil ;
- des questions à poser pour l'utilisation d'une chimiothérapie ;
- des questions à poser pour l'utilisation d'une méthode dite de réveil.

Les questions à poser pour éliminer une cause organique

1. Lorsqu'il y a une cause probable d'organicité dans le cas de l'énurésie, il existe souvent des signes d'appel diurnes, que l'on aperçoit au cours du déroulement de la journée. Il s'agit alors de questionner les parents sur les antécédents familiaux et personnels concernant d'éventuelles maladies uronéphrologiques (rein, uretère, urètre, etc.) et d'éventuelles infections urinaires.

Autre question : l'enfant présente-t-il ou a-t-il présenté des pics fébriles inexpliqués ou présente-t-il une énurésie secondaire ? Si la réponse est affirmative, on demande également un ECBU (examen cytobactériologique des urines) :

- si cet examen est positif, il faut penser à une anomalie urologique (reflux vésicorénal), demander une échographie rénale et vésicale et effectuer une cystographie ;

• si l'examen ECBU est négatif, on ne fait rien. Mais, il est important de refaire l'examen une fois, au moment du pic fébrile ;
• si l'examen ECBU, lors du pic fébrile, est négatif, on passe à la question suivante.

2. Chez la fille, peut-on repérer des épisodes de culotte mouillée en dehors de la miction normale, ou de perte d'urine à l'orthostatisme (position debout) ou à l'effort ?

Si la réponse est affirmative, il faut éliminer un abouchement ectopique d'uretère, découvert souvent seulement après 5 ans. Dans ce cas, on demandera un ECBU, une urographie intraveineuse (UIV) et une échographie.

Si les examens sont négatifs et si la question numéro 2 est négative, on passe à la question suivante.

3. L'enfant présente-t-il une mauvaise qualité du jet urinaire ou la nécessité de pousser pour initier la miction ?

Dans l'affirmative, il faut évoquer la présence éventuelle d'obstacles cervico-urétraux (valves de l'urètre chez le garçon). Dans ce cas, cliniquement, on recherche un globe vésical après une miction et on demandera une UIV, voire une cystographie sus-pubienne.

Si la réponse est négative, on passe à la question suivante.

4. Cette question portera sur la présence éventuelle de constipation associée.

Dans l'affirmative, il faut envisager un interrogatoire et une prise en charge de cette pathologie (médicale, éducative, psychothérapique) surtout en cas d'encoprésie associée. S'il y a constipation, il faut demander un ECBU pour éliminer une éventuelle infection urinaire favorisée par celle-ci.

Dans le cas d'une réponse négative, on passe à la question suivante.

5. Cette question visera à éliminer une encoprésie associée.

Dans l'affirmative, il s'agira de traiter d'abord cette symptomatologie (abord médical, éducatif et psychothérapeutique, etc.).

Si la réponse est négative, on passe à la question suivante.

6. Cette question visera à éliminer l'existence éventuelle d'un *diabète* (polyurie, polydipsie, etc.).

Si certains symptômes sont présents, on recherchera une glycosurie, une cétonurie et une chute de l'osmolalité urinaire (*Bandelette Multistix*). En cas de positivité, on établira un traitement.

Si la réponse est négative, on passe à la question suivante.

7. Cette question visera à éliminer une *épilepsie nocturne*.

Si certains symptômes sont présents, on pratiquera un bilan neurologique complet (EEG, etc.).

Si la réponse est négative, on passe à la question suivante.

8. Cette question portera sur la présence éventuelle d'urgences mictionnelles diurnes et de besoins d'uriner fréquents (par exemple : plusieurs fois pendant la projection d'un film ou pendant un trajet en voiture, où l'on

justifiera « des petites fuites » dues à ces impériosités mictionnelles et qui s'accentuent au froid ou à la vue de l'eau).

Si la réponse est affirmative, on passe à la question 9, sinon à la question 10.

9. On réalisera un ECBU.

Si l'ECBU est positif, on traitera l'infection urinaire et on fera la recherche d'anomalie urologique habituelle (cystographie, échographie).

Si l'ECBU est négatif, on suspectera une hyper-réactivité vésicale et on envisagera les traitements suivants :

- traitement par l'allongement progressif du temps entre chaque miction et par l'apprentissage d'arrêter sa miction au milieu de celle-ci, puis de la terminer. Ce traitement fera l'objet d'une évaluation et d'une autoévaluation par l'enfant, en se servant, par exemple, d'un petit carnet qui servira de lien entre le thérapeute, l'enfant et sa famille ;
- chimiothérapie par le chlorure d'oxybutyrine qui est un anticholinergique (*Ditropan*).

10. L'examen clinique rassure l'enfant sur la normalité de son corps et recherche les signes évoquant les pathologies : fécalome, globe vésical après une miction, anomalie neurologique des membres inférieurs, anomalie du bas du dos (*spina bifida*), étude de la miction, normalité des organes génitaux externes (absence de phimosis et de cryptorchidie).

En cas d'examen clinique positif, on traitera les affections précitées de façon spécifique. Dans la négative, on passera au deuxième groupe de questions.

> Dans le cas d'un interrogatoire normal et d'un examen clinique normal : aucun examen complémentaire n'est nécessaire.

Les questions à poser avant l'utilisation d'une chimiothérapie et/ou d'une méthode de réveil

11. Il s'agit de vérifier si l'enfant est suffisamment capable ou motivé pour établir une évaluation quotidienne de la fréquence des accidents.

Cette évaluation peut se faire, pour les petits, en dessinant des soleils (lit sec) ou des nuages (lit mouillé), sur un carnet-calendrier offert par le thérapeute ou par les parents ou acheté par l'enfant s'il est plus grand. On inscrit simplement des + ou des – si l'enfant est plus âgé.

Il est très important de vérifier cette possibilité chez l'enfant, car l'autoévaluation de la fréquence des accidents apparaît comme un moyen d'appréhender le désir réel de l'enfant ou de sa famille de voir disparaître l'énurésie. Si pour des raisons diverses : familiales, socioculturelles, etc. autres que le manque de motivation, cette évaluation ne peut être obtenue, une hospitalisation brève pourrait être proposée à l'enfant, avec son plein accord.

Il faut noter que cette simple évaluation quotidienne suffit parfois à obtenir un bon résultat thérapeutique, ce qui n'est pas négligeable.

Si la réponse à cette question est négative, il faut insister sur le fait qu'il ne sert à rien de tenter quoique ce soit sur le plan thérapeutique avant d'obtenir une évaluation correcte. C'est un point extrêmement important de la thérapie.

Parmi les causes personnelles, on diagnostiquera un éventuel trouble envahissant de la personnalité ou un éventuel retard mental par un bilan psychologique approfondi.

Parmi les causes familiales, on mettra en évidence un milieu défavorisé ou une tendance à l'hyperprotection familiale et la présence de bénéfices secondaires importants. Il s'agira de mettre en place quelques séances de thérapie familiale et parfois proposer une brève hospitalisation.

Si, par contre, l'enfant offre au thérapeute une évaluation quotidienne claire et précise, on a beaucoup de chance d'obtenir un résultat thérapeutique. Dans ce cas, on passe à la question suivante.

12. Il est très important de demander à l'enfant s'il peut expliquer de façon simple le fonctionnement de l'appareil urinaire, afin qu'il puisse prendre conscience du besoin mictionnel.

Il est évidemment important de demander à l'enfant seul d'expliquer, d'après lui, pourquoi il fait pipi au lit, avant de donner une réponse.

Dans tous les cas, il est bon de reprendre avec lui, sous forme de schéma, ce fonctionnement, de manière à le responsabiliser dans la prise en charge de l'énurésie.

On peut ensuite passer à la question suivante.

13. L'enfant vit-il dans des conditions d'« hygiène de vie » satisfaisantes ? N'y a-t-il pas d'importantes difficultés familiales ?

Il faut insister, notamment, sur le fait d'aller dormir tôt, de ne pas regarder la télévision tard le soir, du moins en semaine, insister sur le passage aux toilettes avant l'endormissement.

L'intérêt de la restriction hydrique vespérale reste très discuté. En effet, certains auteurs pensent qu'il s'agit d'une stratégie éducative positive. D'autres prétendent, au contraire, qu'il vaut mieux apprendre à l'enfant à retenir ses urines et à passer aux toilettes, en buvant normalement le soir de manière à apprendre à contenir l'urine dans la vessie.

Si l'enfant ne respecte pas ces conditions d'hygiène de vie, la thérapie d'urgence est de conseiller la famille, de façon positive, sur le plan éducatif. C'est souvent dans ces cas précis que l'on découvre d'importantes difficultés familiales, et il apparaît alors important d'envisager quelques séances de thérapie familiale où l'ensemble du groupe familial réuni permet d'établir certaines stratégies de changement et d'éviter certains cercles vicieux concernant le fonctionnement familial. Si ces changements s'opèrent, on obtient souvent un bon résultat sans utilisation d'autres stratégies. Parfois, une prise en charge psychothérapeutique spécifique s'avérera nécessaire.

Si les conditions de vie de l'enfant sont satisfaisantes, on passe à la question suivante.

14. Il est important de questionner l'enfant sur une possible appréhension du noir, voire une véritable phobie du noir, souvent renforcée par l'éloignement des toilettes par rapport à la chambre. Il s'avère souvent utile, dans ce cas, de demander à l'enfant de dessiner sa maison ou l'appartement, avec la situation de sa chambre et celle des toilettes.

Lors de cette prise en charge, on découvre parfois des points très importants pouvant expliquer, de façon tout à fait pragmatique, certaines situations de renforcement de l'énurésie. Si l'enfant souffre d'une certaine phobie du noir, il faut utiliser l'échelle comportementale d'appréciation des peurs et/ou d'autres questionnaires d'évaluation spécifiques en fonction des résultats de l'analyse cognitivo-comportementale permettant de faire un choix parmi les différentes techniques d'exposition au stimulus anxiogène : désensibilisation systématique, immersion, etc. Parfois, il suffit d'installer une petite veilleuse dans la chambre. Ceci, après avoir établi une hiérarchie des situations angoissantes et revu les difficultés étape par étape.

Si l'enfant ne présente aucune appréhension du noir, ni de la saleté, on passe à la question suivante.

15. L'enfant est-il sensible aux renforcements positifs et les parents évitent-ils les critiques négatives systématiques et l'emploi de la punition ?

Ceci est fondamental afin d'éviter les critiques négatives systématiques et l'emploi de la punition. Dans certains cas, il est intéressant d'effectuer un jeu de rôle avec parents et enfants au cours de l'entretien, qui peut s'avérer intéressant, pour mesurer les possibilités de renforcement positif de la part de la famille.

Si ce n'est pas le cas, on peut demander à l'enfant de remplir un questionnaire afin de déterminer quels sont ses pôles d'intérêt. Le traitement consiste à utiliser le renforcement positif pour l'encourager à faire des progrès, en fonction de sa motivation. Le choix entre renforçateurs primaires, secondaires et tertiaires se fera en fonction des parents et du degré de maturité de l'enfant.

Si c'est le cas, on passe à la question suivante.

16. L'enfant a-t-il déjà été traité, sans résultat pour son énurésie, et retire-t-il de cet échec un manque de confiance en lui ?

Il s'agit d'être très méticuleux et d'établir une chronologie de toutes les tentatives qui ont été faites auparavant, comme la ou les chimiothérapies, la ou les séances de psychothérapie, la ou les méthodes réveil, la naturopathie et tous les autres types de prise en charge possibles.

Si c'est le cas (manque de confiance), il faut redonner à l'enfant une certaine assurance en lui-même avant de commencer une nouvelle stratégie.

Si ce n'est pas le cas, on passe à la question suivante.

17. L'enfant souffre-t-il d'une angoisse de séparation du milieu familial ?

Souvent, par manque d'affirmation de soi, l'enfant a très peur de quitter son milieu familial.

Si c'est le cas, il faut en évaluer l'importance à l'aide des échelles d'affirmation de soi (Cottraux *et al.*, 1985) et proposer un traitement par les différentes techniques d'affirmation de soi avec, éventuellement, des entretiens familiaux.

Si ce n'est pas le cas, on peut passer à la question 18.

18. L'enfant est-il particulièrement anxieux quant à sa réussite scolaire ou autre ?

C'est parfois le cas lorsque les nuits « mouillées » paraissent en rapport avec un contrôle scolaire ou un stress scolaire. Il faut alors envisager une stratégie thérapeutique pour diminuer l'anxiété, par exemple en utilisant les méthodes de relaxation.

Si ce n'est pas le cas, on passe au groupe de questions suivantes.

À partir de ce stade, si aucun résultat n'a été obtenu, deux courants thérapeutiques différents sont possibles : la chimiothérapie et/ou les méthodes de réveil.

Ce choix dépend du thérapeute, de l'enfant et des parents et il faut tenir compte du désir de chacun sans imposer une direction spécifique.

Les questions à poser pour l'utilisation d'une chimiothérapie

19. L'enfant mouille-t-il son lit plusieurs fois par nuit ?

Si c'est le cas, on proposera le *Minirin* au coucher pour son effet antidiurétique la nuit. Cela habitue l'enfant à être sec la nuit et peut permettre un séjour ponctuel hors du domicile familial si souvent désiré mais refusé par sentiment de honte ; on peut noter la bonne tolérance du traitement qui peut être poursuivi jusqu'à 3 mois.

En cas de résultat partiel, on passe aux questions suivantes.

20. L'enfant ne mouille-t-il son lit qu'une ou deux fois par nuit ?

Si la réponse est affirmative, on prescrira, en l'absence de contre-indication, de l'*Anafranil* ou du *Tofranil* à dose de 1 mg/kg/jour, sans dépasser 2 mg/kg/jour, donné au coucher ou 2 à 3 heures avant le coucher si la miction survient précocement dans la nuit.

Il s'agit de permettre à l'enfant de mieux percevoir la nécessité de se réveiller pour uriner. Le traitement doit durer au moins 3 mois et être arrêté de façon progressive, pendant au moins encore 3 mois. Les effets indésirables rares doivent être connus et expliqués à l'enfant et à sa famille, de même que le risque du danger en cas d'intoxication accidentelle ou volontaire (par les frères ou sœurs éventuellement).

La question à poser pour l'utilisation d'une méthode dite de réveil

L'enfant a-t-il un sommeil léger ou profond ?

L'enfant a un sommeil relativement léger

Dans ce cas, on peut demander aux parents, tout simplement, de réveiller l'enfant. Mais il est important d'obtenir de l'enfant qu'il urine en état d'éveil satisfaisant. Il doit, par exemple, pouvoir s'en souvenir le lendemain matin. Un moyen simple de le contrôler consiste à lui demander de réciter un chiffre que les parents ont transmis pendant la nuit, lors de la tentative de réveil. Il faut insister sur le fait que cette méthode requiert une très bonne participation des parents : temps, fatigue, etc. De plus, il leur est souvent difficile de repérer la phase de sommeil où l'enfant est plus facile à réveiller et cela ne responsabilise souvent pas assez l'enfant.

Si l'enfant n'est pas facilement réveillé la nuit par un de ses parents, on passe à l'utilisation d'un appareil avertisseur.

L'enfant a un sommeil plus profond

Dans ce cas, on choisira un appareil avertisseur avec mécanisme de réveil par une sonnerie et un mécanisme de détection de l'émission d'urine.

Attention ! L'intervention rapide d'un adulte dès le déclenchement de la sonnerie est nécessaire les premières nuits, auprès de l'enfant.

Ensuite l'enfant est capable de se réveiller seul et par la suite il n'y a plus de sonnerie.

Le questionnaire enfants/parents concernant l'énurésie

Ce questionnaire, destiné aux parents, permet, si cela est possible, de préparer le premier entretien de façon plus concrète et de gagner du temps au cours de la consultation.

Il est demandé aux personnes responsables de l'enfant de répondre par oui ou par non à chaque question.

En cas de réponses affirmatives, il est demandé d'énumérer un certain nombre de points concernant le développement de l'enfant, à la fois sur le plan comportemental et sur le plan psychologique.

Questionnaire enfants/parents

1. Dans le cadre de la recherche d'une explication concernant le problème de l'énurésie de votre enfant (pipi au lit), pouvez-vous nous donner quelques informations sur cette possibilité chez d'autres membres de sa famille :

▷

▷

- Le père : à quel âge a-t-il été propre, le jour et la nuit ?
- La mère : à quel âge a-t-elle été propre, le jour et la nuit ?
- Les frères et sœurs : à quel âge ont(a)-t-il(s)/elle(s) été propre(s) le jour et la nuit ?

2. En ce qui concerne l'enfant :
   - A-t-il été hospitalisé ou a-t-il subi des examens spécifiques demandés par votre médecin de famille concernant des problèmes du système urinaire ? oui/non
   - Vous a-t-on parlé d'infection urinaire ? oui/non

   Si c'est le cas, êtes-vous allé voir votre médecin et celui-ci a-t-il prescrit des examens ? oui/non

   Si oui, veuillez nous faire parvenir les résultats ou un courrier de votre médecin de famille.
3. Votre enfant fait-il ou a-t-il fait récemment des poussées de fièvre pour lesquelles vous avez consulté votre médecin et auxquelles il n'a pas été trouvé d'explication comme : angine, grippe, etc. ? oui/non
4. Votre enfant a-t-il été propre pendant un certain temps, puis, a-t-il recommencé à faire pipi au lit ? oui/non

Si oui, pouvez-vous nous dire de quelle date à quelle date il a été propre ?

5. Si votre enfant est une fille : avez-vous constaté des épisodes de culotte mouillée, en dehors du fait d'aller normalement aux toilettes. Par exemple, lorsqu'elle est restée en position debout un certain temps, ou de perte d'urine à l'effort ? oui/non
6. S'il s'agit d'un garçon : a-t-il eu des épisodes de culotte mouillée, parallèlement à des poussées de fièvre ? oui/non
7. Votre enfant doit-il pousser pour commencer à uriner et s'il a l'impression d'un jet urinaire faible ? oui/non
8. Parallèlement au problème du pipi au lit, votre enfant est-il parfois constipé et y a-t-il une légère perte de matière fécale dans la culotte (culotte souillée ?) oui/non
9. Votre enfant a-t-il l'habitude de boire une trop grande quantité de liquide trop souvent au cours de la journée et/ou boit-il la nuit ? oui/non
10. Votre enfant a-t-il eu des pertes de connaissance pour lesquelles vous avez fait venir votre médecin et, à cet égard, a-t-il passé des examens spécifiques ? oui/non
11. Pendant la projection d'un film ou durant un trajet en voiture, votre enfant a-t-il quelques « fuites » dans sa culotte ? oui/non

Cela s'accentue-t-il lorsqu'il fait froid ou à la vue de l'eau ? oui/non

Afin de mieux comprendre cela, pouvez-vous lui poser les questions suivantes :

- Demandes-tu souvent des « arrêts pipi » lorsque tu voyages en voiture ? oui/non
- À l'école, peux-tu attendre difficilement la récréation pour aller faire pipi ? oui/non

▷

- Lorsque tu regardes la télévision, te lèves-tu souvent pour aller aux toilettes ? oui/non
- Lorsque tu joues, dois-tu parfois croiser les jambes pour ne pas faire pipi dans ta culotte ? oui/non
- Lorsque tu joues, t'assois-tu parfois sur tes talons pour retenir ton envie de faire pipi ? oui/non
- Dois-tu parfois courir très vite vers les toilettes ? oui/non

12. Votre enfant est-il capable ou motivé pour établir une évaluation quotidienne de la fréquence des « accidents » ? Par exemple, pourriez-vous, pendant une semaine, faire l'expérience de lui demander de dessiner chaque matin :

- un soleil en cas de lit sec ;
- un nuage en cas de lit mouillé.

Si votre enfant est plus âgé, lui demander de noter sur un carnet-calendrier, que vous lui offrirez :

- un + en cas de lit sec ;
- un – en cas de lit mouillé.
- Au cours de cette semaine, a-t-il noté spontanément ces résultats ? oui/non

13. Votre enfant va-t-il dormir avant 21 heures ? oui/non

Sinon, à quelle heure ? Et pour quelle raison ?

14. Pouvez-vous nous indiquer si votre enfant boit de l'eau ou d'autre liquide après 21 heures ?

15. Avez-vous l'impression que votre enfant a une certaine crainte du noir avant de s'endormir ? oui/non

Par exemple : a-t-il peur de sortir de sa chambre et de parcourir la distance qui le mène aux toilettes ? oui/non

Vous demande-t-il de laisser une lumière allumée ? oui/non

16. Donnez-vous de l'argent de poche à votre enfant, spécifiquement chaque semaine ? oui/non

Si oui, pouvez-vous nous dire quelle utilisation il en fait ?

17. Pouvez-vous également nous dire quels sont ses loisirs préférés (regarder la télévision, jouer avec ses camarades, etc.) ?

18. Pouvez-vous nous indiquer ce que vous avez déjà tenté ou fait tenter comme thérapie concernant l'énurésie de votre enfant :

- Psychothérapie. Si oui, de quelle date à quelle date ?
- Médicaments :
  - *Ditropan*
  - *Anafranil ou Tofranil*
  - *Minirin*

  Si oui, pouvez-vous nous préciser la période à laquelle s'est effectué ce traitement et à quelle dose ?
- Avez-vous déjà utilisé un système de réveil du genre « Pipi Stop » ? oui/non

  Si oui, pendant quelle période ?

▷

19. Avez-vous constaté que votre enfant a souvent très peur de quitter le milieu familial ? oui/non
Par exemple, lorsqu'il s'agit de partir en colonie de vacances ou d'aller dormir chez un ami, etc.
20. Votre enfant a-t-il des difficultés scolaires ? oui/non
Avez-vous l'impression qu'une augmentation de la fréquence du pipi au lit est en rapport avec un contrôle scolaire ou un stress scolaire ? oui/non
21. Pouvez-vous nous dire si votre enfant mouille son lit : 1 fois, 2 fois ou plusieurs fois par nuit ?
22. Pouvez-vous réveiller facilement votre enfant la nuit, pour l'inciter à aller aux toilettes ? oui/non
Si vous ne l'avez pas fait, pouvez-vous tenter l'expérience au moins une fois avant la première consultation et nous faire part de ce que vous avez observé ?
23. Votre enfant se réveille-t-il facilement le matin avec un réveil ? oui/non
Si vous ne savez pas, pouvez-vous faire un essai, avec un réveille-matin, avant la première consultation ?

Analyse fonctionnelle et traitements

À partir des données recueillies par la passation des différents documents nous pouvons découvrir les facteurs qui peuvent être responsables du maintien du trouble énurésie. La forme qui se prête le mieux à une TCC est l'énurésie nocturne primaire isolée.

L'énurésie nocturne primaire isolée

Elle est souvent difficile à soigner pour différentes raisons qu'il faut critiquer et abandonner :
• d'une part, certains signes évoquant un syndrome d'*immaturité vésicale atypique* peuvent nous piéger et entraîner l'enfant et sa famille dans une série d'examens complémentaires très spécialisés et dont les interprétations sont difficiles ;
• d'autre part, les échecs répétés des différents traitements donnés successivement découragent l'enfant, sa famille… et le médecin !
• si l'on ajoute l'argument que « ce n'est pas grave, et cela s'arrêtera un jour… », on pourrait baisser les bras. Or nous l'avons déjà signalé, l'enfant à la longue perd confiance et peut se déprimer.

C'est la raison pour laquelle l'un d'entre nous a une position différente qu'il peut justifier par les résultats recueillis (Leveau, 2000) comportant six étapes impérativement décrites ci-dessous. Nous conseillons :
• de suivre chacune des étapes de 1 à 6 dans l'ordre proposé tant qu'il y a des accidents nocturnes : il faut compter à peu près 2 semaines par intervalle ;
• d'additionner successivement les étapes franchies chaque 2 semaines tant que l'enfant présente des accidents nocturnes : la combinaison des

différentes approches permet d'agir sur différentes fonctions responsables, à des degrés divers selon chaque enfant, de la force de sa rétention vésicale.

Cela explique pourquoi telle stratégie guérit tel enfant et pas l'autre et pourquoi l'alternance des étapes sans les additionner n'est pas toujours efficace.

Étape 1. Schéma du système urinaire adapté à l'âge de l'enfant : explication du fonctionnement

- Tâche à domicile : évaluation quotidienne (réveil/lit mouillé ou réveil/lit sec).
- Programme pour 2 semaines.

Étape 2. Bilan des 2 semaines écoulées : programme de l'étape 1

- Si 1 seul réveil/lit mouillé : arrêt à l'étape 2.
- Si 2 réveils/lit mouillé ou plus :
  - tâche à domicile : évaluation quotidienne (étape 1) mais cette fois (étape 2) pour chaque réveil/lit sec, l'enfant reçoit un jeton. Les jetons sont échangeables contre des récompenses (économie de jetons) ;
  - programme pour 2 semaines.

Étape 3. Bilan des 2 semaines écoulées : programmes des étapes 1 et 2

- Si 1 seul réveil/lit mouillé : arrêt à l'étape 3.
- Si 2 réveils/lit mouillé ou plus :
  - tâche à domicile : poursuite de l'évaluation quotidienne avec économie de jetons ;
  - incitation de l'enfant à consommer beaucoup de boissons la journée régulièrement (si possible toutes les 2 heures !) pour augmenter la puissance musculaire de la paroi de sa vessie (successions de remplissages/vidanges) Les parents montrent l'exemple pour motiver l'enfant et lui rappellent de supprimer les boissons après le repas du soir ;
  - programme pour 2 semaines.

Étape 4. Bilan des 2 semaines écoulées : programmes des étapes 1 à 3

- Si 1 seul réveil/lit mouillé : arrêt à l'étape 4.
- Si 2 réveils/lit mouillé ou plus :
  - tâche à domicile : poursuivre de l'évaluation + économie de jetons + boissons ;
  - prise de desmopressine (Minirin) au moment du coucher. Son action permet de diminuer la production d'urine la nuit et à la vessie de « tenir bon ». Ceci est à associer à un exercice de contraction musculaire (vessie) toutes les nuits au moment du coucher.
  - programme pour 2 semaines.

Étape 5. Bilan des 2 semaines écoulées : programmes des étapes 1 à 4

Idem étape 4 plus clomipramine (*Anafranil*) ou imipramine (*Tofranil*) qui ont une double action : sur le sommeil et sur le muscle détrusor.

Étape 6. Bilan des 2 semaines écoulées : programmes des étapes 1 à 5

Idem étape 5 + avertisseur sonore nocturne.

Attention ! Les premières nuits l'enfant ne se réveille pas ! Ce sont les parents qui doivent se déplacer quand le réveil sonne : mais ils sont récompensés de leurs efforts rapidement car le réveil de l'enfant s'est fait lorsque la vessie est en contraction maximale.

L'application à la lettre de ce programme donne de très bons résultats (Leveau, 2000).

Le schéma du système urinaire

On explique à l'enfant le plus clairement possible, à l'aide d'un schéma adapté à son âge, le fonctionnement et les endroits où les stratégies ou les médicaments vont agir ensemble en s'additionnant si nécessaire toujours dans le même but : augmenter la force musculaire de la vessie pour « tenir » jusqu'au réveil matinal.

L'évaluation quotidienne par des calendriers d'observation

L'évaluation quotidienne du comportement problème (lit mouillé/lit sec) est effectuée par la réalisation d'un dessin dans un petit carnet offert par le thérapeute (lit mouillé = dessin d'un nuage et lit sec = dessin d'un soleil) chez les petits enfants, et l'inscription d'un moins (–) ou d'un plus (+) chez les enfants plus âgés. Le bilan requiert au moins 2 semaines. L'utilisation de cette simple stratégie permet déjà parfois d'obtenir certains résultats intéressants à condition d'avoir convenablement expliqué à l'enfant le fonctionnement de l'appareil urinaire en choisissant des graphiques adaptés à son âge.

Si l'enfant ne rapporte pas d'évaluation correcte, il s'agira de mettre en place des entretiens pour mieux comprendre le fonctionnement familial éventuellement pathologique et principalement de faire acquérir à la famille les principes pédagogiques de base qui seront décrits plus loin en accentuant le positif et en minimisant le négatif.

L'augmentation de la consommation de boissons pendant la journée

C'est une des stratégies les plus efficaces qui paraît très simple mais qui est paradoxalement souvent difficile à appliquer.

Il faut proposer un « contrat thérapeutique » écrit signé par tous les membres de la famille pour éviter la dispersion et les oublis.

La technique des mictions interrompues et allongement progressif des intervalles de temps entre les mictions

Encore une fois, le principe est simple mais souvent l'enfant n'y pense pas, d'où l'avantage de l'inclure dans un programme d'économie de jetons si nécessaire.

La chimiothérapie

Le *Minirin* est conseillé en premier lieu pour son effet antidiurétique et sa bonne tolérance.

Si l'enfant continue à mouiller son lit ou s'il persiste encore quelques accidents, on peut donner en plus de l'*Anafranil* ou *Tofranil* (1 à 2 mg/kg/jour) pour lui permettre de mieux percevoir la nécessité de se réveiller pour uriner. Le traitement doit durer au moins 3 mois et être arrêté de façon progressive pendant au moins encore 3 mois.

En de signes d'immaturité vésicale, le *Ditropan* est le médicament de choix car il agit sur le muscle détrusor au niveau du sphincter vésical : il est également recommandé en cas d'énurésie diurne.

Remarques importantes :

- les effets indésirables, bien que rares, doivent être expliqués, de même que le risque de danger en cas d'intoxication accidentelle ou volontaire (par les frères et sœurs éventuellement) : il est judicieux de prévoir une pharmacie avec clé ;
- lorsque le *Minirin ne* guérit pas l'enfant ou seulement partiellement, il ne faut pas l'arrêter et le remplacer par le *Tofranil* mais additionner les deux médicaments, voir même les trois en cas d'utilisation du *Ditropan*. En cas d'utilisation des trois médicaments pour obtenir la guérison, il est conseillé de maintenir cette trithérapie au moins pendant un mois puis d'arrêter le 3e pendant 1 mois, puis le 2e et enfin le premier.

L'utilisation d'une méthode de réveil

Si l'enfant présente un sommeil relativement léger, il suffit parfois de demander aux parents de réveiller l'enfant la nuit. Certains auteurs (Duché, 1968) ont préconisé comme principe de traitement de faire dépister par les parents le stade 1 de sommeil léger au cours duquel l'enfant a sa première miction, d'obtenir l'éveil avant qu'il ait uriné et à le rééduquer de façon à allonger progressivement l'intervalle séparant les deux mictions. Mais il est indispensable d'obtenir une collaboration très soutenue de la part des parents et de l'enfant, ce qui n'est pas toujours possible.

En cas d'échec de la méthode précédente et lorsque l'enfant est sensible au réveille-matin, on obtient de bons résultats en utilisant un appareil avertisseur avec mécanisme de réveil par sonnerie et mécanisme de détection d'urine associés. L'intervention de l'adulte s'avère souvent nécessaire les premières nuits mais les efforts sont assez rapidement récompensés.

Ces appareils offrent l'avantage de rendre les enfants indépendants de leurs parents et de se prendre en charge eux-mêmes.

Les causes organiques

Par rapport à l'ensemble des causes, les principales origines organiques sont facilement repérées en suivant l'arbre décisionnel et seront bien entendu traitées par le médecin de famille dont le rôle est essentiel connaissant le milieu familial.

Insistons sur des pathologies importantes à ne pas négliger :

- les infections urinaires à répétition ;
- un diabète débutant ;
- une encoprésie. Si ce trouble s'accompagne de la présence d'un fécalome, parfois volumineux, qui s'appuie sur la vessie, il nécessite la passation d'une radiographie abdomen sans préparation. Nous insistons sur la priorité de cet examen car la palpation de l'abdomen peut paraître normale, sans provoquer de douleur, de même que le toucher rectal, y compris en présence d'un fécalome et bien entendu s'il s'agit d'une stase stercorale ;
- les autres causes organiques : elles sont plus rares et obtenir l'avis du médecin de famille est primordial.

Les antécédents

On peut relever :

- une mauvaise hygiène de vie ;
- une phobie des toilettes. La peur excessive avec évitement de se rendre aux toilettes est très fréquente, en particulier à l'école ;
- une phobie de l'endormissement. En fonction de l'analyse fonctionnelle, si une peur excessive de l'endormissement déclenchée par la phobie du noir dans la chambre est mise en évidence, il s'agira bien entendu d'utiliser les techniques d'expositions au stimulus anxiogènes décrites chapitre 2.

Les facteurs qui suivent le trouble sont parfois difficiles à diagnostiquer parce que ces enfants ou ces adolescents ont des difficultés à exprimer leurs sentiments. Parmi les facteurs observés, nous pouvons mentionner des crises d'angoisse à l'idée d'aller dormir chez des amis, une phobie scolaire par crainte des toilettes et enfin un isolement social.

Cognitions : le manque d'estime de soi et de confiance en soi

En fonction de l'analyse fonctionnelle cognitivo-comportementale, en cas de difficultés à communiquer et de troubles divers se référant à de la timidité, on utilisera les techniques de développement de l'affirmation de soi et d'entraînement.

En présence d'anxiété, il sera également utile d'enseigner à l'enfant les techniques de relaxation (*cf.* chapitre 2).

Conséquents : surprotection des parents et discordance éducative

Les techniques basées sur l'apprentissage opérant (renforcement)

Lorsque la simple autoévaluation n'a pas permis d'obtenir un résultat convenable, il est utile de l'associer à un programme de renforcement positif : augmentation de l'argent de poche hebdomadaire en fonction du nombre de nuits sèches par exemple. Il est important de maintenir un tarif de base hebdomadaire quel que soit le résultat afin d'éviter une utilisation aversive qui doit absolument être proscrite (ex. : 2 € d'argent de poche fixe et 1 € supplémentaire par nuit sèche).

Il est important de faire participer les deux parents ensembles quand cela est possible : par exemple l'argent peut être distribué par les parents le dimanche s'ils ne sont libres tous les deux que ce jour-là. Lorsque les parents sont séparés, un contrat écrit peut être établi, chacun recevant un exemplaire, afin d'éviter les oublis de distribution des renforçateurs. Ce système ne peut fonctionner que si l'enfant est motivé par l'acquisition hebdomadaire d'argent de poche transformable en divers achats positifs pour lui (magazine, livres, etc.). Avant de commencer le programme, il est important non seulement de se mettre d'accord sur la quantité d'argent de poche, mais aussi de bien en préciser l'utilisation.

L'aide éducative destinée aux parents

Lors des entretiens avec les parents, lorsqu'il y a soit carence éducative, soit discordance éducative entre les différents intervenants, il est important de rappeler les points suivants aux parents résumés par Schaefer (1995).

Accentuer les points positifs

• Apprendre à l'enfant quelques mots indiquant la nécessité d'éliminer. Veiller à répéter les mots dans le contexte approprié afin qu'ils fassent partie du vocabulaire de l'enfant.

• Prévoir un pot de chambre pour la période de l'apprentissage des toilettes. Faire ressentir à l'enfant qu'il s'agit d'un objet personnel.

• Féliciter l'enfant d'une part lorsqu'il s'assoit sur le pot et d'autre part, lorsqu'il élimine avec succès. Établir un tableau sur lequel sont inscrits les succès et les éventuelles récompenses (voir renforcement). Communiquer les progrès effectués aux autres membres de la famille.

• Accroître la motivation de l'enfant en lui faisant remarquer qu'être propre, c'est vouloir grandir et vivre de façon plus confortable. Passer en revue tous les inconvénients à ne pas être propre.

• Donner le sens des responsabilités à l'enfant : c'est lui qui décide et il a un rôle actif à jouer.
• L'inciter progressivement à être régulier : inscrire les horaires sur un tableau (après les repas par exemple).
• Anticiper le moment du besoin d'élimination chez l'enfant en observant son expression faciale ou sa façon de se tortiller, etc. L'emmener aux toilettes lorsque ces signes sont évidents. L'encourager et le féliciter.
• Demander régulièrement à l'enfant, entre les intervalles, s'il ressent le besoin de se rendre aux toilettes.
• Passer à des slips « d'exercices » plutôt qu'à des couches pour signaler à l'enfant qu'on le considère capable de contrôler ses fonctions de rétention. Lui montrer la fierté de le savoir à ce stade de maturité.
• Montrer à l'enfant qu'on attend de lui qu'il utilise le pot de chambre chaque fois qu'il le désire.
• L'autoriser à observer d'autres membres de la famille utilisant les toilettes de façon appropriée car les enfants apprennent considérablement en observant et en imitant ;
• Ne pas poursuivre et attendre si l'enfant ne paraît pas prêt ou résiste aux efforts de l'apprentissage.
• Si l'enfant présente fréquemment des accidents au cours de ses jeux, l'appeler et l'inciter à se rendre aux toilettes pendant ces périodes.
• S'attendre à quelques accidents même après une période de rémission qu'il ne s'agit pas de réprimander.
• Rester calme, patient et compréhensif pendant l'entraînement. Respecter une progression et encourager constamment. Utiliser le renforcement positif.
• Éviter de passer d'une attitude trop laxiste à une attitude trop stricte et maintenir une certaine constance dans ses exigences.

Minimiser les aspects négatifs

• Ne pas utiliser la punition lors d'un accident.
• Ne pas utiliser de stratégies négatives comme le blâme, la honte, la morale, etc. Ces méthodes tendent à exagérer le problème en rendant l'enfant nerveux, triste et malheureux. Ne pas utiliser d'expressions telles que : « Si tu m'aimes, il faut arrêter de faire pipi au lit ! », « Tu es paresseux et tu ne t'occupes pas de toi ! », etc.
• Ne pas forcer l'enfant à rester sur le pot plus de 5 à 10 minutes et ne pas l'autoriser à jouer dans les toilettes.
• Ne pas réduire les boissons avant d'aller dormir, cela peut compliquer le problème.
• Ne pas s'inquiéter si l'enfant est plus en retard que d'autres : chaque enfant se développe en fonction de ses propres critères, ne pas entrer pas en compétition avec d'autres familles pour voir quel enfant sera propre le premier !
• Ne pas se préoccuper de l'apprentissage de nuit tant que l'enfant n'est pas propre la journée.

Cas clinique

L'entretien diagnostique psychiatrique

La jeune G., âgée de 12 ans et demi, est adressée par son pédiatre à la consultation d'un service de psychopathologie de l'enfant et de l'adolescent, pour énurésie rebelle à plusieurs traitements d'une part, et pour apparition récente de tics du visage d'autre part.

G. a un frère plus âgé (15 ans) et un plus petit (2 ans). Ils ne présentent pas de problèmes particuliers. Le père est employé de maintenance et fait de l'entretien dans des immeubles. La mère s'est arrêtée de travailler après la première naissance. D'après les dires de la mère, l'enfant serait née avant terme mais elle n'a pas beaucoup de précisions à donner : poids de naissance 2,270 kg, G. a marché à 14 mois. La mère a du mal à préciser l'âge auquel l'enfant a parlé, mais toujours d'après ses dires, il s'agirait d'un âge « normal ». La propreté diurne est acquise entre 3 et 4 ans. Concernant l'énurésie nocturne, plusieurs tentatives ont échoué, notamment l'utilisation d'un appareil avertisseur vers 6 ou 7 ans. G. est rentrée à l'école à l'âge de 3 ans. Aucun problème alimentaire ni de sommeil n'est à signaler, en dehors de quelques cauchemars de temps en temps. Elle a été traitée également par différents médicaments : *Tofranil*, *Ditropan* et *Minirin*. Mais ces traitements n'ont pas été suivis très régulièrement, notamment par oubli. À cette époque, elle était peu gênée par le pipi au lit et, en général, elle ne se levait jamais, même lorsqu'elle était réveillée.

Actuellement, l'énurésie est quotidienne et il n'y a jamais eu de rémission. Des tics de la face et des clignements des yeux sont apparus depuis un mois : à noter que dans les antécédents familiaux, la mère a eu des tics également. Très récemment pour G., il y a eu apparition d'un tic nouveau consistant en un frottement des doigts avec un hochement d'épaules et de la tête mais sans coprolalie. Alors qu'au départ à l'école il n'y avait pas de problème, actuellement elle est devenue moyenne et redouble le CM2. On note des difficultés en mathématiques.

Au cours de l'entretien, la mère exprime sa gêne au sujet des tics de sa fille mais elle ne la gronde pas. Le père par contre intervient de façon plus aversive en lui promettant des « claques » concernant l'énurésie en particulier. Il a réellement donné une fessée une fois mais dans l'ensemble il n'intervient pas beaucoup sur le plan éducatif. Quant à G., c'est elle qui fait son lit mais elle ne change pas souvent le linge mouillé.

Au cours de l'entretien avec G., seule, elle exprime une forte gêne par rapport au pipi au lit et aux tics qui apparemment surviennent souvent lorsqu'elle est inoccupée. Elle insiste pour dire que son frère se moque d'elle. G. dort dans la même chambre que lui et se dispute beaucoup avec lui. On ne note pas d'angoisse de séparation. Elle a des amis et s'intéresse à diverses activités de son âge. À noter qu'elle n'est pas réglée.

Ce premier entretien permet d'établir un diagnostic psychiatrique à partir du DSM-IV-R :

- Axe I :
  - 30760 Énurésie fonctionnelle primaire exclusivement nocturne.
  - 30722 Tics moteurs.

▷

▷ – Axe II : V 71.09 Absence de diagnostic ou d'affection sur l'axe II.
– Axe III : 0 Absence d'affection et de troubles physiques.
– Axe IV : Sévérité des facteurs de stress.
  – Code 1 Événements aigus.
  – Code 1 Circonstances durables.
– Axe V : Évaluation globale du fonctionnement.
  – EGF actuel 55.
  – EGF le plus élevé de l'année écoulée 55.

L'entretien diagnostique comportemental

Questionnaire d'autoévaluation de l'énurésie par l'enfant

Le premier questionnaire consiste en une autoévaluation quotidienne remplie par l'enfant des réussites ou des échecs (lit sec ou lit mouillé). Il est demandé aux parents de remplir parallèlement le même type de questionnaire sans faire aucun commentaire, ni négatif ni positif, vis-à-vis de l'enfant. Ce questionnaire très simple est utile pour établir la ligne de base du projet thérapeutique et en même temps « mesurer » en quelque sorte la motivation de l'enfant et des parents à obtenir un changement. Il est conseillé, sauf cas particulier, de ne pas proposer de stratégie thérapeutique sans avoir obtenu un bilan d'autoévaluation d'au moins 2 semaines.

Questionnaire d'évaluation de l'énurésie par les parents

Destiné aux parents, il est rempli si possible même avant la première consultation, comme nous l'avons déjà abordé plus haut.

Questionnaire d'évaluation de l'énurésie par le thérapeute

Le thérapeute le remplit pendant la consultation à partir du questionnaire enfant/parents précédent. L'ensemble des données est reporté sur un arbre décisionnel à partir des réponses obtenues.

L'analyse fonctionnelle

Les points suivants ressortent :
– un manque d'utilisation de renforçateurs positifs et, à la place, une tendance à utiliser la menace et la punition ;
– un manque d'autoévaluation régulière des nuits sèches et des nuits mouillées ;
– un manque de participation active de G. par rapport à son problème d'énurésie (s'occuper du nettoyage des draps, etc.) ;
– des difficultés d'endormissement : G. lit tard au lit, jusqu'à 23 heures parfois ;
– une méconnaissance du fonctionnement de l'appareil urinaire de la part de G.

L'entretien informatif

Lors de la restitution de notre avis à la famille : nous avons insisté sur l'importance de :
– s'occuper du problème de l'énurésie avant celui des tics (pronostic plus favorable) ;
– ne pas reprendre une chimiothérapie immédiatement en ambulatoire suite aux échecs antérieurs ; ▷

▷ – proposer l'indication d'une psychothérapie cognitivo-comportementale en ambulatoire dans un premier temps. Bien entendu en cas d'échec en ambulatoire, il faudra envisager une hospitalisation d'une quinzaine de jours.

Avant d'aller plus loin, il est demandé à G. une autoévaluation pendant 15 jours après lui avoir présenté un schéma clair expliquant avec des mots simples le fonctionnement de l'appareil urinaire (fonction de « filtre », gonflement de la vessie, robinet de fermeture qu'il faut apprendre à fermer, etc.).

L'entretien motivationnel

Déception lors de ce 3e entretien ! En effet, ni l'enfant ni les parents n'ont été attentifs au respect du contrat insistant sur l'importance d'une évaluation précise quotidienne des « accidents ». Ils ne donnent qu'une réponse floue et imprécise. Nous sommes inquiets de constater un manque de motivation et le désir d'aller trop vite et de s'attendre à un traitement « miracle ». Nous insistons à nouveau en réexpliquant le plus clairement possible le tableau de l'analyse fonctionnelle et nous proposons un nouveau rendez-vous.

Le premier entretien thérapeutique

Cette fois G. nous a remis une autoévaluation précise du trouble et toute la famille est soulagée de pouvoir débuter la thérapie. La fréquence de l'énurésie n'a pas changé : ce facteur n'est donc pas intervenu dans cette thérapie précise. Les quatre stratégies thérapeutiques suivantes sont proposées.

Les stratégies thérapeutiques envisagées sur le plan comportemental

– Poursuivre l'évaluation régulière des nuits sèches et des nuits mouillées.

– Donner 1 € d'argent de poche, chaque dimanche, en présence du père et de la mère, quel que soit le bilan de la semaine.

– Ajouter 0,20 € supplémentaire par nuit sèche, avec possibilité d'acheter avec cet argent une revue de son âge qui l'intéresse particulièrement.

– Renforcer verbalement chaque nuit sèche sans faire de commentaire négatif vis-à-vis des nuits mouillées, même pendant le repas du soir.

– Ne plus lire au lit le soir afin de ne pas associer lecture et lieu où doit se réaliser l'endormissement. En cas de désir de lecture, le faire plutôt dans le salon.

Il n'est pas envisagé directement de séances de relaxation mais cette possibilité est retenue.

Par la suite, si les résultats sont insuffisants, il sera proposé la reprise d'un appareil avertisseur avec réveille-matin, car la mère prétend que l'appareil utilisé quelques années auparavant n'avait pas fonctionné correctement à cause d'un défaut technique de l'appareil.

Les stratégies thérapeutiques envisagées sur le plan cognitif

– Supprimer définitivement l'utilisation de la punition.

– Ne plus faire aucun commentaire au sujet des tics.

Les stratégies thérapeutiques envisagées sur le plan familial

Les parents acceptent de signer un *contrat thérapeutique* établi entre eux, l'enfant et le thérapeute. ▷

▷ Concernant les difficultés scolaires évoquées lors du premier entretien, selon le rapport de la maîtresse remis à la mère et présenté au thérapeute, l'acquisition des mathématiques pose problème et il ne semble pas que G. reçoive de l'aide à la maison. Elle propose de la garder à l'étude le soir et d'envisager une aide individuelle si possible.

Sur la demande de l'enfant, une inscription à des cours de danse et à un club piscine est prévue pour obtenir une meilleure relaxation de son corps et peut-être par voie de conséquence un meilleur endormissement.

Les tâches à domicile

Exiger une participation plus active aux tâches ménagères (rangement et nettoyage des draps).

Le deuxième entretien thérapeutique

Nous sommes déçus car les choses n'ont pas beaucoup évolué sauf un fait important nouveau : l'apparition de ses premières règles !

Pour le reste, il y a eu énormément de réticence de la part de la famille, notamment du père, à organiser ce qui a été demandé (cours de danse et gymnastique). Concernant le bilan, on note 2 nuits sèches sur 15 nuits.

Nous décidons d'utiliser un appareil avertisseur en accord avec G. et sa mère en les informant que le père, qui n'a pu se déplacer à la consultation, peut nous appeler par téléphone s'il le souhaite.

Le troisième entretien thérapeutique

Le bilan de l'autoévaluation est toujours correctement rempli (3 nuits sèches sur 31 nuits) mais malheureusement on note à nouveau un manque de participation des parents « La danse c'est trop cher, la piscine c'est trop loin et l'appareil avertisseur, cela ne marche pas ! » Pour ce qui est de l'étude du soir, rien n'a été envisagé. Un nouveau contrat est proposé et dans le cas où il ne serait pas réalisable, en accord avec elle, G. sera hospitalisée 15 jours dans le service. Le père téléphonera pour faire connaître sa décision. G. continue à percevoir 1 € d'argent de poche par semaine et 0,20 € supplémentaire par nuit sèche.

Le quatrième entretien thérapeutique

Le père a été convaincu par téléphone de l'achat de l'appareil avertisseur avec réveille-matin et celui-ci a été correctement utilisé. À noter que l'appareil a été acheté en partie avec l'argent personnel de G., en accord avec elle. Pendant les 15 premières nuits, on note un réveil sans sonnerie. Au bout de la 17e nuit, on constate que l'enfant dort sans uriner et sans se réveiller jusqu'au matin. Il est donc conseillé à G. de poursuivre l'utilisation de l'appareil avertisseur.

Le cinquième entretien thérapeutique

L'appareil n'a plus jamais sonné et G. dort sans besoin d'uriner et sans réveil jusqu'au matin.

Il a été décidé d'arrêter l'utilisation de l'appareil.

Résultats : suivi et maintien

Des contacts ont été repris avec G. et sa famille après un an puis un an et demi et le résultat s'est maintenu sans rechute. En ce qui concerne les tics, il a ▷

▷ été noté une diminution de ceux-ci après traitement de l'énurésie (selon G. et ses parents), mais avec parfois une réapparition passagère principalement au moment des examens. Une consultation spécialisée dans ce domaine leur a été proposée mais ils n'ont jamais pris rendez-vous car G. ne s'en plaignait plus.

Commentaires

Ce cas était difficile à traiter à plusieurs égards. D'abord parce qu'il y avait association d'énurésie et d'autres troubles (tics) chez une fille de 12 ans et demi et ensuite parce que de nombreux traitements avaient été tentés auparavant. De plus, le père était très réticent. À noter qu'il n'y a pas eu de substitution de symptôme après la suppression de l'énurésie mais paradoxalement, une diminution de 1 ensemble des tics, du moins selon G. et sa famille.

Contrat thérapeutique établi entre l'enfant, ses parents et le thérapeute

Je m'engage à :

1. poursuivre quotidiennement l'évaluation des nuits sèches et des nuits mouillées ;
2. m'occuper plus activement du nettoyage des draps ;
3. ne plus lire au lit tard le soir.

Ce qui m'intéresse :

1. mes parents me donnent 1 € d'argent de poche chaque dimanche et 0,20 € supplémentaire par nuit sèche (je peux m'acheter une revue qui m'intéresse) ;
2. je vais m'inscrire à un cours de danse et à un club piscine.

Remarques :

1. mes parents s'engagent à ne pas critiquer les nuits mouillées : ne plus utiliser la punition et ne plus en parler au cours des repas ;
2. pour les difficultés scolaires : je fréquente l'étude du soir ;
3. mon entourage ne fera plus aucun commentaire concernant les tics.

Signatures :

1) le thérapeute 2) le père 3) la mère 4) l'enfant

Références

Cochat P. (Ed). (1997). Énurésie et troubles mictionnels de l'enfant. Paris : Elsevier.

Cottraux J., Bouvard M., & Légeron P. (Eds). (1985). Méthodes et échelles d'évaluation des comportements. Issy-les-Moulineaux : Echelles d'Applications Psychotechniques.

DSM-IV-R (2003). Manuel diagnostique et statistique des troubles mentaux. Paris : Masson.

Duché D.J. (Ed). (1968). L'énurésie. Paris : Presses Universitaires de France.

Grapin, C., & Forin, V. (2006). Trouble mictionnel de l'enfant : l'examen clinique. Paris : Entretiens de Bichat.

Hellström, A.L., Hanson, E., Hansson, S., Hjälmas, K., & Jodal, U. (1990). Incontinence and micturition pattern in 7-years-old Swedisch school entrants. European Journal of Pediatrics, 149, 434-437.

Houts, A.C., Berman, J.S., & Abramson, H. (1994). Effectiveness of psychological and pharmacological treatments for nocturnal enuresis. Journal of Consulting and Clinical Psychology, 62, 737-745.

Leveau J. (Ed). (2000). Mon enfant apprend à être propre. Héricy : Du Puits Fleuri.

Lottman, H. (2002). Enquête nationale : conséquences psychologiques de l'énurésie. Paris : Laboratoires Ferring.

Rushton, G. (1989). Nocturnal enuresis: epidemology, evaluation and currently available treatment option. J. Pediatr, 114, 691-696.

Schaefer C. (Ed). (1995). Childhood Encopresis and Enuresis : Causes and Treatment. New York : John Wiley & Sons.

Vande Walle, J., Hoebeke, P., & Raes, A. (1997). Les différents profi ls de diurèse nycthémérale. Archives de Pédiatrie, 4(Suppl. 1), 7s-9s.

Yeung, C.K. (2007). *Course presentation*. Hong-Kong : Congrès de l'ICCS.

Pour en savoir plus

Averous M. (Ed). (2001). *Guide pratique de l'énurésie*. Paris : SCI.

Dugas M., & Gérard Ch. (Eds). (1989). *L'énurésie vue par le psychiatre Laboratoires Ferring*. Paris : Assises Nationales de l'Énurésie.

Jeambrun, P., Blum, D., Daloz, C., Demolombe, E., Elisseeff, A.C., Excoffi er, P., et al. (1995). Énurésie : résultats thérapeutiques sur 5 ans entre 1988 et 1992 à Lons-le-Saunier, Jura, France. *Presse Thermale et Climatique, 4*, 230-235.

Kristensen, G., & Jensen, I. (2003). Meta-Analysis of results of alarm treatment for nocturnal enuresis : reporting practice, criteria and frequency of bedwetting. *Scandinavian Journal of Urololy and Nephrology, 37*, 232-238.

Leveau J. (Ed). (2006). *Pour que votre enfant n'ait plus peur*. Paris : Odile Jacob.

Schmit, G., & Soulé, M. (1995). L'énurésie infantile. In S. Lebovici, R. Diatkine, & M. Soulé (Eds), *Nouveau traité de psychiatrie de l'enfant et de l'adolescent* (pp. 1751-1770). Paris : PUF.

13 Dépendance au cannabis

L.-P. Vera

L'adolescence est une période à risque en ce qui concerne l'utilisation de certains toxiques comme le tabac, l'alcool, le cannabis et autres drogues illégales. C'est en tout cas la période où les adolescents vont être mis en présence de la plupart de ces substances, durant laquelle se façonneront leurs relations avec ces substances. Le risque de cette utilisation vient notamment du fait que leur système neurobiologique est encore en cours de maturation.

Ces dernières années, l'usage de cannabis s'est largement accru dans les pays industrialisés, de plus, les jeunes commencent de plus en plus tôt. Le cannabis est la première drogue illicite consommée en France (plus de 80 % de l'ensemble des stupéfiants). Une étude de l'observatoire français des drogues et des toxicomanies (OFDT) datant de 2009 a montré l'ampleur de la consommation du cannabis en France parmi les jeunes populations. Le taux de consommation de tabac et de cannabis parmi les adolescents en France est le plus fort des taux européens. Selon cette étude, 42 % des adolescents de 12 à 17 ans déclaraient avoir expérimenté (c'est-à-dire avoir consommé au moins une fois) du cannabis. La France comptait 3,9 millions de consommateurs (au moins une fois dans l'année) de cannabis en 2005 dont 1,2 million de consommateurs réguliers (au moins 10 fois par mois).

Le cannabis se présente sous différentes formes : la résine de cannabis (haschisch ou « shit »), les feuilles de marihuana, ou encore l'huile de haschisch. Il peut être consommé de diverses façons. La résine de cannabis peut être fumée avec du tabac dans des joints, elle peut être inhalée dans des « bangs ». Les feuilles de haschisch sont séchées, écrasées puis mélangées à du tabac dans des joints. L'huile de cannabis est utilisée pour enduire du papier à cigarette ou versée sur les feuilles de marihuana afin d'augmenter les effets psychoactifs des joints. L'huile peut aussi être consommée par voie orale dans certaines préparations comme les *space cake*.

Le composé actif du cannabis est le Δ9-tétrahydroxycannabinol (Δ9THC). La concentration sanguine du principe actif et son degré d'absorption dépendent de la manière dont il est utilisé. Lorsque le cannabis est fumé, la moitié du principe actif est absorbée rapidement donnant des effets après quelques minutes, qui vont durer plusieurs heures. Les effets sont plus progressifs lorsque le cannabis est ingéré, l'absorption étant ralentie par un premier passage hépatique, les effets peuvent alors durer plusieurs heures, ils sont également plus intenses.

TCC chez l'enfant et l'adolescent

Il existe différents modes de consommation du cannabis : la consommation festive, la consommation à visée thérapeutique et la consommation anesthésiante, celle qui empêche de penser. La consommation festive est celle de la découverte, de la transgression, du plaisir lors d'une soirée entre amis où les joints « tournent ». Tous les consommateurs ne deviennent pas dépendants et la plupart en font un usage récréatif. Il s'agit d'un véritable phénomène de société actuellement où plus de la moitié des adolescents ont essayé au moins une fois le cannabis. Comme le dit Pierre, 17 ans « Tout le monde fume, il est impossible d'aller à une soirée où il n'y a pas au moins un joint qui tourne ». L'usage thérapeutique concerne les jeunes qui sont séduits par ses propriétés relaxantes et/ou hypnotiques, le cannabis permet alors de contrôler des symptômes anxieux, ou bien de faciliter le sommeil en fonction de l'effet recherché. Le cannabis anesthésiant est celui à visée échappatoire, celui qui permet de s'extraire des problèmes de tous les jours, la consommation est quotidienne et importante. Il est difficile pour ces individus de cesser l'utilisation du cannabis, les difficultés psychologiques revenant alors au galop. C'est le cas de Vincent, 25 ans, il consomme 7 joints par jour depuis 3 ans. « J'ai fumé mes premiers joints au collège, en soirée… au bout de quelques mois, j'ai commencé à fumer seul, entre les cours, le soir avant de me coucher… j'ai essayé d'arrêter à plusieurs reprises mais à chaque fois je me sens envahi d'un mal-être… »

Les effets de la consommation du cannabis

Le système endocannabinoïde

Les effets du cannabis sur l'organisme sont relayés par le système cannabinoïde endogène. Ce système joue un rôle de régulateur sur de nombreuses fonctions : l'humeur, les fonctions motrices, les perceptions, l'appétit, la mémoire, le sommeil, certaines fonctions cognitives et le système immunitaire. Le cannabis agit sur ce système par l'intermédiaire de plus de 60 composés actifs dont le plus significatif est le Δ9THC. Deux types de récepteurs cannabinoïdes ont été isolés : les récepteurs CB1 largement répartis dans le cerveau et les récepteurs CB2 présents dans le système immunitaire.

Les récepteurs CB1 sont présents dans le cortex cérébral, au niveau de l'hippocampe et du striatum, au niveau des ganglions de la base, du thalamus et du cervelet. Ils sont responsables des effets psychotropes des cannabinoïdes. L'effet inhibiteur du cannabis sur les performances psychomotrices et la coordination est corrélé à la forte concentration de récepteurs CB1 au niveau des noyaux de la base et du cervelet (Phan *et al.*, 2005). Sa présence au niveau de certaines couches du cortex et dans l'hippocampe est à relier à ses effets délétères sur la mémoire à court terme.

Les récepteurs CB2 sont présents dans les macrophages, la rate, les lymphocytes B et T. Ils sont impliqués dans les effets immunomodulateurs des cannabinoïdes.

Le cannabis agit également sur le système de récompense (système dopaminergique mésolimbique). Ce système est activé par de nombreuses drogues entraînant des dépendances, notamment la cocaïne, les amphétamines, la nicotine et l'alcool (Ikemoto, 2007).

Les effets à court terme

Les effets à court terme du cannabis sont observés quelques minutes après inhalation et vont durer quelques heures. En cas d'ingestion, les effets se manifestent quelques heures après ingestion. Les effets sont retardés et moins puissants chez les usagers réguliers. Ils sont également très variables d'un individu à l'autre.

Les effets immédiats sont un sentiment d'euphorie et de relaxation. Une sensation de détachement par rapport au milieu environnant se fait ressentir, elle est associée à une légère somnolence et à des troubles de la concentration. La perception du milieu extérieur se trouve modifiée, notamment en ce qui concerne les couleurs et les sons, la perception du temps est également déformée. Laurent, 17 ans, explique « Les sensations ont décuplées, c'est incroyable, on entend mieux… on peut distinguer chaque note de musique ». La motricité fine est modifiée et le temps de réaction allongé, expliquant l'implication grandissante du cannabis dans les accidents de voiture chez les jeunes.

Le cannabis affecte la mémoire à court terme (mémoire de travail) entraînant un effet amnésiant à des degrés variables. Ces effets pourraient se manifester jusque plusieurs semaines après arrêt de l'intoxication selon certains auteurs (Pope, 1995).

Il n'existe pas d'overdose comme avec certaines drogues mais certains utilisateurs vont ressentir des effets négatifs, ce qu'ils appellent un « mauvais trip ». Ils peuvent alors être anxieux à des degrés variables, voire développer une véritable attaque de panique, quelques-uns décrivent également de véritables réactions paranoïdes, un sentiment de dysphorie, une dépersonnalisation, une déréalisation. Il n'est pas rare de voir dans les services d'urgences psychiatriques des jeunes ayant absorbé de l'alcool et fumé du cannabis dans ces circonstances. Laure, 15 ans, amenée par les pompiers dans un service d'urgence psychiatrique parisien explique : « On a beaucoup bu et j'ai tiré deux fois sur le joint pour faire comme tout le monde… je me sentais mal, je me suis penchée par la fenêtre, mes amis ont eu peur, je ne voulais pas sauter mais je ne savais pas non plus quoi faire… » Pour mémoire, la poly-intoxication est très fréquente dans ces cas, notamment l'association cannabis et alcool.

Les symptômes physiques de l'intoxication au cannabis sont : une hyperhémie conjonctivale, une augmentation de l'appétit, une sécheresse de la bouche et une tachycardie.

Les effets à long terme

Le développement d'un effet de tolérance associé à une dépendance est largement reconnu lors de l'utilisation prolongée de cannabis. La tolérance avec nécessité d'augmenter les doses de cannabis pour obtenir un même effet a été rapportée par 27 % des garçons et 36 des filles d'une cohorte de consommateurs de cannabis et par plus de 60 % des sujets dépendants sur une cohorte issue de la population générale (Chabrol *et al.*, 2000). La tolérance s'installerait après seulement 3 semaines d'utilisation quotidienne du cannabis (Jones, 1983).

Le syndrome de manque, encore méconnu il y a quelques années, a bien été caractérisé depuis (Wiesbeck *et al.*, 1996 ; Perkonigg *et al.*, 1999). Le sevrage débute 24 heures après arrêt de la consommation de cannabis, les symptômes sont maximaux après 72 heures, ils comportent : irritabilité, agressivité, agitation, anxiété, troubles du sommeil, cauchemars, difficultés de concentration, baisse de l'humeur et de l'appétit. Les signes de sevrage disparaissent après 7 à 10 jours.

Certains facteurs rendent difficile l'évaluation des effets à long terme du cannabis, notamment la fréquente consommation d'autres toxiques (alcool, tabac), la présence de comorbidités psychiatriques (trouble anxieux, dépression), l'usage du cannabis pour atténuer des prodromes de psychose.

On a cependant pu individualiser un certain nombre d'effets causés par l'utilisation du cannabis au long cours. Une altération de la mémoire à court terme a été mise en évidence, elle serait réversible. Le syndrome amotivationnel est bien décrit et assez bien reconnu par les utilisateurs de cannabis. Ce syndrome comporte un apragmatisme important, une anhédonie, une intolérance à la frustration, un ralentissement psychique. Les répercussions sur la scolarité peuvent êtres majeures avec baisse des résultats scolaires, absentéisme, désinvestissement des études. Ce syndrome est actuellement contesté, pour certains il est difficile d'en imputer la cause au cannabis seul du fait d'une poly-intoxication fréquente, d'une thymie souvent dépressive à l'adolescence. On retrouve cependant ce syndrome amotivationnel chez des patients plus âgés (25-35 ans) n'ayant pas d'intoxication associée, de psychopathologie sous-jacente ou de trouble thymique. Ces patients sont, par ailleurs, bien insérés socialement mais se plaignent d'une difficulté à se lever pour aller au travail, d'un manque d'intérêt pour sortir avec leurs amis. Ces éléments disparaissent lorsqu'ils cessent toute intoxication cannabique.

Les complications

Plusieurs études ont montré, à ce jour, les effets néfastes du cannabis chez les adolescents de moins de 14-15 ans chez lesquels les connexions neuronales sont encore en voie de constitution. Arseneault *et al.* (2004) ont fait le point sur quatre études majeures établissant un lien entre cannabis et schizophrénie, ils concluent que l'incidence de la schizophrénie pourrait diminuer de 8 % au niveau de la population générale si le cannabis n'était plus consommé. Une de ces quatre études portant sur 50 000 recrues militaires montrait un risque relatif de 2,3 de développer une schizophrénie chez les consommateurs de cannabis ; une autre étude majeure portant sur 1 037 individus montrait un risque relatif de 3,1 lors d'une consommation de cannabis avant 15 ans. Si le cannabis n'est une cause ni nécessaire ni suffisante de psychose, il s'intègre cependant dans un contexte multifactoriel complexe pouvant déclencher une psychose (Arseneault *et al.*, 2004). Une grande étude multicentrique est actuellement (2007-2008) en cours, en France, afin de confirmer ces résultats, l'étude ICAAR (influence du cannabis sur l'émergence de symptômes psychopathologiques chez les adolescents et jeunes adultes présentant un état mental à risque). Une étude récente (Bangalore *et al.*, 2008) a démontré l'existence d'altérations cérébrales des régions riches en récepteurs CB1 chez les patients fumeurs de cannabis présentant un premier épisode psychotique, comparés aux non-fumeurs.

Le cannabis a également été impliqué dans le développement d'épisodes psychotiques aigus et transitoires (D'Souza *et al.*, 2005), épisodes généralement réversibles en moins de 24 heures.

Des effets sur le système respiratoire ont été constatés chez les fumeurs au long cours avec une toux chronique, une expectoration, un ronflement et des effets histopathologiques. Les effets du tabac et du cannabis seraient additifs au niveau de la muqueuse bronchique avec, entre autres, des modifications précancéreuses (Fliegel *et al.*, 1997).

Le passage à la consommation d'autres types de drogue mérite également d'être souligné, qu'il s'agisse d'héroïne, de cocaïne ou d'autres substances illicites (Kandel et Chen, 2000 ; Boyce et McArdle, 2007).

Diagnostic et évaluation

La tolérance à une substance est définie par la présence d'une pharmacodépendance objectivée par la présence d'une tolérance à la substance et l'apparition de signes de sevrage lors de l'arrêt de la prise de cette substance. La vie du sujet va progressivement se centrer autour du cannabis dont il va poursuivre la consommation malgré les répercussions sociales et/ou scolaires.

Les critères de dépendance du DSM-IV-TR sont la persistance d'au moins trois des troubles suivants depuis au moins 12 mois :

- développement d'une tolérance ;
- syndrome de sevrage caractéristique ;
- utilisation du cannabis plus importante que celle désirée ;
- présence d'un désir important ou d'efforts infructueux pour cesser l'utilisation de cannabis ;
- abandon d'activités sociales, professionnelles ou de loisirs importantes à cause de l'utilisation du cannabis.

Des facteurs de risque d'une utilisation nocive du cannabis ont été mis en évidence (Phan *et al.*, 2005) :

- précocité de la consommation ;
- poly-intoxication ;
- recherche d'ivresse cannabique ;
- utilisation régulière dans un but autothérapeutique ;
- répétitivité des consommations ;
- comorbidité psychiatrique ;
- facteurs familiaux ;
- facteurs sociaux.

Il existe plusieurs outils d'évaluation de la consommation de cannabis, la plupart sont des outils de détection primaire indiquant la nécessité d'une évaluation plus approfondie. Cette évaluation devra prendre en compte divers facteurs tels que la présence de facteurs de risque d'une utilisation nocive, le mode de consommation, l'environnement familial, les répercussions sociales et scolaires. Il est primordial de rechercher une psychopathologie sous-jacente qu'il faudra alors traiter ; ces patients rechutent beaucoup plus que les autres.

Le questionnaire CAGE a été développé et validé aux États-Unis. CAGE est l'acronyme des quatre questions posées : *Cut down your Dinking, Annoyed by criticism, Guilty about drinking, Eye opener in the morning*. Il a initialement été développé (Ewing, 1984) pour évaluer la consommation d'alcool. Cet outil très simple à utiliser a été adapté au cannabis, sa traduction française est le DETA-CAGE Cannabis. Les items pris en compte sont le besoin ressenti de diminuer la consommation de cannabis, les remarques éventuelles de l'entourage, le degré de consommation (trop ?) et le besoin d'en fumer dès le matin.

À partir de deux items positifs, il y a une très forte probabilité de consommation excessive ou de dépendance au cannabis.

Le questionnaire d'autoévaluation ALAC (*Alcohol Advisory Council*) a été développé en 1996 par une équipe néo-zélandaise. Il a été adapté à l'usage du cannabis et traduit en français. Les divers éléments pris en compte étant centrés sur le retentissement de l'usage du cannabis sur le court et le moyen terme ainsi que l'apparition de signes de dépendance chez le fumeur. Un score supérieur ou égal à trois indique un usage nocif de cannabis.

Plus récemment, une équipe française (Karila *et al.*, 2007) a proposé un questionnaire simple, adaptation du CRAFFT qui a été développé et validé aux États-Unis (CRAFT étant l'acronyme de 7 des 23 items de cette échelle). Il s'agit d'un outil de repérage large d'une utilisation nocive de substances psychoactives licites ou non. L'adaptation française, le CRAFFT-ADOSPA (Auto Détente Oubli Seul Problèmes Amis), permet de distinguer deux niveaux de risque : un score supérieur ou égal à 2 indique des consommations régulières d'alcool et de cannabis, un score supérieur ou égal à 3 traduit déjà une gravité des consommations. Le questionnaire CRAFFT-ADOSPA comprend 6 items simples comme le fait d'avoir déjà conduit sous l'emprise de substances, les répercussions des substances, le fait d'en consommer seul, les remarques de l'entourage concernant la prise de substances. Ce questionnaire a, pour l'instant, été validé pour une utilisation à large échelle.

Le traitement d'un adolescent

Le traitement de la dépendance au cannabis chez les adolescents a été largement développé et étudié de manière standardisée aux États-Unis sous la bannière de l'imposant programme *Cannabis Youth Treatment* (CYT). Les effets de différentes méthodes de traitement ont été comparés lors d'une grande étude multicentrique portant sur 600 adolescents fumeurs de cannabis (Dennis *et al.*, 2004). Les prises en charge proposées ont montré une efficacité comparable, il s'agissait d'entretiens de motivations associés à une thérapie comportementale et cognitive et une approche familiale multidimensionnelle.

Un facteur essentiel dans le traitement cognitivo-comportemental des dépendances à une substance psychoactive comme le cannabis est l'association de ces techniques à des entretiens motivationnels. Ils visent à aider le patient à changer le comportement problématique, et reposent sur le principe que les changements ne se feront que si la personne le désire elle-même.

Les entretiens de motivation sont ainsi fondés sur le modèle du changement de Prochaska et Di Clemente (1986). L'individu passe par un certain nombre de phases avant d'enclencher un processus thérapeutique. Le thérapeute doit l'accompagner tout au long de ces stades et, au mieux, faciliter le passage d'un stade au stade suivant. Les stades du processus de changement de Prochaska et Di Clemente sont :

- la précontemplation ;
- la contemplation ;
- la décision ;
- l'action ;
- le maintien.

Les individus qui n'envisageant pas de modifier leurs comportements perçus comme pathogènes par l'extérieur, sont des *précontemplateurs*. Chez ces patients, la motivation au changement est extérieure, elle peut résulter d'une pression familiale, d'une maladie intercurrente, d'un facteur social (ex. : baisse des résultats scolaires, redoublement). Les adolescents nous parviennent à ce stade, où la consultation est motivée par exemple par une inquiétude parentale.

Phase de précontemplation

Patient : « Ce sont mes parents qui voulaient que je vienne vous voir, moi je ne pense pas avoir de problèmes... ».

Thérapeute : « Puisque tu es là, nous pourrions en profiter pour faire le point sur ce qui inquiète tes parents, le plus objectivement possible ».

P : « D'accord mais je vous préviens je ne compte pas m'arrêter de fumer parce que ça pose un problème à mes parents... ».

Ensuite vient la phase de contemplation où le patient admet son problème et étudie les possibilités de changement, il est dans une phase de préparation au changement où le thérapeute renforce sa réflexion avec un questionnement actif. À cette étape, les processus de changement sont engagés dans une observation des autres, la recherche d'information, la prise de conscience de sa conduite addictive et des répercussions négatives qu'elle peut avoir.

Phase de contemplation

P : « C'est vrai que je fume plus qu'avant... j'ai du mal à dormir sans et quand je suis en vacances et que je n'en ai pas, c'est pire ».

T : « Si je comprends bien, tu cherches à te procurer du cannabis même si tu es en vacances, disons à l'étranger ? ».

P : « Oui, parfois c'est vraiment chaud... de toute façon je ne vois vraiment pas comment je pourrais arrêter, mes amis fument tous et on ne fait que ça en soirée ».

T : « Ne vous arrive-t-il pas de faire autre chose que de fumer lorsque tu es avec tes amis ? ».

P : « Je ne sais pas, on fume dès qu'on se retrouve, voilà tout... »

Le thérapeute, qui connaît les implications et les complications de l'addiction au cannabis, lui fournit pendant cette phase des informations objectives. Dans le souci de maintenir une alliance thérapeutique, il ne s'agit pas de rentrer dans un débat idéologique sur le cannabis, que le patient aura eu à maintes reprises avec ses parents, mais de proposer une écoute empathique. On pourra ainsi pointer les contradictions liées à la dépendance au cannabis dont les répercussions sont nombreuses.

Ce stade est suivi d'une prise de *décision* où le patient envisage les actions nécessaires au changement. Durant cette phase est prise la résolution de changer ; l'aide du thérapeute est alors essentielle, notamment pour les patients ayant vécu des échecs de tentatives de sevrage précédentes. Le thérapeute développe le sentiment d'efficacité personnelle, afin que la prise de cannabis ne soit pas vécue comme inéluctable.

Phase de décision

P : « Je pense que je devrais arrêter, ça me coûte cher, j'ai le bac à passer et ça devient urgent de me mettre au travail… j'ai peur de ne pas y arriver ».

T : « Qu'est-ce qui te fait craindre de ne pouvoir y arriver ? ».

P : « C'est surtout que c est une habitude maintenant, j'allume mon joint le soir quand je me couche, c'est comme un rituel, c'est chaud d'arrêter »

Lorsque l'adolescent s'exprime en mettant en avant sa motivation à arrêter, il est important de renforcer positivement l'idée qu'il pourrait avoir son baccalauréat, renforcer la projection dans le temps afin de le décentrer de l'obstacle actuel

T : « Il me semble bien que tu m'as dit lors des premiers entretiens que tu souhaitais faire une école de journalisme. Ne penses-tu pas que d'arrêter de fumer et ainsi augmenter la probabilité d'avoir ton bac est un premier pas vers cet objectif ? »

Il est important de décentrer les enfants et les adolescents dans l'espace et dans le temps, et surtout en les faisant imaginer ce que d'autres jeunes de leur âge feraient s'ils étaient confrontés à ce problème. La technique des jeux de rôle est souvent pratiquée, l'adolescent jouant le rôle de l'ami qui encourage le fumeur de cannabis, le thérapeute résiste activement aux bons conseils du patient. En général, on observe une réaction d'étonnement du patient quand il voit le thérapeute défendre avec véhémence « sa conduite de consommation » certains expliquent leur étonnement en disant qu'ils ont l'impression d'un effet miroir, ils disent « C'est exactement ce que je disais à mes parents ».

Au stade de l'*action*, le patient a mis en exécution les décisions prises et a cessé la consommation de cannabis. Il devra alors faire face aux pressions de l'environnement et son degré de détermination sera capital pour la suite.

Phase d'action

P : « Je suis content, j'ai arrêté depuis 3 semaines, je pensais ne pas pouvoir y arriver, finalement je ne dors pas plus mal, j'ai l'impression que j'ai moins de mal à me concentrer, mes parents sont contents, on s'engueule moins à la maison ».

T : « Félicitations… nous devons maintenant discuter de ta décision. Comme tu as pu le constater, nous avons abordé ce qui était pour toi un obstacle à l'arrêt du cannabis. Ces obstacles tu les vivais mal, tu avais un sentiment de révolte car tu avais l'impression qu'on ne te comprenait pas ; mais en fait, fumer du cannabis dans notre société est considéré comme un problème et il est impossible d'être d'accord avec toi sur ce point. Ce qui pour toi était une ▷

habitude, est pour nous, cliniciens, un problème. Je pense qu'actuellement tu perçois le cannabis beaucoup moins comme une solution pour dormir mais plutôt comme un problème pour toi. Afin d'éviter toute possibilité de rechute, nous devons continuer les séances, de manière plus espacée mais pendant un certain temps. »

Il est en effet indispensable de proposer à l'adolescent des séances de renforcement afin de maintenir un sevrage.

Il faut apprendre au patient à développer des stratégies alternatives afin qu'il puisse faire face aux situations de consommation, il doit apprendre à reconnaître les situations à risque de consommation et à y faire face. Cela passe par l'acquisition de compétences. Pour ce faire, plusieurs techniques sont enseignées au patient :

- techniques de gestion du stress et techniques de relaxation ;
- réaménagement de certains aspects de sa vie afin d'être confronté le moins souvent possible au produit (un évitement complet paraît illusoire) ;
- entraînement aux habiletés sociales, notamment affirmation de soi.

Si le patient est passé avec succès par toutes ces étapes, il entre alors dans une phase de maintien où il va soit maintenir le sevrage cannabique, soit rechuter dans ses habitudes de consommation.

En résumé, les entretiens de motivation sont une méthode qui aide le patient à :

- prendre conscience du caractère problématique de ses comportements ;
- explorer son ambivalence et ses contradictions, percevoir et formuler le dilemme auquel son comportement le confronte ;
- déterminer quels changements il souhaite entreprendre tout en respectant et en renforçant son sentiment de liberté de choix ;
- prendre la décision d'accomplir ce changement ;
- faire le choix de moyens pour atteindre les objectifs auxquels il aspire.

Les cinq principes des entretiens de motivation

- Exprimer de l'empathie.
- Développer la conscience des contradictions.
- Éviter le débat ou la confrontation.
- Composer avec la résistance.
- Renforcer le sentiment d'efficience.

Les techniques motivationnelles consistent à :

- poser des questions ouvertes ;
- pratiquer l'écoute active ;
- pratiquer régulièrement de brefs récapitulatifs des propos du patient ;
- renforcer les propos du patient qui expriment une motivation à changer.

Comme nous pouvons le constater, les troubles addictifs nécessitent une très bonne adhésion, il est souvent observé chez les patients qui consultent l'expression d'une forte motivation mais en fait, il s'agit d'une envie d'échanger et absolument pas d'une prise de décision de changer de comportement. En quelque sorte, nous pouvons assimiler cette envie à une pensée magique où les moyens pour arriver à éliminer le comportement sont fortement minimisés. La prise en charge de ce type de patients montre un pourcentage non négligeable qui, malgré l'envie de changer, n'est pas du tout prêt à assumer la décision de changements. L'indication de thérapie comportementale et cognitive est donc différée.

Plan du traitement

Séances 1 à 3

Sur le plan comportemental et cognitif :

- Évaluation diagnostique (mode de consommation, association à d'autres substances, phénomène de tolérance avec augmentation de la consommation, présence de critères de dépendance).
- Évaluation de comorbidités (état dépressif majeur, trouble anxieux, personnalité schizoïde, symptomatologie psychotique de mauvais pronostic, personnalité émotionnellement labile).
- Passation des échelles d'évaluation (questionnaires DETA-CAGE, ALAC et CRAFFT-ADOSPA).
- Évaluation de la présence de facteurs de risque d'une utilisation nocive du cannabis.
- Information sur la consommation de cannabis, notamment ses effets à court, moyen et long terme.
- Recherche des complications.
- En fonction de l'évaluation : prescription d'un traitement antidépresseur, anxiolytique, envoi du patient vers un spécialiste des addictions pour prise en charge complémentaire.

Tâches assignées :

- Auto-observation de la consommation.

Séances 4 à 6

Sur le plan comportemental et cognitif :

- Entretiens motivationnels : aider le patient à prendre conscience du caractère problématique de sa consommation, à déterminer les changements qu'il souhaite entreprendre.
- Évaluation de la nécessité de lui enseigner des techniques alternatives pour gérer les difficultés qu'il rencontre au quotidien.
- Évaluation des facteurs environnementaux de maintien de la consommation (relations amicales, famille parfois).

Tâches assignées :

• On demande au patient d'entamer une réflexion personnelle sur sa manière d'envisager un nouveau mode de vie sans consommer de cannabis.

Séances 7 à 9

Sur le plan comportemental et cognitif :

• Apprentissage des techniques de gestion du stress, des techniques de relaxation.

• Entraînement aux habiletés sociales, affirmation de soi si nécessaire.

• Poursuite des entretiens motivationnels éventuellement.

Tâches assignées :

• Le patient doit réaménager certains aspects de sa vie sociale de manière à éviter au maximum les tentations.

Séances 10 à 12

Sur le plan comportemental et cognitif :

• Réévaluation de la consommation de cannabis avec les mêmes outils que lors des premières évaluations.

• Discussion sur les changements réalisés et comparaison des résultats des outils d'évaluation.

• Renforcement du sentiment d'efficience personnelle et d'estime de soi en s'appuyant sur les progrès réalisés.

• Programmation de séances d'entretien plus espacées.

Références

Arseneault, L., Cannon, M., Witton, J., & Murray, R.M. (2004). Causal association between cannabis and psychosis : examination of the evidence. *British Journal of Psychiatry, 184*, 110-117.

Bangalore, S.S., Prasad, K.M., Montrose, D.M., Goradia, D.D., Diwadkar, V.A., Keshavan, M.S. (2008). Cannabis use and brain structural alterations in first episode schizophrenia. A region of interest, voxel based morphometric study. *Schizophrenia Research, 99*. 1 Bangalore 6. Epub 2008 Jan 8.

Boyce, A., & McArdle, P. (2007). Long-term effects of cannabis. *Paediatrics and Child Health, 18*, 37-41.

Chabrol, H., Massot, E., Montovany, A., Chouicha, K., & Armitage, J. (2000). Modes de consommation, représentations du cannabis et dépendance : étude de 159 adolescents consommateurs. *Archives de Pédiatrie, 8*, 780-788.

D'Souza, D.C., Abi-Saab, W.M., Madonick, S., Forselius-Bielen, K., Doersch, A., Braley, G., *et al.* (2005). Delta-9-tetrahydrocannabinol effects on schizophrenia : Implications for cognition, psychosis, and addiction. *Biological Psychiatry, 57*, 594-608.

Dennis, M., Godley, S.H., Diamond, G., Tims, F.M., Babor, T., Donaldson, J., *et al.* (2004). The Cannabis Youth Treatment (CYT) Study : Main findings from two randomized trials. *Journal of Substance Abuse Treatment, 27*, 197-213.

Ewing, J.A. (1984). Detecting Alcoholism : The CAGE Questionaire. *Journal of the American Medical Association, 252*, 1905-1907.

Fliegel, S.E., Roth, M.D., Kleerup, E.C., Barsky, S.H., Simmons, M.S., & Tashkin, D. (1997). Tracheobronchial histopathology in habitual smokers of cocaine, marijuana, and/or tobacco. *Chest, 112*, 319-326.

Ikemoto, S. (2007). Dopamine reward circuitry : Two projection systems from the ventral midbrain to the nucleus accumbens–olfactory tubercle complex. *Brain Research Review, 56*, 27-78.

Jones, R.T. (1983). Cannabis tolerance and dependence. In K.O. Felir, & H. Kalant (Eds), *Cannabis and health hazards*. Toronto : Addiction Research Foundation.

Kandel, D.B., & Chen, K. (2000). Types of marijuana users by longitudinal course. *Journal of Studies on Alcohol, 61*, 367-378.

Karila, L., Legleye, S., Beck, F., Corruble, E., Falissard, B., & Reynaud, M. (2007). Validation d'un questionnaire de repérage de l'usage nocif d'alcool et de cannabis dans la population générale : le CRAFFT-ADOSPA. *Presse Médicale, 36*, 582-590.

Observatoire français des drogues et des toxicomanies (2009). *Drogues, Chiffres clés*, 2 e édition.

Perkonigg, A., Lieb, R., Hofl er, M., Schuster, P., Sonntag, H., & Wittchen, H.U. (1999). Patterns of cannabis use, abuse and dependence over time : incidence, progression and stability in a sample of 1228 adolescents. *Addiction, 94*, 1663-1678.

Phan, O., Corcos, M., Girardon, N., Nezelof, S., & Jeammet, P. (2005). Abuset dépendance au cannabis à l'adolescence. *EMC-Psychiatrie, 2*, 207-224.

Pope, H.G., Jr., Gruber, A.J., & Yurgelun-Todd, D. (1995). The residual neuropsychological effects of cannabis : the current status of research. *Drug and Alcohol Dependence, 38*, 25-34.

Prochaska, J.O., & Di Clemente, C.C. (1986). Toward a comprehensive model of change. In W. Miller, & N. Heather (Eds), *Treating addictive behaviour* (pp. 3-27). New York : Plenum Press.

Wiesbeck, G.A., Schukit, M.A., Kalmijn, J.A., Tipp, J.E., Bucholz, K.K., & Smith, T.L. (1996). An evaluation of the history of a marijuana withdrawal syndrome in a large population. *Addiction, 1*, 1469-1478.

Pour en savoir plus

Gardner, E.L. (1999). Cannabinoid interaction with brain reward systems. In G.G Nahas, K.M. Sutin, D.J. Harvey, & S. Agurell (Eds), *Marihuana and medicine* Totowa : Humana Press.

14 Dépendance à internet et aux jeux vidéo

L.-P. Vera

La fin du XXe siècle et le début du XXIe ont été le théâtre du développement accéléré de nouvelles formes de communication et d'information. Le réseau internet en est un exemple majeur. Internet existe depuis 1992 en France, à l'époque il n'existait pas encore sous sa forme actuelle de *World Wide Web* et l'on avait accès à un service de courrier électronique, de news et l'accès à d'autres machines du réseau internet. Le réseau *World Wide Wed* est devenu public en 1993 et ne cesse de croître depuis. Il est, dans les pays industrialisés, mis à la disposition du plus grand nombre grâce à l'avènement de l'ordinateur personnel ou PC. On estime que, à ce jour, quasiment 50 % des foyers français ont accès à internet, représentant le deuxième classement européen en termes de foyers connectés. Aujourd'hui, internet permet à ses utilisateurs d'avoir accès à un service de courrier électronique, de se connecter sur le *World Wide Web*, de partager des fichiers d'un poste à un autre (pair-à-pair ou *Peer-to-Peer*) et de communiquer par le biais d'un système de messagerie instantanée.

Si beaucoup considèrent l'accès à ces nouveaux médias comme une grande avancée culturelle et technologique, certains s'inquiètent. Les parents, en premier lieu ; il s'agit, en effet, d'un motif de plus en plus fréquent de consultation. Les parents s'inquiètent de voir leurs adolescents et certains plus jeunes encore, passer un temps grandissant devant leur ordinateur ou console de jeu. S'il ne s'agit pas du premier motif de consultation, en ville, le sujet sera tout de même très fréquemment abordé par les parents amenant leur progéniture pour quelque autre motif. Plus rarement certains adultes consultent spontanément car ils sont disent-ils « accros » à internet.

Tous les utilisateurs d'internet ou de jeux vidéo n'en ont pas forcément un usage pathologique, il est donc essentiel de déterminer le type d'usage décrit par le patient ou son entourage. Les parents reconnaissent bien volontiers que l'usage d'internet peut être bénéfique au niveau de l'éducation, les jeunes téléchargent les cours de la faculté sur leur ordinateur, ils s'aident de fiches de lecture en ligne pour la préparation du bac français. Hayez (2006) rapporte que 30 à 50 % des consultations sont motivées par une inquiétude parentale exagérée au vu des troubles présentés.

Plusieurs facteurs entrent donc en compte dans cette évaluation : le temps passé derrière l'écran, le mode d'utilisation, la présence de répercussions sur le plan social ou familial, la présence d'une psychopathologie associée.

Les patients réellement dépendants sont en fait très peu nombreux. Pratarelli *et al.* (1999) se sont efforcés de distinguer différents niveaux d'utilisation d'internet :

- le premier niveau comprend une population peu nombreuse d'individus ayant des comportements pathologiques associés à une utilisation excessive d'internet ;
- le deuxième niveau correspond à une utilisation productive des différentes facettes d'internet ;
- le troisième niveau comprend des personnes recherchant des gratifications sexuelles et/ou sociales ;
- le quatrième niveau inclut des personnes s'intéressant peu à internet ou en ayant une connaissance limitée.

Description clinique et diagnostic

Le terme d'addiction à internet est né en 1995, de la plume (virtuelle) d'un psychiatre new-yorkais, le Dr Ivan Goldberg (1995), terme reprit par Young en 1996 lors d'un congrès de psychologie.

Comment décrire une pathologie qui n'existerait pas, de l'aveu même du premier psychiatre à l'avoir décrite ? Ce qui commença comme une boutade : le trouble addiction à internet (*Internet Addiction Disorder*, IAD) est aujourd'hui sujet à polémiques autour de son existence même et de la classification qu'il devrait occuper au sein du DSM. Goldberg le décrivit pour la première fois en 1995, sur un site internet www.psycom.net, un « cyberclub » pour psychiatres qu'il a fondé en 1986. On trouve sur son site des informations sur les troubles thymiques, dans lesquels il est spécialisé, des informations sur des manuels de référence aussi bien à usage des patients que des thérapeutes, ainsi que des recettes de cuisine. Goldberg, fâché avec le DSM, décida de le parodier par la description d'un nouveau trouble.

On trouvait donc dans la description initiale du trouble d'addiction à internet la définition suivante : mode d'utilisation inadapté d'internet conduisant à une altération du fonctionnement ou une souffrance, cliniquement significative, caractérisé par la présence de trois (ou plus) des manifestations suivantes, à un moment quelconque d'une période continue de 12 mois :

- tolérance, définie soit par le besoin de passer plus de temps sur internet pour obtenir satisfaction soit par un effet notablement diminué en cas d'utilisation continue de la même durée d'internet ;
- sevrage caractérisé par :

– une spécificité due à l'arrêt (ou à la réduction) de l'utilisation prolongée et massive d'internet avec survenue de certains signes caractéristiques (agitation psychomotrice, anxiété, pensée obsédante de ce qui se passe sur internet, fantasmes ou rêveries sur internet, tapotements des doigts, volontaires ou non). On note par ailleurs une souffrance cliniquement significative ou une altération du fonctionnement social, professionnel ou dans d'autres domaines importants ;

– un soulagement ou une disparition des symptômes par l'utilisation d'internet (ou d'un autre service en ligne) ;

• utilisation d'internet plus fréquente ou pour une période plus prolongée que prévu ;

• désir important, ou efforts infructueux, pour diminuer l'utilisation d'internet ;

• beaucoup de temps passé à des activités liées à internet (ex. : achats en ligne, essai de nouveaux programmes pour surfer sur internet, organisation des documents et programmes téléchargés sur l'ordinateur) ;

• abandon ou réduction d'activités sociales, professionnelles ou de loisirs importantes à cause de l'utilisation prolongée d'internet ;

• poursuite de l'utilisation d'internet bien que la personne sache avoir un problème psychologique ou physique persistant ou récurrent susceptible d'avoir été causé ou exacerbé par cette utilisation (ex. : manque de sommeil, difficultés conjugales, retard aux rendez-vous le matin, négligence des tâches ménagères, ou sentiment d'abandon de l'entourage).

La description de ce type de comportements pathologiques s'est formalisée, depuis, sous la plume de chercheurs constatant une existence réelle de ce trouble au sein de leur consultation (Davis, 2001 ; Beard et Wolf, 2001 ; Young, 1999). Bien que ce trouble soit de plus en plus décrit, on a du mal à s'accorder sur la place qu'il devrait occuper au sein des classifications des troubles mentaux. Le terme même d'addiction ou de dépendance à internet est, lui aussi, sujet à controverse. Si certains auteurs n'hésitent pas à parler d'addiction, d'autres préfèrent parler de trouble du contrôle des impulsions. Le DSM-IV-TR réserve, quand à lui, l'usage du terme addiction aux usages excessifs d'une substance entraînant un effet physiologique de dépendance. Certains auteurs préfèrent alors parler d'utilisation excessive ou pathologique d'internet. Pour beaucoup, la dépendance à internet est proche du jeu pathologique, ils utilisent alors ces critères pour catégoriser les « cyberaddicts ». Les membres de l'APA ont « botté en touche » lors d'une conférence de presse en juin 2007, déclarant que s'ils ne voyaient pas de troubles mentaux dans la cyberaddiction, ils feraient de leur mieux lors de la sortie de la cinquième édition du DSM.

Pour autant, ce trouble en mal de classification représente un nombre de consultations croissantes et l'on commence à dégager une symptomatologie commune à ces patients.

Symptomatologie associée à une utilisation pathologique d'internet

- Pensées obsédantes en lien avec internet.
- Survenue d'une tolérance.
- Diminution du contrôle des impulsions.
- Impossibilité de cesser l'utilisation d'internet.
- Sensation de manque se manifestant à l'arrêt de l'utilisation d'internet.

La cyberaddiction peut avoir des répercussions importantes sur différents aspects de la vie des personnes qui en souffrent. Une relation entre l'utilisation excessive d'internet, la santé mentale et des répercussions négatives au travail et dans la vie sociale a été largement décrite. Certaines études rapportent, en effet, une réelle souffrance liée à l'utilisation excessive d'internet (Brenner, 1997 ; Kandell, 1998 ; Pratarelli *et al.*, 1999). Cette utilisation serait responsable d'épisodes dépressifs, d'isolement social, de problèmes au travail et à la maison. Ce dernier point est controversé comme nous allons le voir, Davis pensant que certains troubles psychopathologiques préexistent au développement d'une utilisation excessive d'internet.

Les possibilités liées à internet sont extrêmement variées et en constant développement. Les différents modes d'addictions décrits ci-après peuvent être associés ou bien individualisés en fonction des sujets.

L'addiction à la communication

Internet est un formidable outil de communication et offre de multiples possibilités telles que les courriers électroniques, les forums de discussion, les « chat-room », les blogs. Il s'agit souvent de personnes ayant des difficultés à communiquer dans la vie réelle, internet leur permet de faire fi de ces difficultés.

Certains patients passent des heures à relever leurs e-mails, à y répondre, à surveiller les « news » des serveurs d'information où ils sont inscrits. En général, leur logiciel de courrier électronique est ouvert en permanence et ils vérifient l'arrivée de nouveaux messages à une fréquence variable, mais qu'ils jugent eux-mêmes excessive.

Pour d'autres, les « chat-rooms » sont un moyen d'avoir une vie sociale active en ligne. Organisés sur le modèle d'une société virtuelle, ils ont des règles auxquelles il faut se conformer sous peine d'être exclu temporairement voire banni, un modérateur se portant garant du respect des règles au sein du « chat-room ». Certains patients peuvent y passer des nuits, des week-ends entiers ; en dehors ou parfois sur le lieu du travail même pour ceux qui y disposent d'un accès internet. Quelques-uns y voient une manière d'exprimer leurs opinions, d'échanger, de partager ; d'autres y voient un défouloir et errent de site en site au gré des bannissements provoqués par leur « mauvaise conduite ».

Les forums de discussion sont un lieu d'échange sur un sujet particulier ; ils réunissent alors des personnes mues par un intérêt commun. Ces sites sont eux aussi régis par des règles de bonne conduite et sont organisés de façon hiérarchique. Les modérateurs surveillent que l'on respecte les règles du site, distribuent des avertissements, bannissent, organisent les « fils » de discussion. Les utilisateurs du forum sont classés en fonction de leur contribution au forum, on leur distribue des étoiles en fonction du nombre de sujets postés (les « posts ») et des réponses qu'ils font aux autres utilisateurs. Certains se font piéger par ce système de classement et veulent, dans une illusion folle de grandeur, accéder au plus haut niveau de classement avec un nombre de « posts » maximal. À l'instar d'Arthur, 17 ans, certains vont passer des nuits entières à écrire le maximum de messages afin de figurer parmi les plus actifs : « Plus tu as de posts, plus tu es respecté ; j'y passais mes nuits, je voulais être important ».

Les blogs sont un nouveau mode de communication où les internautes exposent leur vie à des degrés variables. Ils insèrent des photos de familles, de leurs amis et y affichent aux yeux de tous les différents aspects de leur vie réelle qui s'amenuise peu à peu.

Les achats compulsifs

Ce comportement est caractérisé par une envie irrépressible d'acheter. Le patient ressent une tension plus ou moins importante avant d'effectuer des achats sur internet, cette tension est soulagée par l'acte d'acheter. Rétrospectivement le patient reconnaît que la plupart des objets achetés n'avaient pas de caractère de nécessité. Ce genre de comportement est d'autant plus facilité que les internautes sont envahis de panneaux publicitaires sur pratiquement chaque page visitée. Certains sites d'achat en ligne permettent d'acquérir divers objets en cliquant dessus une seule fois, après s'être inscrit et avoir fourni ses informations bancaires.

> Ludovic, 23 ans, est amené en consultation par son père qui a résilié l'abonnement internet de la famille après avoir reçu une facture de plus de 3 000 € pour des jeux vidéos et des DVD ; « Je n'ai pas réalisé, c'est tellement facile, on clique une fois et c'est parti ». Le terme *buying spree* désigne ce nouveau type de consommation compulsive aux États-Unis.

La cybersexualité

Les possibilités sont nombreuses en matière d'internet, les sites pour adultes représentent plus de 10 % des sites internet, on peut y visualiser des contenus pornographiques, télécharger des images, des vidéos. Pas le biais de la réalité virtuelle, on peut même avoir des rapports sexuels à distance, où les sensations physiques sont relayées par divers capteurs. Certains utilisateurs de ces sites vont parfois développer des comportements de type compulsif.

Le point de vue comportemental et cognitif

Le modèle de Grohol

Grohol (1999) décrit trois phases dans le développement d'une utilisation excessive d'internet :

- phase I : enchantement (*obsession*) ;
- phase II : désillusions (*évitement*) ;
- phase III : équilibre.

La phase d'enchantement concerne soit un nouvel utilisateur d'internet, soit un utilisateur d'internet découvrant une activité nouvelle ou inconnue jusqu'alors. Le modèle de Grohol est calqué sur l'observation de Roberts *et al.* (1996) qui ont décrit le comportement type d'un utilisateur de messagerie instantanée sur internet (« chat-room »). L'utilisateur passe par une première phase d'enchantement et alloue beaucoup de temps à cette nouvelle activité, puis vient la phase de désillusion après un temps plus ou moins long. Cette phase de désillusion s'accompagne sur le plan comportemental d'un déclin dans l'utilisation du « chat-room ». Le sujet atteint donc au final une phase d'équilibre entre une utilisation excessive et une absence d'utilisation. La majorité des sujets vont passer par les trois stades, certains restent bloqués au premier (stade de l'obsession) et développent une utilisation pathologique d'internet.

Le modèle de Grohol manque d'une hypothèse étiopathogénique construite. Il évoque comme facteur prédisposant la présence d'une pathologie, qu'elle soit psychiatrique ou somatique. L'utilisation excessive d'internet correspond alors à un mode d'évitement de la souffrance, psychique ou physique. Il ne reconnaît pas de psychopathologie propre à l'utilisation excessive d'internet, un tel mode d'évitement pouvant, selon lui, se développer avec un autre support qu'internet (télévision, boissons).

Le modèle cognitivo-comportemental de Davis

Davis (2001) a développé récemment un modèle cognitivo-comportemental de l'utilisation excessive d'internet. Dans ce modèle, il considère que des distorsions cognitives sont associées à des comportements pathologiques ou maladaptatifs. Cette association est facteur de renforcement ou de maintien d'une réponse inadaptée. Enfin, les distorsions cognitives seraient préexistantes au développement d'une symptomatologie thymique ou de comportements inadaptés et non l'inverse comme beaucoup d'auteurs le supposent.

Il distingue pour illustrer son propos deux formes du trouble d'utilisation pathologique d'internet (*Pathological Internet* Use ou PIU) : une forme spécifique et une forme généralisée. Les deux ont, selon lui, une psychopathologie différente :

- Le trouble PIU spécifique inclut les personnes ayant un usage excessif de certaines fonctions bien spécifiques d'internet. Il s'agit de sites de pari en ligne, de sites d'achats aux enchères, de la bourse, ainsi que les sites et le téléchargement de matériel pornographique. Selon lui, ce type de comportement pathologique lié à un stimulus spécifique se manifesterait tout de même en l'absence d'un accès à internet.
- Le trouble PIU généralisé est, quant à lui, un usage excessif de toutes les dimensions d'internet. L'individu peut passer de nombreuses heures à vagabonder sur internet sans but précis, à dépenser de l'argent, à vérifier ses e-mails plusieurs fois par jour, passer de nombreuses heures sur des sites de messagerie instantanée. Cette surutilisation entraîne des problèmes aussi bien sur les plans personnels que professionnels. Les distorsions cognitives et comportements pathogènes ne sont pas liés à un contenu particulier d'internet. Ils résultent du fait d'être connecté et symbolisent la préférence de communications interpersonnelles virtuelles plutôt qu'en face-à-face. L'individu allouant de plus en plus de ressources (temps et énergie) à sa vie en ligne, il néglige les aspects professionnels, personnels, et sociaux de sa vie hors ligne.

Pour Davis, les distorsions cognitives liées à un usage pathologique d'internet sont le résultat de troubles psychopathologiques préexistants. Il peut s'agir d'une dépression, d'une phobie sociale, d'une dépendance à une substance (Kraut *et al.*, 1998). Dans son modèle, la survenue du trouble PIU est ainsi expliquée par l'apparition d'un stresseur chez une personne rendue vulnérable à ce facteur de stress. C'est une psychopathologie préexistante qui va jouer le rôle de facteur de vulnérabilité à la survenue du trouble généralisé d'utilisation pathologique d'internet. La présence, actuelle ou passée, d'un des facteurs cités précédemment est un facteur nécessaire et indispensable à la survenue du trouble PIU. Le stresseur dans son modèle est l'introduction d'internet et plus spécifiquement d'une nouvelle technologie liée à internet. Il peut s'agir d'une première expérience de messagerie instantanée (« chat »), de vente aux enchères, d'accès à un site pornographique. Le trouble va alors se développer selon le modèle du conditionnement opérant, un facteur clé dans la survenue du trouble PIU étant le renforcement créé par l'utilisation de cette nouvelle technologie sur internet. Le renforcement positif résulte des gratifications rendues possibles par l'utilisation du service récemment découvert sur internet. Le renforcement est également lié à l'évitement de certaines situations désagréables, par exemple les cognitions dépressives chez le sujet déprimé, les situations sociales chez le phobique social. Le sujet va donc constamment chercher des sensations agréables renforçatrices de son utilisation d'internet. Les stimuli associés à ce premier facteur vont aussi être source de renforcement. Ces renforçateurs secondaires peuvent être le son émis par le modem au moment de la connexion (pour une connexion classique à bas débit), le son du tapotement sur le clavier, ou bien même l'odeur du bureau où l'on utilise internet.

Les distorsions cognitives sont de deux ordres : les unes centrées sur soi et celles centrées sur le monde extérieur. Le style cognitif des sujets atteints de PIU est proche de celui des sujets atteints de dépression avec une tendance à la rumination. La littérature récente montre bien que ces sujets ayant des pensées récurrentes et persistantes concernant leurs symptômes dépressifs et leurs conséquences sont plus vulnérables à la dépression que les autres (Joormann *et al.*, 2007 ; Nolen-Hoeksema, 1991). Les ruminations centrées sur l'utilisation excessive d'internet et ses répercussions tant socioprofessionnelles que familiales inhibent le développement d'un comportement efficace de résolution de problème. Selon Davis, les ruminations autocentrées exerceraient, par ailleurs, un effet renforçateur par le maintien de pensées sur internet. Les autres distorsions cognitives sur soi comprennent une inhibition, une faible estime de soi et des compétences sociales faibles.

Les cognitions erronées comprennent des pensées telles que « Je ne vaux rien en dehors d'internet », « Je suis quelqu'un de valable seulement lorsque je suis sur internet » ou encore « Je suis un raté en dehors d'internet ». Les distorsions cognitives sur le monde extérieur sont principalement la généralisation. L'individu généralise ainsi des événements spécifiques liés à internet en tendances globales. Le sujet se sentant à l'aise lorsqu'il est connecté à internet en tire des conséquences générales, il pensera alors « Internet est le seul endroit où je suis respecté », « Personne ne m'aime hors ligne » ou bien « On me maltraite en dehors d'internet ». Cette distorsion cognitive en tout ou rien est un facteur d'aggravation de la surutilisation d'internet.

Pour Davis, un des facteurs essentiels du développement d'un PIU généralisé est un entourage social pauvre ou peu soutenant. La procrastination est très importante dans le développement et le maintien du trouble, internet étant un moyen d'échapper à ses responsabilités.

Le traitement doit prendre en compte le fait que le trouble « addictif » n'existerait pas en dehors de l'existence d'internet où les patients peuvent enfin exprimer leur anxiété sous la forme d'un symptôme.

Évaluation et traitement

Lors de la phase d'évaluation, il faudra rechercher activement une psychopathologie préexistante à la dépendance à internet. Il est essentiel de parvenir à une description précise du type d'utilisation d'internet. Les répercussions personnelles et/ou professionnelles devront être soigneusement analysées.

Il faut également évaluer les émotions et cognitions associées à l'utilisation d'internet, on pourra s'aider d'un ordinateur en consultation.

Les outils d'évaluation spécifiques de la dépendance à internet sont peu nombreux, et pour cause, la pathologie reste encore à définir sur un mode consensuel. La plupart des outils sont des instruments d'autoévaluation disponibles sur internet.

L'auto-évaluation

On peut citer le questionnaire de Young (1999). Cette psychologue américaine qui a beaucoup travaillé sur la question a présenté la notion d'addiction à internet à l'*American Psychological Association* à Toronto en 1996. Le test d'addiction à internet (*Internet Addiction Test,* IAT) explore en 20 questions la quantité de temps passée sur internet, les répercussions professionnelles et personnelles, ainsi que le « craving » d'internet. Ce test est accessible directement sur la toile (http ://www.netaddiction.com/resources/internet_addiction_test.htm).

L'échelle de stress sur internet d'Orman (*Internet Stress Survey*) est également beaucoup utilisée. Elle est composée de neuf questions simples et a l'avantage d'être quantitative. Elle est cotée très simplement : de 0 à 3 il y a une petite tendance à devenir « addict » à internet, de 4 à 6 il y a une chance de développer une addiction à internet, et de 7 à 9 réponses positives il y a une forte tendance à devenir dépendant. Ce test est accessible sur internet (http :// www.stresscure.com/hrn/addiction.html).

Les items sont les suivants :

- est-ce que vous passez plus de temps connecté sur l'internet, que vous auriez pensé initialement ?
- est-ce que ça vous dérange de limiter le temps passé sur l'internet ?
- est-ce que des amis ou des membres de votre famille se sont plaints par rapport au temps que vous passez sur l'internet ?
- est-ce que vous trouvez difficile de rester sans être connecté pendant quelques jours ?
- est-ce que le rendement de votre travail professionnel, ou les relations personnelles ont souffert à cause du temps que vous passez sur l'internet ?
- est-ce qu'il y a des zones de l'internet, des sites particuliers, que vous trouvez difficiles à éviter ?
- est-ce que vous avez du mal à contrôler l'impulsion d'acheter des produits ou des services étant en relation avec l'internet ?
- avez-vous essayé, sans succès, d'écourter l'usage de l'internet ?
- est-ce que vous déviez beaucoup de vos champs d'action et satisfaction à cause de l'internet ?

L'hétéro-évaluation

La dépendance à internet n'est pas décrite dans le DSM-IV-TR (*American Psychiatric Association*, 2000) ou dans la Classification internationale des troubles mentaux et des troubles du comportement (CIM-10, OMS). De nombreux auteurs considèrent qu'elle se rapproche du jeu pathologique, aussi on en utilise les critères dans une forme adaptée (Young, 1996). La réponse positive à cinq ou plus de ces critères modifiés est significative d'une dépendance à internet :

- préoccupations sur internet (préoccupation par la remémoration de connexion passée ou par la prévision de connexion prochaine) ;
- besoin d'utiliser internet plus longuement afin d'atteindre l'état de satisfaction désiré ;
- efforts répétés mais infructueux pour contrôler, réduire ou arrêter l'utilisation d'internet ;
- agitation, irritabilité ou tristesse lors des tentatives de réduction ou d'arrêt de l'utilisation d'internet ;
- durée de connexion plus longue que celle prévue au départ ;
- mise en danger ou perte d'une relation affective importante, un emploi ou des possibilités d'étude ou de carrière à cause d'internet ;
- mensonge à sa famille, à son thérapeute ou à d'autres pour dissimuler l'ampleur réelle de ses habitudes d'utilisation d'internet ;
- utilisation d'internet pour échapper aux difficultés ou pour soulager une humeur dysphorique (ex. : des sentiments d'impuissance, de culpabilité, d'anxiété, de dépression).

Les critères de Greenfield (1999) sont également beaucoup utilisés pour quantifier l'utilisation pathologique d'internet. Ils ont, en fait, été initialement publiés comme des facteurs de risque d'utilisation compulsive d'internet. Ils sont au nombre de sept, et assez peu précis :

- temps passé sur internet ;
- vision problématique de l'entourage vis-à-vis de l'utilisation d'internet ;
- répercussions sérieuses de l'utilisation d'internet ;
- sentiment d'intimité intense sur internet ;
- mensonge sur le temps passé sur internet ;
- âge jeune ;
- attente fébrile de la prochaine connexion.

Les principes thérapeutiques

On citera pour mémoire les programmes thérapeutiques divers proposés par certains sites internet. Ces sites proposent différents types de prise en charge avec notamment : des entretiens téléphoniques, des entretiens individuels ou de groupe, de la bibliothérapie, etc.

Nous citerons également les *Interneters Anonymous*, leur modèle est calqué sur celui des Alcooliques anonymes, avec un programme de reconnaissance de l'impuissance devant internet en douze étapes. Il s'agit d'une aide motivationnelle grâce à laquelle le patient se sent inclus dans un groupe où il pourra bénéficier d'un soutien et du partage d'expériences d'autres cyberdépendants.

La description de plus en plus précise du trouble, la naissance de modèles de compréhension ont permis le développement de plusieurs programmes de thérapie cognitivo-comportementale (Romo *et al.*, 2004).

> **Points communs des traitements cognitivo-comportementaux de la dépendance à internet**
>
> - contrôle de stimuli ;
> - résolution de problèmes spécifiques ;
> - exposition aux stimuli anxiogènes ;
> - apprentissage des habiletés sociales lorsque cela s'avère nécessaire ;
> - développement d'un nouveau style de vie ;
> - prévention des rechutes.

Cas clinique enfant

Nous allons décrire ici un cas particulier d'addiction aux jeux vidéo. Ce motif de consultation est de plus en plus fréquent en consultation de psychiatrie infantojuvénile. D'une manière générale, la plupart des jeunes que nous voyons en consultation ont une, voire plusieurs consoles de jeux vidéo. Bien que la plupart des parents tentent de cadrer cette utilisation en limitant les heures passées devant les jeux vidéo et la télévision, certains échappent à ce contrôle pour divers motifs. Les jeunes ont maintenant des consoles portables, d'autres sont équipés d'ordinateur portable afin de travailler avec des outils modernes, certains sont équipés d'ordinateur dans leur chambre.

Une étude conduite aux États-Unis sur plus de 1 400 parents a montré que presque un enfant de plus de 2 ans sur deux regardait la télévision ou bien jouait aux jeux vidéo pendant un temps supérieur à celui recommandé par l'Association des pédiatres américains (plus de deux heures par jour). Ces résultats sont inquiétants et proches de ceux que l'on constate en pratique de pédopsychiatrie en France.

Les problèmes posés par l'utilisation abusive des jeux vidéo sont proches de ceux de l'utilisation abusive d'internet mais se posent fréquemment chez des patients plus jeunes et, bien que ces résultats soient controversés, ils ont été associés à une fréquence plus grande de comportements agressifs dans cette population de patients

Nous exposerons ici un cas classique d'addiction aux jeux vidéo chez un jeune que nous avons reçu à la consultation en septembre 2008.

Situation

Boris, 11 ans, nous est amené en consultation pour ce que ses parents appellent une dépression. Il est le benjamin de quatre enfants, l'aîné a 22 ans et est étudiant en école de commerce, il a également une grande sœur de 20 ans ▷

▷ étudiante en médecine et un frère de 15 ans. Son père est ingénieur et sa mère a décidé de se consacrer à l'éducation des enfants.

La grossesse s'est déroulée normalement et l'accouchement sans aucun problème. Il a acquis la marche à 11 mois et son développement psychomoteur s'est fait sans retard.

La mère de Boris nous signale qu'elle est suivie pour dépression depuis plus de 15 ans et qu'elle est actuellement sous traitement qu'elle juge inefficace « Je pleure encore beaucoup durant la journée ».

Boris est actuellement en classe de 6e et ses résultats sont bons sauf en mathématiques ; il refuse catégoriquement de travailler avec ses parents et ne note pas ses devoirs sur son cahier de texte au dire de ses parents. L'inquiétude parentale est liée au fait que Boris ne leur adresse quasiment plus la parole depuis plus de 6 mois et s'enferme dans sa chambre en rentrant de l'école en refusant que qui que ce soit y pénètre. Il ne communique pas plus avec sa fratrie et d'après les professeurs, il est très isolé au sein de sa classe, ne se prêtant pas aux jeux de ses camarades et ne participant jamais en classe. Le matin, Boris est systématiquement en retard au collège, il n'est pas rare qu'il manque la première heure de cours ; la mère de Boris est souvent appelée par l'infirmière scolaire pour des maux de ventre l'empêchant de rester au collège. Ses professeurs signalent qu'il s'endort souvent en classe le matin. Il a très peu d'amis, n'est pas invité à des goûters d'anniversaire et n'invite jamais personne à la maison.

Il a toujours eu du mal à dormir selon ses parents et se couche toujours très tard. Il a présenté un épisode d'énurésie nocturne à l'entrée en CP, régressive spontanément au bout de 10 mois. Sa scolarité en primaire a été relativement bonne mais ses maîtres ont signalé à plusieurs reprises qu'il était très isolé.

En consultation, Boris apparaît comme relativement agacé, il demande ce qu'il fait là et déclare n'avoir aucun problème : « Je ne comprends pas ce que je fais ici, ça me regarde si je ne veux pas parler à mes parents, de toute façon je n'ai rien à leur dire ». Même réponse par rapport à son isolement « Je n'ai rien à leur dire non plus, ils ne font que parler des séries débiles qu'ils voient à la télé, la seule personne sympa c'est mon cousin Pierre qui vit en Allemagne. On discute sur MSN grâce à mon ordinateur portable ». Ses parents lui ont en effet offert un ordinateur portable pour son anniversaire et il ne s'en sépare plus « J'ai un superjeu vidéo sur l'ordinateur, on joue un personnage en ligne avec d'autres joueurs, j'appartiens à une équipe. D'ailleurs ils sont devenus mes amis sur MSN. Je joue parfois jusqu'à 5 ou 6 heures du matin car c'est le soir qu'il y a le plus d'action… Le matin j'ai du mal à me lever. »

On pose un diagnostic d'utilisation abusive des jeux vidéo avec une anxiété sociale en toile de fond. On propose une thérapie comportementale et cognitive pour traiter cette addiction aux jeux vidéo et une thérapie individuelle d'affirmation de soi.

Séances 1 à 3

Les premières séances ont été consacrées à l'analyse fonctionnelle des symptômes présentés par Boris. Il n'y a pas d'échelles adaptées à cette fin pour l'instant, si ce n'est les échelles d'anxiété et de dépression qu'il était indispensable ▷

de faire passer à notre jeune patient. En ce qui concerne l'utilisation des jeux vidéo, nous nous sommes basés sur les comportements rapportés par Boris pour qui la première tâche comportementale fut de s'auto-observer. Notre patient a l'impression de ne pas pouvoir refréner son utilisation des jeux vidéo qui ont pour fonction de restaurer un capital d'estime de soi fortement altéré. Il se décrit en effet comme beaucoup plus sûr de lui lorsqu'il joue avec ses amis virtuels. Nous allons donc devoir restaurer le sentiment d'efficience personnelle afin de l'aider à vaincre son addiction et en même temps lui donner de l'assurance dans les relations à autrui. L'affaire est délicate car nous allons devoir passer un contrat avec le patient et il est difficile de tenir les familles à l'écart, le risque étant une suppression brutale de ces jeux au patient, ce qui serait une erreur dans notre tentative de restauration de l'estime de soi. Les premières séances sont classiquement consacrées à l'élaboration d'un contrat thérapeutique mais Boris n'en voyant pas l'utilité, nous avons remis cette partie de la thérapie à plus tard.

Séances 4 à 6

Ces séances ont été consacrées à des entretiens motivationnels (*cf.* chapitre 13) destinés à amener Boris à comprendre la problématique liée à son comportement sans émettre de jugement. En effet, si son comportement lui permet de restaurer un certain degré d'estime de soi, il lui coûte cher en termes de réussite scolaire et l'isole des autres. Ces entretiens ont permis à Boris de s'inscrire dans un processus thérapeutique et les éléments d'agressivité que l'on voyait au début se sont estompés peu à peu.

Au terme de la série d'entretiens motivationnels, il a donc enfin accepté l'idée de se sevrer de son utilisation abusive de jeux vidéo et d'élaborer un contrat thérapeutique dans ce sens.

Il a donc commencé à remplir des carnets d'auto-observation où il devait consigner les heures passées sur ses jeux, les retards et absences en classe et la fatigue ressentie les jours d'école.

Séances 7 à 9

Ces séances ont permis à notre jeune patient de diminuer progressivement son utilisation des jeux vidéo jusqu'à des heures raisonnables de coucher. Chaque progrès a été l'occasion de renforcement de son sentiment d'efficience personnelle. Lors de l'une de ces séances, il nous fit part de ses difficultés à couper le jeu en plein milieu à l'heure qu'il avait déterminée car il n'arrivait pas à sauvegarder. Il eut donc pour exercice de mettre plusieurs réveils en place pour lui permettre de planifier l'arrêt de son jeu. Un premier réveil, 30 minutes avant l'heure prévue, lui permettait de commencer à penser à sa prochaine sauvegarde. Un deuxième réveil 15 minutes plus tard avait la même fonction puis un troisième réveil 5 minutes avant la fin signifiait qu'il devait sauvegarder le plus rapidement possible.

Il a demandé spontanément à apprendre des techniques lui permettant de gérer son anxiété et a donc bénéficié de séances de relaxation en parallèle de la prise en charge cognitivo-comportementale.

Le développement de stratégies alternatives lui a permis de redécouvrir le plaisir de réaliser des maquettes d'avion et de bateau qu'il affectionnait dans son enfance.

▷ **Séances 10 à 12**

Les heures de coucher de Boris étant peu à peu plus raisonnables, il était moins fatigué en classe, une partie du temps passé sur l'ordinateur a été remplacée par 45 minutes de travail au domicile consacrées aux devoirs et aux leçons. Il a obtenu quelques bonnes notes qui ont permis de renforcer sa motivation pour poursuivre les efforts. Les techniques de restructuration cognitive permettent de travailler sur le sentiment d'impuissance de Boris en s'appuyant sur les nombreux progrès. Les éléments dépressifs se sont amendés peu à peu et il a continué de s'ouvrir progressivement. Le développement de techniques alternatives ne pouvant se satisfaire d'activités solitaires, nous lui avons proposé d'inviter des amis chez lui, de s'inscrire à une activité sportive en groupe. Ces propositions lui ont permis d'exprimer son malaise en présence des autres et de demander de l'aide pour ces difficultés. Il a donc suivi un programme d'affirmation de soi.

Boris est aujourd'hui en classe de 4e, il a demandé à partir en internat car il ne se sentait plus de rester au domicile parental où sa mère dépressive chronique l'angoissait. Ses résultats scolaires sont bons, il joue aux jeux vidéo le week-end et a appris à modérer son temps passé devant l'ordinateur. Il joue également au foot maintenant et est très fier de nous annoncer qu'il est attaquant.

L'analyse comportementale ou fonctionnelle est schématisée dans le tableau 14.1.

Tableau 14.1. Analyse comportementale ou fonctionnelle : tableau récapitulatif.

	Antécédents					Conséquents					Stratégie thérapeutique envisagée						
	Anxiété dans l'enfance Inquiétude à l'école					Diminution des performances scolaires Éléments dépressifs					Entretiens motivationnels Relaxation Affirmation de soi						
Symptômes											Addiction aux jeux vidéo						
						Énurésie											
	⇑	⇑	⇑	⇑	⇑	⇑	⇑	⇑	⇑	⇑	⇑	⇑	⇑	⇑	⇑	⇑	
	1	2	3	4	5	6	7	8	9	10	11	12	13	14	15	16	Âge (ans)

Cas clinique adolescent

Arthur, 16 ans, est conduit en consultation au mois de février par ses parents. Le motif de consultation est une baisse significative de ses résultats scolaires.

Il est le benjamin d'une fratrie de trois enfants avec un grand frère de 23 ans étudiant en droit et une grande sœur de 19 ans qui redouble sa première année de médecine.

La grossesse et l'accouchement d'Arthur se sont déroulés sans complications. Son développement psychomoteur dans l'enfance est dans les limites de la normale. ▷

▷ Sa scolarité a été bonne en primaire, ses professeurs le décrivaient alors comme quelqu'un d'assez renfermé qui préférait lire des livres dans la cour de l'école que de partager les jeux des autres. Au collège, ses résultats étaient corrects sans plus, il ne travaillait alors pas beaucoup. Les résultats ont commencé à chuter en seconde et alors qu'il est aujourd'hui en première S, un avis de redoublement a été posé au conseil de classe du 2e trimestre.

Ses parents le décrivent comme un jeune homme brillant, qui peut bien faire mais se contente de peu. Ils le disent assez introverti et lui connaissent peu d'amis, « Mais il n'est pas malheureux » nous assure sa mère. Arthur a demandé un ordinateur portable pour Noël afin de pouvoir faire quelques devoirs sur traitement de texte et d'effectuer des recherches sur internet. Il a donc eu son ordinateur pendant les vacances scolaires de fin d'année et ses parents ont pris un abonnement à internet. Il a passé de nombreuses heures dessus dès les premiers jours, se couchant tard, contrairement à ses habitudes. Ses parents n'étaient pas inquiets, bien au contraire, car il discutait avec des connaissances et se faisait des amis. Peu à peu ses parents ont constaté des cernes sous ses yeux le matin, ses résultats ont commencé à chuter. Sur son bulletin scolaire, les professeurs notent qu'il s'endort en classe et sèche les cours.

Arthur partage les inquiétudes de ses parents au sujet de ses résultats scolaires et de sa fatigue physique, « C'est vrai que je n'ai pas beaucoup travaillé au 2e trimestre, mais je ne pouvais pas tout faire… Je n'arrive pas à décoller de mon ordinateur, et je me couche de plus en plus tard… ». Son mode d'utilisation d'internet est très varié « Je passe beaucoup de temps sur MSN où je me suis fait de nouveaux amis, ils se connectent depuis les États-Unis alors il faut que j'attende qu'ils soient debout… Je me suis inscrit sur un chat-room où on discute des dernières séries télé : *Lost*, *Heroes*… Je télécharge les séries dès leur sortie aux États-Unis grâce à un site pirate, comme ça je peux les voir avant tout le monde… mais j'ai beaucoup progressé en anglais. Ce qui m'énerve dans ces séries c'est que tous les mystères, les intrigues partent en fumée, souvent on n'a pas de réponse. Ils écrivent les scénarios en oubliant de donner les solutions pour pas mal de mystères. »

Il aurait pu parler pendant des heures et des heures d'internet…

L'analyse comportementale ou fonctionnelle est schématisée dans le tableau 14.2.

Séances 1 et 2

Les premières séances sont réservées à l'analyse fonctionnelle par le biais du recueil d'information auprès du patient, et parfois de son entourage. Le thérapeute se servira également d'échelles d'évaluation permettant de quantifier le trouble. L'analyse fonctionnelle s'attachera également à rechercher une psychopathologie associée, notamment une dépression, une phobie sociale, une autre dépendance et surtout un trouble obsessionnel compulsif. Les règles de base de toute prise en charge cognitivo-comportementale sont appliquées, par exemple traitement préalable d'une dépression, d'autant plus que l'on se base sur le modèle de Davis (2001) où la psychopathologie préexiste. Les premières séances sont également un moment d'information au patient sur le trouble d'utilisation pathologique d'internet. S'il souhaite des documents écrits, on aura préalablement pris le soin d'imprimer des articles afin de les lui remettre, la ▷

▷ plupart des éléments d'information grand public étant disponible sur internet, à ce jour. Il est important durant la première séance de quantifier objectivement le degré de sévérité des troubles présentés. De nombreux parents s'inquiètent, en effet, du temps croissant passé par leurs adolescents sur internet, sans que cela soit pour autant pathologique.

Séance 3

Elle est consacrée à l'explication du modèle cognitivo-comportemental et à la prescription de la tenue d'un agenda pour les séances suivantes. Le patient devra y noter soigneusement chaque jour les horaires de connexion, le temps passé sur internet à chaque connexion, l'activité réalisée (s'il erre sans but particulier, il devra le noter). Les pensées et émotions doivent également figurer sur l'agenda. On pourra demander au patient, à l'instar de la thérapie du phobique social, de parler librement de son trouble à l'entourage. Beaucoup utilisent des pseudonymes sur internet, il peut être utile à cette étape de leur demander d'utiliser leur vrai nom afin d'éviter l'anonymat qui renforce parfois une « deuxième identité » dédiée à internet.

Il faut fixer des objectifs thérapeutiques avec le patient. Plusieurs facteurs sont à prendre en compte lors de cette étape, en effet, les objectifs doivent être réalistes. Peut-on demander à une secrétaire de ne plus regarder ses e-mails et de ne plus utiliser les pages jaunes sur internet ? Un adolescent ou jeune adulte qui doit effectuer des recherches pour l'école ou la faculté peut-il résilier son abonnement à internet ?

Arthur à ce stade a donc dû entamer une réflexion sur le temps qu'il devrait consacrer à ses activités informatiques chaque jour. Il faut que la diminution de son temps de connexion n'ait pas de retentissement sur son travail scolaire (nécessité de faire des recherches pour des exposés) ni sur sa vie sociale (maintien d'un lien avec des amis vivant à distance). Arthur a alors estimé que l'objectif de 45 minutes quotidiennes devrait suffire.

Séances 4 à 6

Elles sont consacrées à l'évaluation des distorsions cognitives du patient, des cognitions sur soi et sur le monde extérieur. Les cognitions d'Arthur montrent à ce stade une faible estime de soi avec l'impression de ne pas être intéressant aux yeux des autres, de ne pas pouvoir se faire d'amis.

Une méthode de relaxation est introduite par le thérapeute ou un autre thérapeute pratiquant les méthodes de relaxation. La relaxation musculaire de Jacobson est aisément reproductible par le patient à son domicile après quelques séances, soit seul, soit à l'aide d'un support audio enregistré lors d'une séance.

Arthur à ce stade accepte de commencer à restreindre son temps de connexion à internet « Je n'utiliserai plus l'ordinateur la nuit, par contre j'aimerais pouvoir l'utiliser jusqu'à 23 h car j'ai toujours eu du mal à m'endormir tôt ». Il fut accordé à Arthur sur une base contractuelle que dans un premier temps, il pourrait se connecter jusqu'à l'heure convenue, à condition toutefois que son travail scolaire soit fait.

Séances 7 à 9

La restructuration cognitive tentera de modifier les distorsions cognitives identifiées dans l'agenda. L'idée qui est fréquemment retrouvée est « Je ne pourrai ▷

▷ pas me passer d'internet. J'ai peur d'y penser tout le temps sans pouvoir chasser cette idée. »

Des explications sur l'estompage de l'anxiété sont développées. Le principe de développement des conduites alternatives agréables est exposé et proposé sous la forme de projet d'activités (*cf.* chapitre 11).

À ce stade de la thérapie nous avons demandé à Arthur de remplacer une partie de son temps de connexion par des activités agréables pour lui. Il choisit alors la lecture « Je lisais beaucoup quand j'étais petit et que je n'arrivais pas à dormir, je rallumais la lumière le soir pour lire en cachette… ».

Séances 10 à 12

Les progrès réalisés sont évalués grâce au carnet d'auto-observation, par comparaison des temps d'utilisation d'internet actuels par rapport au début. Les progrès permettent de renforcer le sentiment d'efficience personnelle, améliorant ainsi l'estime de soi.

Par la suite il fut proposé à Arthur de suivre un programme d'affirmation de soi et il fut convenu qu'un suivi plus espacé permettrait de l'aider à maintenir les progrès.

Des séances de rappel s'avèrent indispensables pour la prévention des rechutes.

Tableau 14.2. **Analyse comportementale ou fonctionnelle : tableau récapitulatif.**

	Antécédents					Conséquents					Stratégie thérapeutique envisagée						
	Introversion, tendance à l'isolement					Développement d'activités solitaires					Développement de stratégies alternatives Affirmation de soi						
Symptômes																Addiction à internet	
	⇑	⇑	⇑	⇑	⇑	⇑	⇑	⇑	⇑	⇑	⇑	⇑	⇑	⇑	⇑	⇑	
	1	2	3	4	5	6	7	8	9	10	11	12	13	14	15	16	Âge (ans)

Plan du traitement

Séances 1 à 3

Sur le plan comportemental et cognitif :

- Évaluation diagnostique.
- Évaluation d'une pathologie, d'un trouble sous-jacent (anxiété sociale, état dépressif majeur), de la comorbidité.
- Passation de questionnaire d'anxiété, de dépression, d'estime de soi.
- Évaluation du retentissement sur le travail scolaire.
- Analyse fonctionnelle, explication des hypothèses thérapeutiques à l'enfant et à ses parents.
- Explication des techniques thérapeutiques.

• Élaboration d'un contrat thérapeutique.

Tâches assignées :

• Auto-observation : l'enfant ou l'adolescent tient un petit carnet dans lequel il note quotidiennement le temps passé sur l'ordinateur ou sur la console de jeux.

Sur le plan familial :

• Explication aux parents des troubles présentés et du modèle thérapeutique proposé.

Séances 4 à 6

Sur le plan comportemental et cognitif :

• Entretiens motivationnels souvent nécessaires, définition avec le patient du retentissement sur la vie sociale, familiale et scolaire, possibilité de stratégies alternatives de *coping*.

• Apprentissage des techniques de relaxation.

Tâches assignées :

• Entraînement à la relaxation.

• Diminution de l'utilisation d'internet ou des jeux vidéo.

Sur le plan familial :

• Renforcement positif par le milieu familial, encouragement des progrès.

Séances 7 à 9

Sur le plan comportemental et cognitif :

• Restructuration cognitive.

• Développement de conduites alternatives (activités procurant du plaisir au patient, que ce dernier avait abandonné, ou découverte de nouvelles activités).

Tâches assignées :

• Diminution du temps d'utilisation de l'ordinateur ou de la console.

• Carnet d'auto-observation.

• Remplacement du temps passé sur l'ordinateur par la réalisation des devoirs ou d'autres activités.

Sur le plan familial :

• Stimulation à développer d'autres activités.

• Encouragements par rapport aux progrès réalisés.

Séances 10 à 12

Sur le plan comportemental et cognitif :

• Réévaluation selon les mêmes outils, comparaison aux résultats des précédentes évaluations.

• Renforcement du sentiment d'efficience personnelle en s'appuyant sur les progrès réalisés.

- Complément par une thérapie d'affirmation de soi si nécessaire.
- Programmation du suivi espacé avec séances de rappel.

Références

Brenner, V. (1997). Psychology of computer use: XLVII: parameters of Internet use, abuse and addiction: the first 90 days of the Internet usage survey. *Psychological Reports*, *80*, 879-882.

Beard, K.W., & Wolf, E.M. (2001). Modification in the proposed diagnostic criteria for Internet addiction. *Cyberpsychology and Behavior*, *4*, 377-383.

Davis, R.A. (2001). A cognitive-behavioral model of pathological Internet use. *Computers in Human Behavior*, *17*, 187-195.

Goldberg, I. (1995). Internet addiction. Disponible sur : www.psycom.net/iasg.html. Consulté le 20 février 2007.

Greenfield, D.N. (1999). Psychological characteristics of compulsive Internet use : a preliminary analysis. *Cyber Psychology and Behavior*, *2*(5), 403-412.

Grohol J. Internet addiction Guide, 1999 : http ://psychcentral.com/netaddiction.

Hayez, J.K. (2006). Quand le jeune est scotché à l'ordinateur ; les consommations estimées excessives. *Neuropsychiatrie de l'enfance et de l'adolescence*, *54*, 189-199.

Kandell, J.J. (1998). Internet addiction on campus : the vulnerability of college students. *Cyberpsychology and Behavior*, *1*, 11-17.

Joormann, J., Lira Yoon, K., & Zetsche, U. (2007). Cognitive inhibition in depression. *Applied and Preventive Psychology*, *12*, 128-139.

Kraut, R., Patterson, M., Lundmark, V., Kiesler, S., Mukophadhyay, T., & Scherlis, W. (1998). Internet paradox: a social technology that reduces social involvement and psychological well-being? *American Psychologist*, *53*(9), 1017-1031.

Nolen-Hoeksema, S. (1991). Responses to depression and their effects on the duration of depressive episodes. *Journal of Abnormal Psychology*, *100*, 569-582.

Pratarelli, M.E., Browne, B.L., & Johnson, K. (1999). The bits and bytes of computer/Internet addiction: a factor analytic approach. *Behavior Research Methods, Instruments, & Computers*, *31*, 305-314.

Roberts, L. D., Smith, L. M., & Pollack, C. (1996). A model of social interaction via computer-mediated communication in real-time text-based virtual environments *Annual meeting of the Australian Psychological Society*; Sydney.

Romo, L., Aubry, C., Djordjian, J., Fricot, E., & Adès, J. (2004). La dépendance à internet et la prise en charge cognitivo-comportementale. *Journal de Thérapie Comportementale et Cognitive*, *14*(3), 117-123.

Young, K.S. (1996). Internet addiction : the emergence of a new clinical disorder. *104th annual meeting of the American Psychological Association*; Toronto.

Young, K.S. (1999). Internet addiction: symptoms, evaluation and treatment. In L. Van de Creek, & X. Jackson (Eds), *Innovations in clinical practice: a source book, 17* (pp. 19-31). Sarasota: Professional Resource Press.

Index

473854 – (I) – (1,5) – OSB80

Elsevier Masson S.A.S - 62, rue Camille-Desmoulins,
92442 Issy-les-Moulineaux Cedex
Dépôt Légal : septembre 2014

Composition : Thomson Digital (Mauritius) LTD

Imprimé en Pologne par Dimograf

J'intègre LES ÉCOLES DE MANAGEMENT

TOUT-EN-UN

M.-V. SPELLER
P. BOISBOURDAIN
C. BALDIT-DUFAYS
M.-A. DURAND

CONCOURS SÉSAME

7e édition

2023 2024

DUNOD

Marie-Virginie Speller. Enseignante de mathématiques et de statistiques à l'université Paris-Dauphine - Paris Sciences et Lettres (PSL), elle accompagne aussi les étudiants dans la préparation de concours (écoles d'ingénieurs et de commerce).

Pia Boisbourdain. Ancienne professeure de français, d'anglais et traductrice.

Marie-Annik Durand. Professeur d'anglais certifiée hors classe, elle prépare aux oraux (khôlles) en CPGE au lycée Henri Poincaré (Nancy).

Catherine Baldit-Dufays. Docteur et agrégée d'anglais, elle prépare aux oraux (khôlles) en CPGE et elle prépare également les élèves à l'entrée à Sciences Po et aux concours Accès et Sésame au lycée Descartes (Monti-gny-le-Bretonneux).

Conception de couverture : Hokus Pokus Créations

11, rue Paul Bert, 92240 Malakoff
www.dunod.com
ISBN : 978-2-10-084594-1

Table des matières

Partie 3 Anglais

Introduction

1. Qu'est-ce qu'un concours ?

Un concours est bien différent d'un examen, notamment par son élaboration et par sa notation.

Jusqu'à présent, vous aviez l'habitude d'être évalué par le biais d'examens, c'est-à-dire qu'il vous suffisait d'avoir une note au moins égale à la moyenne (10/20) pour être reçu. C'est le cas du baccalauréat ou du brevet des collèges. Il en est de même pour les contrôles ou les interrogations. Une telle épreuve est également conçue de manière à ce que vous puissiez faire l'ensemble du sujet dans le temps imparti. Vous obtenez ainsi la note de 20/20 si vous répondez à tous les énoncés correctement.

Un concours se déroule de manière très différente. Tout d'abord, le sujet est élaboré de manière à ce que vous ne puissiez pas tout faire dans le temps octroyé. Ainsi vous pouvez obtenir la note maximale (20/20) à l'épreuve sans avoir traité le sujet entièrement. C'est pourquoi, en général, les énoncés de concours paraissent interminables aux élèves !

Alors pas de panique ! Si vous n'avez pas répondu à toutes les questions ou pas traité tous les exercices et problèmes, vous pouvez tout de même avoir 20/20 ! Votre note dépend du meilleur candidat. Vous êtes noté et classé par rapport à la meilleure copie.

Vous êtes reçu en fonction de votre classement et non pas si vous obtenez une note supérieure ou égale à la moyenne. Par exemple, vous pouvez échouer avec 11/20 et réussir avec une note telle que 09/20 ! Votre réussite est fonction du nombre de places offertes par chaque école.

En général, un concours se déroule en deux temps : une partie écrite et une partie orale. Si vous réussissez les écrits, c'est-à-dire, si vous êtes suffisamment bien classé, vous êtes alors *admissible*. Cela vous permet de vous présenter aux épreuves orales. Si vous réussissez ces dernières épreuves, vous êtes alors *admis*.

2. Le concours SÉSAME

a. Pour quelles écoles concourez-vous ?

Vous concourez pour étudier dans une école de commerce post-bac. Les études durent quatre ou cinq ans après le baccalauréat. À l'issue de ces quatre ou cinq années vous êtes diplômé « bac + 4 » ou « bac + 5 ».

Le concours SÉSAME permet l'accès à plusieurs écoles de commerce :

Cursus en 4 ans	Cursus en 5 ans
• SKEMA Business School (Sophia Antipolis et Paris) – BBA in Global Management • La Rochelle Business School (La Rochelle) – BBA International • NEOMA Business School (Reims, Rouen et Paris) – CESEM • ESSEC Business School (Cergy Pontoise et Singapour) – ESSEC Global BBA • emlyon business school (Saint-Étienne, Paris et Casablanca) – Global BBA • NEOMA Business School (Rouen, Paris et Reims) – Global BBA • KEDGE Business School (Marseille) – International BBA • South Champagne Business School (Troyes) – International BBA	• KEDGE Business School (Bordeaux) – EBP International • EBS Paris – European Business School (Paris) – PGE • EDC Paris Business School (Courbevoie) – PGE • EMLV-Pôle Léonard de Vinci (Paris La Défense) – PGE • EM Normandie (Caen, Paris et Oxford) – PGE • ESCE International Business School (Paris et Lyon) – PGE • IPAG Business School (Paris et Nice) – PGE • PSB Paris School of Business (Paris) – PGE • NEOMA Business School (Reims et Paris) – TEMA

BBA : Bachelor of Business Administration

PGE : Programme Grandes Écoles

REMARQUE

Les PGE de l'EBS, de l'EDC, de l'EMLV, et de PSB appartenaient jusqu'alors au concours LINK mais sont désormais intégrés au concours SÉSAME.

CONSEIL

Renseignez-vous sur le programme et les matières enseignées dans ces écoles.

Consultez les sites internet, rendez-vous aux portes ouvertes, etc. Choisissez une école qui vous convient en termes d'enseignements et de spécialités. Informez-vous aussi sur les débouchés professionnels.

b. Quels sont les débouchés de ces écoles ?

Ces écoles vous permettent d'accéder au titre « bac + 4 » ou « bac + 5 ». Un large panel de métiers et de carrières s'offre à vous à la sortie de votre école. Vous pouvez être commercial, travailler dans la finance, le marketing, etc. Vos différents stages effectués au cours de vos études constituent un véritable atout pour trouver un emploi à l'issue de votre formation.

CONSEILS

- Choisissez vos stages en fonction de vos souhaits professionnels. Si vous avez une passion pour la mode et le luxe par exemple, optez pour un stage dans une maison de couture ! Si vous êtes passionné par les voitures, alors orientez vos choix de stages dans l'industrie automobile, etc.

- Procurez-vous des ouvrages avec des exercices type concours et des annales corrigées. Si vous avez des difficultés, contactez un organisme de cours particuliers à domicile ou suivez une formation intensive destinée à vous préparer au concours.

c. Comment se déroule le concours ?

Il se déroule en deux temps : les épreuves écrites et les épreuves orales.

IMPORTANT

Pour vous inscrire au concours SÉSAME, vous devez désormais (à partir de 2020) passer par la plateforme **Parcousup**.

Pour l'année scolaire 2019-2020, la date des épreuves écrites est fixée au 8 avril 2020.

Épreuves écrites

Épreuve de raisonnement et compétences (1 h)

Cette épreuve comporte trois parties :

- **Logique générale :** 15 questions à 4 choix possibles dont un seul est correct. Ces énoncés évaluent votre raisonnement logique (logiques spatiale et temporelle).
- **Aptitudes numériques :** 15 questions à 4 choix possibles dont un seul est correct. Ces énoncés se présentent sous la forme de petits problèmes mathématiques balayant principalement le programme de collège et de seconde.
- **Aptitudes verbales :** 15 questions à 4 choix possibles dont un seul est correct. Il s'agit de questions portant sur l'orthographe, la grammaire et la culture générale.

Ce sont des problèmes assez faciles, la difficulté réside dans la rapidité. Vous devez traiter en tout 45 questions en une heure, soit 1 minute et 20 secondes à consacrer en moyenne par énoncé !

Épreuve de langues (2 h)

Cette épreuve concerne deux langues dont l'anglais qui est obligatoire (les autres langues varient selon les écoles : allemand, arabe, chinois, espagnol, italien, japonais, portugais ou russe). Elle se présente sous la forme d'un QCM de 80 questions dont 40 en anglais et 40 dans une autre langue. Les questions sont de format identique, à savoir, à 4 choix possibles dont un seul est correct.

Les énoncés évaluent votre niveau de grammaire, d'orthographe et de vocabulaire dans chaque langue.

Là aussi, vous devez être rapide. 80 questions en 2 heures, soit 1 minute et 30 secondes en moyenne par question !

Épreuve d'analyse - synthèse (3 h)

L'épreuve se compose de trois parties :

- **Questions de repérage :** vous devez trouver des éléments d'ordre factuel dans le dossier.
- **Questions d'analyse :** vous devez déduire des informations à partir des éléments trouvés dans le dossier. Les questions de repérage de la partie précédente vous aident à repérer ces éléments.
- **Question de synthèse** : vous rédigez une synthèse sur la problématique et le sujet traité dans le dossier. Les deux parties précédentes vous accompagnent dans cette rédaction.

Épreuves orales

Les épreuves orales consistent en général en un ou plusieurs entretien(s) selon l'école pour laquelle vous concourez. L'examinateur peut par exemple vous interroger sur un texte qu'il vous remet ou bien vous poser des questions sur vos ambitions professionnelles et tester votre motivation.

Vous pouvez également avoir une épreuve de langue consistant en la compréhension d'un texte.

Il est indispensable de vous renseigner sur les modalités et le déroulement des épreuves orales car elles varient suivant l'école que vous souhaitez intégrer.

3. Mais au fait, comment prépare-t-on un concours ?

a. Préparer les écrits

Les révisions

- Renseignez-vous sur les modalités du concours (programme, durée, épreuves, lieu, écoles, etc.)
- Une fois que vous connaissez parfaitement le programme, faites un planning de révisions.
- Pour chaque chapitre faites des fiches dans lesquelles vous inscrivez les notions principales et fondamentales.
- Exercez-vous en commençant par des exercices simples. Il faut débuter par des applications directes du cours. Cela vous permet d'intégrer et de mémoriser les notions importantes à l'aide d'exemples. Une fois que vous maîtrisez parfaitement ces exercices, continuez avec les annales de concours ou concours blanc, en vous mettant dans les conditions de l'épreuve. Contrôlez vos résultats à l'aide des corrigés. Mais ne consultez pas trop vite les réponses car c'est en restant bloqué sur une question que l'on retient durablement les méthodes de résolution.
- Si vous avez des difficultés à travailler seul, vous pouvez toujours faire appel à des organismes de cours particuliers à domicile ou bien suivre un stage intensif de préparation au concours. Si vous optez pour des cours particuliers, préparez

des questions avant l'arrivée de votre professeur. Vous gagnerez du temps car une séance de deux heures de cours passe très vite. Cherchez des exercices pour la séance suivante et surtout n'attendez pas de votre professeur qu'il apprenne votre cours ou fasse vos exercices à votre place. Ce n'est pas lui qui passe le concours ! Si vous optez pour un stage intensif, votre attitude doit être similaire, vous devez préparer chaque cours.

Cours particuliers	Stages intensifs
Avantages : • Flexibilité des horaires, pas de déplacement. • Vous avez plus de temps pour appréhender les notions du programme. • Vous posez vos questions en dehors du regard des autres.	**Avantages :** • Les questions des uns peuvent aider les autres. • Vous adoptez plusieurs points de vue de résolution des exercices par le biais des autres élèves. • Vous rencontrez des personnes qui passent le même concours que vous et cela peut avoir un effet rassurant.
Inconvénients : • Vous êtes seul et ne rencontrez pas d'autres élèves qui passent le concours.	**Inconvénients :** • Horaires et déplacements moins flexibles. • Le professeur est moins disponible que dans le cas d'un cours particulier.
Conclusion : • Le cours particulier permet d'approfondir les notions du cours, d'avancer rapidement dans la théorie et la pratique d'exercices. Mais vous restez assez « seul » fasse au concours. • Choisissez cette option si vous devez acquérir les notions du programme en peu de temps.	**Conclusion :** • Le stage intensif vous confronte aux réalités du concours en rencontrant d'autres personnes dans les mêmes conditions que vous. • Si vous choisissez cette option, vous devez maîtriser un minimum les notions du programme car le professeur n'est pas aussi disponible que dans le cas d'un cours particulier.

La veille du concours

- Ne révisez pas le dernier jour. Préférez une journée de détente : cinéma, shopping, exposition, etc. Changez-vous les idées.
- Préparez votre convocation et autres papiers que l'on vous demandera le lendemain.
- Repérez le lieu exact où se déroulent les écrits. Si vous y allez en transports en commun consultez l'itinéraire sur Internet, si vous préférez la voiture renseignez-vous sur les bouchons éventuels. Prévoyez une marge de temps supplémentaire par rapport à la durée prévue du trajet. Notez bien la salle, l'étage, le bâtiment où ont lieu les épreuves. Évitez tout stress inutile le jour J.
- N'oubliez pas de régler votre réveil !
- Couchez-vous tôt ! Ce n'est pas en étant fatigué que l'on réalise des prouesses. Alors mettez toutes les chances de votre côté en vous centrant sur l'essentiel : votre santé. Vous devez être en pleine forme pour réussir.

Le jour J

- Prenez le temps de déjeuner : partez avec un plein d'énergie !
- Préférez des vêtements dans lesquels vous vous sentez bien tout en étant sobre.
- Prévoyez un petit goûter car certaines épreuves durent quatre heures. Difficile de ne pas avoir un petit creux !
- À la découverte du sujet, ne paniquez pas. Lisez les questions tout en commençant à les traiter. Si vous ne parvenez pas à répondre à l'une d'entre elles passez à la suivante. Vous pourrez toujours y revenir plus tard. Ne restez surtout pas bloqué(e) sur un exercice, vous perdriez un temps précieux. Gardez du temps pour relire vos résultats (au moins un quart d'heure). Attention aux erreurs d'étourderie car une mauvaise réponse est pénalisante !
- Au moment de rendre votre copie, n'oubliez pas d'y inscrire vos noms, prénom, numéro de convocation, etc.

Les résultats des écrits

- Vous êtes admissible, bravo ! Concentrez-vous maintenant sur les oraux. Et encore félicitations !
- Vous êtes refusé. Pas de panique, ce n'est qu'un concours. Profitez de cet « échec » pour vous poser les bonnes questions. Est-ce vraiment ce que vous voulez faire ? Avez-vous révisé avec les bonnes méthodes de travail ? Comment faire pour réussir la prochaine fois (si vous avez la possibilité de retenter le concours) ? Demandez également des conseils à vos professeurs. Ils vous connaissent bien et sauront probablement vous donner les bonnes démarches à suivre. Courage !

b. Préparer les oraux

Les révisions

- Renseignez-vous sur la nature des épreuves pour les oraux (programme, durée, épreuves, lieu, écoles, etc.).
- Une fois que vous connaissez parfaitement le contenu des épreuves, faites-vous un planning de révision.
- Si vous êtes timide à l'oral, vous pouvez faire un stage de théâtre. Cela vous apprendra à vous exprimer en public et vous gagnerez en confiance.

La veille du concours

- Comme pour les écrits ne travaillez pas la veille de l'épreuve. Place à la détente, cette journée n'est rien qu'à vous !
- Préparez votre convocation et autres papiers que l'on vous demandera le lendemain.
- Repérez le lieu exact où se déroulent les oraux. Notez bien le numéro de la salle, de l'étage, le bâtiment où ont lieu les épreuves. Mieux vaut éviter de perdre du temps à chercher une salle pendant des heures le jour J. Cela risquerait de vous stresser inutilement.

- N'oubliez pas de régler votre réveil !
- Couchez-vous tôt ! Vous serez plus apte à réfléchir. À l'oral, il faut être parfois capable d'improviser et cela n'est pas facile surtout si vous manquez de sommeil.

Le jour J

- Prenez un bon petit-déjeuner : ne partez surtout pas le ventre vide !
- Choisissez une tenue correcte dans laquelle vous êtes à l'aise. Soignez avant tout votre présentation : pour une épreuve orale, évitez les jeans troués ou jupes trop courtes. Adoptez une tenue sobre et classe. Pour les filles, ne vous maquillez pas trop, restez naturelle.
- Soyez courtois(e), c'est la base.

Les résultats des oraux

- Vous êtes admis, félicitations ! Il ne vous manque plus qu'à avoir le bac pour ceux qui sont en Terminale. Si vous êtes déjà bachelier, alors passez de bonnes vacances !
- Vous avez échoué à l'oral. Pas de panique ! À l'oral, le facteur « chance » joue un rôle important. Il y a déjà une question de « feeling » avec l'examinateur qui a son importance. Si vous n'« accrochez » pas avec la personne qui vous interroge, c'est plutôt mauvais signe pour votre note. Ensuite il y a l'épreuve en elle-même. Vous n'êtes pas à l'abri de tomber sur un sujet qui ne vous « plaît » pas. Il n'est donc pas aisé de réussir une épreuve orale. Alors ne vous découragez pas. Vous pouvez retenter le concours l'année prochaine ou bien réfléchir à une autre orientation. Courage !

Un dernier mot avant de consulter cet ouvrage : BONNE CHANCE !

Je remercie l'équipe d'édition pour sa disponibilité son soutien et sa confiance.

Je remercie également tous les élèves que j'ai encadrés au cours de stages de préparation au concours SÉSAME. Ils m'ont exposé leurs difficultés et leurs interrogations. Cela m'a permis de mieux cibler les différents thèmes de logique et de mathématiques qu'ils ne comprenaient pas et d'insister sur les points les plus délicats.

J'espère que cet ouvrage répondra aux attentes des candidats au concours SÉSAME.

Bonne chance pour les épreuves et bon travail à tous !

Marie-Virginie Speller

Partie 1

Analyse documentaire et Connaissance des enjeux contemporains

1.1

Sous-partie

Analyse documentaire

Présentation de l'épreuve 1

L'épreuve d'analyse documentaire du concours Sésame se présente depuis 2020 sous la forme d'un QCM constitué de 20 questions portant sur un ensemble de documents (textes ou images).

Il s'agit de questions de repérage, d'analyse et de synthèse pour lesquelles 4 à 6 réponses sont proposées.

Pour les questions de repérage et de synthèse, une seule réponse est correcte. Pour les questions d'analyse, plusieurs réponses sont attendues.

La première difficulté consiste à lire sans perdre de temps un dossier de textes très dense. Il est bien sûr impossible de lire ceux-ci de façon linéaire et dans les moindres détails, car vous n'auriez alors pas le temps de répondre aux questions. Vous serez donc confronté en premier lieu à un exercice de rapidité auquel vous n'êtes sans doute pas habitué, à contre-courant de ce que vous avez appris au lycée, où vous avez étudié des textes en profondeur. Ici, il s'agit de la démarche inverse : on vous demande de comprendre les grandes idées d'un texte avec rapidité, mais précision, pour ensuite pouvoir les confronter avec celles des autres textes.

La seconde difficulté consiste à repérer les différences subtiles entre les questions proposées. Il s'agit donc d'analyser avec soin à la fois les questions et les réponses pour ne pas vous tromper. Le principe est le même que pour n'importe quel QCM : on vous enlèvera 1 point par réponse incorrecte.

Les trois types de questions sont les suivantes :

1. Les questions de repérage

Ce sont des questions simples qui exigent des réponses précises à rechercher dans le corpus. Elles commencent le plus souvent par : « Quel est ? », « Qui ? », « Où ? », « Pourquoi ? ».

4 à 6 réponses sont proposées. 1 seule est correcte. Le plus souvent, la réponse se trouve dans un seul texte.

2. Les questions d'analyse

Elles sont plus complexes que les questions de repérage et demandent une lecture plus fine du corpus, et une vraie réflexion. Elles commencent en général par : « Comment ? », « De quelle manière ? » ou « En quoi ? ».

Sur les 4 à 6 réponses proposées, plusieurs sont correctes. Les réponses à ces questions se trouvent dans plusieurs textes.

3. Les questions de synthèse

Elles se présentent sous la forme de sujets de réflexion qu'il faut analyser très précisément. Une seule réponse est correcte. Celle-ci doit obligatoirement faire la synthèse des documents tout en répondant exactement à la question posée.

Savoir lire en diagonale 2

Pour bien aborder l'épreuve d'analyse documentaire, vous devez maîtriser la méthode de la lecture en diagonale, compétence essentielle et préliminaire pour la réussir. Attention, cependant ! Ce n'est pas par-là que vous commencerez le jour de l'épreuve.

La lecture en diagonale consiste à lire un texte non pas mot à mot, ni même ligne à ligne, mais à identifier les informations permettant de comprendre rapidement la problématique qui s'en dégage. Cette méthode de lecture sous-entend donc de laisser de côté de ce qui peut paraître superflu, comme les exemples, les digressions, les passages narratifs, les détails. Attention, cependant, à ne pas réduire la pensée des auteurs au minimum, sous prétexte d'en faire la synthèse : au contraire, vous devez la retranscrire dans toute sa subtilité.

La lecture en diagonale suppose donc plusieurs étapes :

- analyser le paratexte,
- déterminer le genre de chacun des documents pour adapter votre méthode de lecture,
- sélectionner les informations significatives dans les différents textes.

1. Analyser le paratexte

Commencez, avant même de lire les textes, par analyser le paratexte. Le titre donné à l'extrait, le titre de l'œuvre ou du magazine, le nom de l'auteur et la date de publication sont des informations essentielles pour vous aider à percevoir d'un coup d'œil la réflexion proposée par chacun des textes, puis à les situer les uns par rapport aux autres. Essayez de faire « parler » ces informations en analysant tout particulièrement les deux titres, puis en rassemblant vos connaissances sur l'auteur, surtout s'il s'agit d'un auteur classique, et sur le contexte historique et social, quand il s'agit d'un document ancien.

Exemple

Voici le début de la liste proposée au concours Sésame 2007 :

- Sophie Bessis, « Mille et une bouches », *Cuisines et identités culturelles*, Autrement, mars 1995
- Jean-Claude Ribaut, « La soupe, toujours si populaire », *Le Monde*, 19 janvier 2006
- Jean-Louis Flandrin, « Le lent cheminement de l'innovation alimentaire », *Plaisir et angoisses de la fourchette*, Autrement, 1989
- Elizabeth Rozin, « Saveur pour tous », *Le Hamburger*, Autrement, mars 1995

Tous les documents sont contemporains. Aucun n'est tiré d'une grande œuvre littéraire, et il est peu probable que vous en connaissiez les auteurs.

Sauf cas contraire, vous n'avez donc rien à noter sur eux. Trois sont des extraits de livres (le nom de l'éditeur, Autrement, vous le laisse deviner) et un est tiré d'un quotidien, *Le Monde*. Les titres des extraits de livres – visiblement des documentaires ayant pour thème l'alimentation – sont très parlants :

- « Mille et une bouches », *Cuisines et identité culturelles* : ce texte va probablement poser la question du lien entre culture et alimentation d'un pays à l'autre, d'une époque à l'autre.
- « Le lent cheminement de l'innovation alimentaire », *Plaisir et angoisses de la fourchette*. Le titre de l'ouvrage indique clairement son thème : le lien paradoxal que l'on peut avoir avec l'alimentation (le plaisir que procure les plats savoureux ; la peur de grossir ou de mettre sa santé en danger). Le titre donné à l'extrait renseigne plus précisément sur le thème du texte : l'évolution à travers les siècles (« le lent cheminement ») des pratiques alimentaires.
- « Saveur pour tous », *Le Hamburger* : le titre de l'ouvrage nous indique le thème précis du texte : la nourriture importée des États-Unis. Le titre de l'extrait nous laisse penser que l'auteur y développe les causes du succès des fast-foods dans le monde.
- « La soupe, toujours si populaire », *Le Monde* : ce document, tiré d'un quotidien, nous propose à n'en pas douter une réflexion sur les raisons du succès de la soupe.

En conclusion, deux textes posent la question du lien entre alimentation et société, et deux analysent les causes du succès d'un plat, donc rejoignent probablement la réflexion des deux premiers, le succès d'un plat dépendant vraisemblablement de pratiques culturelles.

Cette simple étude vous a donc permis de percevoir la problématique de ces quatre textes, que vous préciserez ensuite par une lecture en diagonale des documents.

2. Identifier le genre des textes

Faites ensuite l'effort d'**identifier le genre** de chacun des textes. En effet, les documents du dossier de l'épreuve seront de genres variés : vous pourrez aussi bien tomber sur des extraits de romans ou des textes philosophiques que sur des articles de revues scientifiques, des interviews ou des articles de dictionnaires. Or, un extrait de roman et un article de journal, par exemple, n'auront pas le même contenu : le premier donnera avant tout des informations sur l'intrigue et les personnages, tandis que le second fera le bilan d'une situation sociale, économique ou exposera un point de vue à l'aide d'arguments.

Vous ne lirez donc pas ces textes de la même façon, surtout dans l'optique de cette épreuve, qui exige de repérer très rapidement des **idées**.

- **Les textes descriptifs ou informatifs** : définitions de dictionnaire, certains articles de journaux, manuels scolaires, etc. Ils ont pour but de divulguer un savoir. Ils visent à faire le bilan d'une situation – historique, sociale, économique, politique, etc. – de manière objective, avec chiffres et exemples à l'appui.

Si le texte comporte des sous-titres, commencez par les lire tous : vous pourrez en déduire le fil directeur, voire la problématique. Vous vous concentrerez ensuite, en revenant sur les paragraphes essentiels, sur le bilan que cherche à dresser l'auteur sans vous attarder sur les chiffres, les anecdotes ou les exemples.

- **Les textes argumentatifs** : certains articles de journaux, pamphlets, interviews, essais, discours, etc. Ils développent une thèse qui s'appuie sur des arguments et des exemples.

Si le texte comporte des sous-titres, commencez par les lire. Sinon, prenez connaissance des premiers paragraphes pour entrer dans la pensée de l'auteur, puis mettez-vous à la recherche des idées essentielles sans vous attarder sur les exemples purement illustratifs.

- **Les textes narratifs** : extrait de roman, de nouvelle, de mémoires, d'apologue, etc. Ils ont le plus souvent pour but d'instruire en divertissant. C'est particulièrement le cas des contes philosophiques et des fables.

Dans ce genre de textes, commencez par lire le premier paragraphe pour comprendre de quoi il s'agit, puis concentrez-vous sur le message véhiculé et abstenez-vous de lire mot à mot les passages purement narratifs.

3. S'aider de la forme des textes

Les **sous-titres** sont toujours d'une aide précieuse pour comprendre d'un coup d'œil la progression du texte et affiner la problématique que vous avez sentie grâce au paratexte.

Dans le cas d'interviews, commencez par prendre connaissance de l'ensemble des questions du journaliste : elles vous aideront à deviner le sujet des réponses, et donc de l'interview tout entière, ainsi qu'à voir la progression du dialogue.

Dans un texte dépourvu de sous-titres, aidez-vous des **paragraphes** pour saisir le fil directeur du texte : à chacun d'entre eux correspond une idée. Vous n'avez pas besoin de lire la totalité des paragraphes : lisez le début et la fin de chacun, quitte à revenir à l'un d'entre eux si vous vous rendez compte ensuite que l'idée principale du texte s'y trouve.

N'hésitez pas à entourer, au fil de votre lecture en diagonale, les mots qui font partie d'un même **champ lexical** (inutile cependant de tous les relever, vous perdriez du temps). En effet, bien souvent, l'idée principale d'un texte est développée autour d'un vocabulaire précis.

Repérez également les **liens logiques** : ils vous aideront à comprendre le mouvement argumentatif du texte, qui peut s'appuyer sur un lien de cause à effet, d'opposition, sur un parallèle, etc.

Application

Reportez-vous aux deux textes suivants. L'objectif est d'en faire ressortir les grandes idées le plus rapidement possible. Pour cela, respectez les étapes suivantes :

1. Analysez précisément le paratexte de chacun des documents.

2. Déterminez leur genre respectif, et déduisez-en la méthode à adopter pour lire chacun d'entre eux de façon efficace.

3. Servez-vous des sous-titres, de la présentation en paragraphes, du champ lexical, et des liens logiques pour trouver les idées principales et faire ressortir la progression de ces deux textes.

Texte 1

Jean-Jacques Rousseau, *Émile ou De l'éducation*, II, 1762

C'est ici le second terme de la vie, et celui auquel proprement finit l'enfance ; car les mots « *infants* » et « *puer* » ne sont pas synonymes. Le premier est compris dans l'autre, et signifie « qui ne peut parler » : d'où vient que dans Valère Maxime on trouve « *puerum infantem* ». Mais je continue à me servir de ce mot selon l'usage de notre langue, jusqu'à l'âge pour lequel elle a d'autres noms.

Quand les enfants commencent à parler, ils pleurent moins. Ce progrès est naturel : un langage est substitué à l'autre. Sitôt qu'ils peuvent dire qu'ils souffrent avec des paroles, pourquoi le diraient-ils avec des cris, si ce n'est quand la douleur est trop vive pour que la parole puisse l'exprimer ? S'ils continuent alors à pleurer, c'est la faute des gens qui sont autour d'eux. Dès qu'une fois Émile aura dit : « J'ai mal », il faudra des douleurs bien vives pour le forcer de pleurer.

Si l'enfant est délicat, sensible, que naturellement il se mette à crier pour rien, en rendant ces cris inutiles et sans effet, j'en taris bientôt la source. Tant qu'il pleure, je ne vais point à lui ; j'y cours sitôt qu'il s'est tu. Bientôt sa manière de m'appeler sera de se taire, ou tout au plus de jeter un seul cri. C'est par l'effet sensible des signes que les enfants jugent de leur sens, il n'y a point d'autre convention pour eux : quelque mal qu'un enfant se fasse, il est très rare qu'il pleure quand il est seul, à moins qu'il n'ait l'espoir d'être entendu.

S'il tombe, s'il se fait une bosse à la tête, s'il saigne du nez, s'il se coupe les doigts, au lieu de m'empresser autour de lui d'un air alarmé, je resterai tranquille, au moins pour un peu de temps. Le mal est fait, c'est une nécessité qu'il l'endure ; tout mon empressement ne servirait qu'à l'effrayer davantage et augmenter sa sensibilité. Au fond, c'est moins le coup que la crainte qui tourmente, quand on s'est blessé. Je lui épargnerai du moins cette dernière angoisse ; car très sûrement il jugera de son mal comme il verra que j'en juge : s'il me voit accourir avec inquiétude, le consoler, le plaindre, il s'estimera perdu ; s'il me voit garder mon sang-froid, il reprendra bientôt le sien, et croira le mal guéri quand il ne le sentira plus. C'est à cet âge qu'on prend les premières leçons de courage, et que, souffrant sans effroi de légères douleurs, on apprend par degrés à supporter les grandes.

Loin d'être attentif à éviter qu'Émile ne se blesse, je serais fort fâché qu'il ne se blessât jamais, et qu'il grandît sans connaître la douleur. Souffrir est la première chose qu'il doit apprendre, et celle qu'il aura le plus grand besoin de savoir. Il semble que les enfants ne soient petits et faibles que pour prendre ces importantes leçons sans danger. Si l'enfant tombe de son

●●●

●●●

haut, il ne se cassera pas la jambe ; s'il se frappe avec un bâton, il ne se cassera pas le bras ; s'il saisit un fer tranchant, il ne serrera guère, et ne se coupera pas bien avant. Je ne sache pas qu'on ait jamais vu d'enfant en liberté se tuer, s'estropier, ni se faire un mal considérable, à moins qu'on ne l'ait indiscrètement exposé sur des lieux élevés, ou seul autour du feu, ou qu'on n'ait laissé des instruments dangereux à sa portée. Que dire de ces magasins de machines qu'on rassemble autour d'un enfant pour l'armer de toutes pièces contre la douleur, jusqu'à ce que, devenu grand, il reste à sa merci, sans courage et sans expérience, qu'il se croie mort à la première piqûre et s'évanouisse en voyant la première goutte de son sang ?

Notre manie enseignante et pédantesque est toujours d'apprendre aux enfants ce qu'ils apprendraient beaucoup mieux d'eux-mêmes, et d'oublier ce que nous aurions pu seuls leur enseigner. Y a-t-il rien de plus sot que la peine qu'on prend pour leur apprendre à marcher, comme si l'on en avait vu quelqu'un qui, par la négligence de sa nourrice, ne sût pas marcher étant grand ? Combien voit-on de gens au contraire marcher mal toute leur vie, parce qu'on leur a mal appris à marcher !

Émile n'aura ni bourrelets, ni paniers roulants, ni chariots, ni lisières ; ou du moins, dès qu'il commencera de savoir mettre un pied devant l'autre, on ne le soutiendra que sur les lieux pavés, et l'on ne fera qu'y passer en hâte. Au lieu de le laisser croupir dans l'air usé d'une chambre, qu'on le mène journellement au milieu d'un pré. Là, qu'il coure, qu'il s'ébatte, qu'il tombe cent fois le jour, tant mieux : il en apprendra plus tôt à se relever. Le bien-être de la liberté rachète beaucoup de blessures. Mon élève aura souvent des contusions ; en revanche, il sera toujours gai. Si les vôtres en ont moins, ils sont toujours contrariés, toujours enchaînés. toujours tristes. Je doute que le profit soit de leur côté.

Un autre progrès rend aux enfants la plainte moins nécessaire : c'est celui de leurs forces. Pouvant plus par eux-mêmes, ils ont un besoin moins fréquent de recourir à autrui. Avec leur force se développe la connaissance qui les met en état de la diriger. C'est à ce second degré que commence proprement la vie de l'individu ; c'est alors qu'il prend la conscience de lui-même. La mémoire étend le sentiment de l'identité sur tous les moments de son existence ; il devient véritablement un, le même, et par conséquent déjà capable de bonheur ou de misère. Il importe donc de commencer à le considérer ici comme un être moral.

Quoiqu'on assigne à peu près le plus long terme de la vie humaine et les probabilités qu'on a d'approcher de ce terme à chaque âge, rien n'est plus incertain que la durée de la vie de chaque homme en particulier ; très peu parvient à ce plus long terme. Les plus grands risques de la vie sont dans son commencement ; moins on a vécu, moins on doit espérer de vivre.

●●●

•••

Des enfants qui naissent, la moitié, tout au plus, parvient à l'adolescence ; et il est probable que votre élève n'atteindra pas l'âge d'homme.

Que faut-il donc penser de cette éducation barbare qui sacrifie le présent à un avenir incertain, qui charge un enfant de chaînes de toute espèce, et commence par le rendre misérable, pour lui préparer au loin je ne sais quel prétendu bonheur dont il est à croire qu'il ne jouira jamais ? Quand je supposerais cette éducation raisonnable dans son objet, comment voir sans indignation de pauvres infortunés soumis à un joug insupportable et condamnés à des travaux continuels comme des galériens, sans être assuré que tant de soins leur seront jamais utiles ! L'âge de la gaieté se passe au milieu des pleurs, des châtiments, des menaces, de l'esclavage. On tourmente le malheureux pour son bien ; et l'on ne voit pas la mort qu'on appelle, et qui va le saisir au milieu de ce triste appareil. Qui sait combien d'enfants périssent victimes de l'extravagante sagesse d'un père ou d'un maître ? Heureux d'échapper à sa cruauté, le seul avantage qu'ils tirent des maux qu'il leur a fait souffrir est de mourir sans regretter la vie, dont ils n'ont connu que les tourments.

Hommes, soyez humains, c'est votre premier devoir ; soyez-le pour tous les états, pour tous les âges, pour tout ce qui n'est pas étranger à l'homme. Quelle sagesse y a-t-il pour vous hors de l'humanité ? Aimez l'enfance ; favorisez ses jeux, ses plaisirs, son aimable instinct. Qui de vous n'a pas regretté quelquefois cet âge où le rire est toujours sur les lèvres, et où l'âme est toujours en paix ? Pourquoi voulez-vous ôter à ces petits innocents la jouissance d'un temps si court qui leur échappe, et d'un bien si précieux dont ils ne sauraient abuser ? Pourquoi voulez-vous remplir d'amertume et de douleurs ces premiers ans si rapides, qui ne reviendront pas plus pour eux qu'ils ne peuvent revenir pour vous ? Pères, savez-vous le moment où la mort attend vos enfants ? Ne vous préparez pas des regrets en leur ôtant le peu d'instants que la nature leur donne : aussitôt qu'ils peuvent sentir le plaisir d'être, faites qu'ils en jouissent ; faites qu'à quelque heure que Dieu les appelle, ils ne meurent point sans avoir goûté la vie.

Que de voix vont s'élever contre moi ! J'entends de loin les clameurs de cette fausse sagesse qui nous jette incessamment hors de nous, qui compte toujours le présent pour rien, et, poursuivant sans relâche un avenir qui fuit à mesure qu'on avance, à force de nous transporter où nous ne sommes pas, nous transporte où nous ne serons jamais.

C'est, me répondez-vous, le temps de corriger les mauvaises inclinations de l'homme ; c'est dans l'âge de l'enfance, où les peines sont le moins sensibles, qu'il faut les multiplier, pour les épargner dans l'âge de raison. Mais qui vous dit que tout cet arrangement est à votre disposition, et que toutes ces belles instructions dont vous accablez le faible esprit d'un

•••

●●●

enfant ne lui seront pas un jour plus pernicieuses qu'utiles ? Qui vous assure que vous épargnez quelque chose par les chagrins que vous lui prodiguez ? Pourquoi lui donnez-vous plus de maux que son état n'en comporte, sans être sûr que ces maux présents sont à la décharge de l'avenir ? Et comment me prouverez-vous que ces mauvais penchants dont vous prétendez le guérir ne lui viennent pas de vos soins mal entendus, bien plus que de la nature ? Malheureuse prévoyance, qui rend un être actuellement misérable, sur l'espoir bien ou mal fondé de le rendre heureux un jour ! Que si ces raisonneurs vulgaires confondent la licence avec la liberté, et l'enfant qu'on rend heureux avec l'enfant qu'on gâte, apprenons-leur à les distinguer.

Pour ne point courir après des chimères, n'oublions pas ce qui convient à notre condition. L'humanité a sa place dans l'ordre des choses ; l'enfance a la sienne dans l'ordre de la vie humaine : il faut considérer l'homme dans l'homme, et l'enfant dans l'enfant. Assigner à chacun sa place et l'y fixer, ordonner les passions humaines selon la constitution de l'homme, est tout ce que nous pouvons faire pour son bien-être. Le reste dépend de causes étrangères qui ne sont point en notre pouvoir.

Texte 2

Propos recueillis par Xavier Molénat, « Déscolariser la société », entretien avec François Dubet, *Sciences Humaines*, n° 199 - décembre 2008

En publiant *Faits d'école*, le sociologue François Dubet revient sur quinze ans d'enquêtes et d'interventions publiques autour du système scolaire, et plaide pour un véritable débat autour des objectifs à lui donner et des moyens pour y parvenir.

Des lycéens aux élèves du primaire en passant par les collégiens et les étudiants, François Dubet a dans les années 1990 scruté tous les échelons du système français d'enseignement. Dans la continuité de son enquête sur la « galère » des jeunes (1987), il a cherché à comprendre l'institution scolaire à travers l'expérience qu'en avaient tous ceux sur qui elle agissait – ou, du moins, était supposée agir. Les ouvrages qu'il en a tirés (*Les Lycéens*, 1991, *À l'école*, 1996), apportant un regard neuf et parfois cinglant sur l'enseignement en France, ont connu un succès inhabituel pour des travaux de sociologie. François Dubet ne s'est d'ailleurs pas privé d'intervenir dans le débat public, en acceptant notamment en 1999 de piloter un débat sur le collège unique, où il prendra position contre une sélection précoce des élèves. À travers sa défense d'un socle commun de connaissances, sa réflexion sur la notion d'égalité des chances ou,

●●●

Analyse documentaire

●●●

très récemment, sa critique nuancée de la réforme de la carte scolaire, il a semble-t-il tenu à ce que l'on n'oublie pas, dans toute réflexion sur l'école, le sort des « perdants » de la compétition scolaire. Des positions qu'il estime assez peu populaires dans l'institution scolaire, sur laquelle, il est vrai, il a jeté un regard compréhensif mais assez peu complaisant. Il s'en explique à l'occasion de la publication de *Faits d'école* (EHESS, 2008), un recueil d'articles qui retrace ce parcours indissociablement sociologique et politique.

Quelle perspective était la vôtre lorsque vous vous êtes intéressé à l'éducation ?

À l'époque, la sociologie de l'éducation était dominée par deux grands modèles, ceux de Pierre Bourdieu et de Raymond Boudon qui, chacun à sa manière, s'intéressaient à la question des inégalités scolaires. Pour le premier, elles s'expliquent par la répartition très inégale parmi les élèves des capitaux culturels, économiques, sociaux... Pour le second, elles sont avant tout le résultat de stratégies familiales divergentes. Ces deux modèles ont cependant en commun d'être des sociologies sans acteurs, fondées uniquement sur des statistiques. Personne ou presque ne s'intéressait alors aux élèves. Or j'avais l'impression que c'était d'eux qu'il fallait partir. Non pas pour contredire les théories dominantes, mais pour proposer une image inversée du système scolaire : voir ce que les élèves ont dans la tête pour comprendre ce que fait l'école aux individus. Les jeunes ne sont pas simplement des séries statistiques qui réussissent ou qui échouent. Ils ont une vie à l'école, des sentiments, des relations, des motivations. Et ce d'autant plus qu'ils y passent environ quinze ans de scolarité : ce n'est pas rien dans la vie des individus.

Vous êtes donc allé interviewer des lycéens, des étudiants, des écoliers, des collégiens... Qu'est-ce qui vous a le plus étonné ?

J'ai trouvé d'abord qu'il y avait un problème majeur de motivation. Ça m'avait frappé quand j'avais enseigné en collège en 1995 : ce qu'on leur enseignait – pas seulement moi –, au fond, ne les intéressait pas. Au-delà de la plus ou moins grande distance à la culture scolaire, ça interrogeait le sens de la relation éducative.

J'ai ensuite « découvert » que l'école française ne sait pas quoi faire de la vie juvénile qui l'a envahie. Longtemps, l'école a séparé l'élève de l'enfant et de l'adolescent. L'expérience scolaire des jeunes n'est désormais scolaire que pour une part : les relations, les amours, les amitiés viennent parasiter la relation scolaire. Mais c'est aussi cela qui les forme.

Troisième et dernier constat : le système est cruel. Beaucoup d'élèves disent : « On m'oblige à jouer un jeu dans lequel je perds ». À l'image de cette élève qui, à la fin du film de Laurent Cantet, *Entre les murs* (2008),

●●●

•••

dit au professeur : « Cette année, j'ai rien appris, je ne comprends pas ce qui se passe. » Lorsque mes livres ont paru, une réaction commune était de dire que les gamins n'étaient pas adaptés à l'école parce qu'ils venaient de milieux populaires. Selon moi, ça allait bien au-delà.

Vous voulez dire qu'au cours des années 1980-1990, on a changé de système ?

Oui. On a ouvert les portes du lycée non plus à 12 ou 15 % mais à 70 ou 80 % d'une classe d'âge. On a donc changé d'école. Mais dans notre imaginaire, celui des enseignants et de nos hommes politiques, c'est toujours la même école républicaine, qu'il faudrait simplement adapter. D'où beaucoup de souffrance chez les élèves et les enseignants, parce que l'on est dans une forme et des objectifs scolaires qui ne sont plus ceux qui conviennent.

L'école républicaine a fonctionné sur des principes assez simples. D'abord, chaque catégorie avait son école : aux classes populaires, l'école élémentaire, aux catégories intermédiaires, le collège, aux bourgeois, le lycée. Ensuite, ne faisaient des études longues que les héritiers ou les boursiers, c'est-à-dire des élèves « croyants », disposés à jouer le jeu scolaire. Enfin, c'était une école dont tous les gens n'attendaient pas qu'elle leur donne une position dans la société, qui restait largement déterminée en amont par la naissance.

La massification a transformé l'école républicaine en école méritocratique, en disant aux élèves : vous deviendrez ce que vous avez fait à l'école. Cela change complètement la règle du jeu, qui se tend et devient beaucoup plus cruelle. Car l'échec scolaire ne signifie plus seulement « je ne suis pas doué pour l'école », mais « je vais rater ma vie ». D'où des comportements utilitaristes chez les élèves, qui passent leur temps à calculer ce qu'il est rentable de faire ou pas : ils ne travaillent pas la physique par amour du savoir mais pour aller en terminale scientifique.

Face à cela, une tendance réactionnaire s'est affirmée dans l'école, qui estime qu'il faudrait retrouver la culture d'avant, les élèves d'avant, les professeurs d'avant. Ce qui me paraît tout à fait raisonnable, à condition d'exclure 70 % des élèves... Et pourquoi pas de rétablir un examen d'entrée en sixième !

Vous avez pourtant critiqué la notion d'« égalité des chances », qui est au cœur de l'école méritocratique. Pourquoi ?

J'ai en effet mené une réflexion un peu générale (les Britanniques la menaient depuis longtemps) sur les principes de justice à l'école. J'en ai tiré deux conclusions. La première, c'est que dans une société non aristocratique, l'égalité des chances est le seul principe de justice sur lequel

•••

●●●

peut s'appuyer l'école : il faut bien que les individus se hiérarchisent selon leur mérite.

La seconde, c'est que ce principe est extrêmement difficile à mettre en œuvre. D'une part, les élèves n'ont pas les mêmes chances au départ, en raison de leur origine sociale, de leur capital culturel, d'autre part, c'est un principe très cruel, qui dit aux bons « vous avez droit à tout » et aux mauvais « tant pis pour vous ».

Comment faire alors pour rendre « l'égalité des chances » moins injuste ?

On peut pondérer ce principe, en faisant par exemple valoir ce que John Rawls appelle le principe de différence (1) : il faut faire en sorte que le déroulement de la compétition méritocratique ne dégrade jamais le sort des vaincus. D'où ma défense du collège unique, qui ne doit pas servir à sélectionner des enfants, mais à les amener tous au même niveau.

Ensuite, si les inégalités scolaires ne sont pas parfaitement justes, il est injuste qu'elles déterminent à leur tour les inégalités sociales. L'école ne devrait pas être la seule institution susceptible de distribuer les individus dans la société. Il y a des moyens de détendre un peu le jeu, comme le développement d'une véritable formation professionnelle, pour que les enfants qui échouent à l'école puissent se dire que leur vie ne s'arrête pas là.

Enfin, je m'inquiète actuellement du fait que l'école française n'a pas, ou plus, de projet éducatif. Les seules questions sont désormais : « Les élèves ont-ils un bon niveau ? » et « La sélection est-elle juste ? » Ce que l'école fabrique comme individu, la totalité de l'échiquier politique s'en désintéresse. Pourtant, la seule manière d'éviter que l'école devienne complètement un marché serait de fixer à l'école des objectifs éducatifs : tout élève qui sort de l'école doit par exemple avoir le sentiment d'avoir de la valeur, ou être capable de s'exprimer en public sans avoir honte... En France, ces propositions sont marginales et suscitent de formidables résistances.

Pourquoi justement est-il si difficile de réformer l'école ?

Deux hypothèses sont possibles. Soit le politique est très faible, soit la société française a trouvé un consensus autour de l'école et ne souhaite pas qu'on y touche. Je crois que les deux jouent. On n'a en tout cas jamais pu, comme les pays scandinaves tant admirés, se dire : « l'école a changé de nature, changeons les règles ». Par exemple, tout le monde sait que certains établissements dans les « quartiers en difficulté sont dans des situations impossibles. On leur donne quelques moyens financiers en plus (très peu !), mais on ne touche ni au mode de recrutement des enseignants, ni à leur mode de formation, ni au statut des établissements. On refuse de toucher à la forme même de notre système scolaire.

●●●

●●●

L'école tendrait-elle à penser que « le mal vient de l'extérieur » ?

Oui, l'institution a le réflexe d'externaliser ses problèmes. Je l'ai encore vu lors des débats autour d'*Entre les murs* auxquels j'ai participé : les enseignants rejetaient la faute sur les parents, le capitalisme, la crise, la société. Bien sûr, la société n'est pas parfaite, mais ce type de croyances peut, même avec les meilleures intentions, être catastrophique. Marie Duru-Bellat a par exemple soulevé clairement un problème de dévaluation des diplômes (2). Dans l'Éducation nationale, on vous répond que ce n'est pas le problème de l'école mais celui du marché du travail, qui n'a qu'à créer des emplois qui correspondent aux diplômes produits. Non ! Car on peut agir politiquement sur la création de diplômes plus facilement que sur la création d'emplois qualifiés !

Avez-vous des réformes à proposer ?

Ce serait présomptueux de ma part. Je rappelle juste que dans un monde globalisé, où nos capacités d'action politique sont plutôt faibles, il reste un domaine où nous avons une capacité d'action totale : l'éducation. Or l'éducation est sortie du débat public. Bien sûr, Philippe Meirieu, le « pédagogue prônant l'adaptation des méthodes d'enseignement à la diversité des élèves », s'oppose à Alain Finkielkraut, le « républicain défenseur de l'autorité et du savoir académique ». Mais on ne peut pas dire que l'on a, dans le champ politique en particulier, une confrontation de projets. On y a renoncé.

Pourtant, il y a des pistes pour améliorer l'école. Sans idolâtrer les enquêtes comparatives de l'OCDE (enquêtes Pisa), on ne peut pas faire comme si d'autres pays n'avaient pas une école meilleure et plus équitable. Par exemple, dans la plupart des pays qui fonctionnent bien, ou mieux, les établissements sont plus autonomes qu'en France, en particulier sur le recrutement des enseignants. De son côté, le ministère a une capacité de contrôle des résultats beaucoup plus forte. En France, ce serait perçu comme une volonté de « privatiser » l'école, ou de rompre avec « l'égalité républicaine » – même si chacun sait que c'est une vaste plaisanterie.

La sociologie de l'éducation a aujourd'hui cumulé beaucoup de résultats. Quelles questions devrait-elle chercher à élucider dans les années à venir ?

Après avoir analysé ce que la société fait à l'école (P. Bourdieu, R. Boudon), puis ce que l'école fait aux élèves (M. Duru-Bellat, Agnès Van Zanten, moi-même), la sociologie devrait se demander ce que l'école fait à la société, c'est-à-dire analyser les conséquences de l'organisation des systèmes éducatifs sur la vie sociale. Ce que permettent les méthodes

●●●

●●●
comparatives internationales. Tout le monde dit par exemple qu'il faut développer l'enseignement supérieur. On peut en discuter : ne faudrait-il pas plutôt développer la qualité de l'enseignement élémentaire ? Ne serait-ce pas meilleur pour la société ?

Ma conviction, c'est qu'il faut déscolariser la société, c'est-à-dire sortir de l'idée que l'école doit fabriquer une « bonne société ». L'école doit fabriquer une bonne école. Si on veut réduire les inégalités, réduisons les inégalités entre cadres et ouvriers. Ce sera plus efficace que de permettre à des enfants d'ouvriers de devenir cadres !

À la fin de votre ouvrage, vous dites que les enseignants « ne croient pas les sociologues », et qu'ils ont raison. Pourquoi ?

Pour enseigner – je suis enseignant –, il faut vivre avec des fictions. Il faut être convaincu, au moment où l'on fait son cours, que ce que l'on va dire va transformer les gens, que tout le monde peut apprendre, que le savoir a une valeur en soi. Sinon on ne le fait pas. Or la sociologie a pour effet de refroidir ces illusions : « ne vous racontez pas d'histoire, tout cela est déterminé »...

Je connais par exemple des professeurs de lycée très imprégnés des thèses de P. Bourdieu. Mais quand ils sont face aux enfants, ils les laissent de côté. Ils ne vont jamais dire à un enfant d'ouvrier en échec : « c'est normal, c'est à cause de ton faible capital culturel ». Ils vont lui dire qu'il est aussi intelligent que les autres et qu'il peut réussir s'il le veut. Il y a un devoir d'espérance dans l'école.

Donc je crois qu'il ne faut pas trop écouter les sociologues. Il faut entendre ce qu'ils disent, mais sans que cette connaissance détruise les illusions nécessaires à l'action. Les enseignants ont raison de résister, y compris à mes propres discours.

Notes :

(1) John Rawls, *Théorie de la justice, 1971,* rééd. Seuil, coll. « Points essais », 1997.

(2) Marie Duru-Bellat, *L'Inflation scolaire. Les désillusions de la méritocratie,* Seuil, 2006.

Propos recueillis par Xavier Molénat

Corrigé

1. Analyse du paratexte :

- Jean-Jacques Rousseau, *Émile ou De l'Éducation*, Livre second, 1762
- Propos recueillis par Xavier Molénat, « Déscolariser la société », entretien avec François Dubet, *Sciences Humaines*, n° 199 - décembre 2008.

Le texte de Rousseau, philosophe du siècle des Lumières, est un extrait d'un traité sur l'éducation. Il devrait donc proposer une méthode de « bonne » éducation.

Le second texte est un article journalistique provenant du site sciencesHumaines.com : il propose vraisemblablement une réflexion d'ordre sociologique sur la structure de la société, fortement influencée par la structure scolaire.

2. Le genre des textes

Le texte de Rousseau est un essai, autrement dit un texte à idées : il faudra se concentrer sur la thèse, les arguments et le mouvement argumentatif.

Le texte « Déscolariser la société » est une interview : il propose donc une réflexion critique, qui s'appuie sur un bilan. Il conviendra de lire attentivement les questions du journaliste pour savoir où trouver les idées essentielles.

3. Étude des sous-titres, des paragraphes, du champ lexical et des liens logiques
Émile ou De l'éducation :

Le texte ne comportant pas de sous-titres, il convient de lire les premiers paragraphes : ceux-ci traitent des modifications que l'enfant connaît dans le « second terme de la vie ». En poursuivant par les premiers mots des troisième et quatrième paragraphes, on s'aperçoit qu'ils développent l'idée des deux premiers. On peut donc s'abstenir de les lire en entier, puisqu'ils ne constituent visiblement pas le cœur du sujet, l'éducation.

Le cinquième paragraphe commence à aborder la question de l'apprentissage, puisqu'on peut relever les mots « connaître », « apprendre » et « savoir ». Néanmoins, passé les trois premières phrases, on se rend compte qu'elles se prolongent par une série d'exemples : « Si l'enfant tombe de son haut, il ne se cassera pas le bras ; s'il se frappe avec un bâton... ».

On peut en venir directement au sixième paragraphe, qui semble développer l'idée essentielle du texte : « Notre manie enseignante et pédantesque est toujours d'apprendre aux enfants ce qu'ils apprendraient beaucoup mieux d'eux-mêmes, et d'oublier ce que nous aurions pu seuls leur enseigner... » Il faudra donc lire attentivement ce passage, d'autant plus qu'il est court.

Le septième paragraphe paraît lui aussi développer un exemple : « Émile n'aura ni bourrelets, ni paniers roulants, ni chariots, ni lisières... » Cependant, comme il vient juste après ce qui apparaît comme une idée essentielle, mieux vaut lire attentivement les premières phrases, car ce passage développe peut-être cette idée importante. En effet, on note une opposition forte entre les enfants « toujours contrariés, toujours enchaînés, toujours tristes » qui apprennent « dans l'air usé d'une chambre » et l'enfant « toujours gai » qui bénéficie du « bien-être de la liberté ».

Les huitième et neuvième paragraphes semblent s'éloigner un peu du sujet (il est question du lien entre force physique et capacité à faire sa propre expérience, puis de l'espérance de vie réduite des enfants).

Le dixième paragraphe apparaît comme une violente critique d'un type d'éducation « barbare » et s'oppose au onzième paragraphe, qui enseigne le « premier devoir » de l'homme : « Aimez l'enfance ; favorisez ses jeux, ses plaisirs, son aimable instinct. » Rousseau semble donner ici l'attitude qu'il faut adopter avec l'enfant en matière d'éducation. Ce paragraphe prolonge donc l'idée essentielle du sixième paragraphe. S'en suit une série de questions rhétoriques (qui apparaissent comme des arguments).

Dans le douzième paragraphe, Rousseau s'en prend à ses détracteurs : « Que de voix vont s'élever contre moi ! » On s'attend à ce qu'il leur oppose une nouvelle série d'arguments, ce que confirment les questions rhétoriques du treizième paragraphe, qui insistent de nouveau sur l'aspect « barbare » de l'éducation apparemment en vogue à cette époque.

Le dernier paragraphe, qu'il vaut mieux, tout comme les premiers, lire attentivement, apparaît comme une conclusion partielle à cette question de l'éducation : « il faut considérer l'homme dans l'homme, et l'enfant dans l'enfant ».

En conclusion, il vous suffit de lire attentivement les sixième, septième et dixième paragraphes pour comprendre l'idée essentielle formulée par Rousseau. C'est en vous aidant de la structure en paragraphes et du champ lexical que vous y serez parvenu. Néanmoins, l'étude des liens logiques ne vous aura été d'aucune aide, car Rousseau ne s'est pas appuyé dessus pour développer son raisonnement.

« Déscolariser la société », entretien avec François Dubet :

Cette interview est précédée d'un paragraphe présentant le sociologue François Dubet et son parcours. Il convient de le lire attentivement : une introduction présente généralement la problématique du texte. Ici, la prise de position de l'auteur est clairement énoncée : « il a semble-t-il tenu à ce que l'on n'oublie pas, dans toute réflexion sur l'école, le sort des "perdants" de la compétition scolaire ».

L'étude des questions du journaliste a dû vous permettre de comprendre la structure de l'interview.

Il commence par évoquer le point de départ de la réflexion du sociologue, à savoir le dialogue avec les élèves, les « perdants », vraisemblablement : « Quelle perspective était la vôtre lorsque vous vous êtes intéressé à l'éducation ? » et « Vous êtes donc allé interviewer des lycéens, des étudiants, des écoliers, des collégiens... Qu'est-ce qui vous a le plus étonné ? »

Le journaliste amène ensuite l'interviewé à expliquer une rupture dans le système éducatif : « Vous voulez dire qu'au cours des années 1980-1990, on a changé ? »

Le cœur de la problématique est ensuite abordé : « Vous avez pourtant **critiqué** la notion d' "égalité des chances", qui est au cœur de l'école méritocratique. Pourquoi ? » ; « Comment faire alors pour rendre "l'égalité des chances" **moins injuste** ? »

En effet, l'introduction vous a aidé à comprendre que l'interviewé cherchait à **dénoncer** un système scolaire qui exclut les « perdants ». Les questions suivantes évoquent les solutions que l'on peut apporter à ce problème, tout en mettant bien l'accent sur l'aspect difficile de ces changements : « Pourquoi justement est-il si difficile de réformer l'école ? » ; « L'école tendrait-elle à penser que "le mal vient de l'extérieur" ? » ; « Avez-vous des réformes à proposer ? »

Les deux dernières questions concluent sur les objectifs de recherche que la sociologie de l'éducation s'est fixés et sur les limites de cette discipline : « La sociologie de l'éducation a aujourd'hui cumulé beaucoup de résultats. Quelles questions devrait-elle chercher à élucider dans les années à venir ? » ; « À la fin de votre ouvrage, vous dites que les enseignants "ne croient pas les sociologues", et qu'ils ont raison. Pourquoi ? »

En conclusion, l'idée essentielle du texte se trouve dans les réponses aux questions sur « l'égalité des chances ».

Répondre aux questions de repérage et d'analyse 3

1. Lire les questions

En premier lieu, avant même de prendre connaissance du dossier de documents, lisez attentivement la liste des questions et analysez-les : en parcourant ensuite le dossier, les questions bien en tête, vous pourrez trouver plus rapidement les informations permettant d'y répondre.

Pour être certain de bien comprendre ce que l'on vous demande, entourez les mots clés des questions ainsi que les **mots interrogateurs**. Si les questions de repérage ne posent en général pas de problème de compréhension, les questions suivantes peuvent paraître plus complexes : concentrez-vous en priorité sur celles-ci.

En effet, les questions d'analyse exigent une étude approfondie : non seulement les éléments de réponses ne se trouveront que rarement dans un seul texte, mais ces questions demandent un véritable effort de réflexion. Vous devez donc, dès le début, les analyser minutieusement.

Nous vous conseillons de vous pencher sur les questions de synthèse dans un second temps, une fois que vous aurez pris connaissance de l'ensemble du dossier.

Application

Voici la liste des questions correspondant au dossier de textes situé p. 33. Après avoir entouré les mots clés et les mots interrogateurs, déduisez-en ce que l'on vous demande précisément.

Questions de repérage :

Question 1 : Que dit Remy de Gourmont à propos du progrès ?

Question 2 : Que montre le dessin de Maraï ?

Questions d'analyse :

Question 3 : Quelles sont aujourd'hui les menaces liées au progrès ?

Question 4 : Quel lien est fait entre progrès et vitesse ?

Corrigé

Question 1 :

Cette question porte visiblement sur un texte précis et demande une réponse assez générale : la bonne réponse devra sans doute expliquer brièvement comment l'auteur définit le progrès (s'il propose une définition) et ce qu'il en pense (En fait-il la critique ou, au contraire, l'éloge ?).

Question 2 :

Cette question porte visiblement sur un dessin humoristique (l'auteur en est Maraï). La bonne réponse devra à la fois le décrire (brièvement, car il s'agit d'une question de repérage) et en faire ressortir le message, l'expression « que montre ? » pouvant signifier à la fois « que représente visuellement ? » et « que veut dire ? ».

Question 3 :

Cette question, un peu plus complexe que les précédentes, si elle n'indique pas explicitement dans quel document précis vous pouvez en trouver la réponse, vous donne un indice précieux, le mot « aujourd'hui ». Vous allez donc pouvoir éliminer de votre recherche les documents anciens pour vous concentrer sur les documents contemporains. Par ailleurs, les réponses devront mettre en évidence un lien de cause à effet, probablement de plusieurs ordres (menaces sanitaires, menaces environnementales, etc.). Vous allez donc vous concentrer sur un éventuel vocabulaire négatif (ou représentation pour les images) dans les documents contemporains.

Question 4 :

Cette question implique que les réponses exactes déterminent les rapports entre deux notions : vous veillerez à être attentif au vocabulaire lié à la vitesse dans les textes qui parlent explicitement du progrès.

2. Chercher les éléments de réponse dans le dossier

a. Analyser la liste des documents et le paratexte

Vous devez ensuite examiner attentivement la liste des documents.

ATTENTION

Lors du concours, seuls les titres des documents et les renvois aux pages sont mentionnés dans cette liste. Il vous faut relever tous les éléments du paratexte en vous reportant à la page consacrée aux références bibliographiques : auteur, date, source.

Les titres vous donneront des indices précieux sur le contenu des textes, et vous pourrez plus facilement deviner où se trouvent les réponses aux questions posées, notamment celles de repérage.

Quant au paratexte, il vous sera d'une aide précieuse pour identifier en un coup d'œil le genre des textes et les situer dans leur époque (pour plus de détails, reportez-vous au chapitre « Savoir lire en diagonale »).

RAPPEL

En général, les réponses aux questions de repérage se trouvent chacune dans un seul texte. En revanche, les réponses multiples aux questions d'analyse se trouvent dans plusieurs textes.

Application

Voici la liste des documents du dossier. D'après leurs ***titres*** *(donnés ci-dessous) et le* ***paratexte*** *(que vous trouverez en examinant le dossier p. 33), dans quels textes pensez-vous pouvoir trouver les réponses aux questions 3 et 4 : Quelles sont aujourd'hui les menaces liées au progrès ? Quel lien est fait entre progrès et vitesse ?*

- Document 1 : L'avion
- Document 2 : Nous sommes dans le culte de la vitesse-lumière
- Document 3 : Du Progrès, ou la revanche de la Voile
- Document 4 : Le progrès
- Document 5 : La tyrannie technologique
- Document 6 : Discours sur les arts et les sciences
- Document 7 : La civilisation

Corrigé

L'analyse du paratexte vous a normalement permis de comprendre où chercher les informations utiles à la question 3 (Quelles sont **aujourd'hui** les menaces liées au progrès ?) car seuls les documents 2, 4 et 5 sont **contemporains**.

Les mots clés de la question 4 « progrès » et « vitesse » vous laissent présager que les documents 1 « L'avion », 2 « Nous sommes dans le culte de la vitesse-lumière » et 3 « Le progrès ou la revanche de la Voile » vous aideront tout particulièrement. Veillez, toutefois, à survoler les autres textes, qui pourront compléter la réponse à cette question.

b. Chercher les éléments de réponses

Essayez de répondre aux questions dans l'ordre donné par le sujet, car leur difficulté va en croissant. Vous avez maintenant une petite idée des textes qui vous permettront de répondre aux questions de repérage et d'analyse. Commencez par parcourir ces documents, puis le reste des textes, car certaines informations peuvent s'y trouver sans que le titre le laisse supposer.

Vous allez parcourir les différents textes à la recherche des mots clés des questions et en vous aidant des paragraphes : en général, un paragraphe correspond à une idée. Certains documents comportent même des sous-titres, qui se révéleront des aides précieuses pour saisir les différentes idées d'un texte d'un seul coup d'œil. Ne vous attardez pas sur les exemples, mais aidez-vous des liens logiques pour suivre le mouvement argumentatif de chacun des textes (voir le chapitre 1 « Savoir lire en diagonale »).

Application

Avec l'aide du dossier de textes situé page 33, commencez par chercher les informations permettant de trouver les réponses exactes aux questions 1 et 2, qui portent explicitement sur les documents 3 et 4.

Question 1 : Que dit Remy de Gourmont à propos du progrès ?

Question 2 : Que montre le dessin de Maraï ?

Corrigé

Question 1

Pour trouver la réponse exacte à cette question, **lisez en diagonale** le document 3 et surlignez les mots appartenant au champ lexical du progrès (si vous avez besoin d'en savoir plus sur les conseils de méthode pour lire un texte en diagonale, reportez-vous au chapitre 1).

Lisez rapidement le début du texte, dans lequel le mot « progrès » n'apparaît pas, pour vous arrêter au passage suivant :

« Cette aberration est la rançon du progrès. On dirait que la matière du progrès est inextensible et qu'on ne peut la tirer d'un côté sans qu'elle ne découvre de l'autre une surface nue. En d'autres termes, il semble que tout progrès soit fatalement compensé par un recul ; n'est-il pas banal de dire : ce que l'on gagne en vitesse, on le perd en sécurité ? Cet aphorisme, naïf à force d'être évident, s'applique aux actes de tout ordre et, finalement, la notion du progrès n'est sans doute qu'une illusion. Pour la conserver intacte (ce qui est, je crois, nécessaire), il faudrait l'identifier à la notion du nouveau. Le nouveau est toujours meilleur, parce qu'il est le nouveau et voilà tout. »

Vous devez ensuite comprendre ce qu'est l'« aberration » (première phrase) dont parle l'auteur. Pour cela, lisez les deux premières phrases qui précèdent le passage :

« Dès que l'homme a remporté un avantage sur la nature, il s'efforce, comme mû par un instinct pervers, **à dénaturer cette conquête, à la transformer en agent de destruction.** »

Vous avez maintenant tous les éléments qui vous permettront de sélectionner la réponse exacte.

Question 2

Pour trouver la réponse exacte à la question 2, vous devez analyser attentivement le document 4, un dessin de Maraï.

Application

Grâce à l'étude du paratexte, dégagez dans quels documents se trouvent les réponses aux questions 3 et 4. Cherchez ensuite, pour chacune de ces questions, des éléments de réponse dans ces documents.

Question 3 : Quelles sont aujourd'hui les menaces liées au progrès ?

Question 4 : Quel lien est fait entre progrès et vitesse ?

Corrigé

Question 3

L'analyse du paratexte vous a normalement permis de comprendre où chercher les informations utiles à la question 3 (Quelles sont **aujourd'hui** les menaces liées au progrès ?) car seuls les documents 2, 4 et 5 sont **contemporains**.

Le **document 2** est une interview présentée sous la forme de questions et de réponses : concentrez-vous sur les questions en gras, qui vous indiquent clairement le contenu des réponses.

Les questions « Quelles sont ces **menaces** aujourd'hui ? » ; « Vous croyez vraiment à un pareil **danger** ? » ; « Vous **mettez en garde** contre ce que vous appelez la "nanochronologie" » ; « Cette accélération conduit également à des **menaces** de cyberguerre » doivent bien évidemment retenir votre attention : lisez les réponses et soulignez-en les phrases clés.

Complétez votre lecture en relevant dans les questions les mots qui peuvent avoir une **connotation péjorative** : « Mais qui pratique cette **propagande** ? » ; « Vous dites également que ce culte de la vitesse conduit à l'**inertie** et à l'**enfermement**. » ; « Y voyez-vous une nouvelle forme d'**oppression** pour l'homme ? » Soulignez ensuite, dans les réponses les phrases clés.

Voici les phrases que vous avez dû souligner :

« Quand ils ont appuyé sur le bouton de la première bombe, ils ne savaient pas où allait s'arrêter la réaction en chaîne. Le progrès, désormais, **menace** la vie. » (1)

« La science expérimentale est **menacée** par sa réussite même. (...) Vous avez vu que les explosions nucléaires se font désormais grâce à des simulations sur ordinateur. » (2)

« On nie la réalité scientifique du **risque**. » (1)

« Les entreprises sont de plus en plus demandeuses de logiciels d'aide à la décision. » (2)

« La cyberguerre, c'est la possibilité de **paralyser** tous les synchronismes d'un pays. » (3)

« Cela nous entraîne dans une **crise** de réduction du monde qui devient trop petit, avec le risque d'une **incarcération psychologique**. » (4)

« On ne peut pas comprendre les **périodes totalitaires** sans l'évolution des techniques. » (3)

« Comme les machines-outils et les robots ont rendu **obsolètes** certains ouvriers, la logique du logiciel peut rendre les savants **obsolètes**. » (2)

« Synchroniser l'émotion de millions de gens au même moment est un **conditionnement** d'une puissance que seules les religions avaient. » (4)

Vous pouvez d'ores et déjà constater que certaines idées se rejoignent (*cf.* numéros) et qu'on peut considérer qu'il en existe quatre.

Ces phrases clés, confrontées aux informations que vous trouverez dans les documents 4 et 5, vous aideront ensuite à formuler votre réponse, qui devra être construite et synthétique.

Le **document 5** est structuré autour de sous-titres : « Le déferlement technologique », « La numérisation du monde », « L'impérialisme numérique ». Cette fois, s'ils vous permettent de comprendre d'un coup d'œil la progression du texte, ils ne vous aident pas à savoir où trouver rapidement les informations qui vous intéressent pour traiter la question 3. Vous n'avez pas d'autre choix que de lire ce document en diagonale :

Commencez par prendre connaissance des deux premières phrases pour « entrer » dans le texte et comprendre ce que l'auteur dénonce : l'hypocrisie des entreprises qui tentent de nous convaincre qu'elles peuvent compenser les dégâts écologiques dont elles sont à l'origine.

Le paragraphe se poursuit par des termes clairement négatifs, qui évoquent plus qu'une menace mais une réalité : « (...) la société industrielle et technicienne, responsable de la **destruction** de la planète, de l'**uniformisation** et de la **destructuration** du monde ».

En lisant le début et la fin de chaque paragraphe, et en vous concentrant sur le vocabulaire employé, vous avez dû pouvoir relever les phrases suivantes :

« Alors même que notre société subit une révolution industrielle sans précédent, aucun débat sur ses **conséquences sanitaires, psychologiques ou sociales** n'est posé. » (Fin du deuxième paragraphe) (1)

« Pourtant, tout bouleversement technique d'ampleur nécessite une longue période de réadaptation sociale, sans quoi il devient **pathogène**. La rapidité avec laquelle les innovations contemporaines se succèdent ne laisse aucun répit, d'où une **désorientation sociale et psychologique** sans précédent dans l'histoire. » (Fin du troisième paragraphe) (1)

« L'**impérialisme** numérique **ronge** peu à peu les racines de notre ancien monde "bassement" matériel, qui laissait encore maladroitement perdurer un fond de sens à la vie. » (Fin du quatrième paragraphe) (2)

« La **destruction** de toutes les cultures et l'**asservissement** des peuples se poursuivent à l'heure même où on pensait en avoir fini avec le colonialisme. » (Cinquième paragraphe)

« Il s'agit de continuer l'entreprise **impérialiste** et d'**imposer** le mode de vie et de pensée occidental. Ordinateurs et caméras numériques ont remplacé l'alcool qu'apportaient jadis les colons dans leurs bagages. » (Fin du texte) (3)

Vous remarquez également que trois idées essentielles émergent de ce texte (*cf.* numéros).

L'étude du **document 4** (voir question 2) vous a normalement permis de comprendre quelles sont les menaces qui, d'après Maraï, sont liées au progrès : des menaces d'ordre environnemental et sanitaire. Les usines et les centrales nucléaires qui envahissent la planète menaceraient de la détruire.

L'étape suivante consistera à recouper ces éléments pour proposer une réponse structurée (voir le chapitre « Répondre aux questions de repérage et d'analyse »).

Question 4

Cette question, un peu plus complexe, demande une lecture en diagonale de tous les textes, même si les mots clés « progrès » et « vitesse » vous laissent présager que les documents 1 « L'avion », 3 « Le progrès ou la revanche de la Voile » et 2 « Nous sommes dans le culte de la vitesse-lumière » vous aideront tout particulièrement. Commencez donc par relever, dans ces documents, les phrases vous fournissant des éléments de réponse.

Parcourez ensuite les autres documents à la recherche d'informations complémentaires.

Vous avez dû relever les phrases et passages suivants :

Document 1 : « Si nous croyons que la machine abîme l'homme c'est que, peut-être, nous manquons un peu de recul pour juger les effets de **transformations aussi rapides** que celles que nous avons subies. Que sont les cent années de l'histoire de la machine en regard des deux cent mille années de l'histoire de l'homme ? C'est **à peine si** nous nous installons dans ce paysage de mines et de centrales électriques. C'est à peine si nous commençons d'habiter cette maison nouvelle, que nous n'avons même pas achevé de bâtir. **Tout a changé si vite autour de nous** : rapports humains, conditions de travail, coutumes. Notre psychologie elle-même a été bousculée dans ses bases les plus intimes. »

Document 2 : « À la vitesse métabolique de l'animal ou à la vitesse éolienne des premiers navires, qui permirent les conquêtes et la création des premiers empires maritimes comme celui des Grecs, **a succédé la vitesse de la machine**. »

« Oui, car **la vitesse est la face cachée de la richesse**. N'oublions pas que les anciens banquiers furent aussi des chevaliers ! Mais à partir de la révolution industrielle, elle est devenue **une propagande du progrès**. »

« Nous sommes désormais dans le **culte de la vitesse-lumière**. Nous sommes passés du progrès de la vitesse des transports au **progrès de la vitesse des transmissions**. »

« La **vitesse** devient la base de la stratégie » (de la cyberguerre).

Document 3 : « Heureuse révolte, si elle faisait réfléchir les hommes, si elle pouvait les guérir de cette **folie de la vitesse** qui a fait autant de victimes en six minutes qu'en six mois, la guerre de Cuba ! »

« Les chemins de fer et les grands vapeurs pourraient, à l'heure actuelle, être maniés et exploités avec une sécurité presque absolue, mais le **démon de la rapidité** intervient, chuchote des paroles troubles et l'homme jette dans le foyer de sa machine la pelletée de charbon fatale, celle qui va **nécessairement** le **conduire à la mort**. Cette aberration est la rançon du progrès. On dirait que la matière du progrès est inextensible et qu'on ne peut la tirer d'un côté sans qu'elle ne découvre de l'autre une surface nue. En d'autres termes, il semble que tout progrès soit fatalement compensé par un recul ; n'est-il pas banal de dire : **ce que l'on gagne en vitesse, on le perd en sécurité ?** »

Vous devez avoir complété ces informations par celles qu'apportent les documents 5 et 7 :

Document 5 : « Sa dynamique propre, et **la vitesse à laquelle elle se déploie**, n'autorise la mise en place d'aucune régulation sociale. Pourtant, tout bouleversement technique d'ampleur nécessite une longue période de réadaptation sociale, sans quoi elle devient pathogène. **La rapidité avec laquelle les innovations contemporaines se succèdent ne laisse aucun répit**, d'où une désorientation sociale et psychologique sans précédent dans l'histoire. »

Document 7 : « Une réforme n'attend pas l'autre ; toutes s'ébauchent à la fois. »

3. Sélectionner la bonne réponse (questions de repérage)

Maintenant que vous avez trouvé dans le dossier de textes les éléments de réponse, vous pouvez analyser et sélectionner les réponses correctes. Attention ! Celles-ci doivent répondre exactement aux questions posées.

Vous devez donc analyser soigneusement les réponses proposées puis les comparer aux éléments de réponses que vous avez trouvés.

Vous pouvez ensuite procéder en trois temps :

- exclure les réponses fautives, qui ne sont pas adéquation avec les éléments de réponses trouvés dans le dossier ;
- exclure les réponses qui ne répondent pas exactement aux questions. Par exemple celle qui répond à un « en quoi ? » alors que la question posée est « pourquoi ? » ;
- exclure les réponses partielles, qui ne traitent qu'un aspect de la question.

Application

À partir des éléments de réponses trouvés dans le dossier, éliminez les réponses fautives, inexactes ou partielles pour trouver la bonne réponse.

1. Que dit Remy de Gourmont à propos du progrès ?

A. Le progrès ne peut que mener l'homme à sa perte.

B. Le progrès est une arme à double tranchant.

C. Le progrès possède parfois certains inconvénients.

D. Le progrès est néfaste.

2. Que montre le dessin de Maraï ?

A. Le dessin de Maraï montre que les centrales nucléaires ont envahi la Terre.

B. Le dessin de Maraï montre la volonté des politiques d'installer toujours plus de centrales nucléaires.

C. Le dessin de Maraï montre de façon ironique les effets du progrès et, en particulier, les conséquences d'une industrialisation massive : usines et centrales nucléaires ont envahi la Terre.

D. Le dessin de Maraï montre l'opposition de certaines personnes à l'installation de centrales nucléaires, et donc au progrès.

Corrigé

1. Pour trouver la bonne réponse, on éliminera les réponses fausses : « Le progrès est une arme à double tranchant » (l'expression « arme à double tranchant » résume de façon fautive la thèse de l'auteur concernant le progrès, car le progrès n'est pas décrit

Analyse documentaire

comme une arme visant à se défendre d'un ennemi) ; les réponses C. et D. sont beaucoup trop vagues (de plus, la réponse C. nuance les effets du progrès avec les mots « parfois » et « certains », ce que l'auteur ne fait pas).

La réponse exacte est donc la A. : « Le progrès ne peut que mener l'homme à sa perte ».

2. Le verbe « montre » de la question étant à comprendre dans son aspect symbolique, on éliminera la réponse A., qui se contente de décrire partiellement le dessin. La réponse B. est fausse, car il n'est nulle part question des politiques. La réponse D. est réductrice, car le dessin ne se contente pas de montrer l'opposition de certaines personnes à l'installation de centrales nucléaires.

La réponse C. est exacte car elle décrit précisément le dessin sans oublier de parler de sa portée polémique en insistant sur l'ironie.

4. Sélectionner les bonnes réponses (questions d'analyse)

Les questions d'analyse exigent plusieurs réponses. Chacune des bonnes réponses répond en général à un aspect de la question posée. L'ensemble des bonnes réponses traitent donc la question dans sa globalité. Si vous oubliez une bonne réponse, vous ne répondrez que partiellement à la question posée, et le point ne vous sera pas accordé.

Pour ne pas vous tromper, procédez de la même façon que pour les questions de repérage, par élimination, tout en gardant en tête que plusieurs réponses sont attendues.

Application

Après avoir éliminé les réponses fausses, sélectionnez les bonnes réponses à la question suivante.

1. Quelles sont aujourd'hui les menaces liées aux progrès ?

A. Le progrès est facteur de risques sanitaires et d'accidents.

B. Le progrès, caractérisé par la vitesse, a bouleversé notre monde.

C. Le progrès menace l'équilibre du monde et de l'individu, car il peut être utilisé à des fins destructrices et imposer l'uniformisation des cultures.

D. Le progrès est l'arme des riches et des tyrans.

E. Le progrès menace l'environnement en mettant à mal les ressources naturelles de la Terre.

F. Le progrès menace d'ôter son sens à la vie en remplaçant le monde réel par un monde virtuel et l'homme par une machine pensante.

Corrigé

1. Nous pouvons éliminer la réponse B., car elle n'évoque pas une menace (le verbe « bouleverser » n'est pas forcément négatif), ainsi que la réponse D., qui ne parle pas non plus d'une menace mais qui décrit un fait, et la réponse E., qui semble interpréter de façon exagérée le dessin de Maraï.

Les bonnes réponses sont : A., C. et F. Ces trois réponses traitent la question de façon complète, en prenant en compte tous les documents.

Répondre aux questions de synthèse 4

Les questions de synthèse, même sous forme de QCM, exigent :

– l'analyse minutieuse des questions ;

– la recherche des éléments de réponse dans le dossier de documents ;

– la confrontation de ces éléments de réponse sous forme synthétique.

Attention ! Vous ne devez en aucun cas donner votre opinion, même si la question semble vous y inviter. La réponse se trouve dans le dossier de textes, pas dans votre tête !

D'autre part, gardez bien à l'esprit que les réponses exactes aux questions de synthèse doivent obligatoirement présenter **une synthèse**. Si elles évoquent l'idée d'un seul texte, alors elles ne peuvent pas répondre correctement à la question posée.

1. L'analyse des questions

Ces questions plus complexes que les questions de repérage et d'analyse sont souvent formulées afin de vous réfléchir à des paradoxes, c'est-à-dire à deux aspects contradictoires d'une réalité. Vous devez dans ce cas clairement identifier ce paradoxe en entourant les subordonnants ou les connecteurs logiques qui peuvent vous mettre sur la voie ainsi que les termes qui les opposent.

Dans tous les cas, commencez par lire attentivement la question, à souligner les mots-clés puis définissez-les. Entourez ensuite les connecteurs logiques et déduisez-en, éventuellement le paradoxe du sujet. Rédigez plusieurs questions soulevées par le sujet. Enfin, rassemblez ces questions en une seule problématique.

Application

1. Surlignez les mots clés de la question de synthèse puis définissez-les.
2. Mettez en valeur le paradoxe que pose le sujet.
3. Rédigez plusieurs questions que soulève le sujet.
4. Rassemblez ces questions en une seule problématique.

Corrigé

1. Selon Remy de Gourmont, « on dirait que la matière du progrès est inextensible et qu'on ne peut la tirer d'un côté sans qu'elle en découvre de l'autre une surface nue. En d'autres termes, il semble que tout progrès soit fatalement compensé par un recul ; n'est-il pas banal de dire : ce que l'on gagne en vitesse, on le perd en sécurité ? » Le progrès n'est-il qu'une illusion ?

L'auteur utilise une métaphore pour représenter le versant négatif du progrès : celui-ci serait fait d'une matière, qui a l'inverse du caoutchouc, ne serait pas étirable, ou très peu, et qui présenterait « une surface nue », autrement dit, un aspect stérile. L'auteur poursuit son explication en insistant sur l'absence d'exception à la règle qu'il a observée avec le mot « fatalement » : tout progrès, quel qu'il soit (technique ? scientifique ? moral ?) est « compensé par un recul ». Autrement dit, il insinue qu'il ne s'agit pas d'un réel progrès mais plutôt d'un faux progrès, presque d'un sur-place ! Il prend l'exemple, en s'appuyant sur un dicton, du manque de sécurité, qui serait le contrecoup de la vitesse.

2. Le sujet met bien en lumière une contradiction : progrès/recul.

3. Le progrès n'est-il qu'une « illusion » ? : autrement dit, est-ce qu'on peut croire au progrès ? ; est-ce que les inconvénients du progrès nous font faire marche arrière ?

4. Peut-on considérer les avancées scientifiques, sociales, techniques comme une véritable marche en avant de l'humanité ou existe un « revers de la médaille » systématique qui les sape ?

2. La recherche des éléments de réponse

Les questions de repérage et d'analyse vous ont permis de vous concentrer sur certains aspects de la problématique soulevée par le dossier. Vous allez maintenant vous intéresser plus attentivement à l'ensemble des textes, en gardant bien à l'esprit le travail analytique que vous venez de faire sur la question de synthèse.

Parcourez tous les documents dans l'ordre du dossier – ils ne sont pas placés dans cet ordre par hasard mais parce qu'ils offrent différents aspects d'une réflexion sur un même sujet, et ce, selon une progression logique. En parcourant les documents en diagonale, comme expliqué précédemment, relevez-en les idées essentielles qui répondent à la problématique du sujet. Confrontez-les ensuite soit dans un tableau comparatif, soit sur une feuille à part, en reliant les idées entre elles (voir étape suivante).

Par ailleurs, les **images** devront être soigneusement analysées : efforcez-vous de les décrire au brouillon avec précision et en détail puis essayez d'en faire ressortir le « message » de l'auteur. Il s'agira le plus souvent de dessins humoristiques sur un thème d'actualité, souvent un sujet grave ; le dessinateur utilisera alors l'humour, et souvent l'ironie, pour dénoncer un fait social ou politique, par exemple.

Les **graphiques** et les **tableaux** devront également être étudiés avec précision : après avoir noté et comparé au brouillon les informations données par le graphique (chiffres, pourcentages, etc.) tirez-en les conclusions qui en découlent.

Application

Relevez les idées essentielles qu'on peut retenir de chaque document.

Corrigé

Document 1 :

1. Ceux que le progrès effraie confondent moyen et but car :

a. les transformations liées au progrès sont si rapides que nous manquons de recul ;

b. notre enthousiasme pour la nouveauté – et la vitesse – nous fait oublier que la machine n'est qu'un outil au service de l'homme.

2. Le progrès ne doit pas faire peur car :

a. plus la machine se perfectionne, plus elle gagne en simplicité, plus elle s'efface derrière l'homme ;

b. la nature profonde et créatrice de l'homme ne peut pas disparaître derrière la machine, qui, elle, n'a pas d'âme.

Document 2 :

1. Le progrès moderne se caractérise par un déplacement dans l'espace et le temps de plus en plus rapide.

2. Si les sciences, parce qu'elles sont devenues expérimentales, menacent la vie, elles tendent aujourd'hui à ne plus s'expérimenter que par simulation informatique, et sont donc elles-mêmes menacées.

3. Par ailleurs, on nie la réalité du risque auquel tout progrès scientifique est lié (exemple de l'écologie). Le progrès ne peut être qualifié de tel que si on analyse les risques qui lui sont liés.

4. Le progrès réside aujourd'hui dans la vitesse des transmissions, ce qui pose plusieurs problèmes :

a. Celles-ci tendent à aller plus vite que l'homme, qui ne peut plus les maîtriser (exemple des krachs boursiers) et doit donc recourir à des machines pour l'aider (logiciels d'aide à la décision).

b. De même qu'autrefois la machine servait d'arme aux tyrans, les transmissions de données servent aujourd'hui d'arme à la « cyberguerre ».

c. Paradoxalement, elles nous confinent à un espace réduit puisque nous sommes chez nous partout et nulle part, et de ce fait, le cyberspace fait office de lieu de vie de substitution.

d. Les nouveaux réseaux de communication, de part leur instantanéité, synchronisent l'émotion de milliers de gens et engendrent de ce fait un totalitarisme de la pensée.

Document 3 :

1. Les hommes, assoiffés de vitesse, font systématiquement de toute avancée un agent de destruction.

2. La notion de progrès n'est que l'expression de la nouveauté. Or la nouveauté finit toujours par lasser ou par être remplacée par quelque chose d'ancien.

Document 4 :

À force de progrès, la Terre est saturée par les industries et les centrales nucléaires.

Document 5 :

1. Le discours des entreprises sur le développement durable est hypocrite : il masque leur ambition de produire encore plus et de détruire davantage et empêche une véritable critique.

2. Alors que les nouvelles technologies ont envahi toutes les sphères de la vie, aucun débat sur les risques n'a été proposé.

3. La vitesse à laquelle elles se déploient empêche toute adaptation sociale et provoque, de ce fait, un bouleversement sans précédent.

4. La numérisation générale a donné naissance à un monde faux, dénué de sens. De plus, cette numérisation, qui menace de s'étendre au monde entier, témoigne du despotisme des Occidentaux, qui veulent imposer leur façon de penser.

Document 6 :

1. Les sciences sont dangereuses car :

a. elles sont inutiles, et donc mauvaises,

b. elles engendrent le luxe, l'oisiveté et la vanité, bref la déchéance morale.

Document 7 :

1. Le progrès est fait de tâtonnements ; si l'homme semble reculer, en réalité il progresse vers la vérité et le bien.

2. De même, chaque pas en avant semble aussitôt dépassé, car l'homme ne cesse d'avancer.

3. Confronter les idées essentielles de chacun des textes à l'aide d'un tableau

Maintenant que vous avez lu en diagonale l'ensemble du dossier, souligné les passages significatifs, pris des notes en vous concentrant sur les idées essentielles, et analysé les images ou graphiques, des points communs et des différences entre les documents vont vous apparaître. C'est là que vous pourrez véritablement commencer à répondre aux questions. À ce stade, vous pouvez vous servir d'un tableau pour vous aider à confronter les différentes idées (voir page 31).

N'hésitez pas à relier ces idées par des flèches ou par surligner de la même couleur les idées qui se rejoignent ou se complètent. De même, mettez en évidence les oppositions.

4. Analyser les réponses et sélectionner la réponse exacte.

Comme pour les questions de repérage et d'analyse, vous devez vous appuyer sur ce travail préliminaire pour choisir la bonne réponse. Pour cela, commencer par éliminer les réponses qui ne traitent que partiellement le sujet, qui sont inexactes ou carrément fausses.

	Doc. 1 Saint-Exupéry	Doc. 2 Virilio	Doc. 3 Gourmont	Doc. 4 Maraï	Doc. 5 Collectif	Doc. 6 Rousseau	Doc. 7 Hugo
Le progrès, lié à la vitesse, est visible partout	Les transformations sont si rapides que nous manquons de recul	Progrès moderne : déplacement espacetemps de plus en plus rapide, et vitesse des transmissions	Les hommes sont assoiffés de vitesse	Les nouvelles technologies ont envahi toutes les sphères de la vie			
Le progrès menace la planète et l'humanité		Les sciences expérimentales sont dangereuses, et on nie le risque	Le progrès entraîne l'homme vers la mort	Le développe industriel menace la planète	Personne n'a réfléchi aux conséquences destructrices de la croissance industrielle		
Le progrès est-il psychologiquement/moralement néfaste ?			Le cyberspace est un lieu de vie de substitution ; les nouveaux réseaux de communication conditionnent l'émotion de milliers de gens		La numérisation a donné naissance à un monde faux	Les sciences engendrent le luxe, la vanité, la déchéance morale	
La machine peut-elle remplacer l'homme ?	La machine s'efface derrière l'homme, donc le progrès ne doit pas faire peur	La machine tend à remplacer l'homme					
Progrès et recul			Le progrès n'est qu'illusion : on fait toujours marche arrière				Même lorsque l'homme recule, il progresse

Application

En vous appuyant sur la lecture du dossier et la confrontation des documents, éliminer les réponses fausses, inexactes ou partielles pour trouver la réponse exacte.

1. Selon Remy de Gourmont, « on dirait que la matière du progrès est inextensible et qu'on ne peut la tirer d'un côté sans qu'elle en découvre de l'autre une surface nue. En d'autres termes, il me semble que tout progrès soit fatalement compensé par un recul ; n'est-il pas banal de dire : ce que l'on gagne en vitesse, on le perd en sécurité ? » Le progrès n'est-il qu'une illusion ?

A. Le progrès n'est pas une illusion, car il fait reculer l'obscurantisme et peut permettre à la société de croître tout en préservant la planète.

B. La notion de progrès paraît illusoire car notre société de consommation semble avoir fait de la machine un but en soi plus qu'un moyen de progression morale.

C. Le progrès est une notion bien réelle, car au centre du progrès se trouve la machine, qui n'est qu'un outil incapable de faire disparaître la nature profonde et créatrice de l'homme.

D. Le progrès n'est qu'une illusion, car lorsque l'homme semble avancer, il finit toujours par faire marche arrière.

E. Le progrès n'est qu'une illusion car la machine est en train de dépasser l'homme et menace de l'aliéner.

F. Le progrès paraît illusoire car, si les avancées techniques sont indéniables aujourd'hui, ses conséquences sont désastreuses.

Corrigé

On constate que quatre réponses affirment que le progrès est une illusion tandis que deux autres disent le contraire. Cependant, à la lecture du dossier de documents, et grâce à la confrontation de ceux-ci, nous avons pu voir que la plupart des documents défendent l'idée d'un progrès aux conséquences néfastes. Nous pouvons donc éliminer les réponses qui font du progrès une notion totalement positive : la réponse A., qui est la thèse de Victor Hugo, ainsi que la réponse C., idée défendue par Antoine de Saint-Exupéry.

Comme la réponse doit permettre d'englober de manière synthétique les thèses défendues par tous les auteurs du dossier, on éliminera les réponses qui ne sont le fait que d'un seul auteur ou de plusieurs auteurs mais qui n'expriment pas de vision globale : la réponse D. est entièrement attribuable à Remy de Gourmont, tandis que la réponse E. ne traite que de l'idée de Paul Virilio. Quant à la réponse F., elle ne parle que du progrès technique, oubliant les textes abordant le progrès moral.

Seule la réponse B. est correcte, car elle fait la synthèse de l'ensemble des documents : « La notion de progrès paraît illusoire car notre société de consommation semble avoir fait de la machine un but en soi plus qu'un moyen de progression morale. »

Dossier de textes

Document 1

Antoine de Saint-Exupéry, *Terre des hommes*, III, « L'avion », 1939.

Qu'importe, Guillaumet, si tes journées et tes nuits de travail s'écoulent à contrôler des manomètres, à t'équilibrer sur des gyroscopes, à ausculter des souffles de moteurs, à t'épauler contre quinze tonnes de métal : les problèmes qui se posent à toi sont, en fin de compte, des problèmes d'homme, et tu rejoins, d'emblée, de plain-pied, la noblesse du montagnard. Aussi bien qu'un poète, tu sais savourer l'annonce de l'aube. Du fond de l'abîme des nuits difficiles, tu as souhaité si souvent l'apparition de ce bouquet pâle, de cette clarté qui sourd, à l'est, des terres noires. Cette fontaine miraculeuse, quelquefois, devant toi, s'est dégelée avec lenteur et t'a guéri quand tu croyais mourir.

L'usage d'un instrument savant n'a pas fait de toi un technicien sec. Il me semble qu'ils confondent but et moyen ceux qui s'effraient par trop de nos progrès techniques. Quiconque lutte dans l'unique espoir de biens matériels, en effet, ne récolte rien qui vaille de vivre. Mais la machine n'est pas un but. L'avion n'est pas un but, c'est un outil. Un outil comme la charrue.

Si nous croyons que la machine abîme l'homme c'est que, peut-être, nous manquons un peu de recul pour juger les effets de transformations aussi rapides que celles que nous avons subies. Que sont les cent années de l'histoire de la machine en regard des deux cent mille années de l'histoire de l'homme ? C'est à peine si nous nous installons dans ce paysage de mines et de centrales électriques. C'est à peine si nous commençons d'habiter cette maison nouvelle, que nous n'avons même pas achevé de bâtir. Tout a changé si vite autour de nous : rapports humains, conditions de travail, coutumes. Notre psychologie elle-même a été bousculée dans ses bases les plus intimes. Les notions de séparation, d'absence, de distance, de retour, si les mots sont demeurés les mêmes, ne contiennent plus les mêmes réalités. Pour saisir le monde aujourd'hui, nous usons d'un langage qui fut établi pour le monde d'hier. Et la vie du passé nous semble mieux répondre à notre nature, pour la seule raison qu'elle répond mieux à notre langage.

●●●

•••

Chaque progrès nous a chassés un peu plus loin hors d'habitudes que nous avions à peine acquises, et nous sommes véritablement des émigrants qui n'ont pas fondé encore leur patrie.

Nous sommes tous de jeunes barbares que nos jouets neufs émerveillent encore. Nos courses d'avions n'ont point d'autre sens. Celui-là monte plus haut, court plus vite. Nous oublions pourquoi nous le faisons courir. La course, provisoirement, l'emporte sur son objet. Et il en est toujours de même. Pour le colonial qui fonde un empire, le sens de la vie est de conquérir. Le soldat méprise le colon. Mais le but de cette conquête n'était-il pas l'établissement de ce colon ? Ainsi dans l'exaltation de nos progrès, nous avons fait servir les hommes à l'établissement des voies ferrées, à l'érection des usines, au forage de puits de pétrole. Nous avions un peu oublié que nous dressions ces constructions pour servir les hommes. Notre morale fut, pendant la durée de la conquête, une morale de soldats. Mais il nous faut, maintenant, coloniser. Il nous faut rendre vivante cette maison neuve qui n'a point encore de visage. La vérité, pour l'un, fut de bâtir, elle est, pour l'autre, d'habiter.

Notre maison se fera sans doute, peu à peu, plus humaine. La machine elle-même, plus elle se perfectionne, plus elle s'efface derrière son rôle. Il semble que tout l'effort industriel de l'homme, tous ses calculs, toutes ses nuits de veille sur les épures, n'aboutissent, comme signes visibles, qu'à la seule simplicité, comme s'il fallait l'expérience de plusieurs générations pour dégager peu à peu la courbe d'une colonne, d'une carène, ou d'un fuselage d'avion, jusqu'à leur rendre la pureté élémentaire de la courbe d'un sein ou d'une épaule. Il semble que le travail des ingénieurs, des dessinateurs, des calculateurs du bureau d'études ne soit ainsi en apparence, que de polir et d'effacer, d'alléger ce raccord, d'équilibrer cette aile, jusqu'à ce qu'on ne la remarque plus, jusqu'à ce qu'il n'y ait plus une aile accrochée à un fuselage, mais une forme parfaitement épanouie, enfin dégagée de sa gangue, une sorte d'ensemble spontané, mystérieusement lié, et de la même qualité que celle du poème. Il semble que la perfection soit atteinte non quand il n'y a plus rien à ajouter, mais quand il n'y a plus rien à retrancher. Au terme de son évolution, la machine se dissimule.

La perfection de l'invention confine ainsi à l'absence d'invention. Et, de même que, dans l'instrument, toute mécanique apparente s'est peu à peu effacée, et qu'il nous est livré un objet aussi naturel qu'un galet poli par la mer, il est également admirable que, dans son usage même, la machine peu à peu se fasse oublier.

Nous étions autrefois en contact avec une usine compliquée. Mais aujourd'hui nous oublions qu'un moteur tourne. Il répond enfin à sa fonction, qui est de tourner, comme un cœur bat, et nous ne prêtons point, non plus, attention à notre cœur. Cette attention n'est plus absorbée par l'outil. Au-delà de l'outil, et à travers lui, c'est la vieille nature que nous retrouvons, celle du jardinier, du navigateur, ou du poète.

•••

Document 2

Paul Virilio, « Nous sommes dans le culte de la vitesse-lumière », *Sciences et avenir* n°767, janvier 2011, propos recueillis par Carole Chatelain et Dominique Leglu.

Vous avez dénoncé « l'idolâtrie du progrès » dans la dernière édition de votre ouvrage cybermonde : la politique du pire (Textuel 2010). Mais qu'est-ce que le progrès pour vous ?

Pour l'urbaniste que je suis, le progrès est lié à la notion de progression, c'est-à-dire de déplacement des personnes et des produits dans l'espace et le temps. Et à la vitesse de cette progression. Il ne s'agit pas simplement d'un progrès du bien-être, de l'éthique ou de l'économie... Il a commencé avec le couple homme-cheval, et donné ces cavaliers que l'on appelait à Rome les *Equites romani*, comme plus tard au Moyen Âge les chevaliers qui, pouvant se déplacer rapidement, l'emportaient sur les manants. Il s'est poursuivi avec l'invention du char de combat, comme celui de Ben Hur, la formule 1 de l'époque. Et par la suite, il y eut la diligence, le chemin de fer, les avions... À la vitesse métabolique de l'animal, ou à la vitesse éolienne des premiers navires, qui permirent les conquêtes et la création des premiers empires maritimes comme celui des Grecs, a succédé la vitesse de la machine.

Pour vous qui qualifiez de « dromologue » (*dromos* signifie « course », « vitesse » en grec), vitesse et politique sont intimement liées...

Oui, car la vitesse est la face cachée de la richesse. N'oublions pas que les anciens banquiers furent aussi des chevaliers! Mais à partir de la révolution industrielle, elle est devenue pure propagande du progrès. Notez que le mot « propagande » est proche du mot « propagation », et signifie une façon de « pro-mouvoir », de faire la « promotion » de quelque chose C'est justement cette propagande que je dénonce.

Mais qui pratique cette propagande ? Les scientifiques eux-mêmes ?

Je crois que l'on ne peut pas comprendre ce que je dis si l'on ne voit pas que la révolution industrielle a vu le passage de la science à la technoscience: les sciences sont devenues expérimentales. Les expériences ont permis de dire si les théories étaient exactes et ne relevaient pas de la pensée magique. Il est ainsi devenu possible de mettre en œuvre des machines de plus en plus sophistiquées, jusqu'à tester la première bombe atomique dans le désert du Nouveau-Mexique en 1945. Mais rappelez-vous qu'après ce test de Los Alamos, le physicien et directeur du projet Manhattan, Robert Oppenheimer, a dit : « *Peut-être avons-nous commis un péché scientifique.* » Quand ils ont appuyé sur le bouton de la première bombe, ils ne savaient pas ou allait s'arrêter la première réaction en chaîne. Le progrès, désormais, menace la vie.

•••

•••

Quelles sont ces menaces aujourd'hui ?

La science expérimentale est menacée par sa réussite même. On en arrive même à l'impossibilité de l'expérimentation, ce qui peut être un échec considérable! Vous avez vu que les explosions nucléaires se font grâce à des simulations sur ordinateur, et qu'un accord récent entre la France et le Royaume-Uni pousse au partage des grands calculateurs pour l'étude des explosions du futur. Imaginez que demain, ce soit toutes les recherches que l'on étudie ainsi... C'est une énorme question posée aux scientifiques : s'agit-il encore de science, ou redevient-elle de la magie, de la numérologie ?

Vous avez ainsi émis des réserves sur les expérimentations du LHC, le grand collisionneur du Cern, car vous redoutez la création d'un « trou noir». Vous croyez vraiment à un pareil danger ?

Je ne suis pas opposé au grand accélérateur du Cern. Ce qui m'inquiète, c'est qu'on nie la réalité scientifique du risque. Comme le disait la philosophe Hannah Arendt, le progrès et la catastrophe sont l'avers et le revers de la même médaille : inventer le train, c'est inventer le déraillement ; inventer l'avion, c'est inventer le crash. Inventer le grand accélérateur, c'est inventer quoi? On ne peut pas nier l'accident. De même, quand on recherche l'antimatière, on crée un risque bien supérieur à celui de l'accident de la centrale nucléaire de Tchernobyl. Pourquoi refuse-t-on de l'admettre ? Pourquoi traiter ceux qui en parlent de « rigolos » ?

Pourtant, les chercheurs du Cern assurent ne courir après aucune application...

Je ne le conteste pas. Leur recherche me passionne. Je suis un amateur de science et de la technique, j'ai lu Heisenberg, de Broglie, Einstein... Ce que je leur reproche, c'est de ne pas regarder, en même temps, les conséquences potentielles de leur travail. Cela vient du divorce entre philosophes et savants qui remonte selon moi à l'échec de la rencontre, dans les années 1920, entre Bergson et Einstein. Or, on ne peut pas nier qu'inventer un objet ou une substance, c'est inventer sa catastrophe. Toute l'histoire pose cette question, c'est une évidence.

Vous préconisez donc une sorte de principe de précaution ?

Plus que ça, le principe de responsabilité ! La réussite du progrès, je ne la nie pas, au contraire, je la prends au sérieux. Et, la prenant au sérieux, je suis obligé de la prendre au tragique. Une recherche qui ne recherche pas sa catastrophe ne recherche pas. Elle est une sorte de foi absolue dans le progrès. Les scientifiques ne doivent pas avancer sans analyser l'accident. L'écologie est là pour le prouver : ce n'est pas seulement après des siècles de consommation d'énergie fossile qu'il faut se poser la question de la pollution de l'environnement...

•••

●●●

Est-ce pour cela que vous prônez la création d'une « université du désastre » ?

Oui, ce serait un lieu interdisciplinaire et transcivilisationnel. Son rôle ne serait pas de nier le progrès, mais de le désarmer de ses catastrophes, ou tout au moins poser la question de son désarmement. Pour aider à le comprendre, je rappelle l'histoire de Galilée dans mon ouvrage *Le Futurisme de l'instant*. Quand il regarde la Lune grâce à sa lunette inventée par les Hollandais, il se dépêche d'envoyer une lettre aux responsables de l'arsenal de Venise*, pour leur faire comprendre qu'avec cet instrument, ils pourront voir venir l'ennemi de loin, et ainsi préparer leur canons, faire la guerre à distance, en quelque sorte... Mon université serait un arsenal à l'envers, pour ne reproduire ni nouvelle armes, ni guerre de plus en plus totale. Retarder ou accélérer les possibilités de la technique, c'est la seule manière d'être d'avant-garde !

Vous mettez aussi en garde contre ce que vous appelez la « nanochronologie ». De quoi s'agit-il ?

Le XXe siècle a été marqué par la conquête de l'infiniment grand – conquête de l'air avec Mermoz ou Saint-Exupéry, conquête de l'espace avec Wernher von Braun, pionnier de l'astronautique, et enfin le débarquement sur la Lune. Au XXIe siècle, nous sommes passés à la conquête de l'infiniment petit du temps. Nous sommes désormais dans le culte de la vitesse-lumière. Nous sommes passés du progrès de la vitesse des transports au progrès de la vitesse des transmissions. Et là, un événement historique majeur se produit : le temps-machine se heurte à ce que j'appelle le « mur du temps humain». Il est désormais infiniment plus bref que la durée qu'il nous faut pour raisonner. C'est « l'instantanéisme ». Or, nous ne pouvons pas accélérer au rythme de millions d'opérations, comme la machine. Nous sommes donc dans une situation d'échec du temps humain. On ne peut plus raisonner en dehors des logiciels et des algorithmes. Voyez la Bourse et comment le « flash trading », les calculs et les cotations à haute fréquence ont fait sauter les systèmes où les traders avaient encore une intelligence. Le 6 mai 2010, il s'est même produit un mini-krach à Wall Street dont on ne connaît toujours pas les causes. Il s'agit là, à mon avis, de ce que j'appelle le premier « *accident intégral de connaissances* », et il concerne la connaissance financière. Les entreprises sont de plus en plus demandeuses de logiciels d'aide à la décision. Il leur faut désormais des outils de business analytiques pour prendre des décisions stratégiques. Elles ne peuvent plus se fier à la simple intuition des hommes...

Cette accélération conduit également à des menaces de cyberguerre...

Nos sociétés vivent effectivement désormais, *via* l'informatique, dans la synchronisation des systèmes. La cyberguerre, c'est la possibilité de paralyser

●●●

●●●

tous les synchronismes d'un pays, et nous y sommes déjà comme l'a montré l'attaque éclair de l'Estonie par la Russie en 2007. Il s'agissait là d'un simple crash-test. La vitesse devient la base de la stratégie.

Curieusement, vous dites également que ce culte de la vitesse conduit à l'inertie et à l'enfermement. Pourquoi ?

Car c'est la fin de la géographie ! Après des milliers d'années de sédentarité, l'identité fait place à la traçabilité, à ce que j'appelle la « trajectographie » : grâce à l'informatique, aux portables, etc., nous sommes partout chez nous. Et nulle part. Cela nous entraîne dans une crise de réduction du monde qui devient trop petit, avec le risque d'une incarcération psychologique. Le monde devient une ville et chaque ville un quartier. C'est pourquoi nous avons créé un sixième continent, le cyberspace que l'on retrouve sur les écrans, dans les réseaux. Pour moi, il s'agit d'un « signe panique ». Il fonctionne comme une colonie virtuelle, une vie de substitution.

Y voyez-vous une nouvelle forme d'oppression pour l'homme ?

Oui, car je crois à la réflexion, pas au réflexe. Le temps « infra » qui n'a plus rien à voir avec le temps du responsable, de la raison, permet cette nouvelle sorte d'oppression. Selon moi, on ne peut pas comprendre les périodes totalitaires sans l'évolution des techniques. Pour Hitler et le nazisme, ce furent la radio et les chars de la guerre éclair, la *Blitzkrieg*, une période que j'ai bien connue enfant. Pour le fascisme italien, il s'agit plutôt de la caméra et du cinéma de Cinecittà ; pour Staline, ce fut un peu tous les moyens. Aujourd'hui, le grand danger, c'est de passer de cette oppression totalitaire avec tyran, permise par tous ces moyens techniques, à une oppression totalitaire sans tyran. Une tyrannie globalitaire de l'instantanéité avec des techniques incapacitantes, selon le mot du philosophe André Gorz. Comme les machines-outils et les robots ont rendu obsolètes certains ouvriers, la logique du logiciel peut rendre les savants obsolètes. L'ordinateur exoflopique remplace l'intelligence du savant, du chercheur, du décideur...

Pourtant ces nouveaux réseaux ne favorisent-ils pas aussi la communication entre les hommes ?

Ou la possibilité d'un communisme des affects, qui est un autre genre de tyrannie ! Les techniques nouvelles sont des techniques de conditionnement. Synchroniser l'émotion de milliers de gens au même moment est un conditionnement d'une puissance que seules les religions avaient. C'est-ce que l'on appelle la communion des saints, pour les chrétiens, c'est-à-dire ressentir au même instant le même sentiment. C'est un événement d'un totalitarisme bien pire que le communisme des classes sociales. Le 11 septembre, ce fut ça. Et si Mao a refusé, en 1969, de laisser voir aux Chinois le débarquement sur la Lune, c'est parce qu'il était bien

●●●

•••

conscient que ce communisme des affects allait faire la promotion des Américains. Eh bien là. nous y sommes. Comme le dit l'historien roumain Marius Oprea, que je cite au deuxième chapitre de mon livre *Le Grand Accélérateur*, car je trouve sa phrase formidable : « *Le communisme n'a pas disparu, il a été privatisé.* »

Diriez-vous que vous êtes un prophète du malheur ?

Sûrement pas, je ne sais pas faire autre chose qu'alerter, je préfère donc le nom de « révélationnaire » !

* Vaste chantier naval, fondé en 1104, où étaient construits les navires qui ont fait la puissance de l'empire vénitien.

Document 3

Remy de Gourmont, « Du Progrès, ou la Revanche de la Voile », 1898

Quand un petit voilier est rencontré la nuit, au milieu du brouillard, par un fougueux transatlantique, le petit voilier est coupé en deux, en l'espace d'une seconde, exactement comme une noix que le couteau sépare en deux écales. C'est admirable : personne ne s'en aperçoit, non pas même les gens du voilier qui a coulé aussitôt, malgré les gestes tragiques de ses vergues. On m'a conté une telle scène : le passager, demeuré tard sur le pont, aperçut le long du navire un grand fantôme blanc oscillant au-dessus de la vague ; c'était la voilure d'un bateau de pêche. Aucune secousse n'avait été sentie ; aucun cri entendu : les seuls signes de l'agonie furent l'apparition d'un fantôme blanc. Ces meurtres sont quotidiens pendant la saison de la pêche, le long du Banc : si donc, le Voilier, un jour, s'est révolté, que dire* ? Heureuse révolte, si elle faisait réfléchir les hommes, si elle pouvait les guérir de cette folie de la vitesse qui a fait autant de victimes en six minutes qu'en six mois, la guerre de Cuba ! Il n'y faut guère songer. Dès que l'homme a remporté un avantage sur la nature, il s'efforce, comme mû par un instinct pervers, à dénaturer cette conquête, à la transformer en agent de destruction. Les chemins de fer et les grands vapeurs pourraient, à l'heure actuelle, être maniés et exploités avec une sécurité presque absolue, mais le démon de la rapidité intervient, chuchote des paroles troubles, et l'homme jette dans le foyer de sa machine la pelletée de charbon fatale, celle qui va nécessairement le conduire à la mort. Cette aberration est la rançon du progrès. On dirait que la matière du progrès est inextensible et qu'on ne peut la tirer d'un côté sans qu'elle ne découvre de l'autre une surface nue. En d'autres termes, il semble que tout progrès

•••

●●●
soit fatalement compensé par un recul ; n'est-il pas banal de dire : ce que l'on gagne en vitesse, on le perd en sécurité ? Cet aphorisme, naïf à force d'être évident, s'applique aux actes de tout ordre et, finalement, la notion du progrès n'est sans doute qu'une illusion. Pour la conserver intacte (ce qui est, je crois, nécessaire), il faudrait l'identifier à la notion du nouveau. Le nouveau est toujours meilleur, parce qu'il est le nouveau et voilà tout. L'histoire est pleine d'anecdotes qui confirment cette vue un peu sceptique : ainsi le pain noir est devenu le pain de luxe, depuis la vulgarité du pain blanc ; le linge fut un grand progrès, il remplaçait la laine, mais en ce siècle les médecins ont conseillé de revenir à la laine ; il est convenu que les gens qui ne peuvent manger de viande sont malheureux, et cependant il y a une tendance aujourd'hui à considérer la viande comme un poison ; on a longtemps vanté les bienfaits de la Renaissance qui latinisa la littérature française, et maintenant on songe à se débarrasser du latin ; naguère, l'alcool était encore regardé comme une sorte de nourriture, un « aliment d'épargne », et voilà qu'il est devenu le Maudit. Il y aurait, de ces anecdotes, une très longue et très malsaine litanie, mais à quoi bon décourager la ferveur ? N'ai-je pas lu récemment une analyse du procès de Calas, qui m'a laissé fort perplexe sur son innocence et sur la bonne foi de Voltaire ? Heureux les simples, heureux les croyants ! Hélas ! je crois seulement que tout est possible et que l'on peut à la fois tout croire et douter de tout.

*Écrit à propos d'un transatlantique coulé dans une collision par un bateau à voiles.

Document 4

***Maraï, Le progrès*, 2011**

Document 5

Collectif, *La Tyrannie technologique*, Éditions L'Échappée, 2007

« Remplacer une réunion par une visioconférence, c'est aussi protéger un iceberg. » Accompagnée d'une photo d'iceberg et d'un texte alarmiste sur la fonte de la banquise, cette publicité conclut cyniquement : « Une manière pour chacun de gagner du temps, d'améliorer sa qualité de vie... et de protéger l'avenir des icebergs. » Cette réclame est emblématique de l'opportunisme des entreprises *high-tech* en matière écologique. Elle nous révèle aussi la nécessité, pour le capitalisme contemporain, de produire un discours positif et progressiste sur les innovations technologiques. Pourtant, ce sont bien ces mêmes entreprises qui poursuivent et accélèrent le développement de la société industrielle et technicienne, responsable de la destruction de la planète, de l'uniformisation et de la destructuration du monde. En prétendant réparer les dégâts écologiques qu'elles ont causés, ces firmes ne font qu'entretenir le mythe d'une technologie toujours capable de trouver des solutions aux problèmes qu'elle a générés. Ce cercle vicieux est bien huilé : il fait obstacle à l'élaboration d'un discours critique et d'une opposition à la déferlante technologique contemporaine, il nous enferme un peu plus chaque jour dans l'impuissance.

Le déferlement technologique

De la cuisine à l'amour, en passant par le jeu, le corps, la parole, l'espace ou le temps, il n'y a pas une seule dimension de notre univers qui ne soit la proie de du déferlement technologique. Cuisines intégrées dans le réseau numérique des maisons du futur, amour virtuel *via* des sites de rencontre *online*, *hardcore gamers* et autres « accros » des jeux en réseau, prélèvement du contour palmaire des mains des élèves des cantines scolaires biométrisées, téléphones portables rivés à l'oreille, lieux publics quadrillés par des écrans crachant des spots lumineux, impression d'attente impatiente et d'urgence généralisée qui se dégage de la vie contemporaine, la technologie déferle chaque jour dans nos vies avec un peu plus de violence. Alors même que notre société subit une révolution industrielle sans précédent, aucun débat sur ses conséquences sanitaires, psychologiques ou sociales n'est posé.

La première révolution industrielle des débuts du XIXe siècle, celle du charbon et de la vapeur, avait instauré un nouveau mode de production : l'industrie. La seconde révolution industrielle, provoquée par le pétrole et l'électricité, a consolidé, élargi et popularisé le modèle élaboré un demi-siècle plus tôt. Dès la seconde moitié du XXe siècle, la révolution nucléaire et télématique a permis la constitution d'une société centralisée, administrée sur un mode machinique. La quatrième révolution industrielle, qui se

•••

Analyse documentaire

●●●

déploie aujourd'hui sous nos yeux, vient couronner les bouleversements précédents. Révolution des biotechnologies, des sciences cognitives, des réseaux informatiques et des nanotechnologies, la convergence NBIC (nano-bio-info-cogno) modèle la société de demain. Sa dynamique propre, et la vitesse à laquelle elle se déploie, n'autorise la mise en place d'aucune régulation sociale. Pourtant, tout bouleversement technique d'ampleur nécessite une longue période de réadaptation sociale, sans quoi il devient pathogène. La rapidité avec laquelle les innovations contemporaines se succèdent ne laisse aucun répit, d'où une désorientation sociale et psychologique sans précédent dans l'histoire. La quatrième révolution industrielle pourrait bien être la dernière, puisqu'elle dissout – en le réactualisant quotidiennement – le concept même de révolution dans un bouillonnement incessant de production technologique.

La numérisation du monde

Pas une semaine ne se passe sans qu'une annonce tonitruante ne soit faite au sujet de la numérisation de tel ou tel plan de la réalité : les archives télévisuelles, les livres, le corps biométrisé, le patrimoine cinématographique, la musique, et enfin le monde lui-même, depuis qu'avec Google Earth, l'être humain peut se prendre pour Dieu et croire en la toute-puissance que lui confère la technologie. La constitution d'un double numérique du monde n'est ni un fantasme ni de la science-fiction, puisque le marché des RFID (puces interrogeables à distance et microscopiques) nous laisse espérer le marquage intégral des objets constituant notre réalité, arbres et animaux compris. Dans ce monde dédoublé où le vrai est un moment du faux, le téléphone portable devient la commande universelle de la vie. Aujourd'hui déjà, le « mobile » est tout à la fois téléphone, ordinateur, carnet d'adresses, navigateur Web, baladeur, et il sera bientôt titre de transport, porte-monnaie, clef, etc. L'impérialisme numérique ronge peu à peu les racines de notre ancien monde « bassement » matériel, qui laissait encore maladroitement perdurer un fond de sens à la vie.

L'impérialisme numérique

À l'heure où la bourgeoisie numérique émerge, se surajoutant aux bourgeoisies foncières et industrielles issues des révolutions techniques passées, les nouveaux maîtres du monde ne sont plus ceux qui entendent le contrôler sciemment, mais bien ceux qui, au nom de l'intérêt général, veulent le numériser.

L'impérialisme a accompagné l'industrialisation de l'Occident au XIXe siècle, la mission civilisatrice du monde moderne justifiait alors pillages et exactions. La destruction de toutes les cultures et l'asservissement des peuples se poursuivent à l'heure même où on pensait en avoir fini avec le colonialisme. Comme il y a un siècle, le discours des néo-colons

●●●

●●●

se pare des vertus de l'universalisme et de la modernité. Il s'agit de réduire la « fracture numérique » entre le Nord et le Sud, et de permettre aux « indigènes » d'entrer dans le XXIe siècle.

Dans ce processus, les organisations humanitaires et les prétendus progressistes occupent les postes avancés. Les nouveaux « philanthropes » montent des ateliers vidéo avec des Indiens au fin fond de l'Amazonie, des associations connectent l'Afrique à Internet. Nicholas Negroponte promeut les ordinateurs portables à cent dollars pour que le « Tiers Monde » bénéficie aussi des avancées technologiques, etc. Les projets pour faire asseoir les peuples devant un écran et connecter toute la planète à Internet ne manquent pas. Il s'agit de continuer l'entreprise impérialiste et d'imposer le mode de vie et de pensée occidental. Ordinateurs et caméras numériques ont remplacé l'alcool qu'apportaient jadis les colons dans leurs bagages.

Document 6

Jean-Jacques Rousseau, *Discours sur les arts et les sciences*, 1749

Si nos sciences sont vaines dans l'objet qu'elles se proposent, elles sont encore plus dangereuses par les effets qu'elles produisent. Nées dans l'oisiveté, elles la nourrissent à leur tour ; et la perte irréparable du temps est le premier préjudice qu'elles causent nécessairement à la société. En politique comme en morale, c'est un grand mal que de ne point faire ce bien ; et tout citoyen inutile peut être regardé comme un homme pernicieux. Répondez-moi donc, Philosophes illustres, vous par qui nous savons en quelles raisons les corps s'attirent dans le vide ; quels sont, dans les révolutions des planètes, les rapports des aires parcourues en temps égaux; quelles courbes ont des points conjugués, des points d'inflexion et de remboursement ; comment l'homme voit tout en Dieu ; comment l'âme et les corps se correspondent sans communication, ainsi que feraient deux horloges ; quels astres peuvent être habités ; quels insectes se reproduisent d'une manière extraordinaire. Répondez-moi, dis-je, vous de qui nous avons reçu tant de sublimes connaissances : quand vous ne nous auriez jamais rien appris de ces choses, serions-nous moins nombreux, moins bien gouvernés, moins redoutables, moins florissants, ou plus pervers ? Revenez donc sur l'importance de vos productions ; et si les travaux les plus éclairés de nos savants et de nos meilleurs Citoyens nous procurent si peu d'utilité, dites-nous ce que nous devons penser de cette foule d'Écrivains obscurs et de Lettrés oisifs qui dévorent en pure perte la substance de l'État.

●●●

●●●

Que dis-je, oisifs ? Plût-à-Dieu qu'ils le fussent en effet ! Les mœurs en seraient plus saines et la société plus paisible. Mais ces vains et futiles déclamateurs vont de tous côtés, armés de leurs funestes paradoxes, sapant les fondements de la foi, et anéantissant la vertu. Ils sourient dédaigneusement à ces vieux mots de Patrie et de Religion, et consacrent leurs talents et leur Philosophie à détruire et avilir tout ce qu'il y a de sacré parmi les hommes. Non qu'au fond ils haïssent ni la vertu ni nos dogmes ; c'est de l'opinion publique qu'ils sont ennemis ; et, pour les ramener au pied des autels, il suffirait de les reléguer parmi les Athées. Ô fureur de se distinguer, que ne pouvez-vous point ?

C'est un grand mal que l'abus du temps. D'autres maux pires encore suivent les Lettres et les Arts. Tel est le luxe, né comme eux de l'oisiveté et de la vanité des hommes. Le luxe va rarement sans les sciences et les arts, et jamais ils ne vont sans lui. Je sais que notre Philosophie, toujours féconde en maximes singulières, prétend, contre l'expérience de tous les siècles, que le luxe fait la splendeur des États : mais, après avoir oublié la nécessité des lois somptuaires, osera-t-elle nier encore que les bonnes mœurs ne soient essentielles à la durée des Empires, et que le luxe ne soit diamétralement opposé aux bonnes mœurs ? Que le luxe soit un signe certain des richesses ; qu'il serve même si l'on veut à les multiplier : que faudra-t-il conclure de ce paradoxe si digne d'être de nos jours ? et que deviendra la vertu, quand il faudra s'enrichir à quelque prix que ce soit ? Les anciens Politiques parlaient sans cesse de mœurs et de vertu ; les nôtres ne parlent que de commerce et d'argent. L'un vous dira qu'un homme vaut en telle contrée la somme qu'on le vendrait à Alger ; un autre, en suivant ce calcul, trouvera des pays où un homme ne vaut rien, et d'autres ou il vaut moins que rien. Ils évaluent les hommes comme des troupeaux de bétail. Selon eux, un homme ne vaut à l'État que la consommation qu'il y fait ; ainsi un Sybarite aurait bien valu trente Lacédémoniens. Qu'on devine donc laquelle de ces deux Républiques, de Sparte ou de Sybaris, fut subjuguée par une poignée de paysans, et laquelle fit trembler l'Asie.

Document 7

Victor Hugo, *Proses philosophiques*, « La civilisation », 1860-1865.

En ce qui concerne la civilisation, entre la conception religieuse, telle qu'elle est à cette heure, et la conception philosophique, la différence radicale, nous croyons l'avoir dit ailleurs, c'est le déplacement de l'éden. Il était en arrière, il est en avant. La poésie est plus que jamais prophétie ; mais elle n'est plus la prophétie qui menace, elle est la prophétie qui

●●●

●●●

promet. Il y a un divin lever d'astre à l'horizon ; elle est le doigt indicateur de ce point lumineux.

L'éden faux, c'est l'état de nature ; l'éden vrai, c'est l'état de société. L'état de nature se contente de la satisfaction animale ; à l'état de société il faut la satisfaction intellectuelle et la satisfaction morale. C'est l'ordre plus haut des joies du devoir. L'état de nature mène la vie de proie, il chasse et pêche, le travail de la bête lui suffit. L'état de société cultive. Au labourage de la terre la bête finit, l'homme commence. Que produit le labourage du champ ? La propriété. Propriété et société sont deux termes identiques. La société parfaite, ce serait tout homme propriétaire. C'est là qu'il faut tendre.

Nous sommes dans le siècle des accomplissements. La science, ce grand fait révolutionnaire, dégage successivement toutes les inconnues que la philosophie avait devinées et que la poésie avait idéalisées. D'une solution on passe à la suivante. Les ténèbres regrettant l'homme, et pleines pour lui de ce désir de rapprochement qu'a le jaguar pour le mouton, s'efforcent de le retenir. En vain. L'homme échappe. 89 est une évasion. Ce jour-là, et l'on peut dire la date, le 14 juillet, car la Bastille est un symbole, ce jour-là l'homme est sorti du passé. Ce qui en reste au-dessus de sa tête n'est plus que voûte de fumée. Les vagues épaisseurs du mal tremblent, flottent, s'atténuent et se dissipent là-haut sur nos fronts et laissent voir par leurs brèches des lueurs du vrai jour. Ces trouées faites à la nuit sont pour les hommes du vieux monde les blessures de la société, de l'ordre, de la famille, de la religion. Ô imbéciles qui prennent une déchirure du nuage pour une plaie du ciel !

En ce cas, nous avons pour espoir un élargissement de plaies, car l'achèvement de ces trouées et de ces brèches est une des grandes tâches du siècle. Pas de relâche, esprits, jusqu'à ce que le hideux voile du mal soit déchiré du haut en bas. Alors, démasquée, la face du vrai resplendira. Alors, désobstruée, la vie éclatera.

Cependant l'homme progresse. Une partie de la marche étant latente et profonde, même quand on croit qu'il s'arrête, même quand on croit qu'il recule, il progresse. Rétrograder à la surface n'empêche pas d'avancer souterrainement. Le mouvement superficiel n'est quelquefois qu'un contre-courant.

Deux phénomènes marchent de front : la désagrégation et la recomposition. Une réforme n'attend pas l'autre ; toutes s'ébauchent à la fois. Ce qui était rêve hier est réalité habitable aujourd'hui et sera masure demain. Rien n'est étrange à examiner comme une utopie dépassée. L'impossible se déforme en banal. Ce qui, devant nous, était escarpement, mur à pic, escalade effroyable, folie, derrière nous est aplatissement, lieu commun, vieille mode, routine, et se confond avec la vaste plaine obscure traversée

●●●

●●●

et oubliée. Le cacolet remplaçant la chevauchée en croupe, le coche remplaçant le cacolet, la malle-poste remplaçant le coche, la locomotive remplaçant la malle-poste ont été des utopies. Aujourd'hui l'aéroscaphe remplaçant la locomotive est une utopie. C'est son tour de faire rire ou de faire peur. En attendant qu'il change la face du monde.

Au siècle dernier, rêver la paix universelle faisait chasser un homme de l'Académie ; au siècle présent rêver la démocratie universelle fait chasser un homme de sa patrie ; l'homme étant dans le premier cas traité comme un fou, et dans le second comme un coupable. Ces persécutions infligées au progrès sont un des modes d'affirmation dont le genre humain dispose. L'auteur de cet écrit a dit quelque part : « Tout ce qu'on fait pour la vérité et tout ce qu'on fait contre elle la sert également. »

Connaissance des enjeux contemporains

Sous-partie 1.2

1 Présentation de l'épreuve

Cette épreuve est composée de 40 questions portant sur l'actualité des 18 derniers mois, et notamment :

– les relations internationales (France, Europe et monde),
– la politique française et internationale,
– l'environnement (écologie, changements climatiques),
– les sujets de société,
– la géographie,
– les enjeux liés au devenir de la société (technologie, santé, etc.),
– les enjeux économiques.

Pour chaque question, 4 réponses sont proposées, dont une seule est correcte.

2 Méthodologie

Pour cette épreuve de culture générale, il n'existe pas de méthodologie particulière puisqu'elle repose sur l'acquisition de connaissances.

En revanche, il est bien sûr indispensable de vous tenir au courant de l'actualité de façon assidue, et de noter tous les événements significatifs traitant des thématiques évoquées ci-dessus. Ainsi, vous pouvez dédier un cahier ou un fichier informatique à ces événements que vous n'aurez plus qu'à relire pour préparer l'épreuve.

ATTENTION

Il ne suffit pas de regarder le journal télévisé, mais de consulter, en ligne, ou en version papier, des quotidiens, des hebdomadaires et des mensuels traitants de sujets scientifiques, économiques et politiques. Il existe aussi des ouvrages récents qui font la synthèse de certains faits jusqu'à nos jours, notamment en rapport avec les relations internationales, les questions environnementales ou sociétales.

Concours blanc

1.3

Sous-partie

Concours blanc

1. Épreuve d'analyse documentaire

2 heures

Après avoir étudié le dossier de documents, vous répondrez aux 20 questions suivantes à l'aide des réponses proposées. Pour les questions de repérage et de synthèse, une seule réponse est correcte. Pour les questions d'analyse, plusieurs réponses sont attendues.

Questions de repérage

Une seule réponse est correcte.

1. Qu'est-ce que l'IBM ?

A. L'indice de bonté mondiale.

B. L'indice de bonheur mondial.

C. L'indice de benchmarketing mondial.

D. L'indice boursier mondial.

2. Que montre le texte de Maupassant ?

A. Il montre que la pauvreté ne fait pas le bonheur.

B. Il montre que le bonheur est illusoire.

C. Il montre que l'argent ne fait pas le bonheur.

D. Il montre que l'amour peut suffire au bonheur.

3. Quel document affirme que le divertissement est la cause du bonheur ou de l'absence de malheur ?

A. Le document 12.

B. Le document 5.

C. Le document 13.

D. Le document 7.

4. Qu'est-ce que l'hédonisme épicurien ?

A. L'hédonisme épicurien consiste à profiter des plaisirs charnels.

B. L'hédonisme épicurien consiste à éviter les plaisirs aux conséquences douloureuses et les désirs pathogènes.

C. L'hédonisme épicurien consiste à chercher à satisfaire des désirs illimités.

D. L'hédonisme épicurien consiste à faire la paix avec les autres.

5. Quel lien peut-on faire entre la toile de Matisse et le titre du tableau ?

   A. Le bonheur de vivre réside dans la luxure.

   B. Le bonheur de vivre réside dans le plaisir des sens.

   C. Le bonheur de vivre réside dans l'état de nature.

   D. Le bonheur consiste à accepter sa nudité.

6. Que permet le bouddhisme ?

   A. Le bouddhisme permet d'éviter la souffrance.

   B. Le bouddhisme permet de se contenter de peu.

   C. Le bouddhisme permet d'accéder au bonheur authentique, une forme de sérénité imperméable à la souffrance.

   D. Le bouddhisme permet de développer son potentiel et de se tourner vers le Bien.

7. D'après le document 8, qu'est-ce qui apparaît comme le critère le plus significatif du bonheur mondial ?

   A. La latitude apparaît comme le critère le plus significatif du bonheur mondial.

   B. Le niveau de vie apparaît comme le critère le plus significatif du bonheur mondial.

   C. Le PIB apparaît comme le critère le plus significatif du bonheur mondial.

   D. La proximité de l'océan apparaît comme le critère le plus significatif du bonheur mondial.

8. En quoi consiste la psychologie positive ?

   A. La psychologie positive consiste à éviter de penser à ses souffrances.

   B. La psychologie positive consiste à trouver la cause de ses souffrances.

   C. La psychologie positive consiste à se concentrer sur les atouts et les expériences positives.

   D. La psychologie positive consiste à être entouré de gens positifs.

9. Que dit Schopenhauer sur le bonheur ?

   A. Pour Schopenhauer, atteindre le bonheur est possible à la condition de pouvoir limiter ses désirs.

   B. Pour Schopenhauer, le bonheur consiste à éviter de souffrir en limitant ses désirs.

   C. Pour Schopenhauer, atteindre le bonheur est impossible ; l'homme ne peut qu'atténuer sa souffrance en limitant ses désirs.

   D. Pour Schopenhauer, atteindre le bonheur est possible en atteignant le néant.

10. Quel lien est fait entre argent et bonheur ?

A. L'argent ne fait jamais le bonheur.

B. L'argent fait le bonheur à condition de le partager.

C. L'argent favorise le bonheur jusqu'à une certaine limite.

D. L'argent favorise peu le bonheur.

Questions d'analyse

Plusieurs réponses sont attendues.

11. Qu'est-ce qui justifie l'intérêt des sociétés occidentales pour la philosophie ?

A. L'intérêt des sociétés occidentales pour la philosophie est justifié par le rationalisme au détriment de la religion.

B. L'intérêt des sociétés occidentales pour la philosophie est justifié par la religion au détriment du rationalisme.

C. L'intérêt des sociétés occidentales pour la philosophie est justifié par la croyance au bonheur terrestre.

D. L'intérêt des sociétés occidentales pour la philosophie est justifié par ce qui touche à l'intériorité.

E. L'intérêt des sociétés occidentales pour la philosophie est justifié par le fait que l'on ne s'accorde plus le droit d'être heureux sur Terre et qu'on attend la mort comme une délivrance.

F. L'intérêt des sociétés occidentales pour la philosophie est justifié par le fait que de plus en plus de gens s'intéressent au bouddhisme.

12. Quels sont les maux du capitalisme auxquels la philosophie permet de remédier ?

A. L'hypercompétitivité et la surconsommation.

B. L'individualisme et la perte de sens.

C. L'égoïsme et la dégradation de l'environnement.

D. L'uniformisation de la pensée et la disparition des valeurs morales.

13. Quels sont les facteurs qu'on considère aujourd'hui liés au bonheur ?

A. Des facteurs économiques, à condition de gagner juste ce qu'il faut.

B. Des facteurs économiques, à condition de ne pas gagner trop.

C. Des facteurs environnementaux et médicaux.

D. Des facteurs psychologiques : il faut éviter les pensées négatives.

E. Des facteurs humains et moraux : il faut penser aux autres et rejeter ce qui est vil.

F. Des facteurs humains et moraux : il faut penser aux autres, mais pas trop, et rejeter ce qui vil, sans se priver.

14. Que critiquent les détracteurs du « bonheurisme » ?

A. Les détracteurs du « bonheurisme » critiquent la recherche effrénée d'un bonheur faux.

B. Les détracteurs du « bonheurisme » critiquent la recherche d'un bonheur sans fin.

C. Les détracteurs du « bonheurisme » critiquent la recherche d'un bonheur égoïste.

D. Les détracteurs du « bonheurisme » critiquent la recherche d'un bonheur sensuel.

E. Les détracteurs du « bonheurisme » critiquent la recherche d'un bonheur qui se trouverait ailleurs qu'en soi.

F. Les détracteurs du « bonheurisme » critiquent la recherche d'un bonheur vain.

15. Quel rôle joue la science sur le bonheur ?

A. La santé joue un grand rôle sur le bonheur : les gens qui se déclarent heureux sont en bonne santé, et inversement, le malheur augmente le risque de maladies.

B. La santé joue un grand rôle sur le bonheur : les progrès de la médecine contribuent au bonheur des Français.

C. La science n'a aucun rôle dans l'aptitude au bonheur comme le prouve le peu d'importance qu'accordent les Français à la psychanalyse pour les aider à atteindre le bonheur.

D. La santé joue un grand rôle sur le bonheur, mais les avancées technologiques tiennent un rôle encore plus grand.

E. Les découvertes scientifiques ont fait avancer la recherche sur le bonheur : on peut maintenant stimuler l'aptitude au bonheur de manière biologique.

F. La science n'a pas encore percé le secret du bonheur : l'aptitude au bonheur n'a rien de génétique.

16. Quel rôle joue l'altruisme sur le bonheur ?

A. L'altruisme joue peu de rôle sur le bonheur, car il faut d'abord penser à soi pour être heureux.

B. L'altruisme joue un rôle non négligeable sur le bonheur, mais il faut d'abord être heureux pour aider les autres.

C. C'est en aidant les autres qu'on peut être vraiment heureux.

D. L'amour que l'on donne aux autres permet à lui seul d'être heureux.

E. En éprouvant de la compassion, on ressent des émotions positives.

F. La vertu est l'apanage des gens heureux.

Questions de synthèse

17. Faut-il posséder un minimum d'argent pour être heureux ?

A. Oui, car d'après les économistes, les gens riches sont plus heureux que les autres, à condition que leurs revenus ne dépassent pas un certain seuil.

B. Non, posséder un minimum d'argent ne suffit pas à être heureux.

C. Oui, car les événements tragiques de la vie sont accrus par le manque d'argent.

D. Non, car si l'argent permet de réaliser ses désirs, en avoir trop cause des soucis.

18. Quel rôle ont le corps et l'esprit sur le bonheur ?

A. Pour être heureux, il faut éviter la souffrance physique et morale.

B. Pour être heureux, il faut pouvoir jouir pleinement de ses sens.

C. Pour être heureux, il faut pouvoir contrôler ses sens et ses émotions.

D. Pour être heureux, il faut trouver la cause de ses souffrances pour aller de l'avant.

19. En quoi le bonheur réside-t-il en soi ?

A. Le bonheur réside en soi, car la solitude permet d'accéder au bonheur : loin de la foule, on peut penser librement.

B. C'est en maîtrisant ses désirs, sources de souffrances, lorsqu'ils sont inutiles et vains, qu'on peut accéder au bonheur.

C. La sagesse permet d'accéder au bonheur, car en se débarrassant des chimères de l'existence, le sage est peu touché par les événements tragiques et n'a pas peur de la mort.

D. Le bonheur réside en soi, car c'est en se débarrassant des chimères de l'existence et en se limitant à des ambitions simples et accessibles qu'on a le plus de chances d'être heureux.

20. Peut-on être heureux sans les autres ?

A. On peut être heureux sans les autres car le bonheur réside en soi.

B. Dans les pays riches, chercher le bonheur en soi ne suffit pas à l'atteindre : ce sont les gens altruistes qui sont les plus heureux.

C. Pour être heureux, il faut simplement éprouver de la compassion.

D. On ne peut pas être heureux sans les autres, et chercher uniquement le bonheur en soi ne permet pas d'accéder au bonheur.

2. Connaissance des enjeux contemporains

1 heure

Répondez à chacune des questions suivantes. Une seule réponse est correcte pour chaque question posée.

1. Quels pays ont reconnu l'État hébreu le 15 septembre 2020 en présence de Donald Trump et Benyamin Nétanyahou ?

A. La Palestine et l'Égypte.

B. Les Émirats arabes unis et Bahreïn.

C. L'Angola et la Libye.

D. La Syrie et le Pakistan.

2. Quel chef d'État a violé le droit international en septembre 2020 en revenant sur ses engagements et en autorisant son pays à prendre des décisions unilatérales concernant les contrôles douaniers ?

A. Donald Trump.

B. Vladimir Poutine.

C. Boris Johnson.

D. Emmanuel Macron.

3. Qu'a demandé Emmanuel Macron le 13 avril 2020 au sujet de la dette africaine pour soutenir le continent face à la crise de la Covid-19 ?

A. Une suspension de paiement pour les pays les plus pauvres.

B. Une annulation massive.

C. Une aide financière de plusieurs milliards d'euros.

D. Une aide logistique et médicale.

4. Quel pays est accusé, en juin 2019, de multiplier les intrusions numériques dans le réseau électrique russe ?

A. La France.

B. L'Allemagne.

C. La Chine.

D. Les États-Unis.

5. Quel opposant russe a été empoisonné en septembre 2020 ?

A. Alexeï Navalny.

B. Sergueï Skripal.

C. Alexandre Valtérovitch Litvinenko.

D. Ivan Jdanov.

6. Quelle loi Donald Trump n'est pas parvenu à faire abroger ?

A. La loi sur les réductions d'impôts.

B. La loi sur l'emploi.

C. L'Obamacare.

D. La loi anti-immigration.

7. Quelle controverse a déclenché la procédure de destitution de Donald Trump ?

A. L'affaire ukrainienne.

B. L'affaire des écoutes russes.

C. L'affaire libyenne.

D. L'affaire Jill Biden.

8. Quelle était la date initiale du Brexit ?

A. Le 29 février 2019.

B. Le 29 mars 2019.

C. Le 29 avril 2019.

D. Le 29 mai 2019.

9. Combien de reports du Brexit y a-t-il eus ?

A. 1.

B. 2.

C. 3.

D. 4.

10. Quand est né le mouvement *Black Lives Matter* ?

A. En 2012.

B. En 2013.

C. En 2017.

D. En 2020.

11. Qui a été nommé ministre de la Justice le 6 juillet 2020 ?

A. Éric Dupond-Moretti.

B. Nicolas Belloubet.

C. Édouard Philippe.

D. Jean-Jacques Urvoas.

12. Quand les manifestations des Gilets jaunes ont-elles repris, après une pause due à la crise de la Covid-19 ?

A. En mai 2020.

B. En juillet 2020.

C. En août 2020.

D. En septembre 2020.

13. Qui étaient les ministres des Solidarités et de la Santé pendant la crise de la Covid-19 ?

A. Roselyne Bachelot et Olivier Véran.

B. Marisol Touraine et Roselyne Bachelot.

C. Agnès Buzyn et Olivier Véran.

D. Christelle Dubos et Agnès Buzyn.

14. Qu'est-ce que le Grand Débat, lancé par Emmanuel Macron le 15 janvier 2019 ?

A. Un débat national concernant les politiques publiques.

B. Un débat national concernant les propositions en matière de lutte contre le réchauffement climatique.

C. Un débat national concernant le mouvement des Gilets Jaunes.

D. Un débat national concernant les moyens d'augmenter le pouvoir d'achat.

15. Quel parti politique s'est retrouvé en tête des élections européennes le 26 mai 2019 ?

A. La République en marche.
B. Le Rassemblement national.
C. Les Républicains.
D. Europe Écologie-Les Verts.

16. Quel membre du gouvernement est poussé à la démission le 16 juillet 2019 après des révélations de Mediapart sur son train de vie lorsqu'il était à l'Assemblée nationale ?

A. Le ministre de la Transition écologique, François de Rugy.
B. La ministre de la Santé, Agnès Buzyn.
C. Le Premier ministre, Édouard Philippe.
D. Le ministre de l'Intérieur, Gérard Collomb.

17. Le 3 septembre 2019, un Grenelle s'est ouvert, donnant le coup d'envoi de trois mois de discussions et débats autour d'une problématique. Laquelle ?

A. Le pouvoir d'achat.
B. Les violences conjugales.
C. Le réchauffement climatique.
D. La dette publique.

18. Quelle affaire a jugé la cour d'assises spéciale d'Aix-en-Provence du 18 février au 5 avril 2019 ?

A. L'affaire « Air cocaïne ».
B. L'affaire Bernard Tapie.
C. L'affaire Balkany.
D. L'affaire Abdelkader Merah.

19. Quel procès retentissant a débuté le 1er septembre 2020 en France ?

A. Le procès des attentats du Bataclan.
B. Le procès des attentats de Nice.
C. Le procès des attentats de janvier 2015.
D. Le procès des attentats de Charlie Hebdo.

20. En mai 2019, deux militaires français ont étés tués en délivrant des otages. Dans quel pays cela s'est-il passé ?

A. Au Congo.
B. En Syrie.
C. Au Burkina Faso.
D. Au Nigeria.

21. Comment s'appelle la pétition lancée par des ONG pour assigner l'État en justice, à cause de son inaction face au réchauffement climatique ?

A. Notre Affaire à tous.
B. L'Affaire de la planète.
C. L'Affaire du siècle.
D. L'Affaire Oxfam France.

22. Quelle a été l'issue de cette pétition ?

A. Le 10 juillet 2020, le tribunal administratif a prononcé un non-lieu.

B. Le 10 juillet 2020, dans le dossier de la pollution de l'air, l'État a été condamné à une astreinte de 10 millions d'euros par semestre pour son inaction.

C. Le 10 juillet 2020, l'État a fait appel du jugement du tribunal administratif qui le condamnait à une astreinte de 5 millions d'euros par mois.

D. Le 10 juillet 2020, des manifestations ont éclaté pour dénoncer le non-lieu prononcé par le tribunal administratif.

23. Quel est le nom du mouvement lancé juste avant l'ouverture du sommet des Nations unies sur le climat, en septembre 2019 ?

A. *Acting On The Climate Now.*

B. *Together For The Climate Now.*

C. *Covering Climate Now.*

D. *Climate Matters Now.*

24. Quelle personnalité détenteur d'un prix Nobel a défendu Greta Thunberg et son action en mars 2019 ?

A. J. M. G. Le Clézio.

B. Abiy Ahmed.

C. Barack Obama.

D. Al Gore.

25. Qu'a promis Emmanuel Macron en matière d'environnement le 14 juillet 2020 ?

A. De supprimer les centrales nucléaires en France d'ici 2030.

B. D'interdire le plastique d'ici 2025.

C. De lancer un grand programme de rénovation énergétique à l'échelle nationale.

D. D'inscrire le plus vite possible la lutte contre le réchauffement climatique dans la Constitution.

26. Quel projet de loi bioéthique est adopté le 15 octobre 2019 à l'Assemblée nationale ?

A. La procréation médicalement assistée (PMA) ouverte à toutes les femmes.

B. La PMA pour les femmes mariées ou pacsées.

C. La gestation pour autrui pour les femmes mariées ou pacsées.

D. L'adoption par tous les couples, y compris homosexuels, ainsi que par les célibataires, quelle que soit leur orientation sexuelle.

27. Le 5 décembre 2019, la CGT et plusieurs syndicats lancent une grève reconductible. Contre quoi protestent-ils ?

A. La pénibilité de certains métiers.

B. La réforme des retraites.

C. Le refus du gouvernement de valoriser les salaires.

D. La réforme de l'assurance maladie.

28. Quelles ont été les dates du confinement en France ?

A. 15 mars au 13 mai 2020.
B. 17 mars au 11 mai 2020.
C. 18 mars au 16 mai 2020.
D. 12 mars au 17 mai 2020.

29. Quel projet, lancé par François Hollande, Emmanuel Macron veut-il poursuivre et achever en 2022 ?

A. Le Plan France Très haut débit.
B. Le Plan France Transformation Digitale.
C. Le Plan France Intelligence Artificielle.
D. Le Plan France 2.0.

30. À quel domaine une enveloppe de 7 milliards d'euros a-t-elle été allouée en 2020 lors du Plan de relance ?

A. Au numérique et aux start-up.
B. À la santé et à la recherche.
C. À la lutte contre la Covid-19.
D. À l'intelligence artificielle.

31. En 2019, les actions au niveau mondial ont atteint ?

A. Leur meilleur niveau depuis 10 ans.
B. Leur plus mauvais niveau depuis 10 ans.
C. Un niveau égal à l'année 2018.
D. Le plus mauvais niveau de tous les temps.

32. Une guerre commerciale a éclaté en 2019. Entre quels pays ?

A. La Chine et la Russie.
B. La Russie et les États-Unis.
C. La Chine et les États-Unis.
D. La Chine et la France.

33. Le ralentissement de la croissance mondiale s'explique en partie par le ralentissement d'un pays en particulier. Lequel ?

A. La Chine.
B. Les États-Unis.
C. La Russie.
D. La France.

34. Quel continent est considéré comme le continent malade de l'économie mondiale ?

A. L'Afrique.
B. L'Amérique latine.
C. L'Asie.
D. L'Europe.

35. Qui dirige la Banque centrale européenne depuis le 1er novembre 2019 ?

A. Jean-Claude Trichet.
B. Christine Lagarde.
C. Mario Draghi.
D. Wim Duisenberg.

36. Quel souverain, après avoir planifié un Plan national de transformation 2020, a dû revoir ses ambitions à la baisse dès le début d'année 2020 ?

A. Abdallah de Jordanie.

B. Mohammed ben Salam, prince héritier d'Arabie Saoudite.

C. Moyammed ben Zayed, prince héritier d'Abou Dhabi.

D. Hussein de Jordanie.

37. Quels secteurs le Plan de relance présenté par le gouvernement français le 3 septembre 2020 vise-t-il à soutenir ?

A. La santé, le tourisme, l'emploi des plus de 50 ans.

B. La transition écologique, la compétitivité, la cohésion sociale.

C. La recherche sur la Covid-19, l'aéronautique, le pouvoir d'achat.

D. Les hôpitaux, le système ferroviaire, la transition énergétique.

38. 40 milliards d'euros de ce plan seront pris en charge par l'Union européenne. Ce plan de relance devrait s'accompagner :

A. D'une augmentation de l'endettement public français.

B. D'une diminution de l'endettement public français.

C. D'une stabilisation de l'endettement public français.

D. D'une disparition de l'endettement public français.

39. La Banque de France a estimé en septembre 2020 qu'il faudra attendre un certain temps pour retrouver le niveau d'activité du début de l'année 2020. Quand ce moment est-il annoncé ?

A. Au troisième trimestre 2021.

B. Au troisième trimestre 2022.

C. Au troisième trimestre 2023.

D. Au troisième trimestre 2024.

40. Quand les mesures de ce Plan devront-elles mises en œuvre ?

A. Dès 2021.

B. En 2021 et 2022.

C. En 2022.

D. En 2022 et 2023.

Corrigé détaillé
L'analyse documentaire

1. Les questions de repérage

a. L'analyse des questions

1. Qu'est-ce que l'IBM ? Cette question simple exige une réponse brève et précise : il s'agit d'expliciter des initiales. Vous aurez rapidement trouvé la réponse, car les initiales sont faciles à repérer dans un dossier de textes.

2. Que montre le texte de Maupassant ? Maupassant étant un romancier, il faudra sans doute étudier un texte narratif et en extraire une idée : attention de ne pas perdre de temps à étudier l'intrigue et les personnages. Vous devez aller droit à l'idée que défend l'auteur en lien avec le thème du dossier.

3. Quel document affirme que le divertissement est la cause du bonheur ou de l'absence de malheur ? Ici, il s'agit simplement d'identifier un document qui développe une idée précise. La lecture en diagonale vous permettra de repérer le mot « divertissement » dans le dossier.

4. Qu'est-ce que l'hédonisme épicurien ? Les titres des textes vous permettront sans doute de repérer le ou les textes qui traient cette question. Veillez à être précis : il ne s'agit pas d'épicurisme, mais d'hédonisme épicurien.

5. Quel lien peut-on faire entre la toile de Matisse et le titre du tableau ? Il s'agit d'une question d'interprétation portant sur un document tout de suite identifiable (la reproduction d'un tableau). Attention à ne pas faire de contre-sens ! Pour l'éviter, il vous faudra examiner attentivement le tableau.

6. Que permet le bouddhisme ? Ici, le paratexte vous aidera sans doute à identifier le texte permettant de répondre à cette question.

7. D'après le document 8, qu'est-ce qui apparaît comme le critère le plus significatif du bonheur mondial ? Pour traiter cette question, vous aurez attentivement étudié la carte du bonheur mondial en commençant par déterminer quels sont les pays heureux. Vous aurez ensuite tiré des conclusions en identifiant le point commun de ces pays heureux.

8. En quoi consiste la psychologie positive ? La réponse à cette question suppose d'élaborer une définition complète mais concise. Les titres des différents textes du dossier vous auront sans doute aidé à identifier où se trouvent les éléments de réponse.

9. Que dit Schopenhauer sur le bonheur ? Il convient ici de synthétiser la pensée d'un auteur. Vous aurez identifié sans difficulté le texte à étudier pour répondre à cette question.

10. Quel lien est fait entre argent et bonheur ? Cette question, légèrement plus complexe que les autres, exige d'analyser un lien entre deux notions : sont-elles contradictoires, ont-elles un rapport de cause à effet ? Les titres des documents vous auront aidé à repérer celui qui vous permet d'y répondre.

b. L'analyse du paratexte et la recherche d'éléments de réponse

Voici les éléments de paratexte :

- Document 1 : Maupassant, « Le bonheur », nouvelle parue dans *Le Gaulois*, le 16 mars 1884
- Document 2 : Henri Matisse, *Le bonheur de vivre*, 1905-1906
- Document 3 : Elena Sender, « La recherche se met à ausculter le bien-être », *Sciences et avenir*, juin 2010
- Document 4 : « La science fait-elle le bonheur ? », lexpress.fr, 8 juin 2000

- Document 5 : « Pourquoi je suis épicurien », entretien avec Jean Salem, *Le Nouvel Observateur*, 7 au 13 août 2008, propos recueillis par Aude Lancelin et Marie Lemonnier
- Document 6 : Ursula Gauthier, « Bouddhisme : le chemin de l'Éveil », *Le Nouvel Observateur*, 24 décembre au 7 janvier 2009
- Document 7 : Neel Chrillesen, « Le bonheur est une science... que tout le monde peut maîtriser », evous.fr
- Document 8 : Adrian White, « La carte mondiale du bonheur », University of Leicester, L'Internaute, 2006
- Document 9 : Sophie Amsili, « L'argent fait le bonheur... jusqu'à 4 900 euros par mois », le figaro.fr, 07 septembre 2010
- Document 10 : Elena Sender, « Tous les bonheurs du monde ne se valent pas », *Sciences et avenir*, juin 2010
- Document 11 : Mère Teresa
- Document 12 : Blaise Pascal, *Pensées*, 1669
- Document 13 : Aude Lancelin, « La méthode Schopenhauer », *Le Nouvel Observateur*, 24 décembre 2008 au 17 janvier 2009
- Document 14 : Sénèque, *De la vie bienheureuse*, vers 58
- Document 15 : Jean Giono, *La chasse au bonheur*, 1959

Au vu du paratexte, le dossier aborde le sujet du bonheur sous différents aspects : scientifique, philosophique et économique, notamment. Les textes sont aussi bien tirés d'ouvrages anciens (Sénèque, Pascal) que de sources contemporaines (notamment journalistiques). Il s'agit donc d'un sujet qui a toujours fait débat. Vous aurez sans doute noté que les textes les plus récents se concentrent surtout sur l'aspect économique et scientifique du sujet.

L'étude du paratexte vous aura aidé à identifier les textes susceptibles de vous donner les réponses aux questions 3, 4 et 5.

c. La sélection des bonnes réponses

1. Qu'est-ce que l'IBM ? **A. L'indice de bonheur mondial.** La réponse se trouve dans le document 10.
2. Que montre le texte de Maupassant ? **D. Il montre que l'amour peut suffire au bonheur.** La réponse se trouve à la fin du texte : « Je demandai : "Êtes-vous heureuse, au moins ?" Elle répondit, avec une voix qui venait du cœur : « Oh ! oui, très heureuse. Il m'a rendue très heureuse. Je n'ai jamais rien regretté. Je la contemplais, triste, surpris, émerveillé par la puissance de l'amour ! Cette fille riche avait suivi cet homme, ce paysan. Elle était devenue elle-même une paysanne. »
3. Quel document affirme que le divertissement est la cause du bonheur ou de l'absence de malheur ? **A. Le document 12.** La réponse se trouve dans les deux derniers paragraphes.

4. Qu'est-ce que l'hédonisme épicurien ? **B. L'hédonisme épicurien consiste à éviter les plaisirs aux conséquences douloureuses et les désirs pathogènes.** La réponse se trouve dans la première réponse de Jean Salem (document 5).

5. Quel lien peut-on faire entre la toile de Matisse et le titre du tableau ? **B. Le bonheur de vivre réside dans le plaisir des sens.** L'examen attentif du tableau aura permis d'éliminer les réponses inexactes : le tableau ne représente pas vraiment l'état de nature, et s'il montre des gens nus, ce n'est bien évidemment pas leur nudité qui leur apporte le bonheur, mais le plaisir des sens qu'elle semble permettre.

6. Que permet le bouddhisme ? **C. Le bouddhisme permet d'accéder au bonheur authentique, une forme de sérénité imperméable à la souffrance.** Seule cette explication permet de répondre de façon complète à la question. Les autres donnent chacune une partie de la réponse (document 6).

7. D'après le document 8, qu'est-ce qui apparaît comme le critère le plus significatif du bonheur mondial ? **B. Le niveau de vie apparaît comme le critère le plus significatif du bonheur mondial.** Cette réponse est la plus cohérente, car le document n'évoque pas de façon directe le PIB (le niveau de vie a un sens plus général et convient mieux ici). On aura éliminé les deux réponses ayant trait à la géographie qui sont les moins pertinentes.

8. En quoi consiste la psychologie positive ? **C. La psychologie positive consiste à se concentrer sur les atouts et les expériences positives.** La réponse se trouve dans le document 7.

9. Que dit Schopenhauer sur le bonheur ? **C. Pour Schopenhauer, atteindre le bonheur est impossible ; l'homme ne peut qu'atténuer sa souffrance en limitant ses désirs.** C'est cette réponse qui synthétise le mieux la pensée de Schopenhauer.

10. Quel lien est fait entre argent et bonheur ? **C. L'argent favorise le bonheur jusqu'à une certaine limite.** La réponse se trouve dans le document 9.

2. Les questions d'analyse

11. Qu'est-ce qui justifie l'intérêt des sociétés occidentales pour la philosophie ?

a. L'analyse de la question

Pour traiter cette question, vous vous serez intéressé en priorité aux documents qui établissent un rapport entre la société d'aujourd'hui et des doctrines parfois anciennes.

b. La recherche des éléments de réponse

L'étude du paratexte vous aura permis d'attirer votre attention sur les documents 5 et 6, mais ces informations peuvent être complétées par celles du document 3. Deux idées ressortent de ces documents et peuvent répondre à la question posée : l'intérêt des sociétés occidentales pour la philosophie se justifie par le fait que le rationalisme a remplacé la religion, car aujourd'hui, on croit plus en Dieu qu'au bonheur terrestre. De même l'intériorité a remplacé la spiritualité.

c. La sélection des bonnes réponses

Les bonnes réponses sont au nombre de 3 :

A. L'intérêt des sociétés occidentales pour la philosophie est justifié par le rationalisme au détriment de la religion.

C. L'intérêt des sociétés occidentales pour la philosophie est justifié par la croyance au bonheur terrestre.

D. L'intérêt des sociétés occidentales pour la philosophie est justifié par ce qui touche à l'intériorité.

12. Quels sont les maux du capitalisme auxquels la philosophie permet de remédier ?

a. L'analyse de la question

Cette question est la suite de la précédente : vous vous attarderez sur les mêmes textes pour y répondre.

b. La recherche des éléments de réponse

Ils se trouvent dans les documents 3, 5 et 6.

c. La sélection des bonnes réponses

Elles sont au nombre de 2 :

A. L'hypercompétitivité et la surconsommation.

D. L'uniformisation de la pensée et la disparition des valeurs morales.

13. Quels sont les facteurs qu'on considère aujourd'hui liés au bonheur ?

a. L'analyse de la question

Cette question demande que vous vous intéressiez à la problématique actuelle du bonheur, donc aux textes contemporains. Le mot « facteurs » suppose que l'on pourrait mesurer le bonheur.

b. La recherche d'éléments de réponse.

L'analyse du paratexte aura dû vous amener à vous pencher sur les textes contemporains, d'une part, et orientés vers un aspect plutôt scientifique d'autre part : les documents 3, 4, 5, 6, 7, 8, 9, 10, 13 et 15.

En lisant ces textes en diagonale, votre attention aura été retenue par les documents 3, 4, 7 et 9 (qui font le lien entre science et bonheur) et les documents 5, 6, 10 et 15 (orientés vers une approche philosophe du bonheur).

Il ressort de ces textes que les facteurs du bonheur sont de plusieurs ordres : économique (doc. 9), environnemental (doc.10), biologique et médical (docs 3 et 4), psychologique (docs 6 e t7), humain (docs 6 et 10), moral (doc. 15).

c. La sélection des bonnes réponses

Les bonnes réponses sont au nombre de 4 :

B. Des facteurs économiques, à condition de ne pas gagner trop.

C. Des facteurs environnementaux et médicaux.

D. Des facteurs psychologiques : il faut éviter les pensées négatives.

E. Des facteurs humains et moraux : il faut penser aux autres et rejeter ce qui est vil.

14. Que critiquent les détracteurs du « bonheurisme » ?

a. L'analyse de la question

Le « bonheurisme » semble suggérer l'idée que la tendance actuelle est au bonheur à tout prix, ce qui ne permettrait d'atteindre qu'un substitut au vrai bonheur.

b. La recherche d'éléments de réponse

Les éléments de réponse se trouvent dans les documents 3, 5 et 15 qui montrent que les critiques portent sur la recherche à tout prix d'un bonheur artificiel, car le vrai bonheur se contenterait de peu et se trouverait en soi.

c. La sélection des bonnes réponses

Les bonnes réponses sont au nombre de 2 :

A. Les détracteurs du « bonheurisme » critiquent la recherche effrénée d'un bonheur faux.

E. Les détracteurs du « bonheurisme » critiquent la recherche d'un bonheur qui se trouverait ailleurs qu'en soi.

15. Quel rôle joue la science sur le bonheur ?

a. L'analyse de la question

Cette question suppose d'étudier les documents qui là encore traitent de la science. Le titre des documents pourra vous y aider : il s'agit des documents 3, 4 et 7.

b. La recherche d'éléments de réponse.

Les documents 3, 4 et 7 expliquent tous que la science, en particulier la médecine et ses progrès, jouent un grand rôle dans le bonheur, car, d'une part, la santé est une des conditions les plus importantes du bonheur, et d'autre part, on peut maintenant stimuler l'aptitude au bonheur.

c. La sélection des bonnes réponses

Elles sont au nombre de 3 :

A. La santé joue un grand rôle sur le bonheur : les gens qui se déclarent heureux sont en bonne santé, et inversement, le malheur augmente le risque de maladies.

B. La santé joue un grand rôle sur le bonheur : les progrès de la médecine contribuent au bonheur des Français.

E. Les découvertes scientifiques ont fait avancer la recherche sur le bonheur : on peut maintenant stimuler l'aptitude au bonheur de manière biologique.

16. Quel rôle joue l'altruisme sur le bonheur ?

a. L'analyse de la question

L'altruisme étant la faculté de se soucier des autres et de les aider, vous vous intéresserez en premier aux textes qui semblent, d'après leur titre, parler d'humanisme : les documents 6, 10, 11, 14 et 15.

b. La recherche d'éléments de réponse.

La lecture en diagonale vous aura permis d'affiner vos recherches et vous aurez constaté que les éléments de réponse se trouvent dans les documents 1, 6, 7, 10, 11 et 14.

c. La sélection des bonnes réponses

Les bonnes réponses sont au nombre de 4 :

C. C'est en aidant les autres qu'on peut être vraiment heureux.

D. L'amour que l'on donne aux autres permet à lui seul d'être heureux.

E. En éprouvant de la compassion, on ressent des émotions positives.

F. La vertu est l'apanage des gens heureux.

3. Les questions de synthèse

17. Faut-il posséder un minimum d'argent pour être heureux ?

a. L'analyse de la question

Comme pour toute question de synthèse, il convient de bien en prendre en compte les termes de la question, car la bonne réponse exige une grande exactitude. Ainsi, on ne vous demande pas s'il faut être riche pour être heureux mais s'il faut posséder un minimum d'argent pour accéder au bonheur. Autrement dit, si l'on peut être heureux sans argent.

b. La recherche des éléments de réponse

Les documents 8 et 9 donnent de façon évidente des éléments de réponse, mais les autres textes du dossier nuancent ceux-ci en affirmant qu'il ne suffit pas d'avoir de l'argent pour être heureux.

c. La sélection de la bonne réponse

La bonne réponse est donc celle qui englobe le point de vue de l'ensemble des documents, et non pas seulement des documents 8 et 9 :

B. Non, posséder un minimum d'argent ne suffit pas à être heureux.

18. Quel rôle ont le corps et l'esprit sur le bonheur ?

a. L'analyse de la question

Là aussi, il convient de bien prendre en compte les deux notions « corps » et « esprit ». Il faudra donc choisir une réponse balayée par tous les documents, mais aussi qui traite la question dans sa globalité.

b. La recherche des éléments de réponse

Les éléments de réponse se trouvent dans les documents 2, 3, 4, 7, 13, 14 et 15. Ils évoquent l'idée que la santé physique et mentale est indispensable pour jouir de ses sens et de ses émotions, et d'une certaine façon pour atteindre le bonheur.

c. La sélection de la bonne réponse

La bonne réponse, celle qui traite la question de manière synthétique et non sous un seul aspect, et la suivante :

C. Pour être heureux, il faut pouvoir contrôler ses sens et ses émotions.

19. En quoi le bonheur réside-t-il en soi ?

a. L'analyse de la question

L'expression « en soi » doit être analysée de façon attentive : « en soi » peut signifier « dans son intériorité », mais aussi « en dehors des autres ».

b. La recherche des éléments de réponse

Les éléments de réponse se trouvent dans les textes qui font le lien entre bonheur et solitude d'une part (docs 12 et 13), et ceux qui évoquent la maîtrise de soi et de ses désirs par la raison d'autre part (docs. 1, 5, 6, 7 et 14).

c. La sélection de la bonne réponse

La bonne réponse est la suivante :

D. Le bonheur réside en soi, car c'est en se débarrassant des chimères de l'existence et en se limitant à des ambitions simples et accessibles qu'on a le plus de chances d'être heureux.

20. Peut-on être heureux sans les autres ?

a. L'analyse de la question

Pour traiter cette question, on se demandera d'une part si les autres peuvent nous aider à aller bien, et d'autre part, si aider les autres peut rendre heureux. Ici, attention, encore une fois, à prendre en compte tous les documents du dossier. Il s'agit d'une conclusion à apporter à l'ensemble des points de vue des documents.

b. La recherche des éléments de réponse

Les documents 1, 5, 7 et 10 évoquent l'idée que les autres peuvent nous aider à aller bien, et les documents 6, 7, 11 et 15 développent l'idée qu'aider les autres est le seul moyen d'être vraiment heureux.

c. La sélection de la bonne réponse

La bonne réponse est la suivante :

D. On ne peut pas être heureux sans les autres, et chercher uniquement le bonheur en soi ne permet pas d'accéder au bonheur.

Corrigé détaillé
La connaissance des enjeux contemporains

1. Quels pays ont reconnu l'État hébreu le 15 septembre 2020 en présence de Donald Trump et Benyamin Nétanyahou ? **B. Les Émirats arabes unis et Bahreïn**.
2. Quel chef d'État a violé le droit international en septembre 2020 en revenant sur ses engagements et en autorisant son pays à prendre des décisions unilatérales concernant les contrôles douaniers ? **C. Boris Johnson**.
3. Qu'a demandé Emmanuel Macron le 13 avril 2020 au sujet de la dette africaine pour soutenir le continent face à la crise de la Covid-19 ? **B. Une annulation massive**.
4. Quel pays est accusé, en juin 2019, de multiplier les intrusions numériques dans le réseau électrique russe ? **D. Les États-Unis**.
5. Quel opposant russe a été empoisonné en septembre 2020 ? **A. Alexeï Navalny**.
6. Quelle loi Donald Trump n'est pas parvenu à faire abroger ? **C. L'Obamacare**.
7. Quelle controverse a déclenché la procédure de destitution de Donald Trump ? **A. L'affaire ukrainienne**.
8. Quelle était la date initiale du Brexit ? **B. Le 29 mars 2019**.
9. Combien de reports du Brexit y a-t-il eus ? **C. 3**.
10. Quand est né le mouvement Black Lives Matter ? **B. En 2013**.
11. Qui a été nommé ministre de la Justice le 6 juillet 2020 ? **A. Éric Dupond-Moretti**.
12. Quand les manifestations des Gilets jaunes ont-elles repris, après une pause due à la crise de la Covid-19 ? **D. En septembre 2020**.
13. Qui étaient les ministres des Solidarités et de la Santé pendant la crise de la Covid-19 ? **C. Agnès Buzyn et Olivier Véran**.
14. Qu'est-ce que le Grand Débat, lancé par Emmanuel Macron le 15 janvier 2019 ? **A. Un débat national concernant les politiques publiques**.

15. Quel parti politique s'est retrouvé en tête des élections européennes le 26 mai 2019 ? **B. Le Rassemblement national**.

16. Quel membre du gouvernement est poussé à la démission le 16 juillet 2019 après des révélations de Mediapart sur son train de vie lorsqu'il était à l'Assemblée nationale ? **A. Le ministre de la Transition écologique François de Rugy**.

17. Le 3 septembre 2019, un Grenelle s'est ouvert, donnant le coup d'envoi de trois mois de discussions et débats autour d'une problématique. Laquelle ? **B. Les violences conjugales**.

18. Quelle affaire a jugé la cour d'assises spéciale d'Aix-en-Provence du 18 février au 5 avril 2019 ? **A. L'affaire « Air cocaïne »**.

19. Quel procès retentissant a débuté le 1er septembre 2020 en France ? **C. Le procès des attentats de janvier 2015**.

20. En mai 2019, deux militaires français ont été tués en délivrant des otages. Dans quel pays cela s'est-il passé ? **C. Au Burkina Faso**.

21. Comment s'appelle la pétition lancée par des ONG pour assigner l'État en justice, à cause de son inaction face au réchauffement climatique ? **C. L'Affaire du siècle**.

22. Quelle a été l'issue de cette pétition ? **B. Le 10 juillet 2020, dans le dossier de la pollution de l'air, l'État a été condamné à une astreinte de 10 millions d'euros par semestre pour son inaction**.

23. Quel est le nom du mouvement lancé juste avant l'ouverture du sommet des Nations unis sur le climat, en septembre 2019 ? **C. Covering Climate Now**.

24. Quelle personnalité détenteur d'un prix Nobel a défendu Greta Thunberg et son action en mars 2019 ? **A. L. M. G. Le Clézio**.

25. Qu'a promis Emmanuel Macron en matière d'environnement le 14 juillet 2020 ? **D. D'inscrire le plus vite possible la lutte contre le réchauffement climatique dans la Constitution**.

26. Quel projet de loi bioéthique est adopté le 15 octobre 2019 à l'Assemblée nationale ? **A. La procréation médicalement assistée (PMA) ouverte à toutes les femmes**.

27. Le 5 décembre 2019, la CGT et plusieurs syndicats lancent une grève reconductible. Contre quoi protestent-ils ? **B. La réforme des retraites**.

28. Quelles ont été les dates du confinement en France ? **B. 17 mars au 11 mai 2020**.

29. Quel projet, lancé par François Hollande, Emmanuel Macron veut-il poursuivre et achever en 2022 ? **A. Le Plan France Très haut débit**.

30. À quel domaine une enveloppe de 7 milliards d'euros a-t-elle été allouée en 2020 lors du Plan de relance ? **A. Au numérique et aux start-up**.

31. En 2019, les actions au niveau mondial ont atteint ? **A. Leur meilleur niveau depuis 10 ans**.

32. Une guerre commerciale a éclaté en 2019. Entre quels pays ? **C. La Chine et les États-Unis**.

33. Le ralentissement de la croissance mondiale s'explique en partie par le ralentissement d'un pays en particulier. Lequel ? **A. La Chine**.

34. Quel continent est considéré comme le continent malade de l'économie mondiale ? **B. L'Amérique latine**.

35. Qui dirige la Banque Centrale Européenne depuis le 1er novembre 2019 ? **B. Christine Lagarde**.

36. Quel souverain, après avoir planifié un Plan national de transformation 2020, a dû revoir ses ambitions à la baisse dès le début d'année 2020 ? **B. Mohammed ben Salam, prince héritier d'Arabie saoudite**.

37. Quels secteurs le Plan de relance présenté par le gouvernement français le 3 septembre 2020 vise-t-il à soutenir ? **B. La transition écologique, la compétitivité, la cohésion sociale**.

38. 40 milliards d'euros de ce plan seront pris en charge par l'Union européenne. Ce plan de relance devrait s'accompagner ? **A. D'une augmentation de l'endettement public français**.

39. La Banque de France a estimé en septembre 2020 qu'il faudra attendre un certain temps pour retrouver le niveau d'activité du début de l'année 2020. Quand ce moment est-il annoncé ? **B. Au troisième trimestre 2022**.

40. Quand les mesures de ce Plan devront-elles mises en œuvre ? **B. En 2021 et 2022**.

Partie 2

Raisonnement et compétences

Présentation de l'épreuve

L'épreuve écrite *raisonnement et compétences* du concours SÉSAME est avant tout un examen de rapidité. Les questions sont abordables mais il faut y répondre très vite ! Vous ne disposez que de très peu de temps pour réfléchir. C'est pourquoi il vous est conseillé d'apprendre par cœur certains résultats du cours afin d'éviter les erreurs de calcul ou d'étourderie.

Cette épreuve d'une heure est composée de trois parties de 15 questions chacune (soit 45 énoncés en tout et donc en moyenne 1 min 20 sec à consacrer par question) :

- La partie « logique générale » : vous devez répondre à 15 questions de raisonnement logique en un minimum de temps. Les énoncés sont très variés : des suites de lettres ou de nombres à compléter, des problèmes de logique spatiale regroupant des propriétés géométriques et numériques. Ce sont des énoncés accessibles mais qui nécessitent une certaine préparation. En effet, vous n'avez, en général, jamais été confronté(e) à de tels exercices, c'est pourquoi il est préférable de vous entraîner sérieusement !
- La partie « aptitudes numériques » : vous devez à nouveau répondre rapidement à 15 questions. Ce sont des énoncés portant sur les mathématiques en général (surtout les propriétés étudiées au collège). Là aussi entraînez-vous un maximum afin de gagner en rapidité le jour de l'épreuve. Et relisez-vous : une erreur de calcul ou d'étourderie est si vite arrivée !
- La partie « aptitudes verbales » : vous devez encore répondre à 15 questions sans perdre une seconde. Il s'agit de questions de vocabulaire, d'orthographe ou de grammaire, voire parfois de culture générale portant sur la littérature. Pour cette partie, entraînez-vous et au besoin, revoyez vos règles de français.

Bonne chance et excellentes révisions !

Les suites de lettres 1

Parmi les questions de l'épreuve de logique générale, vous serez confronté aux suites faisant intervenir les lettres de l'alphabet.

Il existe plusieurs types de suites de lettres :

1. Les suites de lettres croissantes

Les lettres sont classées par ordre croissant de leur rang dans l'alphabet. Elles peuvent être séparées d'un, deux ou de plusieurs rangs. Il peut également s'agir de suites où le rang est augmenté de un ou plus entre deux termes consécutifs.

Exemple 1

A – B – C – D – ?

Solution :

Il s'agit d'une suite de lettres croissante avec un pas d'un rang entre les lettres. Ainsi la lettre cherchée est E.

Exemple 2

A – C – E – ? – I

Solution :

Vous êtes face à une suite de lettres croissante avec un espace de deux rangs entre les lettres. La lettre cherchée est la lettre située deux rangs plus loin que E dans l'alphabet, soit G.

Exemple 3

A – B – D – G – ?

Solution :

Vous êtes confrontés à une suite de lettres croissante avec un espace qui augmente d'un rang entre deux termes consécutifs. La lettre cherchée est donc la lettre située quatre rangs plus loin que G dans l'alphabet, soit : K.

2. Les suites de lettres décroissantes

Le principe est identique à celui des suites croissantes de lettres avec un classement décroissant.

Exemple 1

E – D – ? – B – A

Solution :

Vous êtes face à une suite de lettres décroissante avec un pas de 1 rang entre les lettres. La lettre cherchée est donc celle située un rang avant D dans l'alphabet, soit C.

Exemple 2

I – ? – E – C – A

Solution :

Vous êtes en présence d'une suite de lettres décroissante avec un espace de deux rangs entre les lettres. La lettre cherchée est donc celle qui se situe deux rangs avant I, soit G.

Exemple 3

K – G – D – B – ?

Solution :

Vous êtes face à une suite de lettres décroissante avec un espace qui diminue d'un rang entre deux termes consécutifs. La lettre cherchée est donc la lettre située un rang avant B, soit A.

3. Les suites de lettres alternées

En général, vous êtes confrontés à deux logiques. Une première où vous avancez ou reculez d'un ou plusieurs rangs dans l'alphabet pour passer de la 1re à la 3e lettre, puis une seconde où vous avancez ou reculez d'un ou plusieurs rangs dans l'alphabet pour passer de la 2e à la 4e lettre. Puis de nouveau la première logique pour passer de la 3e à la 5e lettre, puis la seconde pour passer de la 4e à la 6e lettre et ainsi de suite. Parfois les logiques sont « mélangées » et la première permet de passer de la 1e à la 2e lettre, puis la seconde de la 2e à la 3e lettre, et ainsi de suite.

Exemple 1

A – C – B – D – ? – ?

Solution :

Il s'agit d'une suite de lettres alternée avec un pas en avant d'un rang entre les 1re et 3e lettres, puis un pas en avant d'une lettre entre les 2e et 3e lettres. Les lettres cherchées sont donc C et E.

Exemple 2

Y – B – C – ? – ?

Solution :

Il s'agit d'une suite de lettres alternée avec deux logiques. La première, qui permet de passer de la 1re à la 2e lettre, consiste à obtenir la lettre correspondante par un jeu de miroir. La seconde, qui permet de passer de la 2e à la 3e lettre, consiste à choisir la lettre suivant la précédente dans le sens de l'alphabet.

La lettre « miroir » de C est X et la lettre suivant X dans l'ordre de l'alphabet est Y. Les lettres cherchées sont X et Y.

Pour gagner du temps apprenez le rang des lettres de l'alphabet par cœur. Ce n'est pas passionnant on vous l'accorde, mais le gain de temps en vaut vraiment la peine !

A	B	C	D	E	F	G	H	I	J	K	L	M
1	2	3	4	5	6	7	8	9	10	11	12	13
N	**O**	**P**	**Q**	**R**	**S**	**T**	**U**	**V**	**W**	**X**	**Y**	**Z**
14	15	16	17	18	19	20	21	22	23	24	25	26

Et pour les plus courageux, apprenez le tableau des rangs des lettres de l'alphabet inversé. Il arrive souvent que vous soyez en présence de suites inversées de lettres avec un effet miroir ! Courage cet apprentissage par cœur peut vous faire gagner un temps précieux et un meilleur classement au concours !

Z	Y	X	W	V	U	T	S	R	Q	P	O	N
1	2	3	4	5	6	7	8	9	10	11	12	13
M	**L**	**K**	**J**	**I**	**H**	**G**	**F**	**E**	**D**	**C**	**B**	**A**
14	15	16	17	18	19	20	21	22	23	24	25	26

À partir des deux tableaux, vous pouvez remarquer que, par un jeu de miroir, le A correspond au Z, le B au Y, etc.

Dans l'alphabet il y a aussi six voyelles (A, E, I, O, U et Y) et 20 consonnes. Il est aussi intéressant de connaître leur classement.

Voyelles dans l'ordre croissant

A	E	I	O	U	Y
1	2	3	4	5	6

Voyelles dans l'ordre décroissant

Y	U	O	I	E	A
1	2	3	4	5	6

Exemple 1

A Z B Y C X ? W E ?

Solution :

Ici vous êtes en présence de deux suites de lettres alternées. La première : A B C D E. et la seconde : Z Y X W V.

Vous remarquez que dans la première on avance à chaque fois d'une lettre, le premier point d'interrogation correspond ainsi à la lettre D. Dans la seconde on recule d'une lettre à chaque fois, ainsi le second point d'interrogation correspond à la lettre V.

– 1 lettre de Z à Y →   – 1 lettre de W à V →

A	Z	B	Y	C	X	D	W	E	V

+ 1 lettre de A à B →   + 1 lettre de C à D →

Exemple 2

B D G K ?

Solution :

Entre B et D, il n'y a qu'une seule lettre C

Entre D et G, il y a deux lettres : E et F

Entre G et K, il y a trois lettres : I, J et K

Ainsi le point d'interrogation correspond à la cinquième lettre après K, soit P. Car il faut qu'il y ait quatre lettres entre K et la suivante.

B	1 lettre	D	2 lettres	G	3 lettres	K	4 lettres	P
	C		EF		HIJ		LMNO	

Exemple 3

M – K – P – N – ?

Solution :

Il y a une seule lettre, le L, entre M et K lorsque vous considérez l'alphabet à l'envers. Ainsi en prenant l'alphabet toujours à l'envers, vous remarquez que le rang est diminué de deux lettres. Puis entre K et P, il y a 4 lettres L M N et O lorsque vous considérez l'alphabet à l'endroit. Ainsi le rang est bien augmenté de 5 lettres. Puis à nouveau diminué de deux lettres pour obtenir N.

Ainsi la lettre cherchée se situe 5 rangs plus loin que le N : il s'agit du S. En effet, il y a bien 4 lettres entre N et S : O P Q et R.

Application

Complétez les séries de lettres suivantes :

1. A C E ?

2. T R P ?

3. N – K – P – M – ?

4. T – G / R – I / P – ?

5. E – L – K – R – ? – ?

Corrigé

1. Dans la première série, on remarque que l'on avance de deux lettres entre chaque terme. Ainsi la lettre cherchée est G.

2. Dans la seconde série, on remarque que l'on recule de deux lettres entre chaque terme. Ainsi la lettre cherchée est N.

3. Vous remarquez qu'entre la première et la deuxième lettre de la série, on recule de 3 rangs pour arriver en K, puis entre la deuxième et la troisième on avance de 5 rangs pour arriver en P, puis de la troisième à la quatrième, on recule à nouveau de 3 rangs pour arriver en M. Enfin, en avançant de 5 rangs après M, vous obtenez R. Ainsi la lettre cherchée est R.

4. Chaque couple de lettres est composé de telle sorte que les lettres se correspondent par un jeu de miroir. Le T est la 7e lettre de l'alphabet en partant de la fin et G est la 7e lettre de l'alphabet en partant du début. De même R est la 9e lettre en partant de la fin de l'alphabet et I est la 9e lettre de l'alphabet en partant du début. Enfin P est la 11e lettre de l'alphabet en partant de la fin, ainsi la lettre cherchée est la 11e lettre en partant du début de l'alphabet : K.

5. Entre la première et la seconde lettre, il y a un pas en avant de 7 lettres, entre la seconde et la troisième, un pas en arrière d'une lettre, puis à nouveau un pas en avant de 7 lettres. Pour suivre la logique, il vous suffit donc de reculer d'une lettre à partir du R pour obtenir Q, puis d'avancer de 7 rangs pour obtenir X. les lettres cherchées sont Q et X.

Les suites de chiffres ou de nombres 2

Les suites numériques traitées précédemment (chapitre 21) dans cet ouvrage peuvent être utiles pour repérer la logique d'une série de nombres consécutifs.

À part la théorie portant sur les suites, il n'y a pas de notions à connaître pour réussir ce type d'exercices. Il faut juste avoir traité plusieurs exemples afin de saisir ce qui est demandé.

Les différents types de suites que vous pouvez rencontrer sont des suites croissantes ou décroissantes avec un pas constant ou non, ou bien des suites alternées. Un peu le même style que les lettres mais avec des chiffres !

1. Les suites croissantes ou décroissantes avec un pas constant

Si le pas est supérieur à 0, alors la suite est croissante, s'il est inférieur à 0, la suite est décroissante, s'il vaut 0, la suite est constante. Ce sont les suites arithmétiques en mathématiques et le pas est appelé raison.

Exemple 1

1 – 16 – 31 – ? – 61

Solution :

Vous remarquez qu'à chaque étape il est ajouté 15. Ainsi le terme cherché est 31 + 15 = 46.

Le pas est supérieur à 0, il s'agit donc d'une progression croissante.

REMARQUE

Il s'agit d'une suite arithmétique de raison 15 et de premier terme 1.

Exemple 2

3 125 – 3 000 – ? – ? – 2 625

Solution :

Vous remarquez qu'à chaque étape il est retranché 125 ou additionné (– 125). Ainsi les termes cherchés sont : 3 000 – 125 = 2 875 et 2 875 – 125 = 2 750.

Le pas est inférieur à 0, il s'agit donc d'une progression décroissante.

REMARQUE

Il s'agit d'une suite arithmétique de raison –125 et de premier terme 3 125.

Exemple 3

15 – 15 – 15 – ? – ? – 15

Solution :

Vous remarquez qu'à chaque étape le terme est inchangé. Ainsi le termes cherchés sont : 15

Le pas est égal à 0, il s'agit donc d'une progression constante.

REMARQUE

Ce type de suite ne tombe que très rarement dans les concours, voire jamais. Trop simple. Cela n'est évoqué dans cet ouvrage que dans le but de vous donner un exemple de suite constante.

2. Les suites croissantes ou décroissantes avec un pas variable

Entre chaque terme vous ajoutez une valeur (réelle) qui peut varier d'un terme à l'autre.

Exemple 1

1 – 16 – 24 – ? – 47

Solution :

Vous remarquez qu'entre le 1er terme et le 2e il a été ajouté 15. Puis qu'entre le 2e et le 3e, il a été soustrait 2, et ainsi de suite. Ainsi le terme cherché est 14 + 15 = 29.

Exemple 2

57 – 55 – 45 – ? – ?

Solution :

Vous remarquez qu'entre le 1er terme et le 2e il a été soustrait 2. Puis qu'entre le 2e et le 3e, il a été soustrait 10, et ainsi de suite. Ainsi les termes cherchés sont 45 – 2 = 43 et 43 – 10 = 33.

Exemple 3

1 – 5 – 10 – ? – 23 – 31 – ?

Solution :

Vous ajoutez 4 entre le 1er et le 2e terme, puis vous ajoutez 5 entre le 2e et le 3e, et ainsi de suite. La différence entre les termes augmente de 1 à chaque étape. Ainsi le 4e terme est 10 + 6 = 16. Enfin le 8e est égal à 31 + 9 = 40. Et les bonnes réponses sont 16 et 40.

Exemple 4

2 – 3 – 1 – ? – 0

Solution :

Vous ajoutez 1 entre le premier et le deuxième chiffre. Puis vous soustrayez 2 entre le 2e et le 3e chiffre, et ainsi de suite. Vous devez donc ajouter 1 à 1 pour obtenir la réponse. Ainsi le chiffre cherché est 2.

Exemple 5

33 – 45 – 38 – 50 – ?

Solution :

Vous ajoutez 12 entre le 1er et le 2e nombre, puis vous retranchez 7 entre le 2e et le 3e nombre et ainsi de suite. Vous obtenez finalement 50 – 7 = 43. Le nombre cherché est 43.

3. Les suites croissantes ou décroissantes avec un coefficient multiplicateur constant

Lorsque les termes de la série sont positifs, et que le coefficient multiplicateur est supérieur à 1, la suite est croissante. Dans les mêmes conditions, s'il est inférieur à 1, la suite est décroissante et s'il est égal à 1, la suite est constante. Il s'agit des suites géométriques en mathématiques et le coefficient est appelée raison.

Exemple 1

1 – 2 – 4 – 8 – 16 – ? – 64 – ? – 256

Solution :

Vous remarquez qu'à chaque étape le terme est doublé. Ainsi les termes cherchés sont : 32 et 128.

Le coefficient est supérieur à 1, il s'agit donc d'une progression croissante.

REMARQUE

Il s'agit d'une suite géométrique de raison 2 et de premier terme 1.

Exemple 2

3 125 – 625 – 125 – ? – 5

Solution :

Vous remarquez qu'à chaque étape le terme est divisé par 5 ou multiplié par $\frac{1}{5}$. Ainsi le terme cherché est : 125 ÷ 5 = 25

Le coefficient est inférieur à 1, il s'agit donc d'une progression décroissante.

REMARQUE

Il s'agit d'une suite géométrique de raison $\frac{1}{5}$ et de premier terme 3 125.

Exemple 3

22 – 22 – 22 – 22 – ? – 22

Solution :

Vous remarquez qu'à chaque étape le terme est inchangé. Ainsi le terme cherché est 22

Le coefficient est égal à 1, il s'agit donc d'une progression constante.

REMARQUE

Ce type de suite ne tombe que très rarement dans les concours, voire jamais. Trop simple. Cela n'est évoqué dans cet ouvrage que dans le but de vous donner un exemple de suite constante.

4. Les suites croissantes ou décroissantes avec un coefficient multiplicateur variable

Le passage d'un terme à l'autre se fait par la multiplication d'un coefficient réel qui varie d'un terme à l'autre.

Exemple 1

1 – 2 – 8 – 16 – ?

Solution :

Vous multipliez par 2 le premier terme pour obtenir le deuxième. Puis vous multipliez par 4 le deuxième terme pour obtenir le troisième, et ainsi de suite. Il s'agit d'une suite alternée comportant deux logiques. La première consiste à multiplier par 2, la seconde à multiplier par 4. Et le nombre cherché est $16 \times 4 = 64$.

Exemple 2

36 – 72 – ? – 48 – 16

Solution :

Vous multipliez par 2 le premier terme pour obtenir le deuxième. Puis vous multipliez par $\frac{1}{3}$ le quatrième terme pour obtenir le cinquième, et ainsi de suite. Il s'agit d'une suite alternée comportant deux logiques. La première consiste à multiplier par 2, la seconde à multiplier par $\frac{1}{3}$ (ou diviser par 3). Ainsi pour obtenir le 3e terme vous divisez 72 par 3 et obtenez 24.

ATTENTION

Multiplier par $\frac{1}{a}$ revient à diviser par a avec $a \neq 0$.

5. Les suites alternées

Vous êtes face à une série de nombres qui comprend deux suites. La première concerne les termes affectés d'un rang impair (1er, 3e, etc.), la seconde, les termes affectés d'un rang pair (2e ; 4e, etc.).

Exemple 1

1 – 25 – 3 – 20 – 5 – ? – ? – 10 – 9

Solution :

Vous êtes ici en présence de deux suites alternées : la première qui commence à 1 et dont les termes augmentent de 2 à chaque étape et la seconde qui commence à 25 et dont les termes diminuent de 5 à chaque étape. Ainsi les deux nombres cherchés sont $20 - 5 = 15$ et $5 + 2 = 7$.

Exemple 2

4 – 5 – 9 – 8 – 16 – 11 – ? – ?

Solution :

Vous êtes face à deux suites alternées : la première commence à 4 qui est le carré de 2, puis se poursuit avec 9 qui est le carré de 3, puis 16 qui est le carré de 4. Ainsi l'avant dernier nombre cherché est $5^2 = 25$.

La seconde suite commence à 5 et 3 est ajouté à chaque terme. Ainsi le dernier terme cherché est 11 + 3 = 14.

6. Les autres suites

En général, elles concernent la nature des nombres qui la composent. Ils peuvent être des carrés parfaits, des cubes, ou bien des multiples d'un certain chiffre ou nombre, etc.

Exemple 1

1 – 4 – 9 – ? – 25 – 36 – 49 – ? – 81 – 100

Solution :

Vous remarquez ici que vous êtes en présence de carrés parfaits consécutifs :

$1^2 - 2^2 - 3^2 - ? - 5^2 - 6^2 - 7^2 - ? - 9^2 - 10^2$

Ainsi vous devinez aisément que les nombres cherchés sont $4^2 = 16$ et $8^2 = 64$

Exemple 2

8 – 27 – 64 – ? – 216 – 343 – ?

Solution :

Vous remarquez ici que vous êtes en présence de cubes consécutifs :

$2^3 - 3^3 - 4^3 - ? - 6^3 - 7^3 - ?$

Ainsi vous devinez aisément que les nombres cherchés sont $5^3 = 125$ et $8^3 = 512$

Exemple 3

121 – 132 – 143 – ? – ?

Solution :

Vous êtes en présence d'une suite croissante de multiples de 11, ainsi les nombres cherchés sont 154 et 165.

Application

1. 1 – 2 – 4 – ? – 16 – 32

2. 1 – 3 – 9 – ? – 81 – 243

3. 56 – 52 – 62 – 58 – 68 – ? – ? – 70

4. 2 – 5 – 1 – 4 – ?

5. 1 – 5 – ? – 125 – 625

Corrigé

1. Chaque terme de la série est multiplié par 2 à chaque étape. Ainsi le nombre cherché est le double de 4 soit 8.

REMARQUE

Il s'agit d'une suite géométrique de raison 2 et de premier terme 1.

2. Chaque terme est multiplié par 3 à chaque étape, ainsi le nombre cherché est le triple de 9 soit 27.

REMARQUE

Il s'agit d'une suite géométrique de raison 3 et de premier terme 1.

3. Deux opérations sont effectuées dans cette suite : d'abord on soustrait 4 puis on ajoute 10. Ainsi $68 - 4 = 64$ est le premier nombre cherché et $64 + 10 = 74$ est le second chiffre cherché.

4. Deux opérations sont effectuées dans cette suite : d'abord, il est ajouté 3 puis retranché 4. Ainsi le chiffre cherché est $4 - 4 = 0$

5. Chaque terme est multiplié par 5 à chaque étape. Ainsi le nombre cherché est le quintuple de 5 soit 25.

REMARQUE

Il s'agit d'une suite géométrique de raison 5 et de premier terme 1.

Le mélange de chiffres et de lettres 3

Comme son nom l'indique, cette partie mélange des chiffres et des lettres. La logique est quelque peu similaire à la partie précédente. Une fois encore, l'entraînement est de rigueur !

Exemple 1

EF0 – AM11 – EU ?

Solution :

Vous remarquez que les nombres qui complètent la série de lettres ne permettent pas de déduire de logique entre eux. Il n'y a pas assez d'occurrence pour conclure quant à une certaine cohérence. Leur rôle intervient forcément au niveau de la disposition des lettres. Vous remarquez que :

Entre E et F il n'y a pas de lettre soit 0 lettre.

Entre A et M, il y a 11 lettres.

Vous pouvez résumer ces résultats dans un tableau pour plus de clarté :

A	11 lettres	M
	B C D E F G H I J K L	

Entre E et U, il y a 15 lettres. Ainsi le point d'interrogation correspond à 15.

E	15 lettres	U
	F G H I J K L M N O P Q R S T	

La réponse est ainsi EU15

Exemple 2

un2 – trois5 – cinq4 – quatre5 – huit4 – deux ?

Solution :

Chaque chiffre écrit en lettres est suivi d'un chiffre « écrit en chiffres ». On remarque que ce chiffre correspond au nombre de lettres dans le mot qui le précède.

Un	Trois	Cinq	Quatre	Huit	Deux
2 lettres	5 lettres	4 lettres	6 lettres	4 lettres	4 lettres

Ainsi le point d'interrogation correspond au nombre de lettres dans le mot deux, soit 4.

La réponse est donc : deux4

Application

Complétez les séries suivantes :

1. B2 J10 K11 N14 R18 T ?

2. Un1 Deux2 Trois2 Quatre ?

3. MER 12
MERE 22
MUSEE 32
THEATRE ?

4. A26 – R9 – J17 – K ?

5. Blond4 – Brune3 – Roux2 – Châtain4 – Brosse ?

6. Jour10 – Semaine19 – Mois13 – Minute ?

7. Un2 – deux4 – trois5 – quatre ?

8. AB1 – AC2 – BD2 – DE ?

Corrigé

1. Vous remarquez que chaque lettre est suivie d'un chiffre correspondant à son rang dans l'alphabet. Ainsi T étant la 20e lettre de l'alphabet, la bonne réponse est 20.

B2 J10 K11 N14 R18 T20

2. Pour cette série, le chiffre suivant chaque mot correspond à son nombre de voyelles. Ainsi le mot « quatre » a trois voyelles, la bonne réponse est donc 3.

Un1 Deux2 Trois2 Quatre3

3. Pour cette dernière série, vous remarquez que le premier chiffre correspond au nombre de voyelles et le second au nombre de consonnes. Ainsi la réponse est THEATRE 34.

4. Dans cette série vous remarquez que le nombre situé à droite de la lettre correspond à son rang dans l'alphabet inversé. La bonne réponse est donc 16. Voici encore une bonne raison d'apprendre votre tableau des rangs inversés des lettres de l'alphabet !

5. Vous remarquez que les chiffres n'ont pas de lien logique entre eux. Vous auriez pu croire à une suite de termes qui diminue de 1 à chaque étape. Mais le dernier étant 4, cela ne fonctionne pas. En revanche en comptant le nombre de voyelles et de consonnes, vous vous apercevez que le chiffre qui suit le mot correspond à son nombre de consonnes. Donc la bonne réponse est 4. Brosse a effectivement quatre consonnes.

6. Vous remarquez à nouveau qu'il n'y a aucune suite logique entre les nombres. En connaissant bien votre tableau des rangs des lettres de l'alphabet, vous devinez aisément que le nombre qui suit chaque mot correspond au rang de sa première lettre dans l'alphabet. La bonne réponse est donc 13 qui correspond au rang de la lettre M.

7. Vous remarquez que chaque chiffre qui suit le mot correspond à son nombre de lettres. La bonne réponse est donc 6 car quatre est composé de six lettres.

8. Vous remarquez que le chiffre qui suit les lettres correspond à la différence des rangs des lettres dans l'alphabet. Ainsi la bonne réponse est 1 car le rang de E est 5, celui de D est 4, donc 5 – 4 = 1.

Le calcul mental 4

Essayez dans la mesure du possible d'apprendre les différentes tables données dans cette fiche. Cela vous sera d'une précieuse aide le jour de l'examen. Vous gagnerez un temps fou ! Il vous est rappelé que vous n'avez pas le droit à la calculatrice lors de l'épreuve de logique et de mathématiques !

Ces tables peuvent vous être aussi très utiles dans le cadre de problèmes de logique où il faut déterminer l'élément manquant d'une série ou bien dans les calculs pour obtenir la solution d'un problème.

1. Les vingt premiers carrés

1	**2**	**3**	**4**	**5**	**6**	**7**	**8**	**9**	**10**
1	4	9	16	25	36	49	64	81	100
11	**12**	**13**	**14**	**15**	**16**	**17**	**18**	**19**	**20**
121	144	169	196	225	256	289	324	361	400

2. Les vingt premiers cubes

1	**2**	**3**	**4**	**5**	**6**	**7**	**8**	**9**	**10**
1	8	27	64	125	216	343	512	729	1 000
11	**12**	**13**	**14**	**15**	**16**	**17**	**18**	**19**	**20**
1 331	1 728	2 197	2 744	3 375	4 096	4 913	5 832	6 859	8 000

3. Quelques propriétés

1 et 64 sont à la fois un cube et un carré : $1 = 1^2 = 1^3$ et $64 = 8^2 = 4^3$

0 est également à la fois un carré et un cube : $0 = 0^2 = 0^3$

4. Les tables de 11 et 12

	1	**2**	**3**	**4**	**5**	**6**	**7**	**8**	**9**	**10**
11	11	22	33	44	55	66	77	88	99	110
	11	**12**	**13**	**14**	**15**	**16**	**17**	**18**	**19**	**20**
	121	132	143	154	165	176	187	198	209	220

12	**1**	**2**	**3**	**4**	**5**	**6**	**7**	**8**	**9**	**10**
	12	24	36	48	60	72	84	96	108	120
	11	**12**	**13**	**14**	**15**	**16**	**17**	**18**	**19**	**20**
	132	144	156	168	180	192	204	216	228	240

5. Les puissances de 2 et les puissances de 3

Puissances de 2													
n	**0**	**1**	**2**	**3**	**4**	**5**	**6**	**7**	**8**	**9**	**10**	**11**	**12**
2^n	1	2	4	8	16	32	64	128	256	512	1 024	2 048	4 096

Puissances de 3											
n	**0**	**1**	**2**	**3**	**4**	**5**	**6**	**7**	**8**	**9**	**10**
3^n	1	3	9	27	81	243	729	2 187	6 561	19 683	59 049

6. Les critères de divisibilité

Par 2 : Un nombre est divisible par 2 si et seulement s'il est pair. C'est-à-dire si et seulement s'il se termine par 0, 2, 4, 6 ou 8.

Par 3 : Un nombre est divisible par 3 si et seulement si la somme de ses chiffres est égale à un nombre divisible par 3 (3, 6 ou 9).

Exemples

351 est divisible par 3 car la somme de ses chiffres (= 9) est un multiple de 3.

325 n'est pas un multiple de 3 car la somme de ses chiffres n'est pas divisible par 3.

En effet : 3 + 2 + 5 = 10 et 10 n'est pas divisible par 3.

Par 4 : Un nombre à au moins deux chiffres est divisible par 4 si et seulement si ses deux derniers chiffres forment un nombre divisible par 4.

Exemples

324 est divisible par 4 car ses deux derniers chiffres forment un nombre divisible par 4.

En effet : 24 = 4 × 6.

Par 5 : Un nombre est divisible par 5 si et seulement s'il se termine par 0 ou 5.

Par 6 : Un nombre est divisible par 6 si et seulement s'il est à la fois divisible par 2 et 3.

Exemples

354 est divisible par 2 car il s'agit d'un nombre pair. Il est aussi divisible par 3 car la somme de ses chiffres est égale à 3 + 5 + 4 = 12 qui est divisible par 3 (12 = 3 × 4). Il est donc divisible par 6.

411 n'est pas divisible par 2 car il est impair. Il est en revanche divisible par 3 car la somme de ses chiffres est égale à 4 + 1 + 1 = 6 qui est divisible par 3 (6 = 3 × 2). 411 n'est donc pas divisible par 6.

Par 7 : Il n'y a réellement pas de méthode pour déterminer si un nombre est divisible par 7. En revanche vous pouvez repérer les nombres divisibles par 7 lorsque leur expression est simple.

Exemples

140 est divisible par 7. En effet 140 = 14 × 10 = 7 × 2 × 10 et 140 est bien divisible par 7.

Par 8 : Il n'y a réellement pas de méthode pour déterminer si un nombre est divisible par 8. En revanche comme pour le chiffre 7 vous pouvez repérer les nombres divisibles par 8 lorsque leur expression est simple.

Exemples

160 est divisible par 8. En effet 160 = 16 × 10 = 8 × 2 × 10 et 160 est bien divisible par 8.

Par 9 : Un nombre est divisible par 9 si et seulement si la somme de ses chiffres est égale à un nombre divisible par 9 (9, 18, 27, etc.).

Exemples

351 est divisible par 9 car la somme de ses chiffres (= 9) est divisible par 9.

324 n'est pas un multiple de 9 car la somme de ses chiffres n'est pas un multiple de 9.

En effet : 3 + 2 + 4 = 10 et 10 n'est pas divisible par 9.

REMARQUE

Un nombre divisible par 9 est aussi divisible par 3. En revanche un nombre divisible par 3 n'est pas forcément divisible par 9.

Par 10 : Un nombre est divisible par 10 si et seulement s'il se termine par 0.

Par 11 : Un nombre à deux chiffres est divisible par 11 si et seulement si ses chiffres sont identiques. Un nombre composé de trois chiffres ou plus est divisible par 11 si et seulement si la somme de ses chiffres de rangs impairs est égale à la somme des chiffres de rangs pairs.

Exemples

132 est divisible par 11 car 1 + 2 = 3.

7. Quelques formules utiles

a. Le point sur les sommes

$$\sum_{k=0}^{n} k = \frac{n(n+1)}{2} \qquad \sum_{k=0}^{n} k^2 = \frac{n(n+1)(2n+1)}{6} \qquad \sum_{k=0}^{n} k^3 = \left(\frac{n(n+1)}{2}\right)^2$$

b. Le point sur les factorielles

$n! = n \times (n-1) \times (...) \times (2) \times (1)$

$0! = 1$ par convention

$1! = 1$

$2! = 2$

$3! = 6$

$4! = 24$

$5! = 120$

$6! = 720$

$7! = 5\,040$

$8! = 40\,320$

$9! = 362\,880$

$10! = 3\,628\,800$

c. Le point sur les combinaisons

$$\binom{n}{k} = \frac{n!}{k!(n-k)!} \text{ pour } n \geq k$$

$$\binom{n}{k} = 0 \text{ pour } n < k$$

Quelques valeurs :

$$\binom{n}{0} = \binom{n}{n} = 1$$

$$\binom{n}{1} = \binom{n}{n-1} = n$$

$$\binom{n}{2} = \binom{n}{n-2} = \frac{n(n-1)}{2}$$

d. Le binôme de Newton

$$\sum_{k=0}^{n} \binom{n}{k} a^k b^{n-k} = (a+b)^n$$

REMARQUES

En posant $a = b = 1$, vous obtenez : $\sum_{k=0}^{n} \binom{n}{k} = 2^n$

En posant $a = x$ et $b = 1$, vous obtenez : $\sum_{k=0}^{n} \binom{n}{k} x^k = (x+1)^n$

Les fractions 5

1. La simplification de fractions

Une fraction est soit sous forme irréductible (qu'on ne peut pas simplifier), soit sous forme réductible.

$\frac{2}{3}$ est une fraction sous forme irréductible car 2 et 3 n'ont pas de diviseur commun à part 1.

La fraction $\frac{4}{6}$ n'est pas sous forme irréductible car 4 et 6 ont en plus de 1 le nombre 2 comme diviseur commun. Cette fraction est donc simplifiable et on a :

$\frac{4}{6}=\frac{2\times 2}{2\times 3}=\frac{2}{3}$ en simplifiant par 2 en haut et en bas.

2. L'addition et la soustraction de fractions

Pour additionner ou soustraire des fractions, il faut qu'elles aient le même dénominateur. Si ce n'est pas le cas, il est impératif de les réduire au même dénominateur.

Exemples

$$\frac{2}{3}+\frac{1}{2}=\frac{2\times 2}{3\times 2}+\frac{1\times 3}{2\times 3}=\frac{4}{6}+\frac{3}{6}=\frac{7}{6}$$

$$\frac{2}{5}+\frac{5}{7}=\frac{2\times 7}{5\times 7}+\frac{5\times 5}{5\times 7}=\frac{14}{35}+\frac{25}{35}=\frac{39}{35}$$

3. La multiplication et la division de fractions

Pour multiplier des fractions, il suffit d'effectuer les produits au numérateur et au dénominateur sans se soucier du dénominateur commun.

Exemples

$\frac{2}{3}\times\frac{1}{2}=\frac{2\times 1}{3\times 2}=\frac{2}{6}$ puis en simplifiant : $\frac{2}{6}=\frac{2\times 1}{2\times 3}=\frac{1}{3}$

$$3\times\frac{1}{2}=\frac{3}{2}$$

Diviser deux fractions revient à multiplier la première par l'inverse de la seconde.

Exemples

$$\frac{2}{3}:\frac{5}{2}=\frac{2}{3}\times\frac{2}{5}=\frac{2\times 2}{3\times 5}=\frac{4}{15}$$

$$\frac{7}{2}:\frac{5}{3}=\frac{7}{2}\times\frac{3}{5}=\frac{7\times 3}{2\times 5}=\frac{21}{10}=2{,}1$$

6 Le point sur les pourcentages

1. Une augmentation exprimée en pourcentage

Une augmentation de x % d'une valeur C revient à multiplier cette valeur par $\left(1+\frac{x}{100}\right)$.

Exemples

Le prix d'un ordinateur portable a augmenté de 30 % signifie qu'il a été multiplié par $\left(1+\frac{30}{100}\right)=1,3$. Si cet article coûtait initialement 400 €, il coûte désormais $400 \times 1,3 = 520$ euros.

Une somme S placée sur un compte rémunéré 10 % par an devient au bout de la première année $S \times \left(1+\frac{10}{100}\right)=1,1 \times S$.

2. Un placement sur plusieurs années

Une somme S placée pendant n années sur un compte rémunéré à x % par an devient au bout des n années $S \times \left(1+\frac{x}{100}\right)^n$.

Exemple

Si on place 1 000 sur un compte rémunéré 5 % pendant 10 années, on obtient à l'issue des 10 années $1\,000 \times \left(1+\frac{5}{100}\right)=1\,000 \times 1,05^{10}=1\,628,89$ €.

3. Une diminution exprimée en pourcentage

Une diminution de x % d'une valeur C revient à multiplier cette valeur C par $\left(1-\frac{x}{100}\right)$.

Exemple

Le prix d'une robe subit une réduction de 50 %. Son nouveau prix est donc multiplié par $\left(1-\frac{50}{100}\right)=(1-0,5)=0,5$. Si son prix initial était de 150 €, le nouveau prix est donc $150 \times 0,5 = 75$ €.

À RETENIR

Une augmentation de 100 % revient à une multiplication par 2
Une augmentation de 50 % revient à une multiplication par 1,5
Une augmentation de 25 % revient à une multiplication par 1,25
Une diminution de 50 % revient à une multiplication par 0,5 ou une division par 2
Une diminution de 25 % revient à une multiplication par 0,75

ATTENTION

On n'additionne pas et on ne soustrait pas les pourcentages !

Une augmentation de x % suivie d'une augmentation de y % n'équivaut pas à une augmentation de $(x + y)$ % !

Une diminution de x % suivie d'une diminution de y % n'équivaut pas à une diminution de $(x + y)$ % !

Application

1. Quelle somme minimale (à l'euro près) Jean doit-il placer pour avoir au moins 10 000 € dans deux ans sur un compte rémunéré 5 % par an ?

❒ **A.** 9 070 €
❒ **B.** 9 071 €
❒ **C.** 9 771 €
❒ **D.** 10 000 €

2. Ce sont les soldes ! Margot achète un jean dont le prix a subi une réduction de 20 % suivie d'une réduction de 40 %. Quelle somme paie-t-elle le jean sachant que son prix initial était de 150 € ?

❒ **A.** 120 €
❒ **B.** 90 €
❒ **C.** 72 €
❒ **D.** 60 €

3. Grâce à ses points de fidélité, Sophie a droit à 50 % de réduction sur tout le magasin mode et accessoires. Cela revient à :

❒ **A.** Diminuer le prix de 50 €
❒ **B.** Diviser le prix par 2
❒ **C.** Diviser le prix par 4
❒ **D.** Augmenter le prix initial de 50 €

4. Pendant combien d'années au minimum Marie doit-elle placer 100 € sur un compte rémunéré 10 % par an pour obtenir au moins 500 € ? On donne $\ln(5) \simeq 1{,}61$ et $\ln(1{,}1) \simeq 0{,}095$

❒ **A.** 15 ans
❒ **B.** 16 ans
❒ **C.** 17 ans
❒ **D.** 18 ans
❒ **E.** 19 ans

Corrigé

1. Pour avoir au moins 10 000 € dans 2 ans, Jean doit placer une somme minimale S. Vous utilisez la relation : $10\,000 \leq S \times \left(1+\frac{5}{100}\right)^2$, soit $S \geq 10\,000 \div (1{,}05)^2 = 10\,000 \div 1{,}1025 = 9\,070{,}29$ €. En arrondissant à l'euro près, la somme minimale est donc 9 071 € (et non 9 070 € qui ne permet pas à Jean d'avoir au moins 10 000 €). La bonne réponse est **B**.

2. Margot paie son jean $150 \times (1 - 0{,}2) \times (1 - 0{,}4) = 150 \times 0{,}8 \times 0{,}6 = 150 \times 0{,}48 = 72$ €. Cela revient à une baisse de 52 %. La bonne réponse est **C**.

3. Une baisse de 50 % équivaut à une multiplication par 0,5 ou à une division par 2. La bonne réponse est **B**.

4. Marie doit placer 100 € pendant 17 ans pour avoir au moins 500 € sur son compte. En effet, la relation s'écrit : $100 \times \left(1+\frac{10}{100}\right)^n \geq 500$, soit $1{,}1^n \geq 5$, soit $n \ln(1{,}1) \geq \ln(5)$, soit $n \geq \ln(5) \div \ln(1{,}1) = 1{,}61 \div 0{,}095 = 16{,}95$ ans $\simeq 17$ ans. Ainsi Marie doit placer ses 100 € pendant au moins 17 ans. Et la bonne réponse est **C**.

Les calculs avec des racines carrées 7

1. Quelques règles

On ne peut pas calculer la racine d'un nombre négatif.

Une racine carrée est un nombre toujours positif ou nul.

CONSEIL

Il est utile de bien connaître ses 20 premiers carrés afin de gagner du temps dans les calculs !

2. La simplification d'une racine

Exemples

$\sqrt{25} = 5$

$\sqrt{75} = \sqrt{25 \times 3} = \sqrt{25} \times \sqrt{3} = 5 \times \sqrt{3} = 5\sqrt{3}$

3. L'addition et la soustraction de racines

Pour $a \geq 0$ et $b \geq 0$

$\sqrt{a} + \sqrt{b} \neq \sqrt{a+b}$ $\quad$ $\sqrt{a} - \sqrt{b} \neq \sqrt{a-b}$ $\quad$ $\sqrt{a} + \sqrt{a} = 2\sqrt{a}$

Pour additionner des racines, il faut qu'il y ait le même nombre sous le radical.

Il est nécessaire de simplifier une des racines pour faire l'addition, comme dans les exemples suivants :

Exemple

$\sqrt{75} + 2\sqrt{3} = 5\sqrt{3} + 2\sqrt{3} = 7\sqrt{3}$

4. La multiplication et la division de racines

On peut multiplier des racines même si les nombres sont différents sous le radical :

$$\sqrt{a} \times \sqrt{b} = \sqrt{a \times b} \text{ où } a \text{ et } b \text{ sont des réels positifs}$$

Exemple

$\sqrt{2} \times \sqrt{3} = \sqrt{2 \times 3} = \sqrt{6}$

La division, comme la multiplication de racines, n'exige pas le même nombre sous le radical.

$$\frac{\sqrt{a}}{\sqrt{b}} = \sqrt{\frac{a}{b}} = \frac{\sqrt{a} \times \sqrt{b}}{b} = \frac{\sqrt{ab}}{b} \text{ avec } a \geq 0 \text{ et } b > 0$$

En général, il est préférable de ne pas laisser de radical au dénominateur.

Exemple

$$\frac{\sqrt{2}}{\sqrt{3}} = \sqrt{\frac{2}{3}} = \frac{\sqrt{2} \times \sqrt{3}}{3} = \frac{\sqrt{6}}{3}$$

Les puissances 8

$$x^a \times x^b = x^{a+b} \qquad \frac{1}{x^a} = x^{-a}$$

$$\frac{x^a}{x^b} = x^{a-b} \qquad (x^a)^b = x^{a \times b} = x^{ab}$$

ATTENTION AUX ERREURS

- $x^a + x^b \neq x^{a+b}$
- $x^a - x^b \neq x^{a-b}$

Un nombre élevé à la puissance 0 est toujours égal à 1 :

Exemple
$2^0 = 1$

Un nombre élevé à la puissance 1 est toujours égal à lui-même :

Exemple
$3^1 = 3$

REMARQUES

- La fonction exponentielle fonctionne comme les puissances au niveau des calculs.
- La fonction racine renvoie la valeur d'un nombre élevé à la puissance $\frac{1}{2}$: $\sqrt{x} = x^{\frac{1}{2}}$ avec $x \geq 0$

Exemples
$2^3 \times 2^5 = 2^8 = 256$
$\frac{3^5}{3^4} = 3^1 = 3$
$e^4 \times e^8 = e^{12}$ où e^x désigne la fonction exponentielle avec x réel quelconque.
$(2^3)^4 = 2^{3 \times 4} = 2^{12} = 4\ 096$

9 Le développement et la factorisation

1. Les principales règles de développement et de factorisation

Associativité	$(a + b) + c = a + (b + c) = a + b + c$ $(a \times b) \times c = a \times (b \times c) = a \times b \times c$
Commutativité	$a + b = b + a$ $a \times b = b \times a$
Distributivité	$a \times (b + c) = a \times b + a \times c$ $(a + b)(c + d) = a \times c + a \times d + b \times c + b \times d$

2. Les identités remarquables

Les principales identités remarquables sont les suivantes :

Les carrés	$(a + b)^2 = a^2 + 2ab + b^2$ $(a - b)^2 = a^2 - 2ab + b^2$ $(a - b)(a + b) = a^2 - b^2$
Les cubes	$(a + b)^3 = a^3 + 3a^2b + 3ab^2 + b^3$ $(a - b)^3 = a^3 - 3a^2b + 3ab^2 - b^3$ $(a - b)(a^2 + ab + b^2) = a^3 - b^3$ $(a + b)(a^2 - ab + b^2) = a^3 + b^3$

Application

Pour chaque question, effectuez les calculs et cochez la bonne réponse !

1. 387 est divisible par : ❒ **A.** 3 ❒ **B.** 5 ❒ **C.** 7 ❒ **D.** 2

2. $\frac{22}{5} - \frac{5}{4} \times 5 = ?$ ❒ **A.** $\frac{-37}{20}$ ❒ **B.** 18,5 ❒ **C.** −15,75 ❒ **D.** $\frac{37}{20}$

3. $\left(\frac{11}{4} \div \frac{88}{5}\right) \times 2 = ?$ ❒ **A.** 48,4 ❒ **B.** $\frac{484}{5}$ ❒ **C.** $\frac{5}{16}$ ❒ **D.** $\frac{5}{4}$

4. $\sqrt{288}+\sqrt{8}-\sqrt{32}=?$ ❒ **A.** $14\sqrt{2}$ ❒ **B.** $18\sqrt{2}$ ❒ **C.** $16\sqrt{2}$ ❒ **D.** $10\sqrt{2}$

5. $\sqrt{2}\times\sqrt{3}=?$ ❒ **A.** $\sqrt{5}$ ❒ **B.** $\sqrt{6}$ ❒ **C.** $\sqrt{2}$ ❒ **D.** 6

6. $(a^2b^3)^2=?$ ❒ **A.** ab ❒ **B.** a^4b^6 ❒ **C.** a^2b^3 ❒ **D.** ab^2

7. $\left(\sqrt{a}\right)^2=?$ ❒ **A.** $\sqrt{a}$ ❒ **B.** a ❒ **C.** a^2 ❒ **D.** $\frac{1}{a}$

8. $\left(\frac{a}{\sqrt{a}}\right)^2=?$ ❒ **A.** a ❒ **B.** $\sqrt{a}$ ❒ **C.** $\frac{1}{a}$ ❒ **D.** a^2

9. $(a+\sqrt{b})^2=?$

❒ **A.** $a^2+2ab+b^2$ ❒ **C.** $a^2+2a\sqrt{b}+b$

❒ **B.** $a^2+2ab+b$ ❒ **D.** $a+2ab+b^2$

10. $a-b=?$

❒ **A.** $(a-b)(a+b)$ ❒ **C.** $a+b$

❒ **B.** $(a-b)\times 2$ ❒ **D.** $\left(\sqrt{a}-\sqrt{b}\right)\left(\sqrt{a}+\sqrt{b}\right)$

Corrigés

1. 387 est divisible par 3, en effet : 3 + 8 + 7 = 18 et 1 + 8 = 9 qui est divisible par 3 et la bonne réponse est **A.**

2. $\frac{22}{5}-\frac{5}{4}\times 5=\frac{22}{5}-\frac{25}{4}=\frac{22\times 4}{5\times 4}-\frac{25\times 5}{4\times 5}=\frac{88-125}{20}=-\frac{37}{20}$ et la bonne réponse est **A.**

3. $\left(\frac{11}{4}\div\frac{88}{5}\right)\times 2=\frac{11}{4}\times\frac{5}{88}\times 2=\frac{11\times 5\times 2}{4\times 11\times 8}=\frac{10}{32}=\frac{5}{16}$ et la bonne réponse est **C.**

4. $\sqrt{288}+\sqrt{8}-\sqrt{32}=\sqrt{2\times 144}+2\sqrt{2}-\sqrt{2\times 16}=12\sqrt{2}+2\sqrt{2}-4\sqrt{2}=10\sqrt{2}$ et la bonne réponse est **D.**

5. $\sqrt{2}\times\sqrt{3}=\sqrt{2\times 3}=\sqrt{6}$ et la bonne réponse est **B.**

6. $(a^2b^3)^2=a^4b^6$ et la bonne réponse est **B.**

7. $\left(\sqrt{a}\right)^2=a$ et la bonne réponse est **B.**

8. $\left(\frac{a}{\sqrt{a}}\right)^2=\frac{a^2}{a}$ et la bonne réponse est **A.**

9. $\left(a+\sqrt{b}\right)^2=a^2+2a\sqrt{b}+\left(\sqrt{b}\right)^2=a^2+2a\sqrt{b}+b$ et la réponse est **C.**

10. $a-b=\left(\sqrt{a}\right)^2-\left(\sqrt{b}\right)^2=\left(\sqrt{a}-\sqrt{b}\right)\left(\sqrt{a}+\sqrt{b}\right)$ et la réponse est **D.**

10 Les équations

1. Les équations linéaires

a. Les équations du type $ax = 0$ avec a réel

- Si a est un réel non nul, alors l'unique solution de cette équation est $x = 0$. La notation des solutions est $S = \{0\}$.
- Si a est nul, alors l'équation admet une infinité de solutions. La notation des solutions est $S = \mathbb{R}$ où $\mathbb{R}$ est l'ensemble des nombres réels.

b. Les équations du type $x + b = 0$ avec b réel

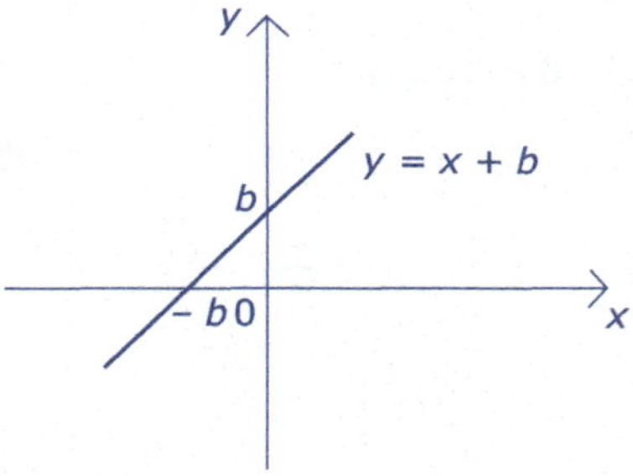

Il s'agit du point d'intersection de la droite d'équation $y = x + b$ avec l'axe des abscisses qui a pour équation $y = 0$.

L'unique solution de cette équation est $x = -b$. $S = \{-b\}$.

c. Les équations du type $ax + b = 0$

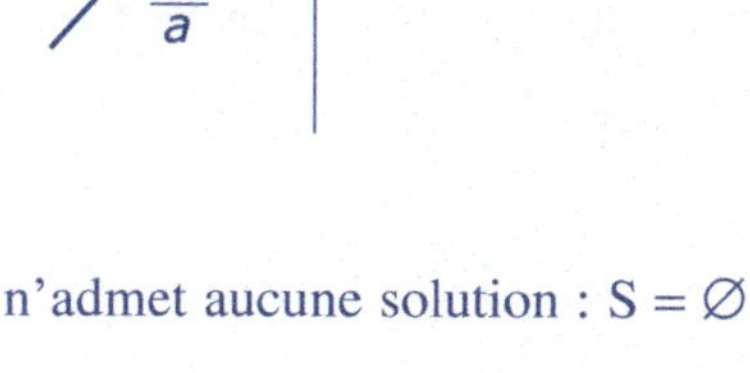

Il s'agit du point d'intersection de la droite d'équation $y = ax + b$ avec l'axe des abscisses qui a pour équation $y = 0$.

Si a et b sont deux réels non nuls, alors cette équation a pour unique solution $x = -\frac{b}{a}$. $S = \left\{-\frac{b}{a}\right\}$.

- Si a est non nul et b égal à 0, alors cette équation admet pour unique solution $x = 0$. $S = \{0\}$.
- Si a est nul et b non nul, alors cette équation n'admet aucune solution : $S = \varnothing$ (ensemble vide).
- Si a et b sont tous les deux nuls, l'équation admet alors une infinité de solutions : $S = \mathbb{R}$.

d. Les équations avec plusieurs termes en « *x* » et plusieurs termes constants

Pour les équations linéaires, il est en général d'usage de regrouper les termes en « *x* » d'un côté et les termes constants (sans « *x* ») de l'autre, afin de se ramener à une équation du type $ax + b = 0$.

Exemples

- $2x + 1 + 3x + 2 = 0$ équivaut à : $(2x + 3x) + (1 + 2) = 0$ en regroupant les différents termes.
  Ce qui équivaut enfin à $5x + 3 = 0$.
  On est en présence d'une équation linéaire du type $ax + b = 0$. On peut donc la résoudre et on obtient $x = -\frac{3}{5}$. $S = \left\{-\frac{3}{5}\right\}$.
- $x + 1 - x + 1 = 0$ équivaut à : $2 = 0$ qui est impossible car 2 n'est jamais égal à 0. Donc cette équation n'admet pas de solution et $S = \emptyset$.
- $2x - 3 - 2x + 3 = 0$ équivaut à : $0 = 0$ ce qui est toujours vrai. Donc cette équation admet une infinité de solutions et $S = \mathbb{R}$.

2. Les équations sous forme de facteurs

Un produit de facteurs est nul si et seulement si l'un des facteurs au moins est nul.

$A \times B = 0$ équivaut à : $A = 0$ ou $B = 0$.

Exemple

$(x + 1)(x - 1) = 0$ équivaut à : $x + 1 = 0$ ou $x - 1 = 0$ équivaut à : $x = -1$ ou $x = 1$

Ainsi $S = \{-1,1\}$.

Application

Résoudre les équations suivantes :

1. $(x + 1)(x - 2) = 0$

2. $x(x + 3) = 0$

3. $2x(3x + 2) = 0$

4. $(2x - 1)(4x + 3) = 0$

5. $2(x + 1) = 0$

Corrigé

1. $(x + 1)(x - 2) = 0$ équivaut à : $x + 1 = 0$ ou $x - 2 = 0$ équivaut à : $x = -1$ ou $x = 2$.
Ainsi $S = \{-1,2\}$.

2. $x(x + 3) = 0$ équivaut à : $x = 0$ ou $x + 3 = 0$ équivaut à : $x = 0$ ou $x = -3$.
Ainsi $S = \{-3,0\}$.

3. $2x(3x + 2) = 0$ équivaut à : $2x = 0$ ou $3x + 2 = 0$ équivaut à : $x = 0$ ou $x = -\frac{2}{3}$.
Ainsi $S = \left\{-\frac{2}{3},0\right\}$.

4. $(2x - 1)(4x + 3) = 0$ équivaut à : $2x - 1 = 0$ ou $4x + 3 = 0$ équivaut à : $x = \frac{1}{2}$ ou $x = -\frac{3}{4}$.
Ainsi $S = \left\{-\frac{3}{4},\frac{1}{2}\right\}$.

5. $2(x + 1) = 0$ équivaut à : $2 = 0$ (impossible) ou $x + 1 = 0$ équivaut à : $x = -1$.
Ainsi $S = \{-1\}$.

Compliquons un peu les choses !

Parfois et même souvent, il arrive que l'équation ne se présente pas sous la forme d'un produit directement factorisé. C'est donc à vous de factoriser l'expression afin d'obtenir un produit de facteurs et pouvoir ainsi résoudre l'équation.

Exemple

$(x - 2)(x + 3) - 2x(x - 2) + (x - 2) = 0$

équivaut à : $(x - 2)[(x + 3) - 2x + 1] = 0$ en factorisant par $(x - 2)$,

équivaut à : $(x - 2)(x + 3 - 2x + 1) = 0$, équivaut à : $(x - 2)(-x + 4) = 0$,

équivaut à : $x - 2 = 0$ ou $-x + 4 = 0$, équivaut à : $x = 2$ ou $x = 4$.

$S = \{2,4\}$.

Application

Résoudre les équations suivantes en commençant par factoriser les expressions :

1. $2x(x - 1) + (x - 1) = 0$

2. $2x - 2x(x + 3) = 0$

3. $(x^2 - 1) + x + 1 = 0$

4. $2x + 1 + (-2x - 1) = 0$

5. $x - 3 - (-x + 3)(x + 2) = 0$

Corrigé

1. $2x(x - 1) + (x - 1) = 0$, équivaut à : $(x - 1)(2x + 1) = 0$,

équivaut à : $x - 1 = 0$ ou $2x + 1 = 0$, équivaut à : $x = 1$ ou $x = -\frac{1}{2}$

$S = \left\{-\frac{1}{2}\ ;\ 1\right\}$

2. $2x - 2x(x + 3) = 0$ équivaut à : $2x[1 - (x + 3)] = 0$, équivaut à : $2x(1 - x - 3) = 0$,
équivaut à : $2x(-x - 2) = 0$, équivaut à : $2x = 0$ ou $-x - 2 = 0$,
équivaut à : $x = 0$ ou $x = -2$. $S = \{-2,0\}$

3. $(x^2 - 1) + x + 1 = 0$ équivaut à : $(x + 1)(x - 1) + x + 1 = 0$ en reconnaissant l'identité remarquable $x^2 - 1 = (x + 1)(x - 1)$, équivaut à : $(x + 1)[(x - 1) + 1] = 0$, équivaut à : $(x + 1)(x - 1 + 1) = 0$, équivaut à : $(x + 1)(x) = 0$,
équivaut à : $x + 1 = 0$ ou $x = 0$, équivaut à : $x = -1$ ou $x = 0$. $S = \{-1,0\}$

4. $2x + 1 + (-2x - 1) = 0$ équivaut à : $2x - 2x + 1 - 1 = 0$, équivaut à : $0 = 0$

$S = \mathbb{R}$, l'équation admet une infinité de solutions.

5. $(x - 3) - (-x + 3)(x + 2) = 0$ équivaut à : $(x - 3) + (x - 3)(x + 2) = 0$,

équivaut à : $(x - 3)[1 + (x + 2)] = 0$, équivaut à : $(x - 3)(x + 1 + 2) = 0$,

équivaut à : $(x - 3)(x + 3) = 0$, équivaut à : $x - 3 = 0$ ou $x + 3 = 0$,

équivaut à : $x = 3$ ou $x = -3$. $S = \{-3,3\}$

3. Les équations sous forme de quotients

Un quotient est nul si et seulement si son numérateur est nul et son dénominateur est non nul. $\frac{A}{B} = 0$ équivaut à : $A = 0$ et $B \neq 0$

Exemple

$\frac{x+3}{x-2} = 0$ équivaut à : $\begin{cases} x + 3 = 0 \\ x - 2 \neq 0 \end{cases}$, équivaut à : $\begin{cases} x = -3 \\ x \neq 2 \end{cases}$.

Application

1. $\dfrac{x+3}{x}=0$

2. $\dfrac{x}{2x}=0$

3. $\dfrac{x+1}{x-2}-\dfrac{x+3}{x-4}=0$

4. $\dfrac{x+1}{3}+\dfrac{x}{2}=0$

5. $\dfrac{x(x+1)-(x+1)}{2x}=0$

Corrigé

1. $\dfrac{x+3}{x}=0$ $\quad\begin{cases}x+3=0\\x\neq 0\end{cases}$ équivaut à : $\begin{cases}x=-3\\x\neq 0\end{cases}$ $\quad S=\{-3\}$

2. $\dfrac{x}{2x}=0$ $\quad\begin{cases}x=0\\x\neq 0\end{cases}$ $\quad S=\emptyset$

3. $\dfrac{x+1}{x-2}-\dfrac{x+3}{x-4}=0$, équivaut à : $\dfrac{(x+1)(x-4)}{(x-2)(x-4)}-\dfrac{(x+3)(x-2)}{(x-2)(x-4)}=0$,

équivaut à : $\dfrac{x^2-4x+x-4-(x^2-2x+3x-6)}{(x-2)(x-4)}=0$,

équivaut à : $\dfrac{x^2-4x+x-4-x^2+2x-3x+6}{(x-2)(x-4)}=0$

équivaut à : $\dfrac{-3x-x+2}{(x-2)(x-4)}=0$, équivaut à : $\dfrac{-4x+2}{(x-2)(x-4)}=0$,

équivaut à : $\begin{cases}-4x+2=0\\(x-2)(x-4)\neq 0\end{cases}$ équivaut à : $\begin{cases}x=\dfrac{1}{2}\\x-2\neq 0 \text{ et } x-4\neq 0\end{cases}$

équivaut à : $\begin{cases}x=\dfrac{1}{2}\\x\neq 2 \text{ et } x\neq 4\end{cases}$ $\quad S=\left\{\dfrac{1}{2}\right\}$

4. $\dfrac{x+1}{3}+\dfrac{x}{2}=0$ équivaut à : $\dfrac{2(x+1)}{6}+\dfrac{3x}{6}=0$, équivaut à : $\dfrac{2x+2+3x}{6}=0$,

équivaut à : $\dfrac{5x+2}{6}=0$, équivaut à : $\begin{cases}5x+2=0\\6\neq 0 \text{ (toujours vrai)}\end{cases}$, équivaut à : $x=-\dfrac{2}{5}$.

$S=\left\{-\dfrac{2}{5}\right\}$

5. $\dfrac{x(x+1)-(x+1)}{2x}=0$ équivaut à : $\dfrac{x^2+x-x-1}{2x}=0$, équivaut à : $\dfrac{x^2-1}{2x}=0$,

équivaut à : $\dfrac{(x+1)(x-1)}{2x}=0$, équivaut à : $\begin{cases}(x+1)(x-1)=0\\2x\neq 0\end{cases}$

équivaut à : $\begin{cases}x+1=0 \text{ ou } x-1=0\\x\neq 0\end{cases}$ équivaut à : $\begin{cases}x=-1 \text{ ou } x=1\\x\neq 0\end{cases}$

$S=\{-1,1\}$

11 Les inéquations

1. Les inéquations linéaires et le tableau de signes

Une inéquation linéaire se présente sous la forme $ax + b > 0$ ou $ax + b < 0$.

- Quand $a > 0$, $ax + b > 0$ équivaut à : $x > -\frac{b}{a}$ mais quand $a < 0$ il faut changer le sens de l'inégalité
- Quand $a > 0$, $ax + b < 0$ équivaut à : $x < -\frac{b}{a}$ mais quand $a < 0$ il faut changer le sens de l'inégalité
- Quand $a > 0$, $ax + b \geq 0$ équivaut à : $x \geq -\frac{b}{a}$ mais quand $a < 0$ il faut changer le sens de l'inégalité
- Quand $a > 0$, $ax + b \leq 0$ équivaut à : $x \leq -\frac{b}{a}$ mais quand $a < 0$ il faut changer le sens de l'inégalité

On peut résumer ces résultats à l'aide d'un tableau de signes.

x	$-\infty$		$-\frac{b}{a}$		$+\infty$
$ax + b$		signe de $-a$	0	signe de a	

Exemple 1

Le tableau de signes de $2x + 1$ est :

x	$-\infty$		$-\frac{1}{2}$		$+\infty$
$2x + 1$		$-$	0	$+$	

$2x + 1 > 0$, équivaut à : $x > -\frac{1}{2}$.

$S =]-\frac{1}{2}, +\infty[$

Exemple 2

Le tableau de signes de $4x + 8$ est :

x	$-\infty$		-2		$+\infty$
$4x + 8$		$-$	0	$+$	

$4x + 8 < 0$, équivaut à : $x < -\frac{8}{4}$, équivaut à : $x < -2$.

$S =]-\infty, -2[$

Application

Résoudre les inéquations suivantes :

1. $3x + 2 < 0$

2. $-x - 1 > 0$

3. $2x + 2 \geq 0$

4. $-x - 5 \leq 0$

Corrigé

1. Le tableau de signes de $3x + 2$ est :

x	$-\infty$		$-\frac{2}{3}$		$+\infty$
$3x + 2$		$-$	0	$+$	

$3x + 2 < 0$, équivaut à : $x < -\frac{2}{3}$.

$S =]-\infty, -\frac{2}{3}[$

2. Le tableau de signes de $-x - 1$ est :

x	$-\infty$		-1		$+\infty$
$-x - 1$		$+$	0	$-$	

$-x - 1 > 0$, équivaut à : $-x > 1$, équivaut à : $x < -1$.

$S =]-\infty, -1[$

3. Le tableau de signes de $2x + 2$ est :

x	$-\infty$		-1		$+\infty$
$2x + 2$		$-$	0	$+$	

$2x + 2 \geq 0$, équivaut à : $x \geq -1$.

$S = [-1, +\infty[$

4. Le tableau de signes de $-x - 5$ est :

x	$-\infty$		-5		$+\infty$
$-x - 5$		$+$	0	$-$	

$-x - 5 \leq 0$, équivaut à : $-x \leq 5$, équivaut à : $x \geq -5$.

$S = [-5, +\infty[$

2. Les inéquations sous forme de produit et le tableau de signes

Un produit de deux facteurs est positif si et seulement si les deux facteurs sont de même signe (tous les deux positifs ou tous les deux négatifs).

Un produit de deux facteurs est négatif si et seulement si les deux facteurs sont de signes contraires (un positif et un négatif).

Signe de $(ax + b)(cx + d)$:

On suppose ici par commodité que le quotient $-\frac{b}{a}$ est plus petit que $-\frac{d}{c}$. Ce choix est parfaitement arbitraire où a et c sont non nuls.

x	$-\infty$	$-\frac{b}{a}$		$-\frac{d}{c}$	$+\infty$
$ax + b$	signe de $-a$	0	signe de a		signe de a
$cx + d$	signe de $-c$		signe de $-c$	0	signe de c
$P(x)$	signe de ac	0	signe de $-ac$	0	signe de ac

Exemple

Le signe du produit $(2x + 1)(x - 4)$ est résumé dans le tableau de signes suivant :

x	$-\infty$		$-\frac{1}{2}$		4		$+\infty$
$2x + 1$		$-$	0	$+$		$+$	
$x - 4$		$-$		$-$	0	$+$	
$P(x)$		$+$	0	$-$	0	$+$	

$(2x + 1)(x - 4) > 0$ équivaut à : $S =]-\infty, -\frac{1}{2}[\cup]4, +\infty[$

$(2x + 1)(x - 4) < 0$ équivaut à : $S =]-\frac{1}{2}, 4[$

$(2x + 1)(x - 4) \geq 0$ équivaut à : $S =]-\infty, -\frac{1}{2}] \cup [4, +\infty[$

$(2x + 1)(x - 4) \leq 0$ équivaut à : $S = [-\frac{1}{2}, 4]$

Application

Déterminer le tableau de signes des produits puis résoudre les inéquations suivantes :

1. $(2x - 4)(-3x - 12) < 0$

2. $x^2 - 4 \leq 0$

3. $x^2 > 0$

4. $x^2 < 0$

5. $(x + 1)^2 \geq 0$

Corrigé

1. Le signe du produit $(2x - 4)(-3x + 12)$ est résumé dans le tableau de signes suivant :

x	$-\infty$		2		4		$+\infty$
$2x - 4$		$-$	0	$+$		$+$	
$-3x + 12$		$-$		$+$	0	$-$	
$P(x)$		$-$	0	$+$	0	$-$	

$(2x - 4)(-3x + 12) < 0$ équivaut à : $S =]-\infty, 2[\cup]4, +\infty[$

Autres possibilités avec ensemble des solutions :

$(2x - 4)(-3x + 12) > 0$ équivaut à : $S =]2, 4[$

$(2x - 4)(-3x + 12) \leq 0$ équivaut à : $S =]-\infty, 2]\cup[4,+\infty[$

$(2x - 4)(-3x + 12) \geq 0$ équivaut à : $S = [2, 4]$

2. $x^2 - 4 \leq 0$ équivaut à : $(x - 2)(x + 2) \leq 0$ en reconnaissant l'identité remarquable : $a^2 - b^2 = (a - b)(a + b)$.

Le signe du produit $(x - 2)(x + 2)$ est résumé dans le tableau de signes suivant :

x	$-\infty$		-2		2		$+\infty$
$x + 2$		$-$	0	$+$		$+$	
$x - 2$		$-$		$-$	0	$+$	
$P(x)$		$+$	0	$-$	0	$+$	

$(x - 2)(x + 2) \leq 0$ équivaut à : $S = [-2, 2]$

Autres possibilités avec ensemble des solutions :

$(x - 2)(x + 2) > 0$ équivaut à : $S =]-\infty, -2[\cup]2, +\infty[$

$(x - 2)(x + 2) < 0$ équivaut à : $S =]-2, 2[$

$(x - 2)(x + 2) \geq 0$ équivaut à : $S =]-\infty, -2]\cup[2, +\infty[$

3. $x^2 > 0$ équivaut à : $x \neq 0$ car un carré étant toujours positif ou nul, $x^2 > 0$ si et seulement si x est différent de 0. $S = \mathbb{R}\setminus\{0\}$

4. $x^2 < 0$ est impossible car un carré n'est jamais négatif ! $S = \emptyset$

5. $(x + 1)^2 \geq 0$ est toujours vrai car un carré est toujours positif ou nul ! $S = \mathbb{R}$

3. Les inéquations sous forme de quotient et le tableau de signes

Les inéquations sous forme de quotient se résolvent à l'aide de la même méthode vue pour les inéquations sous forme de produit. Il y a toutefois une différence à prendre en compte : les valeurs interdites compte tenu du fait qu'un dénominateur doit être non nul. Les valeurs interdites sont les valeurs qui annulent le dénominateur. Elles sont représentées par une double barre dans le tableau de signes.

Signe de $\frac{ax+b}{cx+d}$:

On suppose ici par commodité que le quotient $-\frac{b}{a}$ est plus petit que $-\frac{d}{c}$. Ce choix est parfaitement arbitraire où a et c sont non nuls.

x	$-\infty$	$-\frac{b}{a}$		$-\frac{d}{c}$	$+\infty$
$ax+b$	signe de $-a$	0	signe de a		signe de a
$cx+d$	signe de $-c$		signe de $-c$	0	signe de c
$Q(x)$	signe de ac	0	signe de $-ac$	‖	signe de ac

Exemple

Signe de $\frac{2x+1}{x-2}$:

x	$-\infty$		$-\frac{1}{2}$		2		$+\infty$
$2x+1$		$-$	0	$+$		$+$	
$x-2$		$-$		$-$	0	$+$	
$Q(x)$		$+$	0	$-$	‖	$+$	

$\frac{2x+1}{x-2} > 0$ équivaut à : $x \in]-\infty, -\frac{1}{2}[\cup]2, +\infty[$

$\frac{2x+1}{x-2} < 0$ équivaut à : $x \in]-\frac{1}{2}, 2[$

$\frac{2x+1}{x-2} \geq 0$ équivaut à : $x \in]-\infty, -\frac{1}{2}] \cup]2, +\infty[$

$\frac{2x+1}{x-2} \leq 0$ équivaut à : $x \in [-\frac{1}{2}, 2[$

Application

Résoudre les inéquations suivantes en ayant auparavant réalisé le tableau de signes :

1. $\dfrac{x+1}{x} > 0$

2. $\dfrac{2x-2}{x(x-1)} < 0$

3. $\dfrac{2x}{x} \leq 0$

4. $\dfrac{7}{x^2} > 0$

5. $\dfrac{2(x+1)(x-3)}{x-2} \geq 0$

Corrigé

1. Tout d'abord, il faut déterminer les valeurs interdites éventuelles :

Le dénominateur doit être non nul, ce qui est équivalent à $x \neq 0$.

Le tableau de signes de $\dfrac{x+1}{x}$ est donné par :

x	$-\infty$		-1		0		$+\infty$
$x+1$		$-$	0	$+$		$+$	
x		$-$		$-$	0	$+$	
$Q(x)$		$+$	0	$-$	$\Vert$	$+$	

$\dfrac{x+1}{x} > 0$ équivaut à : $x \in \,]-\infty, -1[\cup]0, +\infty[$

$S =]-\infty, -1[\cup]0, +\infty[$

Autres cas possibles :

- $\dfrac{x+1}{x} < 0$ équivaut à : $x \in]-1, 0[$
- $\dfrac{x+1}{x} \geq 0$ équivaut à : $x \in]-\infty, -1]\cup]0, +\infty[$
- $\dfrac{x+1}{x} \leq 0$ équivaut à : $x \in [-1, 0[$

2. $\dfrac{2x-2}{x(x-1)} < 0$

Tout d'abord, il faut déterminer les valeurs interdites éventuelles.

Le dénominateur doit être non nul, ce qui est équivalent à $x(x-1) \neq 0$. Soit x doit être différent de 0 et de 1.

Le tableau de signes de $\dfrac{2x-2}{x(x-1)} = \dfrac{2(x-1)}{x(x-1)} = \dfrac{2}{x}$ est donné par :

x	$-\infty$		0		1		$+\infty$
2		$+$		$+$		$+$	
x		$-$	0	$+$		$+$	
$Q(x)$		$-$	$\Vert$	$+$	$\Vert$	$+$	

$\dfrac{2x-2}{x(x-1)} < 0$ équivaut à : $x \in \,]-\infty, 0[$

$S =]-\infty, 0[$

- $\dfrac{2x-2}{x(x-1)} > 0$ équivaut à : $x \in]0, +\infty[\setminus \{1\}$ soit a $x \in]0 ; 1[\cup]1 ; +\infty[$
- $\dfrac{2x-2}{x(x-1)} \leq 0$ équivaut à : $x \in]-\infty, 0[$
- $\dfrac{2x-2}{x(x-1)} \geq 0$ équivaut à : $x \in]0, +\infty[\setminus \{1\}$ soit a $x \in]0 ; 1[\cup]1 ; +\infty[$

3. $\dfrac{2x}{x} \leq 0$

Tout d'abord, il faut déterminer les valeurs interdites éventuelles.

Le dénominateur doit être non nul, ce qui est équivalent à $x \neq 0$.

Le tableau de signes de $\dfrac{2x}{x} = 2$ est donné par :

x	$-\infty$		0		$+\infty$
2		+		+	
$Q(x)$		+	||	+	

$\dfrac{2x}{x} \leq 0$ est impossible car cette expression est toujours strictement positive quelles que soient les valeurs prises par x. $S = \emptyset$.

Autres possibilités :

- $\dfrac{2x}{x} < 0$ est également impossible pour les mêmes raisons.
- $\dfrac{2x}{x} > 0$ est toujours vrai, donc l'ensemble des solutions est $\mathbb{R}^*$ car il ne faut pas oublier la valeur interdite $x \neq 0$.
- $\dfrac{2x}{x} \geq 0$ est toujours vrai sauf pour $x = 0$, donc l'ensemble des solutions est $\mathbb{R}$ privé de $\{0\}$, soit $\mathbb{R}^*$.

4. $\dfrac{7}{x^2} > 0$

Tout d'abord, il faut déterminer les valeurs interdites éventuelles.

Le dénominateur doit être non nul, ce qui est équivalent à $x^2 \neq 0$. Soit $x \neq 0$.

Un carré étant toujours positif ou nul $x^2 \geq 0$ et $7 > 0$. Ainsi $\dfrac{7}{x^2} > 0$ est toujours vrai car $x \neq 0$.

Ainsi $S = \mathbb{R}^*$. Là encore, il ne faut pas oublier la valeur interdite même si l'inéquation est toujours vraie. x ne peut pas prendre la valeur 0.

Autres cas possibles :

- $\dfrac{7}{x^2} \geq 0$ si et seulement si $x \in \mathbb{R}^*$ ($\mathbb{R}$ privé de 0).
- $\dfrac{7}{x^2} < 0$ est impossible car 7 n'est jamais négatif et un carré n'est jamais négatif.
- $\dfrac{7}{x^2} \leq 0$ est également impossible pour les mêmes raisons.

5. $\dfrac{2(x+1)(x-3)}{x-2} \geq 0$

Tout d'abord, il faut déterminer les valeurs interdites éventuelles.

Le dénominateur doit être non nul, ce qui est équivalent à $x - 2 \neq 0$. Soit $x \neq 2$

Le tableau de signes de $\dfrac{2(x+1)(x-3)}{x-2}$ est donné par :

x	$-\infty$		-1		2		3		$+\infty$
$x+1$		$-$	0	$+$		$+$		$+$	
$x-3$		$-$		$-$		$-$	0	$+$	
$x-2$		$-$		$-$	0	$+$		$+$	
$Q(x)$		$-$	0	$+$	‖	$-$	0	$+$	

$\dfrac{2(x+1)(x-3)}{x-2} \geq 0$ équivaut à : $x \in [-1, 2[\cup[3, +\infty[$

$S = [-1, 2[\cup[3, +\infty[$

Autres cas possibles :

$\dfrac{2(x+1)(x-3)}{x-2} > 0$ équivaut à : $x \in]-1, 2[\cup]3, +\infty[$

$\dfrac{2(x+1)(x-3)}{x-2} \leq 0$ équivaut à : $x \in]-\infty, -1]\cup]2, 3]$

$\dfrac{2(x+1)(x-3)}{x-2} < 0$ équivaut à : $x \in]-\infty, -1[\cup]2, 3[$

12 Les méthodes de résolution des systèmes

Soit le système d'équations :

$$\begin{cases} ax + by = e \\ cx + dy = f \end{cases}$$

Il existe deux méthodes principales pour résoudre un tel système : la méthode par substitution et la méthode par combinaison.

1. La méthode par substitution

Il s'agit d'exprimer une des variables en fonction de l'autre. Dans le précédent système, il est possible d'exprimer y en fonction de x dans la première équation :

$ax + by = e$ équivaut à : $by = e - ax$ équivaut à : $y = \dfrac{e - ax}{b}$

Puis on remplace y dans la seconde équation :

$cx + dy = f$ équivaut à : $cx + d\dfrac{e-ax}{b} = f$ équivaut à : $\dfrac{cbx - de - dax}{b} = \dfrac{bf}{b}$ en réduisant au même dénominateur

Équivaut à : $cbx + de - dax = bf$ avec $b \neq 0$

Équivaut à : $(bc - ad)x = bf + de$ équivaut à : $\boxed{x = \dfrac{bf - de}{bc - ad}}$

On obtient la valeur de y en remplaçant x par la valeur obtenue ci-dessus :

$$y = \frac{e - ax}{b} = \frac{e - a\dfrac{bf + de}{bc - ad}}{b} = \frac{e(bc - ad) - a(bf - de)}{b(bc - ad)} = \frac{ebc - ead - abf + ade}{b(bc - ad)}$$

$$y = \frac{ebc - abf}{b(bc - ad)} = \frac{ec - af}{bc - ad}$$

Exemple

$$\begin{cases} 2x + y = 5 \\ x + 3y = 10 \end{cases}$$

La première équation permet d'exprimer y en fonction de x : $y = 5 - 2x$

ASTUCE

Pour éviter les calculs trop fastidieux, privilégiez une variable affectée du coefficient 1 !

REMARQUE

On aurait aussi pu choisir d'exprimer x en fonction de y dans la seconde équation $x = 10 - 3y$

Puis on remplace le y dans la seconde équation :

$x + 3y = 10$ équivaut à : $x + 3(5 - 2x) = 10$ équivaut à : $-5x + 15 = 10$, équivaut à : $-5x = 10 - 15$, équivaut à : $-5x = -5$

Et finalement $x = 1$

Puis on remplace x par 1 dans l'expression de y pour finalement obtenir sa valeur :

$y = 5 - 2x = 5 - 2 \times 1 = 3$

$y = 3$

$S = \{(1, 3)\}$

2. La méthode par combinaison

Cette méthode consiste à éliminer une variable de manière à se retrouver en présence d'une équation à une seule inconnue x ou y. Pour cela, il suffit d'additionner ou soustraire les deux équations affectées d'un facteur permettant de supprimer une variable.

$$\begin{cases} ax + by = e \\ cx + dy = f \end{cases}$$

Il suffit de multiplier la première équation par d et la seconde par b puis de soustraire les deux équations obtenues. Cela permet d'éliminer la variable y :

$d(ax + by) - b(cx + dy) = de - bf$

Équivaut à : $dax + dby - bcx - bdy = de - bf$ équivaut à : $dax - bcx = de - bf$

équivaut à : $(da - bc)x = de - bf$ équivaut à : $x = \dfrac{de - bf}{ad - bc} = \dfrac{bf - de}{bc - ad}$

Puis on remplace x par son expression dans l'une ou l'autre des équations de départ pour obtenir le même résultat que précédemment. Le y s'obtient de la même manière que dans la méthode par substitution.

Exemple

$$\begin{cases} x - 3y = 2 \\ 2x + 3y = 4 \end{cases}$$

Dans ce système, il est important de remarquer que la variable y est affectée du même coefficient (+ ou − 3) dans les deux équations.

Ainsi il suffit d'additionner les deux équations membre à membre pour éliminer le y et n'avoir une équation qu'à une seule inconnue x.

$(x - 3y) + (2x + 3y) = 2 + 4$, équivaut à : $x - 3y + 2x + 3y = 6$,

équivaut à : $3x = 6$, équivaut à : $x = 2$.

Puis on remplace x par 2 dans l'une ou l'autre des équations pour obtenir la valeur de y :

$x - 3y = 2$, équivaut à : $2 - 3y = 2$, équivaut à : $-3y = 2 - 2$,

équivaut à : $-3y = 0$, équivaut à : $y = 0$.

Ainsi l'ensemble des solutions est :

$S = \{(2, 0)\}$

3. La traduction géométrique

$$\begin{cases} ax+by=e \\ cx+dy=f \end{cases}$$

Un tel système admet pour solution le point d'intersection (s'il existe) des deux droites définies par les équations du système. Le « x » représente l'abscisse du point d'intersection et le « y » son ordonnée.

Il y a trois cas de figure :

1) Le système admet une unique solution : les droites sont sécantes en un unique point dont l'abscisse est le x cherché et l'ordonnée est le y cherché.

Système avec une unique solution

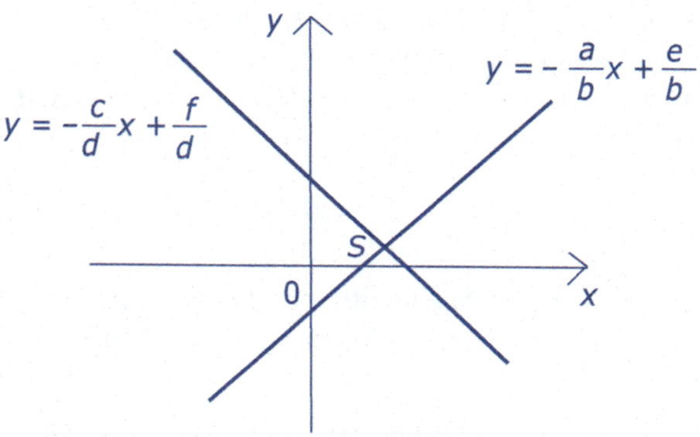

Droites sécantes en un unique point S solution du système

2) Le système n'admet aucune solution lorsque les droites sont parallèles, c'est-à-dire lorsqu'elles ont le même coefficient directeur.

Système avec aucune solution

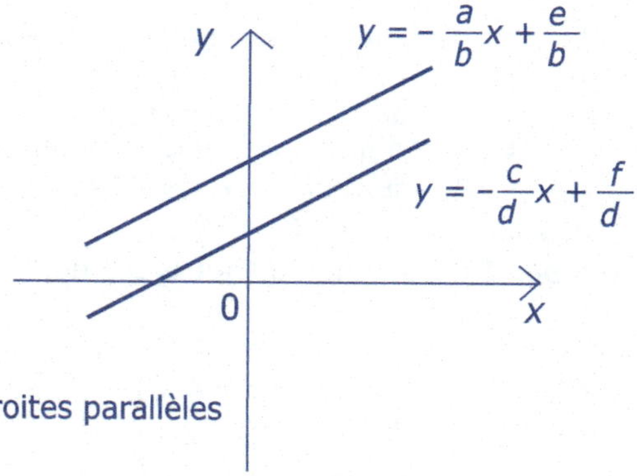

Droites parallèles

3) Le système admet une infinité de solutions lorsque les droites sont confondues, c'est-à-dire lorsque leur équations sont identiques ou proportionnelles.

Système avec une infinité de solutions

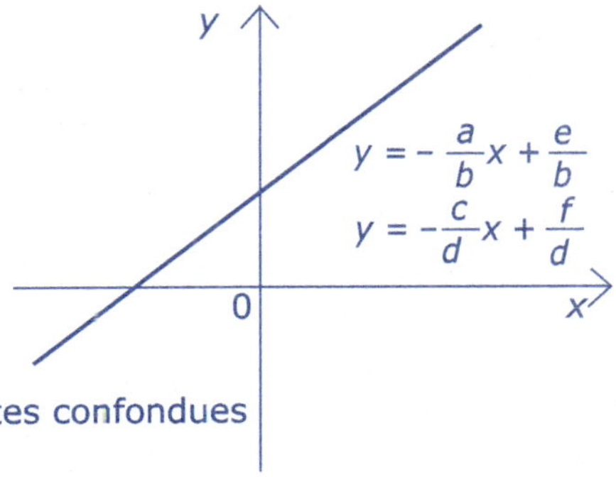

Application

Résolvez à l'aide de la méthode de votre choix (substitution ou combinaison) les systèmes suivants :

1. $\begin{cases} -2x + 2y = -2 \\ 3x + y = 11 \end{cases}$

2. $\begin{cases} 2x + 3y = 4 \\ 5x + 6y = 7 \end{cases}$

3. $\begin{cases} x - 2y = 3 \\ -4x + 5y = 6 \end{cases}$

4. $\begin{cases} -x + 3y = 5 \\ 3x + y = 15 \end{cases}$

5. $\begin{cases} 2x + 20y = 160 \\ x + 2y = 16 \end{cases}$

Corrigé

1. $\begin{cases} -2x + 2y = -2 \\ 3x + y = 11 \end{cases}$

Tout d'abord la première équation se simplifie aisément : on divise par 2 de part et d'autre de l'égalité et l'équation est ainsi équivalente à : $-x + y = -1$

Le système est équivalent à : $\begin{cases} -x + y = -1 \\ 3x + y = 11 \end{cases}$

On remarque maintenant que la variable y est affectée du même coefficient 1 dans les deux équations. Il est donc plus commode d'utiliser la méthode par combinaison. Ainsi en soustrayant les deux équations membre à membre, on élimine le y :

$(-x + y) - (3x + y) = -1 - 11$

Équivaut à : $-x + y - 3x - y = -12$, équivaut à : $-4x = -12$, équivaut à : $x = 3$

Puis on remplace x par 3 dans l'une ou l'autre des équations, soit dans la première équation par exemple :

$-x + y = -1$ équivaut à : $-3 + y = -1$, équivaut à : $y = 3 - 1$, équivaut à : $y = 2$

Ainsi l'ensemble des solutions est $S = \{(3, 2)\}$

Raisonnement et compétences

2. $\begin{cases} 2x + 3y = 4 \\ 5x + 6y = 7 \end{cases}$

Au vu des différents coefficients, il n'est pas très aisé d'exprimer une variable en fonction de l'autre au risque de faire des erreurs de calcul. Ainsi la méthode par combinaison semble être la plus pratique dans ce système.

En multipliant la première équation par 2, vous avez le même coefficient pour y :

$\begin{cases} 4x + 6y = 8 \\ 5x + 6y = 7 \end{cases}$

Puis en soustrayant les deux équations membre à membre, vous obtenez :

$(4x + 6y) - (5x + 6y) = 8 - 7$, équivaut à : $4x + \cancel{6y} - 5x - \cancel{6y} = 1$,

équivaut à : $-x = 1$, équivaut à : $x = -1$.

On remplace ensuite dans l'équation de son choix le x par -1 et on obtient la valeur de y :

Dans la première équation, on a : $2x + 3y = 4$, équivaut à : $2(-1) + 3y = 4$,

équivaut à : $-2 + 3y = 4$, équivaut à : $3y = 4 + 2$, équivaut à : $3y = 6$,

équivaut à : $y = 2$.

Ainsi l'ensemble des solutions est $S = \{(-1, 2)\}$

3. $\begin{cases} x - 2y = 3 \\ -4x + 5y = 6 \end{cases}$

Dans la première équation la variable x est affectée du coefficient 1, il est donc aisé d'exprimer x en fonction de y sans se soucier d'un quelconque dénominateur.

$x - 2y = 3$ équivaut à : $x = 3 + 2y$

Puis on remplace le x par $3 + 2y$ dans la seconde équation afin d'obtenir une équation d'une seule variable y :

$-4(3 + 2y) + 5y = 6$ équivaut à : $-12 - 8y + 5y = 6$, équivaut à : $-3y = 6 + 12$,

équivaut à : $-3y = 18$, équivaut à $y = -6$.

Puis on remplace y par -6 dans l'expression de x :

$x = 3 + 2 \times (-6)$, soit : $x = 3 - 12$, et finalement $x = -9$.

Ainsi l'ensemble des solutions est donné par : $S = \{(-9, -6)\}$

4. $\begin{cases} -x + 3y = 5 \\ 3x + y = 15 \end{cases}$

Dans ce système les deux méthodes sont envisageables de manière équivalente. En optant pour la méthode par substitution, on a :

$y = 15 - 3x$ avec la seconde équation.

Soit en remplaçant y par $15 - 3x$ dans la première équation, on obtient :

$-x + 3y = 5$ équivaut à $-x + 3(15 - 3x) = 5$, équivaut à : $-x + 45 - 9x = 5$,

équivaut à : $-10x = 5 - 45$, équivaut à : $-10x = -40$, équivaut à : $x = 4$.

Puis on remplace x par 4 dans l'expression de y :

$y = 15 - 3 \times 4 = 15 - 12 = 3$.

Ainsi l'ensemble des solutions est $S = \{(4, 3)\}$

5. $\begin{cases} 2x+20y=160 \\ x+2y=16 \end{cases}$

Tout d'abord la première équation peut se simplifier en divisant par 2. Le système est alors équivalent au système :

$$\begin{cases} x+10y=80 \\ x+2y=16 \end{cases}$$

Puis, l'une ou l'autre des méthodes peut être appliquée dans ce système de manière équivalente. En optant pour la méthode par combinaison, on obtient en soustrayant les deux équations :

$(x + 10y) - (x + 2y) = 80 - 16$ équivaut à : $x + 10y - x - 2y = 64$,

équivaut à : $8y = 64$, équivaut à : $y = 8$.

On remplace enfin y par 8 dans la seconde équation :

$x + 2y = 16$ équivaut à : $x + 16 = 16$, équivaut à : $x + 16 = 16$, équivaut à : $x = 0$.

Ainsi l'ensemble des solutions est : $S = \{(0, 8)\}$

13 Les systèmes non linéaires

Les systèmes ne sont pas toujours de forme linéaire, il y a plein d'autres formes ! Même s'ils sont moins présents dans les épreuves de votre concours, il est tout de même nécessaire de les évoquer. Pour cela, on utilisera des exemples.

Exemple 1

$\begin{cases} x^2 = 1 \\ y + 2 = 0 \end{cases}$ équivaut à : $\begin{cases} x = 1 \text{ ou } x = -1 \\ y = -2 \end{cases}$

Ainsi ce système admet deux couples solutions (– 1, – 2) et (1, – 2).

S = {(– 1, – 2) ; (1, – 2)}

Exemple 2

$\begin{cases} \dfrac{1}{x} + 2 = 1 \\ y - 1 = 0 \end{cases}$

Il faut impérativement mentionner les valeurs interdites : la fraction $\dfrac{1}{x}$ implique que x doit être obligatoirement différent de 0.

Le système équivaut donc à :

$\begin{cases} \dfrac{1}{x} = 1 - 2 \\ y = 1 \end{cases}$ équivaut à : $\begin{cases} \dfrac{1}{x} = -1 \\ y = 1 \end{cases}$ équivaut à : $\begin{cases} x = -1 \\ y = 1 \end{cases}$

$x = -1$ est donc bien différent de 0. Le système admet donc une solution et cette solution est le couple : (– 1, 1)

S = {(– 1, 1)}

Exemple 3

$\begin{cases} x^2 = -1 \\ y = 1 \end{cases}$

Ce système n'admet pas de solution car la première équation est impossible. Un carré n'est jamais négatif !

Ainsi S = Ø

Exemple 4

$\begin{cases} \sqrt{x} + 1 = 2 \\ y + 2 = 0 \end{cases}$ équivaut à : $\begin{cases} \sqrt{x} = 1 \\ y = -2 \end{cases}$ équivaut à : $\begin{cases} x = 1^2 \\ y = -2 \end{cases}$ équivaut à : $\begin{cases} x = 1 \\ y = -2 \end{cases}$

Ainsi S = {(1, –2)}

Exemple 5

$\begin{cases} \ln x = 0 \\ y = -2 \end{cases}$ équivaut à : $\begin{cases} x = 1 \\ y = -2 \end{cases}$

Ainsi S = {(1, – 2)}

Exemple 6

$\begin{cases} e^x = 1 \\ y = -2 \end{cases}$ équivaut à : $\begin{cases} x = 0 \\ y = -2 \end{cases}$

Ainsi S = {(0, – 2)}

Exemple 7

$\begin{cases} e^x = -1 \\ y = -2 \end{cases}$

Ce système est impossible car une exponentielle n'est jamais négative ! S = Ø

Exemple 8

$\begin{cases} \ln x = 1 \\ y = \ln x \end{cases}$ équivaut à : $\begin{cases} x = e \\ y = \ln e \end{cases}$ équivaut à : $\begin{cases} x = e \\ y = 1 \end{cases}$

Ainsi S = {(e, 1)}

Exemple 9

$\begin{cases} e^x = 2 \\ y = e^x \end{cases}$ équivaut à : $\begin{cases} x = \ln 2 \\ y = e^{\ln 2} \end{cases}$ équivaut à : $\begin{cases} x = \ln 2 \\ y = 2 \end{cases}$

Ainsi S = {(ln(2), 2)}

Exemple 10

$\begin{cases} x + y^2 = 1 \\ \sqrt{y} = -2 \end{cases}$

Ce système n'admet pas de solution car la seconde équation est impossible. Une racine carrée n'est jamais négative ! S = Ø

Exemple 11

$\begin{cases} x^2 + y^2 = 1 \\ \sqrt{y} = -2 \end{cases}$

Ce système n'admet pas de solution car une racine carrée n'est jamais négative ! S = Ø

Exemple 12

$\begin{cases} |x| = -2 \\ x + y = 3 \end{cases}$

Ce système n'admet pas de solution car une valeur absolue n'est jamais négative. S = Ø

14 Les polynômes du second degré « seul »

Tout polynôme du second degré s'écrit sous la forme $P(x) = ax^2 + bx + c$ où a, b et c sont des réels. Le but des exercices en général est de déterminer les racines du polynôme, c'est-à-dire de résoudre l'équation $ax^2 + bx + c = 0$. Le calcul des racines permet aussi de factoriser le polynôme et d'établir son signe en fonction des différentes valeurs de x.

1. Comment obtient-on les racines ?

Tout d'abord $P(x)$ peut avoir au plus deux racines réelles. Il en possède deux ou une unique ou enfin aucune.

Pour obtenir les racines, on calcule le discriminant appelé « delta » :

$$\Delta = b^2 - 4ac$$

En fonction du signe de delta, on déduit le nombre de racines ainsi que leur valeur.

- Si $\Delta > 0$, le polynôme admet deux racines réelles notées x_1 et x_2 :

$$x_1 = \frac{-b-\sqrt{\Delta}}{2a} \quad \text{ou} \quad x_2 = \frac{-b+\sqrt{\Delta}}{2a}$$

- Si $\Delta = 0$, le polynôme admet une racine réelle double notée x_0 :

$$x_0 = \frac{-b}{2a}$$

- Si $\Delta < 0$ (seulement au programme des Terminales scientifiques et hors programme au concours SÉSAME), le polynôme n'admet pas de racines réelles, mais deux racines complexes conjuguées notées x_1 et x_2 :

$$x_1 = \frac{-b-\mathrm{i}\sqrt{\Delta}}{2a} \quad \text{ou} \quad x_2 = \frac{-b+\mathrm{i}\sqrt{\Delta}}{2a}$$

2. Comment détermine-t-on le signe de $P(x)$?

- Si $\Delta > 0$, le polynôme est du signe de a à l'extérieur des racines et du signe de $-a$ à l'intérieur des racines.
- Si $\Delta = 0$, le polynôme est du signe de a.
- Si $\Delta < 0$, le polynôme est du signe de a.

3. Comment factorise-t-on $P(x)$?

- Si $\Delta > 0$, le polynôme se factorise sous la forme : $a(x - x_1)(x - x_2)$.
- Si $\Delta = 0$, le polynôme se factorise sous la forme : $a(x - x_0)^2$.
- Si $\Delta < 0$, le polynôme n'admet pas de factorisation.

4. Le récapitulatif

	Racine(s)	**Signe**	**Factorisation**
$\Delta > 0$	2 racines réelles : x_1 et x_2	Signe de a à l'extérieur des racines et de $-a$ à l'intérieur des racines	$a(x - x_1)(x - x_2)$
$\Delta = 0$	Une racine double : x_0	Signe de a	$a(x - x_0)^2$
$\Delta < 0$	Pas de racine réelle	Signe de a	Pas de factorisation

Exemple 1

$P(x) = 2x^2 + 3x - 2$

$\Delta = 3^2 - 4(2)(-2) = 9 + 16 = 25 = 5^2$

$\Delta > 0$ donc le polynôme $P(x)$ admet deux racines réelles :

$$x_1 = \frac{-3-\sqrt{25}}{2\times 2} \quad \text{ou} \quad x_2 = \frac{-3+\sqrt{25}}{2\times 2}$$

$$x_1 = \frac{-3-5}{4} \quad \text{ou} \quad x_2 = \frac{-3+5}{4}$$

$$x_1 = \frac{-8}{4} \quad \text{ou} \quad x_2 = \frac{2}{4}$$

$$x_1 = -2 \quad \text{ou} \quad x_2 = \frac{1}{2}$$

Ainsi $P(x)$ admet deux racines réelles, à savoir : $x_1 = -2$ ou $x_2 = \frac{1}{2}$

On peut donc donner le tableau de signes de $P(x)$:

$P(x)$ est du signe de $a = 2 > 0$ à l'intérieur des racines et du signe de $-a = -2 < 0$ à l'intérieur des racines.

Le tableau de signes de $P(x)$ est donc :

x	$-\infty$		-2		$\frac{1}{2}$		$+\infty$
$P(x)$		+	0	−	0	+	

Enfin $P(x)$ se factorise en utilisant la formule $P(x) = a(x - x_1)(x - x_2)$

Soit $P(x) = 2(x - (-2))\left(x - \frac{1}{2}\right)$

$P(x) = 2(x + 2)\left(x - \frac{1}{2}\right)$

Et finalement : $P(x) = (2x - 1)(x + 2)$ en distribuant le 2 dans le dernier facteur.

Exemple 2

$P(x) = -x^2 + 2x - 1$

$\Delta = 2^2 - 4 = 4 - 4 = 0$

$\Delta = 0$ donc le polynôme $P(x)$ admet une racine réelle double :

$$x_0 = \frac{-2}{2\times(-1)} = \frac{-2}{-2} = 1$$

Ainsi $P(x)$ admet une racine réelle double, à savoir : $x_0 = 1$

On peut donc donner le tableau de signes de $P(x)$:

$P(x)$ est du signe de $a = -1 < 0$

Le tableau de signes de $P(x)$ est donc :

x	$-\infty$		1		$+\infty$
$P(x)$		$-$	0	$-$	

Enfin $P(x)$ se factorise en utilisant la formule $P(x) = a(x - x_0)^2$

Soit $P(x) = -1(x - 1)^2$

Et finalement : $P(x) = -(x - 1)^2$

REMARQUE

$P(x)$ est forcément négatif ou nul car il s'agit de l'opposé d'un carré.

Application

Pour chaque polynôme, déterminez les racines éventuelles, déduisez-en le tableau de signes correspondant ainsi qu'une factorisation si cela est possible.

1. $P(x) = 3x^2 + 2x - 1$

2. $P(x) = -4x^2 + 9x - 5$

3. $P(x) = -9x^2 + 6x - 1$

4. $P(x) = 4x^2 + 8x + 4$

5. $P(x) = 5x^2 - x + 1$

Corrigé

1. $P(x) = 3x^2 + 2x - 1$

$\Delta = 2^2 + 12 = 4 + 12 = 16 = 4^2$

$\Delta > 0$ donc le polynôme $P(x)$ admet deux racines réelles :

$x_1 = \dfrac{-2-\sqrt{16}}{2\times3}$ ou $x_2 = \dfrac{-2+\sqrt{16}}{2\times3}$

$x_1 = \dfrac{-2-4}{6}$ ou $x_2 = \dfrac{-2+4}{6}$

$x_1 = \dfrac{-6}{6}$ ou $x_2 = \dfrac{2}{6}$

$x_1 = -1$ ou $x_2 = \dfrac{1}{3}$

Ainsi $P(x)$ admet deux racines réelles, à savoir : $x_1 = -1$ ou $x_2 = \frac{1}{3}$

On peut donc dresser le tableau de signes de $P(x)$:

$P(x)$ est du signe de $a = 3 > 0$ à l'extérieur des racines et du signe de $-a = -3 < 0$ à l'intérieur des racines.

Le tableau de signes de $P(x)$ est donc :

x	$-\infty$		-1		$\frac{1}{3}$		$+\infty$
$P(x)$		$+$	0	$-$	0	$+$	

Enfin $P(x)$ se factorise en utilisant la formule $P(x) = a(x - x_1)(x - x_2)$

Soit $P(x) = 3(x - (-1))\left(x - \frac{1}{3}\right) = 3(x + 1)\left(x - \frac{1}{3}\right)$

Et finalement : $\boxed{P(x) = (3x - 1)(x + 1)}$ en distribuant le 3 dans le dernier facteur

2. $P(x) = -4x^2 + 9x - 5$

$\Delta = 9^2 - 80 = 81 - 80 = 1 = 1^2$

$\Delta > 0$ donc le polynôme $P(x)$ admet deux racines réelles :

$x_1 = \frac{-9-\sqrt{1}}{2\times(-4)}$ ou $x_2 = \frac{-9+\sqrt{1}}{2\times(-4)}$

$x_1 = \frac{-9-1}{-8}$ ou $x_2 = \frac{-9+1}{-8}$

$x_1 = \frac{-10}{-8}$ ou $x_2 = \frac{-8}{-8}$

$x_1 = \frac{5}{4}$ ou $x_2 = 1$

Ainsi $P(x)$ admet deux racines réelles, à savoir : $x_1 = \frac{5}{4}$ ou $x_2 = 1$

On peut donc donner le tableau de signes de $P(x)$:

$P(x)$ est du signe de $a = -4 < 0$ à l'extérieur des racines et du signe de $-a = 4 > 0$ à l'intérieur des racines.

Le tableau de signes de $P(x)$ est donc :

x	$-\infty$		1		$\frac{5}{4}$		$+\infty$
$P(x)$		$-$	0	$+$	0	$-$	

Enfin $P(x)$ se factorise en utilisant la formule $P(x) = a(x - x_1)(x - x_2)$.

Soit $P(x) = -4(x - 1)\left(x - \frac{5}{4}\right) = 4(-x + 1)\left(x - \frac{5}{4}\right)$

Et finalement : $\boxed{P(x) = (4x - 5)(-x + 1)}$ en distribuant le 4 dans le dernier facteur.

3. $P(x) = -9x^2 + 6x - 1$

$\Delta = 6^2 - 36 = 36 - 36 = 0$

$\Delta = 0$ donc le polynôme $P(x)$ admet une racine double réelle :

$$x_0 = \frac{-6}{2\times(-9)} = \frac{-6}{-18} = \frac{1}{3}$$

Ainsi $P(x)$ admet une racine double réelle, à savoir : $x_0 = \frac{1}{3}$

On peut donc donner le tableau de signes de $P(x)$:

$P(x)$ est du signe de $a = -9 < 0$.

Le tableau de signes de $P(x)$ est donc :

x	$-\infty$		$\frac{1}{3}$		$+\infty$
$P(x)$		$-$	0	$-$	

Enfin $P(x)$ se factorise en utilisant la formule $P(x) = a(x - x_0)^2$

Soit $\boxed{P(x) = -9\left(x - \frac{1}{3}\right)^2 = -\left(3\left(x - \frac{1}{3}\right)\right)^2 = -(3x - 1)^2}$, en remarquant que $3^2 = 9$ puis en distribuant le 3 dans l'expression.

4. $P(x) = 4x^2 + 8x + 4$

$\Delta = 8^2 - 64 = 64 - 64 = 0$

$\Delta = 0$ donc le polynôme $P(x)$ admet une racine double réelle :

$$x_0 = \frac{-8}{2\times 4} = \frac{-8}{8} = -1$$

Ainsi $P(x)$ admet une racine double réelle, à savoir : $x_0 = -1$

On peut donc donner le tableau de signes de $P(x)$:

$P(x)$ est du signe de $a = 4 > 0$.

Le tableau de signes de $P(x)$ est donc :

x	$-\infty$		-1		$+\infty$
$P(x)$		$+$	0	$+$	

Enfin $P(x)$ se factorise en utilisant la formule $P(x) = a(x - x_0)^2$

Soit $P(x) = 4(x - (-1))^2$

$\boxed{P(x) = 4(x + 1)^2}$

5. $P(x) = 5x^2 - x + 1$

$\Delta = (-1)^2 - 20 = 1 - 20 = -19$

$\Delta < 0$ donc le polynôme $P(x)$ n'admet pas de racine réelle

Le polynôme est du signe de $a = 5 > 0$.

Le tableau de signes de $P(x)$ est donc :

x	$-\infty$ $+\infty$
$P(x)$	+

Enfin $P(x)$ ne se factorise pas dans l'ensemble des réels.

15 Les polynômes du troisième degré

Comment résoudre un polynôme du troisième degré de la forme :

$$Ax^3 + Bx^2 + Cx + D\ ?$$

Il faut tout d'abord chercher une racine évidente. En général, il s'agit de 1, – 1, 2, – 2, 3, – 3 etc. Il suffit de « tâtonner » en essayant différentes valeurs pour x.

Puis le polynôme se factorise comme suit :

$$Ax^3 + Bx^2 + Cx + D = (x - \text{racine évidente})(ax^2 + bx + c)$$

En notant α la racine évidente, on obtient avec $\alpha \neq 0$:

$$Ax^3 + Bx^2 + Cx + D = (x - \alpha)(ax^2 + bx + c)$$

Puis il faut réaliser une identification :

$$Ax^3 + Bx^2 + Cx + D = (x - \alpha)(ax^2 + bx + c)$$

$$Ax^3 + Bx^2 + Cx + D = ax^3 + bx^2 + cx - \alpha ax^2 - \alpha bx - \alpha c$$

$$Ax^3 + Bx^2 + Cx + D = ax^3 + (b - \alpha a)x^2 + (c - \alpha b)x - \alpha c$$

On obtient un système de quatre équations à trois inconnues a, b et c :

$$\begin{cases} a = A \\ b - \alpha a = B \\ c - \alpha b = C \\ -\alpha c = D \end{cases}$$

Puis on résout le système et on obtient a, b et c en fonction de A, B, C et D :

$$\begin{cases} a = A \\ b - \alpha a = B \\ c - \alpha b = C \\ c = -\dfrac{D}{\alpha} \end{cases} \Leftrightarrow \begin{cases} a = A \\ b = B + \alpha a \\ c - \alpha(B + \alpha A) = C \\ c = -\dfrac{D}{\alpha} \end{cases} \Leftrightarrow \begin{cases} a = A \\ b = B + \alpha a \\ c = C + \alpha(B + \alpha A) \\ c = -\dfrac{D}{\alpha} \end{cases}$$

Avec pour condition : $C + \alpha(B + \alpha A) = -\dfrac{D}{\alpha}$

On obtient forcément deux valeurs pour c car il y a 4 équations pour 3 inconnues. En général on choisit la quatrième équation qui donne directement la valeur du troisième paramètre c.

Ainsi le polynôme se factorise de la manière suivante :

$$Ax^3 + Bx^2 + Cx + D = (x - \alpha)\left(Ax^2 + (B + \alpha A)x - \frac{D}{\alpha}\right)$$

Il devient ainsi aisé d'obtenir les autres racines éventuelles du polynôme en utilisant le discriminant pour le polynôme $Ax^2 + (B + \alpha A)x - \frac{D}{\alpha}$

Exemple

Déterminer les racines du polynôme $x^3 + x^2 + x + 6$. Puis donner le signe et factoriser $P(x)$.

En tentant différentes valeurs pour x, on a retenu la racine évidente -2, en effet :

$-2^3 + 2^2 - 2 + 6 = -8 + 4 - 2 + 6 = 0$

Ainsi le polynôme se factorise de la manière suivante :

$x^3 + x^2 + x + 6 = (x - (-2))(ax^2 + bx + c)$

$x^3 + x^2 + x + 6 = (x + 2)(ax^2 + bx + c)$

$x^3 + x^2 + x + 6 = ax^3 + bx^2 + cx + 2ax^2 + 2bx + 2c$

$x^3 + x^2 + x + 6 = ax^3 + (b + 2a)x^2 + (c + 2b)x + 2c$

Puis on effectue une identification :

$$\begin{cases} a = 1 \\ b + 2a = 1 \\ c + 2b = 1 \\ 2c = 6 \end{cases} \Leftrightarrow \begin{cases} a = 1 \\ b + 2 = 1 \\ c + 2b = 1 \\ c = 3 \end{cases} \Leftrightarrow \begin{cases} a = 1 \\ b = -1 \\ c = 3 \end{cases}$$

Ainsi le polynôme se factorise de la manière suivante :

$x^3 + x^2 + x + 6 = (x + 2)(x^2 - x + 3)$

On peut alors calculer le discriminant du second facteur du produit obtenu $x^2 - x + 3$:

$\Delta = (-1)^2 - 12 = 1 - 12 = -11 < 0$ donc pas de racine réelle pour ce polynôme.

Ainsi $x^3 + x^2 + x + 6$ admet une seule et unique racine : -2

$S = \{-2\}$

Le signe de $x^2 - x + 3$ est du signe de $1 > 0$ donc le signe de $x^3 + x^2 + x + 6$ dépend de celui de $x - 2$ puisque $x^2 - x + 3$ est toujours strictement positif.

Ainsi le signe de $x^3 + x^2 + x + 6$ est :

x	$-\infty$		-2		$+\infty$
$P(x)$		$-$	0	$+$	

CAS PARTICULIER

Il est important de souligner le cas où la racine évidente est 0. Il s'agit de polynômes faciles à factoriser dans la mesure où x devient un facteur.

Exemple

$P(x) = x^3 + x^2 + x$ se factorise aisément par x :

$P(x) = x(x^2 + x + 1)$

Puis on calcule le discriminant du second facteur et on obtient des racines éventuelles.

Application

Factorisez à l'aide d'une racine évidente les polynômes suivants puis trouvez toutes leurs racines ainsi que leur signe suivant les valeurs de x.

1. $P(x) = x^3 + x^2 + x - 3$

2. $P(x) = 2x^3 + x^2 + 5x$

3. $P(x) = 3x^3 + 5x^2 + 3x + 1$

4. $P(x) = x^3 + x^2 - 5x + 3$

Corrigé

1. $P(x) = x^3 + x^2 + x - 3$

En tentant différentes valeurs pour x, on a retenu la racine évidente 1, en effet :

$1^3 + 1^2 + 1 - 3 = 3 - 3 = 0$

Ainsi le polynôme se factorise de la manière suivante :

$x^3 + x^2 + x - 3 = (x - 1)(ax^2 + bx + c)$

$x^3 + x^2 + x - 3 = ax^3 + bx^2 + cx - ax^2 - bx - c$

$x^3 + x^2 + x - 3 = ax^3 + (b - a)x^2 + (c - b)x - c$

Puis on effectue une identification :

$$\begin{cases} a = 1 \\ b - a = 1 \\ c - b = 1 \\ -c = -3 \end{cases} \Leftrightarrow \begin{cases} a = 1 \\ b - 1 = 1 \\ c - b = 1 \\ c = 3 \end{cases} \Leftrightarrow \begin{cases} a = 1 \\ b = 2 \\ c = 3 \end{cases}$$

Ainsi le polynôme se factorise de la manière suivante :

$x^3 + x^2 + x - 3 = (x - 1)(x^2 + 2x + 3)$

On peut alors calculer le discriminant du second facteur du produit obtenu $x^2 + 2x + 3$:

$\Delta = 2^2 - 12 = 4 - 12 = -8 < 0$ donc pas de racine réelle pour ce polynôme.

Ainsi $x^3 + x^2 + x - 3$ admet une seule et unique racine : 1.

$S = \{1\}$

Le signe de $x^2 + 2x + 3$ est du signe de $1 > 0$ donc le signe de $x^3 + x^2 + x - 3$ dépend de celui de $x - 1$ puisque $x^2 + 2x + 3$ est toujours strictement positif.

Ainsi le signe de $x^3 + x^2 + x - 3$ est donné par :

x	$-\infty$		1		$+\infty$
$P(x)$		$-$	0	$+$	

2. $P(x) = 2x^3 + x^2 + 5x$

Il s'agit d'un polynôme dont une racine évidente est 0.

La factorisation est alors immédiate : $P(x) = x(2x^2 + x + 5)$

Il suffit de calculer le discriminant du polynôme du second degré pour ainsi obtenir les autres racines éventuelles de $P(x)$ ainsi que son signe.

$\Delta = 1^2 - 40 = 1 - 40 = -39 < 0$ donc pas de racine réelle pour ce polynôme.

Ainsi $2x^3 + x^2 + 5x$ admet une seule et unique racine : 0

$S = \{0\}$

Le signe de $2x^2 + x + 5$ est du signe de $2 > 0$ donc le signe de $2x^3 + x^2 + 5x$ dépend de celui de x puisque $2x^2 + x - 5$ est toujours strictement positif.

Ainsi le signe de $2x^3 + x^2 + 5x$ est donné par :

x	$-\infty$		0		$+\infty$
$P(x)$		$-$	0	$+$	

3. $P(x) = 3x^3 + 5x^2 + 3x + 1$

En tentant différentes valeurs pour x, on a retenu la racine évidente -1, en effet :

$3(-1)^3 + 5(-1)^2 + 3(-1) + 1 = -3 + 5 - 3 + 1 = -6 + 6 = 0$

Ainsi le polynôme se factorise de la manière suivante :

$3x^3 + 5x^2 + 3x + 1 = (x - (-1))(ax^2 + bx + c)$

$3x^3 + 5x^2 + 3x + 1 = (x + 1)(ax^2 + bx + c)$

$3x^3 + 5x^2 + 3x + 1 = ax^3 + bx^2 + cx + ax^2 + bx + c$

$3x^3 + 5x^2 + 3x + 1 = ax^3 + (b + a)x^2 + (c + b)x + c$

Puis on effectue une identification :

$$\begin{cases} a = 3 \\ b + a = 5 \\ c + b = 3 \\ c = 1 \end{cases} \Leftrightarrow \begin{cases} a = 3 \\ b + 3 = 5 \\ c + b = 3 \\ c = 1 \end{cases} \Leftrightarrow \begin{cases} a = 3 \\ b = 2 \\ c = 1 \end{cases}$$

Ainsi le polynôme se factorise de la manière suivante :

$3x^3 + 5x^2 + 3x + 1 = (x + 1)(3x^2 + 2x + 1)$

On peut alors calculer le discriminant du second facteur du produit obtenu $3x^2 + 2x + 1$:

$\Delta = 2^2 - 12 = 4 - 12 = -8 < 0$ donc pas de racine réelle pour ce polynôme.

Ainsi $3x^3 + 5x^2 + 3x + 1$ admet une seule et unique racine : -1

$S = \{-1\}$

Le signe de $3x^2 + 2x + 1$ est du signe de $3 > 0$ donc le signe de $3x^3 + 5x^2 + 3x + 1$ dépend de celui de $x + 1$ puisque $3x^2 + 2x + 1$ est toujours strictement positif.

Ainsi le signe de $3x^3 + 5x^2 + 3x + 1$ est donné par :

x	$-\infty$		-1		$+\infty$
$P(x)$		$-$	0	$+$	

4. $P(x) = x^3 + x^2 - 5x + 3$

En tentant différentes valeurs pour x, on a retenu la racine évidente 1, en effet :

$1^3 + 1^2 - 5 + 3 = 2 - 5 + 3 = -3 + 3 = 0$

Ainsi le polynôme se factorise de la manière suivante :

$x^3 + x^2 - 5x + 3 = (x - 1)(ax^2 + bx + c)$

$x^3 + x^2 - 5x + 3 = ax^3 + bx^2 + cx - ax^2 - bx - c$

$x^3 + x^2 - 5x + 3 = ax^3 + (b - a)x^2 + (c - b)x - c$

Puis on effectue une identification :

$$\begin{cases} a=1 \\ b-a=1 \\ c-b=-5 \\ -c=3 \end{cases} \Leftrightarrow \begin{cases} a=1 \\ b-1=1 \\ c-b=-5 \\ c=-3 \end{cases} \Leftrightarrow \begin{cases} a=1 \\ b=2 \\ c=-3 \end{cases}$$

Ainsi le polynôme se factorise de la manière suivante :

$x^3 + x^2 - 5x + 3 = (x - 1)(x^2 + 2x - 3)$

On peut alors calculer le discriminant du second facteur du produit obtenu $x^2 + 2x - 3$:

$\Delta = 2^2 + 12 = 4 + 12 = 16 > 0$ donc deux racines réelles pour ce polynôme.

$x_1 = \dfrac{-2-\sqrt{16}}{2\times 1}$ et $x_2 = \dfrac{-2+\sqrt{16}}{2\times 1}$

$x_1 = \dfrac{-2-4}{2}$ et $x_2 = \dfrac{-2+4}{2}$

$x_1 = \dfrac{-6}{2}$ et $x_2 = \dfrac{2}{2}$

$x_1 = -3$ et $x_2 = 1$

Ainsi $x^3 + x^2 - 5x + 3$ admet deux racines : – 3 et 1 (racine double car elle apparaît deux fois)

$S = \{-3 ; 1\}$

Le signe de $x^2 + 2x - 3$ est du signe de $1 > 0$ à l'extérieur des racines et de $-1 < 0$ à l'intérieur des racines.

Ainsi le signe de $x^3 + x - 5x + 3$ est donné par :

x	$-\infty$			-3		1		$+\infty$
$x-1$		$-$			$-$	0	$+$	
x^2+2x-3		$+$		0	$-$	0	$+$	
$P(x)$		$-$		0	$+$	0	$+$	

Les théorèmes et propriétés célèbres 16

1. Le théorème de Pythagore

Dans un triangle rectangle, le carré de la longueur de l'hypoténuse est égal à la somme des carrés des longueurs des deux autres côtés.

Dans le triangle ABC rectangle en A, BC est l'hypoténuse, on a donc :

$$BC^2 = AB^2 + AC^2$$

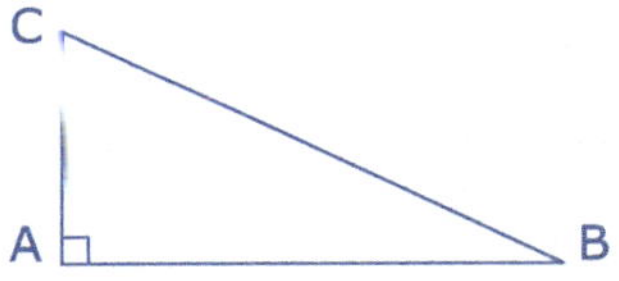

REMARQUE

L'hypoténuse est le côté le plus long !

2. Le théorème de Thalès

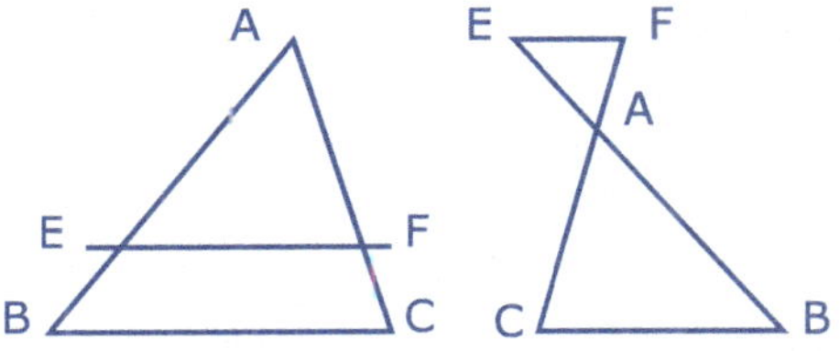

Dans les triangles ABC ci-dessus, les droites (EF) et (BC) sont parallèles. On a d'après le théorème de Thalès :

$$\frac{AE}{AB} = \frac{AF}{AC} = \frac{EF}{BC}$$

Raisonnement et compétences

CAS PARTICULIER : THÉORÈME DES MILIEUX

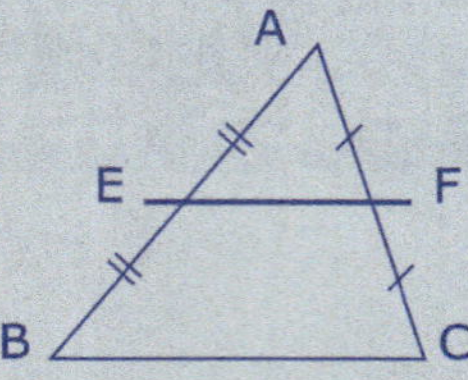

Dans le triangle ABC ci-dessus, E est le milieu de [AB], F celui de [AC], les droites (EF) et (BC) sont donc parallèles et on a les égalités suivantes :

$$\frac{AE}{AB} = \frac{AF}{AC} = \frac{EF}{BC} = \frac{1}{2}$$

3. Les droites remarquables dans un triangle

Dans un triangle, les droites remarquables sont les médiatrices, les médianes, les hauteurs et les bissectrices. Elles ont chacune des propriétés permettant de calculer des longueurs précises, des mesures d'angles, de déduire des caractéristiques portant sur une figure géométrique, etc.

a. Les médiatrices

La médiatrice d'un segment passe par son milieu perpendiculairement. Tout point de cette droite est équidistant des extrémités du segment.

Le point de concours I des médiatrices des côtés d'un triangle est le centre du cercle circonscrit à ce triangle.

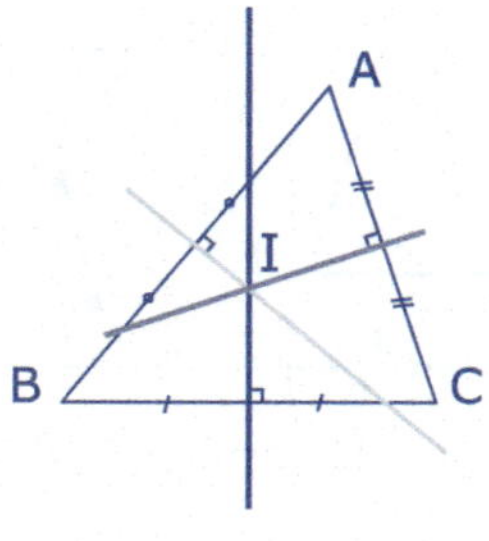

b. Les médianes

La médiane issue d'un sommet d'un triangle passe par le milieu du côté opposé.

Le point de concours G des médianes est le centre de gravité du triangle.

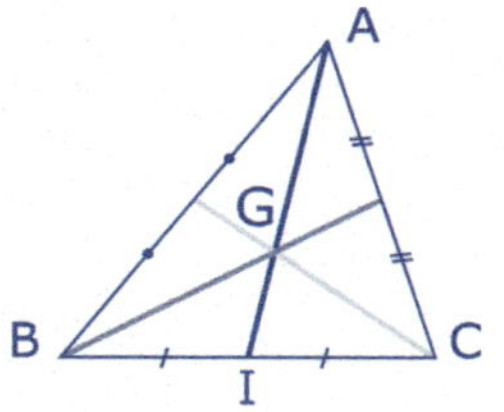

c. Les hauteurs

La hauteur issue d'un sommet d'un triangle est perpendiculaire au côté opposé.

Le point de concours H des hauteurs est l'orthocentre du triangle.

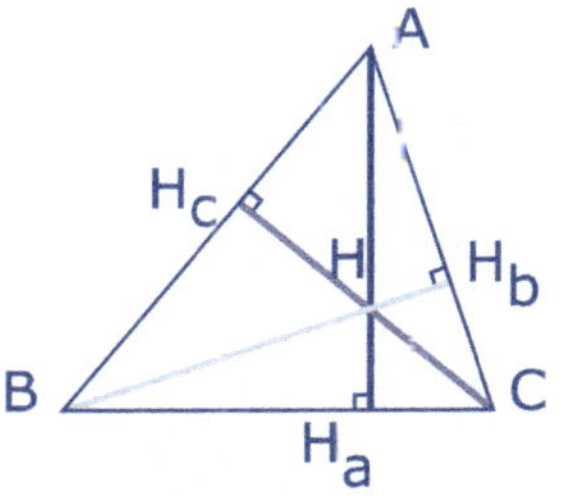

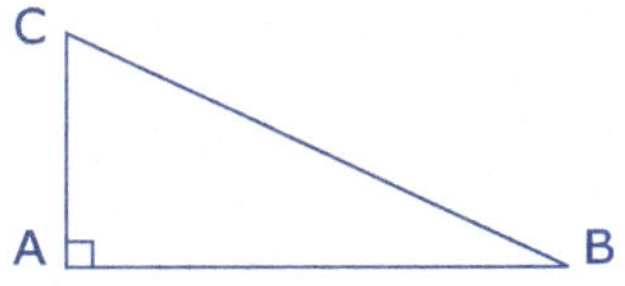

REMARQUE

Dans un triangle rectangle, deux hauteurs sont confondues avec les côtés de l'angle droit (figure de droite). L'orthocentre est, dans cette seconde figure, le point A.

d. Les bissectrices

La bissectrice d'un angle coupe l'angle en deux angles de même mesure.

Le point de concours O des bissectrices est le centre du cercle inscrit au triangle.

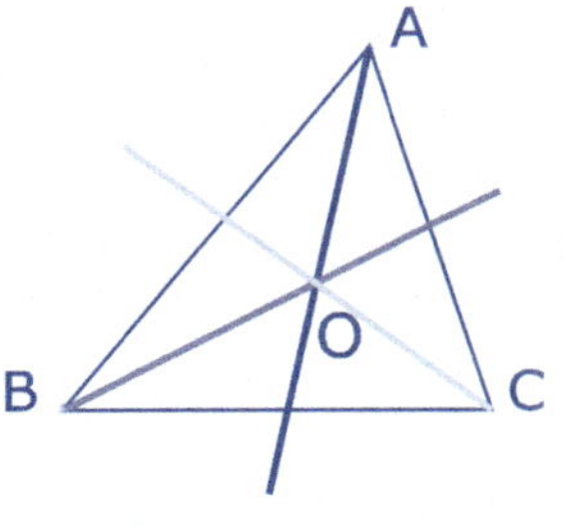

CAS PARTICULIERS

Triangle équilatéral (3 côtés égaux) :

Dans le cas d'un triangle équilatéral les quatre droites remarquables du triangle sont confondues. Ainsi la médiatrice d'un côté est aussi la médiane et la hauteur issues du sommet opposé à ce côté, mais également la bissectrice de l'angle de ce sommet. Cela est valable pour les trois côtés et trois sommets.

Par conséquent, le centre du cercle circonscrit, le centre de gravité, l'orthocentre et le centre du cercle inscrit sont confondus dans un triangle équilatéral.

Triangle ABC équilatéral

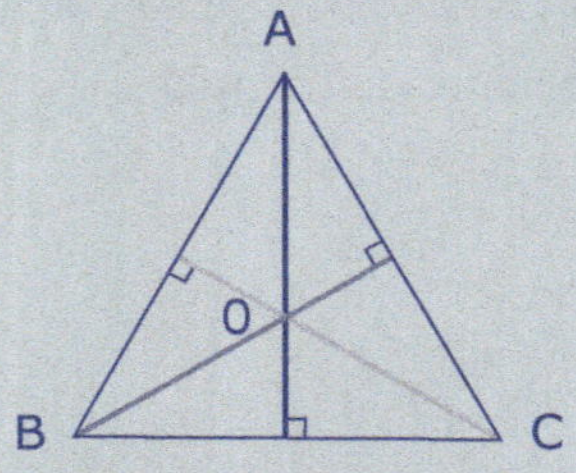

Ici les quatre points sont confondus :
Le point O est à la fois le centre de gravité, l'orthocentre, le centre du cercle inscrit et le centre du cercle circonscrit au triangle ABC

Triangle isocèle (2 côtés égaux) :

Dans le cas d'un triangle isocèle en un sommet A, la hauteur et la médiane issues de A, ainsi que la bissectrice de l'angle A et la médiatrice du côté opposé à ce sommet sont toutes confondues. En revanche les hauteurs, médianes, bissectrices et médiatrices des autres côtés ou sommets ne sont pas confondues.

Par conséquent, le centre du cercle circonscrit, le centre de gravité, l'orthocentre et le centre du cercle inscrit ne sont pas confondus dans un triangle isocèle.

Triangle ABC isocèle en A

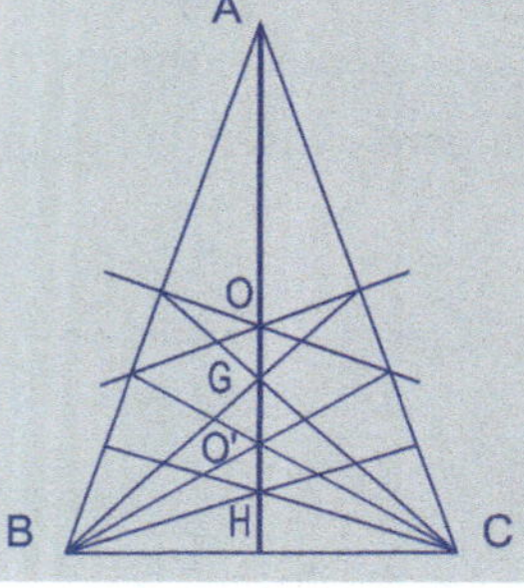

G = centre de gravité
H = orthocentre
O' = centre du cercle inscrit
O = centre du cercle circonscrit

Ici les quatre points ne sont pas confondus mais alignés
Seules les droites issues du sommet A sont confondues.

4. Les résultats importants

a. La longueur de la hauteur d'un triangle équilatéral

Dans un triangle équilatéral, de côté a, la longueur de la hauteur est égale à $\frac{a\sqrt{3}}{2}$.

Il est simple de le démontrer à l'aide du théorème de Pythagore. Soit ABC un triangle équilatéral. On considère le triangle AIC rectangle en I. I étant le pied de la hauteur issue de A au triangle ABC. Le théorème de Pythagore appliqué au triangle AIC permet d'écrire :

$AI^2 = AC^2 - IC^2$

$AI^2 = a^2 - \left(\frac{a}{2}\right)^2 = a^2 - \frac{a^2}{4} = \frac{3a^2}{4}$

$AI = \frac{a\sqrt{3}}{2}$

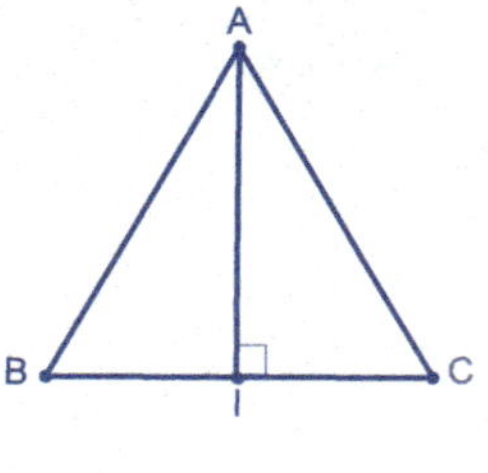

UN CONSEIL

Tentez de mémoriser ce résultat. Cela vous fera gagner un temps précieux le jour du concours ! Rappelez-vous qu'il s'agit d'une épreuve de rapidité !

b. Le triangle rectangle inscrit dans un cercle

Tout triangle inscrit dans un cercle dont un diamètre est un de ses côtés est rectangle. Le diamètre du cercle est l'hypoténuse de ce triangle. Dans la figure ci-dessus, ABC est rectangle en A et [BC] est à la fois un diamètre du cercle et l'hypoténuse du triangle.

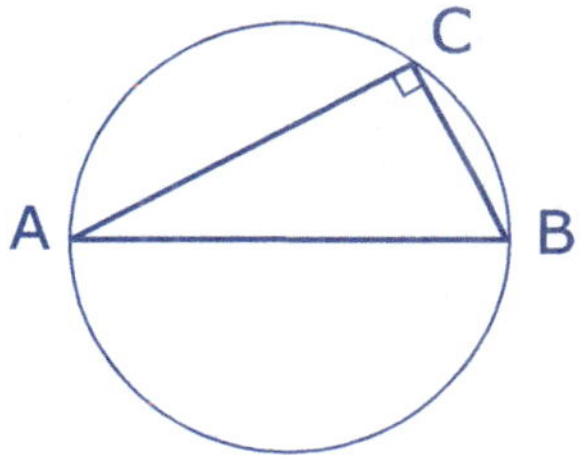

c. Les médianes et la longueur

Le centre de gravité d'un triangle est situé aux $\frac{2}{3}$ de chaque sommet.

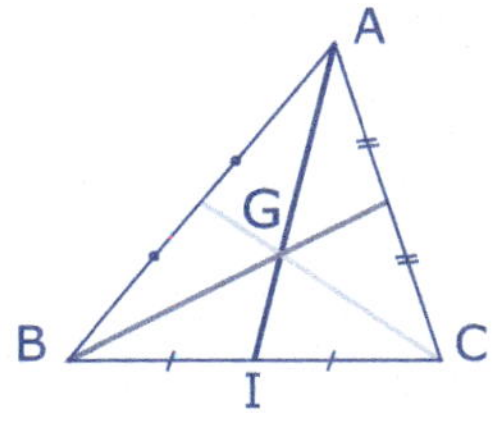

G est le centre de gravité du triangle ABC, I est le milieu de [BC], on a l'égalité suivante : $AG = \frac{2}{3}AI$

Cette égalité reste valable en termes de vecteurs, et ainsi : $\overrightarrow{AG} = \frac{2}{3}\overrightarrow{AI}$

Il en est de même pour les deux autres médianes du triangle ABC.

17 Les angles

1. Les angles alternes-internes

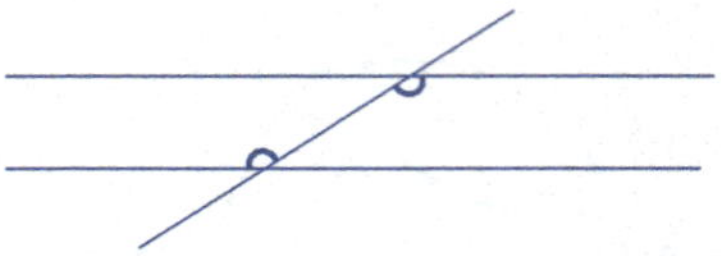

Des angles alternes-internes sont égaux dans le cas où les deux droites (*d*) et (*d'*) sont parallèles.

2. Les angles correspondants

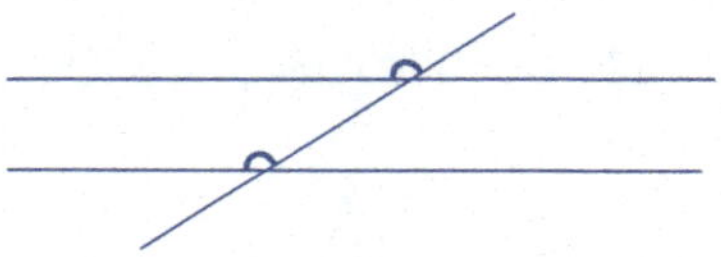

Des angles correspondants sont égaux dans le cas où les deux droites (*d*) et (*d'*) sont parallèles.

3. Les opposés par le sommet

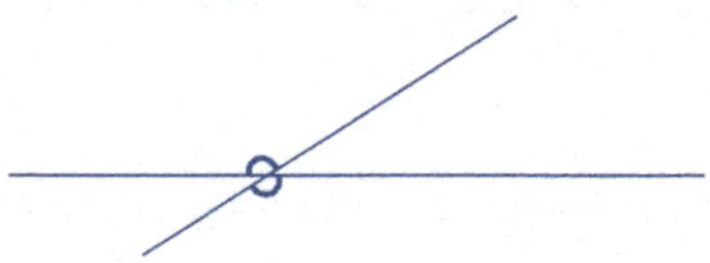

Deux angles opposés par le sommet sont égaux.

4. Les angles supplémentaires

La somme des mesures de deux angles supplémentaires est égale à 180°.

5. Les angles complémentaires

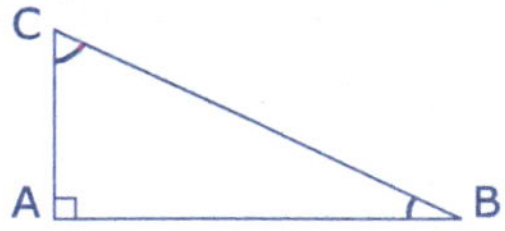

La somme des mesures de deux angles complémentaires est égale à 90°.

6. Les angles qui interceptent le même arc de cercle

Deux angles qui interceptent le même arc de cercle sont égaux.
$\widehat{C} = \widehat{D}$.

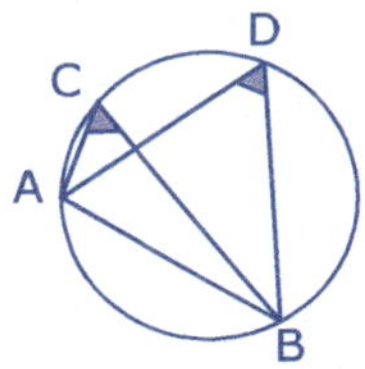

7. Les angles et triangles

a. La somme des angles dans un triangle

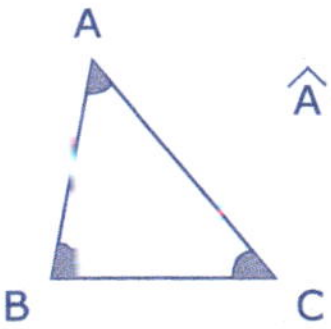

$\widehat{A} + \widehat{B} + \widehat{C} = 180°$

La somme des mesures des angles d'un triangle est toujours égale à 180°.

b. Le triangle isocèle

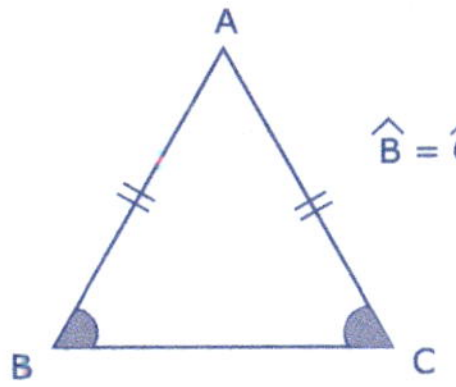

$\widehat{B} = \widehat{C}$

Les angles à la base d'un triangle isocèle sont égaux.

c. Le triangle équilatéral

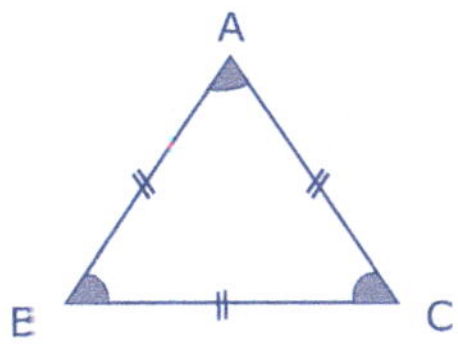

$\widehat{A} = \widehat{B} = \widehat{C} = 60°$

Les angles d'un triangle équilatéral sont tous égaux à 60°.

Raisonnement et compétences

18 Les périmètres, surfaces et volumes

	Périmètre	Surface ou Aire	Volume
Triangle 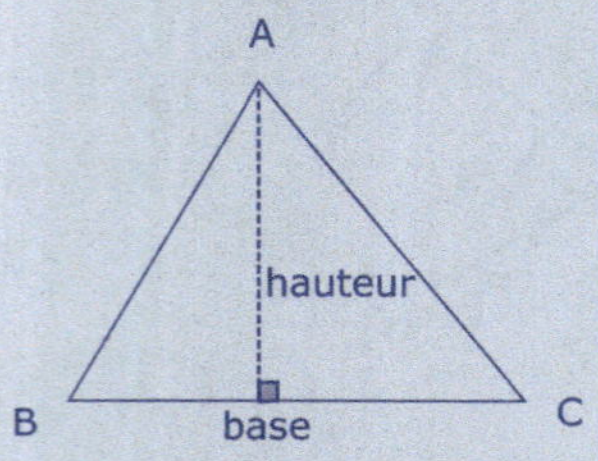	Somme des côtés	$\dfrac{\text{base} \times \text{hauteur}}{2}$	
Carré 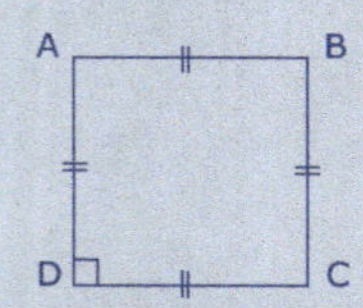	$4 \times$ côté	côté $\times$ côté $=$ (côté)^2	
Rectangle 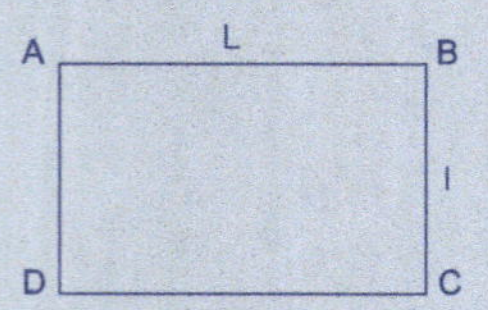	$2 \times (L + l)$	$L \times l$	
Cercle 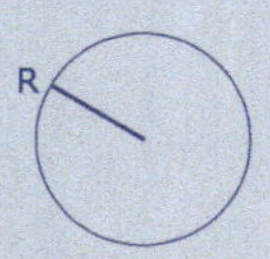	$2\pi R$	πR^2	
Trapèze 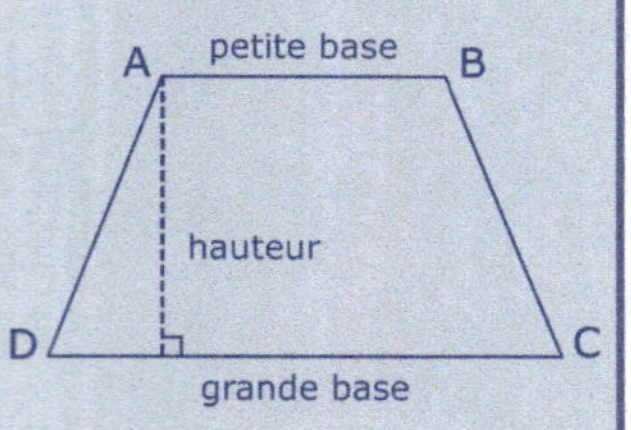	Somme des côtés	$\dfrac{(\text{grande base} + \text{petite base}) \times \text{hauteur}}{2}$	

	Périmètre	Surface ou Aire	Volume
Parallélogramme 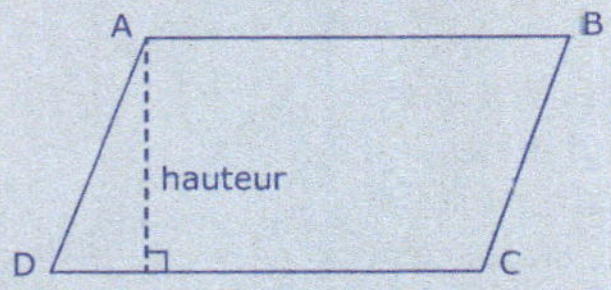	Somme des côtés	base × hauteur	
Cube 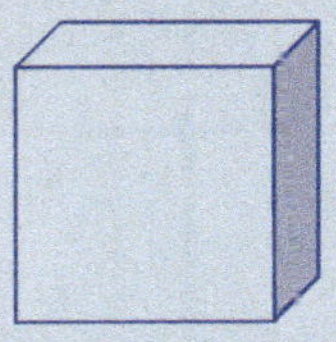	4 × côté	6 × arête × arête = 6 × $(\text{arête})^2$	$(\text{arête})^3$
Parallélépipède 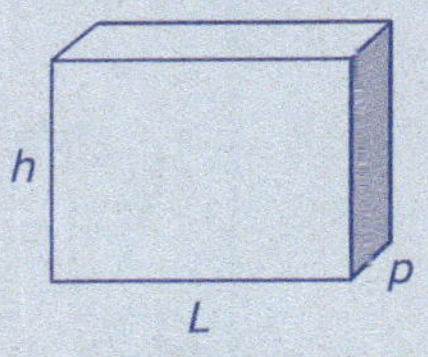		2 × Longueur × Hauteur + 2 × Longueur × Profondeur + 2 × Hauteur × Profondeur = 2Lh + 2Lp + 2hp	Longueur × Hauteur × Profondeur = 2Lhp
Sphère 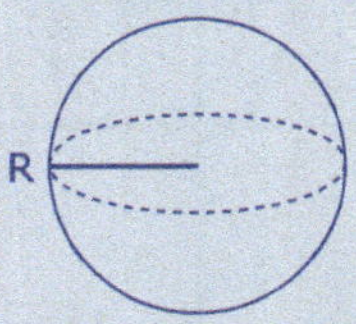		$4\pi R^2$	$\frac{4}{3}\pi R^3$
Demi-sphère pleine de rayon R 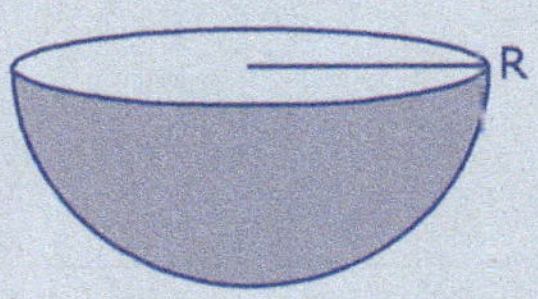		$3\pi R^2$	$\frac{2}{3}\pi R^3$
Demi-sphère vide de rayon R 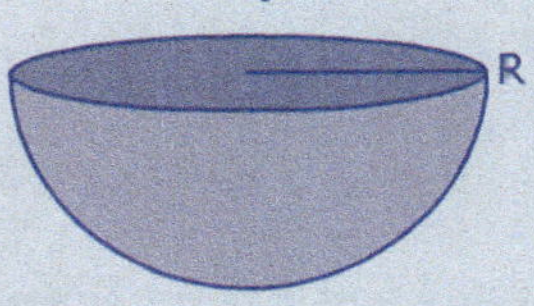		$2\pi R^2$	$\frac{2}{3}\pi R^3$

	Périmètre	Surface ou Aire	Volume
Pyramide 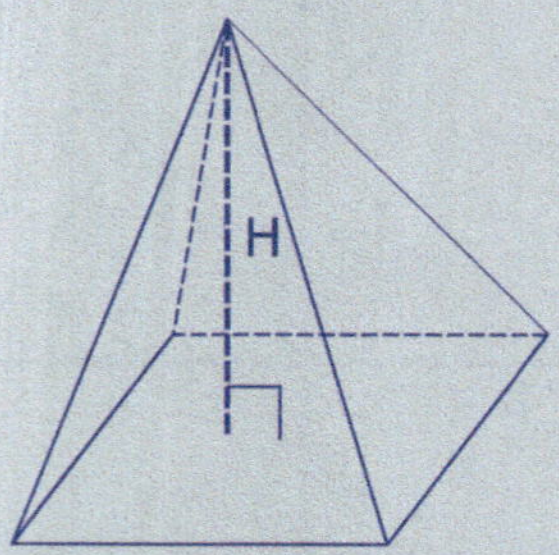		somme des aires des faces (qui sont des triangles) + aire de la base (qui est un polygone, c'est-à-dire peut être un triangle, un carré, un rectangle, etc.)	$\frac{\text{Aire de base} \times H}{3}$
Cylindre 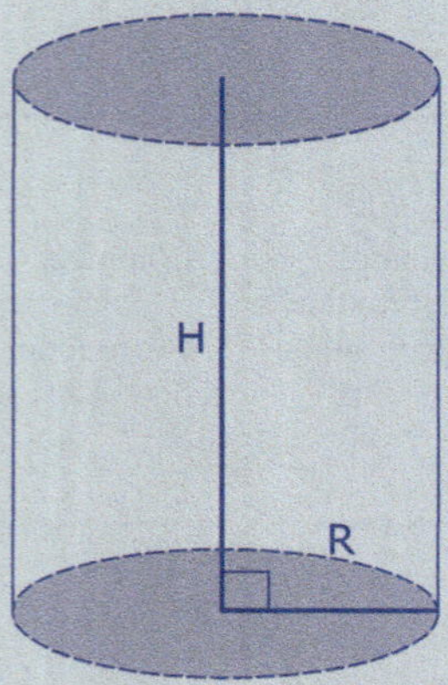		$2\pi RH + 2\pi R^2$	$\pi R^2 H$
Cône de révolution 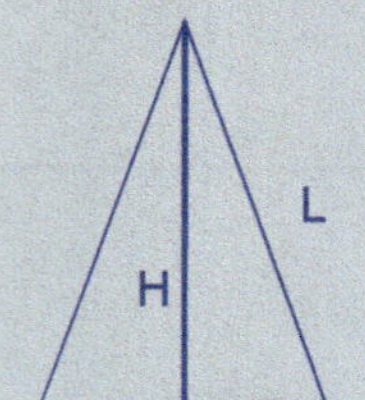		$\pi RL + \pi R^2$ où $L = \sqrt{R^2 + H^2}$	$\frac{\pi R^2 H}{3}$

REMARQUE POUR L'AIRE DE LA DEMI-SPHÈRE PLEINE

$$\text{aire demi-sphère pleine} = \frac{\text{aire de la sphère}}{2} + \text{aire du disque} = \frac{4\pi R^2}{2} + \pi R^2 = 3\pi R^2$$

Attention à ne pas oublier l'aire du disque ! Il ne suffit pas seulement de diviser par 2, la surface du disque a son importance lorsque la demi-sphère est pleine !

Le volume d'une demi-sphère reste, quant à lui, le même que la demi-sphère soit pleine ou vide.

Les conversions distances et durées 19

1. Les distances

÷ 10 (←)

km	hm	dam	m	dm	cm	mm

× 10 (→)

kilomètre : km, hectomètre : hm, décamètre : dam, mètre : m, décimètre : dm, centimètre : cm, millimètre : mm

Le tableau ci-dessus est un outil très pratique pour convertir les différentes unités de longueurs. En prenant pour unité le mètre, vous avez ainsi les équivalences suivantes :

Unité de longueur	Équivalence par rapport au mètre
km	milliers
hm	centaines
dam	dizaines
m	unités
dm	dixièmes
cm	centièmes
mm	millièmes

Du kilomètre vers le millimètre, le passage d'une unité à l'autre se fait en multipliant par 10.

Dans le sens contraire, le passage d'une unité à l'autre se fait en divisant par 10.

Exemple

Dans le tableau ci-dessous, il est facile de réaliser les conversions suivantes :

1 m = 100 cm 1 m = 0,001 km

Vous écrivez 1 dans la colonne des mètres, puis vous complétez le tableau vers la droite avec des 0 jusqu'à la colonne des cm pour la première conversion. Pour la seconde conversion, vous écrivez 1 dans la colonne des mètres puis vous complétez à gauche avec des 0.

Lorsque vous devez vous déplacer vers la gauche, il faut que vous ajoutiez une virgule après le premier 0.

km	hm	dam	m	dm	cm	mm
			1	0	0	
0,	0	0	1			

Application

De la même manière convertir les distances suivantes dans l'unité souhaitée :

1. 10 000 m = ... km
2. 12 dm = ... m
3. 10 m = ... hm
4. 50 cm = ... dam
5. 18 mm = ... dm

Corrigé

km	hm	dam	m	dm	cm	mm
10	0	0	0			
			1	2		
	0,	1	0			
		0,	0	5	0	
				0,	1	8

1. 10 000 m = 10 km
2. 12 dm = 1,2 m
3. 10 m = 0,1 hm
4. 50 cm = 0,05 dam
5. 18 mm = 0,18 dm

REMARQUE

Les conversions restent équivalentes dans le cas des litres et des grammes.

2. Les durées

1 minute = 60 secondes

1 heure = 60 minutes = 3 600 secondes

1 jour = 24 heures = 1 440 minutes = 86 400 secondes

1 semaine = 7 jours = 168 heures = 10 080 minutes = 604 800 secondes

REMARQUE

Il est impératif de retenir que 1 minute est égale à 60 secondes et que 1 heure est égale à 60 minutes. À partir de ces données vous pourrez tout convertir !

Comment convertir des décimaux d'heures en heures et en minutes ?

Malheureusement, dans les exercices, vous tombez rarement sur des calculs qui tombent justes ! Il ne faut pas rêver !

Voyons un exemple pour mieux saisir de quoi il s'agit :

Exemples

À combien de minutes 0,25 heure est-elle égale ?

heures	minutes
1	60
0,25	$x = ?$

Par une simple règle de trois, vous obtenez $x = 0{,}25 \times 60 \div 1 = 15$ minutes.

Ainsi 0,25 heure correspond à 15 minutes ! Ce qui est plus parlant !

Les conversions surfaces 20

÷ 100 ←

km^2	hm^2	dam^2	m^2	dm^2	cm^2	mm^2

→ × 100

Du kilomètre carré vers le millimètre carré, le passage d'une unité à l'autre se fait en multipliant par 100.

Dans le sens contraire, le passage d'une unité à l'autre se fait en divisant par 100.

Exemples

$1\ m^2 = 10\,000\ cm^2$; $1\ mm^2 = 0{,}0001\ dm^2$

Vous avez maintenant deux colonnes par unité pour les surfaces !

Pour la première conversion vous écrivez le 1 dans la colonne de droite des mètres carré, puis vous complétez vers la droite jusqu'à la colonne de droite des centimètres carré.

Pour la seconde conversion vous écrivez le 1 dans la colonne de droite des millimètres carré, puis vous complétez vers la gauche jusqu'à la colonne de droite des mètres carré.

km^2		hm^2		dam^2		m^2		dm^2		cm^2		mm^2	
									0,	0	0	0	1
							1	0	0	0	0		

Application

De la même manière convertir les distances suivantes dans l'unité souhaitée :

1. $10\,000\,000\ m^2 = ...\ km^2$

2. $3\ dm^2 = ...\ m^2$

3. $10\ m^2 = ...\ hm^2$

4. $1\ cm^2 = ...\ dam^2$

5. $18\ hm^2 = ...\ mm^2$

Corrigé

km^2		hm^2		dam^2		m^2		dm^2		cm^2		mm^2	
1	0	0	0	0	0	0	0						
							0,	0	3				
			0,	0	0	1	0						
					0,	0	0	0	0	0	1		
		1	8	0	0	0	0	0	0	0	0	0	0

1. 10 000 000 m^2 = 10 km^2

2. 3 dm^2 = 0,03 m^2

3. 10 m^2 = 0,001 hm^2

4. 1 cm^2 = 0,000 001 dam^2

5. 18 hm^2 = 180 000 000 000 mm^2

À RETENIR

1 hectare = 1 hm^2 ; 1 are = 1 dam^2 ; 1 centiare = 1 m^2

Les conversions volumes 21

1. Les règles générales

÷ 1 000 ←

km^3	hm^3	dam^3	m^3	dm^3	cm^3	mm^3

→ × 1 000

Exemples

$1\ m^3 = 1000\ dm^3$

$1\ km^3 = 1000000000\ m^3$

Vous avez maintenant trois colonnes par unité pour les volumes !

Pour la première conversion vous écrivez le 1 dans la colonne de droite des mètres cube, puis vous complétez vers la droite jusqu'à la colonne de droite des décimètres cube.

Pour la seconde conversion vous écrivez le 1 dans la colonne de droite des kilomètres cube, puis vous complétez vers la droite jusqu'à la colonne de droite des mètres cube.

km^3			hm^3			dam^3			m^3			dm^3			cm^3			mm^3		
											1	0	0	0						
		1	0	0	0	0	0	0	0	0	0									

Application

De la même manière convertir les données suivantes dans l'unité souhaitée :

1. $3{,}2\ dam^3 = \ldots\ m^3$

2. $0,\ 000\ 000\ 001\ m^3 = \ldots\ mm^3$

3. $0{,}18\ hm^3 = \ldots\ m^3$

4. $50\ 000\ cm^3 = \ldots\ dm^3$

5. $21\ m^3 = \ldots\ km^3$

Corrigé

km^3			hm^3			dam^3			m^3			dm^3			cm^3			mm^3		
								3	2	0	0									
											0,	0	0	0	0	0	0	0	0	1
					0,	1	8	0	0	0	0									
													5	0	0	0	0			
		0	0	0	0	0	0	0	0	2	1									

1. 3,2 dam³ = 3 200 m³

2. 0, 000 000 001 m³ = 1 mm³

3. 0,18 hm³ = 180 000 m³

4. 50 000 cm³ = 50 dm³

5. 21 m³ = 0,000 000 021 km³

2. Les mètres cubes et les litres

Dans les exercices en général, il vous est souvent demandé de convertir des données exprimées en litres en m³ ou inversement. Il est pour cela essentiel de connaître les résultats suivants et de savoir utiliser parfaitement le tableau des conversions de volumes traité ci-dessus.

$$1\ \text{m}^3 = 1\,000\ \text{litres}$$

$$1\ \text{dm}^3 = 1\ \text{litre}$$

À partir de ces calculs, vous pourrez convertir toutes sortes d'unités !

Application

Complétez les égalités suivantes :

1. 15 cm³ = ... dm³ = ... l = ... cl

2. 22 m³ = ... l = ... kl

3. 16,2 dal = ... l = ... m³

4. 2,7 hl = ... l = ... m³

5. 0,8 dl = ... l = ... dm³ = ... cm³

Corrigé

km³			hm³			dam³			m³			dm³			cm³			mm³		
											kl	hl	dal	l	dl	cl	ml			
														0,	0	1	5			
										2	2	0	0	0						
											0,	1	6	2						
											0,	2	7	0						
														0	0	8	0			

1. 15 cm³ = 0,015 dm³ = 0,015 l = 1,5 cl

2. 22 m³ = 22 000 l = 22 kl

3. 16,2 dal = 162 l = 0,162 m³

4. 2,7 hl = 270 l = 0,27 m³

5. 0,8 dl = 0,08 l = 0,08 dm³ = 80 cm³

Les conversions vitesses 22

1. Comment convertir des m/s en km/h ?

Pour convertir des mètres par seconde en kilomètres par heure, il faut multiplier par 3.6.

En effet, il s'agit de convertir des mètres en kilomètres (donc diviser par 1 000) et des secondes en heures (donc multiplier par 3 600). Diviser par 1 000 et multiplier par 3 600 revient à multiplier par 3,6.

Exemple

Que représente une vitesse de 30 m/s en km/h ?

Il suffit de multiplier 30 par 3,6, soit : $30 \times 3{,}6 = 108$ km/h

2. Comment convertir des km/h en m/s ?

Pour convertir des kilomètres par heure en mètres par seconde, il faut diviser par 3,6.

En effet, il s'agit de convertir des kilomètres en mètres (donc multiplier par 1 000) et des heures en secondes (donc diviser par 3 600). Multiplier par 1 000 et diviser par 3 600 revient à diviser par 3,6.

Exemple

Que représente une vitesse de 120 km/h en m/s ?

Il suffit de diviser 120 par 3,6, soit $120 \div 3{,}6 \approx 33{,}33$ m/s

À RETENIR

Pour obtenir des km/h à partir de m/s, on multiplie par 3,6.
Pour obtenir des m/s à partir de km/h, on divise par 3,6.

Application

1. Margot roule à une vitesse de 20 m/s sur une route limitée à 90 km/h. Est-elle en excès de vitesse ?

❒ **A.** Oui et elle roule à 144 km/h
❒ **B.** Non et elle roule à 90 km/h
❒ **C.** Non et elle roule à 72 km/h
❒ **D.** Oui et elle roule à 108 km/h

2. Le cerf volant de Véronique vole à une vitesse de 15 km/h. Quelle est cette vitesse en m/s ?

❒ **A.** Environ 5,55 m/s
❒ **B.** Environ 4,17 m/s
❒ **C.** Environ 3,33 m/s
❒ **D.** Environ 2 m/s

Corrigé

1. Margot roule à une vitesse de $20 \times 3{,}6 = 72$ km/h. Elle n'est donc pas en excès de vitesse. La bonne réponse est **C.**

2. Le cerf volant de Véronique avance à une vitesse de $15 \div 3{,}6 \approx 4{,}17$ m/s. La bonne réponse est **B.**

23 Quelques fonctions usuelles

1. Les fonctions affines $x \mapsto y = ax + b$

Les fonctions affines sont toujours représentées par une droite.

a est le coefficient directeur ou pente de la droite et b est l'ordonnée à l'origine.

Leur ensemble de définition est toujours $\mathbb{R}$.

$f(x) = ax + b$

$f'(x) = a$

Le signe de $f'(x)$ est le même que celui de a. Ainsi :

- $a > 0$ alors $f'(x) > 0$ et f est croissante strictement.
- $a < 0$ alors $f'(x) < 0$ et f est décroissante strictement.
- $a = 0$ alors $f'(x) = 0$ et f est constante.

2. Les fonctions affines particulières

a. Les fonctions linéaires $x \mapsto y = ax$

La représentation graphique d'une fonction linéaire est une droite qui passe par l'origine du repère.

Son sens de variations varie en fonction du signe du coefficient directeur a où $a \in \mathbb{R}$. Les conclusions sont identiques à ci-dessus.

Une fonction linéaire est une fonction affine avec une ordonnée à l'origine qui est nulle.

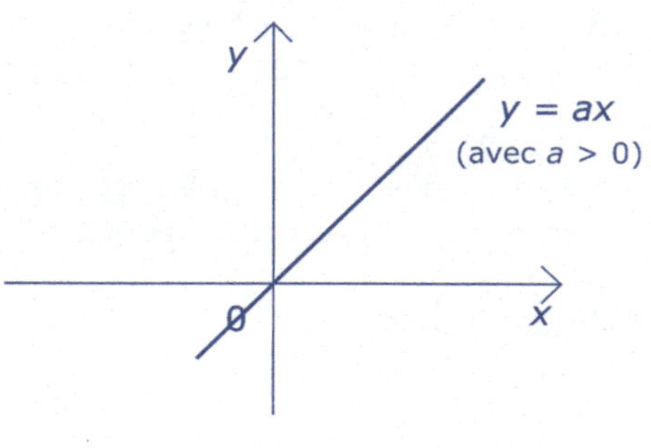

b. Les fonctions $x \mapsto y = b$

La représentation graphique d'une telle fonction est une droite horizontale passant par le point $(0 ; b)$ où $b \in \mathbb{R}$.

Elle n'est ni croissante ni décroissante. Elle est constante.

C'est une fonction affine avec un coefficient directeur (ou une pente) nul.

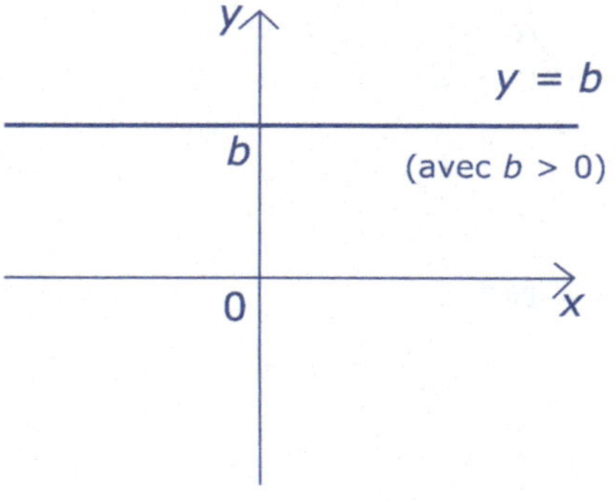

c. Les applications $x = a$

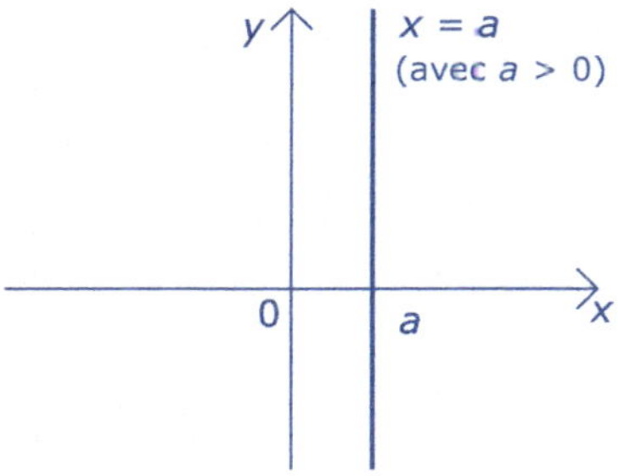

Sa représentation graphique est une droite verticale passant par $(a\ ;\ 0)$ où $a \in \mathbb{R}$.

ATTENTION

Ce n'est pas une fonction.

3. La fonction carrée $x \mapsto x^2$

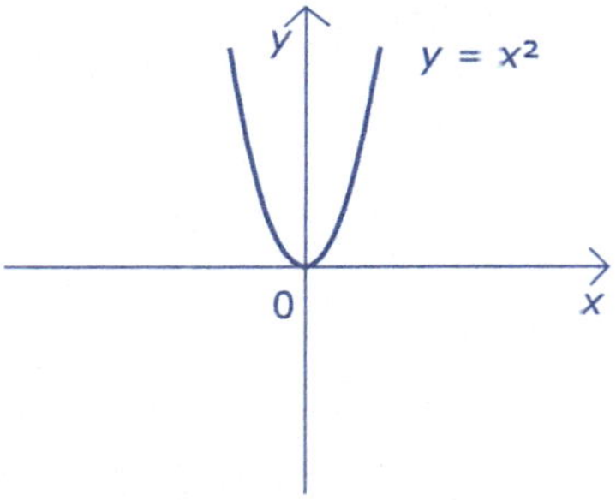

$f : x \mapsto x^2$ est définie pour tout x de $\mathbb{R}$: $Df = \mathbb{R}$.

Sa représentation graphique est une parabole.

Cette fonction est paire et sa courbe représentative est donc symétrique par rapport à l'axe des ordonnées.

$f(x) = x^2$; $f'(x) = 2x$

Le signe de $f'(x)$ dépend du signe de x. Ainsi f est strictement croissante sur $\mathbb{R}^+$ et strictement décroissante sur $\mathbb{R}^-$.

Elle admet une tangente horizontale en 0 car $f'(0) = 0$

Limites : $\lim\limits_{x \to -\infty} x^2 = +\infty$; $\lim\limits_{x \to +\infty} x^2 = +\infty$

ATTENTION

Vous remarquez que x^2 a le même signe que x lorsque $x > 0$. Mais il change de signe lorsque $x < 0$! Cela est dû au fait qu'un carré est toujours positif ou nul.

4. La fonction cube $x \mapsto x^3$

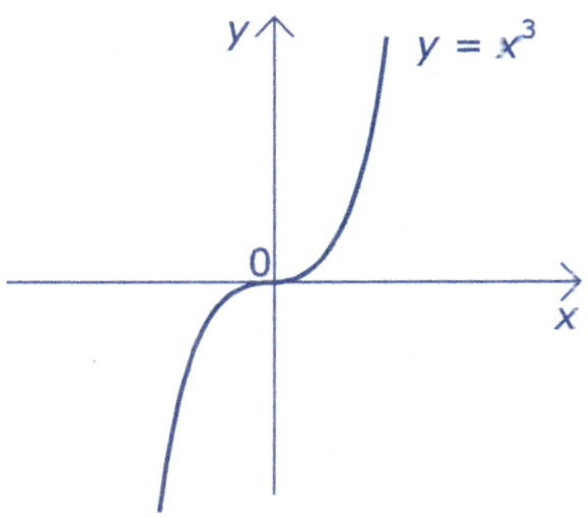

$f : x \to x^3$ est définie pour tout x de $\mathbb{R}$: $Df = \mathbb{R}$

Cette fonction est impaire et sa courbe représentative est donc symétrique par rapport à l'origine 0 du repère.

$f(x) = x^3$; $f'(x) = 3x^2$

$f'(x) \geq 0$ et f est strictement croissante sur $\mathbb{R}$.

Elle admet une tangente horizontale en 0 car $f'(0) = 0$

Limites : $\lim\limits_{x \to -\infty} x^3 = -\infty$; $\lim\limits_{x \to +\infty} x^3 = +\infty$

À RETENIR

x^3 a le même signe que x.

5. La fonction racine carrée $x \mapsto \sqrt{x}$

$f : x \mapsto \sqrt{x}$ est définie pour tout x de $\mathbb{R}^+$:
$Df = \mathbb{R}^+$ mais dérivable sur $\mathbb{R}^{*+}$

$f(x) = \sqrt{x}$

$f'(x) = \dfrac{1}{2\sqrt{x}}$

$f'(x) > 0$ et f est strictement croissante sur $\mathbb{R}^+$.

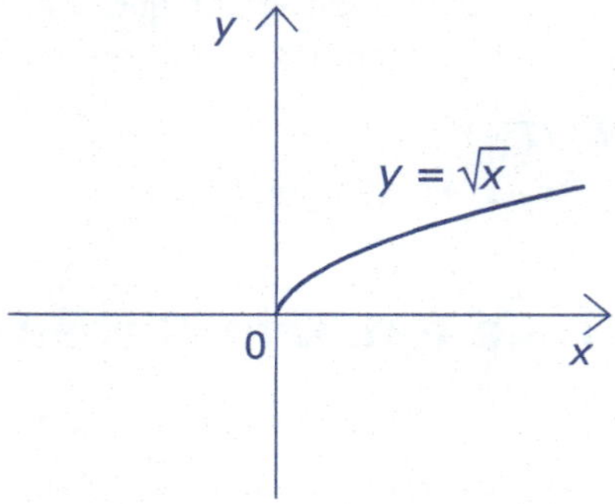

ATTENTION

La fonction racine est définie en $x = 0$ mais n'est pas dérivable en $x = 0$.

Limite :

$\lim\limits_{x \to +\infty} \sqrt{x} = +\infty$

ATTENTION

La racine d'un nombre négatif ne peut pas se calculer dans $\mathbb{R}$! Par exemple $\sqrt{-2}$ n'existe pas.

6. La fonction inverse $x \mapsto \dfrac{1}{x}$

$f : x \mapsto \dfrac{1}{x}$ est définie pour tout x différent de 0 : $Df = \mathbb{R}^*$.

Sa représentation graphique est une hyperbole.

Cette fonction est impaire et sa courbe représentative est symétrique par rapport à l'origine 0 du repère.

$f(x) = \dfrac{1}{x}$

$f'(x) = -\dfrac{1}{x^2}$

$f'(x) < 0$ et f est strictement décroissante sur $\mathbb{R}^*$.

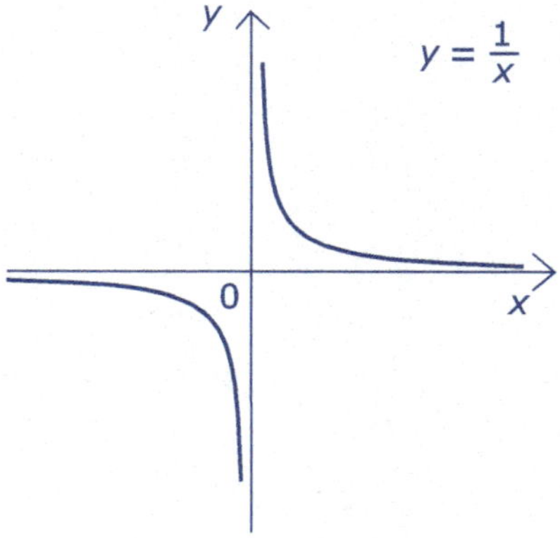

Limites :

$\lim\limits_{x \to 0^-} \left(\dfrac{1}{x}\right) = -\infty$

$\lim\limits_{x \to 0^+} \left(\dfrac{1}{x}\right) = +\infty$

D'où la présence d'une asymptote verticale d'équation $x = 0$.

$$\lim_{x \to +\infty} \left(\frac{1}{x}\right) = 0^+$$

$$\lim_{x \to -\infty} \left(\frac{1}{x}\right) = 0^-$$

D'où la présence d'une asymptote horizontale d'équation $y = 0$.

ATTENTION

Les réels x et $\frac{1}{x}$ ont le même signe !

L'inverse de 0 n'existe pas !

7. La fonction exponentielle $x \mapsto e^x$

La fonction exponentielle est définie pour tout x de $\mathbb{R}$: $Df = \mathbb{R}$

$f(x) = e^x$

$f'(x) = e^x$

$f'(x) > 0$ et f est strictement croissante sur $\mathbb{R}$.

VALEURS À CONNAÎTRE

$e^0 = 1$ (un nombre élevé à la puissance 0 est toujours égal à 1)

$e^1 = e \simeq 2{,}718$

Pour tous réels x et y, on a :

$$e^{x+y} = e^x \times e^y \qquad e^{x-y} = \frac{e^x}{e^y} \qquad e^{-x} = \frac{1}{e^x}$$

REMARQUE

La fonction exponentielle est la fonction réciproque de la fonction logarithme népérien :

$$e^{\ln x} = \ln e^x = x$$

Limites :

$$\lim_{x \to -\infty} e^x = 0^+$$

D'où la présence d'une asymptote horizontale d'équation $y = 0$

$$\lim_{x \to +\infty} e^x = +\infty$$

Quelques valeurs :

x	e^x
0	$e^0 = 1$
1	$e^1 \approx 2{,}718$
2	$e^2 \approx 7{,}389$
3	$e^3 \approx 20{,}086$
4	$e^4 \approx 54{,}598$
5	$e^5 \approx 148{,}413$
10	$e^{10} \approx 22026{,}466$

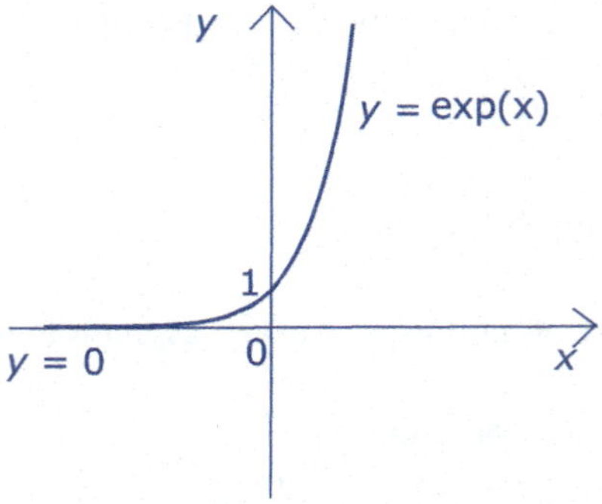

ATTENTION

La fonction exponentielle est une fonction qui croît extrêmement rapidement.

On parle de croissance exponentielle dans certains domaines (économie, gestion, finance, etc.) pour décrire une croissance spectaculaire.

Une exponentielle est un nombre toujours réel strictement positif.

8. La fonction logarithme népérien $x \mapsto \ln x$

La fonction logarithme népérien est définie pour tout $x > 0$: $Df = \mathbb{R}^{+*}$

$f(x) = \ln x$

$f'(x) = \dfrac{1}{x} > 0$ car $x \in \mathbb{R}^{+*}$

$f'(x) > 0$ et f est strictement croissante sur $\mathbb{R}^{+*}$.

VALEURS À CONNAÎTRE

$\ln 1 = 0$

$\ln e = 1$

Pour tous réels x et y strictement positifs, on a :

$$\ln(x \times y) = \ln x + \ln y$$

$$\ln\left(\frac{x}{y}\right) = \ln x - \ln y$$

$$\ln\left(\frac{1}{x}\right) = \ln 1 - \ln x = 0 - \ln x = -\ln x$$

REMARQUE

La fonction logarithme népérien est la fonction réciproque de la fonction exponentielle :

$$\ln e^x = e^{\ln x} = x$$

Limites :

$\lim_{x \to 0^+} \ln x = -\infty$

D'où la présence d'une asymptote verticale d'équation $x = 0$

$\lim_{x \to +\infty} \ln x = +\infty$

Signe de $\ln x$ sur $]0, +\infty[$

x	0		1		$+\infty$
$\ln x$		$-$	0	$+$	

Quelques valeurs

x	$\ln x$
e^n, n réel	n, n réel
10	$\ln(10) \approx 2{,}303$
5	$\ln 5 \approx 1{,}609$
4	$\ln 4 \approx 1{,}386$
3	$\ln 3 \approx 1{,}099$
e^1	1
2	$\ln 2 \approx 0{,}693$
$e^0 = 1$	0
0	Impossible

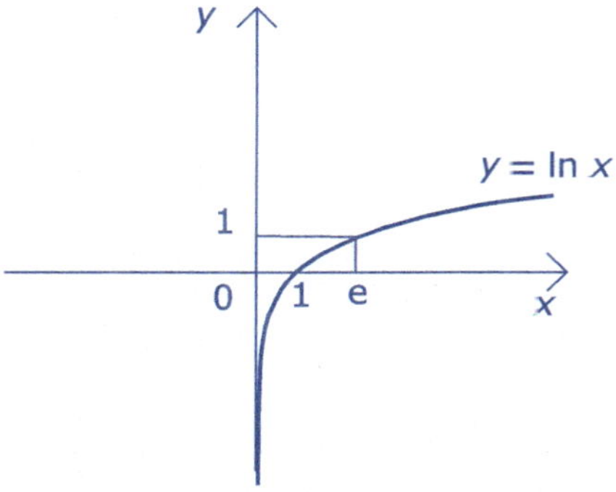

ATTENTION

Le logarithme népérien d'un nombre négatif ou nul ne peut pas se calculer.

Le logarithme croît très lentement par opposition à la croissance exponentielle.

9. La fonction valeur absolue $x \mapsto |x|$

$|x| = x$ si $x > 0$

$|x| = 0$ si $x = 0$

$|x| = -x$ si $x < 0$

Une valeur absolue est un réel toujours positif ou nul car cette fonction calcule la valeur positive d'un nombre.

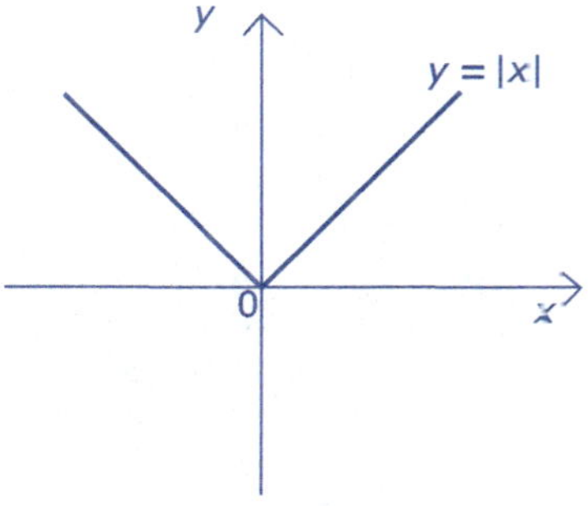

Exemple

$|-1| = 1$

La dérivée s'écrit :

$f'(x) = 1$ si $x > 0$.

$f'(x) = -1$ si $x < 0$.

ATTENTION

La fonction valeur absolue n'est pas dérivable en 0 !

La fonction valeur absolue et strictement décroissante sur]– ∞, 0] et strictement croissante sur [0, + ∞[.

Écriture d'une fonction sans valeurs absolues :

Comment écrire la fonction f donnée par : $f(x) = |ax + b|$ sans valeurs absolues ? Par commodité, on suppose $a > 0$.

Tout d'abord vous étudiez le signe de l'expression dans la valeur absolue :

$ax + b = 0$ équivaut à $x = -\frac{b}{a}$

$ax + b > 0$ équivaut à $x > -\frac{b}{a}$

$ax + b < 0$ équivaut à $x < -\frac{b}{a}$

Vous obtenez l'expression de $|ax + b|$ sans valeur absolue :

$|ax + b| = ax + b$ si $x > -\frac{b}{a}$

$|ax + b| = -(ax + b)$ si $x < -\frac{b}{a}$

Puis vous reporter ces résultats dans un tableau de la forme ($a > 0$) :

x	$-\infty$	$-\frac{b}{a}$ $+\infty$
$\|ax + b\|$	$-(ax + b)$	0 $ax + b$

REMARQUE

En présence de valeurs absolues dans l'expression d'une fonction, il est obligatoire de la réécrire sans valeur absolue pour pouvoir l'étudier.

Considérons l'exemple suivant :

$f(x) = |x + 2| + |x - 5|$

On écrit chaque terme sans valeur absolue :

$|x + 2| = x + 2$ si $x > -2$

$|x + 2| = -x - 2$ si $x < -2$

$|x - 5| = x - 5$ si $x > 5$

$|x - 5| = -x + 5$ si $x < 5$

Puis vous les répertoriez dans un tableau :

Vous complétez le tableau suivant les différentes expressions des termes sans la valeur absolue. Puis vous additionner chaque ligne pour obtenir l'expression finale de $f(x)$ en fonction des valeurs de x.

x	$-\infty$	-2	5	$+\infty$
$\|x + 2\|$ s'écrit	$-x - 2$	$x + 2$	$x + 2$	
$\|x - 5\|$ s'écrit	$-x + 5$	$-x + 5$	$x - 5$	
$f(x)$ s'écrit	$-2x + 3$	7	$2x - 3$	

Et ainsi :

$f(x) = -2x + 3$ si $x \in]-\infty ; -2]$

$f(x) = 7$ si $x \in [-2 ; 5]$

$f(x) = 2x - 3$ si $x \in [5 ; +\infty[$

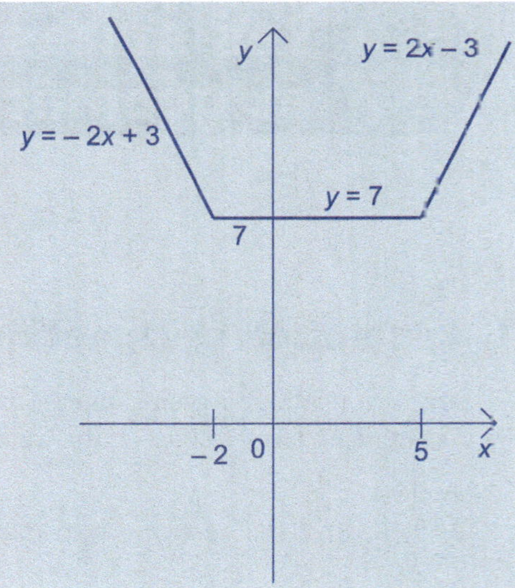

10. La composition de fonctions de la forme $f \circ g(x) = f(g(x))$

Exemple 1

$f(x) = \sqrt{x}$

$g(x) = x - 1$

Alors :

$f \circ g(x) = f(g(x)) = f(x - 1) = \sqrt{x-1}$ et $D_{fog} = [1 ; +\infty[$

$g \circ f(x) = g(f(x)) = g(\sqrt{x}) = \sqrt{x} - 1$ et $D_{gof} = [0 ; +\infty[$

Exemple 2

$f(x) = \ln x$

$g(x) = \dfrac{1}{2x+1}$

Alors :

$f \circ g(x) = f(g(x)) = f\left(\dfrac{1}{2x+1}\right) = \ln\left(\dfrac{1}{2x+1}\right) = -\ln(2x + 1)$ et $D_{fog} = \left[\dfrac{1}{2} ;+\infty\right[$

$g \circ f(x) = g(f(x)) = g(\ln x) = \dfrac{1}{2\ln(x)+1} = \dfrac{1}{\ln(x^2)+1}$ et $D_{gof} =]-\infty ; 0[\cup]0 ; e^{-\frac{1}{2}}[\cup]e^{-\frac{1}{2}} ; +\infty[$

Raisonnement et compétences

24 Les suites arithmétiques et géométriques

1. Les suites arithmétiques

Une suite arithmétique est une suite de nombres auxquels le même nombre est ajouté entre deux termes consécutifs. Ce nombre est appelé « raison ».

Exemple

0, 2, 4, 6, 8, 10, ... est une suite arithmétique de raison 2 et de premier terme 0.

QUELQUES FORMULES À CONNAÎTRE

Suite arithmétique de premier terme U_0 ou U_1 et de raison r

$U_n = U_0 + nr$ ou $U_n = U_1 + (n - 1)r$ ou plus généralement $U_n = U_p + (n - p)r$

$$S_n = (1^{er} \text{ terme} + \text{dernier terme}) \times \frac{\text{nombre de termes}}{2}$$

$S_n = (U_0 + U_n) \times \frac{n+1}{2}$ pour une somme des $(n + 1)$ premiers termes d'une suite arithmétique de 1er terme U_0.

2. Les suites géométriques

Une suite géométrique est une suite de nombres multipliés par un même nombre successivement. Ce nombre est appelé « raison ».

Exemple

1, 2, 4, 8, 16, 32, ... est une suite géométrique de raison 2 et de premier terme 1.

QUELQUES FORMULES À CONNAÎTRE

Suite géométrique de premier terme V_0 ou V_1 et de raison q

$V_n = V_0 q^n$ ou $V_n = V_1 q^{n-1}$ ou plus généralement $V_n = V_p q^{n-p}$

$$S_n = 1^{er} \text{ terme} \times \frac{1 - \text{raison}^{\text{nombre de termes}}}{1 - \text{raison}}$$

$S_n = V_0 \times \frac{1-q^{n+1}}{1-q}$ pour une somme des $(n + 1)$ premiers termes d'une suite géométrique de 1er terme V_0 et de raison q.

Les notions de statistiques descriptives 25

1. Les caractères statistiques

Qualitatif		Quantitatif	
Nominal	**Ordinal**	**Discret**	**Continu**
Noms communs sans ordre particulier	Noms avec un certain ordre	Numérique avec que des nombres entiers	Numérique avec des intervalles ou des nombres décimaux

2. Les indicateurs de tendance centrale

a. La moyenne arithmétique

Cas discret

La moyenne arithmétique m est la somme des valeurs de tous les x_i affectés de leur coefficient éventuel n_i divisée par le nombre total d'individus :

$$m = \frac{1}{n}\sum_{i=1}^{n} n_i x_i$$

Exemple

Dans une classe de 20 élèves, les notes (sur 10) au dernier examen de maths sont les suivantes :

Notes	0	1	2	3	4	5	6	7	8	9	10
Effectifs	2	0	3	5	0	1	2	5	0	1	1

La moyenne m de la classe est de :

$$m = \frac{0\times 2 + 1\times 0 + 2\times 3 + 3\times 5 + 4\times 0 + 5\times 1 + 6\times 2 + 7\times 5 + 0\times 0 + 9\times 1 + 10\times 1}{20}$$

$$= \frac{92}{20} = 4{,}6$$

Cas continu

La moyenne arithmétique m est la somme des valeurs de tous les x_i affectés de leur coefficient éventuel n_i divisée par le nombre total d'individus :

$$m = \frac{1}{n}\sum_{i=1}^{n} n_i c_i$$

Où c_i est le centre la chaque classe $[a_i ; b_i]$. Les c_i s'obtiennent grâce à la relation :

$$c_i = \frac{a_i + b_i}{2}$$

Exemple

Dans une classe de 20 élèves, les notes (sur 20) au dernier examen de maths sont les suivantes :

Classes des notes	[0 ; 5[	[5 ; 10[	[10 ; 15[	[15 ; 20[
Centres de chaque classe	$\frac{0+5}{2}=\frac{5}{2}=2{,}5$	$\frac{5+10}{2}=\frac{15}{2}=7{,}5$	$\frac{10+15}{2}=\frac{25}{2}=12{,}5$	$\frac{15+20}{2}=\frac{35}{2}=17{,}5$
Effectifs	2	10	7	1

La moyenne m de la classe est de : $m=\frac{(2\times2{,}5)+(10\times7{,}5)+(7\times12{,}5)+(1\times17{,}5)}{20}$

$=\frac{185}{20}=9{,}25$

b. La médiane

Cas discret

ATTENTION

Le calcul est légèrement différent selon que l'effectif total soit pair ou impair.

La méthode de calcul de la médiane est la suivante :

1) Classer dans un premier temps les valeurs par ordre croissant,

2) Puis :

- Si l'effectif total est impair, $n = 2p + 1$, alors la médiane est la valeur du milieu, soit la $(p + 1)$-ième valeur.
- Si l'effectif est pair, $n = 2p$, la médiane est la moyenne arithmétique des deux valeurs du milieu, soit la moyenne arithmétique de la p-ième et de la $(p + 1)$ – ième valeur.

Exemple 1

Dans une classe de 5 élèves, les notes au devoir sont : 12, 5, 18, 9, 15.

Pour déterminer la médiane, il faut classer les notes par ordre croissant : 5, 9, 12, 15, 18. Puis le nombre de notes étant impair, la médiane est la note du milieu ! Ainsi la médiane de ces notes est 12.

Exemple 2

Dans une classe de 10 élèves, les notes au contrôle sont les suivantes : 12, 18, 16, 14, 5, 2, 6, 11, 7, 8

Pour déterminer la médiane, il faut dans un premier temps classer les notes par ordre croissant : 2, 5, 6, 7, 8, 11, 12, 14, 16, 18

Puis le nombre de notes étant pair, la médiane est la moyenne arithmétique des deux notes du milieu !

Ainsi la médiane de ces notes est $\frac{8+11}{2}=\frac{19}{2}=9{,}5$

Cas continu

Dans le cas continu la médiane se calcule par *interpolation linéaire*. La démarche est la suivante :

(1) Vous devez calculer les fréquences cumulées croissantes

(2) Vous devez sélectionner la première classe dont la fréquence cumulée croissante dépasse 50 % ou 0,5. Vous notez cette classe $[a_i ; b_i[$ par exemple.

(3) Vous calculez la médiane en appliquant la formule d'interpolation linéaire suivante :

$$Me = a_i + (b_i - a_i) \times \frac{0{,}5 - F_{i-1}}{f_i}$$

Où f_i est la fréquence de la première classe pour laquelle les fréquences cumulées dépassent 50 % ou 0,5 (classe contenant la médiane) et F_{i-1} est la fréquence cumulée de la classe précédente.

REMARQUE

$b_i - a_i$ est appelée amplitude de la classe $[a_i ; b_i[$.

Classes	$[a_1 ; b_1[$	...	$[a_{i-1} ; b_{i-1}[$	$[a_i ; b_i[$	...	$[a_n ; b_n[$
Effectifs	n_1	...	n_{i-1}	n_i	...	n_n
Fréquences $= \frac{n_i}{n}$ où n est l'effectif total	f_1	...	f_{i-1}	f_i	...	f_n
Fréquences cumulées croissantes	F_1	...	F_{i-1} Inférieure à 50 % ou 0,5	F_i Supérieure à 50 % ou 0,5	...	F_n

Exemple

Dans une classe de 20 élèves, les notes (sur 20) au dernier examen de maths sont les suivantes :

Classes des notes	[0 ; 5[	[5 ; 10[	[10 ; 15[	[15 ; 20[
Effectifs	2	10	7	1
Fréquences	0,1	0,5	0,35	0,05
Fréquences cumulées croissantes	0,1	0,1 + 0,5 = 0,6 supérieure à 50 % ou 0,5	0,1 + 0,6 + 0,35 = 0,95	0,1 + 0,5 + 0,35 + 0,05 = 1

$$Me = 5 + (10 - 5) \times \frac{0{,}5 - 0{,}1}{0{,}5} = 5 + 5 \times \frac{0{,}4}{0{,}5} = 5 + 5 \times 0{,}8 = 5 + 4 = 9$$

Cela signifie qu'il y a autant d'élèves ayant une note inférieure à 9 que d'élèves ayant une note supérieure à 9.

REMARQUE

Lorsque la médiane est égale à la moyenne on dit que la distribution est symétrique.

c. Le mode

Cas discret

Le mode d'une série statistique est le caractère le plus représenté, c'est-à-dire le caractère dont l'effectif est le plus grand.

Exemple

Dans l'exemple de cas discret traité précédemment, il y a deux modes, à savoir 3 et 7 qui sont les deux notes ayant le plus grand effectif (5).

Cas continu

Dans ce cas, on parle de classe modale. La classe modale est la classe dont l'effectif est le plus élevé.

Exemple

Dans l'exemple de cas continu traité précédemment, il y a une classe modale, à savoir [5 ; 10[qui a le plus grand effectif (10).

3. Les indicateurs de dispersion : la variance de l'écart-type

a. Le cas discret

La variance est égale à la moyenne des écarts quadratiques à la moyenne. C'est aussi la moyenne des x_i élevés au carré à laquelle on soustrait la moyenne (ou l'espérance) élevée au carré :

$$V = \frac{1}{n}\sum_{i=1}^{n} n_i (x_i)^2 - m^2$$

L'écart type est égal à la racine carrée de la variance. Il s'agit d'un indicateur de dispersion.

À RETENIR

C'est pourquoi une variance doit toujours être positive ou nulle car sinon vous ne pouvez pas calculer sa racine carrée !

Exemple

Dans une classe de 20 élèves, les notes (sur 10) au dernier examen de maths sont les suivantes :

Notes	0	1	2	3	4	5	6	7	8	9	10
Effectifs	2	0	3	5	0	1	2	5	0	1	1

$$V=\frac{0^2\times 2+1^2\times 0+2^2\times 3+3^2\times 5+4^2\times 0+5^2\times 1+6^2\times 2+7^2\times 5+8^2\times 0+9^2\times 1+10^2\times 1}{20}$$

$$-(4,6)^2=\frac{580}{20}-(4,6)^2=29-21,16=7,84 \text{ et } \sigma=\sqrt{V}=\sqrt{7,84}=2,8$$

b. Le cas continu

La variance est égale à la moyenne des écarts quadratiques à la moyenne. C'est aussi la moyenne des c_i élevés au carré à laquelle on soustrait la moyenne (ou l'espérance) élevée au carré :

$$V=\frac{1}{n}\sum_{i=1}^{n} n_i(c_i)^2-m^2$$

où c_i est le centre la chaque classe et $[a_i\,;\,b_i]$ et m la moyenne arithmétique.

L'écart type est égal à la racine carrée de la variance. Il s'agit d'un indicateur de dispersion.

À RETENIR

C'est pourquoi une variance doit toujours être positive ou nulle car sinon vous ne pouvez pas calculer sa racine carrée !

Exemple

Dans une classe de 20 élèves, les notes (sur 20) au dernier examen de maths sont les suivantes :

Classes des notes	[0 ; 5[	[5 ; 10[	[10 ; 15[	[15 ; 20[
Centres de chaque classe	$\frac{0+5}{2}=\frac{5}{2}=2,5$	$\frac{5+10}{2}=\frac{15}{2}=7,5$	$\frac{10+15}{2}=\frac{25}{2}=12,5$	$\frac{15+20}{2}=\frac{35}{2}=17,5$
Effectifs	2	10	7	1

$$V=\frac{2\times(2,5)^2+10\times(7,5)^2+7\times(12,5)^2+1\times(17,5)^2}{20}-(9,25)^2=\frac{1\,975}{20}-(9,25)^2$$

$$=98,75-85,5625=13,1875$$

et $\sigma=\sqrt{V}=\sqrt{13,1875}=3,63$

Raisonnement et compétences

26 Le dénombrement

1. Les tirages avec remise

Un tirage avec remise consiste à choisir un élément (une carte ou une boule ou etc.) puis de le remettre dans l'ensemble de tous les éléments (un jeu de cartes ou une urne par exemple). Puis de re-choisir un élément en le remettant dans l'ensemble de tous les éléments, et ainsi de suite.

Il y a n^p manières de choisir avec remise p éléments parmi n.

Exemples

Il y a 10^4 façons de choisir un code à quatre chiffres où les mêmes chiffres peuvent être repris. (Il y a 10 chiffres de 0 à 9, d'où 10 élevé à la puissance 4).

Il y a $3^2 = 9$ manières de tirer 2 boules avec remise dans une urne qui en contient 3. En effet il y a 3 possibilités pour la première et comme on la remet dans l'urne, il y a encore 3 possibilités pour la deuxième, soit : $3 \times 3 = 9$.

REMARQUE

Remise implique forcément qu'il *y* a indépendance.

2. Les tirages sans remise

Un tirage sans remise consiste à choisir un élément (une carte ou une boule ou etc.) sans le remettre dans l'ensemble contenant tous les éléments (un jeu de cartes ou une urne par exemple), puis de re-choisir un élément parmi les éléments restants sans le remettre dans l'ensemble contenant ces éléments, et ainsi de suite.

a. Les tirages où l'ordre intervient

Il y a $A_n^p = \dfrac{n!}{(n-p)!}$ manières de choisir p éléments parmi n sans remise et dans l'ordre.

$A_n^p = \dfrac{n!}{(n-p)!}$ est appelé « arrangement de p éléments parmi n ».

Exemples

- Il y a $A_5^3 = \dfrac{5!}{(5-3)!} = \dfrac{120}{2} = 60$ manières pour que 3 chevaux parmi 5 arrivent dans un ordre précis à une course hippique.

Autre méthode : Pour le premier il y a 5 possibilités, pour le second 4 et pour le troisième 3, soit $5 \times 4 \times 3 = 60$ possibilités en tout.

- Il y a $A_3^2 = \dfrac{3!}{(3-2)!} = \dfrac{6}{1} = 6$ possibilités de ranger dans l'ordre 2 lettres dans 3 tiroirs.

Autre méthode : il y a trois possibilités pour la première lettre, puis 2 possibilités pour la seconde, soit : $3 \times 2 = 6$ manières de ranger 2 lettres dans trois tiroirs.

b. Les tirages où l'ordre n'intervient pas

Il y a $C_n^p = \binom{n}{p} = \dfrac{n!}{p!(n-p)!}$ de choisir sans remise et sans ordre p éléments parmi n.

$C_n^p = \binom{n}{p} = \dfrac{n!}{p!(n-p)!}$ est appelé « combinaison de p éléments parmi n ».

ATTENTION

Deux écritures existent pour les combinaisons. À vous de choisir celle que vous préférez. Mais il est indispensable de connaître les deux étant donné que les ouvrages utilisent l'une ou l'autre des notations.

REMARQUE

Sans remise implique qu'il y a dépendance.

Exemples

Il y a $C_4^2 = \binom{4}{2} = \dfrac{4!}{2!(4-2)!} = \dfrac{24}{4} = 6$ possibilités de tirer sans remise et simultanément deux 10 parmi les quatre d'un jeu de cartes.

Il y a $C_8^2 = \binom{8}{2} = \dfrac{8!}{2!(8-2)!} = \dfrac{40\,320}{2 \times 720} = \dfrac{40\,320}{1\,440} = 28$ possibilités de tirer sans remise et simultanément 2 trèfles dans un jeu de cartes.

REMARQUE

Il y a 13 hauteurs (As, 2, 3, 4, 5, 6, 7, 8, 9, 10, Valet, Dame, Roi) par couleur (pic, cœur, carreau et trèfle) dans un jeu de 52 cartes.

Il y a 8 hauteurs (7, 8, 9, 10, Valet, Dame, Roi, As) par couleur (pic, cœur, carreau et trèfle) dans un jeu de 32 cartes.

Il y a quatre couleurs : pic, cœur, carreau et trèfle

3. Le point sur les anagrammes

a. Qu'est-ce qu'une anagramme ?

L'anagramme d'un mot est un autre mot obtenu par permutation de ses lettres. Il est composé du même nombre de lettres et des mêmes lettres que le mot considéré.

Exemple

AMI est une anagramme de MAI. Il est composé des mêmes lettres disposées dans un ordre différent.

ATTENTION

Le mot anagramme est féminin !

b. Le cas où les lettres sont toutes différentes

Un mot de n lettres différentes possède $n!$ anagrammes. n est évidemment compris entre 1 et 26 étant donné qu'il y a 26 lettres dans l'alphabet.

Exemples

Le mot UN a deux lettres différentes, donc 2! = 2 anagrammes. Il est aisé de les obtenir sans calcul : UN et NU.

Le mot MAI a trois lettres distinctes, il a donc 3! = 6 anagrammes. Il est encore possible de les obtenir sans calcul : MAI, MIA, AMI, AIM, IAM et IMA.

Le mot VOITURE a sept lettres distinctes, il a donc 7! = 5 040 anagrammes. Il est très difficile d'obtenir ce nombre en écrivant toutes les possibilités !

c. Le cas où les lettres ne sont pas forcément différentes

Un mot de n lettres, n entier naturel, avec k exemplaires d'une lettre et les autres lettres toutes différentes possède $\frac{n!}{k!}$ anagrammes ($k \leq n$).

Un mot de n lettres, n entier naturel, composé de k exemplaires d'une lettre, de l exemplaires d'une autre lettre et les autres lettres toutes différentes possède $\frac{n!}{k! \times l!}$ anagrammes ($k < n$ et $l < n$).

Exemples

Le mot CULTURE est composé de 7 lettres dont 2 exemplaires de la lettre U. Il a donc $\frac{7!}{2!} = \frac{5\,040}{2} = 2\,520$ anagrammes.

Le mot ANAGRAMMES est composé de 10 lettres dont 3 A et 2 M. Il a donc $\frac{10!}{3! \times 2!} = \frac{3\,628\,800}{6 \times 2} = 302\,400$ anagrammes.

Le mot AAAAAH est composé de 6 lettres dont 5 A et 1 H. Il a donc $\frac{6!}{5!} = \frac{720}{120} = 6$ anagrammes.

Le mot ABBCCCDDDD est composé de 10 lettres dont 1 A, 2 B, 3 C et 4 D. Il a donc $\frac{10!}{2! \times 3! \times 4!} = \frac{3\,628\,800}{2 \times 6 \times 24} = \frac{3\,628\,800}{288} = 12\,600$ anagrammes.

Les calculs de probabilités 27

1. Quelques formules

Nous adopterons les notations suivantes :

A : événement A

B : événement B

$\bar{A}$: événement contraire de A

$\bar{B}$: événement contraire de B

P(A) : probabilité de l'événement A

P(B) : probabilité de l'événement B

$P(\bar{A})$: probabilité de l'événement contraire de A

$P(\bar{B})$: probabilité de l'événement contraire de B

$P(A \cup B) = P(A \text{ ou } B)$ = probabilité de la réunion de A et B

$P(A \cap B) = P(A \text{ et } B)$ = probabilité de l'intersection de A et B

$P_B(A) = P(A|B) = P(A \text{ sachant } B)$ = probabilité que l'événement A soit réalisé sachant que l'événement B est réalisé

a. Le complémentaire et la réunion

$$P(\bar{A}) = 1 - P(A)$$

$$P(A \cup B) = P(A) + P(B) - P(A \cap B)$$

b. Les probabilités conditionnelles

$$\text{Avec } P(A) \text{ non nul, } P(B \text{ sachant } A) = P(B \mid A) = P_A(B) = \frac{P(A \cap B)}{P(A)}$$

$$P(A \cap B) = P_B(A) \times P(B) = P_A(B) \times P(A)$$

c. La formule des probabilités totales

$$P(B) = P(A \cap B) + P(\bar{A} \cap B)$$

Raisonnement et compétences

2. L'arbre et les probabilités

Considérons l'arbre de probabilité suivant :

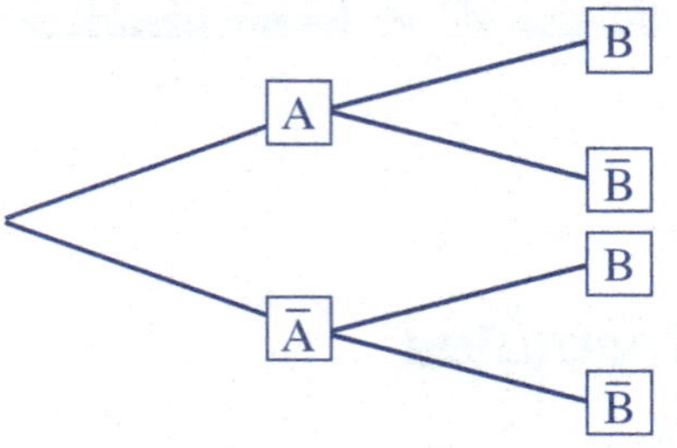

La première branche concerne la probabilité que l'événement A soit réalisé ou non.

La seconde branche s'intéresse à la probabilité de l'événement B. Sa valeur dépend de la réalisation ou non de l'événement A. Dans le cas des probabilités conditionnelles, la probabilité de réalisation de l'événement B sera différente selon que A soit réalisé ou non.

La somme des probabilités sur chaque branche est égale à 1 :

$P(A) + P(\bar{A}) = 1$

$P(B) + P(\bar{B}) = 1$

Exemple

Soient A l'événement : « réviser son examen » et B l'événement : « avoir son examen ».

$P(A) = \frac{3}{4}$

$P(\bar{A}) = \frac{1}{4}$

La probabilité que l'élève ait son examen alors qu'il a révisé est de 90 % et que la probabilité qu'il ait son examen alors qu'il n'a pas révisé est de 50 %. Calculer P(B).

$P_A(B) = 90\ \% = 0{,}9$

On déduit que $P(B \cap A) = P_A(B) \times P(A) = 0{,}9 \times \frac{3}{4} = \frac{2{,}7}{4} = 0{,}675$

$P_{\bar{A}}(B) = 50\ \% = 0{,}5$

On déduit que $P(B \cap \bar{A}) = P_{\bar{A}}(B) \times P(\bar{A}) = 0{,}5 \times \frac{1}{4} = \frac{0{,}5}{4} = 0{,}125$

$P(B) = P(B \cap A) + P(B \cap \bar{A})$ d'après la formule des probabilités totales

$P(B) = 0{,}675 + 0{,}125$

$P(B) = 0{,}8$

Le récapitulatif des principales lois discrètes et lois continues 28

1. Les généralités

	Lois discrètes	Lois continues
Valeurs de X $X(\Omega)$	Entiers	Réels
Probabilités	$P(X = k)$	$f(x)$ densité de probabilité $P(X = k) = 0$
Fonction de répartition	$F(x) = \sum_{k=-\infty}^{x} P(X = k)$	$F(x) = \int_{-\infty}^{x} f(t)\,dt$
Espérance	$E(X) = \sum_{k=-\infty}^{+\infty} kP(X = k)$	$E(X) = \int_{-\infty}^{+\infty} xf(x)dx$
Variance	$\text{Var}(X) = \sum_{k=-\infty}^{+\infty} k^2 P(X = k) - (E(X))^2$ $\text{Var}(X) = E(X^2) - (E(X))^2$	$\text{Var}(X) = \int_{-\infty}^{+\infty} x^2 f(x)\,dx - (E(X))^2$ $\text{Var}(X) = E(X^2) - (E(X))^2$
Écart-type	$\sigma(X) = \sqrt{\text{Var}(X)}$	$\sigma(X) = \sqrt{\text{Var}(X)}$

2. Les principales lois discrètes

	$P(X = k)$	$E(X)$	$\text{Var}(X)$	$\sigma(X)$	Remarque
Loi uniforme discrète $n \in \{1, 2, \ldots, n\}$	$\frac{1}{n}$	$\frac{n+1}{2}$	$\frac{n^2-1}{12}$	$\sqrt{\frac{n^2-1}{12}}$	Même probabilité
Loi Bernoulli de paramètre p	$P(X = 1) = p$ $P(X = 0) = 1 - p$	p	$p(1 - p)$	$\sqrt{p(1-p)}$	Succès ou échec
Loi Binomiale de paramètres n et p	$\binom{n}{k} p^k (1-p)^{n-k}$	np	$np(1 - p)$	$\sqrt{np(1-p)}$	Répétition de n variables aléatoires indépendantes de Bernoulli

	$P(X = k)$	$E(X)$	$\text{Var}(X)$	$\sigma(X)$	Remarque
Loi géométrique de paramètre p	$(1-p)^{k-1} \times p$	$\frac{1}{p}$	$\frac{1-p}{p^2}$	$\sqrt{\frac{(1-p)}{p^2}}$	Répétition de l'épreuve aléatoire jusqu'au 1er succès
Loi de Poisson de paramètre λ	$e^{-\lambda} \times \frac{\lambda^k}{k!}$	λ	λ	$\sqrt{\lambda}$	Événements rares

3. Les principales lois continues

	$f(x)$	$F(X)$	$E(X)$	$\text{Var}(X)$	$\sigma(X)$
Loi uniforme continue sur $[a, b]$	$\begin{cases} \frac{1}{b-a} \text{ si } x \in [a,b] \\ 0 \quad \text{sinon} \end{cases}$	$\begin{cases} 1 \text{ si } x > b \\ \frac{x-a}{b-a} \text{ si } x \in [a,b] \\ 0 \text{ si } x > a \end{cases}$	$\frac{a+b}{2}$	$\frac{(b-a)^2}{12}$	$\sqrt{\frac{(b-a)^2}{12}}$
Loi exponentielle ($\lambda > 0$)	$\begin{cases} \lambda e^{-\lambda x} \text{si } x \geq 0 \\ 0 \quad \text{sinon} \end{cases}$	$\begin{cases} 1 - e^{-\lambda x} \text{si } x \geq 0 \\ 0 \quad \text{sinon} \end{cases}$	$\frac{1}{\lambda}$	$\frac{1}{\lambda^2}$	$\frac{1}{\lambda}$
Loi normale N(0,1) centrée et réduite	$\frac{1}{\sqrt{2\pi}} e^{-\frac{x^2}{2}}$ si x réel	$\int_{-\infty}^{x} \frac{1}{\sqrt{2\pi}} e^{-\frac{t^2}{2}} \, dt$	0	1	1
Loi normale N(m, σ)	$\frac{1}{\sigma\sqrt{2\pi}} e^{-\frac{(x-m)^2}{2\sigma^2}}$ si x est réel	$\int_{-\infty}^{x} \frac{1}{\sigma\sqrt{2\pi}} e^{-\frac{(t-m)^2}{2\sigma^2}} \, dt$	m	σ^2	σ

ATTENTION

Une variance est toujours positive ou nulle. L'écart type étant égal à la racine carrée de la variance celle-ci ne peut donc être que positive ou nulle.

Donc si vous trouvez une valeur négative, c'est que vous avez fait une erreur de calcul ! Voici un bon moyen de vérifier ses résultats !

Le point sur la loi de Bernoulli et la loi Binomiale 29

1. La loi de Bernoulli de paramètre *p*

La loi de Bernoulli est caractérisée par la présence d'un échec et d'un succès. La probabilité d'occurrence d'un succès est p et celle d'un échec $1-p$.

$$X_i = \begin{cases} 1 \text{ si succès} \\ 0 \text{ si échec} \end{cases}$$

$$X_i = \begin{cases} P(\text{succès}) = P(X_i = 1) = p \\ P(\text{échec}) = P(X_i = 0) = 1 - p \end{cases}$$

$E(X_i) = p$ $\quad$ $\text{Var}(X_i) = p(1-p)$ $\quad$ $\sigma(X_i) = \sqrt{p(1-p)}$

Exemple

Dans une certaine classe de terminale, chaque élève a une probabilité de 90 % d'être reçu au baccalauréat. Cela se traduit par :

$$X_i = \begin{cases} 1 \text{ si l'élève } i \text{ obtient son baccaulauréat} \\ 0 \text{ sinon} \end{cases}$$

$$\begin{cases} P(\text{succès}) = P(X_i = 1) = 0{,}9 \\ P(\text{échec}) = P(X_i = 0) = 0{,}1 \end{cases}$$

X_i suit la loi de Bernoulli de paramètre 0,9.

2. La loi Binomiale de paramètres *n* et *p*

La répétition de n variables aléatoires indépendantes de Bernoulli de paramètre p donne une loi Binomiale de paramètres n (nombre de répétitions) et p (probabilité du succès).

En notant X le nombre de succès :

$$X = \sum_{i=1}^{n} X_i$$

La probabilité d'avoir k succès est de :

$$P(X = k) = \binom{n}{k} p^k (1-p)^{n-k} \qquad \text{Où } \binom{n}{k} = \frac{n!}{k!(n-k)!}$$

$E(X) = np$ $\quad$ $\text{Var}(X) = np(1-p)$ $\quad$ $\sigma(X) = \sqrt{np(1-p)}$

Exemple

En reprenant l'exemple précédent, X_i suit la loi de Bernoulli de paramètre 0,9.

Soit X = nombre d'étudiants ayant le bac dans la classe de terminale comportant 30 élèves.

$$X = \sum_{i=1}^{30} X_i$$

Les X_i étant indépendants, X suit la loi Binomiale de paramètres 30 et 0,9. X suit la loi B(30 ; 0,9). La probabilité que k élèves réussissent au bac parmi les 30 élèves de la classe est donnée par :

$$P(X = k) = \binom{30}{k} 0,9^k (1 - 0,9)^{30-k} \quad P(X = k) = \binom{30}{k} 0,9^k (0,1)^{30-k}$$

Quelques données chiffrées...

La probabilité qu'aucun élève n'ait son bac est :

$$P(X = 0) = \binom{30}{0} 0,9^0 (0,1)^{30-0} = 1 \times 1 \times (0,1)^{30} = 0,1^{30} \approx 0$$

La probabilité qu'exactement un élève ait son bac est :

$$P(X = 1) = \binom{30}{1} 0,9^1 (0,1)^{30-1} = 30 \times 0,9 \times (0,1)^{29} = 27 \times 0,1^{29} \approx 0$$

La probabilité qu'au moins un élève ait son bac est :

$P(X \geq 1) = 1 - P(X < 1) = 1 - P(X = 0)$

Or $P(X = 0) = 0,1^{30}$

$P(X \geq 1) = 1 - 0,1^{30}$

La probabilité qu'au moins un élève réussisse au bac est de $P(X \geq 1) = 1 - 0,1^{30} \approx 1 - 0 \approx 1$

La probabilité qu'au plus un élève ait son bac est :

$P(X \leq 1) = P(X = 0) + P(X = 1)$

$P(X \leq 1) = 0,1^{30} + 27 \times 0,1^{29} \approx 0 + 0 \approx 0$

La probabilité que tous les élèves aient leur bac est de :

$$P(X = 30) = \binom{30}{30} 0,9^{30} (0,1)^{30-30} = 1 \times 0,9^{30} \times 1 = 0,9^{30} \approx 0,0424 \text{ à } 10^{-4} \text{ près}$$

3. Le récapitulatif

<table>
<tr><td colspan="2" align="center">Bernoulli de paramètre p
⇙ ⇘</td></tr>
<tr><td align="center">n répétitions indépendantes
⇓
Binomiale de paramètres n et p</td><td align="center">n répétitions non indépendantes
⇓
Hypergéométrique de paramètres N, n et p
Cette loi n'est pas au programme mais souligne l'importance de l'indépendance
ou de la non-indépendance des variables.</td></tr>
</table>

La logique verbale 30

La logique verbale fait appel à votre vocabulaire et à vos notions de grammaire et d'orthographe. Il n'y a pas vraiment de cours à connaître, ce sont vos connaissances d'ordre général qui sont testées dans cette partie. Vous pouvez toutefois vous entraîner en faisant des exercices.

Exemple 1

Doigts … Mains

? … Pieds

Solution :

La réponse attendue ici est orteils. Les doigts de pied sont aussi appelés orteils. Les doigts sont aux mains ce que les orteils sont aux pieds.

Exemple 2

Trouver l'intrus parmi les mots suivants :

Bijou – caillou – biscu – genou – pou

Solution :

La réponse est bisou.

Seul le mot « bisou » prend un « s » au pluriel. Les autres mots prennent un « x ».

Exemple 3

Trouvez l'intrus dans les mots suivants :

demain – dehors – déjà – aucun

Solution :

Seul le mot aucun n'est pas invariable. Les autres le sont tous !

Application

1. Trouvez l'intrus parmi les mots suivants :

Chaque – nombre – quatre – mille

2. Soulignez le mot qui convient en suivant le premier modèle :

Village – <u>ville</u> – pays – continent – planète

Rigole – ru – ruisseau – rivière – fleuve

3. Trouvez l'intrus parmi les mots suivants :

Finir – venir – prendre – fuir – mentir – cueillir

4. Trouvez l'intrus parmi les mots suivants :

Orgue – Délice – Amour – Piano

5. Trouvez l'intrus parmi les mots suivants :

Piano – Violon – Clavecin – Orgue – Clavicorde

6. Bille – Calot – Balle – ?

7. Seconde – minute – heure – jour – semaine – ? – année – siècle

8. Frère/sœur – Père/ ?

Corrigé

1. L'intrus est « nombre » car c'est le seul mot qui n'est pas invariable.

2. Le mot à souligner est « ru » car il correspond au 2e plus petit cours d'eau. Par analogie à « ville » dans les différents espaces considérés.

3. Seul finir n'est pas un verbe du troisième groupe. C'est donc l'intrus.

4. Seul piano ne change pas de genre au pluriel ! Orgue, délice et amour sont masculins au singulier et deviennent féminins au pluriel. Ainsi piano est l'intrus.

5. Seul le violon n'est pas un instrument à clavier. C'est donc l'intrus.

6. Vous remarquez qu'en avançant dans la suite de mots, le diamètre des objets en forme de sphère augmente. Ainsi ballon est la bonne réponse. Il fallait trouver un objet de forme sphérique plus grand qu'une balle.

7. Vous remarquez que les mots sont classés par ordre croissant de durée. Ainsi le mot cherché est mois.

8. Le mot cherché est mère.

À RETENIR : QUE DE SOUVENIRS !

Les trois mots : orgue, délice et amour sont masculins au singulier et féminins au pluriel.

Le pluriel des mots suivants se marque par la présence d'un « *x* » et non d'un « s » :

Caillou, bijou, pou, hibou, joujou, genou et chou. Il y en a sept à connaître !

Les différents groupes de verbes :

Les verbes du premier groupe se terminent par -er à l'infinitif sauf le verbe aller qui appartient au troisième groupe.

Les verbes du 2e groupe se terminent en -ir à l'infinitif et forment leur participe présent en -issant.

Les verbes du 3e groupe se terminent en -ir, -oir ou -re. Les verbes du troisième groupe en -ir forment leur participe présent en -ant. C'est ce qui les différencie du 2e groupe.

Les mots codés 31

Il s'agit pour vous de trouver un mot à partir d'indices fabriqués de lettres et chiffres. Chaque lettre a un lien particulier avec le chiffre qui la précède ou la suit. Le chiffre ou le nombre peut correspondre au rang d'une lettre dans le mot cherché, ou bien au nombre de voyelles ou de consonnes, etc.

Cet exercice exige de vous un certain entraînement car même s'il ne demande pas de connaissances particulières, il demeure difficile à première vue !

Exemple

A2C1E5H3I4R6

Les chiffres suivant les lettres correspondent à leur rang dans le mot à découvrir. Ainsi on obtient facilement CAHIER.

1	2	3	4	5	6
C	A	H	I	E	R

Application

Complétez les séries suivantes :

1. MELON est à NVOLM ce que ... est à KLNNV.

2. PIE est à 16-9-5 ce que ... est à 26-15-15.

3. Quel mot se cache derrière ce message : A3 T1 R6 H2 E7 T5 E3?

4. JOLI est à 4 ce que BEL est à ...

5. CAL est à LAC ce que ... est à MAI.

Corrigé

1. Le mot cherché est POMME. Il suffit de considérer l'alphabet dans le sens inverse, comme un miroir. Ainsi le A correspond au Z, le B au Y et ainsi de suite. Dans ce cas, le P correspond au K, le O au L, le M au N et le E au V. Le mot cherché est donc POMME.

2. Chaque nombre correspond au rang de la lettre dans l'alphabet. Ainsi 26 correspond à Z et 15 à O. Ainsi le mot cherché est ZOO.

3. Le mot cherché est THEATRE. Comme dans l'exemple traité ci-dessus les chiffres correspondent au rang de la lettre dans le mot à trouver.

4. Le chiffre 4 correspond au nombre de lettres dans le mot JOLI. Ainsi la bonne réponse est 3 car BEL contient 3 lettres.

5. La bonne réponse est IAM. Il s'agit du mot « miroir » du mot MAI. Cela rappelle la symétrie axiale en mathématiques.

Concours blancs

Consignes :

Les concours sont divisés en trois parties, A : logique générale, B : aptitudes numériques et C : aptitudes verbales.

Chaque question comporte quatre items, notés A. B. C. D. Pour chaque item, vous devez signaler s'il est vrai en l'indiquant sur la grille de réponses en marquant la case sous la lettre V ; ou faux en l'indiquant sur la grille de réponses en marquant la case sous la lettre F. Une réponse est donc une suite de quatre marques V ou F.

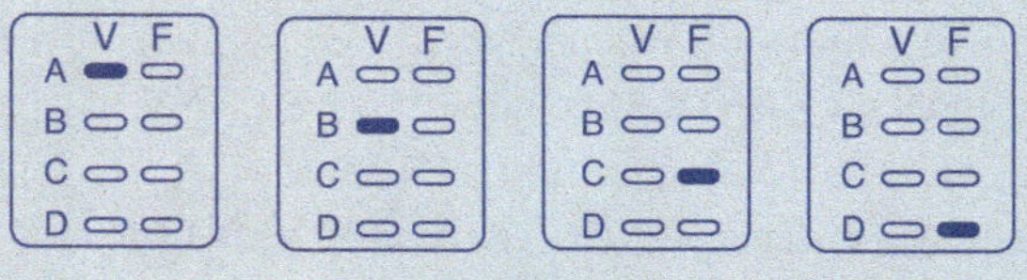

Concours blanc 1

1 h

Partie A : Logique générale

1. Compléter la série suivante :

A – E – ? – O – U – Y

A. F
B. H
C. I
D. L

2. Quel mot complète la liste suivante ?

Triangle – Quadrilatère – Pentagone – Hexagone – ?

A. Décagone
B. Ennéagone
C. Octogone
D. Heptagone

3. Quel mot complète la série suivante :

Avion – Bateau – Car – Dirigeable – ?

A. Engin
B. Hélice
C. Carreau
D. Hydravion

4. Quel mot complète la série ?

Chat – Hibou – ? – Caméléon – Hippopotame

A. Chaton
B. Salamandre
C. Hérisson
D. Rhinocéros

5. Quel nombre remplace le point d'interrogation ?

Chat (9) – Voiture (484) – Avion (1) – Élastique (25) – Téléphone (?)

A. 500
B. 400
C. 150
D. 20

6. Quel nombre complète la série ?

125 – 216 – ? – 512 – 729

A. 625
B. 343
C. 243
D. 225

	V	F
A	⊂⊃	⊂⊃
B	⊂⊃	⊂⊃
C	⊂⊃	⊂⊃
D	⊂⊃	⊂⊃

7. Quel est l'intrus ?

Deux – Trois – Sept – Huit

A. Deux **C.** Sept

B. Trois **D.** Huit

	V	F
A		
B		
C		
D		

8. Quel nombre remplace le point d'interrogation ?

Un (21) – Deux (4) – Trois (20) – Quatre (?)

A. 12 **C.** 17

B. 16 **D.** 24

	V	F
A		
B		
C		
D		

9. Quel mot complète la série ?

416 – ? – 636 – 749 – 864

A. 125 **C.** 525

B. 225 **D.** 625

	V	F
A		
B		
C		
D		

10. Si NBJ = MAI et NBST = MARS, alors BWSJM = ?

A. AVOIR **C.** SALON

B. ETRES **D.** AVRIL

	V	F
A		
B		
C		
D		

11. Quel mot complète la série ?

Ami – Militer – Terminé – ?

A. Névrose **C.** Finir

B. Navette **D.** Nourrir

	V	F
A		
B		
C		
D		

12. Quel nombre complète la série ?

2 – 3 – 5 – 8 – 13 – ?

A. 14 **C.** 25

B. 21 **D.** 31

	V	F
A		
B		
C		
D		

13. Quel nombre remplace le point d'interrogation ?

? – 3 – 5 – 7 – 11 – 13 – 17 – 23 – 29 – 31

A. 2 **C.** 0.5

B. 1 **D.** 0

	V	F
A		
B		
C		
D		

14. Quel mot complète la série ?

Ruse – Quatre – Palet – Olive – ?

A. Maison **C.** Navet

B. Cour **D.** Olivier

	V	F
A		
B		
C		
D		

15. Quel nombre complète la série ?

CHAT (32) - ICI (21) - AU (22) - AMI (?)

A. 12 **C.** 17

B. 21 **D.** 23

	V	F
A		
B		
C		
D		

Partie B : Aptitudes numériques

16. Un triangle deux côtés de longueurs respectives 5 cm et 7 cm. Quelle est la longueur du troisième côté ?

A. 11 **C.** 15

B. 13 **D.** 17

17. On considère un triangle isocèle rectangle dont l'hypoténuse mesure $\sqrt{2}$ cm. Quelle est la valeur de son aire en cm^2 ?

A. 0,25 cm^2 **C.** 1 cm^2

B. 0,5 cm^2 **D.** 2 cm^2

18. Quel est le PGCD de 4 096 et 1 296 ?

A. 16 **C.** 256

B. 48 **D.** 512

19. Quel est le PPCM de 4 096 et 1 296 ?

A. 5 308 416 **C.** 331 776

B. 1 327 104 **D.** 110 592

20. Les dimensions d'un cube sont divisées par 2. Qu'en est-il de son volume ?

A. Il est divisé par 2 **C.** Il est divisé par 6

B. Il est divisé par 4 **D.** Il est divisé par 8

21. Les dimensions d'un carré sont multipliées par 4. Qu'en est-il de son aire ?

A. Elle est multipliée par 2 **C.** Elle est multipliée par 8

B. Elle est multipliée par 4 **D.** Elle est multipliée par 16

22. On considère deux cercles concentriques de rayons respectifs 4 et 8. Quelle est l'aire du domaine situé entre les deux cercles (la figure a l'apparence d'une roue).

A. 64π **C.** 32π

B. 48π **D.** 16π

23. Un père échange avec son fils et lui dit : « Dans deux ans j'aurai le double de ton âge ». Son fils lui répond : « Tu as raison et nous avons deux décennies d'écart ». Quel est l'âge du fils ?

A. 24 ans **C.** 18 ans

B. 20 ans **D.** 12 ans

24. Résoudre l'équation : $2x^2 + 3x - 2 = 0$

A. $x = -2$ ou $x = 0{,}5$
B. $x = -0{,}5$ ou $x = 2$
C. $x = -1$ ou $x = 0{,}25$
D. $x = -0{,}25$ ou $x = 1$

V F
A ⬭ ⬭
B ⬭ ⬭
C ⬭ ⬭
D ⬭ ⬭

25. Que vaut $a^2 + b^2$ sachant que $(a + b)^2 = 196$ et $ab = 48$?

A. 96
B. 100
C. 148
D. 200

V F
A ⬭ ⬭
B ⬭ ⬭
C ⬭ ⬭
D ⬭ ⬭

26. Quelle est l'aire, en cm^2, d'un parallélogramme dont la base mesure 25 mm et la hauteur 12 mm ?

A. 3
B. 300
C. 150
D. 1,5

V F
A ⬭ ⬭
B ⬭ ⬭
C ⬭ ⬭
D ⬭ ⬭

27. Résoudre l'inéquation $(x + 1)^2 > 0$

A. $x \in \mathbb{R}$
B. $x > -1$
C. $x \neq -1$
D. $x \neq 0$

V F
A ⬭ ⬭
B ⬭ ⬭
C ⬭ ⬭
D ⬭ ⬭

28. La somme de trois nombres entiers consécutifs est égale à 765. Quel est le plus grand de ces trois nombres ?

A. 95
B. 125
C. 254
D. 256

V F
A ⬭ ⬭
B ⬭ ⬭
C ⬭ ⬭
D ⬭ ⬭

29. La somme de trois nombres entiers pairs consécutifs est égale à 726. Quelle est la moyenne de ces trois nombres ?

A. 124
B. 242
C. 244
D. 320

V F
A ⬭ ⬭
B ⬭ ⬭
C ⬭ ⬭
D ⬭ ⬭

30. La somme de trois nombres entiers impairs consécutifs est égale à 951. Quel est le plus petit de ces trois nombres ?

A. 295
B. 305
C. 315
D. 319

V F
A ⬭ ⬭
B ⬭ ⬭
C ⬭ ⬭
D ⬭ ⬭

Partie C : Aptitudes verbales

31. Quel est l'intrus parmi les verbes suivants ?

A. Obéir
B. Seoir
C. Venir
D. Gésir

V F
A ⬭ ⬭
B ⬭ ⬭
C ⬭ ⬭
D ⬭ ⬭

32. Quel adverbe est incorrectement orthographié ?

A. Indépendamment
B. Gentillement
C. Vaillamment
D. Furtivement

V F
A ⬭ ⬭
B ⬭ ⬭
C ⬭ ⬭
D ⬭ ⬭

33. Quel est l'intrus parmi les noms suivants ?

A. Orgue
B. Délice
C. Amour
D. Piano

	V	F
A	⊂⊃	⊂⊃
B	⊂⊃	⊂⊃
C	⊂⊃	⊂⊃
D	⊂⊃	⊂⊃

34. Quel est l'intrus parmi les noms suivants ?

A. Arrhes
B. Frais
C. Funérailles
D. Failles

	V	F
A	⊂⊃	⊂⊃
B	⊂⊃	⊂⊃
C	⊂⊃	⊂⊃
D	⊂⊃	⊂⊃

35. Comment s'appelle le personnage principal du roman *La Peau de chagrin* de Balzac ?

A. Raphaël de Valentin
B. Julien Sorel
C. Étienne Lantier
D. Eugène de Rastignac

	V	F
A	⊂⊃	⊂⊃
B	⊂⊃	⊂⊃
C	⊂⊃	⊂⊃
D	⊂⊃	⊂⊃

36. Quel mot est incorrectement écrit ?

A. Vraisemblance
B. Soit-disant
C. Ouï-dire
D. Hormis

	V	F
A	⊂⊃	⊂⊃
B	⊂⊃	⊂⊃
C	⊂⊃	⊂⊃
D	⊂⊃	⊂⊃

37. Quel est l'intrus parmi les mots suivants ?

A. Ressasser
B. Kayak
C. Tout
D. Elle

	V	F
A	⊂⊃	⊂⊃
B	⊂⊃	⊂⊃
C	⊂⊃	⊂⊃
D	⊂⊃	⊂⊃

38. Le passé simple de l'indicatif du verbe *être* à la troisième personne du singulier est :

A. Fus
B. Fût
C. Fu
D. Fut

	V	F
A	⊂⊃	⊂⊃
B	⊂⊃	⊂⊃
C	⊂⊃	⊂⊃
D	⊂⊃	⊂⊃

39. Parmi les mots de la liste lequel est un synonyme de *causerie* ?

A. Entretien
B. Conséquence
C. Chant
D. Cause

	V	F
A	⊂⊃	⊂⊃
B	⊂⊃	⊂⊃
C	⊂⊃	⊂⊃
D	⊂⊃	⊂⊃

40. Qui a dit « Qui s'excuse s'accuse. » ?

A. Zola
B. Stendhal
C. Hugo
D. Camus

	V	F
A	⊂⊃	⊂⊃
B	⊂⊃	⊂⊃
C	⊂⊃	⊂⊃
D	⊂⊃	⊂⊃

41. Quel mot est correctement écrit ?

A. Accueil
B. Trotinette
C. Atterir
D. Paralèlle

	V	F
A	⊂⊃	⊂⊃
B	⊂⊃	⊂⊃
C	⊂⊃	⊂⊃
D	⊂⊃	⊂⊃

42. Quel est l'intrus parmi les mots suivants ?

A. Attires
B. Retrait
C. Traiter
D. Traitre

43. Un synonyme d'acrimonie est :

A. Larmoyant
B. Aigreur
C. Aisance
D. Honnêteté

44. Le subjonctif présent du verbe *courir* à la troisième personne est :

A. Courra
B. Courre
C. Coure
D. Court

45. L'infinitif du verbe souligné dans la phrase « Cette robe vous sied à ravir. » est :

A. Sier
B. Scier
C. Seoir
D. Soir

Corrigés

Partie A :

1	2	3	4	5	6	7	8	9	10
C	D	A	C	B	B	B	C	C	D

11	12	13	14	15
A	B	A	C	D

Partie B :

16	17	18	19	20	21	22	23	24	25
A	B	A	C	D	D	B	C	A	B

26	27	28	29	30
A	C	D	B	C

Partie C :

31	32	33	34	35	36	37	38	39	40
A	B	D	D	A	B	C	D	A	B

41	42	43	44	45
A	A	B	C	C

Corrigés détaillés

1. Réponse C.

La série est composée des voyelles de l'alphabet classées par ordre croissant de leur rang. La voyelle cherchée est donc I.

A – E – **I** – O – U – Y

2. Réponse D.

Les polygones sont classés par ordre croissant de leur nombre de côtés. Ainsi la figure cherchée doit avoir sept côtés, soit l'heptagone.

Triangle – Quadrilatère – Pentagone – Hexagone – **Heptagone**

3. Réponse A.

La première lettre de chaque mot augmente d'un rang à chaque étape. Le mot cherché doit donc commencer par la lettre E.

Avion – Bateau – Car – Dirigeable – **Engin**

4. Réponse C.

Le nombre de syllabes de chaque mot augmente d'une unité de l'un à l'autre. Le terme cherché doit donc comporter trois syllabes, soit hérisson :

Chat – Hibou – **Hérisson** – Caméléon – Hippopotame

5. Réponse B.

Le nombre entre parenthèses correspond au carré du rang (dans l'alphabet) de la première lettre de chaque mot. Ainsi le nombre cherché est le carré du rang de T, soit le carré de 20 et donc $20^2 = 400$.

Chat (9) – Voiture (484) – Avion (1) – Élastique (25) – Téléphone (**400**)

6. Réponse B.

La série est une suite de cubes consécutifs. Le nombre cherché est le cube de 7 : $7^3 = 343$.

125 – 216 – **343** – 512 – 729

7. Réponse B.

Chaque mot est composé de 4 lettres sauf « trois » qui en comprend 5.

8. Réponse C.

Le nombre entre parenthèses correspond au rang de la première lettre de chaque mot dans l'alphabet. Ainsi le nombre cherché est le rang de Q, soit 17.

Un (21) – Deux (4) – Trois (20) – Quatre (**17**)

9. Réponse C.

Les nombres sont tels que leurs deux derniers chiffres forment le carré de leur premier. Ainsi le nombre qui complète la série est 525. En effet, $5^2 = 25$.

416 – **525** – 636 – 749 – 864

10. Réponse D.

En reculant chaque lettre d'un rang, le mot AVRIL apparaît. En effet : B devient A, W devient V, S devient R, J devient I et M devient L.

11. Réponse A.

Chaque commence par la dernière syllabe du mot qui le précède. Ainsi le mot cherché est névrose.

Ami – **Mi**li**ter** – **Ter**mi**né** – **Né**vrose

12. Réponse B.

Chaque nombre est obtenu en sommant les deux le précédant. Ainsi le nombre cherché est 8 + 13 = 21.

2 – 3 – 5 – 8 – 13 – **21**

REMARQUE

Une telle suite est nommée suite de Fibonacci. Elle est définie de la manière suivante :

1 - 1 - 2 - 3 - 5 - 8 - 13 - 21 - ...

1 + 1 = 2

1 + 2 = 3

2 + 3 = 5

3 + 5 = 8

5 + 8 = 13

8 + 13 = 21

Et ainsi de suite...

13. Réponse A.

La série est une suite croissante de nombres premiers. Ainsi le nombre cherché est 2. En effet, il s'agit du plus petit nombre premier et du seul nombre premier pair.

2 – 3 – 5 – 7 – 11 – 13 – 17 – 23 – 29 – 31

RAPPEL

Un nombre premier n'a que deux diviseurs : 1 et lui-même.

ATTENTION

1 n'est pas premier car il n'a qu'un seul diviseur qui est lui-même.

REMARQUE

2 est le seul nombre premier pair. C'est également le plus petit des nombres premiers.

14. Réponse C.

La première lettre de chaque mot recule d'un rang d'un terme à l'autre. Ainsi le mot cherché doit commencer par la lettre N, soit navet.

Ruse – Quatre – Palet – Olive – **Navet**

15. Réponse D.

Le nombre qui suit chaque mot est égal à la somme des rangs des lettres le composant. Ainsi AMI = rang(A) + rang(M) + rang(I) = 1 + 13 + 9 = 23.

16. Réponse A.

D'après l'inégalité triangulaire la longueur d'un côté d'un triangle est inférieure à la somme des longueurs de ses deux autres côtés. Ainsi seule la valeur $11 < 5 + 7$ convient. Ainsi le troisième côté mesure 11 cm.

REMARQUE

Dans le cas où il y a égalité, le triangle est aplati.

17. Réponse B.

Soit a la longueur des deux côtés de l'angle droit. D'après le théorème de Pythagore appliqué au triangle considéré dans l'énoncé, il vient la relation : $a^2 + a^2 = \left(\sqrt{2}\right)^2$

Ce qui est équivalent à $2a^2 = 2$ et finalement à $a^2 = 1$. Puis en ne retenant que la racine positive, car une longueur est toujours positive ou nulle, $a = 1$ cm.

Ainsi l'aire du triangle est donnée par : $A = \frac{1 \times 1}{2} = \frac{1}{2} = 0{,}5$ cm^2.

À RETENIR

L'aire d'un triangle rectangle est égale à la moitié du produit des longueurs des deux côtés de l'angle droit.

L'hypoténuse est le côté le plus long d'un triangle rectangle.

Dans un triangle rectangle, la longueur de l'hypoténuse est égale à la somme des carrés des longueurs des deux autres côtés (théorème de Pythagore).

18. Réponse A.

Pour obtenir le PGCD (Plus Grand Commun Diviseur) de 4 096 et de 1 296, il convient d'appliquer l'algorithme d'Euclide :

$4\,096 = 1\,296 \times 3 + 208$

$1\,296 = 208 \times 6 + 48$

$208 = 48 \times 4 + 16$

$48 = 16 \times 3 + 0$

Le PGCD des deux nombres est le reste de l'avant-dernière division euclidienne, soit 16.

19. Réponse C.

Le PPCM (Plus Petit Commun Multiple) de 4 096 et de 1 296 est donné par :

$$\frac{4\,096 \times 1\,296}{16} = 331\,776$$

À RETENIR

Le PPCM (Plus Petit Commun Multiple) de deux nombres *a* et *b* est donné par la formule suivante :

PPCM(*a* ; *b*)x PGCD(*a* ; *b*) = $a \times b$

D'où : $\text{PPCM}(a\ ;\ b) = \dfrac{a \times b}{\text{PGCD}(a\ ;\ b)}$

20. Réponse D.

Le volume du cube est divisé par le cube de 2, soit $2^3 = 8$.

21. Réponse D.

L'aire du carré est multipliée par le carré de 4, soit $4^2 = 16$.

22. Réponse B.

L'aire du domaine situé entre les deux cercles est donnée par la différence de l'aire du grand cercle et de l'aire du petit. Ainsi :

$$A_{\text{domaine}} = \pi \times 8^2 - \pi \times 4^2 = 64\pi - 16\pi = 48\pi \text{ cm}^2$$

Ainsi l'aire du domaine situé entre les deux cercles est de 48π cm^2.

23. Réponse C.

Soient x l'âge du fils et y celui du père, l'énoncé se traduit par le système d'équations à deux inconnues x et y suivant :

$$\begin{cases} y+2=2(x+2) \\ y=20+x \end{cases} \Leftrightarrow \begin{cases} 20+x+2=2x+4 \\ y=20+x \end{cases} \Leftrightarrow \begin{cases} 22+x=2x+4 \\ y=20+x \end{cases} \Leftrightarrow \begin{cases} -x=-18 \\ y=20+x \end{cases} \Leftrightarrow$$

$$\begin{cases} x=18 \\ y=38 \end{cases}$$

Le fils a 18 ans et le père 38 ans.

24. Réponse A.

$$2x^2 + 3x - 2 = 0$$

$\Delta = 3^2 - 4 \times 2 \times (-2) = 9 + 16 = 25 > 0$ donc deux racines réelles :

$$x_1 = \frac{-3-\sqrt{25}}{2\times 2} = \frac{-3-5}{4} = -\frac{8}{4} = -2$$

$$x_2 = \frac{-3+\sqrt{25}}{2\times 2} = \frac{-3+5}{4} = \frac{2}{4} = \frac{1}{2} = 0{,}5$$

Les deux solutions de l'équation sont $x = -2$ ou $x = 0{,}5$

$S = \{-2\ ;\ 0{,}5\}$.

RAPPEL

On considère le polynôme $ax^2 + bx + c$

Le discriminant est donné par la formule $\Delta = b^2 - 4ac$. Trois cas apparaissent ainsi :

Si $\Delta > 0$: le polynôme admet deux racines réelles : $x_1 = \frac{-b-\sqrt{\Delta}}{2a}$ et $x_2 = \frac{-b-\sqrt{\Delta}}{2a}$

Si $\Delta = 0$: le polynôme admet une racine double : $x_0 = \frac{-b}{2a}$

Si $\Delta < 0$: le polynôme n'admet pas de racine réelle.

25. Réponse B.

En appliquant l'identité remarquable :

$$(a + b)^2 = a^2 + b^2 + 2ab$$

il vient :

$196 = a^2 + b^2 + 2 \times 48 \Leftrightarrow 196 = a^2 + b^2 + 96 \Leftrightarrow a^2 + b^2 = 196 - 96 \Leftrightarrow a^2 + b^2 = 100$.

26. Réponse A.

L'aire d'un parallélogramme est donnée par le produit de sa hauteur par sa base, soit $12 \times 25 = 300$ mm² = 3 cm².

km²		hm²		dam²		m²		dm²		cm²		mm²	
											3	0	0

ATTENTION

Le résultat est demandé en cm² !

27. Réponse C.

Un carré étant toujours positif ou nul, l'inéquation $(x + 1)^2 > 0$ équivaut à $x + 1 \neq 0$ et finalement à $x \neq -1$.

Ainsi $S = \mathbb{R}\backslash\{-1\}$.

À RETENIR

$x^2 > 0 \Leftrightarrow x \neq 0$ ($S = \mathbb{R}^*$)

$x^2 \geq 0 \Leftrightarrow x \in \mathbb{R}$ ($S = \mathbb{R}$)

$x^2 < 0$ n'admet pas de solution ($S = \emptyset$)

$x^2 \leq 0 \Leftrightarrow x = 0$ ($S = \{0\}$)

28. Réponse D.

En notant les trois entiers consécutifs $(n - 1)$, n et $(n + 1)$, vous obtenez :

$n - 1 + n + n + 1 = 765$

$\Leftrightarrow 3n = 765$

$\Leftrightarrow n = \frac{765}{3}$

$\Leftrightarrow n = 255$

Ainsi les trois nombres cherchés sont $n - 1 = 254$, $n = 255$ et $n + 1 = 256$.

Le plus grand des trois est 256.

29. Réponse B.

En notant les trois entiers pairs consécutifs $(2n - 2)$, $2n$ et $(2n + 2)$, vous obtenez :

$2n - 2 + 2n + 2n + 2 = 726$

$\Leftrightarrow 6n = 726$

$\Leftrightarrow n = \frac{726}{6}$

$\Leftrightarrow n = 121$

Ainsi les trois nombres cherchés sont $2n - 2 = 2 \times 121 - 2 = 240$, $2n = 2 \times 121 = 242$ et $2n + 2 = 2 \times 121 + 2 = 244$.

La moyenne des trois nombres est 242.

ASTUCE

Un nombre pair se note en général $(2n - 2)$ ou $2n$ ou encore $(2n + 2)$. La forme est ($2n$ + nombre pair) où n est un nombre entier.

30. Réponse C.

En notant les trois entiers pairs consécutifs $(2n - 1)$, $(2n + 1)$ et $(2n + 3)$, vous obtenez :

$2n - 1 + 2n + 1 + 2n + 3 = 951$

$\Leftrightarrow 6n + 3 = 951$

$\Leftrightarrow 6n = 948$

$\Leftrightarrow n = \frac{948}{6}$

$\Leftrightarrow n = 158$

Ainsi les trois nombres cherchés sont $2n - 1 = 2 \times 158 - 1 = 315$, $2n + 1 = 2 \times 158 + 1 = 317$ et $2n + 3 = 2 \times 158 + 3 = 319$.

Le plus petit de ces trois nombres est 315.

ASTUCE

Un nombre impair se note en général $(2n - 1)$ ou $(2n + 1)$. La forme est ($2n$ + nombre impair) où n est un nombre entier.

31. Réponse A.

Parmi les verbes de la liste, seul *obéir* est du deuxième groupe car il forme son participe présent en *–issant* (*obéissant*).

ATTENTION

Les verbes *venir* et *gésir* sont bien du 3e groupe.

32. Réponse B.

L'adverbe incorrectement écrit est *gentillement*. Sa forme correcte est : *gentiment*.

33. Réponse D.

Parmi les noms de la liste l'intrus est *piano*. En effet, c'est le seul nom qui ne change pas de genre. Les noms *orgue*, *délice* et *amour* sont masculins au singulier et deviennent féminins au pluriel.

34. Réponse D.

Tous les noms de la liste ne s'emploient qu'au pluriel. Seul le nom *failles* peut s'employer au singulier.

35. Réponse A.

Le nom du personnage principal du roman *La Peau de chagrin* de Balzac est Raphaël de Valentin. Julien Sorel est le personnage principal du roman *Le Rouge et le noir* de Stendhal, Etienne Lantier apparaît dans *Germinal* de Zola et Eugène de Rastignac dans *Le Père Goriot* de Balzac.

36. Réponse B.

Parmi les mots de la liste, seul *soit-disant* est incorrectement écrit. L'orthographe correcte est *soi-disant*.

37. Réponse C.

Parmi les mots de la liste, seul *tout* n'est pas un palindrome. Un palindrome se lit de la même manière de gauche à droite que de droite à gauche.

38. Réponse D.

Le passé simple de l'indicatif du verbe *être* à la troisième personne du singulier est *fut*.

Passé simple de l'indicatif du verbe *être*
Je fus
Tu fus
Il fut
Nous fûmes
Vous fûtes
Ils furent

La forme *fus* correspond au passé simple de l'indicatif à la première ou à la deuxième personne du singulier (voir tableau ci-dessus).

La forme *fût* correspond au subjonctif imparfait à la troisième personne du singulier.

ATTENTION

La forme *fu* n'existe pas.

39. Réponse A.

Le terme *causerie* signifie *entretien*, *dialogue*, etc. Il s'agit d'une conférence informelle.

40. Réponse B.

« Qui s'excuse s'accuse. » est une citation de Stendhal (1783-1842). Elle est extraite du roman *Le Rouge et le noir*.

41. Réponse A.

Seul le mot *accueil* est correctement écrit. Les autres mots corrigés sont *trottinette, atterrir* et *parallèle*.

42. Réponse A.

Tous les mots de la liste sont des anagrammes sauf le terme *attires*.

43. Réponse B.

Un synonyme du terme *acrimonie* est *aigreur*.

44. Réponse C.

Le subjonctif présent du verbe *courir* à la troisième personne est *qu'il coure*.

Subjonctif présent du verbe *courir*
Que je coure
Que tu coures
Qu'il coure
Que nous courions
Que vous couriez
Qu'ils courent

45. Réponse C.

L'infinitif du verbe souligné dans la phrase « Cette robe vous sied à ravir. » est *seoir*.

Concours blanc 2

1 h

Partie A : Logique générale (15 questions)

1. À OC correspond ND.
À RV correspond ?

A. PU **C.** SW

B. QW **D.** QU

2. 1 – 16 – 3 – 13 – 5 – 10 – ? – ?

A. 7 – 7 **C.** 8 – 4

B. 7 – 5 **D.** 8 – 6

3. G1 - H4 - ?? - J16 - K25

A. H6 **C.** J2

B. I3 **D.** I9

4. 365 est à jour ce que... est à heure

A. 512 **C.** 8 760

B. 4 380 **D.** 21 900

5. 1 - 2 - 5 - 4 - 9 - 6 - 13 - ? - ?

A. 5 - 16 **C.** 5 - 17

B. 6 - 17 **D.** 8 - 17

6. Z - E - X - H - V - K - ? - ?

A. T-N **C.** K-L

B. W-H **D.** U-L

7. MER1 - CHANT1 - THEATRE3 - ACTEUR?

A. 6 **C.** 4

B. 5 **D.** 3

8. ORDINATEUR55 - TELEPHONE45 - EMAIL32 - IMPRIMANTE??

A. 11 **C.** 55

B. 46 **D.** 37

9. 111 - 121 - ?

A. 104 **C.** 101

B. 205 **D.** 103

10. 10 est à chiffre ce que... est à lettre.

A. 8 **C.** 26

B. 9 **D.** 30

11.

?

A. 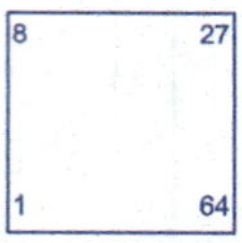

B. 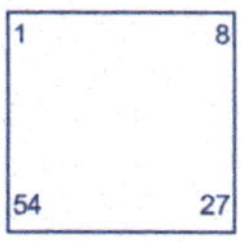

C. 

D. 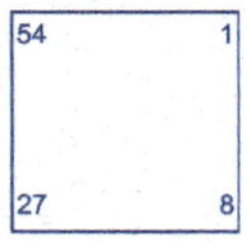

12.

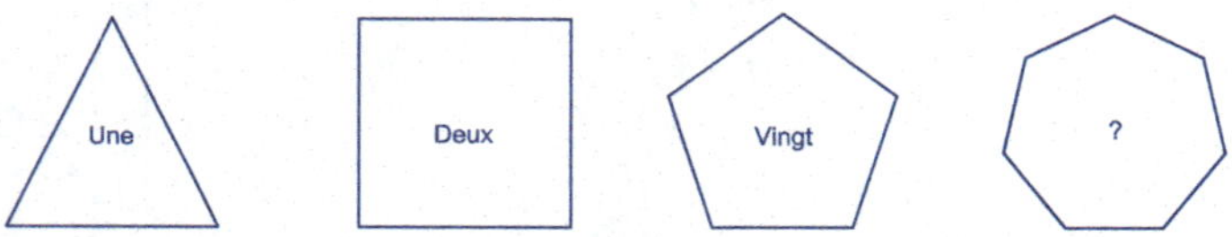

A. Quatre **C.** Dix

B. Théâtre **D.** Poésie

13.

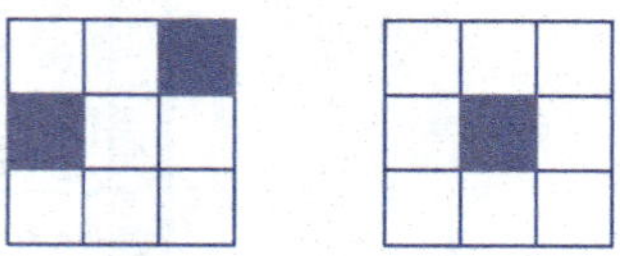

?

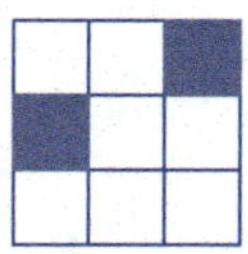

A. 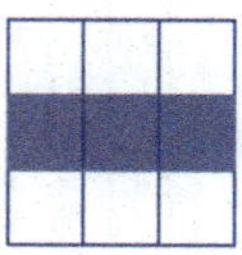

B. 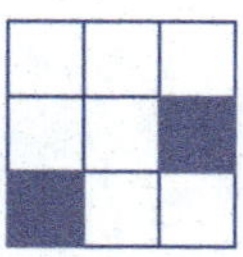

C. 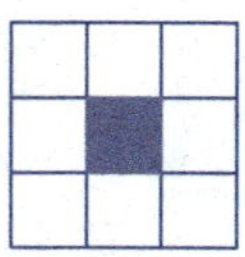

D. 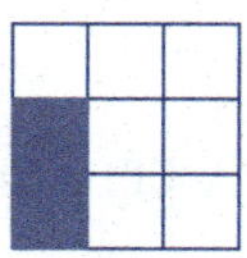

14.

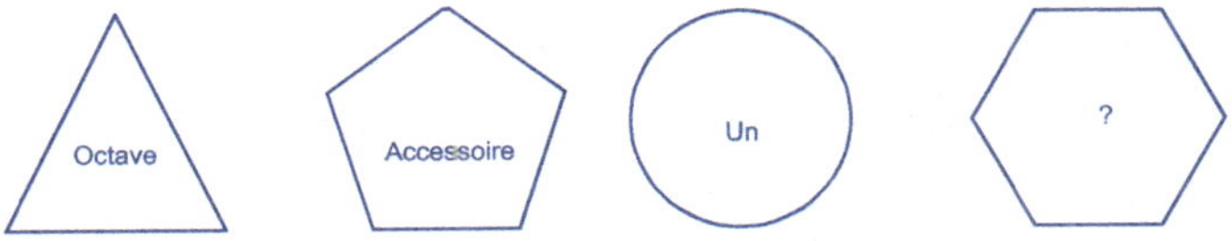

A. Hexagone
B. Publicité
C. Public
D. Publications

15.

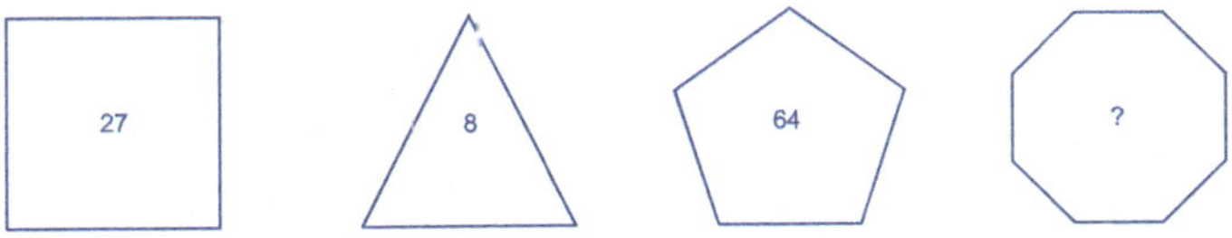

A. 1 000
B. 729
C. 512
D. 343

Partie B : Aptitudes numériques (15 questions)

1. La hauteur d'un triangle équilatéral a pour longueur $\frac{\sqrt{3}}{2}$ unité de longueur. Quelle est la longueur de ses côtés ?

A. $\sqrt{2}$ unité de longueur
B. 2 unités de longueur
C. 3 unités de longueur
D. 1 unité de longueur

2. $\sqrt{50}+\sqrt{32}+\sqrt{2}=?$

A. $5\sqrt{2}$
B. $4\sqrt{2}$
C. $8\sqrt{2}$
D. $10\sqrt{2}$

3. 2,52 heures = ?

A. 2 h 52 min
B. 2 h 30 min 2 s
C. 2 h 32 min
D. 2 h 31 min 12 s

4. L'aire d'une roue de 50 cm de diamètre et dont le cercle intérieur a un rayon de 10 cm est de (la roue n'est pas considérée dans l'espace mais dans le plan) :

A. 225π cm^2
B. 210π cm^2
C. 525π cm^2
D. 900π cm^2

5. Marie souhaite remplir sa piscine mais se demande quel volume en litres cela représente. La piscine est assimilée à un parallélépipède rectangle de profondeur 2 mètres, de longueur 3 mètres et de largeur 2,50 mètres. En considérant que la piscine est remplie aux trois quarts, le volume d'eau en litres est de :

A. 10 250 litres
B. 11 250 litres
C. 15 000 litres
D. 20 000 litres

6. Un marchand de jouets a besoin de 370 billes pour son magasin. Il achète des sacs contenant chacun 25 billes. Combien lui faut-il de sacs pour satisfaire sa demande ?

A. 14
B. 15
C. 16
D. 17

7. Un terrain est assimilable à un trapèze de hauteur 10 mètres, de grande base 20 mètres et de petite base 5 mètres. Passionné d'équitation, Jean souhaite l'acquérir mais ne dispose que de 100 000 euros. Sachant que le prix du terrain au m^2 est de 700 euros, a-t-il assez d'argent ?

A. Oui et le terrain vaut 77 500 euros
B. Oui et le terrain vaut 87 500 euros
C. Non et le terrain vaut 125 000 euros
D. Non et le terrain vaut 175 000 euros

8. Un fleuriste doit confectionner des bouquets de roses blanches et rouges. Chaque bouquet contient 2 roses rouges et 3 roses blanches. Il dispose de 250 roses en tout dont 100 rouges et 150 blanches. Combien peut-il réaliser de bouquets ?

A. 250
B. 150
C. 100
D. 50

9. L'année dernière Frédéric avait 6 ans de plus que sa nièce. Dans 5 ans, il aura le double de son âge. Quels sont leurs âges ?

A. 1 an et 7 ans
B. 11 ans et 22 ans
C. 1 et 2 ans
D. 5 ans et 11 ans

10. $\frac{2}{3}\times\left(\frac{1}{4}+\frac{2}{7}\right)=?$

A. $\frac{5}{14}$
B. $-\frac{5}{14}$
C. $\frac{5}{28}$
D. $-\frac{5}{28}$

11. Si pour tous x et y entiers naturels, alors $x^2 + y^2 = 25$ et $xy = 12$, alors $x + y = ?$

A. 49

B. 7

C. 14

D. Aucune proposition ne convient.

12. Un manège d'équitation est assimilé à un rectangle de largeur 60 mètres et de périmètre 280 mètres. Quelle est la longueur d'une de ses diagonales ?

A. 88 m

B. 92 m

C. 96 m

D. 100 m

13. Une piscine circulaire a pour circonférence 24π mètres. Quelle est son aire en hectares ? Vous arrondirez π à 3,14.

A. 0,045216 ha

B. 0,090432 ha

C. 452,16 ha

D. 9,04 ha

14. Un avion part de Paris à 8 h 00, heure de Paris, en direction de Los Angeles. Le vol dure 10 h 30 et il y a 9 h de moins à Los Angeles par rapport à l'heure de Paris. À quelle heure, heure de Los Angeles, l'avion arrive-t-il à destination ?

A. 17 h 30

B. 10 h 30

C. 09 h 30

D. 19 h 30

15. Pierre prend son vélo pour se rendre à son travail. Il met 30 minutes pour effectuer son trajet et la distance est de 9 km. Quelle est sa vitesse en $m.s^{-1}$?

A. 18 $m.s^{-1}$

B. 9 $m.s^{-1}$

C. 5 $m.s^{-1}$

D. 3 $m.s^{-1}$

Partie C : Aptitudes verbales (15 questions)

1. Océan – <u>lac</u> – marre – flaque d'eau
Pays – ville – région – village

A. Pays

B. Région

C. Ville

D. Village

2. Quel est l'intrus ?
Pneu – jeu – lieu (endroit) – feu

A. Pneu

B. Jeu

C. Lieu

D. Feu

3. Quel est l'intrus ?
DEMOLIE – PAREO – RAPOINTIT – IMAGINER

A. DEMOLIE **C.** RAPOINTIT
B. PAREO **D.** IMAGINER

4. Fenêtre est à maison ce que… est à avion.

A. aile **C.** hublot
B. hélice **D.** cockpit

5. Quel est l'intrus?
Venir – finir – partir – écrire

A. Venir **C.** Partir
B. Finir **D.** Écrire

6. Un synonyme d'*hégémonie* est :

A. Excellence **C.** Maladie
B. Hémorragie **D.** Opulence

7. Quel est l'infinitif du verbe utilisé dans l'expression *ci-gît* ?

A. Gire **C.** Giser
B. Gir **D.** Gésir

8. La conjugaison du verbe *coudre* à l'imparfait de l'indicatif à la troisième personne du singulier est :

A. Coudait **C.** Cousait
B. Coussait **D.** Coudrait

9. La conjugaison du verbe *mouvoir* au présent de l'indicatif à la troisième personne du singulier est :

A. Mouvoie **C.** Meut
B. Meu **D.** Mouvoit

10. Quel est l'intrus ?
Travaillant – convaincant – résolvant - chantant

A. Travaillant **C.** Résolvant
B. Convaincant **D.** Chantant

11. Quel mot est synonyme de *suprématie* ?

A. Bravoure **C.** Sélection
B. Suppression **D.** Primauté

12. Quel couple singulier/pluriel est incorrect ?

A. Bal/bals
B. Festival/festivaux
C. Chacal/chacals
D. Bail/baux

	V	F
A	⊂⊃	⊂⊃
B	⊂⊃	⊂⊃
C	⊂⊃	⊂⊃
D	⊂⊃	⊂⊃

13. Quel est le prénom du *petit chose* dans le roman du même nom d'Alphonse Daudet ?

A. Daniel
B. Alphonse
C. Robert
D. Julien

	V	F
A	⊂⊃	⊂⊃
B	⊂⊃	⊂⊃
C	⊂⊃	⊂⊃
D	⊂⊃	⊂⊃

14. Parmi les termes suivants, lequel n'est pas un synonyme du mot *acuité* ?

A. Clairvoyance
B. Intelligence
C. Sagacité
D. Acceptation

	V	F
A	⊂⊃	⊂⊃
B	⊂⊃	⊂⊃
C	⊂⊃	⊂⊃
D	⊂⊃	⊂⊃

15. Qui a dit « Choisis un travail que tu aimes, et tu n'auras pas à travailler un seul jour de ta vie. » ?

A. Sénèque
B. Platon
C. Virgile
D. Confucius

	V	F
A	⊂⊃	⊂⊃
B	⊂⊃	⊂⊃
C	⊂⊃	⊂⊃
D	⊂⊃	⊂⊃

Tableau des réponses

Partie A :

1	2	3	4	5	6	7	8	9	10
B	A	D	C	D	A	D	B	A	C
11	**12**	**13**	**14**	**15**					
A	B	B	D	D					

Partie B :

1	2	3	4	5	6	7	8	9	10
D	D	D	C	B	B	B	D	A	A
11	**12**	**13**	**14**	**15**					
B	D	A	C	C					

Partie C :

1	2	3	4	5	6	7	8	9	10
B	A	D	C	B	A	D	C	C	B
11	**12**	**13**	**14**	**15**					
D	B	A	D	D					

Corrigé détaillé

Partie A : Logique générale

1. Dans l'alphabet, la lettre précédant le O est N et la lettre suivant le C est D. Ainsi le couple de lettres cherché est une lettre avant le R, soit Q et une lettre suivant le V, soit W. Le couple cherché est donc QW. La bonne réponse est **B**.
2. Vous êtes confrontés à deux suites alternées. La première qui commence par 1 et dont les termes sont augmentés de 2 unités. La seconde qui commence par 16 et dont les termes sont diminués de 3 unités. Ainsi le premier nombre cherché est $5 + 2 = 7$ et le second est $10 - 3 = 7$. Soit 7 – 7. La bonne réponse est **A**.
3. Vous êtes face à une suite de lettres suivies d'un chiffre ou d'un nombre. Les lettres se suivent dans l'ordre croissant de l'alphabet et le chiffre correspond à son rang dans la suite élevé au carré. Ainsi G est la première lettre donc G1 (car $1^2 = 1$), H, qui suit G dans l'alphabet, est la deuxième lettre de la suite donc H4 (car $2^2 = 4$), etc. La bonne réponse est donc I9 car I suit H dans l'alphabet et il s'agit du troisième terme de la suite ($3^2 = 9$). La bonne réponse est donc **D**.
4. 365 est à jour ce que 8 760 est à heure. Il y a 24 heures dans une journée, ainsi il suffit de multiplier 365 par 24 et vous obtenez : 8 760. Il y a 8 760 heures dans une année. La bonne réponse est **C**.
5. Vous êtes confronté à deux suites alternées. La première qui commence par 1 et dont les termes sont augmentés de 4 unités à chaque étape et la seconde qui commence par 2 et dont les termes sont augmentés de 2 unités de l'un à l'autre. Les deux termes cherchés sont donc $6 + 2 = 8$ et $13 + 4 = 17$. La bonne réponse est **D**.
6. Vous êtes face à deux suites de lettres alternées. La première qui commence par Z et dont le rang des lettres diminue de deux unités et la seconde qui commence par E et dont le rang des lettres augmente de trois unités. Les deux lettres cherchées sont T (qui se situe deux rangs avant V) et N (qui se situe trois rangs après K). La bonne réponse est **A**.
7. Les mots sont suivis d'un chiffre correspondant au nombre de leurs voyelles. Ainsi le chiffre cherché est 3 car il y a trois voyelles dans le mot ACTEUR. La bonne réponse est **D**.
8. Chaque mot est suivi de deux chiffres : le premier correspond à son nombre de voyelles et le second au nombre de consonnes. Ainsi le nombre cherché est : 46 car IMPRIMANTE comprend quatre voyelles et six consonnes. La bonne réponse est **B**.
9. La somme des chiffres de 111 est égale à 3, la somme des chiffres de 121 est égale à 4, ainsi la somme des chiffres du nombre cherché doit être égale à 5. Le nombre cherché est donc 104. La bonne réponse est **A**.
10. 10 est à chiffre ce que 26 est à lettre. En effet, il y a 10 chiffres et 26 lettres dans l'alphabet. La bonne réponse est **C**.

À RETENIR

Il y a 10 chiffres : 0, 1, 2, 3, 4, 5, 6, 7, 8 et 9 et 26 lettres : A, B, C, D, E, F, G, H, I, J, K, L, M, N, O, P, Q, R, S, T, U, V, W, X, Y et Z.

11. Les nombres effectuent une rotation dans le sens des aiguilles d'une montre (sens indirect en mathématiques) au niveau des coins du carré. Il y a aussi un nombre qui est ajouté à chaque étape. De plus les nombres se suivent dans l'ordre croissant des cubes : $1^3 = 1$, $2^3 = 8$, $3^3 = 27$ et donc $4^3 = 64$. Vous devez donc retenir le carré avec 1 en bas à gauche, 8 en haut à gauche, 27 en haut à droite et 64 en bas à droite. La bonne réponse est **A**.

12. Le nombre de côtés de chaque figure est égal au nombre lettres du mot situé à l'intérieur. La dernière figure est un heptagone (7 côtés), vous devez donc sélectionner un mot de sept lettres, soit *théâtre*. La bonne réponse est **B**.

13. Vous remarquez que le carré coloré en haut à droite se déplace d'un carreau en diagonale vers la gauche tandis que le carré à gauche se déplace horizontalement d'un carreau à droite.

La bonne réponse est **B**.

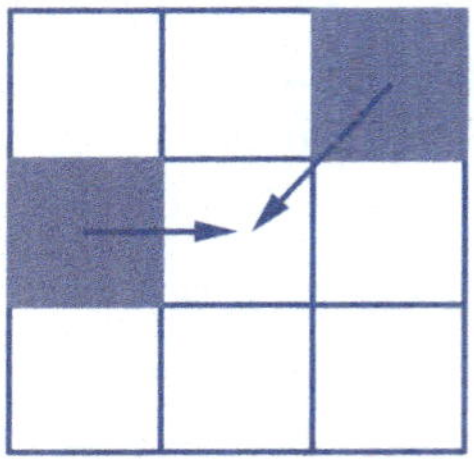

14. Le nombre de lettres du mot situé à l'intérieur de la figure est égal au double de son nombre de côtés. Ainsi le mot cherché doit comporter $6 \times 2 = 12$ lettres. Seul *publications* convient. La bonne réponse est **D**.

15. Le nombre situé à l'intérieur de chaque figure est égal à son nombre de côtés moins une unité élevé au cube. Soit nombre = (nombre de côtés $- 1)^3$. Le nombre cherché se situe à l'intérieur d'un octogone (figure à huit côtés) et vaut donc $(8 - 1)^3 = 7^3 = 343$. La bonne réponse est **D**.

Partie B : Aptitudes numériques

1. La hauteur d'un triangle équilatéral de côté a est donnée par la formule $\frac{a\sqrt{3}}{2}$.

Par identification, vous obtenez directement $a = 1$. Ainsi la bonne réponse est **D**.

2. $\sqrt{50} = \sqrt{25} \times \sqrt{2} = 5\sqrt{2}$

$\sqrt{32} = \sqrt{16} \times \sqrt{2} = 4\sqrt{2}$

Soit finalement : $\sqrt{50} + \sqrt{32} + \sqrt{2} = 5\sqrt{2} + 4\sqrt{2} + \sqrt{2} = 10\sqrt{2}$

Et la bonne réponse est **D**.

3. 2,52 heures = 2 heures + 0,52 heure = 2 heures + 0,52 × 60 minutes = 2 heures + 31,2 minutes = 2 heures + 31 minutes + 0,2 minutes = 2 heures + 31 minutes + 0,2 × 60 secondes = 2 heures + 31 minutes + 12 secondes.

2,52 h = 2 h 31 min 12 s et la bonne réponse est **D**.

4. L'aire d'un cercle de 50 cm de diamètre est de : πR^2 où R est le rayon. $R = 25$ cm (et non 50 cm qui est le diamètre). L'aire du grand cercle est donc égale à $A_{\text{grand cercle}} = \pi \times 25^2 = 625\pi$ cm². L'aire de l'intérieur de la roue est πr^2 où r est le rayon du cercle intérieur à la roue. Ainsi l'aire de l'intérieur de la roue est égale à : $A_{\text{intérieur de la roue}} = \pi \times 10^2 = 100\pi$ cm². Et finalement l'aire de la roue est égale à $A_{\text{grand cercle}} - A_{\text{intérieur de la roue}} = 625\pi - 100\pi = 525\pi$ cm². La bonne réponse est **C**.

5. Le volume d'un parallélépipède est égale au produit de sa longueur par sa largeur par sa profondeur. Soit $2 \times 3 \times 2{,}5 = 15$ m³ = 15 000 litres. Le volume d'eau en litres est donc $15\,000 \times \frac{3}{4} = 11\,250$ litres. La bonne réponse est **B**.

ATTENTION

La piscine est remplie aux trois quarts !

6. $370 \div 25 = 14{,}8$. Donc le marchand a besoin de 15 sacs de billes (et non 14 !) pour satisfaire sa demande. Avec 14 sacs, il a $14 \times 25 = 350$ billes et il lui en manque 20. Avec 15 sacs, il en a $15 \times 25 = 375$ et il en aura 5 en plus. La bonne réponse est **B**.

À RETENIR

Vous devez, en général, arrondir le résultat à l'entier supérieur dans ce genre d'énoncé (et cela même si le nombre obtenu est plus proche de l'entier inférieur).

7. L'aire d'un trapèze est égale à $A = \frac{\text{grande base} + \text{petite base}}{2} \times \text{hauteur}$.

Ainsi la surface du terrain est donc égale à $(20+5) \times \frac{10}{2} = \frac{250}{2} = 125$ m². Le prix au m² est de 700 euros. Ainsi Jean devra payer : $125 \times 700 = 87\,500$ euros. Jean peut donc acheter le terrain et la bonne réponse est **B**.

REMARQUE

Il lui reste 100 000 – 87 500 = 12 500 €

À RETENIR

L'aire d'un trapèze est donnée par la formule : $\frac{B+b}{2} \times h$ où B désigne la grande base, b la petite base et h la hauteur du trapèze.

8. Vous devez tester chacune des solutions proposées et choisir celle qui convient le mieux. Vous n'avez pas assez de temps pour procéder d'une autre manière. Ainsi en testant les différentes propositions, vous obtenez aisément que la bonne réponse est 50 bouquets. En effet cela donne 50×2 roses rouges = 100 roses rouges et 50×3 roses blanches = 150 roses blanches. La bonne réponse est **D**.

REMARQUE

Avec davantage de temps, la méthode consiste à déterminer le PGCD de 100 et 150, soit en appliquant l'algorithme d'Euclide, vous obtenez :

$200 = 150 \times 1 + 50$

$150 = 50 \times 3 + 0$

Le reste de l'avant-dernière division euclidienne est 50, ainsi PGCD (200 ; 150) = 50.

Finalement le fleuriste peut réaliser 50 bouquets comprenant chacun 2 roses rouges et 3 roses blanches.

9. L'année dernière Frédéric avait six ans de plus que sa nièce. Il aura toujours six ans de plus qu'elle quelle que soit l'année considérée. Ainsi $F = N + 6$ en posant F = âge de Frédéric et N celui de sa nièce. Dans 5 ans, il aura le double de son âge. Cela se traduit par $F + 5 = 2(N + 5)$ soit $F = 2N + 5$. En remplaçant F par $N + 6$, vous obtenez $N + 6 = 2N + 5$ et $N = 1$. Finalement $N = 1$ an et $F = 7$ ans et la bonne réponse est **A**.

10. $\frac{2}{3}\times\left(\frac{1}{4}+\frac{2}{7}\right)=\frac{2}{3}\times\left(\frac{7}{28}+\frac{8}{28}\right)=\frac{2}{3}\times\frac{15}{28}=\frac{5}{14}$ et la bonne réponse est **A**.

11. Lorsque $x^2 + y^2 = 25$ et $xy = 12$, vous déduisez, en utilisant la formule de l'identité remarquable $(x + y)^2 = x^2 + y^2 + 2xy$, que $(x + y)^2 = 25 + 2 \times 12 = 49$. Finalement $x + y = 7$ en ne retenant que la racine positive étant donné que x et y sont des entiers naturels (donc positifs). La bonne réponse est **B**.

À RETENIR

$(x + y)^2 = x^2 + 2xy + y^2 = x^2 + y^2 + 2xy$

La somme de deux entiers positifs est positive. Des entiers naturels sont toujours positifs ou nuls.

12. Le périmètre d'un rectangle est égal à (largeur + longueur) × 2, soit (60 + longueur) × 2 = 280. Ainsi la longueur est égale à $\frac{280}{2} - 60 = 140 - 60 = 80$ mètres. En appliquant le théorème de Pythagore, vous obtenez que la longueur des diagonales du rectangle vérifie la relation suivante :

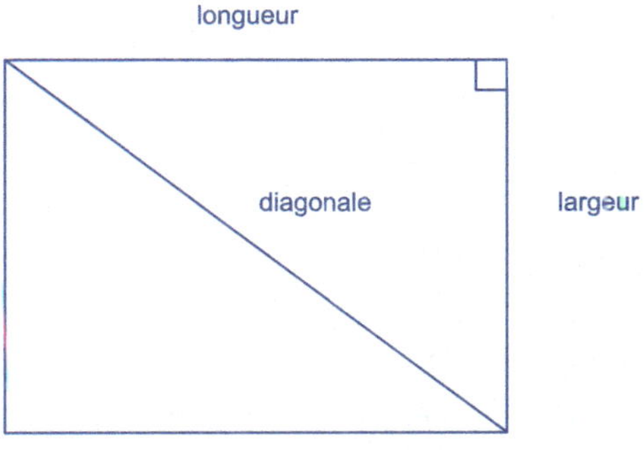

diagonale² = longueur² + largeur²

$\text{diagonale}^2 = \text{longueur}^2 + \text{largeur}^2$. Puis, en effectuant l'application numérique : $\text{diagonale}^2 = 80^2 + 60^2 = 6\,400 + 3\,600 = 10\,000$. Finalement en considérant la racine carrée positive (car une longueur est toujours positive ou nulle), vous obtenez diagonale $= \sqrt{10\,000} = 100$ mètres. La bonne réponse est **D**.

Corrigé

À RETENIR

Le périmètre d'un rectangle est égale au double de la somme de sa longueur et de sa largeur : $P_{rectangle} = 2 \times (\text{longueur} + \text{largeur})$

13. La circonférence ou encore le périmètre d'un cercle est égal à $2\pi R$ où R est le rayon du cercle. Si la circonférence vaut 24π alors le rayon vaut $24 \div 2 = 12$ mètres. Puis, l'aire de la piscine (qui a la forme d'un cercle) est donnée par la formule πR^2 qui est égale à $A = \pi \times 12^2 = 144\pi$ m². En convertissant enfin les mètres carré en hectares, vous obtenez $A = 0{,}0144\pi$ ha $= 0{,}045216$ ha en admettant que $\pi = 3{,}14$. La bonne réponse est **A**.

À RETENIR

La circonférence (ou le périmètre) d'un cercle est donnée par la formule $C = 2\pi R$. L'aire d'un cercle est donnée par la formule : $A_{cercle} = \pi R^2$

1 ha = 1 hm² = 0,0001 m².

14. Le vol dure 8 heures et part de Paris à 10 h 30. Il arrive donc à 18 h 30, heure de Paris, à Los Angeles. Or il y a 9 heures de moins à Los Angeles, donc l'avion arrive à 18 h 30 – 9 h 00 = 9 h 30, heure de Los Angeles. Et la bonne réponse est **C**.

15. Vitesse = distance ÷ durée. Vitesse = 9 ÷ 0,5 = 18 $km.h^{-1}$. Puis en convertissant la vitesse en $m.s^{-1}$, vous obtenez 18 ÷ 3,6 = 5 $m.s^{-1}$. Pierre roule donc à une vitesse de 5 $m.s^{-1}$. La bonne réponse est **C**.

À RETENIR

Pour convertir des $km.h^{-1}$ en $m.s^{-1}$, vous devez diviser par 3,6.

30 minutes = 0,5 heures

Partie C : Aptitudes verbales

1. Les mots sont classés par ordre de grandeur de ce qu'ils représentent. Ainsi en suivant le même principe que la première ligne le mot à souligner est *région*. La bonne réponse est **B**.

2. L'intrus est *pneu* car c'est le seul mot à ne pas prendre de *x* au pluriel. Il marque son pluriel en prenant un *s*. La bonne réponse est **A**.

REMARQUE

Le nom *lieu* désignant le poisson marque son pluriel en prenant un *s* tandis que le nom *lieu* au sens de l'endroit prend un *x* au pluriel.

3. Les mots correspondent à des anagrammes de noms correspondant à la musique sauf un : IMAGINER qui est l'anagramme de MIGRAINE. Les autres anagrammes se réfèrent tous à la musique : MÉLODIE, OPÉRA, PARTITION. La bonne réponse est donc **D**.

4. Fenêtre est à maison ce que hublot est à avion. Les fenêtres des avions sont appelées *hublots*. La bonne réponse est **C**.

5. L'intrus est le verbe *finir* car c'est le seul verbe qui n'est pas du 3e groupe. Il est du 2e groupe. La bonne réponse est **B**.

À RETENIR

Les verbes du 2e groupe forment leur participe présent en *-issant* tandis que ceux du 3e groupe le forment en *-ant*. Par exemple *finir* (2e groupe) : *finissant* et *venir* (3e groupe) : *venant*.

6. Le nom *hégémonie* signifie *excellence*, *prépondérance*, *avantage*, *primauté*, *éminence,* etc. Ainsi, parmi les termes de la liste, seul le mot *excellence* est un synonyme d'*hégémonie*. La bonne réponse est **A**.

7. L'infinitif du verbe utilisé dans l'expression *ci-gît* est *gésir*. La forme *gît* correspond à la conjugaison du verbe *gésir* au présent de l'indicatif à la troisième personne du singulier. La bonne réponse est **D**.

Présent de l'indicatif du verbe *gésir*
Je gis
Tu gis
Il gît
Nous gisons
Vous gisez
Ils gisent

8. La conjugaison du verbe *coudre* à l'imparfait de l'indicatif à la troisième personne du singulier donne *cousait*. La bonne réponse est **C**.

Imparfait de l'indicatif du verbe *coudre*
Je cousais
Tu cousais
Il cousait
Nous cousions
Vous cousiez
Ils cousaient

9. La conjugaison du verbe *mouvoir* au présent de l'indicatif à la troisième personne du singulier est *il meut*. La bonne réponse est **C**.

ATTENTION

Ce verbe du troisième groupe est irrégulier au présent de l'indicatif, au présent du subjonctif et au présent de l'impératif. Son participe passé est *mû* avec un accent circonflexe sur le *–u*.

Sa conjugaison aux temps cités ci-dessus est la suivante :

Indicatif présent	Subjonctif présent	Impératif présent
Je meus Tu meus Il meut Nous mouvons Vous mouvez Ils meuvent	Que je meuve Que tu meuves Qu'il meuve Que nous mouvions Que vous mouviez Qu'ils meuvent	Meus Mouvons Mouvez

10. Parmi les mots de la liste, seul *convaincant* est un adjectif verbal. Les autres sont des participes présents. Le participe présent du verbe *convaincre* est *convainquant*. La bonne réponse est **B**.

11. Le nom *suprématie* signifie *primauté*, *supériorité*, *prépondérance*, *excellence*, *hégémonie*. Ainsi parmi les mots de la liste, seul le terme *primauté* est un synonyme de *suprématie*. La bonne réponse est **D**.

12. Parmi les couples singulier/pluriel de la liste, seul *festival/festivaux* est incorrect. Le terme *festival* prend un *–s* au pluriel. Il fait partie des exceptions des noms se terminant en *–al* marquant leur pluriel en *–als*, à savoir *bal*, *carnaval*, *festival*, *chacal*, *récital*, *régal* et *cal*. Les autres noms en *–al* forment leur pluriel en se terminant par *–aux*. La bonne réponse est **B**.

13. Dans le roman *Le Petit Chose* d'Alphonse Daudet (1840-1897), le *petit chose* s'appelle Daniel. Cet ouvrage est une autobiographie de l'auteur. La bonne réponse est **A**.

14. Le terme *acuité* signifie *clairvoyance*, *lucidité*, *sagacité*, *intelligence*, *perspicacité*, etc. Ainsi le seul nom à ne pas être un synonyme d'*acuité* est *acceptation*. La bonne réponse est **D**.

15. « Choisis un travail que tu aimes, et tu n'auras pas à travailler un seul jour de ta vie. » est une citation de Confucius (551 av. J.-C. – 479 av. J.-C.). La bonne réponse est **D**.

Concours blanc 3

1 h

Partie A : Logique générale (15 questions)

1. Complétez la suite :
1 - 1 - 8 - 4 - ? - 9 - 64 - ? - 125 - 25

A. 27 - 16
B. 81 - 25
C. 81 - 8
D. 9 - 4

2. Quel est l'intrus ?
D - H - P - Y

A. D
B. H
C. P
D. Y

3. Le quart du huitième du quadruple du carré de 4 est égal à...

A. 1
B. 2
C. 3
D. 4

4. 24 est à heure ce que 86 400 est à ...

A. année.
B. jour.
C. minute.
D. seconde.

5. Complétez la suite :
AC - BD - ?? - DF

A. CE
B. EH
C. CF
D. KM

6. Partition45 - pièce32 - texte23 - cinéma??

A. 65
B. 32
C. 31
D. 33

7. L'aire est au cm^2 ce que la circonférence est au...

A. cercle.
B. disque.
C. centimètre.
D. mètre.

8. 12 est à 142 ce que... est à 184.

A. 18 **C.** 14

B. 16 **D.** 13

9. 8 est à 2 ce que 125 est à...

A. 40 **C.** 20

B. 25 **D.** 5

10. Quel est l'intrus ?
Carré - triangle - cercle - sphère

A. Carré **C.** Cercle

B. Triangle **D.** Sphère

11.

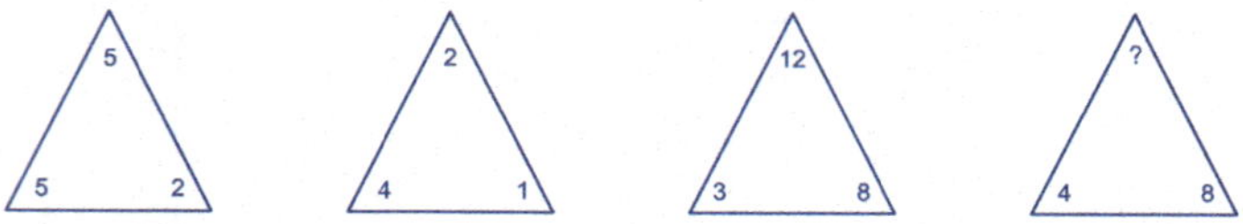

A. 64 **C.** 16

B. 32 **D.** 8

12.

A.

B.

C.

D.

13.

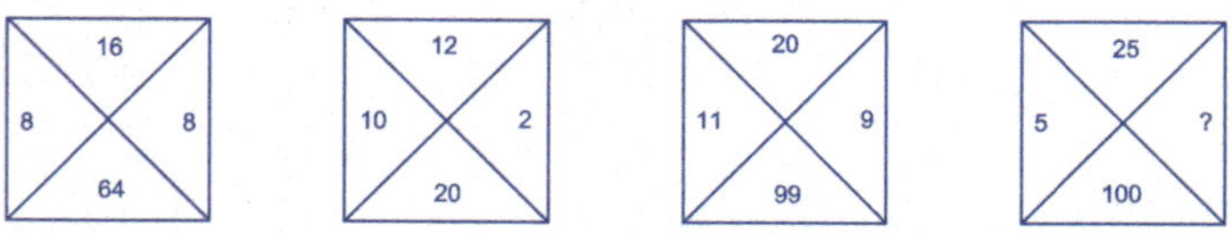

A. 20 **C.** 10

B. 15 **D.** 5

14. 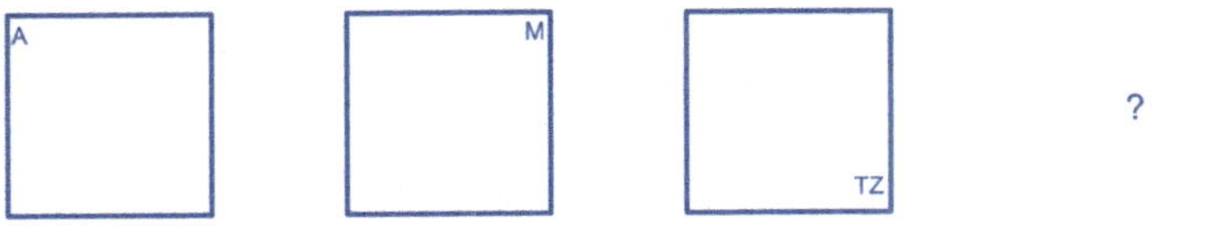

V	F
A	
B	
C	
D	

A. 

B. 

C. 

D. 

15. 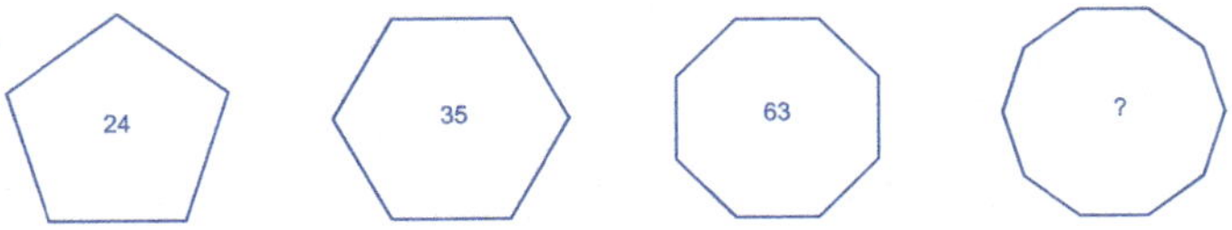

V	F
A	
B	
C	
D	

A. 99
B. 64
C. 50
D. 10

Partie B : Aptitudes numériques (15 questions)

1. Manon souhaite faire un collier de perles à sa maman. Elle dispose de perles de 0,5 cm de rayon. Combien de perles peut-elle enfiler pour que son collier, assimilé à un cercle, ait une circonférence de 50 cm ?

A. 25
B. 50
C. 75
D. 100

2. Dans une troupe de théâtre, la probabilité qu'un comédien fasse une erreur sur un mot est de $\frac{1}{5}$. Quelle la probabilité que ce comédien dise parfaitement sa réplique sachant qu'elle contient exactement 10 mots ?

Les erreurs sont indépendantes.

A. $\frac{4}{5}$
B. $\frac{1}{5}$
C. $\left(\frac{4}{5}\right)^{10}$
D. $\left(\frac{1}{5}\right)^{10}$

3. En sortant de répétition générale, les six comédiens décident d'aller prendre un verre. L'addition s'élève à 21,25 euros. Sachant que l'un des comédiens n'a pas d'argent et ne participe donc pas, combien paient-ils chacun en moyenne ? Vous arrondirez, si besoin, au centime d'euro près.

A. 3,1875 euros
B. 4,25 euros
C. 8,50 euros
D. 12,75 euros

4. 1 dl = ... m^3 = ... dm^3

A. 0,1 – 10
B. 0,01 – 1
C. 0,001 – 0,1
D. 0,0001 – 0,1

	V	F
A	⬭	⬭
B	⬭	⬭
C	⬭	⬭
D	⬭	⬭

5. Stéphanie souhaite acheter un bouquet pour sa belle-mère. Le fleuriste lui propose un bouquet composé de 5 roses et de 3 tulipes. Sachant que le bouquet coûte en tout 37,75 euros, et que une rose coûte 5 euros, quel est le prix d'une tulipe ?

A. 12,75 euros
B. 4,25 euros
C. 3,25 euros
D. 25 euros

	V	F
A	⬭	⬭
B	⬭	⬭
C	⬭	⬭
D	⬭	⬭

6. Un train part de Paris en direction de Lille à 8 heures 07 minutes et 48 secondes. Sachant qu'il met 57 minutes et 32 secondes pour effectuer ce trajet, à quelle heure arrive-t-il à Lille ?

A. 9 heures 03 minutes et 20 secondes
B. 9 heures 04 minutes et 20 secondes
C. 9 heures 05 minutes et 20 secondes
D. 9 heures 06 minutes et 20 secondes

	V	F
A	⬭	⬭
B	⬭	⬭
C	⬭	⬭
D	⬭	⬭

7. Pour l'anniversaire de Blandine, ses amis lui organisent une fête. Son anniversaire a lieu dans exactement 1 296 000 secondes, ce qui équivaut à une durée de :

A. 6 heures
B. 36 heures
C. 12 jours
D. 15 jours

	V	F
A	⬭	⬭
B	⬭	⬭
C	⬭	⬭
D	⬭	⬭

8. Tous les jours Marie et ses deux enfants vont ramasser des châtaignes dans la forêt. Sachant que Marie en ramasse deux fois plus que chacun de ses enfants et qu'elle en ramasse 50 par jour, combien de châtaignes ramassent-ils en tout en une journée ?

A. 25
B. 50
C. 75
D. 100

	V	F
A	⬭	⬭
B	⬭	⬭
C	⬭	⬭
D	⬭	⬭

9. Dans une classe de 30 élèves, la moyenne au dernier contrôle de mathématiques est de 11/20. Quelle moyenne au contrôle suivant doivent avoir les élèves pour faire monter la moyenne de la classe d'un point ?

A. 11/20
B. 12/20
C. 13/20
D. 14/20

	V	F
A	⬭	⬭
B	⬭	⬭
C	⬭	⬭
D	⬭	⬭

10. Jean décide de fabriquer un tourne-disque. Pour cela il a besoin de connaître l'aire d'un 33 tours. Si un 33 tours peut être assimilé à un disque de diamètre 30 cm, pouvez-vous aider Jean à trouver cette surface ?

A. 900 cm^2 **C.** 225π cm^2

B. 900π cm^2 **D.** 225 cm^2

11. Un cube a une aire de 150 cm^2. Quelle est la longueur de ses arêtes ?

A. 1,5 cm **C.** 5 cm

B. 3 cm **D.** 15 cm

12. Quel est le volume, en litres, d'un bassin circulaire de 50 cm de profondeur et de diamètre 2 mètres ? Vous admettrez que $\pi = 3,14$.

A. 7 536 **C.** 600

B. 1 570 **D.** 75,36

13. Marie prépare des cocktails de fruits pour ses invités. Elle a en tout 10 litres de jus de fruits à répartir dans des verres de 250 ml. Combien de verres peut-elle remplir ?

A. 4 **C.** 40

B. 25 **D.** 250

14. Jean prépare son audition de théâtre. Il mémorise un mot en trois secondes. Combien met-il de temps à apprendre son texte qui contient 250 mots ?

A. 45 minutes

B. 20 minutes

C. 12 minutes et 30 secondes

D. 12 heures et 30 secondes

15. Antoine roule à une vitesse de 40 mètres par seconde. Sachant que la vitesse limite autorisée est de 90 km/h, est-il en excès de vitesse ?

A. Oui et il roule à 144 km/h

B. Oui et il roule à 400 km/h

C. Non et il roule à environ 91 km/h

D. Non et il roule à 52 km/h

V F
A ○ ○
B ○ ○
C ○ ○
D ○ ○

Partie C : Aptitudes verbales (15 questions)

1. Quel est l'intrus ?
MIGRAINE – REVIRES – REPLI – DEFLATION

A. MIGRAINE
B. REVIRES
C. REPLI
D. DEFLATION

2. L'encre est à l'écrivain ce que… est au peintre.
A. l'écriture
B. le pinceau
C. la peinture
D. la couleur

3. 3 est à trimestre ce que 4 est à…
A. mois.
B. semestre.
C. quadrimestre.
D. année.

4. Le chapeau est au… ce que le vêtement est au styliste.
A. modiste
B. créateur
C. modèle
D. bookeur

5. Zéro est à l'addition ce que… est à la multiplication.
A. multiplier
B. un
C. la division
D. la différence

6. Quelle écriture ne convient pas ?
A. Quatre-vingt-deux
B. Quatre-vingt
C. Cent mille
D. Deux cents

7. Un synonyme du terme *insidieux* est :
A. Vrai
B. Honnête
C. Captieux
D. Capricieux

8. Quelle est la locution correctement orthographiée ?
A. Ainsi soit il
B. Ainsi soi-t-il
C. Ainsi soit-il
D. Ainsi soie il

9. Quelle est la forme incorrecte ?
A. Des pince-sans-rire
B. Des laissez-passer
C. Des chefs-d'œuvre
D. Des arc-en-ciels

10. Quel terme est un antonyme de *corroborer* ?

A. Confirmer **C.** Certifier

B. Réfuter **D.** Garantir

V F
A ⊂⊃ ⊂⊃
B ⊂⊃ ⊂⊃
C ⊂⊃ ⊂⊃
D ⊂⊃ ⊂⊃

11. Quel mot n'est pas un synonyme d'*élégiaque* ?

A. Élogieux **C.** Triste

B. Mélancolique **D.** Abattu

V F
A ⊂⊃ ⊂⊃
B ⊂⊃ ⊂⊃
C ⊂⊃ ⊂⊃
D ⊂⊃ ⊂⊃

12. Le subjonctif présent du verbe *vaincre* à la première personne du singulier est :

A. Que je vaincs **C.** Que je vainc

B. Que je vainque **D.** Que je vainquisse

V F
A ⊂⊃ ⊂⊃
B ⊂⊃ ⊂⊃
C ⊂⊃ ⊂⊃
D ⊂⊃ ⊂⊃

13. Quel est le mot bien orthographié ?

A. Parallélépipède **C.** Dilemne

B. Ambigü **D.** En l'ocurrence

V F
A ⊂⊃ ⊂⊃
B ⊂⊃ ⊂⊃
C ⊂⊃ ⊂⊃
D ⊂⊃ ⊂⊃

14. Quelle est la locution incorrecte ?

A. Avant que je parte **C.** Après qu'il a dîné

B. Quoi qu'on lui dise **D.** Après qu'il ait révisé

V F
A ⊂⊃ ⊂⊃
B ⊂⊃ ⊂⊃
C ⊂⊃ ⊂⊃
D ⊂⊃ ⊂⊃

15. Qui a dit « Rien ne sert de courir, il faut partir à point » ?

A. Pierre Corneille **C.** Marivaux

B. Jean Racine **D.** Jean de La Fontaine

V F
A ⊂⊃ ⊂⊃
B ⊂⊃ ⊂⊃
C ⊂⊃ ⊂⊃
D ⊂⊃ ⊂⊃

Tableau des réponses

Partie A :

1	2	3	4	5	6	7	8	9	10
A	B	B	D	A	D	C	C	D	D
11	**12**	**13**	**14**	**15**					
C	A	A	B	A					

Partie B :

1	2	3	4	5	6	7	8	9	10
B	C	B	D	B	C	D	D	C	C
11	**12**	**13**	**14**	**15**					
C	B	C	C	A					

Partie C :

1	2	3	4	5	6	7	8	9	10
D	C	C	A	B	B	C	C	D	B
11	**12**	**13**	**14**	**15**					
A	B	A	D	D					

Corrigé détaillé

Partie A : Logique générale

1. Vous êtes en présence de deux suites alternées. L'une est une série de cubes classés par ordre croissant : $1^3 = 1$, $2^3 = 8$, $3^3 = 27$, $4^3 = 64$ et $5^3 = 125$; l'autre une série de carrés classés par ordre croissant : $1^2 = 1$, $2^2 = 4$, $3^2 = 9$, $4^2 = 16$ et $5^2 = 25$. Ainsi les nombres cherchés sont $3^3 = 27$ et $4^2 = 16$. La bonne réponse est **A**.

2. Vous remarquez que la suite est composée de lettres dont le rang dans l'alphabet est un carré parfait sauf H (car son rang, 8, n'est pas un carré parfait). D (rang = 4 = 2^2), P (rang = 16 = 4^2) et Y (rang = 25 = 5^2), H est donc l'intrus. La bonne réponse est **B**.

3. Le quart du huitième du quadruple du carré de 4 est égal à $\frac{1}{4} \times \frac{1}{8} \times 4 \times 4^2 = \frac{64}{32} = 2$. La bonne réponse est **B**.

4. 24 est à heure ce que $24 \times 60 \times 60 = 86\,400$ est à seconde. Dans 24 heures, il y a $24 \times 3\,600 = 86\,400$ secondes. La bonne réponse est **D**.

5. Vous remarquez que la suite est une progression croissante de la première lettre de chaque couple. Cette première lettre est suivie d'une autre située deux rangs plus loin dans l'alphabet. Le couple cherché est CE. La bonne réponse est **A**.

6. Chaque mot est suivi d'un nombre dont le premier chiffre correspond à son nombre de voyelles et le second à son nombre de consonnes. Ainsi le nombre cherché est 33. La bonne réponse est **D**.

7. L'aire est au cm^2 ce que la circonférence est au centimètre. Il s'agit d'une unité d'aire et d'une unité de longueur. La bonne réponse est **C**.

8. 12 est à 142, ce que 14 est à 184. Vous remarquez que les premier et troisième chiffres du second nombre constituent le premier nombre. Ainsi le nombre cherché est 14. Vous pouvez aussi noter que le chiffre du milieu du second nombre de chaque côté est égal au double du troisième. La bonne réponse est **C**.

9. 8 est à 2 ce que 125 est à 5. En effet 8 est le cube de 2 et 125 celui de 5. La bonne réponse est **D**.

10. La sphère est l'intrus. C'est la seule figure géométrique qui soit dans l'espace. Les autres sont dans le plan. La bonne réponse est **D**.

11. Dans chaque triangle le nombre du haut est égal à la moitié du produit des deux nombres du bas. Le nombre cherché est donc $4 \times 8 \div 2 = 16$. La bonne réponse est **C**.

12. Le carré coloré en haut se déplace diagonalement vers la droite, celui de la deuxième ligne se déplace verticalement vers le haut et celui de la troisième ligne avance horizontalement vers la droite.

La bonne réponse est **A**.

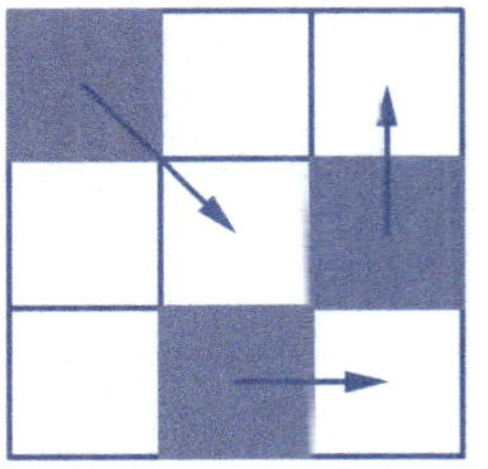

13. Vous remarquez que le nombre situé en haut est égal à la somme des nombres de gauche et de droite tandis que celui du bas est égal à leur produit. Le nombre cherché est donc 20. En effet $5 + 20 = 25$ et $5 \times 20 = 100$. La bonne réponse est **A**.

14. Vous remarquez que les lettres se déplacent aux quatre coins du carré selon une rotation dans le sens des aiguilles d'une montre. De plus la somme du nombre de barres des lettres augmente d'une unité à chaque étape passant de 3 à 4, puis de 4 à 5 et enfin de 5 à 6. Vous devez donc sélectionner un carré avec les lettres en bas à gauche et dont la somme des barres est égale à 6. Soit le carré avec les lettres F (3 barres) et Z (3 barres) situées en bas à gauche. La bonne réponse est **B**.

15. Le nombre à l'intérieur de la figure est égal à son nombre de côtés élevé au carré moins une unité. Le nombre cherché est donc 99. En effet un décagone a 10 côtés et $10^2 - 1 = 100 - 1 = 99$. La bonne réponse est **A**.

Partie B : Aptitudes numériques

1. Le rayon des perles de Manon est de 0,5 cm. Ainsi leur diamètre est de $2 \times 0{,}5 = 1$ cm. Il en faut donc 50 pour que la ficelle de 50 cm soit recouverte entièrement de perles. Et la bonne réponse est **B**.

2. La probabilité que le comédien ne fasse pas d'erreur à un mot est ce : $1-\frac{1}{5}=\frac{4}{5}$, ainsi la probabilité qu'il ne fasse pas d'erreur dans la phrase est égale à : $\underbrace{\frac{4}{5}\times\frac{4}{5}\times\cdots\times\frac{4}{5}}_{10\text{ fois}}=\left(\frac{4}{5}\right)^{10}$. Et la bonne réponse est **C**.

3. Il vous suffit de diviser 21,25 par $5 = 6 - 1$ (car un comédien ne paie pas sa part). Ainsi chacun paie en moyenne $\frac{21{,}25}{5} = 4{,}25$ euros. Et la bonne réponse est **B**.

Corrigé

4. 1 dl = 0,1 litre = 0,0001 m^3 = 0,1 dm^3. Il est important de bien vous souvenir que 1 m^3 = 1 000 litres et que 1 litre = 0,001 m^3. Vous pouvez après « jongler » avec les unités. Et la bonne réponse est **D**.

km³			**hm³**			**dam³**			**m³**			**dm³**			**cm³**			**mm³**		
											kl	**hl**	**dal**	**l**	**dl**	**cl**	**ml**			
											0	0	0	0	1					

5. Le bouquet est composé de 5 roses, donc le prix des roses revient à $5 \times 5 = 25$ euros. Ainsi le coût des trois tulipes s'élève à $37,75 - 25 = 12,75$ euros. Le prix d'une tulipe est donc égal à $\frac{12,75}{3} = 4,25$ euros. La bonne réponse est **B**.

6. Il arrive à Lille à 9 h 05 minutes et 20 secondes. En effet, 8 h 07 min 48 sec + 57 min 32 sec = 8 h 64 min 80 sec = 8 h 65 min 20 sec = 9 h 05 min 20 sec. La bonne réponse est **C**.

7. 1 jour = 24 heures = 24 × 3 600 secondes = 86 400 secondes. Ainsi pour obtenir le temps qu'il reste pour la date d'anniversaire de Blandine, il vous suffit de diviser 1 296 000 par 86 400 et vous obtenez cette durée en jours. $\frac{1\,296\,000}{86\,400} = 15$ jours. L'anniversaire de Blandine a lieu dans 15 jours et la bonne réponse est **D**.

8. Marie ramasse deux fois plus de châtaignes que chacun de ses enfants. Si elle en ramasse 50, ses enfants en ramassent 25 chacun. Ainsi ils en ramassent en tout $50 + 25 + 25 = 100$ en une journée. La bonne réponse est **D**.

9. Pour que la moyenne augmente d'un point, il faut que la somme des deux notes soit égale à 24. Ainsi en choisissant 13 pour la seconde moyenne de la classe, vous obtenez : $11 + 13 = 24$. Et $\frac{24}{2} = 12$. Et la bonne réponse est **C**.

10. L'aire d'un disque de rayon R est égale à πR^2. Ainsi l'aire d'un 33 tour est égale à $\pi \times 15^2 = 225\pi$ cm^2. Et la bonne réponse est **C**.

ATTENTION

N'oubliez pas de diviser le diamètre par 2 pour obtenir le rayon.

11. L'aire d'un cube est égale à 6 × arête². Ainsi 150 = 6 × arête², d'où arête² $= \frac{150}{6} = 25$ cm^2. En considérant la racine carrée positive (car une longueur est toujours positive), vous obtenez arête = 5 cm. Et la bonne réponse est **C**.

12. Le volume d'un bassin circulaire de profondeur 50 cm = 0,5 m et de rayon 1 m (rayon = diamètre ÷ 2) est égale à : $\pi \times 1^2 \times 0,5 = 0,5\pi$ m^3 = 1,57 m^3 = 1 570 litres en admettant que $\pi = 3,14$. Et la bonne réponse est **B**.

ASTUCE

Multiplier par 0,5 revient à diviser par 2.

1 m^3 = 1 000 litres.

13. D'abord, vous devez impérativement convertir les ml en litres ! Ainsi 250 ml = 0,25 litres. Vous n'avez plus qu'à diviser 10 litres par 0,25 pour obtenir 40. Marie peut donc remplir 40 verres avec ses 10 litres de boisson. Et la bonne réponse est **C**.

14. Jean mémorise un mot en 3 secondes, donc il en mémorise 250 en 250 × 3 = 750 secondes, soit en $\frac{750}{60} = \frac{75}{6} = \frac{25}{2} = 12{,}5$ minutes = 12 minutes et 30 secondes. Et la bonne réponse est **C**.

ATTENTION

12,5 minutes = 12 minutes et 30 secondes et non 12 minutes et 50 secondes.

15. Antoine roule à une vitesse de 40 mètres par seconde. Pour convertir cette vitesse en km/h, vous devez la multiplier par $\frac{3\,600}{1\,000} = 3{,}6$. Ainsi 40 m/s correspondent à 40 × 3,6 = 144 km/h. et la bonne réponse est **A**.

REMARQUE

Pour convertir des m/s en km/h, il vous suffit de multiplier par 3,6.

Pour convertir des km/h en m/s, il vous suffit de diviser par 3,6.

Partie C : Aptitudes verbales

1. Vous êtes face à des anagrammes de verbes du 1er groupe, sauf un : DEFLATION qui est une anagramme de DÉFOLIANT. Les autres anagrammes sont ceux de IMAGINER, RÉVISER et PILER (ou PLIER). La bonne réponse est **D**.

2. L'encre est à l'écrivain ce que la peinture est au peintre. La bonne réponse est **C**.

3. 3 est à trimestre ce que 4 est à quadrimestre. En effet, un trimestre est composé de trois mois et un quadrimestre de quatre. La bonne réponse est **C**.

4. Le chapeau est au modiste ce que le vêtement est au styliste. La bonne réponse est **A**.

5. Zéro est à l'addition ce qu'un est à la multiplication. Pour chaque opération il s'agit de l'élément neutre. La bonne réponse est **B**.

6. Parmi les écritures des chiffres en lettres, seule *quatre-vingt* ne convient pas. En effet, *vingt* doit prendre un *s* étant donné qu'il n'est pas suivi d'un autre adjectif numéral. La bonne écriture est *quatre-vingts*. La bonne réponse est **B**.

ATTENTION

Dans le nombre *quatre-vingt-deux* par exemple, *vingt* est à la fois précédé et suivi d'un autre adjectif numéral, il reste donc invariable.

7. Le terme *insidieux* signifie *captieux*, *sournois*, *faux*, etc. Ainsi, un synonyme de ce mot est *captieux*. La bonne réponse est **C**.

8. La locution correcte est *ainsi soit-il*. Le verbe *être* est conjugué au présent au subjonctif à la troisième personne du singulier. Il convient également de placer un trait d'union entre les deux mots. La bonne réponse est **C**.

9. Seul le terme *des arc-en-ciels* est incorrect. En effet, le nom composé *arc-en-ciel* marque son pluriel en prenant un *–s* à *arc*, soit *des arcs-en-ciel*. La bonne réponse est **D**.

10. Le terme *corroborer* signifie *confirmer*, *certifier*, *attester*, *garantir*, etc. Ainsi seul le verbe *réfuter* est un antonyme de ce mot. La bonne réponse est **B**.

11. Le terme *élégiaque* signifie *mélancolique*, *languissant*, *abattu*, *triste*, etc. Ainsi seul *élogieux* ne désigne pas un synonyme d'*élégiaque*. La bonne réponse est **A**.

12. Le subjonctif présent du verbe *vaincre* à la première personne du singulier est *que je vainque*. La forme *vaincs* correspond au présent de l'indicatif à la première ou à la deuxième personne du singulier. Elle correspond aussi à l'impératif présent à la deuxième personne du singulier. La forme *vainc* correspond au présent de l'indicatif à la troisième personne du singulier. La forme *vainque* correspond aussi au subjonctif présent à la troisième personne du singulier. La forme *vainquisse* correspond au subjonctif imparfait à la première personne du singulier. La bonne réponse est **B**.

Subjonctif présent du verbe *vaincre*
Que je vainque
Que tu vainques
Qu'il vainque
Que nous vainquions
Que vous vainquiez
Qu'ils vainquent

13. Parmi les mots de la liste, seul *parallélépipède* est correctement orthographié. Ses deux premiers *–e* ont un accent aigu et seul le troisième *–e* a un accent grave. L'adjectif *ambigu* n'a pas de trémas sur le *–u* lorsqu'il est employé au masculin. Au féminin, il se termine par un *–e* accentué de trémas : *ambiguë*. Le nom *dilemme* prend deux *–m*. Enfin la locution *en* *l'occurrence* s'écrit avec deux premiers *–c* consécutifs et deux *–r* à *occurrence*. La bonne réponse est **A**.

14. Seule la quatrième proposition est incorrecte d'un point de vue grammatical. En effet, la locution *après que* est toujours suivie de l'indicatif. La phrase corrigée est *après qu'il a révisé*. La bonne réponse est **D**.

ATTENTION

Après que est toujours suivi de l'indicatif.
Avant que, *quoi que*, *bien que* sont toujours suivis du subjonctif.

15. « Rien ne sert de courir, il faut partir à point. » est une citation de Jean de La Fontaine (1621-1695) extraite de la fable « Le Lièvre et la Tortue ». La bonne réponse est **D**.

Partie

3 Anglais

Présentation de l'épreuve

L'épreuve

L'épreuve d'anglais est composée d'un questionnaire portant sur la grammaire, le vocabulaire, les expressions idiomatiques et les cultures anglophones.

- Série de 40 questions à choix multiples.
- Pour chaque phrase, 4 choix sont proposés. 1 seule de ces réponses est correcte.

Durée de l'épreuve : 1 h conseillée.

Seules les bonnes réponses sont comptabilisées.

L'ouvrage

Vous trouverez dans une première partie des fiches de grammaire reprenant les points importants abordés dans le QCM et des fiches de vocabulaire.

Après cette étape d'apprentissage, vous pourrez vous tester dans la partie 4 de l'ouvrage dans laquelle vous trouverez trois concours blancs entièrement corrigés et commentés.

Good luck !

Grammaire

3.1

Sous-partie

1 La syntaxe de la phrase simple

1. Dans la phrase affirmative

- Les mots doivent être **ordonnés** :

SVOC = Sujet Verbe Objet Complément

- Le verbe détermine si l'objet (O) est direct ou indirect. L'objet direct ne peut pas être séparé du verbe. Il est donc nécessaire d'apprendre la structure des verbes.
- L'adverbe se place entre le sujet et le verbe ou l'auxiliaire et le verbe, parfois en fin de phrase.

(C) S (Aux.) (Adv.) V O C (Adv.)

Exemples

It has been pouring rain for hours in Spain.

That series was regularly broadcast in the 1980s.

She has already seen that musical twice in London.

2. Dans la phrase négative

- Un **auxiliaire** est introduit s'il n'est pas déjà visible.
- La négation se place après l'auxiliaire ou le modal.
- La double négation est impossible. Avec des termes négatifs tels *never* ou *hardly*, la négation *not* et l'auxiliaire n'apparaissent pas.

(C) S Aux. NOT (Adv.) V O C (Adv.)

Exemples

*He **doesn't** like eating porridge.* (présent simple ⇨ ajout de *does*).

*They **did not** get here on time.* (prétérit ⇨ ajout de *did*).

*We **have not** seen that movie yet.* (*present perfect* ⇨ *have* est visible).

*She **had not** sung in her life.* (*past perfect* ⇨ *had* est visible).

*They **were not** taken to hospital.* (passif ⇨ *were* est visible).

*She **may not** like it.* (le modal *may* est visible).

*I **never** loved walking in the park at night.*

*He **hardly ever** went out of his village.*

3. Dans la phrase interrogative

- Un **auxiliaire** est introduit s'il n'est pas déjà visible.
- L'inversion sujet/verbe est absolument nécessaire (contrairement au français).

(WH-) Aux. S V O C

Exemples de questions fermées (*yes-no questions*)
Are *you moving to Edinburgh today? (be + ing* ⇨ *are* est visible)
Would *you like to surf in Australia?* (le modal *would* est visible)
Did *Paul tell John the truth yesterday?* (prétérit ⇨ ajout de *did*)
Hasn't *she heard the news? (present perfect* ⇨ *has* est visible)

Exemples de questions ouvertes (*WH- questions*) :
what / who / whose / which / when / where / why / how
What *have you been reading lately?*
Who *do you think I am?*
Who *is it?* ***What*** *happened?* (le pronom interrogatif est le sujet)
Whose *jacket is this?*
Which *colour do you prefer, blue or red?*
How old *is your grandfather?*
How long *does it take to go to London by train?*
How far *is the station?*
How about *taking a break?*
How many *characters are there?*
How tall *is she?*
How often *do you play tennis?*

4. Dans la phrase exclamative

- Si l'exclamation porte sur un nom, on utilise *What/such (a)*.
- Si l'exclamation porte sur un adjectif, on utilise *How/so*.

Exemples
What *a lovely bride! He is* ***such a*** *handsome bridegroom!*
How *pretty she is! She is* ***so*** *clever!*

5. Les *question tags*

- Le *tag* permet de demander confirmation de ce qui est dit dans la première partie de la phrase.
- Quand la phrase est affirmative, le *tag* est négatif et *vice versa*.

Exemples

*You have broken the car, **haven't you?** They didn't dare, **did they?***
*He loves her, **doesn't he?** Come over, **won't you?** Let's go, **shall we?***

6. Les réponses courtes

- Elles permettent de répondre à une question ou à une affirmation en évitant les répétitions.
- *Yes* ou *No* est suivi de l'auxiliaire, qui est visible ou non.

Exemples

*"**Have** you got a key?" — "Yes, I **have**." / "No, I **haven't**."*
*"**Do** you like breakfast?" — "Yes, I **do**." / "No, I **don't**."*

- Confirmation ou infirmation. L'auxiliaire seul est repris.

Moi aussi	*So* + Aux. + S	*"I love ice-cream." "**So do I.**"*
Moi non plus	*Neither* + Aux. + S	*"I didn't like the film." "**Neither did I.**"*
Moi si	S + Aux. (opposé)	*"I can't swim." "**I can.**"*
Moi non	S + Aux. (opposé)	*"He will go away." "**I won't.**"*

7. L'adverbe

- Il se place avant ou après le verbe ou avant l'adjectif qu'il modifie.

Exemples

*He **immediately** understood. He walked **slowly**. It's a **very** difficult exercise.*

- Les adverbes de fréquence : *sometimes, rarely, seldom, often, always, never, ever* se placent **avant** le verbe et, quand il y a un auxiliaire, après l'auxiliaire.

Exemples

*She **sometimes** comes home at 5pm. They are **often** late at school.*
*She has **never** been to Great Britain.*

- Le cas de *yet* et *already* : *yet* s'emploie principalement à la fin d'une phrase négative ; *already* se place avant le verbe dans une affirmation ou une question.

Exemples

*He hasn't done the dishes **yet**.*
*She's **already** sent her mail.*
*Have you **already** done this?*

L'article 2

1. L'article *THE*

- *The* s'emploie quand le nom qui suit est défini par :
  - Un complément du nom introduit par *of* : *It's the end of the street.*
  - Une proposition relative : *The student who is sitting is my friend.*
  - Le contexte : *He let the students enter the room.* (Il ne s'agit pas de n'importe quels étudiants, il les connaît).
- On emploie *the* devant certains noms déterminés par eux-mêmes :
  - Des choses ou des personnes uniques : *the sun, the moon, the wind, the earth, the sea...*
  - Les titres : *the President, the Queen...* (lorsque le nom est absent)
  - Les noms de pays composés : *The United States, the United Kingdom...*
  - Les noms de cours d'eau : *The Thames, the Mississippi...*
  - Les noms de chaînes de montagnes : *The Alps...*
  - Les noms de mers ou d'océans : *The Pacific...*
- On emploie *the* avec le verbe *to play* + instrument de musique : *She plays the violin.*

2. L'article *A(N)*

- *A(N)* s'emploie pour désigner un élément parmi d'autres.
- *A* s'emploie devant les consonnes et *a(n)* devant les mots commençant phonétiquement par une voyelle.
- L'article indéfini n'existe pas au pluriel.
- *A(n)* s'emploie :
  - lorsque l'on définit une personne : *Sally is a technician* (Attention ceci n'est pas le cas en français !).
  - Après les prépositions et avec un nom dénombrable : *He lives in a beautiful house.*
  - Après *such, what* et un nom dénombrable : *It's such a beautiful house.*
  - Quand l'adjectif est précédé de *as, too* et *so*, il se place alors entre l'adjectif et le nom : *We have as fast a car as you have.*
  - Avec *half*, il se place entre *half* et le nom : *half a mile.*
  - Dans diverses expressions : *once a month, two miles an hour...*

3. L'absence d'article ∅

▶ ∅ s'emploie quand le nom est indéterminé pour exprimer une généralité.

Exemples
Glass is breakable.
I love chocolate.
Cats are cute animals.
They want peace.

▶ Il s'emploie devant :

- Les noms propres : *Queen Elizabeth.*
- Les noms de pays singuliers : *England.*
- Les noms de monuments : *London Bridge* (exception : *the White House*).
- Les noms de sommets de montagnes : *Mount Everest.*
- Les noms de lacs : *Loch Ness.*
- Les noms abstraits non déterminés : *life.*
- Les noms de saison : *summer.*
- Les noms de maladie : *cancer.*

▶ Il s'emploie avec le verbe *to play* + sports et jeux de société : *He plays football every week.*

3 Les pronoms

Il existe 5 catégories de pronoms qui peuvent avoir différentes fonctions.

Pronoms personnels (sujets)	Pronoms personnels (compléments)	Pronoms possessifs	Pronoms réfléchis	Pronoms réciproques
I	*Me*	*Mine*	*Myself*	*Each other* *One another*
You	*You*	*Yours*	*Yourself*	
He	*Him*	*His*	*Himself*	
She	*Her*	*Hers*	*Herself*	
It	*It*	*Its*	*Itself*	
We	*Us*	*Ours*	*Ourselves*	
You	*You*	*Yours*	*Yourselves*	
They	*Them*	*Theirs*	*Themselves*	

Les noms indénombrables 4

- Dans le dictionnaire, côté anglais, ils sont suivis de la lettre /U/ pour « *Uncountable* ».
- Ce sont des noms qui ne peuvent s'employer qu'au singulier et ne peuvent être comptés.
- Certains se réfèrent à des notions abstraites, d'autres sont formés à partir d'un verbe ou d'un adjectif, d'autres encore sont des noms de sciences ou d'activités se terminant en *–ics*.
- Ils peuvent être précédés de : *THE* / *SOME* / ∅.
- On les traduit fréquemment par un pluriel en français.
- Certains peuvent être dénombrés grâce à un terme spécifique ou il est nécessaire de changer de mot.
- Voici une liste (non exhaustive) des noms indénombrables les plus courants.

Noms indénombrables	Traduction	Se dénombrent avec
Advice	Des conseils	*A piece of advice*
Anger	La colère	*A fit of anger* (une crise de colère)
Applause	Des applaudissements	–
Assistance	De l'aide	–
Blackmail	Du chantage	*A piece of blackmail*
Blame	Des reproches	–
Bread	Du pain	*A loaf / a slice / a piece of bread*
Business	Les affaires	*A transaction*
Calumny	La calomnie	*A piece of calumny*
Censure	La censure	–
Cloth	Du tissu	*A piece of cloth*
Clothing	Des vêtements	*An article of clothing*
Country	La campagne	*A stretch of country* (un bout de pays)
Currency	La devise	–
Damage	Des dégâts	–
Dust	De la poussière	*A speck of dust* (un grain de poussière)
Enthusiasm	L'enthousiasme	–
Ethics	L'éthique	–
Evidence	Des preuves	*A piece of evidence / a proof*
Expenditure	Des dépenses	*Expenses*
Fruit	Des fruits	*A piece of fruit*

Noms indénombrables	Traduction	Se dénombrent avec
Furniture	Des meubles	*A piece of furniture*
Grass	De l'herbe	*A blade of grass* (un brin d'herbe)
Help	De l'aide	–
Homelessness	Le fait d'être sans abri	–
Housing	Le logement	–
Information	Des renseignements	*A piece of information*
Joblessness	Le chômage	–
Judgement	Le jugement	*A verdict*
Knowledge	La connaissance, le savoir	–
Land	Des terres	*A piece of land* (un morceau de terre)
Leisure	Des loisirs	–
Lightning	Les éclairs	*A stroke of lightning* (un éclair)
Luck	La chance	*A piece of luck*
Luggage / Baggage	Des bagages	*A piece of luggage / baggage*
Madness	La folie	*A fit of madness* (une crise de folie)
Money	De l'argent	*A sum of money*
Music	De la musique	*A piece / a kind of music*
Nature	La nature	–
News	Les nouvelles	*A piece of news*
Nonsense	Du nonsense	*A piece of nonsense*
Optimism	L'optimisme	–
Politics	La politique / les sciences politiques	–
Praise	Des éloges	–
Produce	Des produits (frais)	*A product*
Progress	Du / des progrès	*An advance*
Prohibition	L'interdiction	–
Rain	De la pluie	*A shower of rain* (une averse)
Reluctance	La réticence	–
Remorse	Des remords	–
Research	La recherche	–
Rubbish	Des détritus	*A piece of rubbish*
Smoke	De la fumée	*A trail / a column / a puff of smoke*
Starvation	La famine	–
Thunder	Le tonnerre	*A peal / a crash of thunder* (un coup de tonnerre)
Time	Le temps	–
Toast	Des tartines	*A piece of toast*
Transport	Les transports	*A means of transport* (un moyen de transport)
Weather	Le temps	–
Whiteness	La blancheur	–
Work	Le / du travail	*A job*
Youth	La jeunesse	–

Les noms et adjectifs composés 5

1. Les noms composés

- L'élément le plus important est en seconde position.
- Le premier élément précise le sens du second.
- Le premier élément est traité comme un adjectif et ne prend donc pas la marque du pluriel.

Exemples
A tea bag
An apple pie

- C'est l'usage qui fait règle en ce qui concerne le trait d'union.

ATTENTION

a passer-by => *passers-by* (des passants)
a grown-up => *grown-ups* (des adultes)

2. Les adjectifs composés

- L'élément le plus important est en seconde position.
- Le premier élément précise le sens du second.
- Formation :
  - Le second élément est un participe présent (*-ing*). Le sens est actif.
    A heart-breaking story : Une histoire déchirante.
  - Le second élément est un participe passé. Le sens est passif.
    Home-made jam : De la confiture faite maison.
  - Le second élément est un adjectif.
    He feels sea-sick (seasick) : Il a le mal de mer.
  - Le premier élément est un adjectif, le second un nom + *-ed*.
    He's a brown-haired boy : C'est un garçon aux cheveux bruns.

6 La quantité

- Pour indiquer une certaine quantité, on emploie *some* et *any*.
  - *Some* dans les phrases affirmatives : *I'll have some tea.*
  - Dans les phrases interrogatives, il faut distinguer deux cas :
    - Les questions pour lesquelles on ne connaît pas la réponse : *Have you seen any rabbits?*
    - Les « fausses » questions : *Would you like some tea?*
- Pour indiquer une absence de quantité, on emploie *no* et *not any*.

Dans les phrases négatives : *There aren't any cups. There are no leaves left on the trees.*

- Pour indiquer une grande quantité :
  - avec les dénombrables on emploie *many, a lot of, lots of, plenty of* : *There are many parks in town.*
  - avec les indénombrables on emploie *much, a lot of, lots of, plenty of* : *He's got so much luggage that he can't walk.*
- Pour indiquer une petite quantité :
  - avec les dénombrables on emploie *few* (peu de), *a few* (quelques). *Few students failed the exam.*
  - avec les indénombrables on emploie *little* (peu de), *a little* (un peu de) : *I have little time left.*
- *Every* et *each* sont toujours suivis du singulier. Ils se traduisent par « chaque » ou « tous ». Expression : *Every other day* : un jour sur deux.
- *Both, both of* : les deux. *Both of them* : eux deux.
- *Either, neither* : quand il s'agit de deux éléments. *Neither door* : aucune des deux portes.
- *Most, most of* : la plupart de.
- *All* : tout, tous. *I've seen them all* : je les ai tous vus.
- Le nombre :
  - Nombre précis : le mot exprimant le nombre n'est pas au pluriel. *Two hundred pounds.*
  - Nombre imprécis : on met le pluriel quand le mot est précédé de l'article ∅. *There were hundreds of kites and thousands of people.*

La comparaison 7

▶ Le comparatif compare deux éléments.

▶ Le superlatif distingue un élément dans un groupe.

▶ En anglais il faut distinguer les adjectifs courts et les adjectifs longs.

- Les adjectifs courts sont composés généralement d'une syllabe ou de deux syllabes terminées par *-y*, *-le*, *-er*, *-ow* : *Happy*, *noble*....
- Les adjectifs longs sont composés de deux syllabes ou plus.
- Les participes passés et certains adjectifs d'une syllabe sont considérés comme longs : *Tired*, *drunk*, *dead*, *glad*...
- Certains adjectifs peuvent être considérés courts ou longs. *Pleasant*, *clever*.

▶ Les adverbes suivent la même règle que les adjectifs.

1. Le comparatif

	Adjectifs courts	Adjectifs longs
Supériorité	Adjectif + *-er* + *than*	*More* + adjectif + *than*
Infériorité	*Less* + adjectif + *than*	*Less* + adjectif + *than*
Égalité	*As* + adjectif + *as*	*As* + adjectif + *as*
Inégalité	*Not as* + adjectif + *as*	*Not as* + adjectif + *as*
De plus en plus	Adjectif + *-er and* adjectif + *-er*	*More and more* + adjectif
De moins en moins	*Less and less* + adjectif	*Less and less* + adjectif

▶ Quand on compare 2 éléments, on utilise le comparatif précédé de *the*. *The younger generation* : La jeune génération.

▶ Progression parallèle (Plus …, plus... / moins …, moins...).

The + comparatif + S + V, *the* + comparatif + S + V

Exemples

The older I grow, the richer I become.

The less I work, the less tired I am.

REMARQUE

Same se construit avec *as* quand il y a une idée de comparaison :
This bike is the same as mine.

Grammaire

2. Le superlatif

	Adjectifs courts	Adjectifs longs
Supériorité	*The* + adjectif + *-est*	*The most* + adjectif
Infériorité	*The least* + adjectif	*The least* + adjectif

3. Les comparatifs et superlatifs irréguliers

	Comparatif	Superlatif
Good, well	*Better than*	*The best*
Bad	*Worse than*	*The worst*
Far	*Farther than* *Further than*	*The farthest* *The furthest*
Old **(régulier dans le sens général de « vieux »)**	*Elder* *My elder brother* : mon frère aîné (Il n'y a que 2 enfants)	*The eldest* : L'aîné

8 Le cas possessif ('s)

- Le cas possessif ou génitif exprime souvent la possession. On ajoute 's au possesseur. ⇨ *Paul's car* : La voiture de Paul. *The actress's hat* : Le chapeau de l'actrice.
- On n'ajoute qu'une apostrophe aux mots au pluriel en *–s*. ⇨ *The parents' room* : la chambre des parents.
- Dans de nombreux cas, on emploie le génitif alors qu'il n'y a pas d'idée de possession, pour exprimer :
  - La durée. ⇨ *A two hours' drive* : Un trajet en voiture de deux heures.
  - Un repère dans le temps. ⇨ *Monday's Times* : Le Times de lundi.
  - Une distance. ⇨ *A three miles' walk* : Une promenade de trois miles.
- Le deuxième nom est sous-entendu :
  - quand il a déjà été exprimé. ⇨ *It's not my car. It's Paul's.*
  - quand il s'agit de *house, hospital, shop...* ⇨ *I'll go to my brother's. He's at the hairdresser's.*
- On emploie aussi le génitif dans des expressions. ⇨ *Art for art's sake* : L'art pour l'art. *I want my money's worth* : J'en veux pour mon argent.

Le présent 9

1. Le présent simple

- Le présent simple est utilisé pour parler de ce qui est général. Le locuteur ne commente pas les faits émis.
- À la forme affirmative, on utilise la base verbale qui prend un *-s* à la 3e personne du singulier.
- À la forme interrogative ou négative, on emploie l'auxiliaire *do*.
- On l'emploie pour :
  - Exprimer des vérités générales.
    Water boils at 100°C.
  - Exprimer des habitudes.
    He smokes a lot, he is a heavy smoker. He plays tennis twice a week.
  - Avec les verbes de perception et d'état : *see, hear, agree, believe, belong to, hate, know, like, love, prefer, understand, want…*
    She believes in the unknown.

2. Le présent continu : *be -ing*

- *Be -ing* est utilisé pour décrire et/ou commenter l'action.
- Le locuteur commente le fait dont il parle.
- On l'emploie :
  - Quand l'action est commencée mais pas encore terminée.
    Listen ! John is playing the violin.
  - Pour décrire une situation présente.
    Marylin is wearing a new dress.
  - Pour faire un commentaire.
    You're always talking in class (Ici, un reproche est exprimé).
  - Pour exprimer un futur.
    I'm taking the 9 o'clock train.

3. Le *present perfect*

- Le *present perfect* (*have* + participe passé) fait le bilan d'une action, en donne les conséquences.
- Il a différents emplois :
  - Il y a souvent un lien de cause à conséquence entre une action au *present perfect* et un résultat au présent.
    It has rained a lot, the road is slippery.
  - L'action se situe pendant un temps qui n'est pas révolu.
    We have been to the States twice this year (l'année n'est pas terminée).
  - L'action n'est pas terminée.
    - La durée de l'action est introduite par *for*.
      He's been away for 2 weeks : Il est parti depuis 2 semaines.
    - Le début de l'action est introduit par *since* :
      He's been in Ireland since April : Il est en Irlande depuis avril.
      He's been ill since he left : Il est malade depuis qu'il est parti.
  - L'action est très récente.
    He's just closed the shop : Il vient de fermer le magasin.

10 L'impératif

L'impératif est employé pour donner un ordre.

	2e personne	1re personne du pluriel
Forme affirmative	BV *Come in* ! entre / entrez !	Let's + BV *Let's go!* = Allons-y!
Forme négative	*Do* + négation + BV *Don't laugh at me!* Ne te moque pas / ne vous moquez pas de moi !	*Let's* + négation + BV *Let's not run!* Ne courons pas !

Le passé 11

Les deux temps du passé sont le prétérit et le *past perfect*.

1. Le prétérit

- C'est le temps de la narration. On l'emploie pour parler d'une action passée et terminée. Il y a une rupture entre cette action et le présent.
- On le rencontre donc avec des expressions comme *yesterday*, *last month*, *ago*, avec une date...

ATTENTION

Attention à l'ordre des mots ! Il y 3 ans : *Three years ago*.

a. La formation

- Forme affirmative : BV + *-ed* pour les verbes réguliers.

Exemple

Last year he went to Canada.

- Avec les formes négatives et interrogatives on emploie l'auxiliaire *didn't/did*.

Exemples

"Did he see some whales in Canada?" "No, he didn't."

"When did you see him?" "Two days ago."

b. Le prétérit modal

- Il n'indique pas qu'une action est passée. Il s'emploie pour l'irréel du présent, c'est-à-dire ce qui n'est pas réalisé dans le présent mais souhaité.
- On l'emploie après *if*, *as if*.

Exemples

If I were you...

He talks to him as if he were his father.

c. Le prétérit en *-ing*

- Il s'emploie pour des actions inachevées dans le passé. Il est souvent associé par contraste au prétérit simple.
- Formation : *to be* au prétérit + BV + *-ing*

Exemples
It was snowing : Il neigeait.
He was taking a bath when the phone rang : Il prenait un bain quand le téléphone a sonné.

d. *Used to*

- Exprime une habitude passée en rupture avec le présent.
- Formation : *used to* + BV.

Exemple
I used to go camping : J'avais l'habitude d'aller camper (Je ne le fais plus maintenant).

2. Le *past perfect* ou *pluperfect*

- Il exprime une action antérieure à une autre action du passé.
- Formation : *had* + participe passé.

Exemple
I saw her yesterday, I hadn't seen her for months : Je l'ai vue hier, je ne l'avais pas vue depuis des mois.

Le futur 12

Même s'il n'existe pas de « temps » futur en anglais, plusieurs formes grammaticales s'y réfèrent.

Formes	Emplois	Exemples
Be going to	Certitude que qqch va se faire. Lien avec le présent. Décision planifiée.	*He's worked so hard, he's going to succeed* : Il a travaillé si dur qu'il va réussir.
Will / Won't *et* *Will be + -ing*	Prédiction. Décision soudaine.	*He'll come tomorrow* : Il viendra demain.
	Avec une subordonnée en *if / when / as soon as / as long as / by the time / while / once / until*, **will** est utilisé dans la proposition principale (présent simple ou *present perfect* dans la subordonnée.)	*As soon as he arrives, he will contact us* : Dès qu'il sera arrivé, il nous contactera. *We'll join you if you deem it necessary* : Nous nous joindrons à vous si vous le jugez nécessaire.
Shall	Remplace *will* (*I, we*) dans un anglais plus soutenu, surtout en GB.	*We shall discuss it soon* : Nous en discuterons bientôt.
Be about to	Acte imminent.	*The plane was about to take off when the police entered the airport* : L'avion était sur le point de décoller quand la police est entrée dans l'aéroport.
Be bound to	Forte probabilité, qqch est inévitable.	*They were bound to break up* : Il était évident qu'ils allaient rompre.
Be likely to *Be sure to* *Be certain to*	Forte probabilité.	*She is likely/sure/certain to be late* : Il y a de fortes chances pour qu'elle arrive en retard.
Be to	Quelque chose est ou était prévu.	*The Pope is to come to France* : Le pape doit en principe venir en France. *They were to tell us* : Il était prévu qu'ils nous le disent. (ce qu'ils n'ont pas fait).
	Hypothèse.	*If it were to happen again, I'd leave* : Si cela devait se reproduire, je partirais.

13 Les modaux & associés

- Les auxiliaires modaux expriment une prise de position de celui qui parle.
- On utilise **un seul modal à la fois.**
- Il est suivi de la **BV** d'un verbe (**jamais** suivi ou précédé de *to* à l'exception de *ought to*).
- Il peut être suivi ou remplacé par un « associé » (repéré par un * dans le tableau) dans certains cas.

Forme	Emplois	Exemples
Can	Capacité	*I can read and write.* Je sais lire et écrire.
		I can drive you home. Je peux te ramener à la maison.
Cannot *Can't*	Impossibilité	*It cannot be true!* Ça ne peut pas être vrai !
Could	Remplace *can* au passé : capacité	*He told me he could drive me home.* Il m'a dit qu'il pouvait me ramener à la maison.
	Conditionnel	*We couldn't come even if we wanted to.* Nous ne pourrions pas venir même si nous le voulions.
*Be able to**	Remplace *can* au passé et au futur : Capacité + possibilité	*He will be able to go to the lecture.* Il pourra aller à la conférence.
	Possibilité + acte effectué	*She was able to move to London.* Elle a pu emménager à Londres.
Must	Obligation morale	*We must do our best.* Nous devons faire de notre mieux.
	Probabilité forte	*He must be home by now.* Il doit être rentré maintenant.
*Have to**	Obligation extérieure (liée à un règlement)	*You have to fill in the form by Thursday.* Vous devez remplir le formulaire pour jeudi.

Forme	Emplois	Exemples
Mustn't	Interdiction (personnelle)	*You mustn't listen to him. He's a liar.* Vous ne devez pas l'écouter. C'est un menteur.
*Not be allowed to**	Interdiction (extérieure)	*Nodoby is allowed to enter the crime scene.* Personne n'est autorisé à aller sur la scène du crime.
*Don't have to**	Absence d'obligation	*He doesn't have to wear a tie.* Il n'est pas obligé de porter une cravate.
Needn't	Absence de nécessité	*He needn't come. I can manage.* Ce n'est pas la peine qu'il vienne. Je peux me débrouiller.
Will	Futur	*We'll help him, if necessary.* Nous l'aiderons si besoin.
	Acceptation	*Will you marry me?* Veux-tu m'épouser ?
Won't	Refus catégorique	*The car won't start.* La voiture ne veut pas démarrer.
Would	Remplace *will* au passé → futur dans le passé	*He announced that he would move to Spain.* Il a annoncé qu'il déménageait en Espagne.
	Volonté	*She tried to make him change his mind, but he wouldn't.* Elle a essayé de le faire changer d'avis, mais il n'a pas voulu.
	Conditionnel	*I would do it if I could.* Je le ferais si je le pouvais.
	Habitude dans le passé	*I would go to my grandma's every summer.* Tous les étés, j'allais chez ma grand-mère.
Remarque : *Used to* implique une habitude dans le passé qui est révolue. *Would* n'indique pas si cette habitude est révolue.		
May	Demande polie	*May I help you?* Puis-je vous aider ?
	Permission	*Teacher : You may sit down.* Vous êtes autorisés à vous asseoir.
	Probabilité 50/50	*He may come to the theatre with us.* Il va peut-être venir au théâtre avec nous.
*Be allowed to**	Permission Remplace *may* au présent, au passé et au futur	*She was allowed to enter during the performance.* Elle a été autorisée à entrer durant le spectacle

Forme	Emplois	Exemples
May not	Interdiction	*You may not come home after midnight.* Tu n'as pas l'autorisation de rentrer après minuit.
Might	Remplace *may* au passé Permission	*She declared that they might enter the safety zone.* Elle a déclaré qu'ils avaient l'autorisation de pénétrer dans la zone de sécurité.
	Probabilité faible	*They might succeed despite their lack of knowledge.* Il se pourrait qu'ils réussissent malgré leur manque de connaissances.
Shall	Futur (désuet) Après *I* et *we*	*I shall go to Washington next month.* J'irai à Washington le mois prochain.
	Contrainte (Bible, lois)	*You shall not kill.* Tu ne tueras point. *Anyone arrested in this zone shall be held responsible for the crime.* Toute personne arrêtée dans cette zone sera considérée comme responsable du crime.
	Demande polie	*Shall I open the window?* Voulez-vous que j'ouvre la fenêtre ?
Should	Conseil	*You should go to the hairdresser's !* Tu devrais aller chez le coiffeur !
	Probabilité	*She should arrive soon.* Elle devrait bientôt arriver.
	Hypothèse	*Should he join the club, we would welcome him.* S'il rejoignait le club, nous l'accueillerions bien. *Suppose they should come to the party !* Imagine qu'ils viennent à la soirée !
	Suggestion ou contrainte (subjonctif)	*I demand that he should show his ID card.* J'exige qu'il montre sa carte d'identité.
	Jugement (subjonctif)	*It's only natural that she should stay.* Il est tout à fait naturel qu'elle reste. *There is no reason why he should leave.* Il n'a aucune raison de partir.
*Ought to**	Conseil lié à une contrainte extérieure	*They ought to leave by 10pm.* Ils doivent partir avant 10 heures du soir.

Les propositions relative et infinitive 14

1. La proposition relative

Elle sert à expliquer un groupe nominal de la proposition principale. Elle est reliée à la proposition principale par un pronom relatif.

a. *Who, which, that, whose, ∅*

	Humains	Non humains
Sujet	*Who / that*	*Which / that*
Complément	*Who(m) / that / ∅*	*Which / that / ∅*
Complément du nom	*Whose* (dont)	*Whose / of which* (très recherché)

Exemples

His last film, which is a great success, is on TV this week.

The man who lives next door is my teacher.

The girl whose father is a doctor is my daughter's friend.

REMARQUE

Dans le cas d'un *phrasal verb*, la préposition reste à droite du verbe.
This is the boy (whom) they laughed at.

b. *When, where*

▶ L'antécédent peut être un moment ou un lieu.

Exemples

The day when they met at the office party was rainy.

The church where they got married is very old.

c. *What, which* : ce qui, ce que

▶ *What* introduit ce que l'on va dire et *which* reprend ce qui vient d'être dit. *Which* est précédé d'une virgule.

Exemples

What I don't understand is how you can cope with him.

He stared at him for a long time, which was very odd.

REMARQUE

On emploie *that* ou ∅ après :
- *all, only, anything, anyone, nothing, everything... : All you need is love*
- un superlatif : *It's the best book (that) I have ever read.*
- *first* et *last* : *It was the first / last thing (that) I did.*

Grammaire

2. La proposition infinitive

- Emploi : la proposition infinitive est obligatoire après :
  - les verbes exprimant une volonté (*want*), un ordre (*order*), une interdiction (*forbid*), un désir imposé (*prefer*).
  - *to expect, to know.*
  - *to think, to say* (au passif).
- La proposition infinitive se construit :
  - À l'actif : S + V + Complément d'objet + infinitif.
    He wants me to work.
  - Au passif : S + V passif + infinitif.
    He is said to be very clever.
- La proposition infinitive peut suivre un adjectif :
  It was hard for him to understand.

15 L'infinitif et le gérondif

1. L'infinitif (*To* + BV)

- Il indique un but, une intention.
- En début de phrase, il peut être précédé de *So as* ou *In order.*

Exemples

I'd like to sing : J'aimerais chanter.

He stopped to drink water : Il s'est arrêté afin de boire de l'eau.

To drive you have to get your driving license : Vous devez obtenir votre permis de conduire pour pouvoir conduire.

In order to go abroad, you have to have a passport : Pour aller à l'étranger, il vous faut un passeport.

2. Le gérondif (-*ING*)

- Il indique une réalisation.
- Il peut être sujet ou complément.

Exemples

I like painting : J'aime peindre.

He stopped smoking : Il s'est arrêté de fumer.

Drinking or driving, you have to choose : Boire ou conduire, il faut choisir.

Bringing up children is tiresome : Élever des enfants est fatigant.

Le souhait et le regret 16

1. Le souhait

▶ On utilise *wish* ou *if only* suivis d'un verbe au prétérit.

Exemples
I don't speak English ⇨ *I wish I spoke English* : Si seulement je parlais anglais.
He won't come ⇨ *I wish he would come* : Si seulement il venait.
I wish he was / were more reliable : J'aimerais qu'il soit plus fiable.
If only my house was / were bigger : Si seulement ma maison était plus grande.

2. Le regret

▶ On utilise *wish*, *if only* et *I regret*.

▶ *Wish* et *if only* sont suivis du *past perfect* (*had* + participe passé).

Exemple
I wish I had taken my camera. / If only I had taken my camera.
Si seulement j'avais pris mon appareil photo / Je regrette de ne pas avoir pris mon appareil photo.

▶ *I regret* est suivi de *-ing*.

Exemple
I regret coming to the party : Je regrette d'être venu à la fête.

Grammaire

17 Les discours direct et indirect

- Le style direct est utilisé dans les dialogues et la narration si le narrateur est un personnage.
- Le style indirect sert à rapporter les paroles d'un personnage.
- Un verbe introducteur et plusieurs changements sont nécessaires pour passer de l'un à l'autre :
  - temps du verbe ;
  - pronoms (sujets, possessifs) ;
  - adverbes de lieu (*here/there*) et de temps (*now/then*, *tomorrow/the day after*) ;
  - établir des liens logiques.

1. Les temps

Discours direct	Discours indirect
Présent simple *"I have 3 children," she told me.*	Prétérit *She told me (that) she had 3 children.*
Be+ ing *"I'm coming!" he said.*	Prétérit + *ing* *He said (that) he was coming.*
Present perfect *"We have lived here for 3 years," they said.*	*Past perfect* *They said (that) they had lived there for 3 years.*
Prétérit *"I always liked her," he announced.* *"I lived there for 3 years, then I left," she added.*	*Past perfect* *He announced that he had always liked her.* *She added that she had lived there for 3 years, then she had left.*
Maintien du prétérit	
Habitude	*"She often came."* *She said that she often came.*
État	*"The coffee machine was out of order."* *He declared that the coffee machine was out of order.*

Maintien du prétérit	
Dans une proposition subordonnée de temps	*"I caught him when he was grocery shopping."* *He said that he had caught him when he was grocery shopping.*
Après *wish*	*"I wish she came back to me."* *He said that he wished she came back to him.*

2. Les pronoms

Suivant le narrateur (extérieur ou au contraire l'un des personnages), certains pronoms sujets, objets et possessifs doivent être modifiés de manière logique.

3. Les adverbes

Discours direct	Discours indirect
Here	*There*
Now	*Then*
Tomorrow	*The day after*
In 3 months	*3 months later*
Yesterday	*The day before*
2 days ago	*2 days before*

4. Les interrogations et exclamations

Discours direct	Discours indirect
Question ouverte = pas d'inversion S / V	
"Where are they?" he asked.	*He asked where they were.*
Yes / No question	
"Is she fine?" she asked me.	*She asked me if / whether she was fine.*
Exclamation	
"Hello! Come in!" she told her guests.	*She greeted her guests and offered them to come in.*
"Sit down!" he told his students.	*He told his students to sit down.*

5. Les modaux

Discours direct	Discours indirect
WILL *"I'll tell him," she said.*	*WOULD* *She said that she would tell him.*
CAN *"She can sing," he declared.*	*COULD* *He declared that she could sing.*
MAY *"We may come over," they announced.*	*MIGHT* *They announced that they might come over.*
MUST *"We must pay this time," they insisted.*	*MUST* *They insisted that they must pay that time.*

18 Le passif

- Le passif est beaucoup plus fréquent en anglais qu'en français.
- Il traduit notamment le « on » français.
- Sa construction ressemble au passif en français.
- Le complément d'agent, introduit par *by*, n'est pas toujours précisé.
- Les verbes prépositionnels ne sont pas dissociés de leur préposition.

S + *be* + participe passé (*by* + complément d'agent)

- L'auxiliaire ***be*** détermine le temps de la phrase.

Exemples

The house ***was built*** *2 years ago* : La maison a été construite il y a 2 ans.
A new dress ***will be designed*** : Une nouvelle robe va être créée.
Something ***is being cooked*** : Quelque chose est en train de cuire.
This ***should be eaten by*** *the dog* : Cela devrait être mangé par le chien.
Hamlet ***was written by*** *Shakespeare* : *Hamlet* a été écrit par Shakespeare.
This t-shirt ***is made*** *in Bangladesh* : Ce t-shirt est fabriqué au Bangladesh.
The car ***can be*** *fixed* : La voiture peut être réparée.
He ***must have been told*** *by the police* : Il a dû être prévenu par la police.
They ***were sent away*** : On les a renvoyés.
She can't stand ***being looked at*** : Elle ne supporte pas qu'on la regarde.

Autres formes du passif :
I ***had*** *my car* ***fixed*** : J'ai fait réparer ma voiture.
She ***got*** *her hair* ***done*** : Elle est allée chez le coiffeur.
I ***was announced*** *the bad news* : On m'a annoncé la mauvaise nouvelle.
She ***is said to be*** *brilliant* : On dit qu'elle est brillante.
He ***was told*** *to join the army* : On lui a ordonné de s'engager.

Which is which? 19

1. *Have/get*

- Dans une phrase active, ils traduisent tous deux « faire faire ».
- Construction à l'actif : *To have s.o. do sth. / To get s.o.* ***to*** *do sth.*
- Construction au passif : *To have sth. done / To get sth. done.*

Exemples
She had them wash her car. Actif : Elle leur a fait laver sa voiture.
She got them to give back the books. Actif : Elle leur a fait rendre les livres.
I had my room painted over. Passif : J'ai fait repeindre ma chambre.
We got the car fixed. Passif : On a fait réparer la voiture.

2. *Make/do*

- Attention, *make* et *do* ont des sens multiples :

Exemples
How do you do ? Enchanté.
What does she do ? Quel est son métier ?
He'll do his best. Il fera de son mieux.
What have they done ? Qu'ont-ils fait ?
Well done! Bien joué !
Do your homework. Fais tes devoirs.
She made them leave. Actif : Elle les a fait partir.
They were made to work hard. Passif : On les a fait travailler dur.
I hope I make myself understood. J'espère que je me fais comprendre.

3. *Let/Leave*

- *Leave* + nom ou pronom.
- *Let* + nom ou pronom + **verbe (BV)**.

Exemples
Leave your bag on the floor. They left the house.
Let them do what they want. He let her come in.

4. Say/Tell

- En général, *say* sert à rapporter des paroles.
- *Tell* sert à rapporter le contenu des paroles (*lie*, *story*) et quand il sert à rapporter des paroles, il nécessite un complément de personne.
- Construction : *To say sth. to s.o. / To tell s.o. sth.*

Exemples
He said no. He said the right words.
She told the truth. She told a story.
We said the same to her. Nous lui avons dit la même chose.
He told her the good news. Il lui a dit la bonne nouvelle.

- Au passif, il ne faut pas confondre l'ordre (*tell*) et la rumeur (*say*).

Exemples
She was told not to move. On lui a dit / ordonné de ne pas bouger.
They were said to be unpleasant. On disait qu'ils étaient désagréables.

5. As/like

- *As* traduit « comme, en tant que » pour une identification.
- *Like* traduit « comme, à la façon de » pour une comparaison.
- Construction :
  - *As* + S + V
  - *Like* + Nom/pronom.

Exemples
I work as a teacher. Je suis enseignant.
Like her, I love swimming. Tout comme elle, j'adore la natation.
As I said before, it's easy. Comme je l'ai déjà dit, c'est facile.
There's no other like you. Il n'y en a pas d'autre comme vous.

Les liens logiques 20

Firstly...	Premièrement,...
First of all...	Tout d'abord,...
First and foremost...	En tout premier lieu,...
Secondly...	Deuxièmement,...
Then...	Puis,...
Next...	Ensuite,...
Thirdly...	Troisièmement,...
Lastly / Finally / Eventually...	Finalement,...
At last...	Enfin,...
In the end...	À la fin,...
On the one hand..., on the other hand...	D'un côté..., d'un autre côté...
As a result / Consequently...	En conséquence...
Thus / Therefore...	Donc...
Hence...	Par conséquent... / D'où...
Owing to / Due to...	À cause de...

1. Ajouter des idées

Moreover / Furthermore / What is more	De plus,...
In addition to...	À cela il faut ajouter...
Besides...	En outre,...
By the way / Incidentally...	À ce propos,...
Above all...	Surtout...
As for...	Quant à...
Given that...	Étant donné que...
Not to mention...	Sans oublier de mentionner...
All the same...	Tout de même,...
In spite of / Despite...	Malgré...

2. Expliquer

... such as...	... tel que...
... particularly / in particular...	... en particulier...
According to...	Selon...
..., that is to say...	..., c'est à dire...
..., namely...	..., à savoir...
..., including...	..., dont...
... rather than...	... plutôt que...
Except for...	À l'exception de...
Apart from...	À part...

3. Situer dans le temps

These days / Nowadays...	De nos jours...
So far / Thus far / Up to now...	Jusqu'à présent...
Meanwhile / In the meantime...	Pendant ce temps...
While...	Pendant que...
Little by little...	Petit à petit...
From now on...	À partir de maintenant...
From then on...	À partir de ce moment-là...
Now and then...	De temps en temps...
From time to time...	Par moments...

4. Comparer et contraster

... as if / as though...	... comme si...
Compared to / with...	Comparé à...
The former..., the latter...	Le premier..., le second...
... identical / similar to...	... identique à...
Similarly / In the same way / Likewise	De la même façon...
By comparison...	Par comparaison...
In contrast with...	Par contraste...
Conversely...	Inversement...
Unlike / Contrary to...	Contrairement à...
... as well as...	... aussi bien que...
... whereas...	... alors que...

5. Donner son opinion

Personally...	Personnellement...
As for me...	Quant à moi...
As far as I am concerned...	En ce qui me concerne...
From my point of view...	De mon point de vue...
By no means...	En aucun cas...
And indeed...	De fait...
Undoubtedly...	Sans aucun doute...
Strictly speaking...	À proprement parler...
To some degree / To some extent...	Dans une certaine mesure...
Up to a certain point...	Jusqu'à un certain point...
In a sense...	Dans un sens...
Actually...	À vrai dire...
As it were...	En quelque sorte...

6. Conclure

To sum up...	Pour résumer,...
In short...	Bref...
All in all...	Tout bien pesé...
In other words...	En d'autres termes...
All things considered...	Tout bien considéré...
Last but not least...	Enfin et c'est un point très important...
On the whole...	En définitive...

21 Les verbes prépositionnels & *Phrasal Verbs*

- Les verbes prépositionnels sont suivis d'une préposition qui introduit le complément mais ne modifie pas le sens du verbe ; la préposition peut être effacée s'il n'y a pas de complément.
  - Phrase affirmative : S V (adv.) prép. O C
    *He **looked** (carefully) **after** her at home.*
  - Phrase négative : S Aux. Not V (adv.) O C
    *He didn't **look after** her at home.*
  - Phrase interrogative : WH- Aux. S V O C
    *Who did you **look after** at home ?*

- Les *phrasal verbs* sont constitués d'un verbe et d'une préposition **indissociables**. La particule modifie généralement le sens du verbe.
  - Phrase affirmative : S V prép. O C
    *The machine **broke down** yesterday.*
  - Phrase négative : S Aux. Not V prép. O C
    *It didn't **break down** yesterday.*
  - Phrase interrogative : Aux. S V prép. O C
    *Did it **break down** yesterday ?*

Verbes prépositionnels	Traduction
Abide by the law	Respecter la loi
Account for sth	Rendre compte de qqch
Admit to sth / to V+ING	Admettre qqch / V
Agree with s.o. on sth	Être d'accord avec qqn sur qqch
Aim for sth / at sth / V+ING	Viser qqch
Answer for s.o.	Répondre de qqn
Apologize to s.o. for sth / V+ING	S'excuser auprès de qqn pour qqch
Appeal to s.o.	Faire appel à qqn / être attiré par qqch

Verbes prépositionnels	**Traduction**
Apply for a job	Poser sa candidature
Approve / disapprove of sth / s.o.	Approuver / désapprouver qqch / qqn
Ask about s.o.	Demander des nouvelles de qqn
Ask for sth	Demander qqch
Associate with s.o.	Fréquenter qqn
Belong to s.o.	Appartenir à qqn
Bet on sth / s.o.	Parier sur qqch / qqn
Break into a place	Entrer quelque part par effraction
Call on s.o.	Rendre visite à qqn
Care about sth / s.o.	Se faire du souci pour qqch / qqn
Care for s.o.	Bien aimer qqn / s'occuper de qqn
Cheat on s.o.	Tromper qqn
Check into a hotel	Descendre dans un hôtel
Claim for sth	Réclamer (un paiement)
Comment on sth	Commenter qqch
Compare to	Être comparable à
Complain about / of sth / s.o.	Se plaindre de qqch / qqn
Concentrate on sth	Se concentrer sur qqch
Consist in sth / in V+ING	Consister dans qqch / à +V
Consist of (a material)	Se composer de (matériau)
Count on s.o.	Compter sur qqn
Crave for sth	Être avide de qqch
Depend on sth / s.o.	Dépendre de qqch / qqn
Dispose of sth	Se débarrasser de qqch
Dream of / about sth / V+ING	Rêver de qqch / de V
Feel like sth / V+ING	Avoir envie de qqch / de +V
Glance at sth / s.o.	Jeter un coup d'œil à qqch / qqn

Verbes prépositionnels	Traduction
Go through (a difficult situation)	Traverser (des épreuves)
Hear from s.o.	Avoir des nouvelles de qqn
Hear of sth / s.o.	Entendre parler de qqch / qqn
Hint at sth	Faire allusion à qqch
Hope for sth	Espérer qqch
Insist on sth	Insister sur qqch
Laugh at s.o.	Se moquer de qqn
Live by oneself	Vivre seul
Live through sth	Vivre qqch de difficile
Long for sth / s.o.	Se languir de qqch / qqn
Look after sth / s.o.	S'occuper de qqch / qqn
Look at sth / s.o.	Regarder qqch / qqn
Look for sth / s.o.	Chercher qqch / qqn
Look forward to sth / V+ING	Attendre impatiemment qqch / de faire qqch
Look like s.o.	Ressembler à qqn
Object to sth / s.o.	Émettre des objections à qqch À l'égard de qqn
Pay for sth	Payer qqch
Point at s.o.	Montrer qqn du doigt
Prepare for sth	Se préparer à qqch
Preside over a meeting	Présider une réunion
Provide s.o. with sth	Fournir qqch à qqn
Reckon on sth	Espérer qqch
Rely on sth / s.o.	Compter sur qqch / qqn
Resort to sth	Avoir recours à qqch
Run out of sth	Se trouver à court de qqch
Search for sth	Chercher qqch
See to sth	Veiller à qqch

Verbes prépositionnels	Traduction
Stand for sth	Représenter qqch
Struggle against sth	Lutter contre qqch
Succeed in sth / in V+ing	Réussir qqch / à +V
Take after s.o.	Tenir de/ressembler à qqn
Take to V+ing	Se mettre à +V
Think about sth / s.o.	Penser à qqch / qqn
Wait for sth / s.o.	Attendre qqch / qqn
Yield to sth / s.o.	Céder à qqch / qqn

Phrasal verbs	Traduction
Back out of sth	Se retirer de qqch
Be up to sth	Manigancer qqch
Blow up (sth)	Faire exploser (qqch)
Break down	Faire une dépression nerveuse Tomber en panne
Break in	Entrer par effraction
Break out (war, fire)	Se déclarer
Break up	Se séparer (couple)
Bring about sth	Provoquer qqch
Bring up (child)	Élever
Bring up a question	Soulever une question
Call sth off	Annuler qqch
Carry (sth) on	Continuer (qqch)
Carry out sth (instructions)	Exécuter qqch
Catch up with s.o.	Rattraper qqn
Come out (book, album)	Sortir
Come up with sth	Suggérer qqch
Cut back / down on sth	Réduire les dépenses sur qqch

Phrasal verbs	**Traduction**
Cut off supplies	Couper les vivres
Cut sth down	Réduire qqch pour économiser
Draw sth up (contract)	Rédiger qqch
Fed up with sth / s.o.	En avoir assez de qqch / qqn
Fill in / out (US) a form	Remplir un formulaire
Get down to sth	Se mettre à qqch sérieusement
Get on / along with s.o.	Bien s'entendre avec qqn
Get s.o. down	Déprimer qqn
Give in	Céder
Give in to s.o.	Céder à qqn
Give s.o. away	Trahir qqn
Give sth away	Vendre à bas prix
Give up sth / V+ING	Renoncer à qqch / V
Go back on sth (promise)	Revenir sur qqch
Hand sth out	Distribuer qqch
Hand sth over to s.o.	Remettre qqch à qqn
Lay s.o. off	Licencier qqn
Leave sth out	Ne pas inclure qqch
Let s.o. down	Laisser tomber qqn / décevoir
Look down on / up to s.o.	Mépriser / admirer qqn
Look out	Être sur ses gardes
Look sth over	Bien examiner qqch
Look sth up in the dictionary	Chercher qqch dans le dictionnaire
Make sth up	Inventer qqch de toutes pièces
Make up for sth	Compenser qqch
Make up one's mind	Se décider
Move in / out	Emménager / déménager

Phrasal verbs	**Traduction**
Pick sth / s.o. out	Choisir qqch / qqn
Pick up sth / s.o. up	Ramasser qqch / passer prendre qqn
Play sth down / up	Minimiser / exagérer qqch
Put off sth	Repousser qqch (à plus tard)
Put up with s.o. (behaviour)	Supporter qqn
Rule sth out	Exclure qqch
Set sth up	Monter (une affaire)
Show up	Venir
Stand out	Se détacher
Stand up for sth / s.o.	Résister à l'usure / plaider la cause de qqn
Stand up to s.o.	Tenir tête à qqn
Take $1 off	Déduire 1 dollar
Take off (plane)	Décoller
Take over a business	Reprendre une affaire
Take sth off (clothes)	Enlever
Talk s.o. round	Faire changer d'avis qqn
Turn out to be	Se révéler être
Turn sth down	Refuser
Turn sth out (industry)	Produire qqch
Turn sth / s.o. in	Rendre qqch / livrer qqn à la police
Watch out for sth	Se méfier de qqch
Work sth out	Résoudre / chercher à comprendre qqch

Sous-partie

3.2

Vocabulaire

L'économie / *Economics* 22

Termes en français	Termes en anglais
Action	*Share*
Améliorer la productivité	*To enhance productivity*
Arriver sur le marché du travail	*To get into the labour force*
Associé	*Partner*
Augmentation de salaire	*Wage increase*
Avantages fiscaux	*Tax breaks*
Balance commerciale	*Trade balance*
Chiffres	*Figures*
Chiffres d'affaires	*Turnover*
Chômage	*Unemployment*
Client	*Customer*
Concurrence	*Competition*
Concurrent	*Competitor*
Consommateur	*Consumer*
Consommer	*To consume*
Consommation	*Consumption*
Coût de la vie	*Cost of living*
Croissance	*Growth*
Directeur	*Chief Executive Officer (C.E.O.)*
École de commerce	*Business school*

Termes en français	Termes en anglais
Économie capitaliste	*Capitalistic economy*
Économie de marché	*Free economic market*
Économie dirigée	*State controlled economy*
Économie en déclin	*Dwindling economy*
Emploi à temps partiel	*Part time job*
Employé	*Employee*
Employé de bureau	*White-collar worker*
Employeur	*Employer*
Encourager la productivité	*To boost productivity*
Fonctionnaire	*Civil servant*
Freiner l'inflation	*To check inflation*
Fusion	*Merger*
Fusionner	*To merge*
Gagner sa vie	*To earn a living*
Geler les salaires	*To freeze wage*
Gestion	*Management*
Inflation	*Inflation*
Inflation rampante	*Rampant inflation*
Limiter les hausses de salaire	*To limit wage rises*

Termes en français	Termes en anglais
Main d'œuvre	*Labour*
Marché extérieur	*Export / foreign market*
Marché intérieur	*Import / Domestic / Home market*
Ministère du Commerce	*Board of Trade*
Monnaie, devise	*Currency*
Niveau de vie	*Standard of living*
Non rentable	*Unproductive / unprofitable*
Nouveaux pays industrialisés	*Newly industrialised countries*
Pénurie de main d'œuvre	*Labour shortage*
Perspectives d'emploi	*Job outlets*
Production	*Turn out*
Récession	*Recession*
Réduire	*To cut back*

Termes en français	Termes en anglais
Rentable	*Profitable*
Ressources humaines	*Human resources*
Retraite	*Pension*
Retraité	*Pensioner*
S.A.R.L.	*Corporation*
Revenu brut	*Gross income*
Revenu net	*Net income*
Salaire	*Wages / salary*
Sécurité de l'emploi	*Job security*
S.M.I.C.	*Minimum wage*
Société	*Business*
Société d'abondance	*Affluent society*
Société de consommation	*Consumer society*
Stimuler la consommation	*To boost domestic consumption*
Travail à temps plein	*Full time job*

La mondialisation / *Globalization* 23

Termes en français	Termes en anglais
Accord	*Agreement*
Aide	*Aid*
Aide humanitaire	*Humanitarian assistance*
Aider	*To support*
Accessibilité	*Availability*
Altermondialiste	*Alter-globalist*
Alternatif	*Alternative*
Authentique	*Genuine*
Barrière	*Barrier*
Banque mondiale	*World Bank*
Barrière douanière	*Trade barrier*
Cargaison	*Cargo / shipload*
Commerce	*Trade / commerce*
Commerce équitable	*Fair trade*
Concurrence	*Competition*
Conflit	*Dispute*
Contrebandier	*Smuggler*
Contrefaçon	*Piracy*
Contrefait	*Counterfeit*
Corrompre	*To bribe*
Dette	*Debt*
Devise	*Currency*
Directive	*Guideline*

Termes en français	Termes en anglais
Douane	*Customs*
Droits de douane	*Tariff*
Échange	*Exchange*
En voie de développement	*Developing*
Équitable	*Fair*
Étiquette	*Label*
Étranger (adj.)	*Foreign*
Étude	*Survey*
Exportation	*Export*
Exportateur	*Exporter*
Exporter	*To export*
Fond Monétaire International (FMI)	*International Monetary Fund (IMF)*
Faire son entrée sur	*To break into (a market)*
Financer	*To fund*
Forum social mondial	*World Social Forum (WSF)*
Gagner (salaire)	*To earn*
Garantie	*Guarantee*
Groupe de pression	*Lobby / pressure group*
Haut de gamme	*Upmarket*
Homologue	*Counterpart*
Importation	*Import*
Importateur	*Importer*

Termes en français	Termes en anglais
Importer	*To import*
Incitation	*Incentive*
Inonder	*To flood*
Interdépendance	*Interdependence*
Interdiction	*Ban*
Libre circulation	*Free circulation*
Libre échange	*Free trade*
Manifestant	*Protester*
Manifester	*To protest*
Marque	*Brand*
Menacer	*To threaten*
Mondial	*Global*
Organisation Mondiale du Commerce (OMC)	*World Trade Organisation (WTO)*
Organisme Génétiquement Modifié (OGM)	*Genetically Modified Organism (GMO)*
Parité	*Parity*
Partenariat	*Partnership*

Termes en français	Termes en anglais
Pauvreté	*Poverty*
Pays en voie de développement	*Developing countries*
Pays occidentaux	*Western countries*
Polémique	*Controversy*
Produits de consommation	*Consumer goods*
Remettre en question	*To question*
Sommet du G7 / G8	*G7 / G8 summit*
Souple	*Lax*
Sous payer	*To underpay*
Sujet à controverse	*Controversial*
Travail des enfants	*Child labour*
User de représailles	*To retaliate*
Vendre tout le stock	*To sell out*

La consommation / *Consumption* 24

Termes en français	Termes en anglais
Achat en ligne	*Online buying / online shopping*
Achat impulsif	*Impulse buying*
Acheter	*To purchase / to buy*
Argent liquide	*Cash*
Article	*Item*
Article qui se vend bien	*Best seller*
Attirer qqn	*To appeal to s.o.*
Bien se vendre	*To sell well*
Bon (un)	*Voucher*
Bonne affaire	*Bargain*
Campagne de pub	*Advertising campaign*
Centre commercial	*Shopping centre (GB) / mall (US)*
Cible	*Target*
Client d'un magasin / client d'une banque	*Customer / client*
Commercialisation de masse	*Mass market*
Commercialiser	*To merchandise*
Conception / concepteur	*Design / designer*
Concurrent	*Competitor*
Consommateur	*Consumer*
Consommation	*Consumption*

Termes en français	Termes en anglais
Coût	*Cost*
De luxe	*Luxury*
Distribuer	*To hand out*
Distribuer un produit	*To distribute a product*
Données	*Data*
Emplacement	*Location*
En gros	*(In) bulk*
Étiquette	*Label*
Être mis sur le marché	*To come into the market*
Étude de document	*Desk-study*
Étude de marché	*Market research*
Étude sur le terrain	*Field-study*
Fournir / fournisseur	*To supply / supplier*
Foyer	*Household*
Gratuit	*Free*
Haut de gamme	*Upscale*
Incitation	*Incentive*
Innovant	*Innovative*
Invendu	*Unsold*
Jetable	*Disposable*
Lancement	*Launching*
Lancer un produit	*To launch a product*

Termes en français	Termes en anglais
Leader sur le marché	*Market leader*
Marché	*Market*
Marché européen	*European market*
Marché unique européen	*Single European Market*
Mode / à la mode	*Fashion / fashionable*
Offre et demande	*Supply and demand*
Pénurie	*Shortage*
Pouvoir d'achat	*Buying power*
Prix réduit	*Discount price*
Produits jetables	*Disposable goods*
Profiter à qqn	*To benefit s.o.*
Prospectus	*Leaflet*
Publicité (encart / activité)	*Advertisement / publicity*

Termes en français	Termes en anglais
Rayon	*Shelf*
Relancer	*To jump-start*
Recensement	*Census*
Résultats financiers	*Bottom line*
Retour (d'un produit)	*Recall*
Revenu des ménages	*Household income*
Séduire un marché	*To appeal to a market*
Soldes	*Sales*
Stratégie de vente agressive	*Hard sell tactics*
Tendance	*Trend*
Tranche d'âge	*Age group*
Vendre mal (se)	*To sell poorly*
Vente globale	*Global marketing*

Les médias / *The media* 25

Termes en français	Termes en anglais
La presse	
Abonné / s'abonner	*Subscriber / to subscribe*
Agence de presse	*News agency*
Annoncer les nouvelles	*To break the news*
Article de fond	*Feature (article)*
Article en couverture	*Cover story*
Bande dessinée	*Comic strip*
Bulletin d'informations	*News report / news bulletin*
Calomnie / diffamation	*Libel*
Camembert	*Pie chart*
Campagne de diffamation / calomnie	*Smear campaign*
Censurer / censure	*To censor / censorship*
Communiqué de presse	*News / press release*
Conférence de presse	*News conference*
Coupure de presse	*Press clipping*
Courrier des lecteurs	*Letters to the editor*

Termes en français	Termes en anglais
Couverture journalistique	*Newspaper coverage*
Couvrir un événement	*To cover an event*
Crédit photographique	*Credit line*
Critique de film / de théâtre	*Film / theatre review*
De source officielle / officieuse	*On / off the record*
Défrayer la chronique	*To make the headlines*
Dernière page	*Back page*
Diagramme	*Chart*
Diffusion / tirage	*Circulation*
Diriger un journal	*To run a paper*
Dossier	*Supplement*
Double page	*Double spread*
Éditeur	*Publisher*
Éditorial	*Editorial / leader*
Encadré	*Sidebar*
Encart	*Insert*
Encart publicitaire	*Advertisement*
Enquêter	*To investigate*
Être à la Une	*To be front page news*

Termes en français	Termes en anglais
Exemplaire	*Copy*
Faire la mise en page d'un journal	*To lay out a paper*
Faire la Une	*To hit the headlines*
Faire un reportage	*To report*
Faits divers / brèves	*News in brief*
Grand quotidien	*National*
Hebdomadaire	*Weekly*
Internet	*Internet (the)*
Journal du matin / du soir	*Morning / evening paper*
Journal gratuit	*Freesheet*
Journalisme d'investigation	*Investigative journalism*
Kiosque à journaux	*News stand*
Lectorat	*Readership*
Légende	*Caption*
Liberté d'expression	*Freedom of speech*
Liberté de la presse	*Freedom of the press*
Magazine d'informations	*News magazine*
Magazine de bande dessinée	*Comics*
Magazine féminin	*Women's magazine*
Magazine people	*Celebrity magazine*
Magnat de la presse	*Media tycoon*
Maison de la presse	*Newsagent*

Termes en français	Termes en anglais
Manchette / grand titre	*Headline*
Maquette / mise en page	*Layout*
Mensuel	*Monthly*
Météo	*Weather forecast*
Mine d'informations	*Trove of information*
Mots croisés	*Crosswords*
Nouvelle	*A piece / an item of news*
Nouvelles / les informations	*The news*
Numéro	*Issue*
Petites annonces	*Classified advertisements / personal ads*
Pleine page	*Full page*
Première édition	*Early edition*
Présenter un intérêt pour le public	*To be newsworthy*
Presse à sensation	*Gutter press / yellow press / tabloids*
Presse de qualité	*Quality press / broadsheets*
Publication	*Edition*
Publier en exclusivité / une exclusivité	*To scoop / a scoop*
Quartier des journaux (Londres)	*Before : Fleet Street, now : Docklands*
Quatrième pouvoir	*Fourth power / estate*
Quotidien	*Daily*

Termes en français	Termes en anglais
Quotidien régional	*Local paper*
Rédacteur en chef	*Editor-in-chief*
Rédaction (équipe)	*Editorial staff*
Reporters sans frontières	*Reporters Without Borders*
Révéler	*To disclose*
Rubrique / chronique	*Section / column*
Rubrique nécrologique	*Obituaries*
Salir une réputation	*To taint / tarnish / sully a reputation*
Sortir / paraître	*To go to press*
Sous-titre	*Subhead*
Tribune libre	*Oped (opposite editorial)*
Une	*Front page*
Venir de paraître	*To be hot off the press*
La télévision et la radio	
Animateur de radio	*Radio host*
Antenne parabolique	*Satellite dish*
Câble	*Cable TV*
Chaîne	*Channel / network*
Crypté	*Scrambled*
Décodeur	*Set-top box*
Dernières nouvelles	*Breaking news*
Diffuser (en direct)	*To broadcast (live)*

Termes en français	Termes en anglais
Diffusion en direct	*Live broadcast*
Écran plat	*Flat screen*
Émission de télévision	*TV programme / show*
En différé	*Pre-recorded*
Enregistrer	*To tape*
Fana de télévision	*Couch potato / TV addict*
Heures de grande écoute	*Prime time*
Journal de 20h	*6 o'clock news*
Journaliste sportif	*Sportscaster*
Message publicitaire	*TV commercial*
Présentateur du journal	*Anchorman / news presenter*
Redevance	*License fee*
Rediffusion	*Reruns / repeats*
Série télévisée	*TV series / serial*
Télécommande	*Remote control*
Téléviser	*To televise*
Télévision à la carte	*Pay-per-view television*
Télévision numérique	*Digital television*
Télévision par Internet	*TVoIP / TV over Internet Protocol*
TNT / Télévision numérique terrestre	*DTV / Digital Terrestrial Television*
Zapper	*To switch channels*

26 La politique / *Politics*

Termes en français	Termes en anglais
A l'ordre du jour	*On the agenda*
Abstentionniste	*Absentee voter*
Adhérent	*Party member*
Adhérer à un parti	*To join a party*
Age légal de voter / droit de vote	*Voting age / right to vote*
Aller aux urnes / aller voter	*To go to the polls*
Bulletin de vote	*Ballot paper*
Bureau de vote	*Polling station*
Candidat le mieux placé	*Front-runner*
Chef d'état	*Head of State*
Chiffres / statistiques	*Figures / statistics*
Circonscription	*Constituency*
Cote de popularité	*Popularity rate*
Cote / score	*Rating*
De droite	*Right-wing / rightist*
De gauche	*Left-wing / leftist*
Défaite	*Defeat*
Déposer un bulletin / Voter	*To cast a vote / To vote*
Dépouiller / le dépouillement	*To count / counting*

Termes en français	Termes en anglais
Élire / électeur	*To elect / elector*
Être candidat à	*To run for candidate*
Être en tête	*To be ahead / to be in the lead*
Jour de l'élection	*Election day / polling day (GB)*
Majorité absolue	*Overall or absolute majority*
Mandat	*Term*
Parti politique	*Political party*
Participation	*Turn-out*
Période préélectorale	*Run-up to the election*
Politicien / politique (nom)	*Politician*
Politique (en général) ≠ Mesure politique	*Politics ≠ A policy*
Prêter serment	*To be sworn in*
Promettre / s'engager	*To promise / to pledge*
Radical / extrême / modéré	*Radical / extreme / moderate*
S'inscrire sur les listes électorales	*To register to vote*

Termes en français	Termes en anglais
Se lancer dans la campagne électorale	*To hit the campaign trail*
Serment / promesse, engagement	*Oath / pledge*
Siège	*Seat*
Tour	*Round*
Un programme	*A programme*
Un sondage (d'opinion) / une enquête	*A poll / a survey*
Urne	*Ballot box*
Victoire écrasante / serrée	*Overwhelming / close victory*
En Grande Bretagne / *In the UK*	
Abdiquer / renoncer à la couronne	*To abdicate the throne*
Cabinet / cabinet fantôme (de l'Opposition)	*Cabinet / Shadow Cabinet*
Chambre des Communes	*House of Commons / the Lower Chamber*
Chambre des Lords	*House of Lords / the Upper Chamber*
Coalition	*Coalition*
Couronne	*Crown*
Élections législatives	*General election*
Famille royale	*Royal Family / Royals (the)*
Gouvernement fantôme (de l'Opposition)	*Shadow government*

Termes en français	Termes en anglais
Gouverner	*To rule / to govern*
Les milieux gouvernementaux	*Whitehall*
Membre du Parlement	*Member of Parliament = an MP (plu. : MPs)*
Ministre / Député sans portefeuille	*Frontbencher / Backbencher*
Ministre de l'Intérieur	*Home Secretary*
Ministre de la Justice	*Lord Chancellor*
Ministre des Finances	*Chancellor of the Exchequer*
Monarchie parlementaire / constitutionnelle	*Constitutional monarchy*
Monarque / Souverain	*Monarch / Sovereign*
Noblesse / noble (n.)	*Nobility / noble*
Nommer / renvoyer un ministre	*To appoint / to dismiss a minister*
Ordre de la Jarretière / du Chardon	*Order of the Garter / of the Thistle*
Pair héréditaire / pair ou pairesse à vie	*Hereditary peer / life peer or peeress*
Pairie	*Peerage*
Parlement sans majorité	*Hung Parliament*
Parlement situé dans les Maisons du Parlement	*Parliament in the Houses of Parliament*

Termes en français	Termes en anglais
Parti conservateur	*Conservative Party = Tories (right)*
Parti des libéraux démocrates	*Liberal Democrats = Lib Dems (centre)*
Parti national britannique	*British National Party = BNP (far right)*
Parti travailliste	*Labour Party = Labour (left)*
Pouvoirs établis	*Establishment*
Premier Ministre	*Prime Minister = PM*
Président des Communes	*Speaker*
Provoquer une élection	*To call an election*
Relève de la Garde	*Changing of the Guards*
Roturier ou roturière	*Commoner*
Royaume	*Kingdom / realm*
Succéder (à qqn) / succession (à)	*To succeed (s.o.) / succession (to)*
Aux États-Unis / *In the USA*	
Administration / Fonction publique	*Civil service*
Chambre des Représentants / Représentants	*House of Representatives / Representatives*
Congrès / Élu au Congrès	*Congress / Congressman*

Termes en français	Termes en anglais
Démocrates Symbole : l'âne	*Democrats* *Symbol : the donkey*
Destituer / destitution	*To impeach / impeachment*
Élection présidentielle	*Presidential election*
Équilibre des pouvoirs	*Checks and balances*
Ministère du Trésor	*Treasury Department*
Ministre de l'Intérieur	*Secretary of the Interior*
Ministre de la Justice	*Attorney General*
Ministre de la Sécurité Intérieure	*Secretary of Homeland Security*
Ministre des affaires étrangères	*State Secretary*
Première Dame	*First Lady, FLOTUS (First Lady of the United States)*
Président / Vice-président	*President (President of the United States) / Vice-president*
Républicains Symbole : l'éléphant	*Republicans / GOP (Grand Old Party)* *Symbol : the elephant*
Sénat / Sénateurs	*Senate / Senators*

L'immigration / *Immigration* 27

Termes en français	Termes en anglais
Absence de discrimination raciale	*Colour-blind*
Allocation chômage	*Unemployment benefit*
Allocations sociales	*Family allowances*
Atelier clandestin	*Sweatshop*
Camp de réfugiés	*Refugee camp*
Candidat à l'immigration	*Would-be immigrant*
Carte d'identité	*Identity Card / ID card*
Carte verte (US)	*Green card*
Certificat de naissance / mariage	*Birth / marriage certificate*
Citoyen / citoyenneté	*Citizen / citizenship*
Clandestin	*Illegal immigrant*
Demandeur d'asile	*Asylum seeker*
Discrimination raciale	*Racial discrimination / colour bar*
Discriminatoire	*Discriminatory*
Dissident	*Dissident*
Documents d'embauche	*Working papers*

Termes en français	Termes en anglais
Double nationalité	*Dual nationality / citizenship*
Droit d'asile	*Right of asylum*
Émigré / émigrer	*Migrant / to migrate*
Étranger	*Alien / foreigner*
Étranger (adj.)	*Foreign*
Exploité	*Exploited*
Expulsion	*Deportation*
Faux papiers d'identité	*Fake ID*
Illettré	*Illiterate*
Immigré de première / deuxième génération	*First / second generation immigrant*
Minorité ethnique	*Ethnic minority*
ONG	*NGO (Non-Governmental Organization)*
Papiers d'identité	*Identity document*
Passager clandestin	*Stowaway*
Passeur de clandestins	*Immigrant smuggler / coyote (US)*
Pays d'accueil	*Recipient country*

Termes en français	Termes en anglais
Pays d'origine	*Home country / homeland*
Permis de travail	*Work permit*
Regroupement familial	*Family reunification*
Relations raciales	*Race relations*
Situation familiale	*Marital status*
Sous-alimenté	*Underfed*
Sous-payé	*Underpaid*
Travail au noir	*Moonlighting*
Travail saisonnier	*Seasonal work*
Travailleur immigré (légal)	*Guest worker*
Travailleur qualifié / non qualifié	*Skilled / unskilled worker*
Visa de tourisme périmé	*Out-of-date tourist visa*
Travailleur clandestin	*Illegal entrant / illegal alien / undocumented worker*

Termes en français	Termes en anglais
Ressortissant (nom)	*National*
Autochtone	*Native*
Immigration de masse	*Mass immigration*
Immigration choisie	*Selective immigration*
Réfugié politique	*Political refugee*
Recommencer sa vie	*To make a fresh start / to start anew*
Racines / être déraciné	*Roots / to be uprooted*
S'intégrer dans la société	*To integrate into society*
S'insérer	*To assimilate*
Régulariser un étranger en situation irrégulière	*To regularise an illegal alien*
Barrière de la langue	*Language barrier*
Résident né à l'étranger	*Foreign-born resident*

La violence et le terrorisme / *Violence & Terrorism* 28

Termes en français	Termes en anglais
Accroître la sécurité	*To increase safety*
Accusé de meurtre	*Charged with murder*
Adversaire des armes à feu	*Gun control activist*
Al-Qaida	*Al-Qaeda*
Arme	*Arm / weapon*
Association nationale de défense des armes à feu	*The National Rifle Association (NRA)*
Arme à feu	*Gun*
Auto-défense	*Self-defence*
Avocat	*Lawyer*
Avoir la gâchette facile	*To be trigger-happy*
Bain de sang	*Bloodbath*
Blesser	*To injure / to wound*
Braquer une arme sur quelqu'un	*To aim a gun at somebody*
Cambriolage	*Burglary*
Chiffres alarmants	*Staggering figures*
Chiffres de la criminalité	*Crime figures*
Condamné à perpétuité	*Condemned to life imprisonment*

Termes en français	Termes en anglais
Contrôle des ventes d'armes	*Gun control*
Coupable	*Guilty*
Course aux armements	*The arms race*
Criminel	*Criminal*
Défendre ses biens	*To protect one's property*
Délinquance juvénile	*Juvenile delinquency*
Délit	*Crime*
De sang froid	*Cold-blooded*
Détournement d'avion	*Hijacking*
Dissuader	*To deter*
Droit constitutionnel	*Constitutional right*
Le droit de porter une arme	*The right to bear an arm*
Escalade de la violence	*Escalation of violence*
Fondamentaliste	*Fundamentalist*
La force prime le droit	*Might is right*
Fusil	*Rifle*
Fusillade dans une école	*School shooting*
Imposer des conditions de port d'armes	*To impose permit requirements*

Termes en français	Termes en anglais
Insécurité	*Insecurity*
Interdire les armes	*To ban guns*
Jihad	*Jihad*
Légaliser	*To legalise*
Législation sur les armes à feu	*Gun laws*
Loi	*Law*
Manifestant	*Demonstrator*
Manifester	*To demonstrate*
Massacre	*Slaughter*
Menace / Menacer	*Threat / to threaten*
Meurtrier (adj.) / (n)	*Murderous / murderer*
Moudjahidine	*Mujahadeen*
Mouvement de protestation	*Protest movement*
Oussama Ben Laden	*Osama bin Laden*
Peine de mort	*The death penalty*
Permis de port d'arme	*Permit for carrying firearms*
Prendre parti	*To take sides*
Projet de loi	*Bill*
Proscrire les armes	*To outlaw guns*

Termes en français	Termes en anglais
Questions d'ordre public	*Law and order issues*
Qui ne prend pas parti	*Non-committal*
Règlement	*Regulation*
Règlement de compte	*Settling of scores*
Représailles	*Retaliation*
Réprimer les ventes d'armes	*To crack down on gun sales*
Respectueux des lois	*Law-abiding*
Révoltant	*Revolting*
Se faire justice soi-même	*To take the law into one's hands*
Se venger	*To take a revenge for / to retaliate*
Sujet brûlant	*Burning issue*
Taliban	*Taliban*
Taux de criminalité	*Crime rate*
Tendance à la violence	*Violent trend*
Terrorisme	*Terrorism*
Traumatisme	*Trauma*
Victime	*Victim*
Violence gratuite	*Pointless violence*
Violent	*Violent*

L'environnement / *The environment* 29

Termes en français	Termes en anglais
Agent de contamination	*Contaminant*
Agent de pollution	*Polluting agent*
Air irrespirable	*Unbreathable air*
Algues toxiques	*Toxic algae*
Allergène	*Allergen*
Amiante	*Asbestos*
Appauvrir la couche d'ozone	*To deplete the ozone layer*
Appauvrissement des sols	*Soil depletion*
Assèchement des zones humides	*Drying out of wetlands*
Augmentation du niveau de la mer	*Sea-level rise / rise in sea level*
Baisse de la nappe phréatique	*Water table decline*
Barrière de corail en danger	*Endangered coral reef*
Bombe aérosol / atomiseur	*Aerosol spray / spray can*
Cancérigène	*Carcinogenic*
Canicule	*Heat wave*
Centrale électrique	*Power station / power plant*
Centrale nucléaire	*Nuclear power station or plant*

Termes en français	Termes en anglais
Centrale thermique à charbon	*Coal-fired plant*
Changements climatiques	*Climate change*
Climatisation	*Air conditioning*
Combustibles fossiles	*Fossil fuels*
Combustibles radioactifs	*Radioactive fuels*
Contaminer	*To contaminate*
Danger pour la santé	*Health hazard*
Décharge	*Landfill (site) / dump*
Décharge toxique	*Toxic landfill site*
Décharges en mer	*Dumping at sea*
Déchets agricoles	*Agricultural waste*
Déchets industriels	*Industrial waste*
Déchets ménagers	*Household waste*
Déchets nucléaires ou radioactifs	*Nuclear or radioactive waste*
Dégâts environnementaux	*Environmental damage*

Vocabulaire

Termes en français	Termes en anglais
Dégazage / dégazer	*Tank cleaning / to flush tanks*
Désherbant	*Weedkiller*
Détritus / laisser des détritus	*Litter / to litter*
Détruire les forêts tropicales	*To wreck rainforests*
Détruire une espèce	*To wipe out a species*
Déverser	*To dump*
Effet de serre	*Greenhouse effect (the)*
Égouts / eaux usées	*Sewage*
Élevage en batterie / intensif	*Battery / intensive farming*
Élevage hors-sol ou industriel	*Factory farming*
Émettre des gaz d'échappement	*To emit exhaust fumes*
Émissions toxiques	*Toxic releases*
Empoisonner	*To poison*
En voie de disparition	*In danger of extinction*
Encéphalopathie spongiforme bovine (ESB)	*Bovine spongiform encephalopathy (BSE)*
Engrais	*Fertiliser*
Espèce disparue	*Extinct species*
Espèce envahissante	*Invasive species*
Essence	*Petrol (GB) / gas (US)*
Faire des ravages sur la planète	*To wreak havoc on the planet*

Termes en français	Termes en anglais
Fonte des glaces / des glaciers	*Ice melt / melting of glaciers*
Fuite / voie d'eau	*Leakage*
Fumées d'usine	*Factory fumes*
Gaspiller	*To be wasteful / to waste*
Glissement de terrain	*Landslide*
Grippe aviaire	*Bird flu / avian flu / influenza*
Guerre bactériologique / chimique	*Germ / chemical warfare*
Immersion des déchets	*Sinking of waste*
Incinérateur	*Incinerator*
Inondation	*Flood / flooding*
Intoxication alimentaire	*Food poisoning*
Marée noire	*Oil spill / spill / black tide*
Menacé d'extinction	*Threatened with extinction*
Mesurer les risques sur la santé	*To assess health risks*
Mettre en danger	*To jeopardise*
Modifier les climats	*To alter weather patterns*
Nappe de pétrole	*Oil slick*
Oiseau mazouté	*Oiled bird*
Ordures	*Garbage / trash / rubbish / refuse*
Ouragan	*Hurricane*

Termes en français	Termes en anglais
Pétrole	*Petroleum (GB) / oil (US)*
Pétrolier	*Oil tanker*
Plate-forme de forage	*Oil rig*
Pluies acides	*Acid rain*
Polluant	*Pollutant / contaminant*
Polluer	*To pollute*
Pollueur	*Polluter*
Pollution atmosphérique	*Air pollution*
Pollution aux hydrocarbures	*Oil pollution*
Pollution aux nitrates	*Nitrate pollution*
Pollution des cours d'eau	*Stream and river pollution*
Pollution des sols	*Soil pollution*
Principe de précaution	*Precautionary principle*
Produit chimique	*Chemical*
Produits chimiques agricoles	*Agrochemicals*

Termes en français	Termes en anglais
Raz-de marée	*Tidal wave*
Réchauffement de la planète	*Global warming*
Retraitement des déchets nucléaires	*Reprocessing of nuclear waste*
Sécheresse	*Drought*
Seuil de toxicité	*Toxicity threshold*
Station d'épuration	*Sewage plant*
Surexploitation	*Overexploitation*
Traitement des eaux usées	*Wastewater treatment*
Trou dans la couche d'ozone	*Hole in the ozone layer / ozone hole*
Typhon	*Typhoon*
Vache folle (maladie)	*Mad cow disease*
Variante de la maladie de Creutzfeldt Jakob	*Creutzfeldt Jakob Disease (CJD)*
Véhicule à quatre roues motrices	*Four-wheel drive car*

30 L'écologie / *Ecology*

Termes en français	Termes en anglais
Acheter vert	*To buy green*
Activisme écologiste ou vert	*Environmental or green activism*
Activiste écologiste radical	*Eco-warrior*
Activiste vert	*Green activist*
Agriculture biologique	*Organic farming*
Association de protection de l'environnement	*Environmental protection group*
Bilan écologique	*Ecological assessment*
Bilan énergétique	*Energy balance or budget*
Bilan environnemental	*Environmental balance-sheet*
Biocarburants	*Biofuels*
Biodégradable	*Biodegradable*
Campagne de sensibilisation	*Awareness-building campaign*
Centre de tri	*Sorting centre*
Collecte des déchets encombrants	*Bulk collection*
Collecte du verre	*Glass collection*
Compost / composteur	*Compost / compost container*

Termes en français	Termes en anglais
Compostage	*Composting*
Conditionnement en plastique	*Plastic packaging*
Consommateur écologique / vert	*Green consumer*
Consumérisme vert	*Green consumerism*
Contrôle de la pollution	*Pollution monitoring*
Couloir écologique	*Habitat / ecological corridor*
Coût environnemental	*Environmental cost*
Covoiturage	*Car-pooling / car-pool*
Cycle de vie d'un produit	*Life cycle of a product*
Déchets végétaux	*Garden waste*
Déchetterie	*Rubbish dump*
Défense de l'environnement	*Conservation*
Défenseur de l'environnement	*Conservationist / Environmentalist*
Dette écologique	*Ecological debt*
Développement durable	*Sustainable development*
Développer des voitures utilisant une autre source d'énergie	*To develop alternative energy cars*

Termes en français	Termes en anglais
Durabilité	*Sustainability*
Eau du robinet / eau potable	*Tap water / drinking water*
Écocitoyenneté	*Ecocitizenship*
Écolabel	*Ecolabel*
Écologique	*Environmental / ecological*
Écologiste	*Environmentalist / ecologist*
Économie d'énergie	*Energy conservation*
Électeur écologiste	*Green voter*
Empreinte écologique	*Ecological footprint*
Énergie alternative	*Alternative energy*
Énergie des vagues	*Wave power*
Énergie durable	*Sustainable energy*
Énergie du vent	*Wind energy*
Énergie hydroélectrique	*Hydropower*
Énergie marémotrice	*Tidal energy / power*
Énergie solaire	*Solar energy*
Énergies non renouvelables	*Non-renewable energy*
Énergies renouvelables	*Sustainable or renewable energies*
Engrais biologique	*Biofertilizer / organic fertilizer*
Engrais vert	*Green manure*
Équilibre écologique	*Ecological balance*
Espèce protégée	*Protected species*

Termes en français	Termes en anglais
Évaluation des dommages	*Damage assessment*
Évaluation des risques environnementaux	*Environmental risk assessment*
Géothermie	*Geothermal energy*
Gestion de l'eau	*Water management*
Groupe de pression écologiste	*Green lobby*
Impôt écologique	*Environmental tax*
Industrie du recyclage	*Recycling industry*
Interdiction des essais nucléaires	*Nuclear test ban*
Lutte contre la pollution atmosphérique	*Air pollution control*
Sources d'énergie de substitution	*Alternative sources of energy*
Système d'échange de quotas d'émissions	*Emissions trading scheme*
Tourisme écologique / vert	*Ecological / green tourism*
Trier les ordures	*To sort garbage*
Valorisation des déchets	*Waste recycling and use*
Veille écologique	*Ecological watch*
Verts (les)	*Green Party / Greens / Ecology Party*
Voiture écologique	*"Green" car*
Voiture électrique	*Battery-powered / electric car*
Voiture hybride	*Hybrid car*

31 L'informatique / *Computer Science*

Termes en français	Termes en anglais
Achats en ligne	*Online / Internet shopping*
Acheter par Internet	*To shop on the Net / online*
Améliorer	*To upgrade*
Annexe	*Attachment*
Banque de données	*Data bank*
Base de données	*Database*
Borne Wi-Fi	*Wi-Fi hot spot*
Carte graphique / carte mère	*Graphics board / motherboard*
Cartouche d'encre	*Ink cartridge*
Clavier AZERTY (F) / QWERTY (US)	*AZERTY / QWERTY keyboard*
Clé USB	*USB key / stick*
Clic / cliquer	*Click / to click*
Commerce en ligne	*E-commerce*
Compétence en informatique	*Computer literacy*
Concepteur de sites web	*Web designer*
Conception assistée par ordinateur (CAO)	*Computer-aided design (CAD)*

Termes en français	Termes en anglais
Convivial / facile d'utilisation	*User-friendly*
Copie de sauvegarde	*Backup*
Copier / coller	*Cut and paste*
Correcteur orthographique	*Spell check*
Coupe-feu	*Firewall*
Création de pages web	*Web authoring*
Criminalité informatique	*Computer crime*
Cybercafé	*Cybercafé*
Disque dur	*Hard disc*
Dossier / fichier	*File*
Droits d'auteur	*Copyrights*
Échange de fichiers	*File-swapping*
Échanger de la musique en ligne	*To swap music online*
Écraser	*To overwrite*
Édition sur le web	*Web publishing*
Enseignement en ligne	*E-learning*
Ère informatique	*Computer age*
Faire la mise en page	*To edit / to lay out*
Favoris	*Hotlist*

Termes en français	Termes en anglais
Foire aux questions	*FAQ (Frequently Asked Questions)*
Fournisseur d'accès	*Internet provider*
Images de synthèse (animation)	*Computer animation*
Imprimante / imprimer	*Printer / to print*
Infographie ou images de synthèse	*Computer graphics*
Informaticien	*Computer scientist / Computerist (US)*
Informatisation / informatiser	*Computerisation / to computerise*
Initié à l'ordinateur	*Computer-literate / computerate*
Interligne simple / double	*Single / double spacing*
Internaute / utilisateur d'Internet	*Netsurfer / Internet user*
Jargon informatique	*Computerese*
Lien hypertexte	*Hyperlink*
Listing	*Printout*
Logiciel de traitement de texte	*Word processing software*
Matériel informatique	*Hardware*
Mémoire morte	*ROM (Read Only Memory)*
Mémoire tampon / virtuelle	*Buffer / virtual memory*

Termes en français	Termes en anglais
Mémoire vive	*RAM (Random Access Memory)*
Mettre à jour	*To update*
Mettre un dossier en ligne	*To post a file online*
Mot de passe	*Password*
Moteur de recherche	*Search engine*
Navigateur / logiciel de navigation	*Web browser*
Nom d'utilisateur	*Username*
Numérique	*Digital*
Octet	*Byte*
Ordinateur de bureau	*PC / personal or desktop computer*
Ordinateur portable	*Laptop / portable computer*
Page d'accueil	*Home page*
Parcourir	*To browse*
Partage de fichiers en ligne	*Online file-sharing*
Pavé numérique	*Numeric keypad*
Peer-to-peer	*Peer-to-peer / peer-2-peer / P2P*
Piratage de logiciels	*Software piracy*
Pirate / pirater	*Hacker / to pirate / to crack*
Piste	*Track*
Planter	*To crash*
Police	*Font*
Port USB	*USB port*
Programmation	*Programming*
Raccourci	*Shortcut*

Termes en français	Termes en anglais
Reconnaissance vocale	*Voice recognition*
Récupérer des données	*To retrieve data*
Réseaux sociaux	*Social networks*
Sauvegarder	*To save*
Se connecter à Internet	*To log on the Net*
Serveur	*Web server*
Service de télé-chargement payant	*Paid-for download service*
Sortie papier	*Hard copy / printout*
Stocker des données	*To store data*
Streaming ou diffusion en continu	*Web streaming*
Système d'exploitation	*Operating system (OS)*
Tapis	*Mouse-pad*
Technologie assistée par ordinateur	*Computer monitoring technology*

Termes en français	Termes en anglais
Téléchargement / télécharger	*Downloading / to download*
Téléphone par Internet	*Web phone*
Traitement des données / traiter	*Data processing / to process*
Transfert de fichiers	*File transfer*
Unité centrale	*Central processing unit (CPU)*
Vote par Internet	*E-voting*
john.doe@yahoo.com	
john, point, doe, arobase, yahoo, point, com	*john, dot, doe, at, yahoo, dot, com*
www.google.com	
WWW, point, google, point, com	*double you, double you, double you, dot, google, dot, com*

L'éducation / *Education* 32

Termes en français	Termes en anglais
Analphabétisme	*Illiteracy*
Apprentissage	*Learning*
Baccalauréat (équivalent en GB / US)	*A-Levels (GB) / SATs (US : Scholastic Aptitude Tests)*
Bourse	*Grant / scholarship (US)*
Brevet des collèges (équivalent en GB)	*GCSE (General Certificate of Secondary Education)*
Cantine	*Canteen / dining hall*
CDI (centre de documentation et d'informations)	*School library*
Classe (groupe d'élèves / salle)	*Class / classroom*
Classe (niveau)	*Form (GB) / grade (US)*
Collège	*High school (GB) / junior high school (US)*
Compétences de lecture et d'écriture	*Literacy skills*
Compétences pédagogiques	*Teaching skills*
Concours	*Competitive exam*

Termes en français	Termes en anglais
Conseiller d'éducation	*Careers adviser*
Cour de récréation	*Playground / school yard*
Culture générale	*General knowledge*
Diplôme de fin de lycée (US)	*High School Diploma*
Directeur d'études	*Tutor*
Doctorat	*PhD / Doctorate*
Documentaliste	*Librarian*
Échec scolaire	*Academic failure*
École maternelle / primaire	*Nursery school (GB) / kindergarten (US) / primary school*
École privée	*Private school / public school (GB)*
Éducation physique et sportive (EPS)	*Physical education (PE)*
Élève / étudiant	*Pupil / student*
Élève qui abandonne ses études	*Dropout*
Enfant d'âge scolaire	*School-age child*

Termes en français	Termes en anglais
Enseignant / remplaçant	*Teacher / substitute teacher*
Enseignement (par Internet)	*Teaching (E-learning)*
Enseignement secondaire / supérieur	*Secondary / higher education*
Établissement public	*Government-funded / state-run school*
Étudiant ayant obtenu sa licence	*Graduate (student)*
Étudiant de premier cycle	*Undergraduate (student)*
Étudiant stagiaire	*Trainee*
Formation continue	*In-service training*
Frais de scolarité	*Tuition fees*
Inspecteur	*Inspector*
Internat / dortoir	*Boarding school / dormitory*
Langues étrangères	*Foreign languages*
Licence en sciences humaines / sciences / beaux-arts	*Bachelor of Arts (BA) / of Science (BS) / of Fine Arts (BFA)*
Lycée	*Sixth Form College (GB) / High school (US)*
Lycée professionnel	*Vocational school*

Termes en français	Termes en anglais
Master en sciences humaines / sciences / économie	*Master of Arts (MA) / of Science (MS) / of Business Administration (MBA)*
Note	*Mark (GB) / grade (US)*
Passer un examen	*To take an exam*
Principal / proviseur	*Headmaster*
Principal / proviseur adjoint	*Deputy head*
Professeur (univ.) / corps enseignant	*Professor / staff / faculty*
Programme / disciplines	*Curriculum / subjects*
Redoubler	*To repeat a year*
Réussir / échouer à un examen	*To pass / to fail an exam*
Scolarité obligatoire	*Compulsory schooling*
Sécher un cours / tricher	*To play truant / to cheat*
Stage	*Placement (GB) / internship (US)*
Trimestre scolaire	*School term*
Université	*University / college*

Les sentiments / *Feelings* 33

Termes en français	Termes en anglais
Agréable	*Pleasant*
Agressif	*Aggressive*
Arrogant	*Arrogant*
Bête	*Silly*
Blessé	*Hurt*
Bouleversé	*Upset*
Calme	*Calm / quiet*
Confiant	*Confident*
Choqué	*Shocked*
Confus	*Confused*
Content	*Glad*
Coupable	*Guilty*
Courageux	*Brave / courageous*
Curieux	*Curious*
Déçu	*Disappointed*
Dégouté	*Disgusted*
De mauvaise humeur	*Ill-tempered*
Désolé	*Sorry*
En colère	*Angry*
Effrayé	*Frightened*
Ennuyé	*Annoyed*
Épuisé	*Exhausted*
Espiègle	*Mischievous*
Excité	*Excited*
Fou	*Mad (illness) / crazy*

Termes en français	Termes en anglais
Formidable	*Great*
Frustré	*Frustrated*
Furieux	*Enraged / furious*
Gauche	*Awkward*
Gêné	*Self-conscious*
Grognon	*Grumpy*
Grossier	*Rude*
Honnête	*Honest*
Horrifié	*Horrified*
Hystérique	*Hysterical*
Impuissant	*Helpless*
Indifférent	*Indifferent*
Innocent	*Innocent*
Insolent	*Cheeky*
Intelligent	*Intelligent / clever*
Intéressant	*Interesting*
Intrigué	*Puzzled*
Irritable	*Irksome*
Jaloux	*Jealous*
Malheureux	*Miserable*
Maussade	*Sulky*
Mauvais	*Bad / nasty*
Méfiant	*Distrustful*
Nerveux	*Nervous*
Optimiste	*Optimistic*

Termes en français	Termes en anglais
Pessimiste	*Pessimistic*
Prudent	*Cautious / careful*
Qui refuse de s'engager	*Non-committal*
Qui s'ennuie	*Bored*
Satisfait	*Satisfied*
Sensé / logique	*Sensible*
Sensible	*Sensitive*

Termes en français	Termes en anglais
Sérieux	*Serious*
Seul	*Lonely*
Soulagé	*Relieved*
Soupçonneux	*Suspicious*
Surpris	*Surprised*
Sympathique	*Friendly*
Terrible	*Awful / terrible*
Triste	*Sad*

Les faux amis / *Deceptive words* 34

Termes en français	Termes en anglais
Abuser	*To take advantage*
Achever / finir	*To complete / to finish*
Accomplir	*To achieve*
Actuel	*Current*
Actuellement	*Currently*
A peine	*Hardly*
Assister à	*To attend*
Bail	*Lease*
Blesser	*To injure*
Chance	*Luck*
Commander	*To order*
Conducteur	*Driver*
Complet / exhaustif	*Comprehensive*
Compréhensif	*Understanding*
Contrôler	*To check*
Déception	*Disappointment*
Décevoir	*To disappoint*
Délai	*Deadline*
Demander	*To ask*
Démissionner	*To resign*
Empêcher de	*To prevent*
Éventuel	*Possible*
Éventuellement	*Possibly*
Expérience (en laboratoire)	*Experiment*

Termes en français	Termes en anglais
Expérience	*Experience*
Expérimenté	*Experienced*
Exiger	*To demand*
Fortuné	*Weathly*
Hasard	*Chance*
Ignorer / ne pas savoir	*Not to be aware of / not to know*
Informations	*News*
Information	*A piece of news*
Intéressant (avantageux)	*Worthwhile*
Insulter	*To abuse*
Location	*Rent*
Maîtriser	*To control*
Misère	*Poverty*
Ne pas tenir compte de	*To ignore*
Offrir / donner	*To give*
Organisme (administratif)	*Organisation*
Organisme (biologique)	*Organism*
Politique (adj.)	*Political*
Politique (une)	*Policy*
Politique (en général)	*Politics*
Politique (personne)	*Politician*

Termes en français	Termes en anglais
Préciser	*To specify*
Prendre sa retraite	*To retire*
Prévenir	*To warn*
Prix (récompense)	*Prize*
Prix (d'un objet)	*Price*
Professeur (du secondaire)	*Teacher*
Proposer / offrir	*To offer*
Propriété	*Property*
Publicité (encart)	*Advertisement*
Réaliser	*To carry out*
Recommencer	*To resume*
Réel	*Actual*
Réellement	*Actually*
Renseignements	*Information*

Termes en français	Termes en anglais
Résumer	*To sum up*
Retard	*Delay*
Retrouvailles	*Reunion*
Réunion	*Meeting*
Sensé	*Sensible*
Sensible	*Sensitive*
Se retirer	*To withdraw*
Soutenir	*To support*
Supporter	*To put up with / to bear*
Supposer	*To assume*
Sympathique	*Friendly*
Tristesse	*Misery*
Tromper	*To deceive*
Tromperie	*Deceit*
Voyage	*Trip*

Le vocabulaire britannique / américain 35

Traduction française	Anglais britannique	Anglais américain
Aller simple	*Single ticket*	*One-way ticket*
Aller-retour	*Return ticket*	*Round-trip ticket*
Appartement	*Flat*	*Apartment*
Ascenseur	*Lift*	*Elevator*
Automne	*Autumn*	*Fall*
Autoroute	*Motorway*	*Highway*
Bagages	*Luggage*	*Baggage*
Billet de banque	*Banknote*	*Bill*
Blé	*Corn*	*Wheat*
Boîte de conserve	*Tin*	*Can*
Bonbon	*Sweet*	*Candy*
Camion	*Lorry*	*Truck*
Canapé	*Sofa*	*Couch*
Centre ville	*Town centre*	*City center / downtown*
Chèque	*Cheque*	*Check*
Chips	*Crisps*	*Chips*
Coffre de voiture	*Boot*	*Trunk*
Courrier	*Post*	*Mail*
Détritus	*Litter*	*Trash*
Essence	*Petrol*	*Gas*
Faire la vaisselle	*Wash up*	*Do the dishes*
Film	*Film*	*Movie*
Football	*Football*	*Soccer*
Frites	*Chips*	*French fries*
Magasin	*Shop*	*Store*
Maïs	*Maize*	*Corn*
Métro	*Underground (Tube in London)*	*Subway*

Traduction française	**Anglais britannique**	**Anglais américain**
Note (à l'école)	*Mark*	*Grade*
Pantalon	*Trousers*	*Pants*
Parking	*Car park*	*Parking lot*
Pétrole	*Petroleum*	*Oil*
Poubelle	*Dustbin*	*Trashcan / garbage can*
Rez-de-chaussée	*Groundfloor*	*First floor*
Sac à main	*Handbag*	*Purse*
Taxi	*Taxi*	*Cab*
Toilettes (privées)	*Bathroom / loo*	*Bathroom*
Toilettes (publiques)	*Toilets*	*Restrooms*
Trottoir	*Pavement*	*Sidewalk*
Vacances	*Holiday*	*Vacation*

Les Chiffres / Numbers & Figures 36

1 à 10	*One, two, three, four, five, six, seven, eight, nine, ten*
11 à 19	*Eleven, twelve, thirteen, fourteen, fifteen, sixteen, seventeen, eighteen, nineteen*
20, 30, 40, 50, 60, 70, 80, 90	*Twenty, thirty, forty, fifty, sixty, seventy, eighty, ninety*
21, 32, 45, etc	*Twenty-one, thirty-two, forty-five, etc.*
100	*One hundred*
205	*Two hundred and five* *WATCH OUT: no -s at the end of hundred*
1,000	*One thousand*
1,528	*One thousand five hundred and twenty-eight*
3,000	*Three thousand* *WATCH OUT: no -s at the end of thousand*
1,000,000 : un million	*One million*
8,500,698	*Eight million five hundred thousand six hundred and ninety-eight* *WATCH OUT: no -s at the end of hundred, thousand and million*
1,000,000,000 : un milliard	*One billion*
5,457,900,560	*Five billion four hundred fifty-seven million nine hundred thousand five hundred and sixty* *WATCH OUT: no -s at the end of hundred, thousand, million and billion*

37 Dire l'heure / Telling the time !

L'heure	
1h	*1 o'clock*
Il est 10h pile.	*It is ten o'clock sharp.*
Les quarts d'heure	**2 possibilities:**
2h15 3h30 4h45	*A quarter past two / Two fifteen* *Half past three / Three thirty* *A quarter to five / Four forty-five*
Entre 0 et 30 minutes	PAST
Il est 14h25.	*It is twenty-five* ***past*** *two.* *It is two twenty-five.*
Entre 31 et 59 minutes	TO
Il est 10h moins 20. Il est 9h40.	*It is twenty* ***to*** *ten.* *It is nine forty.*
La durée	**Hours**
C'est dans 2 heures.	*It is in two hours.*
Cela dure 4 heures.	*It lasts four hours.*

Concours blancs

3.3

Sous-partie

Consignes et règles d'attribution de points :

Chaque question comporte quatre items, notés A. B. C. D. Un seul d'entre eux est correct. Seules les réponses exactes sont prises en compte.

Pour chaque item, vous devez signaler s'il est vrai en l'indiquant sur la grille de réponses en marquant la case sous la lettre V ou faux en l'indiquant sur la grille de réponses en marquant la case sous la lettre F. Une réponse est donc une suite de quatre marques V ou F.

Exemples :

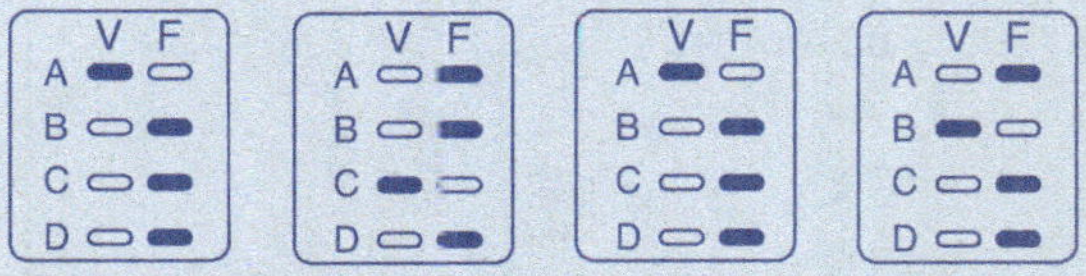

1 Concours blanc 1

1 h

1. It is about time he ...

A. comes
B. has come
C. came
D. would come

2. In the end I made ... my mind to go by train.

A. up
B. on
C. down
D. out

3. Someone broke ... my car while I was at the restaurant.

A. away
B. up
C. out
D. into

4. I'll put ... my holiday in England until the weather is warmer.

A. away
B. off
C. over
D. up

5. Do you get ... well with your brother?

A. with
B. up
C. on
D. in

6. I suggest we ... out for a Japanese meal.

A. will go
B. should go
C. have gone
D. would go

7. He can't account ... such behaviour.

A. for
B. with
C. from
D. by

8. I remember ... wonderful evenings watching the stars.

A. to spend
B. to have spent
C. spending
D. to spending

9. Don't forget ... the door when you leave the house.

A. closing
B. to closing
C. to close
D. close

10. I'm looking forward ... you again.

A. to see
B. seeing
C. see
D. to seeing

11. I'm fed ... with this nonsense!

A. up
B. on
C. out
D. in

12. He let the prisoners ...

A. going
B. go
C. to go
D. to going

13. Helen has been playing the piano ... six years.

A. ∅
B. during
C. since
D. for

14. He is a ... student.

A. seventeen years' old
B. seventeen-year-old
C. seventeen years old
D. seventeen years aged

15. ... is the weather ...?

A. What / like
B. Which / like
C. How / ∅
D. What / ∅

16. ... you have, ... you want in a consumer society.

A. More / more
B. Most / most
C. The most / the most
D. The more / the more

17. ... students have passed their exams.

A. The two both
B. The both
C. Both
D. Both two

18. Susan is a good friend. You can rely ... her.

A. in
B. with
C. to
D. on

	V	F
A	⬭	⬭
B	⬭	⬭
C	⬭	⬭
D	⬭	⬭

19. That story is ... I thought.

A. funnier than
B. more funny than
C. more funnier than
D. funnier that

20. I haven't understood the lecture.

A. Neither have I
B. I not have
C. Not have I
D. Neither do I

21. How are you?

A. I'm fine, thank you
B. So
C. I'm going good, thanks
D. Like this, like that

22. Bill is 1.90 m. Tom is 1.85 m. Bill is ...

A. the tallest
B. the most tall
C. more tall
D. the taller

23. Easier ... than ...

A. to say / to do
B. said / to do
C. said / done
D. say / do

24. The woman ... is crossing the street is my neighbor.

A. who
B. which
C. what
D. whose

25. You'd better ... an umbrella. It's raining.

A. take
B. took
C. have taken
D. to take

26. Elizabeth II does not have the power :

A. To dissolve Parliament
B. To select the Prime Minister
C. To pass laws
D. To declare war

27. Which country does not belong to the Commonwealth ?

A. India
B. Australia
C. Taiwan
D. Canada

28. The United Kingdom includes :

A. England, Wales, Ireland
B. England, Wales, Scotland, Ireland
C. England, Scotland, Northern Ireland
D. England, Wales, Scotland, Northern Ireland

	V	F
A	⬭	⬭
B	⬭	⬭
C	⬭	⬭
D	⬭	⬭

29. Donald Trump belongs to :

A. The Democratic Party
B. The Liberal Party
C. The Conservative Party
D. The Republican Party

30. I loved that novel … my friends didn't.

A. while
B. where
C. whereas
D. whereby

31. Most journalists are opposed to :

A. Censure
B. Censorship
C. Censor
D. Censer

32. Some ... believe in aliens.

A. scientist
B. scientifics
C. scientists
D. scholar

33. I'll never be … famous as Messi.

A. as
B. like
C. as like
D. such as

34. Students study … languages at … school.

A. the / ∅
B. the / the
C. ∅ / the
D. ∅ / ∅

35. They are said … kind and loving people.

A. to be
B. being
C. be
D. been

36. I can't avoid … mistakes.

A. to make
B. make
C. made
D. making

37. It's not true, it's mere …

A. brain washing up
B. brain cleaning
C. washing brain
D. brainwashing

38. Why did they disagree … their parents ?

A. at
B. with
C. from
D. to

	V	F
A	○	○
B	○	○
C	○	○
D	○	○

39. Octavia endeavoured … their rescue.

A. go | **C.** going
B. to go to | **D.** gone

	V	F
A	⬭	⬭
B	⬭	⬭
C	⬭	⬭
D	⬭	⬭

40. What had they intended …

A. doing ? | **C.** be doing ?
B. do ? | **D.** to do ?

	V	F
A	⬭	⬭
B	⬭	⬭
C	⬭	⬭
D	⬭	⬭

41. £ 3.8M is the same as…

A. Three comma eight million pounds
B. Three point eight millions pounds
C. Tree point eight million pounds
D. Three point eight million pounds
E. Question 42

	V	F
A	⬭	⬭
B	⬭	⬭
C	⬭	⬭
D	⬭	⬭

42. How should you write out the following figure 5,369?

A. Five point thousand three hundred sixty-nine
B. Five thousand three hundred and sixty-nine
C. Five thousand three hundreds and sixty-nine
D. Five thousand three hundred sixty-nine

	V	F
A	⬭	⬭
B	⬭	⬭
C	⬭	⬭
D	⬭	⬭

43. Traduire: La NASA fournira le reportage des activités du lancement d'Artemis I.

A. NASA will provide coverage of launch activities for Artemis I.
B. The Nasa will give the coverage of the launch activities of Artemis I.
C. Nasa will offer coverage of the launching activities for Artemis I.
D. NASA will provide report of the launching activities of Artemis I.

	V	F
A	⬭	⬭
B	⬭	⬭
C	⬭	⬭
D	⬭	⬭

44. Traduire: Des milliers d'Américains sont venus regarder le lancement de la navette qui fera le deuxième alunissage de l'Histoire.

A. Thousand of Americans came to watch the launch of the rocket that will do the second Moon landing in history.
B. Thousands of Americans have come to observe the rocket launching which will operate the second moon landing in History.

	V	F
A	⬭	⬭
B	⬭	⬭
C	⬭	⬭
D	⬭	⬭

C. Thousands of Americans have come to watch the launch of the rocket which will operate the second Moon landing in History.

D. Hundreds of Americans come to see the launch of the rocket that will make the second Moon landing in History.

45. Traduire: Le vaisseau spatial Orion voyagera sans équipage des milliers de miles au-delà de la Lune avant de revenir.

A. The uncrewed Orion spacecraft will travel thousands of miles beyond the Moon and back.

B. The unmanned Orion rocket will travel thousands miles after the Moon and come back.

C. The Orion space rocket without people will go thousand of miles beyond the Moon and come back.

D. Orion is the spacecraft without a crew that will travel thousand of miles after the Moon and back.

	V	F
A	⬭	⬭
B	⬭	⬭
C	⬭	⬭
D	⬭	⬭

Tableau des réponses

1	2	3	4	5	6	7	8	9	10
C	A	D	B	C	B	A	C	C	D
11	12	13	14	15	16	17	18	19	20
A	B	D	B	A	D	C	D	A	A
21	22	23	24	25	26	27	28	29	30
A	D	C	A	A	C	C	D	D	C
31	32	33	34	35	36	37	38	39	40
B	C	A	D	A	D	D	B	B	D
41	42	43	44	45					
D	B	A	C	A					

Corrigé détaillé

1. **C.** *It's about time* – prétérit modal (voir fiche 11, grammaire).
2. **A.** *To make up one's mind* = se décider (voir fiche 21, grammaire).
3. **D.** *To break into* = entrer par effraction (voir fiche 21, grammaire).
4. **B.** *To put off* = remettre à plus tard (voir fiche 21, grammaire).
5. **C.** *To get on well* = bien s'entendre (voir fiche 21, grammaire).
6. **B.** *To suggest* + *should* ayant valeur de subjonctif. L'auxiliaire modal *should* peut être omis (voir fiche 13, grammaire).
7. **A.** *To account for* = expliquer (voir fiche 21, grammaire).
8. **C.** *To remember* se construit avec un gérondif pour évoquer un fait passé (voir fiche 15, grammaire).

9. C. *To forget* se construit avec *to* pour exprimer un fait à venir (voir fiche 15, grammaire).

10. D. *To look forward to + -ING* = attendre avec impatience (voir fiche 21, grammaire).

11. A. *To be fed up with* = en avoir assez de (voir fiche 21, grammaire).

12. B. *To let* + BV = laisser (voir fiche 19, grammaire).

13. D. Helen joue toujours du piano, l'action n'est pas terminée, la durée de l'action est introduite par *for* (voir fiche 9, grammaire).

14. B. *Seventeen-year-old* est un adjectif composé et ne prend donc pas la marque du pluriel (voir fiche 5, grammaire).

15. A. Expression : *What is the weather like?*

16. D. Pour exprimer une progression parallèle, on emploie le comparatif précédé de *The* : plus .., plus... (voir fiche 7, grammaire)

17. C. Both = les deux / tous les deux (voir fiche 2, grammaire).

18. D. *To rely on* = se fier à (voir fiche 21, grammaire).

19. A. *Funny* : adjectif de deux syllabes terminé en *-y*. Le comparatif est en *-er* (voir fiche 7, grammaire).

20. A. Moi non plus = *neither* + inversion auxiliaire / sujet (voir fiche 1, grammaire).

21. A. Expression : je vais bien, merci.

22. D. Quand il n'y a que deux éléments de comparaison, on emploie un comparatif précédé de *The* (voir fiche 7, grammaire).

23. C. Expression : Plus facile à dire qu'à faire.

24. A. L'antécédent est un être humain, le pronom relatif sujet est *who* (voir fiche 14, grammaire).

25. A. L'expression *had better* exprime le conseil et est suivie d'une BV (voir fiche 11, grammaire).

26. C. *The British monarch has some powers such as dissolving Parliament, declaring war, or selecting the PM, but has not used some for decades or centuries. However, he or she cannot vote laws in Parliament.*

27. C. *India, Australia and Canada are members of the Commonwealth, yet all the former British colonies do not belong to it; the Republic of Ireland has left it, for example. Taiwan is not a member.*

28. D. *Great Britain = England + Scotland + Wales ; The United Kingdom = GB + Northern Ireland ; The British Isles = The UK + Eire + islands around GB.*

29. D. *Donald Trump is a Republican; he is conservative, but his party is the Republican Party, aka G.O.P. — Grand Old Party.*

30. C. *While* évoque une durée, une action simultanée à une autre = pendant que, tandis que / *where* se réfère à un lieu où / *whereas* exprime l'opposition = alors que / *whereby* = par quoi, par quel moyen.

31. B. *To censure* : censurer / *censorship* = la censure / *a censor* = un censeur / *a censer* = un encensoir.

32. C. *Scientific* : (adjectif) ne prend pas de -s / *a scholar* = un érudit / *scientists* = des scientifiques (nom).

33. A. *As … as* : comparatif d'égalité / les autres propositions sont donc incorrectes.

34. D. ∅ *languages* : pluriel non déterminé exprimant une généralité / *at school* (expression).

35. A. *To be said to* (expression au passif) = on dit qu'ils…

36. D. *To avoid + ING* (expression) : éviter de faire qch.

37. D. *Washing up* = la vaisselle / *cleaning* = le nettoyage / *brainwashing* = le lavage de cerveau.

38. B. *To disagree with* = ne pas être d'accord avec quelqu'un.

39. B. *To endeavour to do sth* = s'efforcer de faire quelque chose.

40. D. *To intend to do sth* = avoir l'intention de faire quelque chose.

41. D. Ne pas oublier l'orthographe du chiffre 3: *three* ; en français, on parle d'un chiffre avec une virgule, mais en anglais, on met un POINT qui se lit 'point' ; enfin, on ne met jamais de -s à la fin des mots *hundred, thousand, million, billion* lorsqu'ils sont précédés d'un chiffre.

42. B. Il ne s'agit pas d'un chiffre à virgule mais de la marque du millier ; ne pas oublier de mettre *AND* entre les centaines et les dizaines ; on ne met jamais de -s à la fin des mots *hundred, thousand, million, billion* lorsqu'ils sont précédés d'un chiffre.

43. A. Fournir : *to provide* ; un reportage : *a coverage* — Attention, *a report* signifie 'un rapport' —; *for* implique un objet : à propos de, concernant.

44. C. On ne met jamais de -s à la fin des mots *hundred, thousand, million, billion* lorsqu'ils sont précédés d'un chiffre, MAIS quand il s'agit d'une généralité, il ne faut pas oublier le -s suivi de *of* ; aucune date n'est mentionnée car c'est l'activité qui prédomine, on utilise le present perfect *have come* ; *watch* signifie entre autres 'regarder, observer'.

45. A. Un vaisseau sans équipage se dit an uncrewed or unmanned spacecraft ; On ne met jamais de -s à la fin des mots *hundred, thousand, million, billion* lorsqu'ils sont précédés d'un chiffre, MAIS quand il s'agit d'une généralité, il ne faut pas oublier le -s suivi de *of* ; au-delà : *beyond* ; la langue anglaise permet de réduire à peu de mots certaines idées, comme ici *back* suffit à exprimer l'idée de retour.

2 Concours blanc 2

1 h

1. She has come to the meeting ... her injuries.

A. whereas
B. contrary to
C. in spite of
D. despite of

2. I will open the door when you ...

A. will arrive
B. are arrived
C. arrive
D. have arrived

3. I went to Canada...

A. there are six years
B. there are six years ago
C. since six years
D. six years ago

4. They ... on his project.

A. are agreed
B. agreed each other
C. agreed
D. were agreed

5. Answer : I'm a lawyer. Question : ...

A. What are you doing?
B. What do you do?
C. What's your work?
D. How are you occupied?

6. I know the girl ... parents are journalists.

A. whose
B. whose the
C. who the
D. who

7. I must stay at home to look ... my little sister.

A. for
B. on
C. to
D. after

8. Read the instructions before ... the machine.

A. using
B. use
C. to use
D. having used

9. There are ... in this airport.

A. little smoking areas
B. much smoking areas
C. a few smoking areas
D. many areas smoking

V F
A ⬭ ⬭
B ⬭ ⬭
C ⬭ ⬭
D ⬭ ⬭

10. I ... if I ... you.

A. don't drink / am
B. wouldn't drink / am
C. shouldn't drink / were
D. wouldn't drink / were

V F
A ⬭ ⬭
B ⬭ ⬭
C ⬭ ⬭
D ⬭ ⬭

11. He is a wonderful musician, ...

A. isn't he?
B. isn't it?
C. is he?
D. is it?

V F
A ⬭ ⬭
B ⬭ ⬭
C ⬭ ⬭
D ⬭ ⬭

12. My friend arrived ... train ... nine ... York.

A. in / at / of
B. by / at / off
C. by / at / from
D. in / on / from

V F
A ⬭ ⬭
B ⬭ ⬭
C ⬭ ⬭
D ⬭ ⬭

13. Stop that noise, ...

A. do you?
B. will you?
C. don't you?
D. isn't it?

V F
A ⬭ ⬭
B ⬭ ⬭
C ⬭ ⬭
D ⬭ ⬭

14. Stop shouting! I can't put ... ... this noise.

A. up on
B. in on
C. up with
D. on with

V F
A ⬭ ⬭
B ⬭ ⬭
C ⬭ ⬭
D ⬭ ⬭

15. It's a pity that she ... so stubborn.

A. should be
B. is
C. would be
D. has been

V F
A ⬭ ⬭
B ⬭ ⬭
C ⬭ ⬭
D ⬭ ⬭

16. I must make ... ... the time when I was away.

A. up for
B. on for
C. up after
D. on in

V F
A ⬭ ⬭
B ⬭ ⬭
C ⬭ ⬭
D ⬭ ⬭

17. He does nothing but ... everyone.

A. annoys
B. to annoy
C. annoying
D. annoy

V F
A ⬭ ⬭
B ⬭ ⬭
C ⬭ ⬭
D ⬭ ⬭

18. If you ... yesterday we ... to the restaurant.

A. came / would had gone
B. had come / would go
C. had come / would have gone
D. have come / would have gone

V F
A ⬭ ⬭
B ⬭ ⬭
C ⬭ ⬭
D ⬭ ⬭

19. They want ... with them.

A. that we go **C.** us to go
B. that we should go **D.** we go

20. Don't make them ... too fast!

A. drive **C.** driving
B. to drive **D.** to driving

21. My friend gave me ...

A. a good advice **C.** a good advise
B. a good piece of advice **D.** a good piece of advise

22. Sorry, there ... tea.

A. isn't some **C.** is not
B. has no **D.** isn't any

23. Jimmy is ... boy I know.

A. the intelligentest **C.** the most intelligent
B. more intelligent **D.** the more intelligent

24. They were all very angry ... being kept waiting for the manager to come.

A. at **C.** in
B. by **D.** with

25. She made us ... the room.

A. to paint **C.** painted
B. painting **D.** paint

26. The U.S. Congress passed the Civil Rights Act in :

A. 1863 **C.** 1991
B. 1964 **D.** 1945

27. Which year did 9/11 take place ?

A. 2010 **C.** 2001
B. 2000 **D.** 2011

28. UKIP is :

A. A British pro-European political party
B. An American political party
C. A carsharing company
D. A Eurosceptic political party

29. Theresa May belongs to :

A. The Conservative Party
B. The Labour Party
C. The Brexit Party
D. The Green Party

30. I hope you don't mind … here?

A. my sleeping
B. me sleeping
C. I sleep
D. that I sleep

31. What did the teacher say … you … your daughter ?

A. ∅ / of
B. at / of
C. to / about
D. ∅ / about

32. Friends should … each other.

A. confide
B. confident
C. trust in
D. trust

33. Here you are …

A. at last !
B. at least !
C. lately !
D. lastly !

34. On TV, some programs are … late at night.

A. diffused
B. cast
C. defused
D. broadcast

35. Donald lost his job and went on a … course.

A. recycling
B. revising
C. retraining
D. reforming

36. The death penalty is often said to be a …

A. dissuasion
B. dissuasive
C. deterrent
D. dissident

37. When I listen to him, I can't … laughing.

A. prevent
B. help
C. resist
D. try

38. A lot of employees will be … off.

A. led
B. laid
C. fired
D. sent

39. Most journalists don't agree with her … of the modern society.

A. critic
B. critics
C. critique
D. criticism

40. His teaching methods … efficient.

A. proved
B. proved themselves
C. revealed
D. revealed themselves

41. Traduire: M. Johnson projette de rester Premier ministre du Royaume-Uni jusqu'à ce qu'un nouveau dirigeant conservateur soit nommé.

A. M. Johnson wants to stay as the UK Prime minister until a new Conservative leader is elected.

B. Mr. Johnson plans to stay on as the UK's Prime minister until a new Tory leader is appointed.

C. Mr. Johnson projects to remain the United Kingdom's Prime minister till a new Tory leader is nominated.

D. Mr. Johnson plans to stay the English Prime Minister till they appoint a new Conservative leader.

42. How should you write out the following figure 86,704?

A. Eighty-six thousands seventy four
B. Eighty-six thousand seven hundred and four
C. Eighty six thousand seven o four
D. Eighty-six point seven hundreds and four

43. $ 8.9BN is the same as…

A. Eighty point nine billion pounds
B. Eight point nine billions dollars
C. Eight point nine billion dollars
D. Eight and nine billion dolars

44. Traduire: il est 20h45.

A. It is eight fourty-five.
B. It is twenty forty-five.
C. It is eight forty-five PM.
D. It is a quarter past eight in the evening.

45. Traduire: La reine Elizabeth II a célébré son jubilé de platine marquant 70 ans de règne en juin 2022.

A. The Queen Elizabeth II celebrated her platinum jubilee marking seventy years of reign in July 2022.

B. Queen Elizabeth II has celebrated her platinum jubile showing seventy years of reign in June 2022.

C. The queen Elizabeth II celebrated her jubilee of platin to mark her seven years of reign in June 2022.

D. Queen Elizabeth II celebrated her platinum jubilee marking seventy years of reign in June 2022.

Tableau des réponses

1	2	3	4	5	6	7	8	9	10
C	C	D	C	B	A	D	A	C	D
11	**12**	**13**	**14**	**15**	**16**	**17**	**18**	**19**	**20**
A	C	B	C	A	A	D	C	C	A
21	**22**	**23**	**24**	**25**	**26**	**27**	**28**	**29**	**30**
B	D	C	A	D	B	C	D	A	A
31	**32**	**33**	**34**	**35**	**36**	**37**	**38**	**39**	**40**
C	D	A	D	C	C	B	B	D	A
41	**42**	**43**	**44**	**45**					
B	B	C	C	D					

Corrigé détaillé

1. **C.** *In spite of (= despite ∅)* = en dépit de / *Whereas* = alors que / *Contrary to* = contrairement à (voir fiche 20, grammaire).
2. **C.** Dans une proposition subordonnée de temps au futur en français, le verbe est au présent en anglais. Le verbe de la proposition principale est au futur (voir fiche 12, grammaire).
3. **D.** Un moment précis dans le passé est désigné par *six years ago* (voir fiche 11, grammaire).
4. **C.** *To agree with s.o. on sth* = être d'accord avec qn à propos de qch (voir fiche 21, grammaire).
5. **B.** Le présent simple sert à parler d'une action habituelle. *Be+ing* indique une action en train de se faire (voir fiches 4 et 9, grammaire).
6. **A.** Le pronom relatif complément du nom est *whose* (voir fiche 14, grammaire).
7. **D.** *To look after* = surveiller, prendre soin. *To look for* = chercher / *To look on* = regarder en spectateur / *To look to* = veiller à (voir fiche 21, grammaire).
8. **A.** Le gérondif s'emploie après toutes les prépositions sauf *except* et *but* (voir fiche 15, grammaire).

9. C. *A few* s'emploie avec un dénombrable pour exprimer une petite quantité. *Little* s'emploie avec un nom indénombrable. / *Much* s'emploie avec un nom indénombrable. / Le nom composé se forme dans l'ordre inverse du français (des aires où l'on peut fumer) (voir fiche 6, grammaire).

10. D. Le conditionnel se forme avec *would.* « Si j'étais vous » n'est pas réalisé. Il s'agit donc de l'irréel, on emploie alors le prétérit modal (voir fiches 11 et 14, grammaire).

11. A. Le *question tag* est négatif quand la phrase est affirmative (voir fiche 1, grammaire).

12. C. *By* sert à indiquer le moyen de transport, *at* les heures, *from* la provenance.

13. B. Une phrase à l'impératif est reprise avec *will* dans un *question tag* (voir fiches 1, 13 et 15, grammaire).

14. C. *To put up with* = supporter (voir fiche 21, grammaire).

15. A. *It's a pity* est suivi d'un subjonctif formé avec *should* (voir fiche 13, grammaire).

16. A. *To make up for* = compenser (voir fiche 21, grammaire).

17. D. Il ne fait rien d'autre qu'ennuyer tout le monde. Après *except* et *but* on emploie la BV.

18. C. Le *past perfect* dans la proposition conditionnelle entraîne *would* + *have* + participe passé dans la proposition principale : Si tu étais venu, nous serions allés... (voir fiches 11 et 13, grammaire)

19. C. *To want s.o.* + proposition infinitive (voir fiche 14, grammaire).

20. A. *To make s.o. do sth* (voir fiche 19, grammaire).

21. B. *Advice* est indénombrable. *To advise* = conseiller (voir fiche 4, grammaire).

22. D. Dans les phrases négatives on emploie *any. Some* s'emploie dans les phrases affirmatives. / *No* = *not any* (voir fiche 6, grammaire).

23. C. *Intelligent* est un adjectif long. Il s'agit ici du superlatif (voir fiche 7, grammaire).

24. A. *To be angry at* = être en colère à l'égard de.

25. D. *To make s.o. do sth* (voir fiche 19, grammaire).

26. B. *In 1964, the Civil Rights Act was voted to end racial segregation in the U.S. In 1863, the Emancipation Proclamation announced the end of slavery in the U.S. 1991 marked the end of Apartheid in South Africa. 1945 marked the end of World War II.*

27. C. *It took place in 2001 : September 11th, 2001.*

28. D. *UKIP is a British Eurosceptic political party, hence it is a far-right nationalist party.*

29. A. *T. May belongs to the Conservative Party, aka the Tories.*

30. A. *You don't mind* (expression) nécessite un groupe nominal : soit le verbe à la forme *–ING* est suffisant car la personne à qui on s'adresse est concernée — *I hope you don't mind sleeping here* (j'espère que cela ne **vous** dérange pas si **vous** dormez ici) — soit la personne qui parle est concernée et on doit ajouter un adjectif possessif — *I hope you don't mind my sleeping here* (J'espère que cela ne **vous** dérange pas si **je** dors ici).

31. **C.** *To say sth to s.o.* = dire quelque chose à quelqu'un / *about* = à propos de.

32. **D.** *To confide in* = se confier à / *confident* (adjectif) = confiant / *to trust s.o.* (verbe transitif) = faire confiance à quelqu'un.

33. **A.** *At last* = (Ah) enfin ! / *at least* = au moins / *lately* = récemment / *lastly* = enfin, pour terminer (fin d'une énumération).

34. **D.** *To diffuse* = diffuser de la lumière / *to cast* = jeter / *to defuse* = désamorcer / *to broadcast* / *broadcast* = diffuser une émission.

35. **C.** *To recycle* = recycler / *to revise* = corriger, revoir / *to retrain* = s'entraîner à nouveau / *to reform* = réformer.

36. **C.** *Dissuasion* = dissuasion, mais n'évoque pas une idée de menace / *dissuasive* (adjectif) = dissuasif / *a deterrent* = un moyen de dissuasion / *a dissident* = un dissident.

37. **B.** *To prevent s.o. from + ING* = empêcher quelqu'un de faire quelque chose / *can't help + ING* (expression) = ne pas pouvoir s'empêcher de faire quelque chose / *to resist* = résister / *to try* = essayer.

38. **B.** *To lead / led / led* = conduire, mener / *to lay / laid / laid off* = licencier / *to fire* = renvoyer (familier) / *to send* = envoyer.

39. **D.** *A critic* = un critique (personne) / *a critique* = un essai / a *criticism* = une critique négative.

40. **A.** *To prove* = se révéler / *to reveal* = faire une révélation.

41. **B.** Le titre en anglais est Mr., M. est le titre en français ; on ajoute souvent une postposition après un verbe pour intensifier le sens, ici *to stay on* signifie 'rester' ; *as* veut dire 'en tant que' ; ne pas confondre *England* et *United Kingdom*, ce dernier comprenant les différents pays qui composent le pays : *England, Scotland, Wales, Northern Ireland. Till* et *until* sont synonymes ; Conservative et Tory aussi (parti conservateur, donc à droite) ; le chef du parti est **nommé** par les membres de son parti : *he or she is **appointed** (not elected or nominated)*.

42. **B.** Il ne s'agit pas d'un chiffre à virgule mais de la marque du millier ; ne pas oublier de mettre *AND* entre les centaines et les dizaines ou ici les unités ; on ne met jamais de -s à la fin des mots *hundred, thousand, million, billion* lorsqu'ils sont précédés d'un chiffre. Dizaine et unité sont liées par un tiret.

43. **C.** C'est un chiffre avec une virgule, mais en anglais, on met un POINT qui se lit '*point*' ; on ne met jamais de -s à la fin des mots *hundred, thousand, million, billion* lorsqu'ils sont précédés d'un chiffre. Attention à la monnaie et son orthographe : *pound* se réfère à la livre sterling (£) et dollar ($) prend 2 'll'.

Corrigé

44. C. 20h : il faut préciser *PM* ou *in the evening* ; *twenty forty-five* peut se trouver dans un contexte technique, par exemple dans un aéroport, mais à ne pas retenir pour un QCM ; h45 signifie 'moins le quart', à traduire par a *quarter to nine*.

45. D. Lorsqu'on associe un titre avec un nom, il ne faut pas ajouter d'article mais les 2 mots prennent une majuscule, Ø *Queen Elizabeth* ; le jubilé de platine se dit *platinum jubilee*.

Concours blanc 3

1 h

1. ... it rained, we had a wonderful holiday in Ireland.

A. Although
B. Despite
C. Nevertheless
D. Whereas

2. A new treatment ... last year.

A. discovered
B. has been discovered
C. was discovered
D. has discovered

3. Tell me ...

A. how tall he is
B. how tall is he
C. how he is tall
D. how much he measures

4. I like to work for ... company.

A. a making-profit
B. a profits-making
C. a profit-making
D. a profit's making

5. I'm afraid there's ... I can do about it.

A. something
B. anything
C. nothing
D. a thing

6. I feel ... tired ... yesterday.

A. most / than
B. more / that
C. the most / ∅
D. less / than

7. I can't help ...

A. to smoke
B. smoking
C. smoke
D. to smoking

8. ... I liked best was the food.

A. Which
B. That
C. What
D. All that

9. I remember the day ... I met him.

A. where
B. that
C. which
D. when

10. Don't tell my parents that we've been seeing ...

A. ourselves.
B. us.
C. ours.
D. each other.

11. ... has been painted blue.

A. The room parents
B. The parents room
C. The parents' room
D. The parents's room

12. They come and see him ...

A. one time by month
B. once time a month
C. a time by month
D. once a month

13. They don't want to tell you, ...

A. do they?
B. don't they?
C. aren't they?
D. isn't it?

14. Sean plays tennis ...

A. every other day
B. one day on two
C. every another day
D. one day on another

15. Sue can't afford ... a new car.

A. buy
B. buying
C. buys
D. to buy

16. The Johnsons have been living here ... 2008.

A. for
B. during
C. in
D. since

17. Last night I borrowed ...

A. Paul's car
B. Paul car
C. car's Paul
D. the car of Paul

18. I'd rather you ... him.

A. saw
B. see
C. would see
D. have seen

19. I didn't like the cheese sandwiches.

A. Nor I did
B. Neither I did
C. Neither did I
D. Nor did I

20. I wish you ... to him.

A. have talked
B. had talked
C. talk
D. have been talking

21. He won't leave until you ... back.

A. will come
B. have come
C. come
D. came

22. I want ... to school!

A. that you go
B. that you should go
C. you go
D. you to go

23. It's time you ... your mind.

A. made up
B. make up
C. have made up
D. would make up

24. She earns ... a month.

A. two thousands euros
B. two thousands of euros
C. two thousand euros
D. two thousand euro

25. I've been very sick ... the boat left the harbor.

A. as
B. since
C. for
D. when

26. The White House is located in :

A. Washington
B. Washington, D.C.
C. New York City
D. New York State

27. The Pentagon is :

A. The official residence of the President of the USA
B. A famous prison in the United States
C. The US Capitol
D. The United States Department of Defense

28. Which one is not a British political party ?

A. The Labour Party
B. The Conservative Party
C. The Democratic Party
D. The Brexit Party

29. The inhabitants of Western countries are supposed to live in the … society.

A. abundant | **C.** abundance
B. affluent | **D.** affluence

30. In the 1960s a lot of workers worked on the assembly …

A. line | **C.** link
B. chain | **D.** ring

31. The children entered … room.

A. into | **C.** ∅
B. in | **D.** to

32. My sister runs too fast, I can't keep up … her.

A. at | **C.** ∅
B. with | **D.** to

33. Next year my friend is taking … at the university.

A. economics | **C.** economic
B. economy | **D.** economical

34. I think he did it on …

A. goal | **C.** intention
B. will | **D.** purpose

35. The government has taken a new … of measures.

A. setting | **C.** train
B. set | **D.** line

36. The shuttle has to go to a new series of …

A. essays | **C.** attempts
B. tries | **D.** tests

37. I'm interested in … you're saying.

A. that what | **C.** that
B. which | **D.** what

38. This house belongs to us, it's …

A. ours | **C.** the our
B. our | **D.** the ours

39. Your sister is … a top model.

A. as beautiful girl as | **C.** girl beautiful as
B. beautiful girl as | **D.** as beautiful as

40. Some people want to keep up … the Joneses.

A. with

B. to

C. at

D. for

V F
A ⬭ ⬭
B ⬭ ⬭
C ⬭ ⬭
D ⬭ ⬭

41. Traduire: Il est 2:25.

A. It is two and twenty-five.

B. It is two twenty-five AM.

C. It is two twenty-five PM.

D. It is twenty-five to two in the morning.

V F
A ⬭ ⬭
B ⬭ ⬭
C ⬭ ⬭
D ⬭ ⬭

42. How should you write out the following figure 789,548?

A. Seven hundred and eighty-nine thousand five hundred and forty-eight

B. Seven thousand and eighty-nine five hundred and forty-eight

C. Seventy-eight nine thousand five hundred forty-eight

D. Seven hundreds eighty-nine thousands five hundreds and fourty-eight

V F
A ⬭ ⬭
B ⬭ ⬭
C ⬭ ⬭
D ⬭ ⬭

43. Traduire: La Russie a envahi l'Ukraine le 24 février 2022.

A. The Russia invaded the Ukraine on the 24 February 2022.

B. Russia invaded Ukraine on 24 February 2022.

C. Russia invaded Ukraine on the 24th February 2022.

D. The Russia invaded the Ukraine on 24th February 2022.

V F
A ⬭ ⬭
B ⬭ ⬭
C ⬭ ⬭
D ⬭ ⬭

44. Traduire: Elon Musk achètera-t-il quand même Twitter après les déclarations de la lanceuse d'alerte Leeza Garber ?

A. Elon Musk will buy Twitter anyway after the claims of the whistleblower Leeza Garber?

B. Will Elon Musk buy Twitter still after whistleblower Leeza Garber's claims?

C. Will Elon Musk buys Twitter anyway after the claims of the wistle-blower Leeza Garber?

D. Will Elon Musk still buy Twitter after whistleblower Leeza Garber's claims?

V F
A ⬭ ⬭
B ⬭ ⬭
C ⬭ ⬭
D ⬭ ⬭

45. The year 1900 is said…

A. Nineteen hundred

B. One thousand and nine hundred years

C. One thousand nine hundreds

D. Nineteen hundreds

V F
A ⬭ ⬭
B ⬭ ⬭
C ⬭ ⬭
D ⬭ ⬭

Tableau des réponses

1	2	3	4	5	6	7	8	9	10
A	C	A	C	C	D	B	C	D	D
11	12	13	14	15	16	17	18	19	20
C	D	A	A	B	D	A	A	C	B
21	**22**	**23**	**24**	**25**	**26**	**27**	**28**	**29**	**30**
C	D	A	C	B	B	D	C	B	A
31	**32**	**33**	**34**	**35**	**36**	**37**	**38**	**39**	**40**
C	B	A	D	B	D	D	A	D	A
41	**42**	**43**	**44**	**45**					
B	A	B	D	A					

Corrigé détaillé

1. **A.** *Although* = bien que. *Despite* = en dépît de / *Nevertheless* = néanmoins / *Whereas* = alors que (voir fiche 20, grammaire).

2. **C.** *Was discovered* est un passif. Le verbe discovered est à l'actif / Après *last year*, il faut un prétérit. / Le verbe est au *present perfect* actif (voir fiches 9, 11 et 18, grammaire).

3. **A.** Pas d'inversion dans une question au discours indirect (voir fiche 17, grammaire).

4. **C.** *A profit-making company* = une compagnie qui fait du profit. Il s'agit d'un adjectif composé donc nous n'avons pas de marque de pluriel (voir fiche 5, grammaire).

5. **C.** *Nothing* = rien.

6. **D.** Il s'agit d'un comparatif : *more / less ... than* (voir fiche 7, grammaire).

7. **B.** *I can't help + -ING* = Je ne peux pas m'empêcher de (voir fiche 15, grammaire).

8. **C.** *What* = ce qui, ce que, n'a pas d'antécédent. *Which* = ce qui, ce que ; il reprend ce que l'on vient de dire, il a donc un antécédent / *That*, pronom relatif, a un antécédent / *All that* = tout ce qui, tout ce que (voir fiche 14, grammaire).

9. **D.** *The day* fait référence à un moment, donc *when* est nécessaire (voir fiche 14, grammaire).

10. **D.** *Each other* = l'un l'autre, pronom réciproque. *Ourselves* = nous-mêmes, pronom réfléchi / *Us* = nous, pronom personnel complément / *Ours* = le/la nôtre, pronom possessif (voir fiche 3, grammaire).

11. **C.** Le cas possessif est nécessaire mais il est inutile d'ajouter un 's' après l'apostrophe car le *-s* du pluriel suffit (voir fiche 8, grammaire).

12. **D.** Expression : *once a month* = une fois par mois (voir fiche 2, grammaire).

13. **A.** Le *question tag* est affirmatif quand la phrase est négative (voir fiche 1, grammaire).

14. **A.** Expression : *every other day* = un jour sur deux (voir fiche 6, grammaire).

15. **B.** *To afford* + *-ING* = avoir les moyens de (voir fiche 15, grammaire).

16. **D.** *Since* introduit une date ou un événement précis (depuis 2008). Avec un *present perfect*, *for* introduit une durée (*a day, months...*) / *During* introduit une période (*season, holiday...*) / *In 2008* = en 2008 (voir fiche 9, grammaire).

17. **A.** Le cas possessif est préférable avec un humain (voir fiche 8, grammaire).

18. **A.** *I would rather* + S + prétérit.

19. **C.** Moi non plus = *neither* + auxiliaire + S (voir fiche 1, grammaire).

20. **B.** Regret : *Wish* + S + *past perfect* (voir fiche 16, grammaire).

21. **C.** Dans une proposition subordonnée de temps au futur en français, le verbe est au présent en anglais. Le verbe de la proposition principale est au futur (voir fiche 12, grammaire).

22. **D.** *To want* + proposition infinitive (voir fiche 14, grammaire).

23. **A.** Après *it's time*, on emploie le prétérit modal (voir fiche 11, grammaire).

24. **C.** *Thousand* est invariable lorsqu'un chiffre est précisé (voir fiche 6, grammaire).

25. **B.** *Since* introduit une date ou un événement précis. *As* = comme / *For* introduit une durée / *When* = quand (voir fiche 9, grammaire).

26. **B.** *Washington is a state located in the northwest of the U.S. whereas Washington, D.C. refers to the U.S. capital situated in the District of Columbia, on the East Coast.*

27. **D.** *The official residence of the POTUS (President of the United States) is the White House. The U.S. Capitol is the home of the U.S. Congress. The Pentagon is a 5-sided building housing the various branches of the U.S. army. It is located in Virginia across the Potomac River from Washington, D.C.*

28. **C.** *The Democratic Party is an American political party.*

29. **B.** *Abundant* = abondant (peu employé) / *affluent* = d'abondance / *the affluent society* = la société d'abondance (expression).

30. **A.** *The assembly line* = la ligne d'assemblage / *chain work* = le travail à la chaîne / *a link* = un lien / *a ring* = un anneau, une bague, un ring de boxe.

31. **C.** *To enter sth* (verbe transitif) = entrer dans quelque chose.

32. **B.** *To keep up with* = suivre le rythme, l'allure de (expression).

33. **A.** *Economics* = économie, la matière / *the economy* = l'économie, le système (d'un pays) / *economic* (adjectif) / *the economic system* = le système économique / *economical* (adjectif) = qui permet de faire des économies.

34. **D.** *A goal* = un but, un objectif / *the will* = la volonté / *a will* = un testament / *an intention* = une intention / *a purpose* = un but, un objectif / *on purpose* = exprès (expression).

35. **B.** *A setting* = une installation, un emplacement / *a set* = un ensemble.

36. D. *Essays* = des essais (travail littéraire) / *tries* = des tentatives / *attempts* = des tentatives / *tests* = des essais, des épreuves de contrôle.

37. D. *That what* = incorrect, n'existe pas / *which* = ce que (renvoie à ce qui vient d'être dit) / *that* : incorrect ici car devrait être suivi d'un nom pour être correct. / *what* = ce que (annonce ce qui va être dit).

38. A. *Ours* = la nôtre / *our* = notre. *The our* et *the ours* sont incorrects, ils n'existent pas.

39. D. *As beautiful as* = aussi belle que (comparatif d'égalité).

40. A. *To keep up with the Joneses* = rivaliser avec les voisins (expression).

41. B. 2:... : il faut préciser AM ou *in the morning* ; 2 possibilités concernant les chiffres : *two twenty-five* ou *twenty-five* ***past*** *two.*

42. A. Il ne s'agit pas d'un chiffre à virgule mais de la marque du millier ; ne pas oublier de mettre ***and*** entre les centaines et les dizaines ; on ne met jamais de -s à la fin des mots *hundred, thousand, million, billion* lorsqu'ils sont précédés d'un chiffre. Dizaine et unité sont liées par un tiret. Attention à l'orthographe de 4 = four et 40 = forty.

43. B. Les noms propres ne sont pas précédés d'un article ; seuls les noms propres composés de noms communs, adjectifs ou participes passés peuvent être précédés d'un article (*the United Kingdom, the United States*) ; la date n'est pas non plus précédée d'un article à l'écrit. Attention, à l'oral, en revanche, on le fait apparaître en disant : *on the 24th of February.*

44. D. Le modal se place en tête de phrase dans une question ; le verbe après le modal prend la forme de la base verbale, donc pas de -s ; still porte sur le verbe donc il le précède ; *a whistleblower* (ou *whistle-blower*) est un lanceur d'alerte. Le nom de la personne est précisé juste après donc on ne peut pas utiliser d'article avant.

45. A. Les années 1100, 1200, etc. se disent *eleven hundred, twelve hundred* tandis que les années 1000 et 2000 se disent *one thousand* et *two thousand* ; on ne met jamais de -s à la fin des mots *hundred, thousand, million, billion* lorsqu'ils sont précédés d'un chiffre.

Partie 4

L'oral

1 Quel oral pour quelle école ?

ATTENTION

Des modifications peuvent intervenir au cours de l'année et donc éventuellement après la publication de cet ouvrage.

Il vous est donc conseillé de consulter les sites internet ou les plaquettes des différentes écoles afin d'être informés des changements potentiels.

1. Présentation des épreuves en fonction des écoles

a. Cursus bac + 4

ESSEC Business School à Cergy-Pontoise et à Singapour – Global BBA

Épreuves écrites	Durée	Coefficient
Raisonnement et compétences	1 h	11
Langues vivantes	2 h	4 (2 pour LV1 et 2 pour LV2)
Analyse documentaire et connaissance des enjeux contemporains	3 h	6
Note du dossier		10

Épreuves orales	Durée	Coefficient
Entretien individuel		5
Langue vivante 1		2
Langue vivante 2		2

* *Toute note inférieure à 04/20 est éliminatoire.*

KEDGE Business School à Marseille – IBBA

Épreuves écrites	Durée	Coefficient
Raisonnement et compétences	1 h	8
Langues vivantes	2 h	8 (4 pour LV1 et 4 pour LV2)
Analyse documentaire et connaissance des enjeux contemporains	3 h	8
Note du dossier		1*

* *Seuls les points au-dessus de la moyenne sont pris en compte*

Épreuves orales	Durée	Coefficient
Entretien individuel		10
Langue vivante 1		6

La Rochelle Business School – BBA International La Rochelle

Épreuves écrites	Durée	Coefficient
Raisonnement et compétences	1 h	6
Langues vivantes	2 h	7 (5 pour LV1 et 2 pour LV2)
Analyse documentaire et connaissance des enjeux contemporains	3 h	9
Note de dossier		1*

** Seuls les points au-dessus de la moyenne sont pris en compte*

Épreuves orales	Durée	Coefficient
Entretien individuel		12
Langue vivante 1		5

NEOMA Business School à Reims – CESEM

Épreuves écrites	Durée	Coefficient
Raisonnement et compétences	1 h	6
Langues vivantes	2 h	15 (12 pour LV1 et 3 pour LV2)
Analyse documentaire et connaissance des enjeux contemporains	3 h	4
Note de dossier		8*

** Seuls les points au-dessus de la moyenne sont pris en compte*

Épreuves orales	Durée	Coefficient
Entretien individuel		6
Langue vivante 1		6
Langue vivante 2		3

NEOMA Business School à Reims, à Rouen et à Paris – Global BBA

Épreuves écrites	Durée	Coefficient
Raisonnement et compétences	1 h	6
Langues vivantes	2 h	10 (8 pour LV1 et 2* pour LV2)
Analyse documentaire et connaissance des enjeux contemporains	3 h	6
Note de dossier		4*

** Seuls les points supérieurs à 10/20 sont comptabilisés.*

Épreuves orales	Durée	Coefficient
Entretien individuel		12
Langue vivante 1		8

EM Lyon – BBA

Épreuves écrites	Durée	Coefficient
Raisonnement et compétences	1 h	9
Langues vivantes	2 h	6 (4 pour LV1 et 2 pour LV2)
Analyse documentaire et connaissance des enjeux contemporains	3 h	8
Note de dossier		2

Épreuves orales	Durée	Coefficient
Entretien individuel		10
Langue vivante 1		5

SKEMA Business School à Lille, à Paris et Sophia Antipolis – BBA

Épreuves écrites	Durée	Coefficient
Raisonnement et compétences	1 h	8
Langues vivantes	2 h	6 (4 pour LV1 et 2 pour LV2)
Analyse documentaire et connaissance des enjeux contemporains	3 h	8
Note de dossier		6

Épreuves orales	Durée	Coefficient
Entretien individuel		12
Langue vivante 1		4*

** Seuls les points au-dessus de la moyenne sont pris en compte*

b. Cursus bac + 5

EM Normandie à Caen, à Paris et à Oxford

Épreuves écrites	Durée	Coefficient
Raisonnement et compétences	1 h	6
Langues vivantes	2 h	7 (5 pour LV1 et 2 pour LV2)
Analyse documentaire et connaissance des enjeux contemporains	3 h	7
Note de dossier		3*

** Seuls les points au-dessus de la moyenne sont pris en compte*

Épreuves orales	Durée	Coefficient
Entretien individuel		15
Langue vivante 1		5

ESCE à Paris et à Lyon

Épreuves écrites	Durée	Coefficient
Raisonnement et compétences	1 h	4
Langues vivantes	2 h	13 (9 pour LV1 et 4 pour LV2)
Analyse documentaire et connaissance des enjeux contemporains	3 h	8
Note de dossier		4*

* *Seuls les points au-dessus de la moyenne sont pris en compte*

Épreuve orales	Durée	Coefficient
Entretien individuel		15

IPAG Business School à Paris et à Nice – PGE et MIT

Épreuves écrites	Durée	Coefficient
Raisonnement et compétences	1 h	11
Langues vivantes	2 h	12 (8 pour LV1 et 4* pour LV2)
Analyse documentaire et connaissance des enjeux contemporains	3 h	7
Note de dossier		5*

* *Seuls les points au-dessus de la moyenne sont pris en compte*

Épreuves orales	Durée	Coefficient
Entretien individuel		8
Langue vivante 1		6

EBP International – KEDGE Business School à Bordeaux

Épreuves écrites	Durée	Coefficient
Raisonnement et compétences	1 h	8
Langues vivantes	2 h	8 (4 pour LV1 et 4 pour LV2)
Analyse documentaire et connaissance des enjeux contemporains	3 h	8
Note de dossier		1*

* *Seuls les points au-dessus de la moyenne sont pris en compte*

Épreuves orales	Durée	Coefficient
Entretien individuel		8
Langue vivante 1		8

EMLV (École de Management Léonard de Vinci) à Paris – PGE

Épreuves écrites	Durée	Coefficient
Raisonnement et compétences	1 h	7
Langues vivantes	2 h	8 (5 pour LV1 et 3 pour LV2)
Analyse documentaire et connaissance des enjeux contemporains	3 h	6
Note de dossier		5*

** Seuls les points au-dessus de la moyenne sont pris en compte*

Épreuves orales	Durée	Coefficient
Entretien individuel		14
Langue vivante 1		5

EDC (École des Cadres à Paris) Business School à Paris – PGE

Épreuves écrites	Durée	Coefficient
Raisonnement et compétences	1 h	13
Langues vivantes	2 h	5 (4 pour LV1 et 1* pour LV2)
Analyse documentaire et connaissance des enjeux contemporains	3 h	4
Note de dossier		3

** Seuls les points au-dessus de la moyenne sont pris en compte*

Épreuves orales	Durée	Coefficient
Entretien individuel		14
Langue vivante 1		2

EBS à Paris – PGE

Épreuves écrites	Durée	Coefficient
Raisonnement et compétences	1 h	10
Langues vivantes	2 h	5 (3 pour LV1 et 2* pour LV2)
Analyse documentaire et connaissance des enjeux contemporains	3 h	7
Note de dossier		3*

** Seuls les points au-dessus de la moyenne sont pris en compte*

Épreuves orales	Durée	Coefficient
Entretien individuel		20

PSB (Paris School of Business) à Paris – PGE

Épreuves écrites	Durée	Coefficient
Raisonnement et compétences	1 h	6
Langues vivantes	2 h	6 (4 pour LV1 et 2 pour LV2)
Analyse documentaire et connaissance des enjeux contemporains	3 h	8
Note de dossier		10*

** Seuls les points au-dessus de la moyenne sont pris en compte*

Épreuves orales	Durée	Coefficient
Entretien individuel		16
Langue vivante 1		4

TEMA de NEOMA Business School à Reims – Programme post-bac

Épreuves écrites	Durée	Coefficient
Raisonnement et compétences	1 h	4
Langues vivantes	2 h	4 pour LV1 et bonus pour LV2*
Analyse documentaire et connaissance des enjeux contemporains	3 h	8
Note de dossier		bonus*

** Seuls les points au-dessus de la moyenne sont pris en compte*

Épreuves orales	Durée	Coefficient
Entretien individuel		10
Entretien en groupe		10
Langue vivante 1		4

2 Les dix conseils pour réussir votre entretien !

1. La veille de l'entretien

- Lisez les journaux, écoutez la radio, regardez le journal télévisé : vous pouvez tomber sur une question d'actualité.
- Renseignez-vous bien sur l'école pour laquelle vous passez l'oral. Quelles sont ses spécificités ? Ses options d'enseignement ? Son fonctionnement ? Ses débouchés ? Vous devez savoir pourquoi vous vous présentez à cet établissement. Pour cela faites des fiches sur les particularités de la ou des école(s) pour la(les)quelle(s) vous concourrez. Vous pouvez par exemple choisir une école parce que son cursus est tourné vers l'international, ou bien parce que certaines matières sont abordées plus que d'autres, etc.
- Repérez le parcours exact et le temps qu'il vous faut pour vous rendre sur les lieux. Faites éventuellement le trajet avant le jour du rendez-vous.
- Situez bien la salle où se déroule l'entretien (bâtiment, étage, etc.).
- Optez pour le mode de transport le plus rapide et prenez en compte le temps perdu suite à d'éventuels embouteillages.
- Préparez bien vos affaires : documents à apporter (convocation, pièce d'identité, etc.), cintrez vos vêtements (bien repassés) pour qu'ils soient impeccables le jour J.
- Détendez-vous la veille : un cinéma, une exposition, un théâtre, un plateau-télé, etc.
- Optez pour un repas léger le soir : cela facilite la digestion et votre sommeil sera de meilleure qualité.
- Ne veillez pas trop tard ! Rien de tel qu'une bonne nuit de sommeil pour être en forme et limiter les effets indésirables du stress.

2. Une tenue correcte exigée !

Lorsque vous passez un entretien, vous rencontrez d'abord une personne que vous ne connaissez pas, avec ses *a priori* et ses convictions. On dit souvent que « la première impression est la bonne » et cela est souvent le cas. Habillez-vous donc de manière sobre et correcte, mais aussi et surtout choisissez des vêtements dans lesquels vous vous sentez bien.

Voici les tenues à proscrire et celles à choisir pour un entretien. Profitez des soldes !

a. Pour les filles :

Oubliez !	Oui, oui et oui !
– Mini-jupe – Décolleté plongeant – Pantalon de jogging ou leggins : vous n'allez pas à la gym ! – Jeans : trop décontracté – Pantalons, jupes ou vestes de couleur trop vives – Vêtements originaux ou trop « tendance » (jupes asymétriques, shorts, etc.) : vous n'allez pas à un défilé de mode ! – Talons d'une hauteur supérieure à 5 cm : ce n'est pas approprié pour un entretien et en plus ce n'est pas confortable ! – Chaussures de sport : vous n'allez pas à un match de foot !	– Tailleur jupe ou pantalon de couleur foncée (en hiver) ou de couleur claire (en été). – Optez dans ce cas pour un haut de couleur vive pour donner un peu de « peps » à votre allure – Vous pouvez aussi choisir un haut de couleur pastel, c'est selon vos goûts

Et le maquillage ? Et la coiffure ?

Le maquillage doit être sobre et le teint naturel. Vous ne devez pas vous transformer en pot de peinture. Prenez un anticerne pour masquer les signes de fatigue et les rougeurs éventuels. Une poudre de la couleur de votre teint pour donner bonne mine et le tour est joué. Un peu de mascara ou de crayon noir si vous le souhaitez, mais allez-y doucement sur les quantités !

Pour la coiffure, vous avez le choix : chignon, ou cheveux détachés mais toujours propres bien soignés.

b. Pour les garçons :

Oubliez !	Oui, oui et oui !
– Pantalons et vestes de couleur trop vives – Pantalons de jogging : vous n'allez pas faire votre footing ! – Vêtements originaux ou trop « tendance » (chemises bariolées, chemises asymétriques, shorts, etc.) : vous n'allez pas à un défilé de mode ! – T-shirt imprimé : vous n'êtes pas à la plage – Chaussettes blanches : avec un costume de couleur sombre, ce n'est pas possible ! – Chaussures de sport : vous n'allez pas à un match de foot !	– Costume chemise ou costume cravate. – Optez pour un costume de couleur sombre et préférez des tons pastel pour la chemise. Évitez les couleurs vives. – Enfin, les chaussettes doivent être assorties à la couleur de votre costume.

Et le rasage ? et la coiffure ?

Vous devez être rasé de près pour un entretien.

Pour la coiffure, vous avez le choix, mais optez pour quelque chose de simple et sobre. Vous pouvez utiliser du gel sans toutefois vider le pot !

À RETENIR

Les habits doivent être à votre taille et vous devez être à l'aise dedans. Un entretien est déjà stressant par définition, alors n'en rajoutez pas avec une tenue inconfortable.

Portez des vêtements impeccables : propres (on évite de manger un croissant à la confiture sur la route, gare aux tâches de dernière minute !) et repassés (même si vous n'êtes pas un/une pro du repassage, faites un effort).

Être élégant(e) pour un entretien ne signifie pas être démodé(e). Il s'agit de donner une image de soi sérieuse et confiante. Vous devez vous fondre dans la masse et ne pas trop jouer la carte de l'originalité pour l'habillement.

Que ce soit pour les vêtements, le maquillage ou la coiffure, vous devez vous sentir bien. Mais restez avant tout vous-même. Par exemple, si vous n'avez pas l'habitude de vous maquiller, ne mettez pas de maquillage. Ne faites rien qui pourrait vous mettre mal à l'aise. Cela ne ferait qu'accentuer votre stress.

Une mise en beauté en accord avec votre personnalité peut toutefois vous donner une certaine force au niveau de la confiance en vous pour l'entretien !

3. Les indispensables à glisser dans votre sac à main ou serviette !

- Un paquet de mouchoirs,
- Un stylo et du papier pour éventuellement prendre des notes,
- Un plan de la ville où a lieu votre entretien,
- Le numéro de ligne directe de la personne avec qui vous avez rendez-vous au cas où vous auriez du retard,
- Pour les filles, prenez une paire de collants de rechange dans votre sac. Vous n'êtes pas à l'abri de les filer sur le trajet,
- Une brosse à cheveux : s'il y a du vent, cela vous permettra de vous recoiffer,
- Un miroir de poche pour les dernières retouches !

4. La politesse est de rigueur !

Les règles de politesse et de bienséance font la différence entre deux profils à compétences égales. Arrivez à l'heure ! Un retard, même justifié, reste un retard. Dites bonjour et surtout remerciez la personne qui vous a reçu(e). N'oubliez pas que votre interlocuteur vous donne de son temps et vous offre donc une chance de réussir votre entrée en école de commerce et réaliser ainsi une partie de vos ambitions. Alors la moindre des choses, c'est de lui dire MERCI à la fin de l'entretien.

Vous pouvez vous documenter pour en savoir plus sur les règles de bonne conduite. En voici quelques-unes :

- Pas de chewing-gum !
- Ne passez pas devant la personne, ne pas lui barrer le passage.
- Attendez que la personne vous propose de vous asseoir.
- Tenez-vous droit(e).
- Évitez les contractions du style « chui », « chépas », etc. Votre interlocuteur n'est pas votre copain !
- Vouvoyez toujours un examinateur, le tutoiement n'est pas approprié lors d'un entretien.
- Ne vous plaignez pas (fatigue, migraine, grippe, etc.). Tout va bien !

Voici les locutions ou expressions à proscrire et celles que vous pouvez employer :

Oubliez !	Dites plutôt…
– Ouais	– Oui
– Salut	– Bonjour Madame, bonjour Monsieur
– Bonjour Madame – nom de famille ou bonjour Monsieur + nom de famille	– Bonjour Madame, bonjour Monsieur (ne pas citer le nom de la personne)
– Mots grossiers	– Zut, mince, flûte, etc.
– Tutoyer l'interlocuteur (même s'il paraît jeune)	– Toujours vouvoyer votre interlocuteur
– « Chui passionné(e) », « chépas », etc.	– Je suis passionné(e), je ne sais pas
– OK	– D'accord, très bien, etc.
– Salut, Bye	– Au revoir Madame, au revoir Monsieur

5. Pas de fautes de français !

Attention aux fautes de français qui sont nombreuses dans le langage parlé. Encore une fois, vous n'allez pas voir un copain ou une copine mais une personne que vous ne connaissez pas. Voici quelques exemples de locutions ou expressions à proscrire et celles à employer :

Oubliez !	Dites plutôt…
– J'ai jamais entendu parler de ce livre	– Je n'ai jamais entendu parler de ce livre
– Pour pallier à ce problème, je vais réviser davantage	– Pour pallier ce problème, je vais réviser davantage
– Ce que je rêve…	– Ce dont je rêve…
– Le livre à mon frère	– Le livre de mon frère
– Au jour d'aujourd'hui	– Actuellement, aujourd'hui, à ce jour, etc.

Faites aussi attention aux liaisons !

Par exemple on ne dit pas « mal-t-à-propos » mais « mal à propos » ou encore on ne dit pas « moi z'aussi » mais « moi aussi ».

N'oubliez pas que la lettre « H » est une consonne et que par conséquent on ne dit pas « les z'haricots verts » mais « les haricots verts ».

Liaisons obligatoires	Liaisons à ne surtout pas faire
– Entre le verbe et le pronom personnel qui le suit ou le précède : Allons-y, vas-y, prends-en, nous avons, ils aiment, etc. – Entre le déterminant et son nom ou le nom et l'adjectif qui le précède : les enfants, vingt ans, trois ours, généreux ami, etc. – Dans certains mots composés : pied-à-terre, c'est-à-dire, peut-être, face-à-main, de temps en temps, etc. – Exemple de texte avec des liaisons : Eh bien Madame, quel que soit celui que vous en chargerez (...) je vous remercierai même si vous avez pitié d'une prière que je vais vous faire (...) Vous devez sentir que j'ai là un ami un noble et généreux ami (...). Victor Hugo, *Marie Tudor*, 2e journée, scène 4	– Devant un mot commençant par un « H » aspiré par exemple : • Les fonctions homographiques sont des quotients de polynômes. • Ils sont hâbleurs. • Il avançait l'air hagard. • Le hasard, quelque chose de hasardeux. • Les héros – Après « et » : Ils se retrouvaient et évoquaient leurs souvenirs.

6. Pas de mensonges !

Ne mentez pas sur votre profil. Cela se voit tout de suite. N'oubliez pas que les examinateurs ont l'habitude de faire passer des entretiens et reconnaissent tout de suite un mensonge.

- N'inventez pas des expériences professionnelles.
- Pour les langues étrangères, ne vous qualifiez pas de bilingue sans que cela soit vrai et archi vrai ! Dites plutôt que vous maîtrisez bien la langue en question. Par exemple bilingue anglais signifie que vous parlez aussi bien l'anglais que le français. Pire encore si vous ne connaissez pas du tout une langue, ne dites pas que vous la parlez car votre interlocuteur peut tester vos compétences et continuer l'entretien dans cette langue. On vous laisse imaginer la suite...
- Ne mentez pas non plus sur vos notes, l'examinateur a pris connaissance de votre dossier scolaire.
- Ne vous inventez pas des compétences : ne dites pas que vous maîtrisez des logiciels sans parfaitement les connaître, parlez plutôt de notions. Vous avez le droit de ne pas tout savoir. Vous entrez en école de commerce pour apprendre après tout !

7. Ne dénigrez pas vos profs ou vos anciens employeurs !

– Ne dites pas du mal de vos profs. Si vous avez un dossier scolaire moyen, ce n'est pas de leur faute. Reconnaissez vos faiblesses si vous en avez. Personne n'est parfait. Mais ne reportez jamais la faute sur les autres.
– Évoquez plutôt votre capacité à vouloir et donc pouvoir progresser rapidement.

8. Ne vous attardez pas sur vos faiblesses et ne soyez pas fataliste !

– N'évoquez pas vos échecs ou vos défauts sauf si on vous le demande (*cf.* questions pièges).
– Ne soyez pas fataliste : vous n'êtes peut-être pas très bon dans une matière aujourd'hui, mais cela peut changer ! Ce n'est pas une fatalité, dites que vous êtes prêt(e) à vous remettre à niveau en travaillant pendant les vacances.
– Parlez de préférence de ce que vous savez faire.
– Vous pouvez également évoquer vos activités extrascolaires (sauf les soirées arrosées, évidement !).

9. Gérez les questions pièges… et vos émotions !

– Si on vous demande de citer vos défauts : choisissez ceux qui sont compatibles avec une scolarité en école de commerce. Optez pour ceux qui peuvent être considérés comme des qualités. Par exemple si vous dites que vous vous dispersez trop, l'examinateur peut comprendre que vous vous intéressez à beaucoup de choses et donc que vous avez une personnalité intéressante. Mais attention à la tournure de la phrase : dites plutôt que vous pratiquez beaucoup d'activités mais qu'en école de commerce, vous privilégierez votre scolarité ainsi que votre carrière future.
– Si on vous demande de citer vos qualités, soyez naturel(le), mais n'en rajoutez-pas!
– Si l'examinateur emploie un ton sévère ou cassant, ne vous mettez à pleurer. C'est en général pour tester votre réaction. Ne perdez pas vos moyens !

a. Les exemples de questions pièges :

Questions	Conseils
Comment vos amis vous perçoivent-ils ?	Cette question revient à donner des exemples de vos qualités ou défauts. Pour les défauts, vous pouvez par exemple répondre que vous êtes obstiné(e). Cela peut être perçu comme une qualité : vous êtes probablement quelqu'un de volontaire.

L'oral

Questions	Conseils
	Soulignez également votre impatience. Cela révèle une certaine détermination et une volonté de bien faire votre travail. Vous pouvez aussi dire que vous êtes sensible, notamment si vous voulez orienter votre carrière commerciale dans l'art (théâtre, cinéma, expositions, publicité, communication, etc.), domaine où les grands sensibles sont les bienvenus ! En ce qui concerne les qualités, n'en faites pas trop ! Vous pouvez parler de votre curiosité et de votre perfectionnisme. Évoquez aussi votre capacité d'adaptation, votre énergie, votre relationnel (très important dans les filières commerciales !) et votre esprit volontaire.
Comment vos amis vous perçoivent-ils ?	Attention à la spontanéité qui peut être interprétée à la fois comme une qualité et un défaut car elle peut être synonyme d'honnêteté mais également d'immaturité pour certains.
Comment expliquez-vous votre changement de parcours ?	Si vous avez changé de parcours, il faut être cohérent dans votre discours et expliquer pourquoi. Par exemple vous pouvez répondre : « j'ai préféré tenter plusieurs activités pour être sûr(e) de mes choix et ainsi ne pas avoir de regrets... »
Comment vous voyez-vous dans 10 ans ?	Soyez sincère ! Si vous ne savez pas, ce qui est légitime, essayez tout de même d'exprimer quelques envies (poste en France ou à l'étranger, poste dans un domaine en particulier, etc.).
Question d'actualité	Tenez-vous informé(e) de l'actualité récente pour l'entretien au cas où. Cela peut servir !
Question embarrassante ou inappropriée	Vous n'êtes pas obligé(e) de répondre à une question qui vous paraît inadaptée (question portant sur votre famille, votre histoire personnelle, votre vie privée, votre santé, vos revenus, etc.).

10. Comment terminer l'entretien en beauté ?

- Ne demandez pas à l'interlocuteur si vous avez réussi votre entretien, cela pourrait l'énerver ou l'irriter. Soyez patient(e). C'est difficile (on le sait et on vous comprend !), mais si vous avez réalisé une belle performance, vous risquez de tout gâcher.
- Remerciez bien la personne (on ne vous le répétera jamais assez !) et montrez-lui que vous avez réellement envie d'intégrer cette école.
- Au moment de vous lever, attendez que la personne vous fasse signe de sortir et suivez-la lorsque vous quittez son bureau.
- Restez sincère tout au long de l'entretien, soyez vous-même !
- Gardez le sourire et cela quel que soit le déroulement de la conversation !

Les conseils pour l'oral d'anglais 3

1. Les généralités

La durée de l'épreuve dépend de l'école (*cf.* fiche « Quel oral pour quelle école ? ») : entre 20 et 45 minutes.

Le coefficient dépend lui aussi de l'école (*cf.* fiche « Quel oral pour quelle école ? »).

2 supports peuvent vous être proposés :

- un document sonore (audio ou vidéo) ;
- un document écrit.

Sources des documents :

- la presse de langue anglaise ;
- les actualités (télévision, Internet, radio).

L'oral se compose de 2 parties :

- résumé et/ou commentaire du document ;
- entretien libre.

Objectifs :

- montrer que vous comprenez un document écrit ou sonore ;
- vous exprimer dans un anglais fluide et riche ;
- participer à une conversation de façon naturelle.

2. Les conseils pour le jour J

– Repérez la nature du document.

– Repérez les mots-clés.

– Organisez vos notes.

– Ne lisez pas vos notes.

– Soignez l'intonation et la prononciation.

– Soignez la syntaxe.

– Utilisez :

  - des phrases complexes (propositions relatives) ;
  - le *present perfect* ;

- les modaux au passé ;
- des mots de liaison variés.

– Ne répétez pas les informations contenues dans les documents, mais reformulez-les avec vos propres mots.

– Utilisez un vocabulaire riche et approprié (*cf.* fiches de vocabulaire).

– Évitez les répétitions.

– Utilisez des *gap fillers* pour vous laisser le temps de réfléchir :
- *I mean...* ;
- *Anyway...* ;
- *Well...* ;
- *Well, how can I put it?*

– Illustrez vos propos avec votre culture générale.

– Écoutez les questions de l'examinateur.

– Répondez aux questions de l'examinateur en développant.
- Au lieu de dire *Yes*, préférez :
  – *I couldn't agree more.*
  – *That's right.*
  – *That's absolutely true.*
  – *That's exactly what I think.*
- Au lieu de dire *No*, préférez :
  – *I'm afraid I can't agree with that.*
  – *I don't see it that way myself.*

– Soyez cohérent.

– Donnez votre opinion :
- *I can't help thinking that...*
- *As far as I'm concerned, I think that...*
- *It seems to me that...*

3. Les conseils de préparation

– Vous devez connaître les verbes irréguliers.

– La préparation doit se faire régulièrement, au moins 1 fois par semaine.

– Lisez la presse de langue anglaise.

– Regardez les actualités en anglais (cnn.com, bbc.co.uk...).

– Regardez des films et des séries en version originale.

– Enrichissez votre culture générale.

Gérer le stress à l'oral ! 4

« Le trac, cela vient avec le talent »
Sarah Bernhardt

1. Je respire !

Soyez attentif à votre respiration, prenez le temps de bien souffler. Faites de longues inspirations et de longues expirations. Louis Jouvet disait qu' *« un texte c'est d'abord une respiration »*.

Apprenez à respirer avec le ventre. La respiration abdominale permet de préserver sa voix, d'avoir plus d'intensité et de ne pas s'épuiser.

2. Je ne parle pas trop vite et ne précipite pas mon discours !

Pensez à la ponctuation des phrases. Les points, les virgules, les points-virgules, permettent de marquer une pause et de reprendre sa respiration. En ayant un débit qui n'est pas trop rapide, vous donnez de l'importance à chaque idée que vous exprimez. L'articulation est également plus précise et plus aisée.

N'ayez pas peur des silences : ils font partie de votre discours. Dans les partitions de musique, par exemple, ils sont symbolisés par des soupirs, des pauses, etc., cela signifie bien qu'ils font partie du morceau et qu'ils « s'entendent » !

Évitez les onomatopées du style « euh », « bah », « vous voyez » etc. Ce genre de locutions n'apportent rien et suggèrent un manque d'assurance.

3. Je choisis des phrases plutôt courtes et simples pour m'exprimer

Les phrases trop longues risquent de perdre l'attention de l'auditoire. Les phrases courtes, de la forme « sujet-verbe-complément », sont plus faciles à saisir. Cela vous permet aussi de garder le fil conducteur de votre exposé et d'être plus compréhensible.

Employez des mots simples et pas trop compliqués. Surtout n'utilisez pas de mots dont vous ne connaissez pas le sens, cela ne ferait qu'accentuer votre stress et vous déstabiliserait.

4. Je ferme le sens à la fin d'une phrase et évite les aigus !

Parlez de manière « horizontale » avec très peu de variations dans le rythme. Ne partez pas dans les aigus lorsque vous vous exprimez, et fermez bien le sens à la fin de chaque phrase. Cela permet d'affirmer ce que vous dites et prouve que vous êtes sûr(e) de vos connaissances.

5. Que faire de ses bras ?

Il est bien souvent difficile de savoir quoi faire de ses bras face à un public ! Faites-en les alliés de votre discours. Exprimez-vous avec vos mains et vos bras. Libérez aussi vos épaules. Accompagnez, par exemple, une première idée avec un bras, une seconde avec l'autre, sans trop en faire. Soyez naturel(le) et essayez de n'être ni trop « statique » ni trop « agité ». À vous de doser !

Si cela vous paraît trop difficile, vous pouvez toujours prendre quelques cours de théâtre ou d'improvisation afin de gagner en confiance et être plus sûr(e) de vous lors de vos entretiens.

84594 - I - OSB 80° - 280 - LUM - MPN

Dépôt légal : novembre 2022

Achevé d'imprimer par Dupliprint
N° d'impression : 2022104118
www.dupli-print.fr

Imprimé en France